le Guide du **routard**

Directeur de collection et auteur
Philippe GLOAGUEN

Cofondateurs
Philippe GLOAGUEN et Michel DUVAL

Rédacteur en chef
Pierre JOSSE

Rédacteurs en chef adjoints
Amanda KERAVEL et Benoît LUC

Directrice de la c̶o̶l̶l̶e̶c̶t̶i̶o̶n̶
Florenc̶e̶

Olivier PAGE,
Isabelle AL SUB̶A̶ ̶ ̶ ̶ ̶ ̶ ̶ ̶ ̶ ̶ ̶ ̶ OMAS,
Carole BORD̶ ̶ ̶ ̶ ̶ ̶ ̶ ̶ ̶ ̶OELET,
Marie BURIN des R̶ ̶ ̶ ̶ ̶ ̶ Thierry BROUARD,
Géraldine LEMAUF-BEAUVOIS,
Anne POINSOT, Mathilde de BOISGROLLIER,
Alain PALLIER, Gavin's CLEMENTE-RUÏZ
et Fiona DEBRABANDER

BRÉSIL

2007

Hachette

Avis aux hôteliers et aux restaurateurs

Les enquêteurs du *Guide du routard* travaillent dans le plus strict anonymat. Aucune réduction, aucun avantage quelconque, aucune rétribution n'est jamais demandé en contrepartie. Face aux aigrefins, la loi autorise les hôteliers et restaurateurs à porter plainte.

Hors-d'œuvre

Le *Guide du routard,* ce n'est pas comme le bon vin, il vieillit mal. On ne veut pas pousser à la consommation, mais évitez de partir avec une édition ancienne. Les modifications sont souvent importantes.

ON EN EST FIERS : www.routard.com

Tout pour préparer votre voyage en ligne, de A comme argent à Z comme Zanzibar : des fiches pratiques sur 125 destinations (y compris les régions françaises), nos tuyaux perso pour voyager, des cartes et des photos sur chaque pays, des infos météo et santé, la possibilité de réserver en ligne son visa, son vol sec, son séjour, son hébergement ou sa voiture. En prime, *routard mag,* véritable magazine en ligne, propose interviews de voyageurs, reportages, carnets de route, événements culturels, dossiers pratiques, produits nomades, fêtes et infos du monde. Et bien sûr : des concours, des *chats,* des petites annonces, une boutique de produits de voyage...

Les réductions accordées à nos lecteurs ne sont jamais demandées par nos rédacteurs afin de préserver leur indépendance. Les hôteliers et restaurateurs sont sollicités par une société de mailing, totalement indépendante de la rédaction qui reste libre de ses choix. De même pour les autocollants et plaques émaillées.

Mille excuses, on ne peut plus répondre individuellement aux centaines de CV reçus chaque année.

Le contenu des annonces publicitaires insérées dans ce guide n'engage en rien la responsabilité de l'éditeur.

TABLE DES MATIÈRES

COMMENT Y ALLER ?

GÉNÉRALITÉS

LE SUD-EST

L'ÉTAT DE RIO

Autour de Rio

Vers le nord-est : Búzios

DE RIO À SÃO PAULO : LA COSTA VERDE ET LE LITTORAL PAULISTE

ENTRE RIO ET BAHIA : VITÓRIA ET L'ESPÍRITO SANTO

AU NORD DE RIO ET DE SÃO PAULO : LE MINAS GERAIS

LE CENTRE-OUEST

GOIÁS VELHA ET L'ÉTAT DE GOIÁS

LE MATO GROSSO ET LE MATO GROSSO DO SUL

LE SUD

LE NORD, L'AMAZONIE

LE NORDESTE

NOS NOUVEAUTÉS

GUATEMALA, YUCATAN (novembre 2006)

Une région que nous aurions pu tout aussi bien intituler « Le Pays Maya ». Que l'on atterrisse à Ciudad Guatemala ou à Cancún, que l'on passe par le Chiapas ou par le Belize pour rejoindre le Yucatán ou le Guatemala, partout on est en territoire maya. À la fin d'un tel circuit cette civilisation aux coutumes toujours vives n'aura plus de secret pour vous. Malgré sa petite superficie, le Guatemala offre une palette étonnamment variée de paysages, de climats, de coutumes locales qui raviront les amateurs de vestiges, de culture et de dépaysement. Flores, ravissante île posée sur le lac Petén Itza et Tikal, site splendide en pleine forêt vierge. Alentour, enfouis dans la jungle, d'autres sites moins connus attendent les randonneurs aguerris. Le lac Atitlán, l'un des plus beaux du monde, avec sa couronne de volcans, est bordé d'un chapelet de villages hors du temps. Antigua, l'ancienne capitale coloniale et plus belle ville du pays, mérite à elle seule une étape de plusieurs jours. Et puis, changement de décor ! À bord d'une *lancha* vous descendrez le *río Dulce* jusqu'à Livingston, au bord de l'Atlantique, refuge des *Garifunas,* des descendants d'esclaves, présents aussi au Belize tout proche. Ici, on vit au rythme d'une musique caraïbe. Enfin, près de Cobán, ne manquez pas de rendre visite à l'oiseau-roi des Mayas, le *quetzal,* volatile rare et somptueux, qui a donné son nom à la monnaie locale. Escalades des volcans ou des pyramides, plongées dans les eaux turquoises du Belize et du Yucatán, découvertes des biotopes compléteront ce superbe voyage.

LACS ITALIENS (décembre 2006)

Le lac Majeur, le lac de Garde, Côme, Lugano, Orta, Iseo... Des romantiques du XIXᵉ siècle aux stars hollywoodiennes, les lacs italiens n'ont cessé d'attirer et de séduire le visiteur. Nous sommes tous envoûtés par ces rivages nichés dans des paysages préalpins de toute beauté. Après avoir savouré le charme des villages du lac Majeur et du lac de Côme, leurs fastueuses villas entourées de jardins somptueux, peut-être serez-vous tenté alors par une virée helvète, à Locarno ou au bord du petit lac de Lugano. C'est là que vous vous attablerez dans les charmants *grotti,* ces petites auberges de campagne où l'on dévore un plateau de charcuterie (ou la spécialité locale) tout en s'abreuvant du vin du patron. Dans cette région de balades, entre villes et montagnes, le routard pourra toujours choisir entre le glamour et l'agitation des petites villes chic qui bordent les lacs et l'authenticité des coins perdus sur les hauteurs, dans une nature généreuse et escarpée qui offrira aux randonneurs, une multitude de sentiers à explorer.

LES GUIDES DU ROUTARD
2007-2008

(dates de parution sur **www.routard.com**)

France

Nationaux

- Nos meilleures chambres d'hôtes en France
- Nos meilleurs hôtels et restos en France
- Nos meilleures tables à la ferme en France
- Petits restos des grands chefs

Régions françaises

- Alpes
- Alsace
- Aquitaine
- Ardèche, Drôme
- Auvergne, Limousin
- Bourgogne
- Bretagne Nord
- Bretagne Sud
- Châteaux de la Loire
- Corse
- Côte d'Azur
- Franche-Comté
- Île-de-France
- Languedoc-Roussillon
- **Lorraine (janvier 2007)**
- Lot, Aveyron, Tarn
- Nord-Pas-de-Calais
- Normandie
- Pays basque (France, Espagne)

- Pays de la Loire
- Poitou-Charentes
- Provence
- Pyrénées, Gascogne

Villes françaises

- Bordeaux
- Lille
- Lyon
- Marseille
- Montpellier
- Nice
- **Strasbourg (avril 2007)**
- Toulouse

Paris

- Junior à Paris et ses environs
- Paris
- Paris balades
- Paris exotique
- Paris la nuit
- Paris sportif
- Paris à vélo
- Paris zen
- Restos et bistrots de Paris
- Le Routard des amoureux à Paris
- Week-ends autour de Paris

Europe

Pays européens

- Allemagne
- Andalousie
- Andorre, Catalogne
- Angleterre, Pays de Galles
- Autriche
- Baléares
- Belgique
- Castille, Madrid (Aragon et Estrémadure)
- Crète
- Croatie
- Écosse
- Espagne du Nord-Ouest (Galice, Asturies, Cantabrie)
- Finlande
- Grèce continentale

- Hongrie, République tchèque, Slovaquie
- Îles grecques et Athènes
- Irlande
- Islande
- Italie du Nord
- Italie du Sud
- **Les Lacs italiens (décembre 2006)**
- Malte
- Norvège, Suède, Danemark
- Pologne et capitales baltes
- Portugal
- Roumanie, Bulgarie
- Sicile
- Suisse
- Toscane, Ombrie

LES GUIDES DU ROUTARD
2007-2008 (suite)

(dates de parution sur **www.routard.com**)

Villes européennes

- Amsterdam
- Barcelone
- Berlin
- Florence
- **Lisbonne (octobre 2006)**
- Londres

- Moscou, Saint-Pétersbourg
- Prague
- Rome
- Venise

Amériques

- Argentine
- Brésil
- Californie
- Canada Ouest et Ontario
- Chili et île de Pâques
- Cuba
- Équateur
- États-Unis côte Est
- Floride, Louisiane
- Guadeloupe, Saint-Martin, Saint-Barth

- **Guatemala, Yucatán (novembre 2006)**
- Martinique, Dominique, Sainte-Lucie
- Mexique
- New York
- Parcs nationaux de l'Ouest américain et Las Vegas
- Pérou, Bolivie
- Québec et Provinces maritimes
- République dominicaine (Saint-Domingue)

Asie

- Birmanie (Myanmar)
- Cambodge, Laos
- Chine (Sud, Pékin, Yunnan)
- Inde du Nord
- Inde du Sud
- Indonésie
- Istanbul

- Jordanie, Syrie
- Malaisie, Singapour
- Népal, Tibet
- Sri Lanka (Ceylan)
- Thaïlande
- Turquie
- Vietnam

Afrique

- Afrique de l'Ouest
- Afrique du Sud
- Égypte
- Île Maurice, Rodrigues
- Kenya, Tanzanie et Zanzibar
- Madagascar

- Maroc
- Marrakech
- Réunion
- Sénégal, Gambie
- Tunisie

Guides de conversation

- Allemand
- Anglais
- **Arabe (mars 2007)**
- Chinois
- Croate

- Espagnol
- Grec
- Italien
- Portugais
- Russe

Et aussi...

- Le Guide de l'humanitaire

Nous tenons à remercier tout particulièrement Loup-Maëlle Besançon, Thierry Bessou, Gérard Bouchu, François Chauvin, Grégory Dalex, Fabrice de Lestang, Cédric Fischer, Carole Fouque, Michelle Georget, David Giason, Lucien Jedwab, Emmanuel Juste, Florent Lamontagne, Déborah et Philippe Martineau, Jean-Sébastien Petitdemange, Laurence Pinsard, Thomas Rivallain, Déborah Rudetzki, Claudio Tombari et Solange Vivier pour leur collaboration régulière.

Et pour cette nouvelle collection, nous remercions aussi :

David Alon et Andréa Valouchova
Didier Angelo
Bénédicte Bazaille
Jean-Jacques Bordier-Chêne
Ellenore Busch
Louise Carcopino
Florence Cavé
Raymond Chabaud
Alain Chaplais
Bénédicte Charmetant
Cécile Chavent
Stéphanie Condis
Agnès Debiage
Tovi et Ahmet Diler
Clélie Dudon
Sophie Duval
Sophie Ferard
Julie Fernandez
Alain Fisch
Suzel Gary
Adrien Gloaguen
Romuald Goujon
Stéphane Gourmelen
Pierre Granoux
Claudine de Gubernatis
Xavier Haudiquet
Claude Hervé-Bazin
Claire d'Hautefeuille
Bernard Hilaire
Lionel Husson
Sébastien Jauffret

François et Sylvie Jouffa
Hélène Labriet
Lionel Lambert
Vincent Launstorfer
Francis Lecompte
Jacques Lemoine
Sacha Lenormand
Valérie Loth
Dorica Lucaci
Philippe Melul
Kristell Menez
Delphine Meudic
Éric Milet
Jacques Muller
Anaïs Nectoux
Alain Nierga et Cécile Fischer
Hélène Odoux
Caroline Ollion
Nicolas Pallier
Martine Partrat
Odile Paugam et Didier Jehanno
Xavier Ramon
Dominique Roland et Stéphanie Déro
Corinne Russo
Caroline Sabljak
Prakit Saiporn
Jean-Luc et Antigone Schilling
Brindha Seethanen
Nicolas Tiphagne
Charlotte Valade
Julien Vitry

Direction : Nathalie Pujo
Contrôle de gestion : Joséphine Veyres et Céline Déléris
Responsable de collection : Catherine Julhe
Édition : Matthieu Devaux, Stéphane Renard, Magali Vidal, Marine Barbier-Blin, Géraldine Péron, Jean Tiffon, Olga Krokhina et Sophie Touzet
Secrétariat : Catherine Maîtrepierre
Préparation-lecture : Catherine Hidé
Cartographie : Frédéric Clémençon et Aurélie Huot
Fabrication : Nathalie Lautout et Audrey Detournay
Couverture : conçue et réalisée par Thibault Reumaux
Direction marketing : Dominique Nouvel, Lydie Firmin et Juliette Caillaud
Direction partenariats : Jérôme Denoix et Dana Lichiardopol
Édition partenariats : Juliette Neveux et Raphaele Wauquiez
Informatique éditoriale : Lionel Barth
Relations presse : Danielle Magne, Martine Levens et Maureen Browne
Régie publicitaire : Florence Brunel

Remerciements

Pour ce guide, nous remercions tout particulièrement :

Gérard Méloni et Régis Tettamanzi, collaborateurs du *Routard,* pour leurs bonnes idées brésiliennes ;

Nicolas « Tucunaré » Chalumeau, poisson-flamme d'Amazonie ;

Stéphane Cidavi, pour son aide à Belém ;

Osvaldo Saldanha, notre guide à Belém ;

Maria de Belem Gomez, de Paratur ;

Inacio Flavio, pour son accueil à Macapá ;

Dominique Picavet, Ricardo Hamond, Marcio Selem da Silva de Rio de Janeiro ;

Maria Elena et Roger Pleyber, de Brest ;

Philippe Melul, parce que !

Alexandre, pour son aide précieuse ;

les Alliances françaises de tout le pays, rien que ça.

Et Antônio Carlos « Tom » Jobim pour sa musique...

LES QUESTIONS QU'ON SE POSE LE PLUS SOUVENT

➤ *Quels sont les papiers indispensables pour se rendre au Brésil ?*
Un passeport valable 6 mois après la date de retour pour les Français (et un visa pour un séjour de plus de 3 mois).

➤ *Quelle est la meilleure saison pour aller au Brésil ?*
Cela dépend des régions : l'été brésilien, de décembre à mars, est en fait relativement étouffant ; pour l'Amazonie, la meilleure période (la moins arrosée) s'étend de juin à décembre. Et globalement, pour l'ensemble du pays, on peut conseiller de début septembre à mi-décembre.

➤ *Quels sont les vaccins indispensables ?*
Rien d'obligatoire. Vaccins recommandés : contre la fièvre jaune, la typhoïde, les hépatites A et B, et, pour les longs séjours, vaccins contre les méningites A et C, et la rage.

➤ *Et le paludisme dans tout ça ?*
Un risque réel, surtout en Amazonie ; donc, prévoir un traitement préventif. Attention aussi à la dengue, également transmise par les moustiques.

➤ *Quel est le décalage horaire ?*
Variable, car le Brésil a 4 fuseaux horaires ! Pour simplifier, 3 h de décalage entre Brasília et Paris l'hiver, 5 h l'été.

➤ *La vie est-elle chère ?*
Sans que ce soit une destination « très bon marché », les prix restent abordables ; à partir de 15 € pour deux, vous logerez dans de petites *pousadas* correctes et sympathiques.

➤ *Quel est le meilleur moyen de se déplacer dans le pays ?*
Les bus (ou les bateaux en Amazonie !), sans conteste, moyen économique et disposant d'un bon réseau. Mais, vu la taille du pays, l'avion peut s'avérer intéressant (gain de temps et économie de grosse fatigue). En revanche, conduire dans les mégalopoles relève de l'aventure !

➤ *Le pays est-il dangereux ?*
La sécurité s'est beaucoup améliorée ces dernières années grâce, notamment, à la création de polices touristiques. Et avec quelques précautions élémentaires (éviter par exemple d'étaler ostensiblement les fameux « signes extérieurs de richesse »), on peut faire un séjour tout à fait tranquille.

➤ *Les plages brésiliennes, mythe ou réalité ?*
Réalité ! C'est dans le Nordeste qu'on trouve les plages les plus réputées : cocotiers, sable fin et soleil quasiment toute l'année. Chaleur assurée, dans tous les sens du terme...

➤ *Où profiter de la fièvre d'un carnaval ?*
Bien sûr, à Rio. Mais sortons des clichés. Au Brésil, il y a d'autres carnavals, certes moins connus mais tout aussi colorés : à Salvador, à Recife, entre autres.

➤ *L'Amazonie, comment ça marche ?*
Les Indiens sont regroupés dans des parcs ou des réserves dont l'accès est interdit afin de préserver au mieux leur culture. On se contentera donc d'une escapade de quelques jours, organisée par une agence. Sans se prendre pour Indiana Jones, passer une nuit dans un hamac, s'enfoncer le long d'un *igarapé*... c'est déjà une expérience fort dépaysante !

COMMENT Y ALLER ?

LES LIGNES RÉGULIÈRES

▲ AIR FRANCE

– *En France :* renseignements et réservations au ☎ 0820-820-820 (0,12 €/mn
– de 6 h 30 à 22 h), sur ● www.airfrance.fr ●, dans les agences Air France et
dans toutes les agences de voyages.
– *Au Brésil :* ☎ 0800-880-31-31.
– *São Paulo :* av. Doutor Cardoso de Melo, 1955, 2nd floor, vila Olímpia.
– *Rio :* Maison de France, av. Presidente Antônio Carlos, 58, 9th floor. ➢ Air
France dessert Rio de Janeiro, avec 1 vol quotidien, et São Paulo au départ
de l'aéroport Roissy-Charles-de-Gaulle, terminal 2F.
Air France propose une gamme de tarifs accessibles à tous, du *Tempo 1* (le
plus souple) au *Tempo 5* (le moins cher), selon les destinations. Pour les
moins de 25 ans, Air France propose des tarifs très attractifs *(Tempo Jeunes),* ainsi qu'une carte de fidélité *(Fréquence Jeune)* gratuite et valable sur
l'ensemble des lignes des membres de Skyteam. Cette carte permet d'accu-
muler des *miles.*
Tous les mercredis dès 0 h, sur ● www.airfrance.fr ●, Air France propose les
tarifs « Coup de cœur », une sélection de destinations en France pour des
départs de dernière minute.
Sur Internet possibilité de consulter les meilleurs tarifs du moment, rubrique
« Offres spéciales », « Promotions ».

▲ TAM

– *Paris :* 11-13, av. de Friedland, 75008. ☎ 01-42-25-17-17. Fax : 01-42-25-
15-13. ● www.tam.com.br ● Ⓜ Charles-de-Gaulle-Étoile. Ouvert du lundi au
vendredi de 9 h à 17 h (jusqu'à 17 h 30 par téléphone). En cas d'urgence le
week-end, contacter leur bureau à l'aéroport (☎ 01-48-16-58-60).
➢ Cette compagnie brésilienne propose 2 vols quotidiens pour Rio de
Janeiro via São Paulo au départ de Roissy-Charles-de-Gaulle, terminal 2 A.
Également 1 vol direct chaque vendredi à destination de Récife. Les vols
s'effectuent de nuit. Au Brésil, TAM dessert plus de 60 villes.
Le *Brésil Airpass Tam* est composé de 4 coupons utilisables dans tout le
pays, pendant les 21 jours qui suivent la première utilisation (à se procurer en
France, avant le départ ; pour plus de détails, reportez-vous à la rubrique
« Transports » des « Généralités »).

▲ VARIG

Renseignements : ☎ 0826-10-26-25 (0,15 €/mn). ● www.varig.fr ● Du lundi
au vendredi de 9 h à 17 h 30. Permanence téléphonique le week-end.
➢ Propose des vols au départ de l'Europe à destination de São Paulo, avec
des correspondances vers les principales villes du Brésil. ***Attention cependant,* à l'heure d'imprimer ce guide, la compagnie connaît des difficultés, et se restructure : renseignez-vous bien avant votre départ sur les
liaisons assurées !** Normalement, propose aussi le *Brasil Air Pass* (voir
dans les « Généralités » la rubrique « Transports »).

DEPUIS LA GUYANE FRANÇAISE

Deux compagnies aériennes assurent des liaisons Cayenne (Rochambeau)-Belém.

▲ AIR CARAÏBES

☎ 0820-835-835 (numéro accessible depuis la métropole comme depuis les Antilles françaises). Depuis l'étranger : ☎ (33) 1-47-83-89-75. ● www.airca raibes.com ●

– *Cayenne :* centre commercial de Katoury, route de la Rocade. ☎ 05-94-29-36-36. Fax : 05-94-28-76-58. Ouvert du lundi au vendredi de 8 h 30 à 16 h 45 (15 h 30 en juillet-août) et le samedi jusqu'à 12 h.

– Également un bureau à l'aéroport Rochambeau *:* ☎ 05-94-35-81-30.

➢ Au moins 3 vols par semaine, plus en période de vacances scolaires. Attention, les avions ne sont pas très grands et se remplissent vite, surtout pendant lesdites vacances !

▲ TAF

● www.voetaf.com.br ●

– *Cayenne :* ☎ 594 (594) 30-70-00.

– *Brésil :* à Belém : ☎ (91) 32-10-65-10 ; à Macapá : ☎ (96) 32-23-19-70 ; à Fortaleza : ☎ (85) 32-77-80-13.

➢ Trois fois par semaine, la compagnie assure une rotation Cayenne-Macapá-Belém-Fortaleza. Une remarque toutefois : si Cayenne reste, de manière à peu près constante, desservie aussi par une compagnie brésilienne, la compagnie à laquelle est accordée la concession change assez souvent : hier *Penta* (disparue depuis), aujourd'hui *Taf,* et demain... vérifiez donc avant votre départ !

– Il est désormais également possible de faire le trajet en bus, mais on ne vous le conseille pas, la route est plus que défoncée du côté brésilien !

LES ORGANISMES DE VOYAGES

– Ne pas croire que les vols à tarif réduit sont tous au même prix pour une même destination à une même époque : loin de là. On a déjà vu, dans un même avion partagé par deux organismes, des passagers qui avaient payé 40 % plus cher que les autres. De plus, une agence bon marché ne l'est pas forcément toute l'année (elle peut n'être compétitive qu'à certaines dates bien précises). Donc, contactez tous les organismes et jugez vous-même.

– Les organismes cités sont classés par ordre alphabétique, pour éviter les jalousies et les grincements de dents.

▲ ANANTA

– *Paris :* 54-56, av. Bosquet, 75007. ☎ 01-45-56-58-26. Fax : 01-45-51-34-70. ● www.atlv.net ● ananta@atlv.net ● Ⓜ École-Militaire ou La Tour-Maubourg.

Ananta s'adresse aux voyageurs curieux, qui souhaitent partir en groupe, loin des foules et en petit comité, dans un esprit d'échange. Itinéraires à travers l'Afrique, le Moyen-Orient, l'Asie et l'Amérique du Sud. L'originalité culturelle de leurs voyages se situe dans le souci de relier le passé et le présent grâce à des guides, tous spécialistes de la destination, qui en sont les garants.

Un voyage Ananta peut avoir un caractère d'expédition selon les lieux, mais aucun effort physique n'étant requis, ces voyages sont accessibles à tous les voyageurs qui ne veulent pas se contenter de survoler un pays. Plus de 50 pays proposés et une centaine d'itinéraires. Groupes de 6 à 12 participants.

▲ AVENTURIA

– *Lyon :* 42, rue de l'Université, 69002. ☎ 04-78-69-35-06.

– *Paris :* 213, bd Raspail, 75014. ☎ 01-44-10-50-50.

– *Marseille :* 2, rue Edmond-Rostand, 13006. ☎ 04-96-10-24-70.

– *Lille :* 21, rue des Ponts-de-Comines, 59800. ☎ 03-20-06-33-77.

– *Nantes :* 2, allée de l'Erdre, Cours des 50-Otages, 44000. ☎ 02-40-35-10-12.

28 D couloir
E centre
F fenêtre

Libre comme l'air.

Avec les petits tarifs Air France, partez au bout du monde
avec ceux que vous aimez. **experience.airfrance.fr**

faire du ciel le plus bel endroit de la terre **AIR FRANCE**

– *Bordeaux* : 9, rue Ravez, 33000. ☎ 05-56-90-90-22.
– *Strasbourg* : 13 a, bd Président-Wilson, 67000. ☎ 03-88-22-08-09.
– *Bruxelles* : 15, rue Royale, 1000. ☎ 02-526-92-90.
Spécialiste des raids en buggy sur les plages du Nordeste brésilien, ce tour-opérateur original fabrique ses propres programmes, édite ses propres brochures et les distribue exclusivement dans ses propres agences de Paris, Bordeaux, Lille, Lyon, Marseille, Nantes et Bruxelles. Avec l'aide de leurs équipes de vente, vous pourrez construire votre itinéraire et personnaliser votre voyage à l'aide d'une sélection d'étapes de charme et de modules d'escapades. Tout à la carte ! Brochure sur demande par téléphone ou sur ● www.aventuria.com ●

▲ CLUBAVENTURE
– *Paris* : 18, rue Séguier, 75006. ☎ 0826-882-080 (0,15 €/mn). Fax : 01-44-32-09-59. ● www.clubaventure.fr ● Ⓜ Saint-Michel ou Odéon.
– *Marseille* : Le Néréïs, av. André-Roussin, Saumaty-Séon, 13016. ☎ 0826-882-080 (0,15 €/mn). Fax : 04-91-09-22-51.
Spécialiste du voyage d'aventure depuis près de 30 ans, Clubaventure privilégie le trek, la randonnée, les voyages découverte ou en liberté, en famille ou entre amis pour parcourir le monde hors des sentiers battus. Le catalogue offre 600 voyages dans 90 pays différents, à pied, en 4x4, en pirogue ou à dos de chameau. Ces voyages sont conçus pour une dizaine de participants, encadrés par des guides accompagnateurs professionnels.
La formule reste confortable et le portage est confié à des chameaux, des mulets, des yacks ou des lamas. Les circuits en 4x4 ne ressemblent en rien à des rallyes mais laissent aux participants le temps de flâner, de contempler et de faire des découvertes à pied. Le choix des hôtels en ville priviiégie le charme et le confort.

▲ COMPAGNIE DE L'AMÉRIQUE LATINE & DES CARAÏBES
– *Paris* : 82, bd Raspail (angle rue de Vaugirard), 75006. ☎ 01-53-63-15-35. Fax : 01-42-22-20-15. Ⓜ Rennes ou Saint-Placide.
– *Paris* : 3, av. de l'Opéra, 75001. ☎ 01-55-35-33-57. Fax : 01-42-61-00-96. Ⓜ Palais-Royal-Musée-du-Louvre. ● ameriquelatine@compagniesdumonde.com ●
Fort de plus de 20 années d'expérience, Jean-Alexis Pougatch, après avoir ouvert un centre de voyages spécialisé sur l'Amérique du Nord (« Compagnie des États-Unis & du Canada »), décide d'ouvrir « Compagnie de l'Amérique latine & des Caraïbes » pour, là aussi, proposer dans une brochure, du Mexique à la Patagonie chilienne et argentine, des voyages individuels à la carte ou en groupe, accompagnés en français.
Compagnie de l'Amérique latine & des Caraïbes propose des tarifs intéressants sur le transport aérien en vols réguliers.
Et, comme Compagnie des Indes & de l'Extrême-Orient, Compagnie de l'Amérique latine & des Caraïbes fait partie du groupe Compagnies du Monde.

▲ COMPTOIR DU BRÉSIL
– *Paris* : 344, rue Saint-Jacques, 75005. ☎ 0892-239-039 (0,34 €/mn). Fax : 01-53-10-21-61. ● www.comptoir.fr ● Ⓜ Port-Royal. Ouvert du lundi au samedi de 10 h à 18 h 30.
Les voyages « cousus main ». Avec une équipe de passionnés, partez à la découverte du Brésil, ce géant de l'Amérique du Sud. Un pays aux multiples facettes à explorer en individuel selon un itinéraire sur mesure. Comptoir du Brésil s'intègre à l'ensemble des Comptoirs organisés autour de thématiques : Déserts, Afrique, Islande, États-Unis, Canada, Maroc, Terres extrêmes, Pays celtes, Scandinavie et Italie.

B RÉSIL

Un monde
qui vous va bien

▲ COMPTOIRS DU MONDE (LES)

– *Paris* : 22, rue Saint-Paul, 75004. ☎ 01-44-54-84-54. Fax : 01-44-54-84-50. ● cdm@comptoirsdumonde.fr ● Ⓜ Saint-Paul.

C'est en plein cœur du Marais, dans une atmosphère chaleureuse, que l'équipe des Comptoirs du Monde traitera personnellement tous vos désirs d'évasion : vols à prix réduits, mais aussi circuits et prestations à la carte pour tous les budgets sur toute l'Asie, le Proche-Orient, les Amériques, les Antilles, Madagascar et maintenant l'Italie. Vous pouvez aussi réserver par téléphone et régler par carte de paiement, sans vous déplacer.

▲ EXPEDIA.FR

☎ 0892-301-300 (0,34 €/mn), du lundi au vendredi de 8 h à 20 h et le samedi de 9 h à 19 h. ● www.expedia.fr ●

Expedia.fr permet de composer son voyage sur mesure en choisissant ses billets d'avion, hôtels et location de voitures à des prix très intéressants. Possibilité de comparer les prix de six grands loueurs de voitures et de profiter de tarifs négociés sur 20 000 hôtels de 1 à 5 étoiles dans le monde entier. Également la possibilité de réserver en même temps que son voyage des billets pour des spectacles ou des musées aux dates souhaitées.

▲ FLEUVES DU MONDE

– *Paris* : 28, bd de la Bastille, 75012. ☎ 01-44-32-12-85. Fax : 01-44-32-12-89. ● www.fleuves-du-monde.com ● Ⓜ Bastille.

Fleuves du Monde défend l'élément naturel du voyage. Appréhender l'histoire d'un pays, pénétrer le cœur d'une civilisation, toucher l'intimité d'une culture et savourer le silence de la nature constituent l'objet de ces voyages au fil de l'eau. « Voguer » ou « explorer » sont les deux thèmes de Fleuves du Monde. Le premier savoure l'exotisme et le confort d'une embarcation traditionnelle pour aborder les coutumes de lointaines destinations. Le second éveille l'esprit et l'œil en touchant des cultures à peine déflorées, rencontrées en felouques, pirogues, sampans ou canots.

▲ FRANCE AMÉRIQUE LATINE

– *Paris* : 37, bd Saint-Jacques, 75014. ☎ 01-45-88-20-00. Fax : 01-45-65-20-87. ● www.franceameriquelatine.fr ● Ⓜ Saint-Jacques.

Présente depuis 1970 en France et en Amérique latine sur les terrains de la culture, de la solidarité et de la défense des Droits de l'homme, FAL dispose aussi d'un service voyage agréé et propose des billets d'avion et des voyages sur tout le continent. Avec de nombreuses associations et organisations de jeunesse, FAL propose des activités de brigades et chantiers internationaux dans de nombreux pays. Elles ont déjà permis à des centaines de Français de partager la vie et le travail de jeunes dans des coopératives agricoles, des écoles, des quartiers défavorisés de grandes métropoles d'Amérique latine. Sur place, ils pourront remettre eux-mêmes les médicaments et le matériel scolaire qu'ils auront réunis avant leur départ. Également des circuits touristiques de 8 à 15 jours.

▲ JETSET

Renseignements : ☎ 01-53-67-13-00. Fax : 01-53-67-13-29. ● www.jetset.to ● Et dans les agences de voyages.

Jetset-Equinoxiales est l'un des spécialistes des Amériques ayant une très bonne connaissance du terrain. Dans sa brochure Amérique du Sud, Jetset-Equinoxiales propose un vaste choix de plages et d'itinéraires au Brésil, comme la découverte de l'Amazonie en bateau, le Nordeste en Land Rover, l'architecture baroque coloniale ou des *lodges* dans le Pantanal, la Chapada Diamantina, espaces préservés et paradis écologiques. Enfin, une partie importante est consacrée aux voyages à la carte et notamment aux « voyages en service privé » avec chauffeur-guide parlant français ou en location de voiture au Minas Gerais.

C!E AMÉRIQUE LATINE
& CARAÏBES

L'ART DE VIVRE SON VOYAGE AU BRÉSIL

VOLS - SÉJOURS - CIRCUITS INDIVIDUELS & ACCOMPAGNÉS

RIO	SAO PAULO	BAHIA
555€	555€	760€

Vols A/R. Prix à partir de, par personne, au 1er septembre 06. Taxes à partir de 170 €.

EXEMPLES D'HÔTELS CATÉGORIE ** À ****, PAR NUIT

RIO - Miramar Copacabana ***	49€	Portinari Hotel **** *(design)*	56€
SALVADOR - Pousada Das Flores **	49€	Convento do Carmo ****Luxe	162€
PARATY		Pousada do Sandi ****	64€
CHUTES D'IGUAZU		Tropical Das Cataratas****	83€

Prix par personne, en chambre double avec petit-déjeuner. À partir du 1er juin 2006.

EXEMPLE DE CIRCUIT INDIVIDUEL AU DEPART DE RIO DE JANEIRO

SALVADOR, RIO, IGUACU	8 Jours/7 Nuits	1566€

Prix à partir de, par personne en chambre double avec petit-déjeuner au départ de Rio de Janeiro.
Base 3 personnes. Hôtels 2 et 3 étoiles. Services et visites avec guides locaux francophones.
Vols intérieurs. Taxes aériennes non incluses (à partir de 170 €).

Exceptionnel
EXEMPLE DE CIRCUIT-SÉJOUR ECO-TOURISME AU DÉPART DE PARIS

AU PANTANAL ET AU CHAPADA DOS GUIMARAES	9 Jours/6 Nuits	2055€

Prix à partir de, par personne en ch. double. Pension complète aux lodges, transferts, excursions
quotidiennes à pieds, en canoë, à cheval en 4x4. Guides bilingues. Stop possible à Rio ou Récife : sup.
aérien à partir de 165 €.

EXEMPLES DE CIRCUITS ACCOMPAGNÉS AU DÉPART DE PARIS

LUMIERES TROPICALES	10 Jours/9 Nuits	1880€
LUMIERES DU BRÉSIL	14 Jours/13 Nuits	2680€

Prix à partir de, par personne en chambre double au départ de Paris en demi-pension. Hôtels 3 étoiles.
guides locaux francophones. Taxes aériennes non incluses (à partir de 170 €).

C!E AMERIQUE LATINE

82, bd Raspail *(angle rue de Vaugirard)*
75006 Paris
Métro Rennes-St Placide
Tél : 01 53 63 15 35 - Fax : 01 42 22 20 15
isabelle@compagniesdumonde.com

3, Avenue de l'Opéra
75001 PARIS
Métro Palais-Royal/Louvre
Tél : 01 55 35 33 57 - Fax : 01 42 61 00 96
jplaronde@compagniesdumonde.com

LU 0/5 01 00/2 Compagnies du monde - 2006.07

JE VOUS REMERCIE DE M'ENVOYER CONTRE 3,2€ EN TIMBRES, DEUX BROCHURES MAXIMUM AU CHOIX:

BROCHURES : C!E AMERIQUE LATINE ☐ C!E DE L'AFRIQUE AUSTRALE & DE L'OCÉAN INDIEN ☐

BROCHURES : ETATS-UNIS / CANADA / BAHAMAS ☐ INDES & EXTRÊME-ORIENT ☐

NOM . . . . .PRENOM . . . .

ADRESSE . . . .

CODE POSTAL |_|_|_|_|_| VILLE . . . . .E-MAIL . . . .

▲ JEUNESSE ET RECONSTRUCTION

– *Paris* : 10, rue de Trévise, 75009. ☎ 01-47-70-15-88. Fax : 01-48-00-92-18. ● www.volontariat.org ● Ⓜ Cadet ou Grands-Boulevards.

Jeunesse et Reconstruction propose des activités dont le but est l'échange culturel dans le cadre d'un engagement volontaire. Chaque année, des centaines de jeunes bénévoles âgés de 17 à 30 ans participent à des chantiers internationaux en France ou à l'étranger (Europe, Asie, Afrique et Amérique), s'engagent dans le programme de volontariat à long terme (6 mois ou 1 an) en Europe, Afrique, Amérique latine et Asie, s'inscrivent à des cours de langue en immersion au Costa Rica, Guatemala et Maroc, à des stages de danse traditionnelle, percussions, poterie, art culinaire, artisanat africain.

Dans le cadre des chantiers internationaux, les volontaires se retrouvent autour d'un projet d'intérêt collectif (1 à 4 semaines) et participent à la restauration du patrimoine bâti, à la protection de l'environnement, à l'organisation logistique d'un festival ou à l'animation et l'aide à la vie quotidienne auprès d'enfants ou de personnes handicapées.

▲ LUSITANIA VOYAGES

– *Saint-Ouen* : 114-116, av. Gabriel-Péri, 93400. ☎ 01-58-79-20-01. Fax : 01-58-79-20-02. ● www.lusitania.fr ●

Choix, qualité et accessibilité sont les trois mots-clés de Lusitania Voyages, le voyagiste « sur-mesuriste », spécialiste des destinations lusophones.

Présent sur le marché français depuis 35 ans, Lusitania Voyages propose un large éventail de circuits et séjours dans toutes les régions du Brésil : Rio, Salvador, Iguaçu, l'Amazonie...

Lusitania sera à même de concocter, selon vos goûts, un voyage à la carte. Toutes les formules possibles sont proposées dans une brochure complète, disponible sur simple demande. La parfaite connaissance de la destination et la complicité avec ses prestataires locaux permettent à cette équipe d'origine portugaise et brésilienne de vous conseiller efficacement, toujours dans le souci du détail et avec une approche personnalisée. Autant d'ingrédients qui font la réputation de ce spécialiste de la destination !

▲ MAISON DES AMÉRIQUES LATINES (LA)

– *Paris* : 3, rue Cassette, 75006. ☎ 01-53-63-13-40. Fax : 01-42-84-23-28. ● www.maisondesameriqueslatines.com ● Ⓜ Saint-Sulpice.

Loin des clichés de l'exotisme, le catalogue propose un programme fondé sur les exigences d'une clientèle passionnée, soucieuse de faire appel à un spécialiste : circuits accompagnés en petits groupes, voyages sur mesure.

▲ MARSANS INTERNATIONAL

– *Paris* : 49, av. de l'Opéra, 75002. ☎ 0825-031-031 (0,15 €/mn). ● www.marsans.fr ● Ⓜ Opéra.

L'un des meilleurs spécialistes de la destination qui met en place son propre vol spécial direct Paris-Salvador de décembre à avril et qui propose un grand choix de formules. C'est l'occasion de découvrir Salvador de Bahia, ses villes superbes et ses plages comme Morro de São Paulo, Praia do Forte et Costa do Sauipe ; mais aussi un combiné Rio-Salvador, de nombreux circuits guidés réalisables à partir de deux personnes, et des hôtels à la carte à Rio, à Salvador et dans les principales villes, pour voyager à sa guise.

▲ NOMADE AVENTURE

– *Paris* : 40, rue de la Montagne-Sainte-Geneviève, 75005. ☎ 0826-100-326 (0,34 €/mn). Fax : 01-43-54-76-12. ● www.nomade-aventure.com ●

Loin des voyages préfabriqués, Nomade Aventure propose des circuits inédits partout dans le monde à réaliser en famille, entre amis, avec ou sans guide. Spécialiste de l'aventure avec plus de 400 itinéraires (de niveau tranquille, dynamique ou sportif) qui vont à la rencontre des pays et de leurs habitants, Des expériences authentiques à pied, à cheval, à dos de chameau ou en 4x4.

marsans

Séjours découvertes, séjours plages, circuits...

au Brésil

marsans international

0825 031 031 (0,15€ttc/mn) - **www.marsans.fr**
Consultez nos catalogues dans votre agence de voyages
ou Agences Marsans Transtours :
49, avenue de l'Opéra - 75002 Paris / 1, quai Gailleton - 69002 Lyon

▲ NOSTALATINA

– *Paris :* 19, rue Damesme, 75013. ☎ 01-43-13-29-29. Fax : 01-43-13-30-60. ● www.ann.fr ● Sur rendez-vous.

Parce qu'il n'est pas toujours aisé de partir seul, NostaLatina propose des voyages sur mesure en Amérique latine, notamment au Brésil, en individuel ou en groupe. Deux formules au choix : la première avec billets d'avion, logement, transferts entre les étapes, et une autre avec en plus un guide et une voiture privée à chaque étape. Ces formules à la carte sont possibles sur la plupart des itinéraires proposés.

▲ NOUVELLES FRONTIÈRES

– Renseignements et réservations dans toute la France : ☎ 0825-000-825 (0,15 €/mn). ● www.nouvelles-frontieres.fr ● Les 13 brochures Nouvelles Frontières sont disponibles gratuitement dans les 210 agences du réseau, par téléphone ou sur Internet.

Plus de 30 ans d'existence, 1 400 000 clients par an, 250 destinations, une chaîne d'hôtels-clubs *Paladien* et une compagnie aérienne, *Corsair.* Pas étonnant que Nouvelles Frontières soit devenu une référence incontournable, notamment en matière de tarifs. Le fait de réduire au minimum les intermédiaires permet d'offrir des prix « super-serrés ». Un choix illimité de formules vous est proposé : des vols sur la compagnie aérienne de Nouvelles Frontières au départ de Paris et de province, en classe Horizon ou Grand Large, et sur toutes les compagnies aériennes régulières, avec une gamme de tarifs selon confort et budget. Sont également proposées toutes sortes de circuits, aventure ou organisé ; des séjours en hôtels, en hôtels-clubs et en résidences ; des week-ends ; des formules à la carte (vol, nuits d'hôtel, excursions, location de voitures...) ; des séjours neige.

Avant le départ, des réunions d'information sont organisées. Intéressant : des brochures thématiques (plongée, rando, trek, thalasso).

▲ OTU VOYAGES

– Renseignements et réservations : ☎ 01-55-82-32-32. ● infovente@otu.fr ● N'hésitez pas à consulter leur site ● www.otu.fr ● pour obtenir adresse, plan d'accès, téléphone et e-mail de l'agence la plus proche de chez vous (24 agences OTU Voyages en France).

OTU Voyages propose tous les voyages jeunes et étudiants à des tarifs spéciaux particulièrement adaptés aux besoins et au budget de chacun. Les bons plans, services et réductions partout dans le monde avec la carte d'étudiant internationale ISIC, les billets d'avion (Student Air, Air France...), train, bateau ou bus, les assurances voyage, la location de voitures à des tarifs avantageux et souvent exclusifs, pour plus de liberté, des hôtels, des *city trips* pour découvrir le monde, des séjours ski et surf, kite surf, plongée, etc.

▲ PICAFLOR VOYAGES

– *Paris :* 5, rue Tiquetonne, 75002. ☎ 01-40-28-93-33. Fax : 01-40-28-93-55. ● www.picaflor.fr ● Ⓜ Les Halles ou Étienne-Marcel.

Une agence spécialiste de l'Amérique latine, et en particulier du Pérou, puisque c'est Lalo Justo Caballero qui lança cette destination en France. Dans les années 1970, il a organisé les premiers charters sur le Pérou, le Mexique, l'Argentine, le Brésil. Récemment revenu à ses premiers amours, il a ouvert cette petite agence au cœur des Halles, où vous trouverez des conseils pour voyager au Pérou et dans le reste de l'Amérique latine, des vols secs à prix réduit, des forfaits aériens pour parcourir chaque pays, des voyages à la carte, des circuits à prix et dates garantis pour le Pérou, l'Équateur, la Bolivie, le Brésil, l'Argentine, le Mexique, le Guatemala...

Pour avoir un avant-goût de tous ces pays, vous poussez la porte d'à côté, et vous vous trouvez dans un marché indien : vous pouvez manger péruvien, acheter des produits argentins, brésiliens, colombiens et péruviens bien sûr,

NOUVELLES FRONTIERES

SORTEZ DE CHEZ VOUS

Comment aller au Brésil pas cher ?
Des vols réguliers au départ de Paris.

645 € [1]
RIO OU SAO PAULO
ALLER / RETOUR

Comment partir de province ?
Vols au départ de Lyon, Marseille et Toulouse : nous consulter.

Où dormir tranquille ?
- Hôtel Luxor Continental*** à Rio de Janeiro :
  avec petit-déjeuner et un tour de ville.
- Hôtel Mercure*** à Salvador de Bahia : 1125 € [1],
  7 nuits avec petit déjeuner et un tour de ville.
Prix à partir de, vols et transferts A/R inclus,
au départ de Paris. Base chambre double.

1016 € [1]
LUXOR
7 NUITS
PETIT-DÉJEUNER

Nouveauté :
Circuit en liberté "Les couleurs du Brésil" :
19 jours/16 nuits, Salvador, Ouro Preto, Paraty,
Rio, ...avec guide francophone, 15 participants
maximum. Prix à partir de, vols et transferts A/R
inclus au départ de Paris avec petits déjeuners.
Base chambre double.

1747 € [1]
CIRCUIT
19 J. - 16 N.

À Voir / À faire :
Découverte des plus belles villes coloniales d'Amérique du Sud,
de la célèbre Baie de Rio, la gentillesse des brésiliens,
sans oublier l'âme du pays : la Musique.

[1] Prix TTC, à partir de, taxes aériennes et surcharge carburant susceptibles de modification sans préavis. Par personne, à certaines dates, sous réserve de disponibilités.

210 AGENCES EN FRANCE, 0825 000 825, nouvelles-frontieres.fr
(0,15 €/min)

écouter de la salsa ou de la flûte indienne, et même emporter un repas latino pour étonner vos amis ou même manger sur place : *Casa Picaflor,* 5, rue Tiquetonne, 75002 Paris. ☎ 01-42-33-10-08.

▲ ROOTS TRAVEL

– *Paris :* 85, rue de la Verrerie, 75004. ☎ 01-42-74-07-07. Fax : 01-42-74-01-01. ● www.rootstravel.com ● info@rootstravel.com ● Ⓜ Hôtel-de-Ville. Ouvert du lundi au vendredi de 10 h à 13 h et 14 h à 19 h ; le samedi à partir de 11 h.
Roots Travel propose des séjours qui permettent de visiter la région de Salvador de Bahia et de Rio de Janeiro avec un choix original d'hébergement en *pousadas,* appartements ou hôtels de charme. Vous pourrez trouver sur leur site Internet promos, forfaits, informations et conseils pratiques, des photos et un module de voyage à la carte qui vous permettra de constituer vous-même votre itinéraire d'Itacaré à Morro de São Paulo en passant par Paraty ou Ilha Grande. Roots Travel est aussi spécialisé sur Cuba, le Cap-Vert, New York, la République dominicaine, le Sri Lanka et Madagascar.

▲ LA ROUTE DES VOYAGES

– *Annecy :* 2 bis, av. de Brogny, 74000. ☎ 04-50-45-60-20. Fax : 04-50-51-60-58.
– *Lyon :* 59, rue Franklin, 69002. ☎ 04-78-42-53-58. Fax : 04-72-56-02-86.
– *Toulouse :* 9, rue Saint-Antoine-du-T, 31000. ☎ 05-62-27-00-68. Fax : 05-62-27-00-86.
● www.route-voyages.com ●
Spécialiste du voyage sur mesure ayant une grande connaissance du terrain. Une équipe spécialisée par destination travaille en direct avec des prestataires locaux et construit des voyages personnalisés. Leur site Internet très détaillé vous donnera un aperçu de leur programmation. Que ce soit vers les Amériques Nord et Sud, l'Asie, l'Australie, l'Afrique australe ou l'Océan Indien, elle privilégie les voyages hors des sentiers battus.

▲ TAWA

– *Mulhouse :* 28, rue du Sauvage, 68100. ☎ 03-89-36-02-00. Fax : 03-89-56-30-10. ● www.tawa.fr ●
L'agence Tawa, créée par un Français en Bolivie voici une trentaine d'années, a son propre bureau en France : vous y trouverez un maximum d'informations et toute l'aide nécessaire à la préparation d'un voyage en Amérique du Sud. Groupes ou individuels, voyages organisés ou vols secs, voyages culturels ou sportifs, le vrai « sur mesure » est possible. Depuis son bureau de La Paz, l'agence a prospecté le continent sud-américain et possède une expérience originale et variée à l'extrême. Sur le Brésil, Tawa propose essentiellement des voyages individuels à la carte, en particulier dans le Minas Gerais et au Pantanal. Tawa Europe représente la compagnie aérienne bolivienne Aerosur : vols nationaux boliviens et vols internationaux vers Buenos Aires et São Paulo.

▲ TERRES D'AVENTURE

– Renseignements dans toute la France : ☎ 0825-847-800 (0,15 €/mn). ● www.terdav.com ●
– *Paris :* 6, rue Saint-Victor, 75005. Fax : 01-43-25-69-37. Ⓜ Cardinal-Lemoine ou Maubert-Mutualité. Ouvert du lundi au samedi de 9 h 30 à 19 h.
– *Grenoble :* 16, bd Gambetta, 38000. Fax : 04-76-85-96-05.
– *Lille :* 147, bd de la Liberté (angle place Richebé), 59000. Fax : 03-20-06-76-32.
– *Lyon :* 5, quai Jules-Courmont, 69002. Fax : 04-78-37-15-01.
– *Marseille :* 25, rue Fort-Notre-Dame (angle cours d'Estienne-d'Orves), 13001. Fax : 04-96-17-89-29.

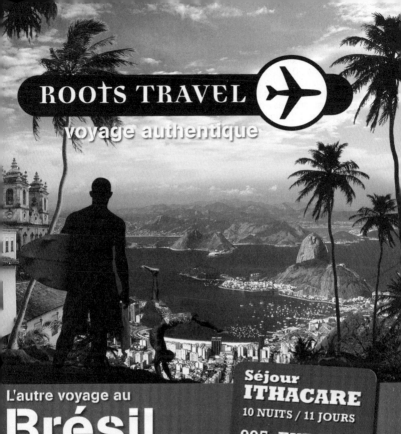

Roots Travel
voyage authentique

L'autre voyage au

Brésil
**POSADAS ET APPARTEMENTS
À RIO ET SALVADOR**

- BILLETS D'AVIONS ET VOLS INTERIEURS
- RESERVATIONS D'HÔTELS
- FORFAITS ET SÉJOURS À LA CARTE
- LOCATION DE VOITURES

**Séjour
ITHACARE**
10 NUITS / 11 JOURS

995 EUROS*

- BILLETS D'AVION A/R
- TRANSFERT AEROPORT
- 10 NUITS À ITHACARE
AVEC PETIT DEJEUNER
EN POUSADA

* hors taxe d'aéroport
(à partir de, en base chambre double)

**Autres destinations, forfaits et promos sur
http//:www.rootstravel.com**

Roots Travel
85 rue de la Verrerie 75004 Paris
tél. 01 42 74 07 07 fax. 01 42 74 01 01
E-mail : info@rootstravel.com

– *Nantes :* 22, rue Crébillon, 44000. Fax : 02-40-20-64-37.
– *Nice :* 4, rue du Maréchal-Joffre (angle rue de Longchamp), 06000. Fax : 04-97-03-64-70.
– *Rennes :* 39, rue de la Parcheminerie, 35000. Fax : 02-99-79-10-00.
– *Toulouse :* 26, rue des Marchands, 31000. Fax : 05-34-31-72-61.
Ouvertures prévues en 2006/2007 :
– *Bordeaux :* 28, rue Mably, 33000.
– *Montpellier :* 7, rue de Verdun, 34000. Ouverture à l'automne 2006.
– *Rouen :* 17-19, rue de la Vicomté, 76000. Ouverture en septembre 2006.
Depuis 30 ans, Terres d'Aventure, pionnier du voyage à pied, accompagne les voyageurs passionnés de randonnée et d'expériences authentiques à la découverte des grands espaces de la planète. Voyages à pied, à cheval, en 4x4, en bateau, en raquettes... sur tous les continents, des aventures en petits groupes encadrés par des professionnels expérimentés. Les héberge-ments dépendent des sites explorés : camp d'altitude, bivouac, refuge ou petit hôtel. Les voyages sont conçus par niveau de difficulté : de la simple balade en plaine à l'expédition sportive en passant par la course en haute montagne.
En région, dans chacune des *Cités des Voyageurs,* tout rappelle le voyage : librairies spécialisées, boutiques d'accessoires de voyage, expositions-ventes d'artisanat et cocktails-conférences. Consultez le programme des manifestations sur leur site Internet.

▲ TERRES DE CHARME & ÎLES DU MONDE
– *Paris :* 19, av. Franklin-D.-Roosevelt, 75008. ☎ 01-55-42-74-10. Fax : 01-56-24-49-77. ● www.terresdecharme.com ● www.ilesdumonde.com ● Ⓜ Franklin-D.-Roosevelt. Ouvert du lundi au vendredi de 10 h à 18 h 30 et le samedi de 13 h 30 à 19 h.
Terres de Charme & Îles du Monde a la particularité d'organiser des voyages « sur mesure » haut de gamme partout dans le monde pour ceux qui souhai-tent voyager à deux, en famille ou entre amis. Des séjours et des circuits rares et insolites regroupés selon 5 thèmes : « charme de la mer et des îles », « l'Afrique à la manière des pionniers », « charme et aventure », « sur les chemins de la sagesse », « week-ends et escapades », avec un héber-gement allant de douillet à luxueux.

▲ TERRE BRÉSIL
– *Paris :* 28, bd de la Bastille, 75012. ☎ 01-44-32-12-81. Fax : 01-44-32-12-89. ● www.terre-bresil.com ● Ⓜ Bastille.
Spécialiste avertie, l'équipe de Terre Brésil cherche à dévoiler les trésors oubliés du Brésil et répond à toutes les demandes avec souplesse, précision et diversité. Présentés par thème en brochure ou réalisés sur mesure, leurs voyages s'adressent aux individuels comme aux groupes avec le souci du partage et des rencontres.

▲ ULTRAVACANCES
– Renseignements au ☎ 0825-000-101 (0,15 €/mn).
● www.ultravacances.com ● est le nouveau site « discount » de Nouvelles Frontières. Des prix serrés pour des circuits et séjours sur une quarantaine de destinations, ainsi que des offres de dernière minute.

▲ VOYAGES WASTEELS
Soixante-deux agences en France, 140 en Europe. Pour obtenir l'adresse et le numéro de téléphone de l'agence la plus proche de chez vous, rendez-vous sur ● www.wasteels.fr ●
Centre d'appels Infos et ventes par téléphone : ☎ 0825-887-070 (0,15 €/mn).
Voyages Wasteels propose pour tous des séjours, des week-ends, des vacan-ces à la carte, des croisières, des locations mer et montagne, de l'héberge-ment en hôtel, des voyages en avion ou train et de la location de voitures, au plus juste prix, parmi des milliers de destinations en France, en Europe et

dans le monde. Voyages Wasteels, c'est aussi tous les voyages jeunes et étudiants avec des tarifs réduits particulièrement adaptés aux besoins et au budget de chacun avec la carte d'étudiant internationale ISIC.

▲ VOYAGEURS AU BRÉSIL

Le grand spécialiste du voyage en individuel sur mesure. ● www.vdm.com ● Nouveau ! Voyageurs du Monde Express : tous les vols et une sélection de voyages « prêts à partir » sur des destinations mythiques. ☎ 0892-688-363 (0,34 €/mn).

– *Paris :* La Cité des Voyageurs, 55, rue Sainte-Anne, 75002. ☎ 0892-23-65-65 (0,34 €/mn). Fax : 01-42-86-17-92. ⓜ Opéra ou Pyramides. Bureaux ouverts du lundi au samedi de 9 h 30 à 19 h.

– *Bordeaux :* 28, rue Mably, 33000. ☎ 0892-234-834 (0,34 €/mn).

– *Grenoble :* 16, bd Gambetta, 38000. ☎ 0892-233-533 (0,34 €/mn).

– *Lille :* 147, bd de la Liberté, 59000. ☎ 0892-234-634 (0,34 €/mn). Fax : 03-20-06-76-31.

– *Lyon :* 5, quai Jules-Courmont, 69002. ☎ 0892-231-261 (0,34 €/mn). Fax : 04-72-56-94-55.

– *Marseille :* 25, rue Fort-Notre-Dame (angle cours d'Estienne-d'Orves), 13001. ☎ 0892-233-633 (0,34 €/mn). Fax : 04-96-17-89-18.

– *Montpellier :* 7 rue de Verdun, 34000. Ouverture à l'automne 2006.

– *Nantes :* 22, rue Crébillon, 44000. ☎ 0892-230-830 (0,34 €/mn). Fax : 02-40-20-64-38.

– *Nice :* 4, rue du Maréchal-Joffre (angle rue de Longchamp), 06000. ☎ 0892-232-732 (0,34 €/mn). Fax : 04-97-03-64-60.

– *Rennes :* 31, rue de la Parcheminerie, 35102. ☎ 0892-230-530 (0,34 €/mn). Fax : 02-99-79-10-00.

– *Rouen :* 17-19, rue de la Vicomté, 76000. Ouverture en septembre 2006.

– *Toulouse :* 26, rue des Marchands, 31000. ☎ 0892-232-632 (0,34 €/mn). Fax : 05-34-31-72-73. ⓜ Esquirol.

Sur les conseils d'un spécialiste de chaque pays, chacun peut construire un voyage à sa mesure... Pour partir à la découverte de plus de 120 pays, 100 conseillers-voyageurs, de près de 30 nationalités et grands spécialistes des destinations, donnent des conseils, étape par étape et à travers une collection de 25 brochures, pour élaborer son propre voyage en individuel. Des suggestions originales et adaptables, des prestations de qualité et des hébergements exclusifs.

Voyageurs du Monde propose également une large gamme de circuits accompagnés (Famille, Aventure, Routard...). À la fois tour-opérateur et agence de voyages, Voyageurs du Monde a développé une politique de « vente directe » à ses clients, sans intermédiaire.

Dans chacune des *Cités des Voyageurs,* tout rappelle le voyage : librairie spécialisée, boutique d'accessoires de voyage, restaurant des cuisines du monde, lounge-bar, expositions-vente d'artisanat ou encore dîners et cocktails-conférences. Toute l'actualité de VDM à consulter sur leur site Internet.

EN BELGIQUE

▲ ARGENTINA TOURS – ICT

– *Bruxelles :* rue de la Montagne, 52, 1000. ☎ et fax : 02-219-65-44. ● www.argentina-tours.com ●

Fondé en 1999 par l'Argentin Carlos Gerzanich, Argentina Tours s'est spécialisé dans le tourisme réceptif en Argentine, au Chili et au Pérou. Leur équipe a une très bonne connaissance du terrain. Nouveautés : la Bolivie, le Brésil, le Venezuela, le Costa Rica, le Guatemala, le Panama, le Honduras et le Mexique.

▲ CONNECTIONS

Renseignements et réservations au ☎ 070-233-313. ● www.connections.
be ● Ouvert du lundi au vendredi de 9 h à 21 h et le samedi de 10 h à 17 h.
Spécialiste du voyage pour les étudiants, les jeunes et les *independent tra-
vellers*. Le voyageur peut y trouver informations et conseils, aide et assistance (revalidation, routing...) dans 22 points de vente en Belgique et auprès
de bon nombre de correspondants de par le monde.

Connections propose une gamme complète de produits : des tarifs aériens
spécialement négociés pour sa clientèle (licence IATA), une très large offre
de *last minutes,* toutes les possibilités d'arrangement terrestre (hébergements, locations de voitures, *self-drive tours,* vacances sportives, expéditions), de nombreux services aux voyageurs comme l'assurance voyage
« Protections » ou les cartes internationales de réduction (notamment la carte
internationale d'étudiant ISIC).

▲ CONTINENTS INSOLITES

– *Bruxelles :* rue César-Franck, 44 A, 1050. ☎ 02-218-24-84. Fax : 02-218-
24-88. Ouvert du lundi au vendredi de 10 h à 18 h et le samedi de 10 h à 13 h.
● www.continentsinsolites.com ●
Continents Insolites, organisateur de voyages lointains sans intermédiaire,
propose une gamme étendue de formules de voyage détaillée dans leur brochure gratuite sur demande.

– *Voyages découverte taillés sur mesure :* à partir de 2 personnes. Un grand
choix d'hébergements soigneusement sélectionnés : du petit hôtel simple à
l'établissement luxueux et de charme.

– *Circuits découverte en minigroupes :* de la grande expédition au circuit
accessible à tous. Des circuits à dates fixes dans plus de 60 pays en petits
groupes francophones de 7 à 12 personnes. Avant chaque départ, une réunion est organisée. Voyages encadrés par des guides francophones, spécialistes des régions visitées.

De plus, Continents Insolites propose un cycle de diaporamas-conférences à
Bruxelles. Ces conférences se déroulent à l'Espace Senghor, place Jourdan,
1040 Etterbeek (dates dans leur brochure).

▲ FAIRWAY TRAVEL

– *Bruxelles :* rue Abbé-Heymans, 2, 1200. ☎ 02-762-78-78. Fax : 02-762-02-
17. ● www.fairwaytravel.be ●
Spécialiste de l'Amérique latine, du Mexique au Chili en passant par les fjords
de Patagonie et la cordillère des Andes. Au programme, des croisières en
Amazonie, en Antarctique, aux Galapagos et en Terre de Feu, des randonnées sur le chemin de l'Inca ou les plus beaux trains d'Amérique latine.

▲ JOKER

– *Bruxelles :* quai du commerce, 27, 1000. ☎ 02-502-19-37. Fax : 02-502-
29-23. ● www.joker.be ●
– Adresses également à *Anvers, Bruges, Courtrai/Harelbeke, Gand, Has-
selt, Louvain, Malines, Schoten* et *Wilrijk.*
Joker est spécialiste des voyages d'aventure et des billets d'avion à des prix
très concurrentiels. Vols aller-retour au départ de Bruxelles, Paris et Amsterdam. Voyages en petits groupes avec accompagnateur compétent. Circuits
souples à la recherche de contacts humains authentiques, utilisant l'infrastructure locale et explorant le « vrai pays ».

▲ NOUVELLES FRONTIÈRES

– *Bruxelles* (siège) *:* bd Lemonnier, 2, 1000. ☎ 02-547-44-22. Fax : 02-547-
44-99. ● www.nouvelles-frontieres.be ●
– Également d'autres agences à *Bruxelles, Charleroi, Liège, Mons, Namur,
Waterloo, Wavre* et au *Luxembourg.*
Plus de 30 ans d'existence, 250 destinations, une chaîne d'hôtels-clubs *Pala-
dien.* Pas étonnant que Nouvelles Frontières soit devenu une référence incon-

tournable, notamment en matière de tarifs. Le fait de réduire au maximum les intermédiaires permet d'offrir des prix « super-serrés ».

▲ PAMPA EXPLOR

– *Bruxelles :* av. Brugmann, 250, 1180. ☎ 02-340-09-09. Fax : 02-346-27-66. ● www.pampa.be ● Ouvert du lundi au vendredi de 9 h à 19 h et le samedi de 10 h à 17 h. Également sur rendez-vous, dans leurs locaux, ou à votre domicile.

Spécialiste des vrais voyages « à la carte », Pampa Explor propose plus de 70 % de la « planète bleue », selon les goûts, attentes, centres d'intérêt et budgets de chacun. Du Costa Rica à l'Indonésie, de l'Afrique australe à l'Afrique du Nord, de l'Amérique du Sud aux plus belles croisières, Pampa Explor tourne le dos au tourisme de masse pour privilégier des découvertes authentiques et originales, pleines d'air pur et de chaleur humaine. Pour ceux qui apprécient la jungle et les pataugas ou ceux qui préfèrent les cocktails en bord de piscine et les fastes des voyages de luxe, en individuel ou en petits groupes, mais toujours « sur mesure ».

Possibilité de régler par carte de paiement. Sur demande, envoi gratuit de documents de voyages.

▲ SERVICE VOYAGES ULB

– *Bruxelles :* campus ULB, av. Paul-Héger, 22, CP 166, 1000. ☎ 02-648-96-58.
– *Bruxelles :* rue Abbé-de-l'Épée, 1, Woluwe, 1200. ☎ 02-742-28-80.
– *Bruxelles :* hôpital universitaire Érasme, route de Lennik, 808, 1070. ☎ 02-555-38-49.
– *Bruxelles :* chaussée d'Alsemberg, 815, 1180. ☎ 02-332-29-60.
– *Ciney :* rue du Centre, 46, 5590. ☎ 083-216-711.
– *Marche :* av. de la Toison-d'Or, 4, 6900. ☎ 084-31-40-33.
– *Wepion :* chaussée de Dinant, 1137, 5100. ☎ 081-46-14-37.
Agences ouvertes sans interruption de 9 h à 17 h, du lundi au vendredi. ● www.servicevoyages.be ●

Service Voyages ULB, c'est le voyage à l'université. L'accueil est donc très sympa. Billets d'avion sur vols charters et sur compagnies régulières à des prix hyper-compétitifs.

▲ SUDAMERICA TOURS

Brochures disponibles dans les agences de voyages en Belgique et au Luxembourg, ou au ☎ 02-772-15-34 (Bruxelles ; contact : Éric Gedeon). ● www.sudamericatours.be ●

Tour-opérateur belge spécialisé depuis 17 ans sur l'Amérique latine, Sudamerica Tours propose deux brochures : « Circuits et séjours individuels » et « Circuits en groupes accompagnés avec départs garantis de Bruxelles à Bruxelles ».

Réalise également des circuits à la carte avec location de voiture, des séjours plage, des safaris et écotourisme, des croisières en Amazonie, aux Galapagos, sur le lac Titicaca... Logement en haciendas et hôtels de charme. Destinations : Argentine, Bolivie, Brésil, Chili, Équateur, Guatemala, Pérou, Mexique. Nouveauté : le Costa Rica.

▲ TERRES D'AVENTURE

– *Bruxelles :* Vitamin Travel, rue Van-Artevelde, 48, 1000. ☎ 02-512-74-64. Fax : 02-512-69-60. ● info@vitamintravel.be ●
(Voir texte dans la partie « En France ».)

EN SUISSE

▲ JERRYCAN

– *Genève :* 11, rue Sautter, 1205. ☎ 022-346-92-82. Fax : 022-789-43-63. ● www.jerrycan-travel.ch ●

Cour pénale internationale :
face aux dictateurs et aux tortionnaires,
la meilleure force de frappe,
c'est le droit.

L'impunité, espèce en voie d'arrestation.

Fédération Internationale des ligues des droits de l'homme.

www.fidh.org

Tour-opérateur de la Suisse francophone spécialisé dans l'Afrique, l'Asie et l'Amérique latine. Trois belles brochures proposent des circuits traditionnels et hors des sentiers battus. L'équipe connaît bien son sujet et peut vous construire un voyage à la carte.

En Amérique latine, Jerrycan propose des voyages à partir de 2 personnes en Bolivie, au Pérou, en Équateur, au Chili, en Argentine, au Guatemala, au Costa Rica, au Brésil et au Mexique. En Asie, Jerrycan propose le Cambodge, la Chine, l'Inde, l'Indonésie, le Laos, la Malaisie, le Myanmar (Birmanie), le Népal, les Philippines, la Thaïlande, le Tibet, le Vietnam, le Pakistan et l'Ouzbékistan. En Afrique, Jerrycan propose des safaris en petits groupes au Botswana, en Namibie, au Zimbabwe, en Zambie et en Afrique du Sud. Voyages privés et à la carte possibles dans ces pays, ainsi qu'au Kenya et en Tanzanie. Séjours balnéaires au Kenya et à Zanzibar.

▲ NOUVEAUX MONDES

– *Mies :* 7, route Suisse, 1295. ☎ 022-950-96-60. Fax : 022-950-96-66. ● www.nouveauxmondes.com ●
Spécialiste de l'Amérique du Sud en Suisse romande depuis plus de 15 ans, Nouveaux Mondes propose des circuits originaux et des voyages à la carte dans toute l'Amérique latine, ainsi qu'à l'île de Pâques, aux îles Malouines et sur le continent Antarctique. Nouveauté : le Costa Rica.

▲ NOUVELLES FRONTIÈRES

– *Genève :* 10, rue Chantepoulet, 1201. ☎ 022-906-80-80. Fax : 022-906-80-90.
– *Lausanne :* 19, bd de Grancy, 1006. ☎ 021-616-88-91. Fax : 021-616-88-01.
(Voir texte dans la partie « En France ».)

▲ STA TRAVEL

– *Bienne :* General Dufourstrasse 4, 2502. ☎ 058-450-47-50. Fax : 058-450-47-58.
– *Fribourg :* 24, rue de Lausanne, 1701. ☎ 058-450-49-80. Fax : 058-450-49-88.
– *Genève :* 3, rue Vignier, 1205. ☎ 058-450-48-30. Fax : 058-450-48-38.
– *Lausanne :* 26, rue de Bourg, 1003. ☎ 058-450-48-70. Fax 058-450-48-78.
– *Lausanne :* à l'université, bâtiment BFSH2, 1015. ☎ 058-450-49-20. Fax : 058-450-49-28.
– *Montreux :* 25, av. des Alpes, 1820. ☎ 058-450-49-30. Fax : 058-450-49-38.
– *Neuchâtel :* Grand-Rue, 2, 2000. ☎ 058-450-49-70. Fax : 058-450-49-78.
– *Nyon :* 17, rue de la Gare, 1260. ☎ 058-450-49-00. Fax : 058-450-49-18.
Agences spécialisées notamment dans les voyages pour jeunes et étudiants. Gros avantage en cas de problème : 150 bureaux STA et plus de 700 agents du même groupe répartis dans le monde entier sont là pour donner un coup de main *(Travel Help)*.
STA propose des voyages très avantageux : vols secs *(Skybreaker)*, billets Euro Train, hôtels, écoles de langue, voitures de location, etc. Délivre la carte internationale d'étudiant ISIC et la carte Jeune Go 25.
STA est membre du fonds de garantie de la branche suisse du voyage ; les montants versés par les clients pour les voyages forfaitaires sont assurés.

▲ TERRES D'AVENTURE

– *Genève :* Néos Voyages, 50, rue des Bains, 1205. ☎ 022-320-66-35. Fax : 022-320-66-36. ● geneve@neos.ch ●
– *Lausanne :* Néos Voyages, 11, rue Simplon, 1006. ☎ 021-612-66-00. Fax : 021-612-66-01. ● lausanne@neos.ch ●
(Voir texte dans la partie « En France ».)

AU QUÉBEC

▲ EXOTIK TOURS

Renseignements sur ● www.exotiktours.com ● ou auprès de votre agence de voyages.

La Méditerranée, l'Europe, l'Asie et les Grands Voyages : Exotik Tours offre une importante programmation en été comme en hiver. Ses circuits estivaux se partagent notamment entre la France, l'Autriche, la Grèce, la Turquie, l'Italie, la Croatie, le Maroc, la Tunisie, la République tchèque, la Russie, la Thaïlande, le Vietnam, la Chine... Dans la rubrique « Grands voyages », le voyagiste suggère des périples en petits groupes ou en individuel. Au choix : l'Amérique du Sud (Brésil, Pérou, Argentine, Chili, Équateur, îles Galapagos), le Pacifique Sud (Australie et Nouvelle-Zélande), l'Afrique (Afrique du Sud, Kenya, Tanzanie), l'Inde et le Népal. L'hiver, des séjours sont proposés dans le Bassin méditerranéen et en Asie (Thaïlande et Bali). Durant cette saison, on peut également opter pour des combinés plage + circuit. Le voyagiste a par ailleurs créé une nouvelle division : Carte Postale Tours (circuits en autocar au Canada et aux États-Unis).

Exotik Tours est membre du groupe *Intair* comme Intair Vacances.

▲ TOURS CHANTECLERC

● www.tourschanteclerc.com ●

Tours Chanteclerc est un tour-opérateur qui publie différentes brochures de voyages : Europe, Amérique du Nord au Sud en passant par le Mexique, Asie + Pacifique Sud, Afrique et Soleils de Méditerranée. Il se présente comme l'une des « références sur l'Europe » avec deux brochures : groupes (circuits guidés en français) et individuels. « Mosaïques Europe » s'adresse aux voyageurs indépendants (vacanciers ou gens d'affaires) qui réservent un billet d'avion, un hébergement (dans toute l'Europe), des excursions, une location de voiture. Aussi spécialiste de Paris, le grossiste offre une vaste sélection d'hôtels et d'appartements dans la Ville Lumière.

▲ VOYAGES CAMPUS / TRAVEL CUTS

Campus / Travel Cuts est un réseau national d'agences de voyages qui propose des tarifs aériens sur une multitude de destinations pour tous et plus particulièrement en classe étudiante, jeunesse, enseignant. Il diffuse la carte d'étudiant internationale (ISIC), la carte jeunesse (IYTC) et la carte d'enseignant (ITIC). Voyages Campus publie quatre fois par an le *Müv*, le magazine du nomade (● www.muvmag.com ●). Voyages Campus propose un programme de Vacances-Travail (SWAP), son programme de volontariat *(Volunteer Abroad)* et plusieurs circuits au Québec et à l'étranger. Le réseau compte quelque 70 agences à travers le Canada, dont 9 au Québec. Pour contacter l'agence la plus proche : ● www.voyagescampus.com ●

GÉNÉRALITÉS

> **Pour la carte du Brésil, se reporter au cahier couleur.**

Plus qu'un pays en Amérique du Sud, le Brésil est un continent dans le continent : environ 8 512 000 km^2, 286 fois la Belgique, plus de 16 fois la France !

« Terre de contrastes », a dit l'anthropologue Roger Bastide dans une formule qui fit succès : matérialisme brutal contre mysticisme halluciné, splendeur fastueuse du carnaval contre misère quotidienne, délicatesse du baroque colonial contre délires futuristes de Brasília, ardente ferveur chrétienne et transes de possession des dieux d'Afrique, fortunes colossales contre sous-alimentation endémique... on ne finirait pas d'en dresser la liste.

De l'Amazone infini aux colossales chutes d'Iguaçu, du quadrilatère de la sécheresse au continent marécageux du Pantanal, ici, la nature atteint les extrêmes de la démesure, et la démesure est peut-être la clé du Brésil. Une civilisation qui se construit, se défait, renaît avec des craquements, des explosions et une vitalité incroyable.

Qu'est-ce que la culture brésilienne ? C'est Oswald de Andrade, père du modernisme brésilien, qui la définit en deux mots : l'« anthropophagie culturelle ». « Seule l'anthropophagie nous unit. Socialement. Économiquement. Philosophiquement. Une conscience participante, une rythmique religieuse... Toutes les religions. Aucune église. Et surtout, beaucoup de sorcellerie. La joie est la preuve par neuf. Tupi or not tupi, that is the question. » *Tupi*, ce sont les Indiens cannibales, qui dévorèrent les premiers jésuites pour s'en approprier les vertus !

Alors, venez au Brésil pour ses plages, pour son soleil, pour sa musique, pour la folie unique au monde de son carnaval, pour ses forêts tropicales et la jungle de ses villes... et surtout pour ébranler vos certitudes, pour vous laisser dévorer, délicatement, sans résister, par les « Indiens » et les « Indiennes » natifs de ces terres... Le Brésil, dernière frontière culturelle à franchir.

CARTE D'IDENTITÉ

- **Nom officiel :** République fédérale du Brésil.
- **Capitale :** Brasília.
- **Superficie :** 8 511 965 km^2, divisés en 26 états.
- **Population :** 186 000 000 habitants.
- **Densité de la population :** 21,9 hab./km^2 (avec 70 % des Brésiliens vivant à moins de 100 km de la mer).
- **Monnaie :** real (pluriel *reais*). 1 Rls = 0,38 €.
- **Langue officielle :** portugais du Brésil.
- **Religion principale :** catholique (75 % de la population en 2000).
- **Régime :** démocratie constitutionnelle. Régime présidentiel.

- *Chef de l'État :* Luiz Inácio Lula da Silva (dit « Lula »).
- *Sites classés au Patrimoine mondial de l'Unesco :* les centres historiques des villes d'Ouro Preto, Olinda, Salvador da Bahia, São Luís, Diamantina et Goiás ; Brasília dans sa totalité ; les ruines de la mission jésuite de São Miguel das Missoes ; le sanctuaire de Bom Jésus de Congonhas ; les parcs nationaux de la Serra de Capivara, d'Iguaçu, de la Chapada dos Veadeiros et Emas ; deux réserves de forêt atlantique *(Mata Atlantica)* ; le complexe de conservation de l'Amazonie centrale, une partie du Pantanal et les réserves de Fernando de Noronha et de l'atoll das Rocas.

AVANT LE DÉPART

Adresses utiles

En France

ℹ️ *Office du tourisme du Brésil :* 34, cours Albert-Ier, 75008 Paris. ☎ 01-45-61-63-18 ou 76. • www.embratur.gov.br • www.turismo.gov.br • Ⓜ Alma-Marceau. Dans les locaux de l'ambassade. Ouvert du lundi au vendredi de 9 h 30 à 13 h et de 14 h 30 à 17 h 30. Brochures, etc., et surtout, un personnel accueillant.

■ *Ambassade du Brésil :* 34, cours Albert-Ier, 75008 Paris. ☎ 01-45-61-63-00. • www.bresil.org • Ⓜ Alma-Marceau. Pour le service touristique, voir ci-dessus.

■ *Service consulaire :* 34 bis, cours Albert-Ier, 75008 Paris. ☎ 01-45-61-82-64. Ⓜ Alma-Marceau. Ouvert de 9 h 30 à 16 h. Pour les visas.

■ *RTCE (ex-Representour) :* 1, sq. Théodore-Judlin, 75015 Paris. ☎ 01-43-06-43-83. Fax : 01-43-06-43-89.

• rtce@noos.fr • Ⓜ Cambronne. Reçoit sur rendez-vous. Réceptif, possédant un correspondant au Brésil (voir « Adresses utiles » à Foz do Iguaçu) qui réserve chambres d'hôtel, voitures, etc.

■ *Brésil Tourisme :* 6, rue Louis-Armand, 74000 Annecy. ☎ 04-50-46-41-55. Fax : 04-50-46-00-88. • www.bresiltourisme.net • bresil@altiplano.org • Cette association peut vous envoyer gratuitement de la documentation. Mariana, une Brésilienne qui connaît bien son pays, pourra vous conseiller pour préparer votre séjour. Organise également des voyages sur mesure (vols, hôtels, excursions...), avec extensions possibles vers d'autres pays d'Amérique du Sud (Argentine, Chili, etc.).

En Belgique

■ *Ambassade du Brésil :* av. Louise, 350, boîte 5, Bruxelles 1050. ☎ 02-640-20-15. Fax : 02-640-81-34. • brasbruxelas@beon.be •

En Suisse

■ *Ambassade du Brésil :* Monbijoustrasse 68, 3000 Berne 23. ☎ 031-371-85-15. Fax : 031-371-05-25. • brasbern@iprolink.ch • Ouvert en semaine de 9 h à 17 h. Également des consulats à Bâle, Lausanne et Zurich.

Au Canada

■ *Ambassade de la République fédérale du Brésil :* 450, rue Wilbrod, Ottawa (Ontario) K1N-6M8. ☎ 613-237-1090 ou 755-5160. Fax : 613-237-6144. ● www.brasembottawa.org ● Service des visas ouvert du lundi au vendredi de 9 h 30 à 11 h 30.

Également des consulats à Halifax (☎ 902-462-0714), Montréal (☎ 514-499-0988 ou 514-499-0969), Toronto (☎ 416-922-2503 ou 416-922-1058, ● www.consbrastoronto.org ●) et Vancouver (☎ 604-601-5001).

Formalités

– *Passeport :* valable au moins 6 mois après la date de retour pour les Français, les Belges et les Suisses.
– *Visa :* il n'est plus obligatoire pour les Français si le séjour ne dépasse pas 3 mois (renseignements au service consulaire – voir ci-dessus). Pas de visa nécessaire pour les Belges et les Suisses pour des séjours inférieurs à 3 mois également. Par contre, visa de tourisme *obligatoire pour les Canadiens* (billet d'avion aller-retour nécessaire pour l'obtenir), valable 5 ans.

Vaccinations

– *Vaccins obligatoires :* même si le Brésil n'exige, en pratique, quasi jamais la vaccination contre la fièvre jaune à l'entrée sur son territoire pour les voyageurs en provenance d'Europe (sauf pour la visite du Pantanal, dans le Mato Grosso), il est extrêmement recommandé de se faire vacciner contre cette maladie si l'on doit séjourner en forêt amazonienne. De même, si vous venez de Bolivie, ce vaccin est obligatoire pour entrer au Brésil. Pour les séjours exclusifs dans les grandes villes ou sur la côte, ce vaccin est inutile.
– *Vaccins universels :* déjà recommandés aux Européens non voyageurs, ils sont évidemment encore plus utiles dans ce pays chaud, humide, à l'hygiène souvent déficiente et au système de santé encore bien défaillant en certains endroits. Vérifiez donc si vous êtes à jour dans vos vaccins contre le tétanos, la poliomyélite, la diphtérie (rappel adulte : Revaxis®) et l'hépatite B.
– *Autres vaccins :* l'hygiène alimentaire étant souvent défectueuse, les vaccinations contre la fièvre typhoïde (Typhim Vi) et l'hépatite A (Avaxim ou Havrix 1440) sont donc recommandées pour tous séjours hors des grands hôtels internationaux. Vaccin contre les méningites A et C : séjours prolongés, contacts étroits avec la population, en particulier pour les enfants et les jeunes adultes. Vaccin préventif contre la rage : expatriés, séjours prolongés en zones extra-urbaines.

Centres de vaccinations

Voici deux adresses à Paris, et vous trouverez tous les centres spécialisés de France et de Navarre sur ● www.routard.com ●, rubrique « Guide », chapitre « Voyage mode d'emploi : les vaccinations ».

■ *Hôpital de l'Institut Pasteur :* 209, rue de Vaugirard, 75015. ☎ 0890-710-811 (0,15 €/mn). ● www.pasteur.fr ● Ⓜ Pasteur ou Volontaires. Ouvert du lundi au vendredi de 9 h (10 h le jeudi) à 16 h 30 et le samedi de 9 h à 11 h 30. Compter

32 € pour un vaccin contre la fièvre jaune et 24 € contre l'hépatite B. Un peu moins cher que les suivants.
■ *Centre de vaccination Air France :* 148, rue de l'Université, 75007. ☎ 01-43-17-22-04. Ⓜ Invalides. Ouvert du lundi au samedi de

9 h à 17 h. Compter 33 € pour un vaccin contre la fièvre jaune et 26 € contre l'hépatite B (tarifs au 1ᵉʳ janvier 2006).

Carte internationale d'étudiant (carte ISIC)

Elle prouve le statut d'étudiant dans le monde entier et permet de bénéficier de tous les avantages, services et réductions étudiants du monde, soit plus de 30 000 opportunités concernant les transports, les hébergements, la culture, les loisirs... C'est la clé de la mobilité étudiante !
La carte ISIC donne aussi accès à des avantages exclusifs sur le voyage (billets d'avion spéciaux, assurances de voyage, cartes de téléphone internationales, locations de voitures, navettes aéroport, etc.). Sachez cependant qu'au Brésil une carte d'étudiant française, pourvu qu'elle mentionne une date d'expiration, vous permettra déjà d'obtenir pas mal de réductions, notamment sur les activités culturelles (concerts, etc.).
Pour plus d'informations sur la carte ISIC : • www.isic.fr • ou ☎ 01-49-96-96-49.

Pour l'obtenir en France

Se présenter dans l'une des agences des organismes mentionnés ci-dessous avec :
– une preuve du statut d'étudiant (carte d'étudiant, certificat de scolarité ou autre) ;
– une photo d'identité ;
– 12 € (ou 13 € par correspondance, incluant les frais d'envoi des documents d'information sur la carte).
Émission immédiate.

■ *OTU Voyages :* ☎ 0820-817-817 (0,12 €/mn). • www.otu.fr • pour connaître l'agence la plus proche de chez vous. Possibilité de commander en ligne la carte ISIC.
■ *Voyages Wasteels :* ☎ 0825-887-070 (0,15 €/mn) pour être mis en relation avec l'agence la plus proche de chez vous. • www.wasteels.fr • Propose également une commande en ligne de la carte ISIC.

Il est également possible de la commander en ligne sur le site • www.isic.fr •

En Belgique

La carte coûte 9 € et s'obtient sur présentation de la carte d'identité, de la carte d'étudiant et d'une photo auprès de :

■ *Connections :* renseignements au ☎ 02-550-01-00.

En Suisse

La carte s'obtient dans toutes les agences STA Travel, sur présentation de la carte d'étudiant, d'une photo et de 20 Fs.

■ *STA Travel :* 3, rue Vignier, 1205 Genève. ☎ 058-450-48-30.
■ *STA Travel :* 26, rue de Bourg, 1015 Lausanne. ☎ 058-450-48-70.

Il est également possible de la commander en ligne sur le site • www.isic.fr • (et pour la Suisse : • www.isic.ch •)

Carte FUAJ internationale des auberges de jeunesse

Cette carte, valable dans 81 pays, permet de bénéficier des 4 000 auberges de jeunesse du réseau *Hostelling International* réparties dans le monde entier. Les périodes d'ouverture varient selon les pays et les AJ. À noter, la carte des AJ est surtout intéressante en Europe, aux États-Unis, au Canada, au Moyen-Orient et en Extrême-Orient.
On conseille de l'acheter en France, car elle est moins chère qu'à l'étranger.

Pour tout renseignement, réservation et information en France

Sur place

■ *Fédération Unie des Auberges de Jeunesse (FUAJ) :* 27, rue Pajol, 75018 Paris. ☎ 01-44-89-87-27. Fax : 01-44-89-87-49. ● www.fuaj. org ● Ⓜ Marx-Dormoy ou La-Chapelle. Ouvert du mardi au vendredi de 10 h à 18 h et le samedi de 10 h à 17 h. Montant de l'adhésion : 10,70 € pour la carte moins de 26 ans et 15,30 € pour les plus de 26 ans (tarifs 2006). Munissez-vous de votre pièce d'identité lors de l'inscription. Une autorisation des parents est nécessaire pour les moins de 18 ans (une photocopie de la carte d'identité du parent qui autorise le mineur est obligatoire).
– Inscriptions possibles également dans toutes les auberges de jeunesse, points d'information et de réservation FUAJ en France.

Par correspondance

Envoyer à l'adresse ci-dessus la photocopie recto verso d'une pièce d'identité et un chèque correspondant au montant de l'adhésion (ajouter 1,20 € pour les frais d'envoi de la FUAJ). Vous recevrez votre carte sous une quinzaine de jours.

– La FUAJ propose aussi une *carte d'adhésion « Famille »,* valable pour les familles de deux adultes ayant un ou plusieurs enfants âgés de moins de 14 ans. Elle coûte 22,90 €. Fournir une copie du livret de famille.
– La carte FUAJ donne également droit à des réductions sur les transports, les musées et les attractions touristiques de plus de 80 pays ; ces avantages varient d'un pays à l'autre, ce qui n'empêche pas de la présenter à chaque occasion, ça peut toujours marcher.

En Belgique

Le prix de la carte varie selon l'âge : entre 3 et 15 ans, 3 € ; entre 16 et 25 ans, 9 € ; après 25 ans, 15 €.

Renseignements et inscriptions

■ *À Bruxelles :* LAJ, rue de la Sablonnière, 28, 1000. ☎ 02-219-56-76. Fax : 02-219-14-51. ● www.laj.be ●
■ *À Anvers :* Vlaamse Jeugdherbergcentrale (VJH), Van Stralenstraat, 40, Antwerpen B 2060. ☎ 03-232-72-18. Fax : 03-231-81-26. ● www.vjh.be ●

Votre carte de membre vous permet d'obtenir un bon de réduction de 5 € sur votre première nuit dans les réseaux LAJ, VJH et CAJL (Luxembourg), ainsi que des réductions auprès de nombreux partenaires en Belgique.

En Suisse

Le prix de la carte dépend de l'âge : 22 Fs pour les moins de 18 ans, 33 Fs pour les adultes et 44 Fs pour une famille avec des enfants de moins de 18 ans.

GÉNÉRALITÉS

Renseignements et inscriptions

■ *Schweizer Jugendherbergen (SJH) :* service des membres, Schaffhauserstr. 14, Postfach 161, | 8042 Zurich. ☎ 01-360-14-14. Fax : 01-360-14-60. ● www.youthhostel. ch ●

Au Canada

La carte coûte 35 $Ca pour une durée de 16 à 26 mois et 175 $Ca à vie (tarifs 2006). Gratuit pour les enfants de moins de 18 ans qui accompagnent leurs parents. Pour les juniors voyageant seuls, la carte est gratuite, mais la nuitée est payante (moindre coût). Ajouter systématiquement les taxes.

Renseignements et inscriptions

■ *Tourisme Jeunesse :*
– *À Montréal :* 205, av. du Mont-Royal Est, Montréal (Québec) H2T-1P4. ☎ (514) 844-0287. Fax : (514) 844-5246.
– *À Québec :* 94, bd René-Lévesque Ouest, Québec (Québec) G1R-2A4.

☎ (418) 522-2552. Fax : (418) 522-2455.
■ *Canadian Hostelling Association :* 205, Catherine Street, office 400, Ottawa (Ontario) K2P-1C3. ☎ (613) 237-7884. Fax : (613) 237-7868. ● www.hihostels.ca ●

ARGENT, BANQUES, CHANGE

On vous prévient, le taux de change du *real* (*reais* au pluriel) est assez fluctuant ; à l'heure où nous écrivons ces lignes, cela donne à peu près : 1 Rls = 0,38 €. Mais, évidemment, renseignez-vous avant de partir !
Entre 1985 et 1994, le Brésil a connu une crise monétaire majeure et un taux d'inflation ayant dépassé les 4 500 % en 1993-1994. En 1994 a été mis en application un plan de stabilisation monétaire, le plan Real, avec une nouvelle monnaie (composée de 100 *centavos,* ou centimes) établie à parité avec le dollar et surévaluée. Ce plan visait à ramener l'inflation à un taux « normal » et à stabiliser les taux de change. Et, dans l'ensemble, c'est plutôt une réussite, même si, en 2002, le real ne put éviter une forte dévaluation face à la spéculation des marchés mondiaux. Il a perdu près de 40 % en 2 semaines !
Depuis la récente crise argentine et l'élection de Lula qui a inquiété les financiers étrangers, le real atteint un taux faible par rapport à l'euro et au dollar. Par conséquent, on peut considérer aujourd'hui que le Brésil est devenu une destination abordable, en particulier pour les besoins quotidiens (transports en bus, repas, etc.).

Quelques conseils

– *Où changer ?* Dans les banques et dans certaines agences de voyages ou même dans les hôtels annonçant *cambio,* si vous avez des dollars ou des euros. Le cours officiel est celui de la *Banco do Brasil*. Le change parallèle existe peu, et ceux qui vous en proposent sont souvent des filous. Cependant, le change des billets auprès des banques, au cours officiel, impose une forte commission d'environ 20 %. Leur préférer les *cambios,* plus rares mais souvent présents dans le centre commercial des grandes villes. Les chèques de voyage se changent avec une commission exorbitante aux *Banco do Brasil,* et à un cours inférieur au papier-monnaie. Les chèques *American Express* sont les plus faciles à changer.

– *Cartes Visa et Mastercard :* sont désormais acceptées par les principales banques du pays (*Banco Meridional, Banco do Brasil, Bradesco,* ou *Citybank*), ainsi que par les grands groupes internationaux *(HSBC).* Prévoir une commission (la taxe est variable selon les banques et proportionnelle au retrait : compter par exemple autour de 7 € pour un débit de 2 000 Rls). Cela reste malgré tout la solution la plus pratique (on évite les liasses planquées dans les chaussettes) et la plus économique si l'on compare avec les taxes perçues sur les chèques de voyage. Pensez également à relever le plafond de votre carte de paiement avant de partir : en cas de pépin, vous ne serez pas bloqué.

– *À noter :* les distributeurs *HSBC* sont les seuls à accepter toutes les cartes : *Visa, MasterCard, Cirrus, Maestro...*

– *En partant :* les reais restants peuvent être reconvertis à la banque ou dans les bureaux de change à l'aéroport. Le week-end et les jours fériés, c'est même le seul moyen de changer !

Dans tous les cas

– La plupart des banques se sont alignées sur les horaires suivants : du lundi au vendredi de 10 h à 16 h. Elles sont fermées le week-end. Il y a tout de même de rares exceptions, comme partout !

– Habituellement, les distributeurs sont accessibles entre 6 h et 22 h. Certains le sont 24 h/24, mais on vous déconseille de retirer de l'argent en pleine nuit...

– De plus en plus de commerçants acceptent les cartes de paiement (*Visa* ou *MasterCard,* pas toujours les deux), en particulier dans les grands centres commerciaux, et c'est encore plus vrai pour les hôtels un peu chic. Pour la plupart, les stations-service les acceptent également.

– Si vous prévoyez un périple de plusieurs jours loin des principales villes, assurez-vous d'avoir assez de réserves, car il vous sera parfois difficile, voire impossible, de changer ou de retirer de l'argent avec une carte de paiement.

– L'argent liquide étant rare, de nombreux commerçants consentent une remise pour les paiements comptants en espèces, notamment dans les hôtels et pour certains services. Posez la question sans fausse pudeur.

Cartes de paiement

– Carte *MasterCard :* assistance médicale incluse. Numéro d'urgence : ☎ (00-33) 1-45-16-65-65. En cas de perte ou de vol (24 h/24), composez le ☎ (00-33) 1-45-67-84-84 en France (PCV accepté) pour faire opposition ; numéro également valable pour les cartes *Visa* émises par le Crédit Agricole et le Crédit Mutuel. ● www.mastercardfrance.com ●

– Pour la carte *Visa* : assistance médicale incluse. Numéro d'urgence : ☎ (00-33) 1-42-99-08-08. Pour faire opposition, contactez le ☎ (00-33) 1-410-581-994 (depuis l'étranger).

– Pour la carte *American Express,* téléphonez en cas de pépin au ☎ (00-33) 1-47-77-72-00. Numéro accessible 24 h/24 ; PCV accepté en cas de perte ou de vol.

– Pour toutes les cartes émises par *La Banque Postale,* composez le : ☎ 0825-809-803 (pour les DOM : ☎ 05-55-42-51-97).

– Également un numéro d'appel valable quelle que soit votre carte de paiement : ☎ 0892-705-705 (serveur vocal à 0,34 €/mn).

Besoin urgent d'argent liquide

En cas de besoin urgent d'argent liquide (perte ou vol de billets, chèques de voyage, cartes de paiement), vous pouvez être dépanné en quelques minutes grâce au système *Western Union Money Transfer.* Pour cela, demandez à quelqu'un de vous déposer de l'argent en euros dans l'un des bureaux *Western Union* ; en France, le représentant de *Western Union* est *La Banque Postale* (fermée le samedi après-midi, n'oubliez pas ! ☎ 0825-009-898 ; 0,15 €/mn) ; à Rio : ☎ 0800-785-678. L'argent vous est transféré en moins de 1 h. La commission, qui est assez élevée, est payée par l'expéditeur.
● www.westernunion.com ●

ACHATS

Artisanat, vêtements et autres souvenirs...

Au Brésil, il y a toujours la possibilité de faire quelques emplettes sympathiques, hormis bien sûr les traditionnels objets de pacotille qui foisonnent. Dans le genre chic et clinquant, on trouve d'abord les pierres précieuses, mais il faut savoir éviter les très nombreuses arnaques. Le terrain est tellement miné qu'on y consacre un chapitre (voir « Pierres précieuses »).
– ***Dans le Nord (Manaus, Belém, Macapá...) :*** de nombreux hamacs et sacs tissés remplissent les magasins. Faire attention, car la qualité est assez inégale. On trouve aussi de belles céramiques en grès, spécialités de la région, et les fameuses poteries de l'île de Marajó, ornées de motifs géométriques. La vannerie représente également une part importante de l'artisanat indien, mais c'est parfois encombrant ! On peut en revanche être séduit par les colliers aux multiples graines. C'est original, et pas cher ! En Amazonie, on trouve l'artisanat indien dans des boutiques tenues par la *FUNAI* (Fondation nationale des Indiens). ATTENTION à l'artisanat confectionné à partir d'animaux sauvages (rapaces, félins, perroquets, tortues, etc.) : il s'agit souvent d'espèces protégées, donc, d'une part vous encourez des sanctions aux frontières (brésilienne comme française), d'autre part ce n'est pas la peine d'encourager la destruction d'espèces (même non protégées)...
– ***À Salvador et dans l'État de Bahia :*** de chouettes survêtements de *capoeira* autour de 20 Rls (7,60 €). Préférer la marque officielle *Afro Bahia*, les autres sont des copies. Également les fameuses tongs *havaianas,* de toutes les couleurs, de toutes les formes et ultrarésistantes, et les *fitas,* petits bracelets porte-bonheur.
– ***Sur tout le littoral, de Rio à Salvador :*** ne manquez pas d'explorer une des boutiques de bikinis brésiliens, proposant une variété considérable de modèles, avec 3 tailles, petite, moyenne et grande, cette dernière équivalant au 38-40 européen... En tout cas, sachez que la mode n'est plus au « fil dentaire » *(dixit !)* mais à la toute petite culotte.
– ***De Fortaleza à Recife :*** de beaux napperons et de multiples dentelles. Quelques belles couvertures également très colorées.
– ***La région de Natal*** est connue pour ses plages au sable de différentes couleurs. Si vous n'avez pas la chance de les admirer, vous pourrez toujours en ramener dans les petites bouteilles en verre renfermant des paysages exotiques.
– ***La région du Pantanal*** est réputée pour son artisanat local (céramiques, objets en bois, tissus). Mieux vaut faire ses achats dans les *centros* (ou *casas) de artesanato,* qui reversent directement les bénéfices aux petits artisans.

– *Côté gastronomie, à Belém :* d'irrésistibles et généreux bonbons à base de pâte de fruits enrobée de chocolat. Ou encore la pâte de goyaves et la *cocadinha da Bahia,* délicieuse confiserie à base de noix de coco.

– Sans oublier la fameuse *cachaça,* eau-de-feu nationale que l'on trouve à tous les prix et dans l'ensemble du pays. Plutôt sympa de ramener une bonne bouteille artisanale achetée dans une distillerie.

– Plus anecdotique : un truc rigolo à ramener, qu'on ne trouve pas en France : de l'*édulcorant liquide* ! Très chic sur la table pour le café...

BOISSONS

Il fait chaud ! Alors on boit beaucoup. En règle générale, évitez impérative-ment de boire l'*eau* du robinet, ou alors, filtrez-la. On peut également utiliser les pastilles de purification de type *Micropur*®, très efficaces et distribuées dans toutes les pharmacies dignes de ce nom. À l'extérieur, buvez de l'*água mineral sem gas* (non gazeuse) ou *com gas* (gazeuse), en bouteille bien scellée. Le Brésil possède une infinité d'excellentes sources thermales.

Boissons alcoolisées

– *Cachaça :* appelée aussi *pinga* ou *aguardente.* Sans aucun doute, la bois-son nationale n° 1. C'est un rhum blanc agricole plutôt raide (environ 40°). Ce qui porte le nom de « rhum » ou *ron* au Brésil n'est que le rhum brun vieilli, lui aussi remarquable. Il existe autant de variétés de *cachaças* que d'alambics. Parmi les plus commercialisées, nous vous recommandons la *Velho Barreiro* ou la *Rochinha,* facilement trouvables en supermarché ; ou l'*Ypioca,* vendue en bouteille tressée de palme. Mais les vrais amateurs du cru ne jurent que par les *cachaças* artisanales, surtout lorsqu'elles sont macérées avec des fruits ou plantes censés leur conférer goût et vertus « thérapeutiques ». Par-fois même, de petits animaux : serpents, scorpions, venimeux le plus sou-vent, supposés communiquer leur force et leur résistance au courageux buveur. On trouve évidemment le pire comme le meilleur dans cette jungle de recettes de grand-mères où superstitions et bon sens ne font pas toujours bon ménage. Certains breuvages sont de vrais tord-boyaux !

– *Caïpirinha :* littéralement, la « petite provinciale ». Un cocktail à base de *cachaça,* largement adoucie de glace pilée, de citron vert écrasé et de sucre de canne. C'est un rituel obligatoire, rafraîchissant et vite euphorisant. Se boit bien glacée, mais de manière générale, on trouve autant de recettes que d'amateurs. À chacun son petit secret ! La *caïpiroska* – ou *caïpivodka* – est une variante à base de vodka, de plus en plus répandue.

– *Batidas :* ce sont toutes sortes de boissons obtenues en battant des jus de fruits avec de la *cachaça* et du sucre. Certaines *batidas* incluent jaune d'œuf, crème de coco ou de fruit de la Passion... Se boivent bien glacées aussi.

– *Les bières :* l'*Antarctica,* la *Brahma,* la *Bohemia* et la *Skol* se partagent les faveurs du public, ainsi que la *Serpa* dans le Nord et la *Buddelweiss* dans le Sud. Selon nous, l'*Antarctica Original* (à ne pas confondre avec l'*A*ntarctica générique) est l'une des plus caractéristiques et des plus goûteuses. La bière – *cerveja* – est généralement servie en bouteille grand format (60 cl) : elle est très légère (3-4°). Vous pouvez aussi la consommer en canette *(lata)* ou à la pression (*chopp,* prononcer « choppi »). De solides buveurs l'allongent d'un verre de *cachaça* !

– *Le vin :* il existe des vins de plus en plus intéressants qui proviennent principalement du Sud, de cépage cabernet franc. Mais le vin brésilien est encore loin d'égaler la qualité des vignobles argentins, malgré les efforts consentis pour développer la technologie et le savoir-faire de la filière vini-cole. En grande distribution, *Le Forestier* et le *Mielo* sont les marques les plus acceptables.

Boissons non alcoolisées

– **Cafezinho** (« *petit café* ») : c'est évidemment l'institution nationale. Partout, à l'agence, au magasin s'il vous faut attendre, on vous l'offre. Mais aussi dans la plupart des restos au kilo *(ao kilo)*, où la Thermos de café est à disposition. Dans l'administration, les commerces, la moindre entreprise, on trouve un employé dont la fonction consiste à préparer et à servir le *cafezinho*, fait « à la chaussette », très fort et bien sucré. Dans les bars, c'est le percolateur, toujours splendide, en métal étincelant et pourvu d'antiques robinetteries. Dans les rues du Nordeste, les enfants le vendent à la Thermos, dans des gobelets en plastique. Dans le centre des villes, les bars proposent aussi l'*espresso,* plus cher.

– **Guaraná :** le soda national. Préparé à partir du fruit du *guaraná,* plante amazonienne exclusivement brésilienne, mais cette version *soft-drink* du *guaraná* n'a rien à voir avec la version originale des Indiens, assez amère, qui est un véritable stimulant ! *Brahma, Antarctica* et récemment *Coca-Cola* se partagent le marché. Agréable et rafraîchissant, mais très sucré.

– **Guaraná em pô :** un breuvage traditionnel des Indiens, aux incontestables vertus énergétiques, équilibrantes et tonifiantes. On mélange une cuillerée de cette poudre fine et brune dans un verre d'eau, et on avale vite car, primo, cela forme une suspension qui se dépose rapidement et, deuzio, le goût terreux, légèrement amer, est spécial. Pour obtenir cette poudre, les Indiens concassent des graines de *guaraná* et les mélangent à un mortier de résine pour façonner un bâton d'environ 20 cm, dur comme une pierre luisante. Traditionnellement, ce bâton est râpé sur la langue du *pirarucu,* immense poisson d'Amazonie, et donne la fameuse poudre. On en trouve, déjà en poudre, dans les pharmacies, herboristeries, et partout dans le Nord et le Nordeste. Les bâtons de *guaraná* se trouvent dans les boutiques de la *FUNAI* (Fondation nationale des Indiens). Le *guaraná em pô* connaît une puissante vogue écolo, en particulier sur les plages et dans les villes du Nordeste. On en extrait maintenant un sirop de *guaraná (xarope)* que de nombreux préparateurs ajoutent aux *vitaminas* de fruits servies dans les bars. Il est aussi très consommé au moment du carnaval, pour ses vertus énergisantes.

– **Sucos et vitaminas :** dans n'importe quel bar ou *lanchonete,* on boit des jus de fruits frais, directement pressés ou liquéfiés au mixeur. On le consomme *natural* (pur), *com açúcar* (sucré) ou *com gelo* (avec glaçons). C'est une véritable drogue de santé ; l'*acerola* (petit fruit rouge), par exemple, a une teneur en vitamine C environ 140 fois plus élevée que l'orange... vous voilà averti ! On retrouve parfois les fruits sous forme de petits cubes de pulpe congelée, mixée avec de l'eau (filtrée). Lorsqu'on les mélange avec du lait, on obtient une *vitamina.* Certains ne se préparent qu'en *vitamina :* banane, papaye... Idéal par grosse chaleur, on vous conseille de les essayer tous ! D'ailleurs, beaucoup d'échoppes dans les grandes villes en ont fait leur spécialité : la composition des cocktails est déclinée à l'infini, avec des résultats parfois aussi extravagants qu'euphorisants.

– **Maté :** la boisson coloniale traditionnelle par excellence. C'est une infusion de l'herbe *maté,* d'origine indienne, dont l'usage a été généralisé par les jésuites. Plante à la fois tonifiante et équilibrante, le *maté* se consomme sous deux formes, très différentes :

– *Le chá maté :* infusion de l'herbe grillée, qui donne une tisane brun foncé, presque noire, à boire glacée, avec ou sans sucre, avec ou sans citron. Très rafraîchissante, vendue au coin des rues à Rio, São Paulo, Belo Horizonte... ou sur les plages, en boîte ou en berlingot bien frais. On peut l'acheter en sachet ou en paquet. La marque la plus populaire : *Maté Leão* (avec un beau lion sur l'étiquette). Bien souvent, le *chá maté* remplace le thé au petit déjeuner.

– *Le maté de chimarão :* c'est LA boisson nationale du Sud du Brésil, en particulier des *gaúchos* du Rio Grande do Sul. Se consomme en tous lieux, à toute heure, même en conduisant dans les embouteillages. Il s'agit de l'herbe verte, séchée et hachée, préparée en infusion dans une petite calebasse décorée, individuelle, à goulet cintré, la *cuya,* que l'on cale sous le coude. On le boit brûlant, en tirant sur une pipe d'argent à l'extrémité en passoire (pour filtrer l'herbe). L'objet est déjà exotique, et la boisson surprenante : âpre, amère mais extraordinairement tonifiante.

– *Caldo de cana :* jus de la canne à sucre directement broyée et pressée dans des machines mécaniques impressionnantes. Épais jus fruité et sucré, parfois agrémenté de citron vert : de la dynamite vitaminée pour trois fois rien. Partout dans les rues populaires, sur les marchés, etc.

– *Coco verde :* partout aussi, dans les rues, sur les plages ou au bord des routes, de solides gaillards armés de terribles machettes décollent comme un scalp le crâne de noix de coco vertes dont on boit l'eau avec une paille.

– *Picolé :* il ne s'agit pas à proprement parler d'une boisson mais de sorbets artisanaux, qu'on suce sur un bâton, vendus dans les rues ou sur les plages.

BUDGET

Le Brésil est redevenu un pays abordable pour les routards, même s'il reste impossible de prévoir la pérennité de cette situation, les choses pouvant changer très vite.

Paradoxalement, les villes les plus onéreuses sont dans les régions les plus pauvres. Belém est l'une des villes les plus chères, tout comme Salvador, Recife, Fortaleza ou São Luís. C'est le cas de la côte nordestine en général, pour un service de qualité souvent minimale. Et sans oublier Brasília. Des trois grandes capitales du Sud-Est, São Paulo est la moins coûteuse, la plus chère étant sans surprise Rio. Dans le Sud, les prix sont sans doute les plus bas pour une meilleure qualité et une meilleure diversité de services. Les régions intérieures de São Paulo, du Minas Gerais, de Goiás, le Tocantins, le Centre-Ouest en général, où la vie traditionnelle est plus forte que la société de consommation, demeurent, elles, très bon marché.

On rappelle qu'à l'heure où nous écrivons, les taux sont les suivants : 1 Rls = 0,38 € = 0,45 US$, et 1 € = 2,75 Rls = 1,25 US$.

Attention : les catégories de prix qui suivent ne sont qu'indicatives, les « fourchettes » pouvant évoluer d'une ville à l'autre, du fait de la réalité de l'offre hôtelière et de restauration sur place.

Hébergement

Sur la côte, et notamment dans le Nordeste, de nombreux établissements pratiquent des tarifs haute saison, *grosso modo* de mi-décembre jusqu'au carnaval. En juillet, les prix connaissent également une fièvre inflationniste (logique... les Brésiliens du Sud partent à la quête du soleil dans le Nord). Ce sont ces tarifs que nous indiquons dans le *Guide du routard.* En basse saison, compter une réduction variant de 10 à 25 %.

Dans les villes où se déroule un carnaval réputé, pendant la Semaine sainte (précédant Pâques) ou lors de certains week-ends fériés, les hôtels imposent souvent des *pacotes* obligatoires ; il s'agit alors d'un minimum de 3 à 5 nuits (tout dépend de la durée des festivités), à prix nettement gonflés. Restent quelques cas particuliers comme Brasília, où les nuitées sont bradées le week-end, lorsque congressistes et hommes d'affaires désertent la capitale. Dans la grande majorité des cas, le petit dej' est compris dans le prix de la chambre. Il arrive que certains établissements (catégorie « Chic ») ajoutent une taxe de 10 % ; c'est légal, mais n'oubliez pas de le vérifier (nos indications de prix en tiennent compte). Enfin, sachez que vous pourrez parfois bénéficier de remises intéressantes (10 à 20 %) en payant cash, ou si vous restez plus d'une nuit.

Sur la base d'une nuit d'hôtel avec petit dej' :
– **Bon marché :** entre 10 et 20 Rls (de 3,80 à 7,60 €) par personne, et jusqu'à 50 Rls (19 €) pour 2.
– **Prix moyens :** de 50 à 80 Rls (de 19 à 30 €) pour 2.
– **Chic :** de 80 à 150 Rls (de 30 à 57 €) pour 2.
– **Très chic :** plus de 150 Rls (plus de 57 €) pour 2.

Restaurant

Contrairement à l'hébergement, où les prestations ne sont pas toujours au rendez-vous, on mange pour des prix très raisonnables, surtout dans les selfs où l'on paye au poids *(ao kilo)*. À noter : les plats servis dans les restos brésiliens sont généralement très copieux, suffisamment pour nourrir deux personnes ! Si vous voyagez à 2, on vous conseille donc de commander un seul plat à chaque fois. C'est d'ailleurs une pratique très courante au Brésil, donc pas de malaise. Économique... à défaut d'être pratique pour les voyageurs solitaires !
Sur la base d'un menu ou d'un repas complet, pour une personne :
– **Bon marché :** de 6 à 15 Rls (de 2,30 à 5,70 €).
– **Prix moyens :** de 15 à 30 Rls (de 5,70 à 11,40 €).
– **Chic :** de 30 à 50 Rls (de 11,40 à 19 €).

CINÉMA

L'histoire du cinéma brésilien n'est pas un long fleuve tranquille. Il a toujours eu et a encore beaucoup de mal à émerger et à grandir. D'abord essentiellement composé de films de carnaval, populaires, entrecoupés de scènes comiques, il faut attendre les années 1950 pour qu'apparaisse le *cinema novo,* néoréalisme brésilien marchant dans les pas précurseurs du cinéaste Humberto Mauro. Avec la dictature et la domination culturelle américaine, dans les années 1960 et 1970, la production et la création connurent un nouveau coup dur. Le cinéaste Glauber Rocha s'exila tout en réalisant certains films de compromis, mais toujours dans la continuité du *cinema novo.* Citons *António das Mortes,* coproduit avec la France pour la télé. Les années 1980 et 1990 furent justement celles de la télévision et de l'explosion des *telenovelas.* Nouveau coup dur. Durant cette période, seul un cinéaste comme Hector Babenco est parvenu jusqu'à nous, avec des films comme *Pixote* et *Le Baiser de la femme araignée.* En 1991, le Brésil n'a produit aucun film, un seul en 1992. En 1998, pourtant, l'Ours d'or de Berlin est attribué à *Central do Brasil.* Premier film et révélation de Walter Salles, auteur également de superbes documentaires. Un festival du cinéma brésilien a lieu chaque année à Paris, en général fin avril. En 2005, *De l'autre côté de la rue* a été primé. Son réalisateur n'est autre que le co-scénariste de *Central do Brasil,* Marcos Bernstein. Ce polar a également été sélectionné au festival du Film de Berlin.

Filmographie

– **Orfeu Negro** *(France, 1959) :* de Marcel Camus. D'après Vinícius de Moraes, musique de Tom Jobim. Palme d'or à Cannes en 1959. Eurydice, une jeune paysanne innocente, arrive chez sa cousine de Rio. Orphée, conducteur de tramway bon vivant et don Juan notoire, est fiancé à la jalouse Mira. Durant les préparatifs du carnaval, Orphée s'éprend sérieusement d'Eurydice, tandis que celle-ci semble craindre une mystérieuse présence... Transposition noire du célèbre mythe, sur fond de carnaval de Rio, *Orfeu Negro* est resté dans les annales cinématographiques comme un petit bijou baroque. C'est ce qu'il est. Le samba, omniprésent, donne une tension au film. Certains lui reprochent d'être une carte postale pour touristes. On s'en fiche, il se laisse revoir avec plaisir !

– *Pixote, la loi du plus faible* (Brésil, 1981) : de Hector Babenco, cinéaste d'origine argentine. Une œuvre remarquable, six fois primée, sur la terrible réalité des bas-fonds brésiliens. Film cru, au réalisme parfois violent, *Pixote* raconte le parcours hallucinant d'un enfant dans un orphelinat, où les brimades succèdent aux viols et aux meurtres, au sein d'une administration corrompue, hypocrite, aveugle... La seconde partie du film se passe dans la rue, dans un monde de délinquance forgé par la drogue, la prostitution et le racket, et où l'enfant devient un tueur. São Paulo et Rio, où fut tourné le film, sont les responsables emblématiques d'une société impitoyable et injuste, dénoncée par Babenco. À voir absolument.

– *Le Baiser de la femme araignée* (coproduction américano-brésilienne, 1985) : 2e film de Hector Babenco ayant fait le tour du monde. Dans une prison sud-américaine, sous la dictature, Molina (William Hurt), un homosexuel, partage une cellule avec Arregui (Raul Julia), un prisonnier politique. Chaque jour, Molina raconte un passage d'un film à l'eau de rose déviant sur de la propagande nazie, afin, dit-il, de réconforter Arregui qui attend l'heure fatidique. Celui-ci est révolté par la lâcheté de Molina, mais peu à peu des liens se tissent entre eux. Leurs souffrances finissent par se ressembler. Des thèmes incontournables pour cette partie du monde : la dictature et l'homosexualité. Un film remarquablement interprété, pour lequel Hurt a reçu un Oscar.

– *Opera do Malandro* (France-Brésil, 1986) : de Ruy Guerra. Dialogues, musique et paroles de Chico Buarque, d'après son livret. Produit par le Français Marin Karmitz. Pendant la Seconde Guerre mondiale, le Brésil soutient le nazisme. Max, un truand proxénète, voit sa protégée virée par Otto Strüdell, tenancier d'un bordel. Max, par esprit de revanche, séduit sa fille, mais Strüdell empêche leur mariage et Max annonce alors son départ au front. Quand il revient, le Brésil change de camp... Illustré par des scènes de danse, agrémenté par la musique de Chico Buarque, le film n'est pas un chef-d'œuvre, mais il se laisse regarder pour ses séquences musicales.

– *Mission* (États-Unis, 1986) : de Roland Joffé. Palme d'or 1986 et Oscar pour la meilleure photographie. L'ouverture sur les chutes d'Iguaçu est célèbre ! Elle a été tournée à la frontière du Brésil, de l'Argentine et du Paraguay. À la fin du XVIIe siècle, le père jésuite Gabriel (Jeremy Irons) reprend le flambeau d'une mission vouée à l'évangélisation des Indiens. Face à lui, Mendoza (Robert De Niro), un *bandeirante* chasseur d'esclaves. Tout les oppose. Mais la vie de Mendoza bascule lorsqu'il tue son propre frère par jalousie. Une lutte autour du sort des Indiens s'organise, pour protagonistes les royaumes d'Espagne et du Portugal. L'autre personnage du film, c'est la nature, superbe et omniprésente. Grand écran obligatoire !

– *Central do Brasil* (Brésil, 1998) : de Walter Salles. Film symbole du renouveau d'un cinéma brésilien qui se penche sur la question de l'identité nationale, avec des aides financières du gouvernement Cardoso. Ours d'or à Berlin (1998), prix du festival de Sundance. Si Walter Salles sombre parfois dans le pathos, il nous fait aussi découvrir un Brésil peu représenté dans les brochures touristiques. Josué, récent orphelin, part de la gare centrale de Rio à la recherche de son père pour un road-movie à la brésilienne, en autobus. Dora, qui écrit des lettres pour des migrants illettrés, l'accompagne. Des acteurs parfaits, notamment la sublime Fernanda Montenegro, impitoyable et juste. Film presque classique de la quête du père pour un pays qui se cherche, témoignage d'une époque. Salles est également l'auteur d'*Avril brisé,* un film sur la vengeance, dans le Nordeste au début du XXe siècle.

– *La Vie peu ordinaire de Doña Linhares* (Brésil, 2000) : d'Andrucha Waddington. Mention spéciale « Un certain regard » au Festival de Cannes. Meilleur film au festival de Carthagène et meilleure actrice au Grand Prix Brazilian Cinema. Au cœur du plateau semi-désertique du Sertão, dans un paysage d'épineux et de cactus, où la terre brûlée par le soleil reste craquelée de longs mois dans l'année, Darlene, une femme pleine de vie et de sensualité, s'entoure de trois amants, dotés, chacun, de qualités différentes. La jalousie affleure, mais le charme de Darlene exerce un pouvoir trop fort, sans parler des trois enfants nés de chacune des unions... Ce film inattendu et touchant relate l'histoire vraie d'une femme qui bouscule les bases d'une société quelque peu patriarcale.

– *La Cité de Dieu (Brésil, 2003)* **:** de Fernando Meirelles. Un très bon film adapté de l'excellent roman du même nom (de Paulo Lins, Gallimard, pour les amateurs de belle littérature). Traité comme un documentaire (très sanglant ; âmes sensibles, s'abstenir), Fernando Meirelles illustre le quotidien d'une favela de Rio entre 1960 et 1980 à travers le parcours et le regard d'un adolescent qui veut s'en sortir. Absolue misère financière, affective et sociale qui conduit enfants et adolescents à toutes les violences, entre guerres des gangs et trafics de drogue, pour accéder à des rêves qui resteront fantasmes...

– *Moro no Brasil (Je vis au Brésil ; Allemagne, Finlande, Brésil, 2003)* **:** de Mika Kaurismaki (documentaire musical). Un voyage initiatique au cœur de la musique brésilienne, de Rio à Bahia en passant par le Pernambuco. Plutôt que de s'attarder sur les stars de renom, le réalisateur s'est attaché aux pas des artistes de la rue, chanteurs et danseurs rencontrés au cours d'un périple de 4 000 km à travers le pays.

CLIMAT

L'immensité du Brésil ne permet évidemment pas de désigner une saison idéale de voyage. Rappelons toutefois que le Brésil se situant dans l'hémisphère austral, les saisons sont à l'inverse de chez nous.

L'été se déroule de décembre à mars. Il est très chaud, voire étouffant à Rio et à São Paulo. Le carnaval, en février, risque parfois d'être copieusement arrosé. En revanche, en « hiver », de juin à septembre, les températures sont agréables : de 12 °C la nuit à 25 °C le jour. Au sud du Brésil, la côte offre un climat quasi méditerranéen : hiver doux, été chaud.

Dans les États du Nordeste – Bahia et Pernambuco – proches de l'équateur, la chaleur, parfois un peu lourde de décembre à mars, est ponctuée de fréquentes, mais brèves, averses. Préférez la période de septembre à mi-décembre pour visiter cette région.

Dans le Mato Grosso et le Mato Grosso do Sul, l'été brésilien marque la saison des pluies qui inondent les grandes plaines du Pantanal. La ville de Cuiabá, dans le Mato Grosso, est réputée pour être une des plus chaudes du Brésil, avec des températures proches de 40 °C toute l'année.

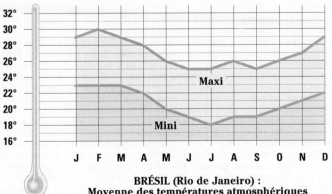

BRÉSIL (Rio de Janeiro) :
Moyenne des températures atmosphériques

L'Amazonie est une région chaude, humide et pluvieuse. Dans la forêt, le taux d'humidité flirte avec les 100 %. On distingue deux périodes : celle de la *chuva,* qui s'étend de janvier à juin (les pluies torrentielles), et celle de juin à décembre (saison « sèche »), période la plus propice pour voyager en Amazonie, certaines journées échappant aux pluies !

CUISINE

La cuisine brésilienne résulte de l'étonnant mariage des traditions culinaires portugaises, indiennes et africaines, avec des apports italiens, slaves et arabes au passage. À part à Bahia, où l'influence africaine prédomine – *vatapá* (crevettes à l'huile de poisson et lait de coco), *moqueca* (une recette de poisson épicée), *sarapatel* (foie et cœur de bœuf avec tomates, piments et oignons) –, et à Belém où celle des Indiens l'emporte – *açaï* (le fruit légendaire du palmier), *taca taca* (une sauce épicée), *maniçoba* (composé de feuilles de manioc et de moelle de bœuf), *tucupi* (à base de canard), *pirarucu* (un poisson pouvant atteindre presque 2 m et peser plus de 100 kg) –, il est impossible de démêler les diverses influences. Les calebasses sont africaines, les marmites portugaises, les tamis indiens...
L'histoire du Brésil a fait, par décret royal, des femmes indiennes les épouses obligatoires des premiers conquérants et colons portugais. La vie coloniale et l'esclavage ont destiné les femmes africaines à devenir les cuisinières et les nourrices de ces familles. Enfin, l'économie esclavagiste a fait que ce sont les comptables et administrateurs portugais qui définiront minutieusement le régime alimentaire des esclaves. Le résultat est la cuisine brésilienne, très variée, très particulière et savoureuse.
La nourriture de base des Brésiliens est le riz et les haricots. Noirs, rouges, bruns, *fradinho, tropeiro, careteiro,* etc., il en existe une très grande variété, prédominants selon les régions. Quoi qu'il arrive, il y aura toujours de l'*arroz com feijão,* du riz aux haricots (léger !). Selon les moyens et selon les traditions locales, les haricots seront préparés de diverses manières, avec différentes salaisons. À cela s'ajouteront, pour aider à la matière, de la farine de manioc, en *farofa* revenue à l'huile douce ou de palme, en *pirão* ou en *aïpim* (purée), et une viande ou un poisson, rôtis ou cuits avec des légumes d'accompagnement : courgettes, gombos, chou vert ou blanc, potiron. Les fruits aussi entreront dans la composition des plats. Ainsi, de *churrasco* en bananes, s'élabore la diversité de la cuisine brésilienne.

Plats typiques

– **Feijoada :** c'est LE plat national brésilien. Carioca ou paulista, on en retrouve des variantes dans de nombreux plats. Dans les restos, il est traditionnellement servi le samedi midi, mais plus rarement pendant la saison chaude. Les haricots sont mijotés avec des pieds, queues et oreilles de porc salé, de la poitrine et des saucisses fumées, de la viande de bœuf boucanée *(charque),* le tout bien aromatisé à l'ail et aux oignons revenus à l'huile de palme. On sert les viandes et les haricots avec du riz blanc arrosé de sauce obtenue à partir du jus de cuisson, à l'ail et aux piments, que l'on accompagne de chou vert cuit à l'étouffée *(couve),* de *farofa* (farine de manioc) et de quartiers d'orange. Le chou vert est destiné à absorber le sel, et l'orange à absorber la graisse. On peut s'aider de *caïpirinha* et de bière pour faire descendre. Certains soutiennent que ce plat décline les différentes couleurs symboliques du pays : le riz blanc (les Portugais), les haricots noirs ou rouges (Africains et Indiens), le chou vert et l'orange représentant, quant à eux, le vert et or du drapeau national.

– *Virada a paulista ou mineira :* le haricot est transformé en purée. Accompagné de riz, de chou vert, et servi avec des côtelettes de porc, des couennes rôties, des bananes panées et, parfois, un œuf à cheval.

– *Carne do sol* (appelée aussi *carne seca*) *:* c'est de la viande de bœuf salée et boucanée. Ses parties nobles, à la saveur inimitable, sont préparées, après dessalage dans du lait, en grillades, ou sautées avec de la *farofa*, tandis que les autres morceaux sont cuits avec des haricots et divers légumes, notamment potiron ou gombos. Délicieux, accompagné de purée *(aïpim)* de manioc, c'est la vedette de la gastronomie du Nordeste.

– *Paçoca :* carne do sol rôtie ou frite en petits morceaux, puis écrasée au mortier avec de la farine de manioc.

– *Moqueca de peixe ou de camarão :* on fait revenir le poisson ou les crustacés avec oignon, ail, coriandre et tomates, dans du lait de noix de coco, et on achève la cuisson avec de l'huile de palme. Servi avec du riz et un *pirão*. Toute la côte est, de Bahia à Santa Catarina, prépare différentes sortes de *moquecas* (crabe, langouste, crevettes, moules, etc.).

– *Empadão :* grande tarte fourrée aux crevettes ou à la viande, avec des cœurs de palmier et divers légumes. Autant de recettes que de maisons. On se dispute son origine, portugaise, italienne ou russe. En tout cas paulista, mineira et bahianaise.

– *Cuscus :* le couscous brésilien. Rien à voir avec celui du Maghreb, il s'agit d'un gâteau de semoule de maïs, fourré aux crevettes et aux sardines, avec des morceaux de légumes, etc. Il existe deux types de *cuscus* prédominants : le *cuscus paulista* et le *cuscus bahiano*.

– *Vatapá :* l'un des plats les plus réputés de la cuisine bahianaise, mais reconnu dans tout le Brésil. De l'avis des gastronomes brésiliens les plus autorisés, le *vatapá* suffirait à lui seul à la gloire du pays. Se reporter au paragraphe « Cuisine bahianaise » dans le chapitre sur Bahia.

– *Buchada de carneiro :* un triomphe de la cuisine du Pernambuco. Panse de mouton farcie aux tripes et abats, préparée en ragoût aux herbes ou cuite au court-bouillon.

– *Pão de queijo :* on en trouve dans tout le pays. Une sorte de petit chou au fromage, parfois fourré avec différentes sauces. Amuse-gueule à savourer au petit déj' ou à grignoter avec l'apéro.

– *Churrasco :* c'est l'un des grands « sports » brésiliens. Sa réputation vient du pays *gaúcho,* mais il se pratique dans tout le pays. C'est la grillade de bœuf, mais la grillade-délire. Les pièces de viande, taillées dans les meilleurs morceaux, sont marinées et grillées à la broche, avec du gros sel, sur les braises. On y ajoute toujours, pour faire bonne mesure, quelques saucisses et poulet grillés, parfois aussi du porc et de l'agneau. La plupart du temps, le tout est servi à volonté.

– *Pernil assado :* le jambon entier, frais et rôti, avec *farofa* et couennes grillées *(torresmo).* Tradition paulista et mineira.

– *Salgados :* c'est ici une institution. Petits en-cas vendus pour trois fois rien dans de nombreux bars, *padarias* et *lanchonetes,* sous forme de beignets salés à la viande, au poisson, au fromage ou aux légumes. Il faut goûter aux *pasteís, coxinha, kibe, bolinho de peixe...* À grignoter sur place ou à emporter.

– *Pudim :* en dessert, d'excellents petits flans laiteux et sucrés à souhait.

– *Pé de Moleque :* une sucrerie à base de cacahuètes et caramel, sorte de nougatine irrésistible mais dévastatrice pour les dents ! Vendue partout sur les stands à Salvador, qui proposent aussi le **bolo do estudante,** délicieux gâteau gélatineux à base de noix de coco, enrobé de noix de cajou.

– *Romeo e Julieta :* de la pâte de goyave qui se déguste avec un fromage *mineiro* (genre « La vache qui rit »). Tout le monde n'aime pas ce goût étrange... Très populaire au Brésil.

– Pour les amateurs d'exotisme, il existe des plats composés de viande de singe, de caïman, de serpent ou encore de chair de requin.

Restos, *rodizios* et autres *lanchonetes*

– **Les restos « normaux » :** sachez que les « formules » sont plutôt rares et que l'on vous y apporte souvent, dès votre arrivée, de petits plats (les « couverts ») qui peuvent être chers ; vous pouvez les refuser sans aucun problème. Le plus important : les portions étant souvent affolantes, n'hésitez pas à demander un plat pour deux, ou même pour trois !

Les Brésiliens affectionnent également deux autres types de restaurants :

– pour les jours de fringale, le **rodizio.** C'est le principe de la bouffe à volonté à prix fixe, la Grande Bouffe, quoi ! Immense buffet de hors-d'œuvre et légumes les plus divers, et garçons qui tournent en salle et vous remplissent l'assiette des différents plats principaux, à mesure qu'elle se vide. Les *rodizios* les plus classiques sont les *rodizios de churrasco,* avec quantité de viandes grillées. Il existe aussi des *rodizios* de pizzas, et des *rodizios* de fruits de mer. Attention, dans ces restos, aux petits extras (apéritifs, amuse-gueules et desserts), systématiquement proposés mais jamais gratuits ! Les grands restaurants sur les routes et autoroutes sont la plupart du temps de bonne qualité et proposent souvent le *rodizio.*

– Pour les jours ordinaires, il y a les **restaurants ao kilo.** Même principe de buffet où l'on se sert à volonté des divers plats, mais là, on paie au poids. C'est généralement excellent, imbattable niveau prix, ça évite de payer pour ce qu'on ne mangera pas, et ça permet de côtoyer les Brésiliens !

Mais on ne mange pas qu'au resto. On mange partout, dans la rue, dans les **lanchonetes** ou les boulangeries **(padarias),** où l'on peut consommer sur place, au comptoir. Rien de meilleur qu'une *coxinha de frango,* avec ou sans *catupiri,* dégustée au comptoir avec un café au percolateur !

DANGERS ET ENQUIQUINEMENTS

Près de 6 000 homicides chaque année à Rio, 35 assassinats par jour à São Paulo (funeste record !). Collines-ou *morros* – « tenues » par des bandes de trafiquants de drogue armés jusqu'aux dents. Enfants exterminés dans les rues de Rio, São Paulo, Salvador ou Recife. Images de violence faisant le tour des télévisions du monde... Il y a apparemment de quoi flipper. Pourtant, tout le monde vaque à ses affaires. Le jour, les plages sont bondées et la rue est aimablement agitée d'une foule de badauds ou de gens qui courent à leurs occupations. Le soir, terrasses et bistrots restent animés fort tard.

Alors, le Brésil est-il violent ? Oui, mais cette violence spectaculaire et sanglante concerne très peu l'univers du voyageur et du touriste. 77 % des crimes proviennent des conflits entre une police sauvage et corrompue et une jeunesse pauvre et désespérée ; ils ont lieu dans les quartiers misérables des périphéries. 9 % sont des crimes interpersonnels (jalousie, querelle, rivalité). 10 % ont pour cibles de riches objectifs définis par des truands professionnels (rapts, attaques de villas ou d'immeubles, meurtres de PDG...). Restent 4 % qui concernent la rue, l'attaque qui tourne mal, la balle perdue, etc. Parmi ces 4 %, les touristes étrangers sont des cas exceptionnels. Il faut ajouter aussi que, depuis quelques années, des polices spécifiques *(polícia turística)* ont été créées dans certaines grandes villes (à Belém et à Salvador, par exemple) et des agents sillonnent toute la journée les lieux touristiques (les plages, etc.).

Alors, le Brésil est-il dangereux ? Notre réponse est formelle : vous pouvez voyager tranquille, à condition d'observer quelques règles simples ; vous ne risquez alors pas plus votre vie au Brésil qu'en Italie, au Maroc ou à Paris. De plus, il faut éviter les généralisations, le Brésil est trop grand pour qu'elles soient vraies.

Dans l'intérieur du pays, dans les petites villes, dans le Sud, cette violence n'a pas cours. Par exemple, vous ne risquez rien à Goiás, à Florianópolis, à Vargem Alta, à Ouro Preto, à Ipu dans le Ceará, ou dans les petites villes de l'État d'Espírito Santo... Il existe beaucoup d'endroits au Brésil où votre voiture, même déverrouillée, ne sera pas pillée au stationnement, ni votre sac razzié au bistrot pendant que vous êtes aux toilettes.

Dans les grandes capitales comme Rio, São Paulo, Salvador, Recife et Fortaleza, une énorme concentration de misère absolue s'est accumulée à côté d'une fantastique frénésie de consommation. Conséquence logique, tout ce qui est convoité est bon à prendre : joggings et baskets de marque, vêtements de qualité, bijoux, montres de valeur, appareils photo, caméras, etc. Enfin, la misère et la faim ne sont pas des figures de style. Si un gamin vous demande les trois frites qui traînent dans votre assiette, c'est parce qu'il a faim. Vraiment.

Pour le reste, en ville, il suffit de respecter quelques règles de bon sens et de sécurité, sans tomber dans le délire paranoïaque.

Précautions élémentaires

– Faites des photocopies en plusieurs exemplaires de tous vos papiers avant de partir : passeport, permis de conduire, billets d'avion, etc. En cas de perte ou de vol, vous galérerez moins pour vous les faire refaire ! Laissez tous les originaux au coffre de l'hôtel ou dans un endroit sûr.

– En plus des photocopies, conservez à l'écart le reçu de vos chèques de voyage, indispensable pour vous faire rembourser en cas de problème.

– Il n'est jamais superflu de conserver au chaud une petite liste de numéros utiles, au cas où toutes vos affaires seraient volées : numéros de passeport, de carte bancaire, de sécu, numéros à appeler en cas de vol (consulats, banques, éventuels amis sur place), références de votre assurance assistance, etc. Glissez cette liste dans une ceinture antivol ou dans une pochette « près du corps », avec quelques coupures pour pouvoir téléphoner.

– Dans les grandes villes (comme Rio, São Paulo...), évitez de vous balader à pied une fois la nuit tombée (de manière générale, et en particulier à proximité des quartiers dangereux), et respectez bien les conseils qui suivent.

Habillement et look

– Règle numéro un : évitez de ressembler à un touriste ! Habillez-vous simplement, légèrement et sans ostentation. Évitez les vêtements et accessoires aux marques publicitaires trop voyantes (lunettes, joggings, baskets...). Observez le style du Brésilien moyen de la rue. Votre meilleur prêt-à-porter pour partir, c'est en gros : pantalon de toile ou jean, chemisette ou T-shirt sobre, sandalettes, tongs ou baskets bon marché...

– Évitez de trimbaler un élégant sac manifestement rempli d'appareils et de gadgets divers. Sortez avec le strict minimum ; généralement, les Brésiliens gardent tout simplement leurs affaires (clés de voiture, lunettes, cigarettes...) à la main. Certains utilisent la banane (en bandoulière !), mais ça attire l'attention. Si vous ne pouvez vous passer de votre sac, choisissez-en un banal, et assurez-le solidement, en bandoulière. Mais à notre avis, pour passer inaperçu, le mieux est encore de mettre ses affaires dans ses poches...

– Évitez montres lourdes, brillantes ou luxueuses, chaînes en or, gourmettes, bagues et autres bijoux clinquants, appareils photographiques, caméscopes, etc. Tous ces attributs du « Premier Monde » sont une provocation ambulante. Pour un Brésilien de 19 ans qui gagne l'équivalent de 30 € par mois, une paire de Reebok représente trois mois de salaire.

– Si vous prévoyez de faire des photos, un petit appareil automatique (ou mieux : un appareil jetable) qui tient dans la poche vaut mieux qu'une sacoche remplie d'objectifs sophistiqués. Si vous ne pouvez vous en passer, procédez à un repérage préalable, comme un vrai pro, et en général évitez de trimbaler ces accessoires, même dans un sac, en tous lieux et à toute heure ; ça vous évitera, en prime, d'être obsédé par les risques de vol. La règle : léger. Une bonne astuce : porter son appareil photo dans un vieux sac plastique.

– Avant de sortir votre appareil ou de faire une photo, regardez autour de vous. Si vous photographiez des gens, demandez-leur l'autorisation avant ; comme partout, c'est la moindre des choses.

– À la plage, utilisez un banal sac en plastique et n'emportez que le strict minimum. Serviette ou paréo, bermuda, crème solaire, et juste trois sous pour les boissons ou le *picolé*. Si vous devez emporter plus d'affaires, veillez à ce que votre sac soit toujours sous bonne garde (ami ou voisin de plage) pendant que vous faites trempette. Un truc qui marche parfois : l'enterrer. De même, si vous vous faites voler vos affaires pendant le bain, creusez le sable ; il arrive que le voleur enterre son butin pour venir le récupérer plus tard (si, si...).

L'argent

C'est évidemment la cible première.

– Effectuez toujours le change à la banque ou dans des officines spéciali-sées, généralement fortement protégées.

– Ne changez jamais avec un inconnu qui vous propose un taux intéressant, c'est un coup à se faire détrousser. Moins violent : on vous demande vos euros en vous disant qu'on vous ramène la somme changée dans 5 mn (ne riez pas, ça arrive).

– La sortie du bureau de change est un endroit où le braquage est tentant et courant. Ne traînez pas après avoir changé et, avant de sortir, rangez le principal de façon difficilement accessible (slip, pochette à l'intérieur du pan-talon, etc.) pour ne garder en poche que l'argent immédiatement nécessaire.

– En général, ne gardez sur vous que l'argent indispensable et laissez le reste au coffre de l'hôtel ou correctement caché dans vos bagages (fermés avec un cadenas).

– Le coup des ceintures-porte-billets-de-banque, c'est éculé. Dites-vous que, si vous êtes braqué, une ceinture d'aussi belle qualité apparente vous sera réclamée avec le reste. Par contre, les ceintures avec zip intérieur ou à fixer sous votre pantalon sont une bonne solution, à condition de prendre un modèle discret (en tissu) et, bien sûr, d'éviter de s'en servir comme d'un portefeuille, en y mettant tout son argent et en l'ouvrant en public !

– Évitez d'avoir des grosses coupures, supérieures à l'équivalent de 20 €. Si vous avez des euros sur vous, sortez-les discrètement, et non par liasse.

– Évitez, bien sûr, de laisser votre portefeuille ou vos papiers dans la poche arrière de votre pantalon ! Une combine qui a déjà fait ses preuves : garder les grosses coupures dans un endroit discret (poche ventrale intérieure, chaussette, etc.) et les petites dans une poche de pantalon. En plus, c'est plus pratique ; ça évite de sortir des liasses de gros billets pour payer le bus ! En cas de braquage, le voleur pressé se contentera (peut-être) des petites coupures en croyant que vous n'avez rien d'autre...

– Pendant le carnaval à Salvador, à Recife ou à Rio, respectez toutes les consignes précédentes. Le mieux est de sortir chaussé de vieilles baskets et vêtu d'un short léger (muni d'une pochette intérieure). Les nombreux pick-pockets qui sévissent ne pourront rien vous voler. Pensez aussi à faire une photocopie plastifiée de votre passeport.

Reste le risque du braquage...

Ce n'est évidemment pas un risque à exclure totalement.

Où le braquage est-il à craindre ?

Essentiellement dans les grandes capitales, nous l'avons déjà dit. Ruelles à l'écart et peu fréquentées. Autobus à moitié vide. Jardins ou espaces de promenade isolés. Parfois, à un feu rouge, braquage de voiture (vous remarquerez que, la nuit, les automobilistes grillent fréquemment le feu rouge). Le braquage a rarement lieu dans un endroit de forte animation, mais souvent à proximité, pour permettre au braqueur de filer sans obstacle en se perdant immédiatement dans la foule. Généralement, le braqueur vous aura repéré peu avant, à la sortie de la banque, lorsque vous faisiez des photos, ou pendant que vous régliez un achat, d'où les conseils ci-dessus. Pour éviter les risques, sachez qu'un taxi (un vrai) n'est pas une dépense inutile si vous devez traverser des quartiers louches, voire indispensable quand vous sortez le soir...

Certains bus longue distance de nuit ont également fait l'objet de braquages récemment. Lorsque c'est possible, préférer voyager de jour (mais avec les distances, c'est souvent difficile)... Sinon, ne pas hésiter à s'informer des risques avant le départ. Aucune psychose néanmoins, ces braquages restent heureusement rares.

Et sur l'eau ?

Eh bien oui, les risques sont réels aussi. Des pirates sévissent en Amazonie (et l'assassinat du célèbre skipper néo-zélandais Peter Blake, le 7 décembre 2001, à environ 20 km de Macapá, est un exemple connu parmi d'autres, même si c'était la première fois qu'il y avait mort d'homme). Aussi, en Amazonie, sachez qu'il est important de suivre les conseils de la capitainerie des ports pour éviter les problèmes.

Comment se comporter ?

Ne discutez pas. Donnez tout ce qu'on vous demande, sans aucune réticence. Quels que soient l'âge et l'apparence du braqueur, son arme est une vraie de vraie, et il n'hésitera pas un dixième de seconde à s'en servir. N'essayez surtout pas de vous battre, même si l'agresseur est un gamin : il a peut-être des complices cachés un peu plus loin ! Si vous êtes fair-play, il ne vous arrivera rien de plus que de perdre de l'argent.

... et celui des « rencontres »

– ATTENTION : ne jamais accepter une cigarette d'un inconnu ou une boisson offerte par un « nouvel ami », vous pourriez être une victime du *buring danga*. Cette drogue venue de Colombie produit une perte de volonté et de mémoire pendant plusieurs heures. Dépouillement garanti.
– Messieurs, méfiez-vous également des demoiselles un peu trop avenantes dans les bars et les discothèques (« piranhas » ou entraîneuses) : certaines utilisent parfois un puissant somnifère incolore, inodore et sans saveur. À Fortaleza, des Français se sont retrouvés complètement dépouillés !
– Signalons enfin, toute hypocrisie mise à part, que les touristes « mâles » ont parfois des problèmes avec les prostituées, très nombreuses au Brésil. Dans le même registre, éviter d'emmener une inconnue dans sa chambre d'hôtel si l'on tient à retrouver ses affaires au réveil... Cela dit, les réceptionnistes sont censés demander les papiers des demoiselles avant de les faire monter : s'ils ne le font pas, méfiance, ils sont peut-être de mèche !

Que fait la police ?

– En cas de vol à la roulotte ou à la tire, pickpocket, braquage et même cambriolage, il y a belle lurette que les habitants des capitales, surtout à Rio, ne portent plus plainte et ne font pas de constat. Ils préfèrent au besoin prendre contact, par le point de « deal » *(boca de fumo)* de la favela voisine, avec les chefs de bandes pour négocier la restitution à l'amiable d'une partie de ce qu'ils ont perdu. C'est plus efficace. Les bandes des favelas n'aiment pas avoir des histoires avec leur voisinage aisé.

– En cas de scène de violence de rue impliquant bandits et police, restez à couvert. Les homicides par balle perdue sont malheureusement très fréquents au Brésil.

– Les commissariats de police demandent des délais ahurissants pour enregistrer les plaintes (48 h, voire 3 jours !). N'y allez que si vous y êtes contraint par les règlements d'assurances. Nous indiquons les commissariats pour touristes *(delegacia para turistas),* lorsqu'ils existent ; un peu plus accueillants.

– Sachez que la police, surtout la police militaire, mal payée et sans aucun contrôle institutionnel, est massivement corrompue et délinquante. Aussi, ne faites jamais béatement confiance au PM qui, sans raison apparente, vient vous chercher des poux dans la tête. Ne présentez que les papiers strictement nécessaires, ayez l'air sûr de vous et impassible, surtout s'il prend un air ennuyé en vous disant vaguement que vous avez enfreint un obscur règlement. Cela arrive lors de contrôles routiers qui sont parfois de vulgaires tentatives d'extorsion. Évitez de le suivre dans son manège tout en restant poli et respectueux. Enfin, si jamais l'agent vous met une amende, même si elle paraît injustifiée, acceptez-la sans tenter une quelconque corruption.

DÉCALAGE HORAIRE

Ne demandez pas à un Brésilien de Rio de vous dire l'heure qu'il est à Manaus ou à Belém (et vice versa), il aura toutes les difficultés du monde à vous répondre ! Il est vrai que c'est compliqué et qu'on s'y perd facilement. Essayons de faire simple !

Le pays est découpé en 4 fuseaux horaires, avec 1 h de décalage pour chacun d'eux (de février à octobre) :

– le fuseau de l'île de Fernando de Noronha, située à 400 km dans l'océan Atlantique, au large de Natal ;

– le fuseau de Brasília, regroupant les régions du Nordeste, du Sudeste, du Sud, ainsi que Brasília, les États du Goiás, de l'Amapá, et la moitié est du Pará ;

– le fuseau de Manaus avec les États du Roraima, de l'Amazonas, du Mato Grosso, du Rondônia, du Mato Grosso do Sul, du Tocantins et la moitié ouest du Pará (dont Santarém) ;

– le fuseau de l'État de l'Acre.

Seul le fuseau horaire de Brasília change d'heure en octobre (+ 1 h) et en février (– 1 h), mais *attention* (et c'est là où tout se complique !), certaines villes de ce même fuseau ne changent pas (Belém, conserve par exemple la même heure toute l'année), à moins que l'année suivante les autorités n'en décident tout autrement ! Vous suivez ?

D'octobre à février, il y a 3 h de décalage entre Brasília et Paris et 5 h en été.

DROGUES

Sujet délicat, mais autant éviter la tartuferie. Le Brésil est un pays où se rencontrent de grandes quantités de drogues illicites à bas prix ; principalement marijuana *(maconha)* et cocaïne. Leur consommation est fréquente : *maconha* dans les classes populaires et la jeunesse, cocaïne dans les classes aisées et intellectuelles. Contrairement à ce que l'on croit souvent, la répression de leur possession, transport, usage ou trafic, est extrêmement sévère, quelle que soit la quantité. La corruption globale de la police et son implication généralisée dans le trafic ne font qu'aggraver son arbitraire. Aussi, ne vous laissez pas griser par le sentiment d'exotisme et évitez toute imprudence dans ce domaine. ATTENTION, ne vous rendez JAMAIS dans une favela pour en acheter. Certains touristes inconscients n'en sont jamais revenus...

Il existe au Brésil d'autres substances psychotropes, tenues pour sacrées par les Indiens d'Amazonie. Non soumises à législation, elles ne sont accessibles qu'au travers des communautés qui en pratiquent l'usage, et ne peuvent être consommées que dans leur convivialité. La plus célèbre est l'*ayahuasca,* aussi nommée *santo daime.*

« Avec un peu de *cawa,* tu plonges dans la nuit ; mais c'est en y ajoutant *nichi-paeu* que tu pourras voir des boas et des maisons avec de grandes fenêtres. » Tel est le discours d'un Indien pano de la forêt amazonienne. *Nichi-paeu* : une liane, dont la tige sarmenteuse grimpe jusqu'au sommet de la grande forêt ; quant à *cawa,* ce sont les feuilles d'un arbuste. Utilisées séparément, elles ont une action médicinale, mais réunies, elles forment une drogue fortement hallucinogène, l'*ayahuasca,* très répandue dans tout l'ouest de l'Amazonie. Elle redonne, dit-on, la virilité aux vieillards ; elle aide à démasquer les jeteurs de sort ; elle fait revenir les morts. C'est pourquoi elle est souvent présente au moment des funérailles. Elle peut aider le chaman à des fins médicinales. Mais aujourd'hui, l'*ayahuasca* fait plutôt usage d'aide-oubli, de refuge pour des populations de plus en plus désorientées.

Dans les grandes villes, nombre d'enfants des rues se droguent, dès 6 ans ! Cela va de la colle au crack. Même s'ils volent pour s'acheter de la drogue, ce sont surtout les touristes qui, sans le savoir, leur permettent de se droguer en leur donnant de l'argent. La meilleure solution est de leur donner à manger ou de les emmener dans un snack.

DROITS DE L'HOMME

La question des Droits de l'homme au Brésil peut se résumer à un seul mot : violence. Celle des forces de l'ordre, tout d'abord, qui se rendent encore coupables, en toute impunité, d'exécutions extra-judiciaires et de tortures, et dont certains membres appartiendraient toujours à des escadrons de la mort. Dans les prisons, la situation n'est guère meilleure, et les mineurs sont particulièrement victimes de mauvais traitements. Guerres des gangs, crimes crapuleux, assassinats : les villes brésiliennes connaissent un niveau de criminalité élevée – même si le nombre d'homicides par an est en baisse –, et certains gangs extrêmement puissants s'attaquent parfois directement aux forces de l'ordre. Les *fazendeiros* (grands propriétaires terriens) n'hésitent pas eux aussi à recourir au meurtre contre les défenseurs des droits des paysans, à l'image de Sœur Dorothy Mae Stang, de la Commission pastorale pour la Terre, assassinée en février 2005. Si certains commanditaires sont aujourd'hui enfin poursuivis, l'impunité reste néanmoins encore la règle. Des organisations, tel le Mouvement des Sans-Terre, dénoncent par ailleurs la lenteur de la réforme agraire promise par le gouvernement Lula, et occupent toujours illégalement des terres de *fazendeiros*. Si 245 000 familles auraient déjà bénéficié de la redistribution des terres, près de 5 millions seraient toujours en attente. Le *Centro de justicia global* (membre de la FIDH) dénonce enfin une culture du racisme au Brésil, à tous les niveaux de la société, et dont les populations indigènes sont les premières à payer le prix. Des opérations sont organisées pour les expulser de force de leurs terres, et certains de leurs défenseurs sont victimes d'assassinats. Afin de mieux pouvoir se défendre, elles attendent toujours une délimitation définitive de leurs territoires, promise par les autorités fédérales.

N'oublions pas qu'en France aussi les organisations de défense des Droits de l'homme continuent de se battre contre les discriminations, le racisme et en faveur de l'intégration des plus démunis.

Pour en savoir plus, n'hésitez pas à contacter :

■ **Fédération internationale des Droits de l'homme (FIDH) :** 17, passage de la Main-d'Or, 75011 Paris. ☎ 01-43-55-25-18. Fax : 01-43-55-18-80. ● www.fidh.org ● Ⓜ Ledru-Rollin.

■ **Amnesty International** (section française) **:** 76, bd de la Villette, 75940 Paris Cedex 19. ☎ 01-53-38-65-65. Fax : 01-53-38-55-00. ● www.amnesty.asso.fr ● Minitel : 36-15, code AMNESTY. Ⓜ Belleville ou Colonel-Fabien.

ÉCONOMIE

Pays atteint par une crise sociale profonde et une misère qui touche 56 millions de Brésiliens, « le Brésil n'est pourtant pas un pays sous-développé mais un pays injuste », selon l'expression de l'ancien président, Fernando Henrique Cardoso.

Parmi les dix premières puissances industrielles mondiales, indépendant en matières premières et en ressources minérales, sauf pour le pétrole (30 % de ses besoins sont importés), le Brésil se place aussi parmi les premiers producteurs agro-alimentaires et agro-industriels du monde : café, canne à sucre, soja (il devance même les États-Unis), coton, cacao, agrumes, pâte à papier et cellulose, viandes porcines et bovines... L'industrie minière n'est pas négligeable non plus : fer (1er producteur mondial), argent, bauxite, charbon, diamants, etc. Contrairement aux puissances du Nord frappées de récession dans les années 1970 puis 1980, le Brésil a connu durant les deux dernières décennies une croissance continue de l'ordre de 3 à 5 % par an jusqu'en 1995.

En presque 30 ans, la population a connu une forte évolution. En 1975, la part de la population active travaillant dans le secteur de l'agriculture représentait près de 40 % (à parts égales avec le secteur des services) ; elle représente moins de 25 % aujourd'hui, et près de 55 % de ces actifs exercent dans le secteur des services. Dans les grandes métropoles, le mode de vie repose sur le salarial, les supermarchés, la consommation, la grande mobilité des personnes, l'avion, l'automobile et les systèmes de télécommunication... Loin de l'Orient ou de l'Afrique, la vie brésilienne est américaine... du Sud.

Dynamique, le pays ne manque pas d'initiatives. Un exemple : pour se libérer de sa dépendance énergétique en pétrole, le Brésil, dans les années 1970-1980, était parvenu à maîtriser industriellement l'utilisation de l'éthanol de canne et à en développer tout le cycle technologique. En 1990-1992, la plupart des voitures et véhicules industriels sortis des chaînes brésiliennes fonctionnaient à l'alcool sans perte d'efficacité, permettant le développement d'une alternative énergétique non polluante, recyclable, et offrant des débouchés intéressants à de nombreux pays du Sud. Après la renégociation de la dette, en 1993, ce vaste secteur soutenu par l'État a connu un ralentissement substantiel. C'est la contrepartie payée aux grandes compagnies pétrolières internationales pour le rééchelonnement de la dette brésilienne... Mais loin de s'essouffler, cette formidable aventure écolo-industrielle a muté et repris du poil de la bête ces dernières années : aujourd'hui, 1 voiture sur 3 vendue au Brésil est « bi », c'est à dire équipée d'un moteur fonctionnant aussi bien à l'essence qu'à l'alcool. De quoi se prémunir d'une éventuelle crise pétrolière ! Les constructeurs internationaux (Fiat, General Motors, Volkswagen, Renault, Peugeot-Citroën) ont d'ailleurs bien saisi la nuance, et proposent désormais une gamme de plus en plus élargie de modèles « bi ».

Pourtant, le développement économique est entravé par le poids de la grande propriété foncière qui domine le système bancaire, ainsi que le capital de la grande industrie. La croissance économique s'est traduite par une accumulation de richesses pour une petite partie de la société et un appauvrissement massif d'une part croissante de la population.

Dans le Nord et le Nordeste, la spéculation foncière et les cultures industrielles chassent de leurs terres des millions de paysans qui vont s'entasser dans les bidonvilles des capitales. Les grands programmes de redistribution des terres claironnés par Lula en 2002 paraissent lointains... sinon oubliés. Les belles idées altermondialistes ont fait leur temps, cédant la place au modèle pragmatique développé par les multinationales agroalimentaires.

La recherche des profits maxima concentre la production industrielle vers un marché solvable de 35 millions de personnes à haut niveau de consommation ; 40 millions d'autres (salariés des services, ouvriers d'industries, petits artisans, fonctionnaires) vivent dans le plus total endettement, avec des revenus se situant entre 240 et 960 € par mois, juste de quoi continuer à « tenir le coup ». Quatre-vingts millions de Brésiliens sont rejetés hors des réalités mêmes de l'économie, avec un revenu inférieur à 200 € par mois ; parmi ces derniers, 54 millions appartiennent à un foyer où le revenu par tête est inférieur à 32 € par mois. Sachant que, théoriquement, le salaire minimum légal est de 350 Rls (environ 135 €) par mois.

L'État, sous le contrôle des oligarchies latifundiaires du Nord et du Nordeste, est le théâtre d'une corruption qui ne prélève pas moins de 35 % du budget fédéral. Les institutions les plus indispensables sont soit laissées à l'abandon, soit occupées par de véritables gangs politiques qui se partagent le fromage.

Les promesses de réformes sociales, d'investissements dans des travaux d'intérêts sociaux et nationaux, de réforme agraire qui permettrait d'inverser l'exode rural, de développement de l'enseignement public et de la santé afin de mobiliser une jeunesse analphabète et perdue, de construction de logements, etc., faites par le président Cardoso quand il était candidat, se sont heurtées à l'inertie impassible des crocodiles de la grande propriété foncière du Nordeste et des barons industriels qui ont été les principaux soutiens de son élection.

En 1999, lorsque le real a connu une forte dévaluation, le FMI accepta de venir au secours du pays contre la mise en place d'un plan d'austérité. Sur le plan économique, les résultats furent assez spectaculaires... Certains parlent même du « miracle brésilien » : inflation maîtrisée, compétitivité des produits brésiliens retrouvée et déficit commercial fortement réduit, niveau record des investissements, excédent budgétaire supérieur à celui imposé par le FMI... Aujourd'hui, le Brésil fait figure de pays phare au sein du Mercosur (marché commun du cône sud de l'Amérique du Sud), au détriment de l'Argentine...

Mais cet épisode a aussi de très lourdes conséquences sociales et humaines... Les inégalités dans la répartition des richesses se sont terriblement accrues : baisse du pouvoir d'achat, montée sensible du chômage... On estime aujourd'hui que les 20 % de Brésiliens les plus pauvres ne bénéficient que de 2 % des revenus du pays. En outre, le gouvernement a vendu aux enchères une partie du parc industriel étatique, compromettant ses moyens de peser sur les choix économiques futurs.

Le bilan du mandat de Lula est par conséquent mitigé. D'un côté, l'économie semble dynamisée, avec une croissance autour de 5 % et les félicitations du FMI au Brésil pour sa conduite économique. De l'autre, les plus démunis sont déçus par la réalité des réformes économiques et sociales promises lors de la campagne électorale. La moindre mesure semble dérisoire face à 100 millions de pauvres. Pourtant, plus de 2 millions d'emplois ont été créés, le plan « Faim Zéro » permet de nourrir 6 millions de familles et a mis en place des programmes d'alphabétisation, de formation professionnelle, d'aide à l'agriculture familiale, de micro-crédit, etc. Le salaire minimum est passé de 260 à 350 Rls... mais il reste encore beaucoup à faire pour atteindre l'objectif que l'ex-métallo s'est fixé : que chaque Brésilien mange 3 fois par jour. La prochaine élection présidentielle de novembre 2006 permettra d'estimer les satisfactions et frustrations de la population...

ÉGLISES BAROQUES

Du Nordeste au Minas Gerais en passant par Rio, les églises baroques sont incontournables ! Elles témoignent du mouvement architectural et artistique que connut le Brésil à partir du XVIIe siècle, et sont l'œuvre d'une société naissante et de communautés multiples qui ont trouvé là un formidable terrain d'expression.

Elles suscitent la contemplation, l'admiration, et l'on peut difficilement rester indifférent face à une telle théâtralité, une telle mise en scène de la foi, mais aussi à une telle manifestation de l'art, tout simplement. Il y a de fortes chances pour que l'enthousiasme s'empare même des plus réfractaires !

Depuis le parvis, il est bien souvent difficile d'imaginer ce qui attend le spectateur, hum, pardon... le visiteur, à l'intérieur. Les façades restent bien souvent sobres, avec de simples murs blancs ou gris (plus rarement bleus ou jaunes), ornés de quelques chaînages de pierres sombres ou de linteaux et de chambranles aux courbes et volutes élégantes. Dès que l'on franchit le seuil, tout se précipite. L'œil hésite, titube. L'architecture devient fastueuse et monumentale, le décor exubérant. C'est un foisonnement de sculptures sur bois *(talha),* de dorures, de colonnes et de pilastres. Les plafonds se parent de fresques, les retables trônent dans le chœur. Parfois, des azulejos recouvrent les murs de l'église et du cloître. Dans le Minas Gerais, l'intérieur de certains édifices est même entièrement recouvert d'une pellicule d'or...

Alors, pourquoi tant de ferveur apparente ? Pourquoi s'attacher et s'efforcer à une telle démonstration de la puissance divine ? Tout simplement parce qu'il fallait bien amener les Indiens qui peuplaient ces terres sur le droit chemin. Une seule solution : impressionner, émerveiller et persuader, afin que s'éveille durablement la foi.

Au XVIIe siècle, les Portugais bâtirent les premières églises sur la côte. Au début du XVIIIe siècle, l'essor économique du Brésil favorisa l'avènement du baroque. C'est alors à Recife et à Olinda que cet art s'exprima dans toute sa splendeur. Puis, la découverte d'or et de pierres précieuses dans le Minas Gerais suscita la multiplication d'églises ; le baroque se répandit à l'intérieur des terres, avec l'apport et la créativité de chaque communauté de la mosaïque brésilienne. En construisant leurs propres églises, les esclaves noirs gagnèrent ainsi, selon l'universitaire Angelo Oswaldo de Araújo Santos, « leur première victoire sur le chemin de la reconquête de la liberté ». On assista bientôt à l'émergence d'une nouvelle société, formée par les descendants des esclaves affranchis et les enfants issus de mariages mixtes. Beaucoup sont devenus des artistes de grand talent, dont le travail révèle la sensibilité transcendée par leurs origines. La seconde moitié du XVIIIe siècle reste d'ailleurs incontestablement marquée par le métisse Antônio Francisco Lisboa, dit « l'Aleijadinho » (l'Estropié), appelé encore le « Michel-Ange » du Minas Gerais. Atteint d'une grave maladie, ce sculpteur, qui devait attacher ses instruments à ses poignets, a illustré son talent et son génie avec les célèbres 12 prophètes au pied de l'église Bom Jesus de Matozinhos à Congonhas do Campo. La façade de l'église São Francisco de Assis à Ouro Preto est considérée également comme l'un de ses chefs-d'œuvre.

ÉLECTRICITÉ

Le sujet peut paraître simple mais, comme pour le décalage horaire, il n'en est rien ! D'une région à l'autre, les prises sont alimentées soit en 110 V, soit en 220 V, avec des prises à 2 fiches. L'idéal est donc de prévoir un

PLANS ET CARTES EN COULEURS

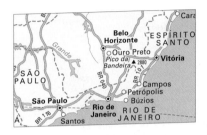

SOMMAIRE

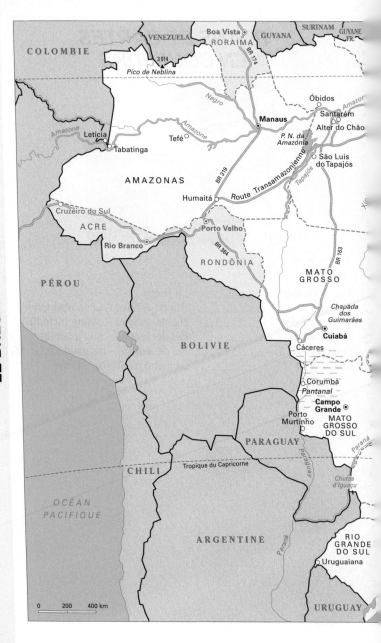

LE BRÉSIL

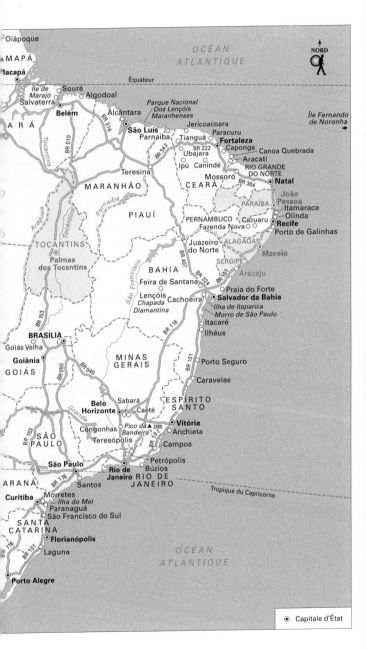

LE BRÉSIL

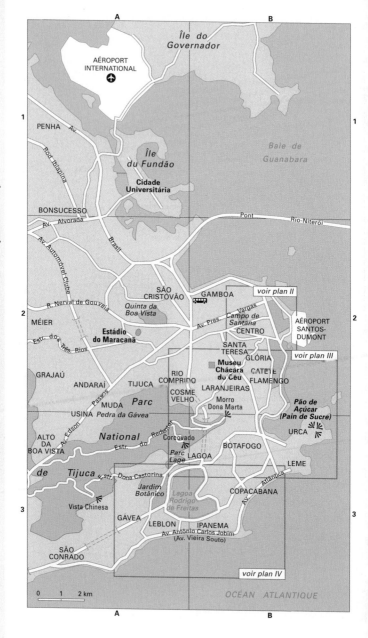

RIO DE JANEIRO – ENSEMBLE (PLAN I)

RIO DE JANEIRO – REPORTS DU PLAN II

■ **Adresses utiles**

  ✉ Poste centrale
  2 Consulat de France, Air France
    et Alliance française
  3 Banco do Brasil
  5 Varig

🛏 **Où dormir ?**

  20 Hôtel Belas Artes
  21 Hôtel Bela Vista
  37 Rio Hostel

|●| **Où manger ?**

  57 Espirito Santa
  58 Cais do Oriente
  60 Coliseu das Massas
  61 Bistro do Paço
  62 Adega Flor de Coimbra
  63 Bar Luiz
  64 Undergrill
  65 Confeitaria Colombo
  66 Restaurante Albamar
  67 Mr Opi
  68 Dito e Feito
  69 Galeto Castelo
  104 Nova Capela
  108 Sobrenatural

🍸 ♪ **Où boire un verre ?**

  65 Confeitaria Colombo
  108 Sobrenatural
  128 Casa Cavé
  134 Amarelinho
  135 Adega do Timão

♫ **Où danser ?**

  129 Estudantina
  130 Asa Branca
  133 Casa da Mãe Joana

♪ **Où écouter de la musique brésilienne ?**

  127 Comuna do Semente
  131 Rio Scenarium
  132 Carioca da Gema et Sacrilegio

✗ **À voir**

  140 Gare du Bonde
  141 Centro cultural Banco do Brasil
  142 Espaço cultural da Marinha

RIO DE JANEIRO – CENTRE (PLAN II)

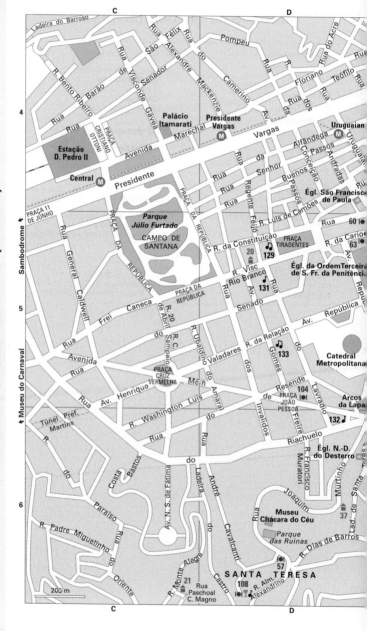

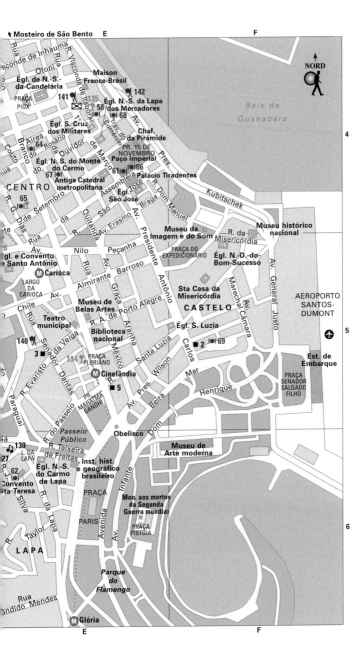

RIO DE JANEIRO – CENTRE (PLAN II)

RIO DE JANEIRO – SUD (PLAN III)

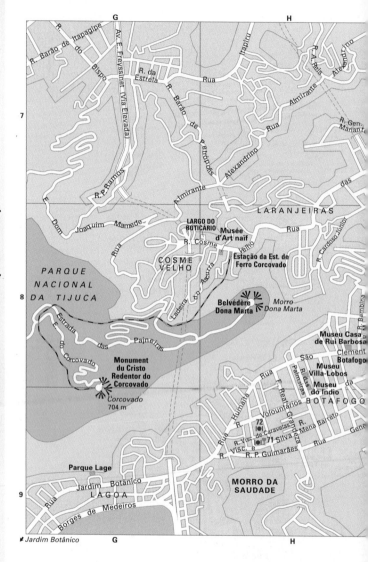

G **H**

R. Barão de Itapagipe
R. do Bispo
Av. E. Freyssinet (Via Elevada)
R. da Estrela
R. Barão de Petrópolis
Rua
Itapiru
R. A. Reis
Aleixo
Almirante

7

R. P. Ramos
E. Dom
Rua
Almirante
Alexandrino
Rua
R. Gen. Mariante
das

Joaquim Mamede
Rua
LARGO DO BOTICÁRIO
Velho
R. Cosme
LARANJEIRAS
Rua
R. Cardoso Júnior

Musée d'Art naïf
COSME VELHO
Estação da Est. de Ferro Corcovado

PARQUE NACIONAL DA TIJUCA

8

Estrada das Paineiras
Ladeira do Ascurra
Belvédère Dona Marta
Morro Dona Marta
Bambina

E. D. Corcovado
Monument du Cristo Redentor do Corcovado
Corcovado 704 m
Museu Casa de Rui Barbosa
Clement Botafogo
São
Rua
Museu Villa-Lobos
Rua das Palmeiras
Museu do Índio
da
F. Real Grandeza
Voluntários
BOTAFOGO
Rua Humaitá
R. Visc. de Caravelas
72
71 Silva
R. Visc. e
R. P. Guimarães
Mena Barreto
R.
Rua
Gene

Parque Lage
Jardim Botânico
MORRO DA SAUDADE
Rua
LAGOA

9

Borges de Medeiros

↙ *Jardim Botânico*   **G**   **H**

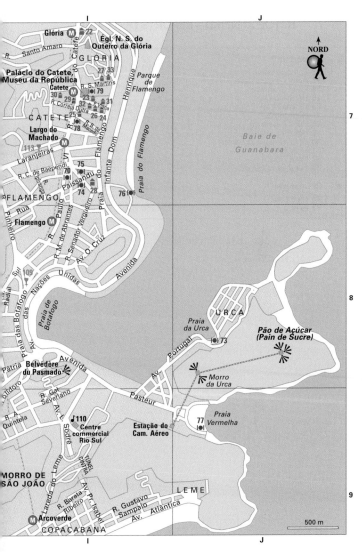

RIO DE JANEIRO – SUD (PLAN III)

RIO DE JANEIRO – REPORTS DU PLAN III

RIO DE JANEIRO – REPORTS DU PLAN IV

■ **Adresses utiles**

🖪 Riotur et kiosque d'informations touristiques
🖳 Accès Internet
1 Localiza
🖳 4 Letras & Expressões
7 Delegacia especial de atendimento ao turista
8 Welcome Tour International
9 Hospital Miguel Couto
10 Apartur Imóveis

🛏 **Où dormir ?**

34 AJ Copa Praia
35 Hôtel Vermont
36 Hôtel San Marco
38 Hôtel Arpoador Inn
39 Acapulco Copacabana
40 Hôtel Ipanema Inn
41 Harmonia, Karisma et Casa6ipanema
42 Augusto's Copacabana
43 Premier Copacabana Hotel
44 Rio Backpackers
45 Pousada da Margarida Carneiro
46 Mar Ipanema
47 Copacabana Praia Hotel
48 Copa Chalet
49 Hôtel Santa Clara
50 Pousada Girassol
51 Mellow Yellow Backpackers
52 Adventure Hostel
53 Stone of a Beach

|●| **Où manger ?**

59 Big Nectar
80 Papo de Anjo
81 Cervantes
82 Mala e Cuia
83 Churrascaria Marius
84 Restaurante New Natural
85 Bar Lagoa

86 Marius Crustáceos
87 Yemanjá
88 Zaza Bistro Tropical
89 Manoel & Juaquim
90 Casa da Feijoada
91 Stands de la Lagoa
92 Cantinha do Leblon
93 Jobi
94 Churrascaria Carretão Lido
95 Churrascaria Carretão
96 Da Silva
97 Cafeína
98 Alessandro & Frederico
99 Fellini
100 Ateliê culinário
101 Celeiro
102 Sindicato do Chopp
105 Buteskina
106 Colombo do Forte
107 Ataulfo

🍸 **Où boire un verre ?**

85 Bar Lagoa
90 Empório
111 Bofetada
112 Garota de Ipanema
114 Caroline Café
115 Caneco 70
116 Academia da Cachaça
119 Botequim Informal
120 Bip-Bip
121 Clipper
122 Bracarense
123 Seu Martín
124 Guapo Loco

∞ **Où assister à un spectacle ?**

117 Plataforma 1

♪ **Où écouter du bon jazz ?**

118 People Lounge
125 Vinícius
126 Mistura Fina

RIO DE JANEIRO – LES PLAGES (PLAN IV)

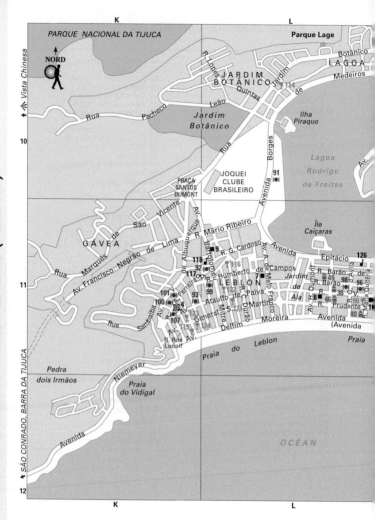

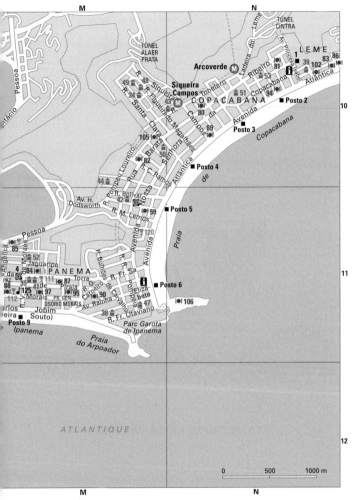

RIO DE JANEIRO – LES PLAGES (PLAN IV)

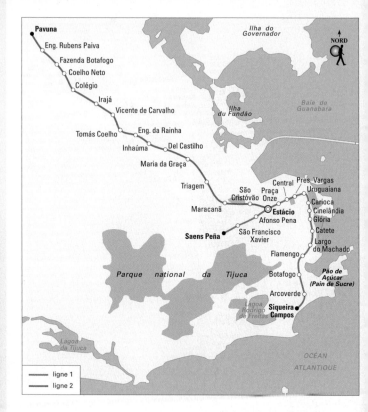

LE MÉTRO DE RIO DE JANEIRO

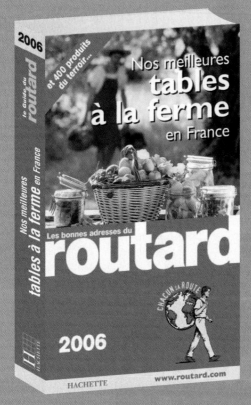

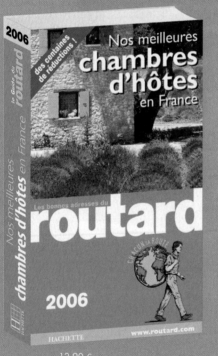

adaptateur, à acheter de préférence avant votre départ, car on ne les trouve pas si facilement que ça sur place.

ENVIRONNEMENT

Associez les mots « environnement » et « Brésil », et tout le monde pensera d'abord et avant tout à l'Amazonie, poumon de la planète.

L'Amazonie menacée

Voir aussi l'introduction à notre chapitre sur l'Amazonie.
Ce vaste bassin hydrographique, parcouru de milliers de cours d'eau qui serpentent en d'innombrables lacets parmi des terres restées vierges et se perdent en ignorant les limites de leurs lits, est aussi un sanctuaire de biodiversité unique au monde. L'Amazonie compte près de 20 000 espèces de végétaux endémiques (qui ne poussent nulle part ailleurs) ! Avec 23 % de l'ensemble des espèces de la planète, le Brésil est le premier pays au monde en termes de biodiversité ! Des milliers d'autres restent encore à découvrir... Une richesse inestimable pour l'humanité ! Oui, n'ayons pas peur des mots, l'Amazonie est un véritable gisement d'or vert... Ce n'est évidemment pas un hasard si la Conférence des Nations unies sur l'environnement et le développement s'est tenue à Rio en 1992. Cette réunion a consacré le concept de développement durable. Les pays membres signèrent à cette occasion des conventions sur la diversité biologique et les changements climatiques.
L'Amazonie est gravement menacée depuis plus d'un quart de siècle par les ambitions économiques des grandes multinationales. Pour désenclaver cet espace immense, le gouvernement brésilien a décidé en 1975, après l'échec de la Transamazonienne, de créer des pôles de développement, et a ainsi distribué des milliers d'hectares aux grands pour deux fois rien. Résultat : les défoliants, les bulldozers et le feu ont libéré le terrain pour des pôles agropastoraux (élevage intensif) et des pôles agrominiers (gisements de fer, de bauxite ou de manganèse, par exemple). Comme souvent, ce sont les multinationales qui tirent tous les bénéfices de ces opérations, et les ouvriers, trimbalés de chantier en chantier, ainsi que les Indiens, chassés de leurs terres, qui payent les pots cassés.
L'Amazonie subit ainsi une véritable catastrophe écologique : des centaines de kilomètres carrés de forêts sont anéantis chaque jour, et les organismes internationaux tardent à intervenir. En trente ans, ce seraient près de 14 % de la forêt qui auraient ainsi disparu, soit une surface équivalente à celle de la France ! La déforestation est telle aujourd'hui que, selon l'organisation WWF, toutes les deux secondes la forêt amazonienne perd l'équivalent de la surface d'un stade de football. Soit 1 500 stades par jour ! Près de 80 % des populations locales vivent de la déforestation.
– Vous pouvez agir en plantant un arbre en Amazonie : consultez le site • www.wwf.fr •, cliquez sur la rubrique « Adoptez un arbre ».
– Site du ministère de l'Environnement du Brésil : • www.ibama.gov.br •

Le projet *Avança Brasil*

Dans le cadre du projet *Avança Brasil* lancé par les autorités du pays, plusieurs routes devraient être ouvertes ou asphaltées au cours de la décennie 2000-2010 : les tronçons Marabá-Altamira, Humaitá-Lábrea, Sapezal-Comodoro. Objectif : réduire les coûts de transports. En 2005, le gouvernement prévoit de terminer la route Rurópolis-Santarém. Par ailleurs, l'axe Manaus-Boa Vista (route qui mène au Venezuela) est déjà asphalté.
Ce projet *Avança Brasil* provoque une levée de boucliers des ONG qui pointent du doigt le manque de concertation et redoutent les conséquences catastrophiques de ces infrastructures. La bataille des chiffres fait rage ; les auto-

rités estiment que le taux de destruction de la forêt serait porté à 22 %, les défenseurs de l'Amazonie sont beaucoup plus pessimistes... En tout cas, un projet qui repoussera encore plus loin les limites de la déforestation et, avec elle, toutes les conséquences sur l'écosystème et les populations amérindiennes. Et c'est sans compter sur les multinationales (industries pharmaceutiques, agroalimentaires et chimiques) qui se tournent vers l'essor des biotechnologies (sur ce point particulier, voir aussi l'introduction au chapitre sur l'Amazonie) en convoitant les trésors de gènes que recèlent plantes et animaux... en l'absence de toute législation adaptée.

Les plages et la Mata Atlântica

Mais l'environnement au Brésil, ce sont aussi des kilomètres de plages, dont certaines polluées, en particulier autour des grandes villes comme Rio, Recife, etc. C'est aussi, en mars 2001, la plus grande plateforme pétrolière du monde qui coule au large de Rio de Janeiro, endommagée, et qui repose maintenant par 1 300 m de fond, emprisonnant dans ses réserves 1,5 million de litres de combustible. Ce sont encore des dizaines de petits paysans qui, derrière les collines de Rio, pratiquent le brûlis sur leurs champs, sans protéger les sousbois atlantiques (la Mata Atlântica) tout proches. Ou les citadins qui se construisent une résidence secondaire en bord de mer, sur des aires protégées, détruisant là aussi la forêt atlantique (elle couvrait 1,2 million de kilomètres carrés du territoire brésilien lors de l'arrivée des Portugais au XVIe siècle ; 93 % de cette jungle ont aujourd'hui disparu...).
Comme le souligne l'historien Geraldo Prado en parlant de la forêt atlantique, « l'histoire du déboisement de la Mata Atlântica, c'est l'histoire économique du Brésil. À chaque cycle de croissance a correspondu la destruction d'une partie de la forêt. » Visiblement, on peut maintenant faire la même constatation au sujet de toutes les forêts brésiliennes...
Et pourtant, quelques initiatives teintées d'écologisme permettent de garder un peu d'espoir. Le développement de carburateurs « bi » (fonctionnant à l'essence classique ou à l'alcool, selon les besoins ; voir plus haut la rubrique « Économie ») devrait à terme faire baisser d'un quart le taux d'émissions nocives généré par les anciens moteurs à essence. Avec un revers : l'augmentation de la surface de canne cultivée se fait parfois au détriment de la forêt. De même, la construction de centrales à biomasse, usines capables de recycler les déchets organiques en les transformant en énergie, est une nouvelle piste « propre » que le gouvernement brésilien entend bien poursuivre...

FAVELAS

Le terme de *favela,* qui vient de *fave* (la fève), est emprunté à l'insurrection des « Canudos », dans l'État de Bahia, à la fin du XIXe siècle. *Favela* était le nom d'une des collines du haut desquelles ces exclus de l'époque, guidés par un prophète révolutionnaire, Antônio Conselheiro, résistèrent aux trois premières expéditions militaires chargées de les écraser. Quand la révolte fut matée en 1897, les soldats démobilisés, de retour à Rio, ne savaient où aller. On les laissa s'établir « sauvagement » sur les collines, les *morros,* comme prix du service qu'ils avaient rendu à la République, et ils nommèrent *favela* leur quartier, en souvenir de la guerre à laquelle ils avaient participé. Partie intégrante de l'imagerie du Brésil, la favela, en réalité bidonville, traduit une banalisation du phénomène qu'elle représente : l'exclusion sociale. Alors que dans la plupart des grandes villes elles s'entassent dans les quartiers périphériques, avec des conditions sanitaires très aléatoires et un degré d'urbanisation plus ou moins appuyé par les pouvoirs publics selon les équipes municipales, à Rio, les favelas sont établies sur les *morros* qui surplombent la ville du nord au sud, au-dessus de chacun des quartiers résidentiels. Leur croissance est à la mesure de la crise sociale : en 1964, 1 habitant sur 14, dans l'État de Rio, vivait en favela ; aujourd'hui, c'est 1 sur 3 (ou 4) qui connaît cette condition ! La ville de Rio compte 578 favelas, celle de São Paulo plus de 1 200.

Au début des années 1980, les autorités de Rio, en quête de terrains spéculatifs, tentèrent à plusieurs reprises de rejeter les favelas vers les lointaines périphéries, mais elles se heurtèrent à la résistance farouche des habitants. Soutenues par l'Église progressiste, des associations d'habitants se formèrent, exigeant une politique d'équipement, de citoyenneté et de prise en charge par les pouvoirs publics. Un extraordinaire réseau d'organisations de solidarité populaire (centres communautaires, foyers d'éducation, jardins d'enfants, ateliers d'apprentissage, sans compter les traditionnelles écoles de samba) se mit ainsi à encadrer la vie communautaire des favelas de Rio. À partir de 1990, l'administration travailliste de l'État de Rio opta pour la reconnaissance de ces associations et pour un programme d'urbanisation des favelas. Politique bien intentionnée, mais qui resta à la surface des choses (électricité, eau, parfois canalisations, construction d'écoles, fourniture de matériel de construction, briques et parpaings), tandis que la disparition de toutes les industries à Rio et l'aggravation de la crise économique renforçaient la barrière sociale, raciale, culturelle et psychologique entre les deux mondes : *asphalte* (comme on nomme les quartiers résidentiels) et favelas.

La consommation de cocaïne dans les classes aisées ayant connu un boom spectaculaire dans les années 1980, ce furent des bandes de jeunes délinquants qui en assurèrent le commerce de détail à partir des favelas. Peu à peu, le trafic devint l'activité la plus valorisante pour une jeunesse exclue de la société hédoniste, tandis que les bénéfices qu'il assurait leur conféraient prestige et autorité. On vit même des chefs de bande, dont la moyenne d'âge n'excédait pas 23 ans, offrir ainsi des équipements sportifs ou sociaux à leur communauté.

Dans ce monde où l'État de droit s'arrête, c'est l'arbitraire de la police, militaire ou civile, détentrice du monopole sur le trafic de cocaïne « en gros » et sur le trafic d'armes, qui fait loi. La concurrence entre bandes, aiguillonnées et armées par la police, aggravée par la saturation du « marché » de la cocaïne et la chute des prix, a abouti à une situation explosive où chaque favela se trouve sous la coupe d'une « quadrille » de jeunes adolescents, organisés et lourdement équipés d'armes de guerre fournies par les trafiquants de la police elle-même.

La population est prise en otage entre les bandes policières, qui se livrent à des incursions et à des massacres aveugles d'une sauvagerie inouïe, et les « bandits » qui, sous une telle pression, accroissent leur pouvoir et leur armement. Ces guerres entre groupes de « bandits » et policiers ripoux causent à elles seules quelques centaines de morts par an dans les favelas de Rio, descendant régulièrement jusqu'au centre des villes, Rio en particulier, dans le but de faire pression sur les pouvoirs publics, ou, plus récemment, à São Paulo, avec attaques de commissariats, de banques, etc.

Les mouvements communautaires et les associations d'habitants, qui avaient permis des progrès et une démocratisation importante dans les favelas, se trouvent fragilisés par cette double pression bandits/police, tandis que sur l'*asphalte,* campagnes de presse et mouvements d'opinion des classes aisées en appellent à la liquidation militaire de la population des favelas (un tiers des Cariocas !).

En 1994, mouvements civiques, écolos, Église progressiste, associations communautaires tentèrent de défendre un projet de désarmement des favelas et de réorganisation globale des polices. Le nouveau gouverneur préféra céder aux campagnes de *TV-Globo* et, début 1995, fit appel à l'armée. Son intervention dura cinq mois, mobilisant 70 000 hommes.

Si les favelas de Rio font figure de symbole, pour la plupart, les grandes capitales du Sud-Est, du Centre ou du Nordeste connaissent une situation

comparable, chacune avec ses particularités locales, et une croissance inquiétante des favelas qui abritent une part de plus en plus grande de la population.
– Un conseil : n'essayez en aucun cas d'aller vous promener tout seul, le nez en l'air, dans les favelas. Si vous tenez absolument à y aller, sachez que des visites guidées sont organisées par des petites agences impliquées dans un processus d'aide sociale et humanitaire. Contactez une agence spécialisée, comme celles que nous indiquons dans la rubrique « Adresses utiles » à Rio.

FÊTES ET JOURS FÉRIÉS

Carnavals

Le Brésil est un pays de fêtes... ce n'est pas un scoop ! Le carnaval de Rio, bien sûr, avec ses jours de folie... un mythe ! Mais il ne faut pas perdre de vue que de nombreuses autres villes ont leurs propres carnavals, parfois organisés hors saison, comme le *Carnatal* à Natal, le *Fortal* à Fortaleza... Les costumes éblouissent, les couleurs claquent, la musique percute, les corps chaloupent tout autant... On ne va évidemment pas les énumérer ici, comme on ne va pas citer non plus l'ensemble des fêtes locales, trop nombreuses. Au Brésil, chaque ville a son jour anniversaire, ainsi qu'un jour consacré à la célébration de son (sa) saint(e) patron(ne). C'est alors férié, et l'occasion est bien belle pour faire la fête ! Les principales manifestations sont mentionnées au niveau de chacune des villes dans le guide.

Fêtes nationales

– *1er janvier :* Jour de l'an.
– *Février ou mars* (4 jours avant le mercredi des Cendres) *:* le Carnaval !
– *Mars ou avril :* Vendredi saint et lundi de Pâques.
– *21 avril :* jour honorant la mémoire de Tiradentes.
– *1er mai :* fête du Travail.
– *Juin :* de nombreuses villes célèbrent les *festas juninas*.
– *7 septembre :* commémoration de l'indépendance du Brésil.
– *12 octobre :* le pays célèbre Nossa Senhora da Aparecida, sa sainte patronne.
– *2 novembre :* jour des Morts.
– *15 novembre :* jour anniversaire de la proclamation de la république en 1889.
– *25 décembre :* Noël.

GÉOGRAPHIE

Le Brésil est une république fédérative divisée en 27 États, dont le District Fédéral, et 5 grandes régions administratives : Nord, Nordeste, Centre-Ouest, Sud-Est et Sud. Il est peuplé de plus de 170 millions d'habitants, dont 63 % vivent dans le Sud-Est et le Sud.
– *Le Nord* comprend 7 États : Pará, Amapá, Roraima, Amazonas, Acre, Rondônia et Tocantins. C'est la plus vaste région du pays, et la moins peuplée (le seul État du Pará est grand comme deux fois et demie la France pour 5 millions d'habitants). Avec une bonne partie du Centre-Ouest, le Nord forme l'Amazonie légale. Presque entièrement couvert de forêts, il abrite des milliers d'espèces d'oiseaux, de poissons d'eau douce et saumâtre, de reptiles et de mammifères uniques au monde. Les deux principaux points d'accès sont Belém, capitale du Pará, à l'embouchure de l'Amazone, et Manaus, en plein cœur du continent, des forêts et du fleuve, points de départ de fabuleuses excursions. Le Nord abrite des dizaines de nations indiennes (Bororo,

Javaé, Karaja, Xingu, Yanomami, etc.) qui perpétuent leurs civilisations sylvestres et réclament la délimitation de leurs territoires. C'est aussi le théâtre de l'actuelle « conquête de l'Ouest » qui provoque la destruction rapide de la plus grande réserve de forêts, d'eau et d'oxygène de la planète.

– **Le Nordeste** comprend 9 États : Maranhão, Piauí, Ceará, Rio Grande do Norte, Paraíba, Pernambuco, Alagoas, Sergipe et Bahia. Certains, comme Bahia, sont plus grands que la France, d'autres tels Alagoas ou Sergipe, à peine comme la Suisse. C'est ici et dans le Nord que se concentrent les *latifundia,* immenses domaines privés de plusieurs dizaines de milliers d'hectares, sur lesquels règnent de grands propriétaires, les *coronéis* (colonels), qui font la pluie et le beau temps dans leurs États. C'est de là que viennent les millions de paysans privés de terre qui se bousculent autour des capitales du Sud-Est, ou vont former les fronts de colonisation et de déboisement dans le Nord et le Centre-Ouest. Terre de grandes richesses et de traditions culturelles, c'est pourtant une région aujourd'hui ravagée par la plus terrible misère sociale.

– **Le Centre-Ouest** est formé des États de Goiás, District Fédéral, Mato Grosso et Mato Grosso do Sul. C'est le socle continental du pays, au centre géographique duquel est édifiée la capitale : Brasília. Il se partage entre les hauts plateaux arides, couverts de la végétation du *cerrado,* et la région de savanes, marais et forêts tropicales, qui, à l'est du rio Araguaia, continue l'univers exubérant de l'Amazonie. Très peu peuplé, le Centre-Ouest est aussi, dans sa partie occidentale, une terre de colonisation des paysans venus du Sud et du Nordeste, et un lieu de conflits pour la possession de la terre. Le *cerrado* est essentiellement consacré à l'élevage extensif. Le Pantanal est un monde d'excursions et de découvertes.

– **Le Sud-Est,** qui constitue à peine 10 % du territoire national, abrite 40 % des Brésiliens, dans les États de Minas Gerais, Espírito Santo, Rio de Janeiro et São Paulo. Cœur du Brésil développé, de sa vitalité et de ses fièvres économiques, cette région, où l'agriculture de haut rendement d'origine coloniale – lait, café, canne à sucre et agrumes – s'est combinée avec la concentration industrielle, est symbolisée par la puissance de São Paulo et le rayonnement de Rio. Pays de végétation et de climat tropicaux, de côtes splendides et de montagnes couvertes de forêts, parsemé de sources thermales et de lacs intérieurs, on y trouve aussi nombre de sites historiques d'une grande beauté, notamment dans le Minas Gerais.

– **Le Sud** est une région subtropicale et tempérée à mesure que l'on parcourt les trois États du Paraná, de Santa Catarina et du Rio Grande do Sul jusqu'aux frontières argentine et uruguayenne. C'est la terre des *gaúchos* (prononcer « gaOUcho »), les cow-boys brésiliens des rodéos, et des *churrascos* (quartiers de bœuf grillés). Beauté des sites naturels (chutes d'Iguaçu, île de Florianópolis), mais aussi patrie de l'homme qui a sans doute laissé la marque la plus profonde dans la formation du Brésil moderne : Getúlio Vargas. Bien que bénéficiant d'un climat moins chaud, surtout en hiver dans l'extrême Sud, c'est une terre chaleureuse, où les racines noires et indiennes, les utopies des jésuites et les traditions d'immigrants d'Europe centrale ont formé un mélange étonnant. Une terre où l'équilibre social, mis ici aussi à rude épreuve, ne connaît pourtant pas le naufrage du reste du pays.

HÉBERGEMENT

– **Les auberges de jeunesse** *(albergues da juventude)* **:** le réseau d'auberges est très complet. Elles sont pour la plupart assez propres et situées dans les quartiers sûrs des villes et villages à intérêt touristique. Elles offrent de surcroît de nombreux services, comme le libre accès à la cuisine, la location de vélos, la connexion à Internet et le petit déj'. De plus, les « aubergistes » connaissent bien leur ville et sauront vous donner de bonnes adresses. Seule difficulté : se procurer le guide qui les recense et en devenir membre. Le plus simple est de demander où se trouve leur bureau. À Rio et à São Paulo, il y en a dans les plus grands *shopping centers*. L'abonnement est souvent gratuit et il n'y a pas de limite d'âge ni nécessité d'être étudiant. Pour obtenir toutes les adresses et les renseignements sur les auberges brésiliennes : ● www.hostel.org.br ● ou ● www.alberguesp.com.br ● (le site du siège, à São Paulo).

On vous rappelle qu'il n'y a pas de limite d'âge pour séjourner en AJ (sauf en Bavière). Il faut simplement être adhérent. La FUAJ (association à but non lucratif, eh oui, ça existe encore !) propose trois guides répertoriant les adresses des AJ : France, Europe et le reste du monde, payants pour les deux derniers. Voir aussi la rubrique « Avant le départ » si vous souhaitez vous procurer la carte FUAJ... avant de partir !

– **Les pousadas :** signe du développement d'un tourisme individuel et intelligent, ce sont en théorie des chambres d'hôtes, souvent dans des maisons extrêmement confortables et offrant une ambiance familiale. Dans les *pousadas* un peu chic, le mobilier, les planchers, la décoration sont toujours superbes. On en indique même juste pour le coup d'œil ! Elles sont souvent plus intéressantes que les hôtels pour leur rapport qualité-prix et les contacts humains qu'elles permettent. Nous les conseillons donc vivement aux routards... même si le succès a conduit de nombreuses adresses à standardiser leurs prestations. Dans ces conditions, le confort reste bon, mais l'atmosphère a perdu en personnalité et en authenticité. Dommage...

– **Les hôtels :** on en trouve en grand nombre dans le centre de toutes les villes, à un peu tous les prix (mais rarement bon marché). Souvent sans charme mais généralement bien tenus et confortables, avec AC ou ventilo, frigo et TV. Sachez que dans certaines régions, *um quarto* désigne une chambre individuelle, parfois avec douche à l'étage, et *apartamento,* une chambre pour 2 avec cabinet de toilette ou salle de bains. L'*apartamento* est donc un peu plus cher.

– **Les motels :** attention, ce sont des hôtels essentiellement destinés aux plaisirs galants. Nullement réservés à la prostitution, ils offrent, pour pas bien cher et quelques heures, un décor hollywoodien d'alcôve, équipé et adapté à toutes sortes de fantasmes, et un confort très discret. Si vous avez l'humeur coquine, ne ratez pas l'expérience. Les plus kitsch sont dans les zones périphériques. En fait, le motel correspond à une nécessité sociologique : comme il y a beaucoup de familles nombreuses au Brésil, les couples n'ont pas forcément d'endroits où faire des câlins. Le motel répond à ce besoin, et finalement, la morale y trouve son compte !

– **La location d'appartements :** une solution en plein développement dans le pays, en général via des agences. Le problème est le même que partout ailleurs : il faut vraiment faire confiance à l'agence pour réserver en toute quiétude ! Nous en avons sélectionné quelques-unes, qui travaillent souvent uniquement sur une ville et que vous trouverez dans les lieux concernés.

Également avec l'avantage de réserver en français et avant le départ :

■ **FAR Voyages et Agritourisme :** 8, rue Saint-Marc, 75002 Paris. ☎ 01-40-13-97-87. Fax : 01-40-13-96-33. ● www.locatissimo.com/bresil ● Une agence spécialisée dans la location d'appartements et de maisons, du studio à l'appartement luxueux, de la simple maison à la demeure de charme. Disponible pour le moment sur Rio de Janeiro, Paraty, Salvador de Bahia, São Paulo et Tiradentes (Minas Gerais), et également à Búzios, Florianópolis ou sur l'île d'Itaparica. Villes ou plages, il y en a pour tous les goûts. Au choix, des locations à partir de 3 nuits pour les appartements et de 4 nuits pour les maisons, et même des possibilités de *Bed & Breakfeast* (en dehors de certaines périodes, comme Noël, le Nouvel An ou le Carnaval).

Rappel important : autour de la plupart des fêtes (Nouvel An, Carnaval, célébration de Tirandentes, Semaine sainte parfois, etc.), et de certains week-ends prolongés par des jours fériés, la plupart des hôtels et pousadas imposent des *pacotes,* c'est-à-dire des séjours minimum de 3, 5 ou même 7 jours, à des tarifs forfaitaires assez élevés. Tenez-en compte dans l'organisation de votre voyage, car ces *pacotes* peuvent lourdement grever un budget !

HISTOIRE

L'arrivée des Portugais

Le 22 avril 1500, découverte du Brésil par le Portugais *Pedro Álvares Cabral.* Puis implantation de la colonie et développement de la culture de la canne à sucre, qui créera les premières richesses. Salvador devient capitale en 1549. Les Hollandais, après une brève occupation de la côte nord-est autour de 1630, sont chassés définitivement en 1654 par les Portugais. À la fin du XVIIe siècle, colonisation de l'intérieur par les *bandeirantes* (aventuriers). Découverte vers 1700 de l'or du Minas Gerais et un peu plus tard de mines de diamants. Rio, port d'embarquement des nouvelles richesses, supplante Salvador et devient capitale en 1763. Révolte contre l'administration coloniale et les injustices dans le Minas Gerais, et création de l'*Inconfidência,* mouvement révolutionnaire indépendantiste, directement influencé par la Révolution française. L'âme de la révolte, Joaquim José da Silva Xavier, dit *Tiradentes,* est arrêté et exécuté, la conjuration écrasée.

XIXe siècle : indépendance et abolition de l'esclavage noir

À l'arrivée des troupes de Napoléon au Portugal, en 1807, la famille royale fuit à Rio de Janeiro qui devient une vraie petite capitale européenne, se couvrant de monuments et possédant une grande richesse culturelle. Après le retour du roi Jean VI au Portugal en 1820, son fils Pierre, le prince régent, proclame l'indépendance du Brésil. Il abdique en 1831, et son fils Pierre II régnera de 1840 à 1889 (date où il sera renversé lors d'un coup d'État militaire). Cette période sera marquée par un essor économique. Le café devient la production nationale, suivie à partir de 1870 de celle du caoutchouc.
À la suite de l'abolition de l'esclavage noir en 1888, Pierre II perd le soutien des riches. Ce monarque moderne est renversé en 1889 et la république est proclamée.

La République : 1889-1930

Le Brésil s'industrialise, les capitaux accumulés sur le café, le sucre, le caoutchouc s'investissent à São Paulo et à Rio. L'immigration venue d'Europe apporte les artisans, les intellectuels, les ouvriers qualifiés, dotés de savoir-faire moderne. Le Brésil regarde vers Paris, Vienne et Milan. Le rêve d'une nouvelle Amérique, sans le puritanisme, s'empare des classes montantes. Mais pays et institutions restent aux mains des familles coloniales et le *latifundio* demeure la base du pouvoir. Les idées sociales, modernistes et révolutionnaires se développent dans l'intelligentsia comme chez les ouvriers du Sud-Est et les paysans du Nordeste.
L'exposition de 1924 fait apparaître une nouvelle vague intellectuelle radicale : Villa-Lobos en musique, Tarsila do Amaral en peinture, Mário de Andrade en poésie et, surtout, Oswald de Andrade, qui lance le mouvement anthropophagique. L'avant-garde internationale les reconnaît : Stravinski, Blaise Cendrars, Sonia Delaunay, Nijinski, de Falla... En 1927, la tentative d'insurrection dirigée par le leader communiste Luís Carlos Prestes – « le chevalier de l'espérance » – échoue après une longue marche de trois ans

du nord au sud du pays. La crise mondiale de 1929 essore les cours du café et provoque la chute du gouvernement. En 1930, le leader libéral du Sud, Getúlio Vargas, inspiré par la marche sur Rome de Mussolini, déclenche un coup d'État et s'empare du pouvoir.

L'ère getúliste : 1930-1964

S'inspirant des conceptions mussoliniennes et du « New Deal », Getúlio Vargas va imposer l'unité du pays aux diverses factions de la bourgeoisie, en commençant par briser les velléités indépendantistes de la bourgeoisie pauliste. C'est l'« État nouveau » : dissolution des armées de chaque État au service des oligarchies locales, centralisation administrative, grands travaux d'équipement, système syndical corporatiste et obligatoire, livret ouvrier, police politique et sociale secrète (le *DOPS*) omniprésente ; création du salaire minimum et école publique obligatoire, vote des femmes, système de prévoyance des fonctionnaires, etc. S'appuyant sur une organisation totalitaire, il écrase les dernières tentatives de soulèvement populaire : les communistes en 1935, puis les *cangaceiros* de Lampião et Maria Bonita dans le Nordeste. L'État subventionne les grandes cultures industrielles, donnant au *latifundio* une place prépondérante dans le système : caoutchouc, café, coton et canne. En 1942, après une longue hésitation, le Brésil entre en guerre aux côtés des États-Unis, ce qui favorise une forte croissance sous l'aile américaine.

Vargas est déposé par les militaires en 1945, après la victoire. Son passé faisait désordre. L'aide américaine favorise la mutation industrielle, et le parti communiste est légalisé. Mais en 1950, Getúlio Vargas est réélu triomphalement, avec l'appui de la gauche, sur un programme nationaliste et social de réforme agraire, de développement économique, de nationalisations. Il institue la Sécurité sociale, le système de retraite, nationalise le pétrole, la sidérurgie, lance la réforme agraire... et se heurte à l'opposition intransigeante des grands propriétaires fonciers, de l'armée et des Américains. Plutôt que de renoncer ou de reculer, Vargas se suicide dans une ambiance de crise dramatique, le 24 août 1954, léguant un testament « à la classe ouvrière brésilienne » : « Le peuple dont j'ai été esclave ne sera plus esclave de personne... je sors de la vie pour entrer dans l'histoire. » Il laisse son empreinte à l'État, aux institutions et à la société brésilienne moderne dont il est le véritable fondateur, avec toutes ses ambiguïtés et ses limites.

En 1956, le président Juscelino Kubitschek, « J. K. », assume l'héritage politique et le style Vargas, mais en évitant la réforme agraire et en créant un code des investissements favorable aux Américains. C'est le boom de l'automobile, la construction de Brasília, le « miracle brésilien ».

C'est aussi une nouvelle explosion d'avant-garde artistique qui rayonne dans le monde entier, inspirée par le modernisme des années 1920 : bossa-nova en musique, cinéma *novo* de Glauber Rocha et Nelson Pereira dos Santos, Helio Oiticica dans les arts plastiques, mises en scène avant-gardistes du *Teatro Oficina*. En 1962, dans le Nordeste, sous l'impulsion de Miguel Arraes, le « gouverneur rouge » du Pernambuco, un fort mouvement pour la réforme agraire converge avec une intense agitation ouvrière dans le Sud-Est, que le jeune président, João Goulart (dit « Jango »), ex-ministre du Travail de Getúlio Vargas, semble soutenir.

Le coup d'État militaire du 1er avril 1964, appuyé par une classe moyenne effrayée à l'idée de perdre ses privilèges, met fin brutalement et définitivement aux modèles de développement inspirés de Getúlio Vargas.

Vingt ans de dictature militaire : 1964-1985

Pendant 20 ans, le pays sera sous la coupe des généraux qui se succèdent par cooptations et complots en comité restreint. La répression, impitoyable, va d'abord briser les mouvements paysans du Nordeste et les secteurs syndicalistes radicaux. Le pays est ouvert sans restriction aux capitaux internationaux qui affluent, et les industries multinationales prolifèrent. C'est le deuxième miracle économique, qui voit São Paulo devenir l'actuelle mégalopole de l'Amérique du Sud. Deux partis seulement sont autorisés : la « situation » et l'« opposition », représentées par le *MDB* (Mouvement démocratique brésilien, modéré).

En 1968, face à la révolte étudiante et à la reprise d'une agitation sociale, le système se durcit, tandis que l'Église s'engage aux côtés de la résistance illégale. Suspension des garanties constitutionnelles, dissolution du parlement, pleins pouvoirs aux organes de sécurité, tortures, disparitions, exécutions, escadrons de la mort, etc., forment un régime de terreur. Intellectuels et artistes, les uns après les autres, sont emprisonnés ou contraints à l'exil, comme le Carioca Chico Buarque, et sa célèbre chanson, *Samba de Orly*, écrite en exil à Paris.

La croissance économique s'accompagne d'exode rural massif et accumule une énorme et nouvelle classe ouvrière dans le Sud-Est, tandis qu'à partir de 1975, la condition des classes populaires commence à s'aggraver. En 1978, estimant avoir éradiqué les dangers de subversion, les militaires préparent leur retrait progressif du pouvoir, en désignant le général Figueiredo à la présidence. C'est l'« ouverture graduelle ». Mais l'apparition d'un puissant mouvement syndical indépendant et les manifestations populaires démocratiques montrent que la société civile ne se contente pas du rôle de spectateur du changement politique. Le miracle économique a pris fin. La dette extérieure est astronomique. La misère et l'exclusion commencent à faire leur apparition. L'inflation prend un rythme obsessionnel. En 1982, tous les partis politiques sont autorisés.

Le retour des civils : 1985-1995

Le retour à la démocratie civile, en 1985, ne sera qu'une suite d'espoirs déçus. En 1985, malgré une mobilisation populaire sans précédent pour l'élection directe du président, les militaires imposent que le premier président civil soit désigné par un collège restreint. L'élu est quand même Tancredo Neves, le candidat souhaité par la rue, mais il meurt le jour de son investiture.

Le pays sera dirigé par le vice-président, José Sarney, qui avait été imposé sur le « ticket » de Tancredo Neves par les militaires. Celui-ci, outre son manque de légitimité, doit faire face à la crise économique ; sans succès. Le parti de l'ancienne opposition légale à la dictature, le *MDB*, s'empare du parlement et de tous les rouages institutionnels, et tombe vite dans la corruption, les lobbies et la préservation des privilèges, tandis que le pays s'enfonce dans le tourbillon inflationniste. En 1989, Sarney laisse le pays éreinté, atteint par une misère montante, une inflation galopante et une déconsidération de la classe politique.

Son successeur, Fernando Collor de Mello, play-boy d'une famille de *coroneis* du Nordeste, ne fera pas mieux. Élu de justesse après une campagne très démago, il sera destitué en 1992 par un mouvement d'indignation nationale contre les affaires de corruption révélées sur son compte, et traduit en justice. Une fois de plus, c'est le vice-président, Itamar Franco, terne et sans projet, qui gouverne jusqu'en 1995.

Le Parti des travailleurs et « Lula »

Mais le phénomène le plus important et le plus original qui émerge de 20 ans de dictature, c'est la naissance et l'essor du Parti des travailleurs (PT). Né de l'opposition syndicale clandestine et des grandes grèves de 1979-1981, formé d'ouvriers du rang et de cadres syndicaux, il se constitue en 1980 et attire très vite tous les courants de la gauche radicale qui avaient été écrasés sous la dictature. Son leader, Luiz Inácio Lula da Silva, dit « Lula », ouvrier tourneur nordestin immigré à São Paulo, acquiert rapidement une popularité considérable. On le surnomme alors le « Lech Walesa brésilien ».

L'essor du PT, dès 1981, donne naissance à la plus puissante centrale syndicale unitaire du monde, la CUT (Centrale unique des travailleurs), avec 20 millions d'affiliés. En 1988 est fondée la CUT rurale qui, avec 9 millions de membres, s'attaque au pouvoir latifundiaire. C'est la figure d'un de ses leaders, Chico Mendes, assassiné en 1988, qui symbolisera un aspect de la lutte des peuples d'Amazonie.

En 1989, Lula réunit 14 % des suffrages au premier tour de la présidentielle et échoue au second tour, contre Collor. Sans filiation avec le mouvement communiste, le PT se réclame du socialisme, prône une politique de désengagement vis-à-vis du FMI et de la dette, une politique de réforme agraire, de développement du marché intérieur, d'aide aux industries nationales, de démocratisation radicale de l'État, de refonte des services publics.

En 1992, le PT prend la tête du mouvement de renversement du président Fernando Collor de Mello, et gagne de nouvelles capitales aux municipales suivantes (Salvador, Florianópolis, Goiânia, Rio Branco, etc.).

1992-1998 : polarisation de la vie politique

La croissance régulière du PT polarise la vie politique à partir de 1993, sous la vice-présidence d'Itamar Franco. L'inflation atteint des sommets (2 500 %) ; la décomposition sociale, la misère, la violence semblent entraîner le pays vers le naufrage ; le FMI exige le démantèlement des dernières structures de protection sociale héritées de l'ère Vargas ; la corruption généralisée de l'appareil de l'État déconsidère la classe politique traditionnelle. À la veille de l'élection présidentielle de 1995, la mise en œuvre du plan Real, conçu par le sociologue et candidat gouvernemental Fernando Henrique Cardoso, bloque l'inflation en pleine campagne électorale et inverse les courbes d'opinion. Cardoso, soutenu par la classe politique traditionnelle et par les partis du grand *latifundio*, gagne au premier tour ; Lula est battu avec 27 % des voix, mais le PT gouverne cinq États et prend la tête d'un fort groupe parlementaire d'opposition sans concession.

Le président Cardoso, « FHC » comme on l'appelle, vient pourtant d'un petit parti de centre gauche (le PSDB, Parti social démocrate brésilien), qui fut longtemps allié du PT, et revendique un important programme de réformes sociales. Mais, prisonnier de l'alliance conservatrice qui l'a soutenu, il semble incapable d'imposer ses vues. Le plan Real lui-même, après les premiers succès, se traduit par un effondrement du pouvoir d'achat des classes populaires, et reste à la merci d'une tempête monétaire, phénomène fréquent sous ces climats. À l'élection présidentielle de 1998, Fernando Henrique Cardoso est largement réélu dès le premier tour, avec 53 % des suffrages contre 32 % à son principal rival « Lula », pendant que son parti, le PSDB, conforte sa majorité au parlement et au sénat. En revanche, le PT parvient à conquérir l'État de Rio aux dépens du parti présidentiel et s'impose dans le Rio Grande do Sul. C'est d'ailleurs à Porto Alegre que s'est déroulé le premier forum social mondial en janvier 2001, en opposition au forum mondial du commerce organisé à Davos, en Suisse. Ce rassemblement réunit depuis, tous les ans, les grands mouvements syndicalistes et non-gouvernementaux qui luttent pour un monde plus égalitaire et contre toutes les formes d'exclusion.

En 1999, le pays est affaibli par dix ans de discrédit politique, de promesses non tenues, mais surtout d'appauvrissement de la population. Les systèmes de santé publique, d'enseignement, de protection sociale, de logement populaire sont en ruine. La violence, corollaire de l'exclusion, prend dans certaines grandes villes des proportions alarmantes. À peine huit mois après sa réélection, « FHC » doit affronter la « marche des 100 000 ». Ce mouvement, soutenu par la gauche, vise à infléchir la politique néolibérale de Cardoso et son plan d'investissements vanté par le slogan « Avance Brésil ». Les scandales financiers se multiplient pour Cardoso, et Lula se prépare en mobilisant une gauche dispersée. C'est l'heure des choix pour un Brésil en plein renouveau, qui fête en 2000 ses 500 ans d'existence par des célébrations somptueuses, réveillant ainsi les frustrations de nombreux laissés-pour-compte.

2002 : Lula président, un nouvel espoir ?

Le 27 octobre 2002, après trois échecs aux élections présidentielles, Luiz Inácio Lula da Silva accède à la plus haute fonction du gouvernement avec 63 % des voix au second tour. Un profond bouleversement dans l'histoire politique du pays, car c'est le premier homme de gauche élu à la tête de l'État. Cette élection suscite d'immenses espoirs dans la classe populaire et est l'occasion de fêtes démesurées dans la plupart des grandes villes. Son programme de lutte contre les inégalités sociales est ambitieux : éradication de la faim (programme « Faim zéro »), qui touche 54 millions de Brésiliens, augmentation du salaire minimum, soutien aux industries nationales et à l'exportation, restructuration de la police et de l'éducation, etc. Mais le gouvernement de Lula doit composer avec une situation très fragile et se heurte à la crise économique et monétaire, sans parler des exigences et restrictions imposées par le FMI. La problématique consiste donc à respecter les engagements pris à la fois envers le peuple brésilien, mais aussi avec les institutions économiques internationales (Banque mondiale, FMI). Il doit aussi régler le problème agraire en poursuivant la réforme engagée par le président Cardoso et contenter le MST (Mouvement des Sans-Terre), très influent dans le pays, qui attend beaucoup de ce gouvernement.

Les premiers bilans à l'issue de 4 années de pouvoir ne sont pas si positifs : malgré les premiers succès des réformes engagées, les plus démunis et les Sans-Terre sont les grands oubliés du réveil économique brésilien. L'inflation est maîtrisée, le déficit commercial fortement réduit, les investissements colossaux, mais ce sont désormais les grandes multinationales internationales qui semblent dicter les règles du jeu... C'est, pour l'équipe de Lula, le prix à payer pour hisser le Brésil sur le devant de la scène mondiale. Les grandes promesses sur le partage des terres et la redistribution des richesses ne sont plus de mise, et la hausse du salaire minimum n'est qu'un leurre dans un pays où il faut cumuler plusieurs petits boulots pour joindre les deux bouts. Pourtant, après une période d'incertitude début 2006, Lula a décidé de se représenter pour l'élection présidentielle d'octobre 2006. Et les résultats des premiers sondages sont aussi intrigants qu'inattendus : Lula a déjà une bonne longueur d'avance sur son rival, le social-démocrate Geraldo Alkmin, gouverneur de l'état de São Paulo. Comme quoi, l'espoir fait vivre...

INFOS EN FRANÇAIS SUR TV5

TV5Monde vous accompagne : la chaîne TV5Monde est reçue dans de nombreux hôtels du pays, et disponible dans la plupart des offres du câble et du satellite.

Si vous êtes à l'hôtel, et que vous ne recevez pas TV5Monde dans votre chambre, n'hésitez pas à la demander ; vous pourrez ainsi recevoir 18 fois par jour des nouvelles fraîches de la planète en français. Pour tout savoir sur TV5, connectez-vous à ● www.tv5.org ●

LANGUE

La prononciation

ATTENTION à la prononciation. Par exemple :
– *ão* se prononce « an » ou « on » ;
– *au :* « ao » ;
– *e :* « i » ;
– *l* après une voyelle s'avale comme pour Brasil, soit « Brasiou » ;
– *d :* « dj » (sauf dans le grand Sud) ;
– *t :* « tch » (sauf dans le grand Sud) ;
– *nh :* « gne » ;
– *lh :* « lie » ;
– *x :* « che » ;
– *r* en début de mot se prononce souvent à peine, et devient une sorte de
« h » aspiré.

Lorsque les mots comportent un accent, il faut justement mettre l'accent sur
la syllabe concernée. Ainsi *coco* (noix de coco) doit être dit avec l'accent
tonique sur la première syllabe. Prononcé comme en français, avec l'accent
sur la deuxième syllabe, ce mot signifie malencontreusement « caca » !

Pour vous aidez à communiquer, n'oubliez pas notre *Guide de conversa-*
tion du Routard en portugais... sachez quand même que le portugais du
Brésil diffère un peu de celui du Portugal !

Un peu de vocabulaire

oui, non	*sim, não*
merci (dit par un homme)	*obrigado*
merci (dit par une femme)	*obrigada*
merci beaucoup	*muito obrigado(a)*
bonjour (le matin)	*bom dia*
bonjour (l'après-midi)	*boa tarde*
bonsoir, bonne nuit	*boa noite*
salut	*oi*
à bientôt	*até logo*
s'il vous plaît	*por favor* ou *me faz um*
	favor
où ? quand ?	*onde ? quando ?*
comment ?	*como ?*
avec	*com*
sans	*sem*
à droite	*a direita*
à gauche	*a esquerda*
pardon	*da licença, com licença*
excusez-moi	*desculpa, me desculpe*
aujourd'hui	*hoje*
demain	*amanhã*
hier	*ontem*
à quelle heure ?	*a que horas ?*
quelle heure est-il ?	*que horas são ?*
combien coûte ?	*quanto è ? quanto custa ?*
combien cela fait ?	*qual è o preço ?*
cher	*caro*
bon marché	*barato*
beaucoup, très	*muito* (*muita* au féminin)
monsieur	*o senhor*
madame	*a senhora* (remplace le *você* – vous – pour marquer le respect)

tante, oncle	*tia, tio* (les enfants des rues interpellent ainsi)
médecin	*médico*
je	*eu*
tu	*você*
il, elle	*ele, ela*
on	*a gente*
nous	*nós*
vous (au pluriel)	*vocês*
ils, elles	*eles, elas*

Vie pratique

poste	*correio*
timbre	*selo*
téléphone	*telefone*
appeler	*chamar*
passer un fax	*pasar un fax*
envoyer un e-mail	*enviar un e-mail*
sortie	*saída*
snack	*lanchonete*
bureau de tabac	*charruteiro*
kiosque à journaux	*banca*
banque	*banco*
(faire) la monnaie	*trocar*

Transports

gare	*estação*
train	*trem*
bagage	*bagagem*
sac à dos	*mochila*
gare routière	*rodoviária*
autobus	*ónibus*
billet	*bilhete*
aller simple	*ida*
retour	*volta*
réduction	*desconto*
station de taxi	*ponto de táxi*
voiture	*carro*
location	*aluguel*
assurance	*seguro*
station-service	*posto de gasolina*
pâté de maisons	*quadra*
coin de rue	*esquina*
route	*estrada*
rue qui croise	*travessa*
rue qui monte	*ladeira*
vélo	*bicicleta*
bateau	*barco*
torrent	*cachoeira*
cascade	*cascata*

Au resto

plat du jour	*prato do dia*
menu	*cardapio*
l'addition	*a conta*

petit déjeuner	*café da manhã*
déjeuner	*almoço*
dîner	*jantar*
eau	*água*
frais	*fresco*
vin (rouge / blanc)	*vinho (tinto / branco)*
bière	*cerveja*
thé, infusion	*chá*
jus de fruits sans lait	*suco*
avec lait (milk-shake)	*vitamina*
pain	*pão*
haricots	*feijão*
sauce	*molho*
poivre, sel	*pimenta, sal*
huile de table	*azeite*
fruits de mer	*mariscos*
crevettes	*camarões*
homard	*lavagante*
poisson	*peixe*
palourde	*amêijoa*
langouste	*lagosta*
pomme de terre	*batata*
riz	*arroz*
rôti	*assado*
porc	*porco*
poulet	*frango*
revenu à la casserole	*refogado*
bœuf	*boi, bife*
entrecôte	*bisteca*
viande	*carne*
fromage	*queijo*
desserts	*doces*
crème glacée	*sorvete*
goyave	*goiaba*
fruit de la passion	*maracujá*
ananas	*abacaxi*
papaye	*mamão*
raisins	*uvas*
pomme	*maçã (prononcer « massin »)*
fraise	*morango*

Et à l'hôtel

lit double	*cama de casal*
chambre simple, double	*quarto de solteiro, de casal*
chambre avec salle de bains	*quarto com banheiro, apartamento*
dortoir	*dormitório*
drap	*lençol*
salle de bains	*banheiro*
linge	*roupa*
avoir sommeil	*estar com sono*
rêver	*ter um sonho (ou sonhar)*
dormir	*dormir*
réserver	*reservar*
demi-pension	*meia pensão*
pension complète	*pensão completa*

Chiffres et nombres

1	*um* (*uma* au fém.)	15	*quinze*
2	*dois* (*duas* au fém.)	16	*dezesseis*
3	*três*	17	*dezessete*
4	*quatro*	18	*dezoito*
5	*cinco*	19	*dezenove*
6	*seis* ou *meia* (moitié	20	*vinte*
	d'une douzaine,	30	*trinta*
	le plus utilisé)	40	*quarenta*
7	*sete*	50	*cinqüenta*
8	*oito*	60	*sessenta*
9	*nove*	70	*setenta*
10	*dez*	80	*oitenta*
11	*onze*	90	*noventa*
12	*doze*	100	*cem*
13	*treze*	1 000	*mil*
14	*quatorze*		

Les jours de la semaine

dimanche	*domingo* (considéré comme le 1er jour de la semaine)
lundi	*segunda feira*
mardi	*terça feira*
mercredi	*quarta feira*
jeudi	*quinta feira*
vendredi	*sexta feira*
samedi	*sábado*

Quelques phrases types

Ça va ? Ça va !	*Tudo bem ? Tudo bem !*
Je ne comprends pas	*Não entendo*
Parlez-vous anglais (français) ?	*Você fala inglês (francês) ?*
Je m'appelle...	*O meu nome é...*
Nous avons réservé une chambre	*Reservámos um apartamento*
Pourriez-vous me réveiller à... ?	*Pode acordar-me ás... ?*
Un billet d'autobus pour...	*Uma passagem de ónibus para...*
Pouvez-vous... ? Oui, bien sûr	*Pode... ? Posso*
Je voudrais... Nous voudrions...	*Queria... Queriamos...*
Je veux aller...	*Quero ir para...*
Je voudrais changer...	*Queria trocar...*

LIVRES DE ROUTE

– **Le Brésil, terre d'avenir,** de Stefan Zweig (Le Livre de Poche, 1998). En 1940, l'écrivain de langue allemande le plus lu dans le monde doit fuir l'Europe piétinée par les nazis. Il se réfugie au Brésil, pays jeune et libre, qui le fascine et l'envoûte. Il voit dans cette terre et son peuple une raison de ne pas désespérer de l'humanité. Écrit comme ses autres journaux de voyage dans un style enthousiaste, ce livre constitue un bel hommage à ce pays, une sorte de testament spirituel et artistique, avant sa fin tragique à Petrópolis en 1942.
– **Tristes Tropiques,** de Claude Lévi-Strauss (Plon, 1955. Poche : Pocket-Terre Humaine). Récit ethnographique. Le plus connu des livres d'anthropo-

logie se déroule en majeure partie parmi les tribus indiennes du Mato Grosso, dont l'éminent académicien étudia longtemps les mœurs et les usages. Évitant tout didactisme, tout jargon, cet ouvrage fondateur pose une question essentielle : que peut-on connaître des hommes ?

– **Maîtres et Esclaves** (Casa grande e senzala), de Gilberto Freyre (coll. Tel, Gallimard, 1974). Le grand sociologue (et iconoclaste) brésilien analyse la formation de la culture et de la société brésiliennes à la lumière de l'histoire des étranges relations entre colons, Indiens natifs et esclaves noirs. Au centre de l'étude, évidemment : la bouffe et la couche. Le livre choqua le Brésil à sa parution, dans les années 1930 ; à sa énième édition, revue, enrichie et confirmée, c'est aujourd'hui LA référence.

– **Rouge Brésil,** de Jean-Christophe Rufin (coll. NRF, Gallimard, 2001). Prix Goncourt en 2001, ce roman d'aventures mêle habilement l'histoire réelle de la conquête française du Brésil au XVIIe siècle, par le chevalier de Villegagnon, à l'épopée romanesque de Colombe et Just, deux jeunes frère et sœur embarqués dans l'expédition pour servir de truchements (traducteurs). Les périls de la traversée maritime, l'émotion face à la découverte d'une terre inconnue et d'une nature sauvage, dans la baie de Rio. Mais surtout, l'auteur évoque, avec une plume alerte et un regard ironique, la confrontation de deux civilisations, celle des Européens face aux Indiens, et la rigueur de l'Église opposée aux lois ancestrales de la nature.

– **Anthropophagies,** d'Oswald de Andrade (coll. Barroco, Flammarion, 1982). Poète, essayiste, romancier et dramaturge, Oswald de Andrade est l'initiateur du renouveau de la pensée et des arts au Brésil entre 1924 et 1954. Une langue qui décoiffe et une vision du monde qui fait bouillir... la marmite, évidemment.

– **L'Aliéniste,** de Machado de Assis (éditions A.-M. Métaillié, 1986). L'un des plus grands écrivains brésiliens de la fin du XIXe siècle et moderniste avant l'heure. Dans une petite ville de l'intérieur du Brésil, un psychiatre prend ses concitoyens comme objet de ses théories sur la folie et la société. Satire acide du « Brésil profond » à la charnière du temps colonial et du monde moderne.

– **Orishas** (Les Dieux noirs en Afrique et au Nouveau Monde), de Pierre Fatumbi Verger (éditions A.-M. Métaillié, 1981). Magnifique présentation des cultes africains, au Nigeria, au Brésil et à Cuba, par le plus grand spécialiste de la question, décédé en 1996, ethnologue, photographe et, surtout, lui-même babalorixá d'un des plus beaux terreiros de Bahia.

– **Bahia de tous les saints,** de Jorge Amado (Gallimard, 1938. Poche : Folio n° 1299). Traduit par M. Berveiller et P. Hourcade. Bahia la Noire et ses mauvais garçons, ses mulâtresses torrides, ses mendiants, ses rites, ses délires... Au travers de la vie d'António Balduino, un Noir laissé-pour-compte, l'auteur chante sa ville et sa foi en l'homme. Un roman d'Amado « première manière », d'inspiration marxiste, mais baroque, joyeux et flamboyant. Autres « classiques » incontournables d'Amado : Dona Flor et ses deux maris (épuisé, à consulter en bibliothèque) et Gabriella, girofle et cannelle (Stock, 1983).

– **Diadorim,** de João Guimarães Rosa (Albin Michel, 1965. Poche : 10/18). Traduit par Maryvonne Lapouge-Pettorelli. Roman épique écrit par un diplomate érudit, Diadorim nous plonge dans le Brésil méconnu du Sertão, terre mythique et violente où l'homme dévoile son âme. Un hallucinant pavé de 630 pages, au style tantôt lyrique, tantôt paillard, considéré non seulement comme l'un des chefs-d'œuvre de la littérature brésilienne, mais aussi sud-américaine.

– **L'Exposition coloniale,** d'Érik Orsenna (Le Seuil, 1988. Poche : Points-Roman n° R 400). On pourrait raconter l'histoire de la famille de Marguerite, grande admiratrice de l'Empire, dont le voyage s'arrêta aux portes de Levallois-Perret. Mais la trame romanesque n'est, en fait, que le prétexte à une satire sociale. Le roman qui révéla Orsenna, prix Goncourt 1989.

– *Équinoxiales,* de Gilles Lapouge (Flammarion, 1977). Vingt-cinq ans après avoir quitté São Paulo où il fut journaliste, l'auteur revient dans ce pays aimé. Il déambule seul dans les provinces du Nordeste, les plus pauvres du pays. En barque ou en autocar, débarrassé de ses oripeaux d'Européen policé, le journaliste-romancier ne suit que son inspiration et sa fantaisie. Voilà le résultat : un très beau récit de voyage dans la tradition française, qui mêle observation critique et méditation intérieure. Un petit chef-d'œuvre pour qui veut sentir l'atmosphère si particulière du Brésil.

– *La Nuit obscure et moi non plus,* de Lygia Fagundes Telles (Rivages, 1998). Traduit par Maryvonne Lapouge-Pettorelli. Très beau recueil de nouvelles faites de réflexions de personnages pris eux-mêmes dans des conflits insolubles. Le remords qui s'installe les pousse vers la folie, au milieu d'une société marquée par la peur, la violence, mais aussi la solidarité.

– *Amérindienne,* de Muriel Cerf (Librio, 1979). Après nous avoir raconté avec brio ses aventures de routarde aux Indes *(L'Antivoyage),* la délicieuse Muriel Cerf a sillonné le Brésil : elle ne pouvait revenir qu'envoûtée par sa population, ses mythes, sa musique et sa sorcellerie. Un bien curieux petit roman volontairement baroque, bourré d'érudition et de style.

– *Enfer,* de Patrícia Melo (Actes Sud, 2001). À l'image d'un Poil de Carotte exotique, entre une mère qui ne sait l'aimer qu'au travers des coups qu'elle lui porte et l'absence d'un père idéalisé, Petit Roi explore les grandeurs et décadences de la favela, d'amours en trahisons, jusqu'à devenir, à son tour, le caïd de cette butte de Rio. Au bout de cette route, qu'est-ce qui l'attend ? Une véritable épopée, portée par un style haut en couleur et dynamique, entre le roman initiatique et la fresque, avec en toile de fond ce Rio inaccessible et cette misère de la favela, qui colle à la peau de tous ceux et celles qui tentent d'y échapper.

Sur l'Amazonie et les Amérindiens

– *Le Rêve amazonien,* de Michel Braudeau (Gallimard, 2004). Publiés d'abord sous forme de reportage dans *Le Monde,* les 6 chapitres de ce tout petit livre déclinent « en grand » le rêve amazonien, fait de fantasmes et de mirages, à travers des histoires parfois méconnues, souvent extraordinaires, dans les pas de rêveurs éveillés : Candido Rondon, colon et philanthrope, Henry Ford et Fordlandia, Daniel Ludwig et son usine pharaonique de pâte à papier, la Transamazonienne – autoroute de l'amertume –, l'incroyable mine d'or de la Serra Pelada et l'aventure technologique des avions-espions du Sivam qui surveillent l'Amazonie du haut du ciel !

– *Court voyage équinoxial (Carnets brésiliens),* de Sébastien Lapaque (Sabine Wespieser Éd., 2005). Écrit par un jeune journaliste qui avait déjà signé, entre autres, *Le Goût de Rio* (Cherche Midi), excellent petit florilège qui nous avait donné envie d'aller... goûter Rio ! L'auteur suit la route transamazonienne, d'Altamira à São Luís do Maranhao et même jusqu'à Salvador de Bahia, pour essayer de savoir ce que cette voie « utopique » a vraiment apporté aux gens. Un reportage littéraire, écrit avec passion et un bon sens de l'observation ; de la vraie littérature de voyage, portée par un regard personnel et une investigation sérieuse. Très belles pages sur le chant des toucans, ou la splendeur du ciel austral, ponctuées d'intéressantes rencontres humaines : l'occasion de redécouvrir aussi ces « inconnus célèbres » que sont le père jésuite Antonio Vieira ou les pionniers français qui fondèrent Saint Louis (São Luís).

– *Amazonie, ventre de l'Amérique,* de Gaspar de Carvajal (Jérôme Millon, 1994). « Relation de la première descente de l'Amazone » effectuée en 1542 par le conquistador espagnol Francisco de Orellana et ses 57 hommes, depuis sa source jusqu'à son embouchure. L'auteur, un moine dominicain, perdit un œil dans une bataille contre les Indiens, mais il rédigea jusqu'au bout la chronique de l'expédition. Témoignage unique de cette prodigieuse aventure humaine dans le « ventre » inconnu du Nouveau Monde.

– **Histoire de l'Amazonie,** de Jean Soublin (Payot, 2000). Un livre indispensable. Patrie des Amazones, Eldorado, royaume du caoutchouc, enfer vert, poumon menacé de la planète : ces images captivent ou déroutent. Leur succession forme pourtant l'histoire et le destin de l'Amazonie, que l'auteur, romancier à l'origine et grand connaisseur du Brésil, raconte dans un style enjoué avec la rigueur d'un historien.

– **L'Amazone, un géant blessé,** d'Alain Gheerbrant (coll. Découvertes, Gallimard, 1988). L'histoire de ce pays à part, mais aussi sa population, sa faune, ses enjeux et les dangers qui le menacent. Bref, un panorama complet, magnifiquement illustré, par un poète spécialiste de la question, qui se fit connaître en dirigeant en 1949 l'expédition Orénoque-Amazone.

– **Le Chant du Silbaco,** de Jacques Meunier et Anne-Marie Savarin (Payot, 1969). À la fois récit d'aventures, essai ethnologique et chronique inspirée à la gloire de l'Amazonie menacée. Écrit en 1968 après un long séjour sur place, ce livre constitue le premier récit en français (avec Lucien Bodard) alertant l'opinion sur le génocide indien.

– **Help !,** de Redmond O'Hanlon (Payot Voyageurs, 1988). Traduit par G. Piloquet. Récit de voyage. On avait déjà suivi en frissonnant les aventures burlesques du sympathique O'Hanlon au cœur de Bornéo. Il partait deux ans plus tard en pleine Amazonie, bien décidé à remonter des cours d'eau encore inexplorés et à rencontrer les sauvages indiens yanomamis. Il retrouve les joies et surtout les calamités de la forêt tropicale. Mais sous sa plume flegmatique, les frayeurs se métamorphosent en situations cocasses. L'humour est donc omniprésent et l'érudition de l'auteur n'est jamais en reste.

– **Chronique des Indiens guayakis,** de Pierre Clastres (Plon, 1972. Poche : Pocket n° 3019). Les Guayakis, « rats féroces », sont une tribu indienne qui vit dans la forêt tropicale, à l'est du Paraguay (et non au Brésil, c'est vrai !). L'ethnologue Pierre Clastres a passé un an avec eux, en véritable osmose, puisqu'il a appris leur langue. Ce témoignage, illustré par les photos de l'auteur, se lit comme un roman.

– **Forêt vierge,** de Ferreira de Castro (Grasset, 1938. Poche : Les Cahiers Rouges). Roman traduit par Blaise Cendrars. Originaire du Portugal, Ferreira de Castro s'embarqua dans sa jeunesse pour l'Amazonie, où il vécut plusieurs années dans une plantation de caoutchouc du rio Madeira. De ce séjour, il rapporta ce témoignage âpre et vrai sur la vie des colons. Un classique du genre, encensé à juste titre par Stefan Zweig.

– **Rosinha, mon canoë,** de José Mauro de Vasconcelos (Stock, 1969). Les dialogues d'un petit Brésilien d'Amazonie avec son canoë, qui lui raconte les enchantements de la forêt. Une bien belle histoire pleine de poésie, dont les Indiens et la nature sauvage sont les principaux héros.

Beaux livres

– **Sebastião Salgado :** Salgado est un photographe brésilien connu pour ses clichés planétaires. Reporter à l'agence *Magnum,* il s'est exilé à la fin des années 1960 en raison de ses engagements politiques. Il vit à Paris. Spécialiste du noir et blanc, Salgado produit essentiellement des photos sur l'homme confronté aux grandes catastrophes, qu'elles soient sociales, économiques ou naturelles. Il se dégage souvent de ses personnages une grande dignité. Souvent primé, il a publié plusieurs albums, dont le superbe (et onéreux) *Une certaine grâce* (Nathan/Image). Les photos des mines à ciel ouvert du Brésil sont incroyables. Il a aussi publié *La Main de l'homme* et *Terra,* en 1997, sur les Sans-Terre du Brésil, avec des poèmes de Chico Buarque, aux éditions de La Martinière. Pas donnés non plus... On peut néanmoins se procurer un *Photo Poche* sur le photographe, édité par Nathan (Photo Poche n° 55).

– **Brésil : les premiers photographes d'un empire sous les tropiques,** de Bia et Pedro Corrêa do Lago (Gallimard, 2005). Un beau livre de photographies noir et blanc du XIXe siècle. Des clichés étonnants d'un pays sous domination portugaise.

MÉDIAS

Après vingt années de dictature militaire, le Brésil a effectué son retour à la démocratie au milieu des années 1980. À la censure a succédé la liberté de parole et de presse. Aujourd'hui, celle-ci est florissante et diverse. Si peu de médias parviennent à couvrir l'ensemble du territoire (plus de 8 500 000 km^2 !), il existe en revanche une multitude de titres et de stations au plan régional ou local. C'est d'ailleurs cette dernière presse qui est encore parfois l'objet de pressions et d'agressions.

Journaux

Pays immense, le Brésil connaît une profusion de titres. Pas moins de 465 quotidiens ont été recensés. Parmi eux, cinq titres diffusés dans tout le pays se distinguent particulièrement. Le traditionnel « groupe des quatre » *(A Folha de São Paulo, O Estado de São Paulo, O Globo, O Jornal do Brasil)*, auquel il faut ajouter, pour l'actualité économique, *A Gazeta Mercantil*. *O Estado* et *O Globo* sont à ranger parmi les journaux conservateurs, au contraire de *A Folha de São Paulo*. Quant au *Jornal do Brasil*, il semble avoir perdu de son brio ces dernières années. Si l'actualité économique vous passionne, sachez que *A Gazeta Mercantil* dispose d'excellentes analyses ou pages internationales. Le quotidien doit cependant faire face à des problèmes financiers et à l'arrivée d'un concurrent : *Valor*.

Télévision

C'est incontestablement le média le plus populaire. Sur les 11 chaînes, dont 5 régionales, 2 se taillent la part du lion : *TV Globo,* appartenant au magnat de presse Roberto Marinho (98 ans !), et *SBT (Sistema Brasileiro de Televisão),* entre les mains du roi des jeux et des loteries, Silvio Santos. Roberto Marinho, à la tête du puissant groupe Rede Globo, contrôle à lui seul plusieurs chaînes de télévision, 8 stations de radio, un quotidien national, des éditions de disques et de livres, des régies publicitaires, et bientôt des studios de cinéma visant à concurrencer Hollywood. *TV Globo* caracole en tête des sondages d'audience, avec tous les soirs presque 50 % de l'audimat pour ses fameuses *telenovelas.*

En effet, côté programmation, il ne faut pas oublier que, avec le Mexique et le Venezuela, le Brésil est l'un des trois plus gros producteurs de *telenovelas* du continent (*TV Globo* a exporté ses productions dans 123 pays à travers le monde !). Ces feuilletons mettent en scène des héros qui doivent surmonter d'innombrables obstacles pour survivre aux coups du destin, le tout se terminant par un (inévitable) happy end où triomphent l'amour et la justice. Le secret de leur succès ? Une dose de suspense distillée à la fin de chaque épisode pour que les téléspectateurs soient au rendez-vous le soir suivant. Les plus célèbres ont tenu en haleine tout le pays. Programmées à partir de 18 h, elles sont regardées quotidiennement par 80 millions de téléspectateurs. Or, une *telenovela* compte en moyenne... 160 épisodes ! On a assisté à un renouvellement du genre dans les années 1990 au profit des *telenovelas* traitant des mœurs politiques ou de sujets de société, comme dans *Rei do Gado* (Le Roi du Bétail), qui évoque un conflit entre des propriétaires terriens et des paysans sans terre.

Rassurez-vous, si les *telenovelas* ne sont pas votre tasse de thé, le Brésil compte ce qu'il faut de chaînes par satellite ou par câble pour satisfaire tous les goûts... Les Églises évangélistes contrôlent notamment les chaînes *Record* et *Rede TV*. La diffusion de la messe à 6 h 30 est aussi un événement du paysage audiovisuel brésilien. La célébration du populaire Padre Marcelo, diffusée le dimanche matin (à 6 h 30 également) sur *TV Globo,* est la plus célèbre.

Côté information, *Globo News* (toujours le groupe Rede Globo...), disponible sur le câble, est une bonne chaîne d'information en continu. Le journal de Boris Casoy, à 19 h 30 sur *Record*, est également une référence. Le présentateur est devenu populaire auprès des classes moyennes pour le ton didactique de son journal et ses petits commentaires parfois sarcastiques sur l'actualité...

Liberté de la presse

Si la presse nationale paraît libre de publier ce qu'elle entend, la presse locale travaille encore sous la menace de la violence et d'une législation toujours liberticide. Les conflits avec les autorités locales se concluent parfois encore dans le sang. En mars 2000, un journaliste radio de l'État de Sergipe aurait ainsi été abattu sur ordre du maire, pour l'avoir mis en cause dans des affaires présumées de corruption. Au total, une quinzaine de journalistes ont été assassinés pendant les années 1990 et près de la moitié des cas ont été recensés dans l'État de Bahia. Ce dernier est toujours contrôlé par le célèbre Antônio Carlos Magalhães, surnommé « ACM », même s'il n'en est plus le gouverneur. Concernant certains assassinats, alors que plusieurs de ses proches sont mis en cause, les enquêtes n'avancent pas.

L'usage de l'argent public pour contrôler la presse est aussi en question. En 2001, à Salvador, la capitale de l'État, l'opposition a dénoncé l'utilisation de la publicité publique pour financer les médias qui appartiennent à des membres de la famille de l'ancien gouverneur.

Enfin, la législation brésilienne constitue encore dans quelques cas une entrave à la liberté de la presse. Un journal de l'État de São Paulo est ainsi menacé de disparition après avoir été condamné pour « diffamation » à payer 230 000 Rls (environ 66 700 €) de dommages et intérêts. Dans l'État de Rondônia (Ouest), un journaliste a été condamné à 3 mois de travaux d'utilité publique pour avoir publié une information considérée comme « offensante » par un juge.

Ce texte a été réalisé en collaboration avec *Reporters sans frontières*. Pour plus d'informations sur les atteintes aux libertés de la presse, n'hésitez pas à les contacter :

■ *Reporters sans frontières :* 5, rue Geoffroy-Marie, 75009 Paris. ☎ 01-44-83-84-84. Fax : 01-45-23-11-51. ● www.rsf.org ● Ⓜ Grands-Boulevards.

MUSÉES, SITES ET MONUMENTS

Les musées et les églises sont en général fermés pendant le carnaval, et parfois également entre Noël et le Jour de l'an. Ils sont très souvent payants, et l'entrée varie la plupart du temps entre 1 et 3 Rls, parfois jusqu'à 10 Rls. Des réductions (voire la gratuité) sont fréquemment accordées avec la carte internationale d'étudiant. Petit rappel : pour visiter la plupart des édifices religieux, une tenue correcte (jambes, et parfois bras, couverts) est exigée !

MUSIQUE

Découvrir le Brésil, c'est rencontrer les musiques qui accompagnent la vie de chaque Brésilien, dans toutes les régions et à toute heure de la journée. Ici, la musique est une façon de vivre, gaie ou triste ; peu de peuples l'expriment aussi intensément comme un « art de vivre ». La langue portugaise elle-même, ici, a changé de ton pour la porter, et le son des mots, déjà, fait onduler le corps.

C'est le **samba** d'abord, bien sûr. Ici, on dit LE samba, « Sa Majesté » qui « naît dans le cœur ». Le samba peut être lent, chanson habillée par une voix toujours chaude, alors *samba canção,* ou hymne, au rythme roulant et saccadé du défilé de carnaval, *samba de enredo,* ou même marche entraînant l'enthousiasme collectif, *marcha rancha*... Surtout, il est toujours composé au détour d'un jeu de mots, d'un désir, du souvenir d'un amour passé. Musique avant tout populaire, elle court le quartier, la ville, les ondes radio et, d'un jour à l'autre, est sur toutes les lèvres et dans toutes les mémoires. Allez écouter Paulinho da Viola ou Beth Carvalho à Rio, Nelson Sargento ou Martinho da Vila... vous comprendrez. Le samba vit son apogée au moment du carnaval, mais il remplit la vie de chaque Brésilien, en particulier à Rio, avec les multiples écoles comme les prestigieuses Mangueira, Beija-Flor et Portela, qui rassemblent des centaines de personnes par quartier. La concurrence est sévère ; chaque année, on rivalise de talent pour créer le plus beau défilé, composer et choisir le samba qui deviendra un tube, préparer les costumes, répéter avec les musiciens et les danseurs... Le carnaval n'est que la partie émergée de l'iceberg, car le samba coule chaque jour dans le sang des Brésiliens, en particulier dans les quartiers populaires.

La musique brésilienne saisit les multiples influences du reste du monde, africaines surtout, mais aussi latines et occidentales, métissant différents styles pour les réinventer, entre la pop, le jazz et les rythmes africains. Avec souvent ce sentiment intraduisible de *saudade* (nostalgie, mélancolie), qui est peut-être le secret de cette musique que l'on retrouve à Cuba, en Angola ou au Cap-Vert. Alors, c'est l'invention de la **bossa-nova,** née d'une fusion harmonieuse entre la guitare sèche et la douceur de vivre des plages bahianaises, avec Vinícius de Moraes, ou cariocas, avec *Mestre* Tom Jobim, disparu fin 1994, qui composa plus de 500 musiques, d'*Orfeu Negro* à *Girl of Ipanema* ou *Desafinado,* appartenant désormais à la mémoire populaire, ou encore celle de João Gilberto et les mélodies de Caetano Veloso, troublant poète et musicien. Écoutez aussi la voix de Gal Costa, « la voix qui maintient toute la pureté de la nature, où il n'y a ni péché ni pardon », ou de Marisa Monte, Carioca à la voix rauque et sensuelle, qui mêle habilement pop et percussions afros. Gilberto Gil, Bahianais au rythme ensorcelant et séducteur, et puis Chico Buarque, le Carioca à la fois habité par la veine populaire du samba du coin de la rue et intellectuel rigoureux à la grammaire mathématique. Chaque Brésilien peut fredonner ces textes, et leurs douces mélodies font à jamais partie de la culture du pays. Dans le Minas Gerais, la voix de Milton Nascimento habite la montagne tropicale, et, dans un tout autre genre, le hard-rock du groupe Sepultura, adulé par un autre public en Europe et aux États-Unis...

Les nouveaux courants s'affirment. Comme le **rap,** que le Brésil digère à sa façon, avec un retour au réel « nu et cru », pourtant swing et festif. Celui des Racionais ou de Raça Negra, à São Paulo, remue des foules de 50 000 jeunes sur les stades et les places. Le rap carioca de Marcelo D2, la star montante, mélange allègrement samba, bossa et reggae pour créer l'événement. Et puis toutes les musiques dérivées du carnaval, comme l'**axé-music** de Daniela Mercury ou Chiclete, qui attirent toute la jeunesse bahianaise ; ou le **pagode,** très populaire de Rio à Salvador, sorte de samba en formation réduite, chanté notamment par le Carioca Zeca Pagodinho. Et la musique afro des blocs de carnaval à Salvador de Bahia, Ilê Aiyé en tête, Olodum et la Timbalada, avec Carlinhos Brown, percussionniste et compositeur virtuose, digne représentant du métissage de la musique brésilienne. Écoutez aussi Raul Seixas, disparu brutalement en 1992, qui chante la rage et le désir d'une jeunesse exclue, et dont tout « bandit » de 19 ans fredonne les paroles. Et puis il y a les musiques du Nordeste, le **forró** à l'énergie chaleureuse, avec ses rythmes syncopés d'accordéon *(sanfona),* rendu célèbre dans les années 1940 avec la chanson *Asa Branca* de Luiz Gonzaga ; le **brega** de la région de Belém et de l'île de Marajó, qui signifie « ringard » (sic !) et attire des couples de danseurs appliqués au bal du vendredi soir ; ou encore la langueur *sertaneja* et le *frevo* de Recife.

Au Brésil, il y a des concerts partout, souvent et pas chers... et c'est rare qu'on s'y ennuie. Et puis, ici, on n'a pas honte, et souvent le soir, la musique vient toute seule, entre amis, il suffit d'une guitare, d'une percussion, ou... d'inspiration.

Sans oublier, bien sûr, la fameuse *MPB,* Musica Popular do Brasil, que vous rencontrerez à tous les coins de rue et dans de nombreux bars ou restos. Une sorte de bossa-nova revisitée dans les années 1960 par les grands de l'époque (Jorge Ben, Chico Buarque ou Milton Nascimento, tous originaires de la côte entre São Paulo et Rio), et qui sera suivie, à partir de 1968, de l'apparition du « tropicalisme », avec le maître Gilberto Gil.

En cours de route, jetez dans votre sac à dos les CD et K7 des anciens, ceux que vous ne pourrez plus écouter *ao vivo* (live) : Luiz Gonzaga, à la voix dorée, le compositeur et chanteur des *forrós* les plus émouvants du Nordeste, le grand Cartola, compositeur de l'école de samba de Mangueira, Nelson Cavaquinho, Elis Regina, dont la voix et la rage se sont brutalement interrompues en 1982, l'album mythique *Tropicália,* qui regroupe toute la famille de ce courant musical des années 1970, Gal Costa, Caetano Veloso, Gilberto Gil... et puis le reste, tout le reste bien sûr.

PERSONNAGES

Les littéraires

– *José de Anchieta (1534-1597) :* né aux Canaries, mais arrivé à 19 ans au Brésil, ce père jésuite est considéré comme le premier véritable écrivain de la colonie portugaise. Grammairien, poète et dramaturge, auteur d'une grammaire tupi, il a élaboré la *lingua geral,* qui devint le moyen de communication linguistique entre Indiens et Portugais. L'une des autoroutes qui descendent de São Paulo vers le littoral porte son nom.

– *Joaquim Machado de Assis (1839-1908) :* né à Rio d'un père mulâtre, il a édifié l'œuvre littéraire brésilienne la plus importante du XIXe siècle. Chez lui, aucun exotisme de pacotille, aucune effusion romantique ; c'est un classique, un ironiste, qui pose son regard acéré et souvent amusé sur la société de son temps. Il a par ailleurs fondé et présidé l'Académie brésilienne des lettres. À lire : *Dom Casmurro, L'Aliéniste, Mémoires posthumes de Brás Cubas.*

– *Oswald de Andrade (1890-1954) :* « tupi or not tupi, that is the question », proclamait le poète iconoclaste, promoteur de la Semaine d'Art moderne à São Paulo en 1922. Il est l'auteur du manifeste poétique *Pau-Brasil,* emblématique du « modernisme ». Pour lui, le Brésil est fondamentalement anthropophage. Donc laissez-vous manger, vous en ressortirez brésilien !

– *João Guimarães Rosa (1908-1967) :* d'abord médecin dans son Minas Gerais natal, puis diplomate et surtout romancier, son œuvre est toujours située dans les paysages desséchés du *sertão,* qu'il transfigure par un usage démiurgique de la langue. Une inventivité folle. La complexité et la richesse de son univers romanesque l'ont fait comparer à James Joyce, rien de moins (mais c'est justifié, y compris pour la difficulté de lecture). *Diadorim* est son grand roman (voir « Livres de route »), mais on peut se replier sur *Sagarana, Corpo de baile* ou *Mon Oncle le jaguar.*

– *Jorge Amado (1912-2001) :* fils de planteur, né à Salvador da Bahia, il se passionne très tôt pour la littérature et les luttes sociales. Militant de gauche, ses premiers romans portent la marque de son engagement communiste : *Cacao, Sueur, Bahia de tous les saints, Capitaines des sables.* Après la guerre, sans renoncer à ses préoccupations politiques, il chante la joie et l'énergie du petit peuple de Bahia, dans des romans comme *Dona Flor et ses deux maris, Gabriela, La Boutique aux miracles*. « La tristesse, disait-il, est le seul péché mortel, car c'est le seul qui offense la vie. » Comment lui donner tort ?

Les politiques

– **Zumbi** *(XVIIᵉ siècle)* : dernier leader, et le plus charismatique, d'une communauté d'esclaves marron (un *quilombo*) qui résistèrent pendant 100 ans, pas moins, aux assauts des troupes portugaises, dans la région des Palmares (État d'Alagoas) au XVIIᵉ siècle. Assassiné en 1695, Zumbi est adoré des Noirs brésiliens. Le 20 novembre, jour anniversaire de sa mort, a été décrété officiellement « Journée de la conscience noire » au Brésil.

– **Lampião** *(Virgulino Ferreira, dit)* : le Robin des Bois brésilien ! Né vers 1897 dans le Nordeste du Brésil, il devient *cangaceiro* (bandit d'honneur) à la suite du meurtre de son père par un propriétaire terrien, selon la légende. On le retrouve dans les années 1920 à la tête d'une bande armée, écumant les *fazendas* du *sertão* de Minas et de Bahia, et semant la terreur : vols, viols, meurtres, destructions, toujours avec une audace folle et au mépris des forces de police. Surtout bandit, et sans foi ni honneur quand même... Il mourut avec sa compagne, Maria Bonita, et tous ses acolytes dans un traquenard, en 1938. Ses exploits sont encore chantés par tous les poètes populaires du Nordeste. On le représente fréquemment borgne : il faut savoir qu'en chevauchant dans le Sertão il se planta une épine dans l'œil droit.

– **Luís Carlos Prestes** *(1898-1990)* : militaire et homme de gauche (ça existe !), il participa à la révolte des *tenentes*, dans les années 1920. Il est célèbre pour l'épisode dit de la « colonne Prestes » : une espèce de longue marche de 27 mois à travers le Brésil, 25 000 km à travers 14 États avec une foule d'opposants, tout en évitant les troupes gouvernementales et les bandits qui voulaient sa peau ! Figure historique du parti communiste brésilien, sa mémoire est révérée même par ses adversaires politiques.

– **Juscelino Kubitschek** *(1902-1976)* : c'est l'homme de Brasília. « JK », pour les intimes, s'est d'abord fait connaître sur la scène politique en tant que maire de Belo Horizonte, où il avait déjà fait appel à Niemeyer pour dynamiser l'architecture d'un quartier de la ville. Il s'agissait en somme d'un laboratoire, avant de se lancer en 1956, suite à son élection à la présidence en 1955, dans la formidable aventure de cette nouvelle capitale née de rien, dans une contrée oubliée. En fuite pendant une partie de la dictature, il ne sera autorisé à rentrer dans son pays qu'en 1976. Un retour qui ne devait pas plaire à tout le monde, puisque aujourd'hui encore le mystère entoure les circonstances exactes de sa mort, survenue lors d'un accident de voiture jugé douteux en août 1976.

– **Dom Helder Câmara** : disparu en 1999, l'ancien évêque de Recife connaissait une grande popularité, du fait de son engagement en faveur des Brésiliens les plus pauvres. Figure emblématique de la « théologie de la libération », il fut souvent inquiété par le pouvoir politique brésilien (condamné à 7 ans d'exil intérieur en 1970). Mais c'est Jean-Paul II qui le remplaça en 1985 par un évêque beaucoup plus conservateur. L'« Église populaire » n'avait pas bonne presse au Vatican...

– **Chico Mendes** : leader des ouvriers *seringueiros* de l'Acre, en pleine Amazonie, et militant écologiste, il a été de ceux qui ont fait prendre conscience à la communauté internationale qu'il fallait protéger la forêt, ses habitants et ses ressources. Comme il gênait pas mal de monde dans la région, il a été assassiné par les hommes de main d'un grand propriétaire terrien en 1988. À ce jour, le crime est resté impuni. Un film, avec Raul Julia dans le rôle, lui a été consacré.

– **Luiz Inácio Lula da Silva, dit « Lula »** : né en 1945 dans le Nordeste (Pernambuco) et issu d'une famille pauvre de huit enfants, Lula fut d'abord vendeur ambulant, puis ouvrier tourneur à São Paulo. Il se lance dans le syndicalisme et la lutte contre les inégalités sociales à la fin des années 1960. En 1980, il fonde le PT, Parti des travailleurs, qui constitue aujourd'hui le parti politique le plus structuré du Brésil. Son élection à la présidentielle en octobre 2002 a suscité de nombreux espoirs dans la classe populaire, aujourd'hui déçue devant le peu de résultats concrets à l'issue du premier mandat. Ce qui n'empêche pas ce même électorat de le soutenir en prévision d'un second mandat...

Les créatifs

– **Aleijadinho** *(Francisco Lisboa, dit)* **:** né dans le Minas Gerais vers 1730, celui qu'on a appelé le « Michel-Ange brésilien » n'est jamais allé en Europe pour étudier les œuvres de la statuaire classique. Mulâtre, enfant naturel, pauvre, ça partait plutôt mal pour lui. Il a pourtant édifié une œuvre très personnelle, unanimement reconnue, d'architecte et de sculpteur. Fils d'un architecte portugais et d'une esclave noire, le jeune Antônio se consacra à la sculpture et, quoiqu'il n'ait jamais quitté Ouro Preto et sa région, il acquit une renommée dans tout le pays. Il créa et sculpta avec passion des œuvres religieuses en bois et en pierre à savon d'une qualité et d'une richesse extraordinaires. La plupart des églises du Minas lui doivent quelque chose, en particulier l'extraordinaire ensemble de Congonhas do Campo. Vers 1777, défiguré et mutilé par une terrible lèpre qui lui ronge peu à peu les articulations, alors surnommé « Aleijadinho » (le Petit Estropié), il continue à travailler, au besoin en se faisant fixer marteau et burin au bout de ses moignons, et trouve au contraire dans ce supplice une nouvelle force pour exalter son œuvre. Un poète disait de lui : « Cet homme n'avait rien de petit ni de faible ; il était prodigieux jusque dans sa difformité. Ni son physique, ni son moral, ni son art ne révélèrent une quelconque faiblesse sentimentale. » C'est cette énergie incroyable qui transpire dans toute son œuvre. Il est mort misérablement en 1814.

– **Heitor Villa-Lobos** *(1887-1959)* **:** né à Rio, il étudie la musique en autodidacte, et commence peu à peu à mêler la tradition savante occidentale aux musiques populaires du Brésil. Dans les années 1920, il séjourne longtemps à Paris et fréquente l'avant-garde européenne. Son œuvre foisonnante en fait le principal musicien brésilien contemporain, tendance classique. À écouter : les *Choros*, et les *Bachianas brasileiras*.

– **Oscar Niemeyer** *(né à Rio en 1907)* **:** influencé par l'esthétique du Bauhaus et surtout par Le Corbusier, c'est l'architecte de Brasília, et, tout simplement, un des plus grands architectes contemporains. À ses yeux, l'ennemi, c'est la ligne droite ; l'architecture doit être ondoyante, audacieuse, accordée aux courbes des plages et à celles de la femme aimée. Aux dernières nouvelles, il se portait plutôt bien, merci pour lui. En 2005, cet infatigable créateur signait l'auditorium de São Paulo, petit tour de chauffe avant d'assister, en avril 2006, à l'inauguration de la bibliothèque et du musée d'histoire de Brasília.

– **Vinícius de Moraes** *(1913-1980)* **:** poète et diplomate, « le Blanc le plus noir du Brésil », comme il se plaisait à le dire. Né à Rio, il débute comme poète tout ce qu'il y a de plus traditionnel, puis se tourne vers la musique populaire et la bossa-nova, écrivant les paroles de milliers de chansons, dont *Garota de Ipanema, Samba da benção, Tarde em Itapuã, Consolação*, et on en passe. La musique, l'alcool (whisky de préférence), les jolies femmes (il fut marié 9 fois !) formaient l'essentiel de son hédonisme.

– **Antônio Carlos Jobim** *(1927-1994)* **:** Carioca et fier de l'être, c'est le compositeur célébré de très nombreux morceaux de bossa-nova *(Chega de saudade, Garota de Ipanema, Corcovado, Desafinado, Meditação, Água de beber, Insensatez...)*. L'aéroport de Rio porte aujourd'hui son nom. Normal pour qui écrivit *Samba do Avião*. Cherchez bien parmi les mélodies que vous fredonnez : il y en a sûrement une de « Tom » Jobim.

– **Baden Powell** *(1937-2000) :* non, ce n'est pas le chef scout ! Roberto B. P. de Aquino a cependant été baptisé ainsi par son père, en souvenir de l'autre, justement. Sacrés Brésiliens ! Né à Rio, l'enfant prodige de la guitare a vécu dans de nombreux pays, notamment la France et l'Allemagne. Rythmicien hors pair, mélodiste parfait, ouvert sur les expériences avec d'autres musiques (jazz, classique), Baden Powell était un grand, un très grand de la six cordes. À écouter : *Afro-sambas* ou *Rio das valsas.*

– **Sebastião Salgado** *(né en 1944) :* fils d'un éleveur du Minas Gerais, le jeune homme suit une formation d'économiste (au Brésil, puis à Paris) et travaille quelque temps à Londres avant de se tourner vers la photographie en 1973, au cours d'un voyage. Il fait clairement partie de ces photographes engagés qui, au travers de leur art, entendent témoigner. L'homme, sa dignité et ses activités restent au cœur de son travail, et c'est cette vision humaniste qui lui a valu de nombreuses récompenses dans le monde entier depuis une vingtaine d'années. Un beau regard sur notre monde.

– **Miguel Rio Branco** *(né en 1946) :* de père diplomate, ce photographe inventif doit son œil à ses nombreux voyages. Correspondant de l'agence *Magnum,* il décortique les différentes facettes du Brésil avec des partis pris radicaux. Prostitution, douleur se mêlent à la religion, sublimant la cruauté par une beauté parfois violente.

Les novateurs

– **Cândido Rondon** *(1865-1958) :* militaire positiviste, passionné par le progrès, il fut un infatigable arpenteur de l'Amazonie. Il bâtit des postes avancés en pleine jungle, fit passer le télégraphe et prit contact avec des tribus indiennes farouches, envers lesquelles il se refusait à faire usage des armes (sa devise : « Mourir s'il le faut, mais ne jamais tuer »). Très proche des Indiens, Rondon était considéré par certains chefs de tribus comme un des leurs. Il fonda en 1910 le Service de protection des Indiens. C'est en sa mémoire que l'État de Rondônia a été ainsi baptisé.

– **Alberto Santos-Dumont** *(1873-1932) :* un des pionniers de l'aéronautique. Fort apprécié du public français de la Belle Époque ; il faut dire qu'une branche de sa famille était française et qu'il vécut à Paris. En 1904, il construit des prototypes d'aéroplane, et ça vole ! Il réalise un exploit avec les célèbres « Demoiselles » en survolant Paris et en passant sous la tour Eiffel. Il termina sa vie à Petrópolis, près de Rio.

Les sportifs

– **Pelé** *(Edson Arantes do Nascimento, dit) :* footballeur qu'on ne présente plus. Né dans le Minas Gerais en 1941, mais étoile du club de Santos dès l'âge de 16 ans, il mène le Brésil à la victoire lors de la Coupe du monde de 1958 en Suède, ainsi qu'en 1962 et 1970. L'homme aux 1 000 buts se retire en 1972 (un vrai jour de deuil pour les supporters !). L'enfant pauvre des favelas est devenu par la suite ministre des Sports, mais sans connaître, semble-t-il, les mêmes succès que sur le terrain.

– **Ayrton Senna** *(1960-1994) :* surdoué du sport automobile, il batifole dès l'âge de 4 ans sur les circuits de karting. Devenu pilote professionnel, il est triple champion du monde, avec 41 victoires en Grand Prix et 65 poles positions. Jusqu'à ce funeste 1er mai 1994 à Imola, où il fit sa dernière sortie de piste... Le deuil national fut alors décrété au Brésil, et un tunnel urbain de São Paulo porte désormais le nom de l'enfant du pays.

– **Ronaldo** *(Luiz Nazario de Lima, dit) :* né dans le quartier ouvrier de Bento Ribeiro à Rio, en 1976, Ronaldo fait ses débuts à 16 ans. Appelé dès 1994 dans l'équipe nationale, il arrive très vite en Europe, pour se retrouver, après un passage au PSV Eindhoven, au FC Barcelone et à l'Inter Milan, parmi les étoiles du galactique Real Madrid. Le petit prodige du football brésilien va traverser cependant une période très noire, marquée de multiples problèmes de genoux, et d'une curieuse crise de convulsions lors du Mondial 1998, avant de triompher au Mondial 2002 et de dépasser Pelé en 2006, son aîné, avec 15 buts marqués en Coupe du monde (4 en 1998, 8 en 2002 et 3 en 2006).

– *Ronaldinho Gaucho de Assis Moreira :* né dans une favela de Porto Alegre en 1980, et intégré à l'équipe de football du FC Barcelone depuis 2003, l'année 2005 lui fut on ne peut plus favorable. Élu joueur de l'année par la FIFA, il reçut également le Ballon d'or. L'avenir semble sourire à cet exceptionnel joueur de foot : en 2006, champion d'Espagne et d'Europe avec le FC Barcelone.

PHOTOS

Au Brésil, les sujets à photographier ne manquent pas. Cela dit, il n'est pas sans danger de se promener en ville avec son matériel : on vous en a parlé précédemment dans la rubrique « Dangers et enquiquinements ». Dans l'arrière-pays et en Amazonie, en principe, pas de problème, si ce n'est celui de l'humidité : prévoir des sacs plastique étanches. Pour les photos numériques, emporter suffisamment de mémoire : en dehors des grandes villes, difficile de graver des CD.

PIERRES PRÉCIEUSES

Attention, terrain miné. C'était votre plus beau souvenir de voyage, votre exceptionnelle pierre de couleur, celle à nulle autre pareille... Mais le rêve s'arrête où la science commence : les marchés sont truffés de pierres « made in Occident »... À la différence des imitations, les pierres synthétiques ont, pour certaines depuis la fin du XIXe siècle (découverte française, cocorico !), les mêmes caractéristiques physiques et optiques que les naturelles. Quo de « bagues de grand-mères » en sont serties souvent à l'insu de leurs propriétaires successives...

Certaines gemmes naturelles sont artificiellement modifiées par irradiation (topaze bleue, saphir jaune), huilage, teinture, remplissage des givres et fractures (rubis, émeraude, lapis-lazuli), traitements thermiques (corindons, béryls), diffusion (saphir), imprégnation (turquoise, opale), laser (diamant), pour ne citer que quelques-unes des pratiques devenues courantes mais peu avouées. Les fausses pierres, c'est bien connu, sont chez les autres...

Impossible au néophyte de prétendre se débrouiller dans tout cela, entre les progrès de la technologie et les chausse-trappes naturelles, mais pas de panique : microscopes à balayage et à transmission, microsondes et autres spectrophotomètres ne laissent, en laboratoires, aucune chance aux supercheries, fussent-elles de haute technicité.

Mythe et fatalité, vous achetez et continuerez d'acheter des pierres sur les lieux-dits de production. Alors, tentez d'éviter le pire... Voici ce que l'on vous proposera : *citrine* ou *smoky topaze* pour topaze, *water saphir* (cordiérite) et *spinelle bleu synthétique* pour saphir, *serpentine* et *néphrite* pour jadéite, *rubis synthétiques* et *grenats* (mais si, mais si) pour rubis, *béryl vert pierreux* sans valeur pour émeraude, et *aigues* sans aucune nuance marine. Origine principale : Brésil ; distribution... : planétaire. Les pierres sont taillées en soucoupe, sans vie, culassées en obus pour garder du poids. Toutefois, la palme revient sans conteste à l'*alexandrite du Caire*, un saphir synthétique changeant de couleur suivant le type d'éclairage. Pour tout achat important, restez de marbre, exigez un certificat d'analyse émanant d'un laboratoire de gemmologie reconnu, et non un certificat exotique bidon.

Sachez aussi que, pour avoir la valeur d'une partie de vos économies, une pierre doit avoir un marché. Combien de gemmes naturelles de qualité collent aux tiroirs parce qu'elles ne sont pas recherchées dans cette couleur, cette nuance, ce poids ou cette forme ? En juger est un métier.

Glissée dans la poche, serrée sur le cœur ou cachée dans les chaussettes, la pierre que l'on rapporte vaut sûrement une fortune à l'achat, trois fois rien quand on passe la douane (« 22 % de TVA ? Elle est sûrement fausse, Monsieur le douanier... »), pour renaître comme un trophée, quoi qu'il en soit précieux, au moment du cadeau. Souvenir ou placement, impossible de faire d'une pierre deux coups. Achetez au coup de cœur et non au coup de fric.

POPULATION

Le Brésil est une société multiraciale. Dès le début de la colonisation, contrairement aux Anglais, les Portugais ne réprimèrent pas les relations interraciales. De plus, le manque de femmes favorisa les unions entre ethnies. Le Brésil présente donc toute la gamme de métissage, du *caboclo* (métis de Blanc et d'Indien) au *mulato* (métis de Noir et de Blanc), en passant par le *cafuzo* (métis de Noir et d'Indien). Plus de 40 adjectifs, en brésilien, désignent les différentes nuances de couleur de l'épiderme. Cela ne doit cependant pas faire illusion. Tous les leviers de commande politiques et économiques sont aux mains des Blancs. La publicité, les médias ne présentent en général que l'image du Blanc. Sur les chaînes de télévision, la grande majorité des journalistes sont blancs et les animatrices les plus en vue sont de blondes poupées aux yeux bleus ! Même si le symbole du Brésil, provoquant tous les fantasmes des touristes, est la belle *mulata,* devenue une sorte d'image de marque, un dicton précise : « Au Brésil on se marie avec plus blanc que soi, mais on fait l'amour avec plus noir que soi. » Il n'y a rien de plus vrai aujourd'hui encore.

Les Noirs

Si rien n'institutionnalise le racisme, la ségrégation s'effectue cependant à partir de la couleur de la peau. Après l'abolition de l'esclavage, les Noirs se retrouvèrent libres, mais libres d'être pauvres, sans avenir ni perspectives. Ils furent destinés aux plus basses besognes et à l'entassement dans les bidonvilles des grandes villes.

Plus d'un siècle après l'abolition de l'esclavage, le racisme est encore une donnée présente dans la vie de tous les jours. Dans les immeubles chic, les Noirs sont parfois invités à utiliser l'ascenseur de service (car identifiés comme employés de maison), et les chances de grimper l'échelle sociale sont directement liées à la couleur de la peau ou aux cheveux (frisés ou non). Ne dit-on pas : « Le Brésil n'est pas raciste, mais un Noir ne pourra réussir qu'en devenant footballeur ou danseur de samba » ?

Aujourd'hui, avec la crise sociale et l'exode rural, la figure du Nordestin, paysan libre *caboclo* (métis de Blanc et d'Indien), se confond avec celle du Noir dans l'image des bannis de la société dans les grandes villes. La population s'est encore plus métissée. Les Noirs d'ascendance purement africaine ne forment plus que 6 % de la population, la grande majorité étant métisse, et une autre minorité, de 12 %, à l'autre bout, est uniquement blanche. Il n'en reste pas moins que dans ce métissage, la culture africaine – par la musique, la cuisine, par les pratiques religieuses également – rencontrant celle, native, de l'héritage indien, a pénétré tous les pores de la société brésilienne, tant et si bien que le culte des *orixás* africains est largement pratiqué jusque dans les quartiers populaires du Rio Grande do Sul (voir la rubrique « Religions et croyances »). C'est à Bahia que vous rencontrerez avec le plus de force cette présence de la culture africaine.

Les *caboclos*

Mais à côté de la voix noire résonne la voix indienne du Brésil. Celle bien sûr des nations non acculturées d'Amazonie (moins de 300 000 Indiens aujourd'hui, alors qu'ils étaient 5 à 8 millions avant la conquête), mais aussi celle du peuple *caboclo* du Nordeste et du Nord. Le *caboclo,* c'est le produit de la digestion du Blanc par l'Indien. Le Ceará, le Pernambuco, l'Alagoas et l'Amazonie sont les régions où vivent les *caboclos,* dont l'histoire est jalonnée d'illuminations prophétiques et de révoltes à connotations mystiques : les *canudos* d'Antônio Conselheiro, le mouvement du *padre* Cicero, le *cangaço* de Virgulino Ferreira, dit Lampião, et Maria Bonita... Légendes entretenues par la littérature des *cordeis* (petits livrets populaires vendus dans les rues) et par les chansons des *repentistas* (improvisées par deux guitaristes). Peuple dont la musique est le *forró,* où l'accordéon et les percussions lancent les rythmes haletants du *baião* ou du *xote.*

Noirs et *caboclos* se mêlent pour occuper les grandes capitales du Sud-Est : Rio, São Paulo sont les plus grandes villes noires et nordestines du pays.

À côté de ces grandes influences, l'envoûtante Belém vous fera sentir l'importante présence des Indiens d'Amazonie, ainsi que Manaus, tandis qu'au sud l'héritage indien, longtemps valorisé par les jésuites, se mêle aux cultures apportées par les émigrants du Vieux Monde : Italiens, Russes, juifs, Polonais, Allemands... Le Brésil, c'est Babel.

Les Indiens du Brésil

Il est difficile d'obtenir des informations précises et concordantes sur les Indiens. Immensité du territoire avec des zones encore inexplorées, relatif désintérêt du gouvernement, ou bien volonté de contrôle au travers de la FUNAI (Fondation nationale de l'Indien) pour sauvegarder ou masquer ce qui reste ! La FUNAI, qui dépend du ministère de l'Intérieur, doit porter assistance aux Indiens en leur donnant des soins médicaux, une scolarité, etc. Cela dans le but de les intégrer petit à petit à la civilisation, tout en essayant de conserver leur mode de vie et leurs traditions et de les prémunir contre les méfaits de cette même civilisation. Des 2 à 4 millions d'Indiens estimés au début du XVIe siècle (vers 1500), il n'en resterait plus aujourd'hui qu'environ 4 000.

– *Combien d'Indiens au Brésil ?* Les chiffres varient d'une source à l'autre. Les ONG (Survival International, Greenpeace) donnent leurs chiffres. La presse brésilienne et le dernier recensement (en 2000) donnent un autre chiffre : environ 350 000 Indiens vivent dans leurs territoires ancestraux (délimités et protégés par le gouvernement brésilien), soit 0,2 % de la population totale brésilienne. La FUNAI avance un autre chiffre.

Une partie de ces Indiens brésiliens recensés est donc regroupée dans près de 223 réserves ou parcs nationaux à l'accès interdit. Les cinq parcs les plus importants se trouvent dans le Mato Grosso (parcs d'Aripuaná et de Xingu), dans le Pará (parc de Tumucumaque sur la frontière guyanaise), dans le Tocantins (parc d'Araguaia sur l'îlha do Bananal) et enfin dans l'État de Roraima (parc des Yanomamis à la frontière vénézuélienne). Mais c'est dans le Mato Grosso et le Mato Grosso do Sul que se trouve la plus grande concentration d'Indiens, avec une estimation tournant autour de 100 000 individus. Pour plus de détails sur les Indiens d'Amazonie, se reporter à l'introduction du chapitre « Amazonie ».

– *Combien de nations indiennes ?* Difficile aussi de dire combien il existe de nations en réalité (la FUNAI en recense près de 200, mais l'ONG Survival International en compte plus). Les Indiens se répartissent en près de 216 nations dont 53 n'auraient jamais eu de contact avec le monde « blanc ». Douze ethnies, selon Survival International, ont aujourd'hui moins de 38 individus. Sur les 180 langues indiennes d'aujourd'hui, la plupart sont parlées par moins de 200 individus.

Pour y voir plus clair, des ethnologues ont essayé de les classer par familles, suivant les ethnies et les régions. Elles sont au nombre de cinq : la famille des Arawaks, la famille des Karibs, la famille des Tupis-Guaranis, la famille des Panos et la famille des Gés.

Les Arawaks (exception faite des Yanomamis), en voie de disparition ou clochardisés, sont concentrés dans le Nord du Brésil (Roraima et Amazonie). Ils sont représentés aujourd'hui par une centaine de tribus, chacune possédant sa langue. C'est dans le domaine religieux qu'ils se caractérisent, avec un culte particulier pour d'énormes trompes sacrées, sortes d'instruments à vent, qui doivent toujours être cachées aux yeux des femmes.

Les Karibs, regroupés dans les régions de Roraima, Amapá et nord du Pará, étaient d'habiles guerriers ; ils volaient régulièrement des femmes arawaks pour en faire leurs épouses et étaient religieusement cannibales. Ces pratiques, combattues par le catholicisme, n'existent plus aujourd'hui, mais les hommes ont tout de même gardé une de leurs croyances, celle de la *couvade,* qui consiste en une espèce de pantomime des douleurs qui accablent l'homme lorsque sa femme accouche d'un garçon.

Les Tupis-Guaranis, situés dans le Centre et la côte sud-est, ont été les premiers Indiens à entrer en contact avec les explorateurs européens. Seuls quelques-uns de leurs mythes ont survécu au choc de la colonisation, comme celui de la Terre-sans-mal, paradis terrestre qui offrirait à l'Indien tout ce dont il rêve. En outre, le chamanisme et les croyances qui l'entourent restent peut-être encore aujourd'hui la plus forte des identités des Tupis et des Guaranis.

Les Gés vivent dans l'Ouest et le Centre du Brésil. La pauvreté de leur culture matérielle en a fait des parias. Ils couchent à même la terre, se disent vivre en ne connaissant que la faim, mais possèdent en revanche une organisation sociale extrêmement complexe, sorte de club politique, véritable casse-tête ethnologique.

Les Panos sont disséminés, quant à eux, dans l'Ouest du Bassin amazonien (principalement la région de Rondônia), où ils vivent de la chasse et d'une agriculture semi-sédentaire à base de maïs, d'arachide, de banane, de patate douce, de canne à sucre, de piment, etc. Leur existence est difficile, mais ils savent encore profiter de la jungle et se créer cette vie paisible, harmonieuse, aux désirs immédiatement satisfaits, qu'avaient pu remarquer les premiers explorateurs.

Les problèmes des Indiens ont du mal à évoluer, car ils subissent un état de fait qui les emprisonne depuis des siècles et se perpétue à chaque nouvelle découverte. Leur dilemme est soit de périr sous la brutalité des colonisateurs (aujourd'hui occupation des territoires à des fins d'exploitation minière ou forestière), soit de se laisser prendre en charge, protéger, éduquer, « digérer » par toutes sortes d'organismes d'État, comme la FUNAI, « humanitaires » ou religieux.

À moins d'accéder aux réserves, ce qui est impossible sans autorisation spéciale préalable, le voyageur curieux d'aujourd'hui ne pourra rencontrer que les vestiges de ce qu'ont été les différentes populations amérindiennes avant le choc provoqué par la rencontre, la conquête et un certain développement économique amazonien. Dans les centres urbains, le voyageur sera souvent témoin d'Indiens faisant commerce de leurs traditions et de leur savoir-faire technique, transformé en artisanat.

POSTE

Les bureaux de poste sont habituellement ouverts du lundi au vendredi de 7 h 30 ou 8 h à 17 h ou 18 h (selon les régions et l'importance des villes) et le samedi de 8 h à 12 h. Il est préférable de faire oblitérer le courrier par un employé de la poste. Comptez alors un minimum de 10 jours, voire 1 mois, pour que votre courrier parvienne à destination. Postées dans les boîtes aux lettres traditionnelles, les lettres mettent beaucoup plus longtemps pour arriver en France.

RELIGIONS ET CROYANCES

Le Brésil noir et mystique

Juste retour des choses, les Noirs brésiliens, à qui leurs maîtres esclavagistes tentèrent d'imposer leurs valeurs et leurs règles de vie, ont pris depuis longtemps leur revanche sur le terrain de la spiritualité. Si le Brésil est le plus grand pays catholique du monde, il n'en demeure pas moins que c'est aussi le plus grand pays de religion africaine *yoruba,* qu'on désigne sous le terme global de *candomblé.* On compte sûrement plus de dévots du *candomblé* au Brésil qu'en Afrique ; à peu près autant que de catholiques brésiliens. Toute la subtilité et l'ambivalence du style brésilien résident là. Le dimanche matin, à la messe, tout le monde est catholique, mais le lundi soir, ou n'importe quel autre soir de la semaine, les mêmes iront au *terreiro de candomblé* se laisser posséder par les dieux africains ou leur sacrifier un animal, avec la même ferveur que lors de l'eucharistie.

L'héritage religieux des Yorubas

Le terme de *candomblé* désigne la religion africaine du peuple yoruba, perpétuée au Brésil par les esclaves et leurs descendants, et vigoureusement pratiquée du nord au sud du pays, mais principalement à Salvador, ainsi qu'à Belo Horizonte, São Paulo et Rio.
Arrivés au Brésil en provenance de régions et de nations africaines dispersées, de langues différentes, les esclaves noirs d'Afrique furent soumis à un processus de destruction de leur identité culturelle : nations, ethnies, tribus, familles dispersées ; interdiction de perpétuer coutumes et croyances, de parler leur langue... Minoritaires parmi les esclaves brésiliens, originaires du delta du Niger, les Yorubas, porteurs d'une des civilisations les plus florissantes et complexes d'Afrique, communiquèrent leur héritage religieux et culturel à tous les Noirs du Brésil. Ils enterrèrent les fondements magiques de leur peuple, secrètement transportés d'Afrique, comme ce fut aussi le cas à Cuba, faisant du Nigeria, du Brésil et de Cuba les trois terres sacrées du peuple yoruba dans le monde.
Les dieux de cette religion, dont le nombre est considérable, représentent des forces bien précises qui trouvent leurs origines dans les éléments du terroir africain et de la nature : tempêtes, rivières, forêts, brousse, foudre, mer... Mais ils ont aussi et surtout la faculté d'habiter l'esprit et le corps des humains dans ce qu'on appelle la possession, ou transe. Ainsi, chacun est habité par un dieu, un *orixá* (prononcer « oricha »), qui donne une valeur sacrée aux traits profonds de sa personnalité : penchant érotique, caractère coléreux, amour de son prochain...
Oxum (Oschoum), par exemple, divinité des eaux de rivières, de fleuves et de sources, est aussi la divinité de la sensualité féminine, de l'érotisme, de l'or et du champagne. Redoutablement jalouse, elle est également dépensière, infiniment douce et immorale. Elle séduit le pouvoir. Son jour est le samedi, sa couleur l'or, son habitat le cours des rivières.
Ogum (Ogoum), dieu du fer, de la forge et de la guerre, est également celui de l'industrie. Coléreux et brutal, ombrageux et conquérant, il est aussi intrépide et courageux. Son jour est le lundi, sa couleur le bleu marine, son habitat les objets de fer, les routes, les rails...

Le candomblé

Religion où la beauté des rituels fait partie de la fête, le *candomblé* caractérise chaque *orixá* par une foultitude d'attributs : objets, matières, jours de la semaine, parures, bijoux, plantes, couleurs, chants, tambours, préparations culinaires et sacrifices spécifiques, lieu qui l'abrite... toutes choses qui manifestent sa présence, mais peuvent varier selon les régions du Brésil.

En sacralisant toute la gamme des penchants humains, le *candomblé* ne fait pas seulement œuvre d'infinie tolérance morale. Les cérémonies et fêtes ont pour but de faire se manifester ces divinités parmi les vivants, par la transe. Au dieu physiquement présent dans le corps du fidèle possédé, on pourra demander d'user de toute la force de ses pouvoirs pour aider à résoudre les problèmes de la vie : amour, santé, argent, conflits, projets, voisinage, etc. En retour, on s'informera des offrandes et fêtes qu'il souhaite pour accomplir son « travail ».

En dehors de ces cérémonies et fêtes, toute une série de pratiques entretient une convivialité permanente avec les dieux : faculté de faire appel à leur aide pour toutes sortes de questions, en consultant les *búzios,* l'oracle des 16 coquillages, pour élucider un problème ou en réalisant des « travaux » *(trabalhos),* c'est-à-dire offrandes, sacrifices, bricolages et actes spécifiques, exigés par un *orixá* sollicité pour résoudre un problème, débloquer une situation... Ne souriez pas, peu de Brésiliens, même des plus rationalistes, peuvent prétendre ne jamais y avoir eu recours, et la vie comme l'histoire brésiliennes foisonnent d'histoires étranges et impressionnantes qui incitent à la prudence sur le sujet.

Les terreiros de candomblé

Le culte des *orixás,* au Nigeria, hormis les grandes fêtes communautaires, est essentiellement domestique. Les conditions de survie des cultures africaines au Brésil ont fait naître les *terreiros de candomblé* comme véritables lieux de culte communautaire au milieu d'un quartier.

C'est une petite maison paroissiale, dirigée par un *babalorixá* ou par une *yalorixá,* qu'on appelle aussi « père » ou « mère de saint » (*pai* ou *mãe de santo)*, entouré(e) d'une petite communauté d'assistants directs, et qui fait appel à ses initiés quand il (elle) a besoin d'eux pour un rituel important. Le *terreiro* assure l'assistance à tout le quartier.

Véritable curé de paroisse, le *babalorixá* (ou la *yalorixá)* rend les oracles, dirige les *trabalhos,* accomplit les sacrifices, procède à l'initiation des adeptes qui le désirent ou en ont besoin et, bien sûr, organise les fêtes et cérémonies rituelles indispensables.

Le *candomblé,* dont les rituels font appel à une riche mythologie, à des règles d'une grande précision, à des secrets et à des savoirs soumis à l'initiation, ne professe aucune doctrine, aucun message, aucune révélation. Sachez aussi que le *candomblé* n'a aucune institution unifiée, du genre Église, et ne repose que sur le prestige et l'autorité de chaque *terreiro,* la beauté de ses fêtes et la réputation des *trabalhos* qui y sont accomplis.

L'initiation n'est nullement nécessaire pour fréquenter un *terreiro,* interroger l'oracle, assister à une cérémonie. Les fêtes de *candomblé* sont parmi les expériences les plus belles et les plus saisissantes que vous puissiez vivre au Brésil, tant par la fièvre des rythmes et des chants, la beauté des costumes, la douceur et la séduction qui y règnent, les parfums et la saveur des cuisines sacrées, que par la puissance sans violence des transes qui s'y manifestent.

Le *candomblé* n'entretient pas un rapport moral à l'argent. Aussi ne cache-t-il pas que les divinités ne « travaillent » pas gratis. Mais sachez aussi que s'il demande de l'argent, ou une forme concrète de rétribution, c'est pour faire face à des frais de fonctionnement assez élevés.

Le syncrétisme

Religion des signes et non du verbe, longtemps soumis à de dures persécutions, réprimé par la *loi des Tambours* qui interdisait de battre les tambours la nuit, pourchassé, clandestin, le *candomblé* dut user de pseudonymes : au lieu de nommer et de représenter les *orixás* à la façon yoruba, les *terreiros* et leurs adeptes les recouvrirent de l'image des saints de la mythologie chrétienne, trouvant dans ces images pieuses un détail, une couleur, un objet qui manifestaient la présence de l'*orixá.*

Ainsi, la représentation de flèches dans les images de saint Sébastien fit adopter ce dernier pour représenter *Oxóssi* (Ochossi), le dieu de la chasse et de la brousse ; *Exu* (Echou), dieu des carrefours, de la communication et des entourloupes, dieu, aussi, des pulsions sexuelles, fut ainsi vêtu des habits du diable ; *Ogum,* déjà cité, devint saint Georges ; *Oxum* s'appelle aussi Notre-Dame de la Chandeleur ; *Yemanjá,* déesse de la mer, mais aussi de la sensualité possessive et maternelle, est Notre-Dame de l'Immaculée Conception ; quant à *Oxalá* (Oschala), dieu du ciel, de l'esprit de création, de l'ouverture des chemins, il dut porter la croix du Christ... et ainsi de suite.

La fusion s'est faite dans l'imaginaire brésilien. Cela a fini par créer une espèce de syncrétisme brésilien où l'on ne sait plus toujours quel saint on honore, chrétien ou yoruba. C'est ainsi qu'à Salvador, où le *candomblé* est fortement présent dans la vie sociale, toutes les fêtes catholiques sont marquées par de grandes manifestations du *candomblé.*

L'umbanda

Dans les régions, villes ou milieux où les communautés noires étaient moins cohésives, ce masque chrétien des *orixás* du *candomblé* évolua vers les diverses formes de syncrétisme qui se regroupent sous le terme d'*umbanda.* Les caractéristiques des saints chrétiens furent plus profondément intégrées, tandis que d'autres influences, surtout indiennes et *caboclos,* avec les savoirs herboristes des chamans indiens, furent incorporées. Des *orixás caboclos* apparurent. Les pratiques ou doctrines spirites, apportées par les immigrants européens du début du XXᵉ siècle, furent aussi introduites dans la cuisine, démontrant une fois de plus la nature anthropophagique de la culture brésilienne. Enfin, consciente de l'altération des traditions et de la dispersion des communautés, l'*umbanda* chercha à rassembler « le peuple des saints » en une bande *(uma banda)* ; à la différence du *candomblé* qui se transmet par une longue initiation, l'*umbanda* est organisée en une fédération brésilienne d'*umbanda,* qui accorde sa reconnaissance aux maisons d'*umbanda.*

La matrice des rituels reste pourtant celle du *candomblé* : les *orixás,* les *búzios,* les *trabalhos* et les sacrifices, et le même appel à la transe de possession. Simplement, les chants et les rituels sont en portugais, les autels ressemblent aux autels d'églises catholiques, avec quelques teintes de paganisme, les rythmes sont plus proches du samba que des rythmes yorubas, les transes souvent plus sauvagement théâtrales. Les *yaos* s'appellent *médiums* ; les *babalorixás* et *yalorixás* sont connus comme *pais* ou *mães de santo* ; et on ne mange pas. Puis, il y a d'autres figures, telles que les *pombasgiras, caboclos* et *crianças* (enfants). Il existe de grandes différences d'une maison d'*umbanda* à l'autre, selon le degré de préservation des pratiques du *candomblé.*

Les cérémonies d'*umbanda* sont plus faciles d'accès que celles du *candomblé,* car on trouve fréquemment des *terreiros* et *casas* jusque dans le centre des villes. Très saisissantes aussi, elles sont parfois un peu décevantes par rapport aux cérémonies de *candomblé.*

– Voir aussi les chapitres sur São Paulo, Recife et Salvador da Bahia.

Sectes diverses et évangélisme

« Combien y a-t-il de religions au Brésil ? Dieu seul le sait... et encore ! », a-t-on coutume de dire. À côté du catholicisme, du *candomblé* et de l'*umbanda,* il existe toutes sortes de religions, depuis les plus classiques (chrétiens orthodoxes, réformés de divers courants, juifs, musulmans, bouddhistes, shintoïstes), jusqu'aux plus exotiques, en passant par les sectes de génération locale) les plus extravagantes. En 1994, le mouvement *Viva Rio* organisa une immense veillée œcuménique sur l'Aterro du Flamengo pour protester contre la violence et appeler à la lutte contre l'exclusion : pas moins de 54 religions s'y manifestèrent !

Différente et préoccupante, en revanche, la montée en puissance dans les quartiers pauvres d'un phénomène nouveau qui dépasse le simple penchant brésilien pour les religions ébouriffantes : la percée des sectes en général, et des évangélistes pentecôtistes en particulier. Il en existe plusieurs : Adventistes du 7e jour, Église triangulaire ou quadrangulaire, Assemblée du Sang de Jésus-Christ, etc. Leurs discours, au contenu intégriste et fanatique, extrêmement durs, convergent, de même que leur organisation qui a tendance à s'unifier autour de deux grands centres : l'Église universelle du Règne de Dieu et l'Assemblée de Dieu. En rupture totale avec la tolérance religieuse brésilienne, engagées dans une « guerre contre l'œuvre du diable » qui serait la cause des malheurs sociaux, elles enrégimentent dans une mobilisation permanente les gens les plus désespérés des quartiers pauvres, en prenant ouvertement pour cible les traditions culturelles et spirituelles africaines, la liberté morale et sexuelle, la médecine, l'école, les mouvements progressistes et syndicaux.

Leur succès impressionnant et leur grande richesse (l'Église universelle du Règne de Dieu possède 1 800 églises dans le pays, 3 quotidiens, 34 chaînes de radio et la grande chaîne de télé *Record*) trahissent sans doute les cassures du tissu social et culturel comme le désarroi spirituel du peuple dans l'extrême gravité de la crise qui l'atteint. Nul ne peut dire s'il s'agit d'un engouement éphémère ou des premiers signes d'un intégrisme chrétien à volonté politique, de même nature, au fond, que l'intégrisme islamiste qui se développe dans certains pays de tradition musulmane touchés par une profonde crise économique, sociale et morale.

Le chamanisme

Dans un univers hostile et riche, où le sacré se mêle au profane, le chaman (sorcier) est l'un des personnages les plus importants des communautés indiennes. Si l'on excepte les Indiens guayakis et les Gés, chez qui l'on n'en trouve nulle trace, le chamanisme est bien l'un des traits de culture communs à tout le Bassin amazonien.

Mais qui se cache derrière ce personnage, à la fois homme-médecin, sorcier, trait d'union entre le monde des hommes et celui des esprits, porte-parole de la surnature ? Un homme le plus souvent, une femme rarement. Énormément de talent, un certain goût pour la mise en scène, mais surtout un apprentissage très long qui le mettra à l'épreuve et lui révélera – ou non – ses talents. On lui fera ingurgiter des brouets bizarres, des décoctions de jus de tabac, des infusions d'écorces et des drogues hallucinogènes (l'ayahuasca notamment, chez certains Indiens d'Amazonie) qui le feront vomir. Vomir pour se purifier afin que l'âme devenue légère puisse rejoindre les esprits, tandis que le corps libéré pourra être « visité ». Le chaman fait profession de communiquer avec les esprits et parfois d'en être possédé. Si un homme est malade, que potions et onguents n'ont pu le guérir, c'est que la maladie est due à une puissance malfaisante qui a réussi à introduire dans le corps du patient un sort, qui peut, au pire, emprisonner son âme. Un sort que seul le chaman peut conjurer. Après chants, massages, psalmodies, le chaman va, par succion et lors d'un magistral tour de passe-passe, extraire un objet ensanglanté, cause du mal. Potions et onguents clôturent la cérémonie et parachèvent le traitement.

Capable de guérir, le chaman peut également nuire à un ennemi en lui transmettant une maladie, voire en le tuant à distance. Il est indispensable à la communauté car, outre ses dons de guérisseur, il sait prédire l'avenir, faire tomber la pluie. Il est aussi le conseiller militaire, le grand maître des cérémonies magico-religieuses, le détenteur des secrets des pistes giboyeuses. Mais son pouvoir ne tient qu'à un fil, très mince, car sa magie n'est efficace que pour autant que l'on croit qu'elle l'est. Or, les chamans ont vu une partie de leurs pouvoirs thérapeutiques mis en échec par la médecine occidentale, dont les médicaments s'avèrent plus efficaces que les exorcismes et pour laquelle les nouvelles maladies ne sont pas inconnues.

SANTÉ

La situation de la santé publique est globalement catastrophique au Brésil. Choléra endémique dans le Nordeste, épidémies de méningites bactériennes et virales et de dengue dans l'ensemble du pays, augmentation des cas de transmission à l'homme de la rage des chauves-souris... Il se trouve quand même que virus et vibrions, à part celui du sida et, récemment, de la dengue, ont tendance à respecter les conventions sociales. Peu de risques, donc, en dehors des favelas, si toutefois vous faites attention à l'eau (voir la rubrique « Boissons »). Pour les hôpitaux d'urgence, nous indiquons à peu près partout la *Santa Casa,* hôpital des sœurs, qui assure encore un service public et gratuit efficace en cas de nécessité ! Si vous choisissez de vous rendre dans un hôpital privé, sachez que les prix des soins sont très élevés. Il est donc conseillé de prendre une assurance de voyage avant le départ.

En Amazonie

Pour les séjours en forêt amazonienne, une consultation médicale est indispensable (d'ailleurs, vous devriez impérativement vous faire vacciner contre la fièvre jaune, dans un centre de vaccinations internationales et de conseils aux voyageurs). En plus des indispensables médicaments contre le paludisme, vous seront également prescrits :
– des mesures contre les *moustiques* et autres insectes vecteurs de nombreuses maladies : moustiquaires imprégnées, répulsifs cutanés réellement efficaces contre les arthropodes les plus agressifs de la terre, éventuellement insecticides spéciaux pour imprégnation des vêtements... ;
– des systèmes de purification de l'*eau* : selon les cas, comprimés pour désinfection chimique, filtres microbiens type *Katadyn.*

Les moustiques

Le principal risque est celui des maladies transmises par les moustiques. En ville, c'est la dengue qui fait des ravages, en particulier sur la côte (Rio, Fortaleza, Belém...). Sachez que le moustique ne pique qu'en fin d'après-midi et qu'il est aisément reconnaissable avec ses stries noires et blanches. La dengue a provoqué en mars-avril 2002 une épouvantable et historique épidémie. En forêt, c'est le palu, la fièvre jaune, la leishmaniose, les fièvres hémorragiques... Moralité : préservez-vous contre les piqûres ! Couvrez-vous, aspergez-vous de répulsifs efficaces et, à défaut de climatisation, ne dormez pas sans une bonne moustiquaire imprégnée d'insecticide (essentielle, voire vitale, si vous dormez en forêt !)... Pensez aussi à en imprégner vos vêtements. Évitez de voyager en forêt pendant la saison des pluies, les insectes sont beaucoup plus nombreux à cette époque. Dans les régions où la dengue sévit, s'enduire de répulsif également dans la journée.

Pour la plupart, les répulsifs antimoustiques/arthropodes vendus en grande surface ou en pharmacie sont peu ou insuffisamment efficaces. Un laboratoire (Cattier-Dislab) a mis sur le marché une gamme conforme aux recommandations du ministère français de la Santé : *Repel Insect Adulte* (DEET 50 %) ; *Repel Insect Enfant* (35/35 12,5 %) ; *Repel Insect Trempage* (perméthrine) pour imprégnation des tissus (moustiquaires en particulier) permettant une protection de 6 mois ; *Repel Insect Vaporisateur* (perméthrine) pour imprégnation des vêtements ne supportant pas le trempage, permettant une protection résistant à 6 lavages. Disponibles en pharmacie, parapharmacie, etc.

En Amazonie, le paludisme étant résistant à la Nivaquine, on recommande plutôt le Lariam ou, pour ceux qui seraient intolérants, de la Malarone, de la Savarine, voire de la Doxycycline. Attention, certains de ces produits sont photosensibilisants. Dans tous les cas, demandez l'avis de votre médecin ; de toute façon, ces produits ne sont délivrés que sur ordonnance.

Ces divers produits et matériels utiles aux voyageurs tropicaux (vitaux pour les séjours en Amazonie), difficiles à trouver dans le commerce, sont disponibles à la vente par correspondance, fax ou Internet :

■ *Catalogue Santé Voyages (Astrium) :* 83-87, av. d'Italie, 75013 Paris. ☎ 01-45-86-41-91. Fax : 01-45-86-40-59. ● www.sante-voyages.com ● (infos santé et commandes en ligne sécurisées). Envoi gratuit du catalogue sur simple demande. Livraisons *Colissimo Suivi* en 48 h en province. Expéditions dans les DOM-TOM.

Quelques recommandations

– Risque permanent pour les touristes : le *soleil.* N'oubliez pas casquette ou chapeau contre les insolations, des (bonnes) lunettes de soleil et une bonne crème solaire contre les coups de soleil, qui arrivent bien plus vite qu'on ne l'imagine sous ces latitudes ! Faites surtout attention les premiers jours et ne traînez pas trop longtemps sur les plages... Buvez beaucoup d'eau (minérale ou purifiée par vos soins) pour éviter les coups de chaleur et la déshydratation. En Amazonie, méfiez-vous pendant les balades en pirogue : on ne sent pas la chaleur à cause du vent (et des nuages qui arrêtent la chaleur mais pas les UV), mais on cuit à une vitesse folle !

– Autre problème possible : les *parasites,* qui pullulent dans la campagne brésilienne et sur les plages. Ne marchez pas pieds nus et évitez de vous baigner dans les eaux douces (risque de tungase en forêt et de bilharziose). À Bahia en particulier, mais sur toutes les plages en général, attention au *bicho de pé (larva migrans),* un parasite qui vit dans le sable et pénètre dans le pied. Pour l'éviter, une seule solution : porter des chaussures sur la plage et s'allonger sur une natte !

– Se méfier également des *punaises,* notamment en Amazonie : l'une d'elles (rouge et noire) transmet la maladie de Chagas, rare mais grave. Quant aux serpents, scorpions et autres araignées, pas de panique : les accidents sont rares. Il suffit de regarder où l'on marche et de ne pas mettre ses mains n'importe où... En forêt, on dort dans des hamacs pour éviter ces désagréments, recouverts d'une moustiquaire imprégnée. Et on inspecte ses chaussures avant de les enfiler si on est prudent. Il faut également savoir que les consultations dans un cabinet médical sont très chères (de 46 à 76 €). C'est également le cas pour les médicaments.

– *Pharmacies :* dans les grandes villes, aucune difficulté pour en trouver ouvertes nuit et jour. Attention, les employés à blouse blanche ne sont pas... pharmaciens (le pharmacien vient en général une journée par semaine). Dans le doute, faites-vous conseiller par un médecin avant de vous ruer à la pharmacie.

– Enfin, n'oubliez pas que le Brésil détient des records en matière de *sida.* Préservatifs !

SAVOIR-VIVRE ET COUTUMES

Voici quelques astuces et éléments de la vie quotidienne, en sachant que ce vaste pays offre évidemment des spécificités bien régionales.

Quelques règles de vie

Si l'on devait retenir une caractéristique commune au peuple brésilien, c'est bien la chaleur des contacts humains. Si vous demandez votre chemin ou un renseignement à un Brésilien, vous êtes presque sûr que votre interlocuteur se mettra en quatre pour vous aider, et on vous gratifiera systématiquement d'un *Tudo bem* ou *Valeu* lancé le pouce levé, signifiant à la fois « OK », « Bonne route » et « Salut ». Ce geste de lever le pouce est d'ailleurs utilisé à toutes les sauces, pour saluer, marquer son accord, remercier, féliciter... Très démonstratifs, les Brésiliens se touchent aussi fréquemment, pour se saluer ou au cours d'une discussion, en famille, entre amis ou simplement avec une connaissance. On se donne aussi l'*abraço* (l'accolade) ; c'est d'ailleurs un mot employé pour dire au revoir. Le rapport au corps est totalement différent, en particulier sur les côtes, le climat tropical et la plage incitant naturellement à se vêtir légèrement, donc à montrer son corps. Rien de provoquant, donc, à se promener torse nu pour les hommes et en minishort avec un haut de maillot pour les filles. En revanche, le topless sur les plages reste exceptionnel. En été, les vêtements moulants réduits au strict minimum sont même de rigueur, aussi bien pour mettre en valeur de jeunes corps de rêve que pour des mamies dynamiques. Petit, gros, sexy, jeune ou vieux, le Brésilien est rarement complexé et s'exhibe naturellement, voire fièrement après une opération chirurgicale coûteuse ou des semaines d'efforts dans un club de musculation !

Quant à la drague, c'est souvent un jeu, pour les hommes comme pour les femmes, et le premier contact se noue souvent sur de longues œillades appuyées.

Comme vous aurez souvent à utiliser le langage des mains pour communiquer avec vos interlocuteurs, sachez que pour désigner le chiffre 1, on ne lève pas le pouce (ce qui est réservé à l'expression de *tudo bem,* voir plus haut) mais l'index. Quant à 2 et 3, ce sont le majeur et l'annulaire que vous dresserez aussi, en gardant le pouce à l'intérieur de la main. Voilà pour éviter les malentendus !

Horaires

Concernant les transports en bus, ils sont souvent respectés, sauf en cas de fortes pluies, de panne ou d'accident. En revanche, dans les petits musées et les églises, les périodes d'ouverture sont souvent très variables, en fonction du temps ou de l'humeur du gardien... Dans les villes, les commerces sont généralement ouverts de 9 h à 18 h en semaine, et le samedi matin ; les grands centres commerciaux restent ouverts jusqu'à 22 h. Important : si vous fixez un rendez-vous avec un chauffeur de taxi brésilien, confirmez-le plusieurs fois et prévoyez une certaine marge de retard ; la ponctualité n'est pas une spécialité locale ! En revanche, la patience est une des grandes vertus de chaque Brésilien, indispensable pour affronter les files d'attente qui se forment aux arrêts de bus, à la poste, dans les banques, et devant chaque guichet « officiel ».

Pourboire

Dans les restaurants, le service est généralement compris dans l'addition (taxe de 10 %). Sinon, si vous êtes satisfait du serveur, il convient de rajouter l'équivalent, même si ce n'est pas obligatoire. En taxi, on arrondit la somme si le chauffeur s'est montré sympathique ou lors de trajets courts, peu onéreux. On donne aussi entre 2 et 5 Rls aux portiers dans les hôtels, aux pompistes s'ils nettoient les vitres ou vérifient la pression, et dans les salons de beauté.

Si vous circulez au Brésil en voiture, vous remarquerez à chaque stationnement dans la rue des personnes qui se chargent de vous aider dans la manœuvre et de garder un œil sur votre voiture. La fonction de ces « gardiens » n'est pas officielle mais elle est reconnue par tous les Brésiliens. Que ce soit un gamin ou un vieillard, ce n'est pas du racket ; on laisse donc toujours 1 ou 2 Rls (minimum) à son retour.

Marchandage

En règle générale, il est assez mal vu de marchander un prix dans une boutique d'artisanat ou même sur les marchés. À la rigueur, on obtiendra une ristourne de 5 à 10 % en insistant bien, mais jamais au-delà.
On marchande essentiellement le prix des chambres dans les hôtels et *pousadas*, et parfois pour la location de voitures. Des réductions sont souvent accordées pour un paiement en espèces, pour des séjours en basse saison ou de longue durée (à partir de 5 jours). On peut aussi faire baisser les prix en demandant la chambre au confort le plus simple, sans AC ni TV.

Hygiène

On voit partout dans la rue, à l'entrée des maisons, des paniers en bois ou en métal, surélevés comme des cabanes à oiseaux, où sont perchées les poubelles pour éviter qu'elles soient éventrées par les animaux.
Partout dans le pays, que ce soit dans un boui-boui ou un hôtel de luxe, on jette le papier toilette dans une poubelle et non dans les w.-c., car le système d'évacuation des eaux usées et les égouts sont encore loin d'être au point, formant parfois dans les grandes villes des canaux d'eau fétide à ciel ouvert, se jetant directement dans la mer.

SITES INTERNET

- *www.routard.com* - Tout pour préparer votre périple, des fiches pratiques, des cartes, des infos météo et santé, la possibilité de réserver vos prestations en ligne. Sans oublier *Routard mag,* véritable magazine avec, entre autres, ses carnets de route et ses infos du monde pour mieux vous informer avant votre départ.
- *www.aobrasil.com* - LE site complet sur le Brésil. Très riche, avec des dizaines de rubriques actualisées pour découvrir ce « pays-continent » (histoire, arts, sport, musique, etc.). Également toute l'actualité économique, politique et culturelle. À visiter impérativement.
- *www.capoeira-france.com* - Un site très complet et joliment conçu pour tout connaître sur cet art martial brésilien, l'histoire, la technique, la musique et les instruments... La liste de toutes les académies au Brésil et en France, un agenda (démonstrations, stages), et même une rubrique pour fabriquer son propre *berimbau* !
- *www.bresilpassion.com* - Un site tout en couleur, très complet, avec beaucoup de rubriques : arts, culture, musique, actualité, cuisine... Une belle galerie de photos pour vous donner un avant-goût du pays. Voir aussi la très bonne sélection de liens, avec des dizaines de sites dans tous les domaines.
- *www.cinemabrasil.org.br* - Ce site très complet fait partie du projet *Cinema Brasil na Internet,* qui a lancé en 1995 la première banque de films brésiliens sur la toile. On y trouve à peu près tout sur le cinéma brésilien : des résumés de centaines de films, l'actualité cinématographique, la production, un forum, et un grand nombre de liens.

● *www.uol.com.br/carlinhosbrown* ● Un superbe site (en portugais) conçu de façon originale, bien animé, qui nous présente la vie et la musique de Carlinhos Brown, bahianais et fondateur du célèbre bloc de carnaval de Salvador, *Timbalada*. On visite l'univers de ce musicien virtuose au rythme des percussions, le tout agrémenté d'illustrations, dessins et photos.

● *www.aubresil.net* ● Un voyage au cœur du Brésil créé par quelques étudiants en géographie, passionnés d'Internet... Ça donne ce site, illustré de nombreuses cartes et de belles photos, qui contient également des articles et un carnet de voyage.

● *http://dcc.unilat.org/mirabilia* ● Ce site très bien fait, sorte de musée virtuel conçu par l'Union latine, au graphisme soigné, nous fait découvrir l'art baroque au Brésil à travers la ville d'Ouro Preto et l'histoire de l'Aleijadinho, artiste emblématique du Minas Gerais.

● *www.aliancafrancesa.org.br* ● Le site officiel des alliances françaises installées au Brésil, en portugais ou en français. Coordonnées, activités...

Et, bien sûr, le site de l'ambassade, en portugais ou en anglais, bien fait :
● *www.embratur.gov.br* ● et celui du département du tourisme
● *www.turismo.gov.br* ● (avec une version française).

SPORTS ET LOISIRS

Ballons, balles, petites voitures, etc.

Quand on parle de sport au Brésil, on pense évidemment au *football*, élevé au rang de religion populaire par l'ensemble des Brésiliens et pratiqué dans toutes les villes et villages du pays, sur une plage, un chemin de terre ou un terrain aménagé en plein air. Les gamins des favelas s'entraînent même dans les *ladeiras,* et, à les observer jouer pieds nus dans ces rues en pente, on comprend la réputation de virtuoses du ballon des joueurs brésiliens. L'équipe nationale est d'ailleurs la seule à avoir emporté cinq Coupes du monde, en 1958, 1962, 1970, 1994 et enfin en 2002 (grâce aux 2 buts de Ronaldo). Le nombre et la taille des stades de football dans les villes brésiliennes témoignent bien de l'engouement pour ce sport, les plus célèbres étant le Maracanã de Rio et le Morumbi à São Paulo. Chaque grande métropole possède au moins deux stades, donc deux équipes, une équipe soutenue par la classe populaire et une autre supportée par la classe bourgeoise. Pour vivre l'ambiance effervescente des matchs et se plonger dans cette folie toute brésilienne, vous pouvez aller au stade, en général tous les mercredis et dimanches. Pour les grandes rencontres, TOUT s'arrête. La ville est déserte, silencieuse... et, à chaque bout, fusées et pétards retentissent à faire trembler les rues. Chacun ici a SON équipe, *Flamengo* (rouge et noir) ou *Fluminense* (vert et blanc) à Rio, *Corinthians* (noir et blanc) à São Paulo... Les grands champions – Ronaldo, Garrincha, le « roi » Pelé, Socrates ou Romario – sont adulés à l'égal des dieux. Et l'ambiance tient du délire collectif lors d'un « Fla-Flu » (*Flamengo* contre *Fluminense*).

Le Brésil compte environ 8 000 clubs sportifs qui démontrent l'engouement des Brésiliens pour le sport. Après le foot, le *volley-ball* et le *beach-volley,* pratiqué sur les plages du littoral, sont très populaires et appréciés des hommes et des femmes, avec des équipes plusieurs fois championnes du monde et championnes olympiques. Tout comme le *basket-ball,* qui a vu naître des joueurs de haut niveau, plusieurs fois vainqueurs des championnats internationaux. La classe moyenne apprécie particulièrement le *tennis,* avec de célèbres joueurs comme Maria Ester Bueno, qui a remporté trois fois le tournoi de Wimbledon dans les années 1960 et, bien plus récemment, la star « Guga », Gustavo Kuerten, tête de liste et joueur très apprécié parmi les champions actuels. Sans oublier la *formule 1,* popularisée par les pilotes mythiques du sport automobile, Nelson Piquet dans les années 1980 et Ayrton Senna (voir « Personnages »).

Il y a une activité méconnue en Europe mais pratiquée par une majorité de Brésiliens, c'est la **marche tonique** (!). En effet, cette activité nécessite des conditions bien spécifiques à ces contrées, car elle se pratique de préférence dans un cadre idyllique, le long des plages du littoral, Copacabana, pour ne citer que la plus célèbre... Tôt le matin ou en fin de journée, une foule homogène, vêtue de caleçons moulants, de baskets futuristes et généralement d'un walkman, arpente d'un pas énergique les quelques kilomètres qui longent ces immenses plages de sable fin. Une activité démocratique, pratiquée seul ou à plusieurs, de 7 à 77 ans, qui offre parfois un spectacle insolite sur les plages de Rio, de l'Espírito Santo ou de Bahia.

La *capoeira*

Autre particularité, et non la moindre, la **capoeira,** pratiquée dans de nombreuses villes du Brésil, l'après-midi ou le soir, sur une place ou en bord de mer. Au son de chants africains et de trois instruments de musique – le *berimbau* (en forme d'arc), le *pandeiro* (tambourin) et l'*atabaque* (sorte de tam-tam) –, d'étonnants danseurs, souvent vêtus de blanc, rivalisent deux à deux au milieu d'un cercle (la *roda*) formé par les participants. Le rythme particulier, la vibration de la corde d'acier des *berimbaus*, le chœur à l'évidence truculent et profane mais en même temps psalmodié comme un chant religieux, tout cela ne peut qu'attirer votre attention. Et les figures acrobatiques de ces « danseurs-combattants », généralement des hommes, vous feront penser à un moment donné qu'il pourrait s'agir d'un véritable ballet aux allures tragiques et assassines. C'est de la *capoeira* qu'il s'agit, et, sous ses allures de danse, c'est bien l'un des plus redoutables sports de combat qui soient. Emprunté aux techniques martiales de diverses nations africaines, on y retrouve des figures de la boule sénégalaise, autant que des feintes et passes pratiquées en Angola et chez les Zoulous ; d'ailleurs, la *capoeira* a emprunté sa rythmique et sa ligne musicale à l'Angola.

La *capoeira* remonte à la fin du XVIIIe siècle et était pratiquée en secret par les esclaves, qui exprimaient ainsi leurs révoltes et camouflaient sous des apparences musicales ces activités qui leur étaient interdites. Les maîtres craignaient que ces groupes de combat organisent un mouvement de révolte. Malgré cette opposition, la *capoeira* acquit peu à peu une grande popularité et se répandit dans de nombreuses régions au Brésil. Mais cet art martial restait entaché d'une mauvaise réputation, d'autant que les capoeiristes étaient organisés en bandes et n'hésitaient pas à servir d'hommes de main pour le compte des diverses autorités ; et dans le langage brésilien blanc du XIXe siècle, *capoeira* signifiait « bandit, brigand ». Avec l'abolition de l'esclavage noir en 1888 et la proclamation de la république en 1890, la répression se durcit à l'encontre des manifestations de la culture afro-brésilienne, y compris la *capoeira*. Sa pratique fut donc interdite dès 1890, et ce jusqu'en 1932, sous le gouvernement de Getúlio Vargas, qui officialisa cet art martial comme « sport national ».

Car depuis le début du XXe siècle, des maîtres virtuoses de *capoeira,* personnellement engagés dans les luttes contre la ségrégation raciale envers les Noirs, avaient fait définitivement reconnaître la *capoeira* comme un art digne de respect. C'est à Salvador da Bahia que s'ouvrirent les premières académies officielles. Deux « écoles » se distinguent : la *capoeira régionale,* créée par Mestre Bimba (première académie ouverte en 1932), plus acrobatique et proche des arts martiaux, et la *capoeira angola,* pratiquée par l'académie de Mestre Pastinha (ouverte en 1941), qui revendique le style traditionnel. La *capoeira* est aujourd'hui pratiquée dans tout le Brésil, avec des championnats et une fédération sportive (dont les meilleures académies sont évidemment à Bahia). Elle sert d'étendard culturel aux divers mouvements de conscience noire.

Le « jeu des animaux »

Concernant les jeux populaires, vous pourrez observer à de nombreux coins de rue du centre-ville des hommes assis sur des chaises, stylo et carnet en main, dans l'attente de clients pour le *jogo do bicho.* Le « jeu des animaux » consiste en paris parallèles (et illégaux) que l'on fait sur des animaux, sur le même principe que la Loterie nationale. Il fut inventé dans les années 1870 pour récolter les fonds afin de réaménager le zoo de la ville. L'idée fut reprise clandestinement. Riches ou pauvres, tout le monde joue. C'est une véritable institution au Brésil, que la police ne cherche nullement à interdire. En effet, les riches personnages à la tête de ces paris clandestins graissent les plus hautes paluches policières et politiques. De plus, ils financent très largement le carnaval, et ça, c'est sacré !

TÉLÉPHONE, TÉLÉCOMMUNICATIONS

Téléphone

La numérotation a changé une première fois en juillet 1999 avec l'arrivée de plusieurs opérateurs privés. Le plus simple est le 021, car il marche dans tout le pays ; on peut aussi utiliser le 023. Ainsi, de Rio vers São Paulo (indicatif 11) : 021 (ou 023) + 11 + le numéro du correspondant. Franchement, l'arrivée de ces compagnies privées oblige parfois (trop souvent...) à certains tâtonnements avant d'arriver à joindre le numéro désiré ! Le mieux est encore de vous renseigner auprès des gens qui vous entourent... Bon courage ! Et désormais la numérotation locale est passée à 8 chiffres (après l'indicatif).
Si vous avez un doute, tentez les annuaires Internet suivants (attention, certains ne concernent que quelques États, c'est la joie des privatisations...) :
● www.via102.com.br ● www.sos102.com.br ● www.telelistas.com.br ● www.listaonline.com.br ●
– *Brésil ➜ France :* 00 + un n° d'opérateur (021 par exemple) + 33 + n° du correspondant sans le 0 initial.
PCV : composer le ☎ 000-111 pour obtenir l'opératrice ou le ☎ 107 si on téléphone d'une cabine.
– *France ➜ Brésil :* 00 + 55 + indicatif de la ville (sans le 0 initial) + n° du correspondant.
– *Appels Brésil ➜ Brésil : d'une ville à l'autre,* théoriquement, il faut composer le n° d'un opérateur (021 par exemple) + indicatif de la ville (sans le 0 initial) + n° du correspondant. *En appel urbain,* théoriquement toujours (donc variable dans la pratique), il faut composer directement le n° du correspondant. En fait, il est souvent nécessaire de le faire précéder d'un n° d'opérateur, et parfois même de l'indicatif.
– *Renseignements téléphoniques au Brésil :* ☎ 102.

Indicatifs des villes principales

Belém	**091**	Florianópolis	**048**	Salvador	**071**
Belo Horizonte	**031**	Manaus	**092**	São Paulo	**011**
Brasília	**061**	Recife	**081**	Teresópolis	**021**
Fortaleza	**085**	Rio de Janeiro	**021**	Vitória	**027**

Cartes téléphoniques et appels en PCV

Achetez des *fichas* ou des cartes téléphoniques dans les bars ou les kiosques à journaux. Les « grosses oreilles » (souvent bleues), en brésilien *orelhão,* abritent les téléphones publics. Mais ATTENTION, certains permettent uniquement de passer des appels nationaux ; ils portent la mention *CDD*.

Pour les appels internationaux, il faut un téléphone *CDI* (c'est écrit dessus), et ils ne courent pas toujours les rues ! On achète des cartes Telemar (*cartão* – prononcez « carton ») auprès des kiosques à journaux, des bureaux de poste *(correios)*, des pharmacies. Compter environ 5 Rls (1,9 €) pour une carte de 60 unités, ce qui permet une communication d'environ 5 mn avec la France. Sinon, toutes les grandes villes disposent de centres téléphoniques très bien équipés d'où il est très facile d'obtenir une communication. Réduction le soir (à partir de 18 h) et le dimanche. Prix à la minute. Éviter d'appeler depuis les hôtels, 100 % plus chers.

Pour les appels en PCV dans l'État de Bahia, vous pouvez utiliser le système *Call Home Direct* d'*Embratel*. Depuis les cabines publiques, il suffit de composer le numéro d'appel du pays où vous désirez appeler, et une opératrice vous répondra dans votre langue.

– *Pour la France :* ☎ 0-0080-33.
– *Pour la Belgique :* ☎ 0-0080-032-12.
– *Pour la Suisse :* ☎ 0-0080-041-12.
– *Pour le Canada :* ☎ 0-0080-14.

Un truc utile : pour la plupart, les centres de téléphone international disposent d'annuaires téléphoniques, par région ou État, mais aussi par grande ville. Ces derniers sont particulièrement intéressants pour le touriste : attractions touristiques, moyens de transport (lignes de bus et adresses de gares routières, stations de taxis, etc.), plan détaillé de la ville...

Téléphones portables

Normalement, les téléphones portables français fonctionnent dans le pays. Assurez-vous simplement auprès de votre opérateur que vous avez bien activé l'option « Monde », et renseignez-vous sur les tarifs (qui peuvent révéler de mauvaises surprises).

Au Brésil, les numéros de portable commencent généralement par un « 9 » ou un « 8 », et comportent 8 chiffres.

Internet

On trouve sans difficulté des endroits où surfer sur la toile dans chacune des grandes agglomérations, ainsi que dans toutes les bourgades un tant soit peu touristiques. Les cybercafés et autres centres spécialisés ferment leurs portes vers 19 h ou 20 h, plus rarement vers 22 h. Compter de 3 à 6 Rls pour 1 h, en fonction des villes. À noter qu'il est parfois possible de se connecter gratuitement, notamment dans certaines Alliances françaises. Ce qui est évidemment intéressant, car on peut en plus obtenir des bons tuyaux sur la ville...

TRANSPORTS

L'avion

Si vous ne disposez que de 3 semaines pour voyager et que vous désirez en voir le maximum, l'avion se révèle l'unique moyen de transport pour réaliser votre programme. Les compagnies sont sûres et efficaces, mais la ponctualité n'est pas la règle au Brésil. Préparez-vous psychologiquement aux nombreux retards et aux annulations de dernière minute ! Dans ces conditions, n'hésitez pas à reconfirmer fréquemment vos vols. Pas de panique toutefois, les compagnies assurent toujours les changements lors des escales et proposent fréquemment un vol chez un concurrent en cas d'annulation.

Deux compagnies aériennes intérieures, *Varig* et *Tam,* proposent plusieurs forfaits de 21 jours très intéressants, les *Brasil Air Pass,* uniquement destinés aux touristes étrangers. Le premier *pass,* le moins cher (479 US$, soit environ 375 €), permet de couvrir 4 villes, puisqu'il est de 5 coupons ; d'autres versions sont disponibles, jusqu'à 9 coupons (soit 9 vols intérieurs pour 960 US$), mais toujours en 21 jours. Dans votre agence en France, on vous remet un bon d'échange. Arrivé au Brésil, au comptoir de la compagnie à l'aéroport, on vous remet en échange du bon un billet à plusieurs coupons détachables. Le billet est amorti après 2 vols. Si vous le rapportez sans l'avoir utilisé, on vous le rembourse. Système assez souple : les réservations peuvent être annulées et remboursées.

Attention, le *Brasil Air Pass* ne peut être acheté qu'en France et dans certains pays d'Europe, et le circuit n'est pas modifiable sur toutes les compagnies brésiliennes. Par ailleurs, les aéroports sont souvent éloignés des villes et mal desservis. Dans certains cas, le bus nocturne avec couchettes *(ónibus leito)* s'avère donc plus avantageux en terme de temps. Il faut également s'acquitter d'une taxe d'aéroport assez chère à chaque fois que l'on quitte un État.

Autre contrainte : vous devrez réserver vos vols en France bien avant le départ, quitte à modifier votre parcours sur place (chaque modification coûte 30 US$, soit environ 25 €). En juillet surtout, les Brésiliens sont en vacances d'hiver et de nombreux vols sont complets. Les attentes dans les aéroports peuvent être alors très longues. Les compagnies *Varig* et *Tam* possèdent un réseau assez identique. Ces compagnies ont toutes deux des centres de réservation par téléphone, joignables depuis le Brésil :

■ **Varig :** depuis São Paulo, ☎ (11) 50-91-70-00 ; depuis le reste du pays : ☎ 0300-788-70-00 (0,30 Rls/mn). ● www.varig.com.br ●

■ **Tam :** depuis São Paulo, ☎ (11) 31-23-10-00 ; depuis le reste du pays, ☎ 0300-123-10-00 (0,30 Rls/mn). ● www.tam.com.br ●

Un dernier truc : si vous n'avez pas d'*Air Pass,* prenez un vol de nuit, en moyenne 30 % moins cher, quelle que soit la compagnie.

Les petites compagnies de vols nationaux se développent dans le pays ; les réservations se font par téléphone, Internet ou dans les agences de voyages, et il faut toujours bien vérifier que le vol n'est pas annulé ou les horaires modifiés, mais au niveau des prix, c'est souvent vraiment intéressant. La compagnie *Gol* est de loin la plus performante : ☎ 0300-789-21-21. ● www.voegol.com.br ● En plein essor, elle est aujourd'hui représentée dans la plupart des aéroports du pays.

Le bus

Propres, confortables, sûrs, ponctuels... le réseau des bus au Brésil est vraiment bien organisé et reste à notre avis le meilleur moyen de se déplacer, même sur des longues distances. C'est le moyen idéal pour « sentir » le pays et rencontrer sa population. Très pratique aussi pour les voyages à l'intérieur d'un État (rayon de 600 km), on peut aller partout en bus. Par ailleurs, des minibus appelés *jardineiras* longent la côte. Vers le nord et l'Amazonie, il faut parfois faire des détours de plusieurs jours pour atteindre la destination. Beaucoup de trajets se font de nuit, ce qui permet d'économiser sur le budget hébergement.

Chaque ville possède sa *rodoviária* (gare routière, ou *terminal rodoviário*). Situées en bordure des villes, ces gares sont de véritables nœuds névralgiques, à l'activité débordante. On y trouve des *lanchonetes* pour se restaurer, des w.-c., des téléphones, des boutiques et des consignes automatiques. Certaines abritent un petit bureau d'infos touristiques bien pratique pour réserver un hébergement. Il existe une multitude de compagnies de bus privées, mais la plupart du temps, toutes partent du même endroit.

Un seul inconvénient : on peut réserver des voyages à l'avance, mais uniquement depuis la ville où l'on se trouve ; il faut donc attendre d'être dans la

Distances entre les villes (en km)	BELÉM	BELO HORIZONTE	BRASÍLIA	FOZ DO IGUAÇU	PORTO ALEGRE	RECIFE	RIO DE JANEIRO	SALVADOR	SÃO PAULO
Aracaju	2 079	1 578	1 737	3 089	3 296	501	1 855	356	2 177
Belém	–	2 824	2 120	3 381	3 854	2 074	3 250	2 100	2 933
Belo Horizonte	2 824	–	716	1 508	1 712	2 061	434	1 372	586
Brasília	2 120	716	–	1 573	2 027	2 220	1 148	1 531	1 015
Campo Grande	2 942	1 453	1 134	776	1 518	3 332	1 444	2 653	1 014
Cuiabá	2 941	1 594	1 133	1 464	2 206	3 341	2 017	2 652	1 614
Curitiba	3 193	1 004	1 366	637	711	3 078	852	2 385	408
Florianópolis	3 500	1 301	1 673	944	476	3 375	1 144	2 682	705
Fortaleza	1 571	2 528	2 285	3 846	4 242	800	2 805	1 389	3 127
Goiânia	2 017	906	209	1 374	1 847	2 417	1 338	1 728	926
João Pessoa	2 161	2 171	2 330	3 682	3 889	120	2 448	949	2 770
Maceió	2 173	1 854	2 013	3 365	3 572	285	2 131	632	2 453
Natal	2 106	2 348	2 507	3 859	4 066	297	2 625	1 126	2 947
Palmas	1 223	1 690	973	2 298	2 747	2 538	2 124	2 505	1 776
Porto Alegre	3 854	1 712	2 027	986	–	3 779	1 553	3 090	1 109
Porto Velho	4 397	3 050	2 589	2 920	3 662	4 797	3 473	4 108	3 070
Recife	2 074	2 061	2 220	3 572	3 779	–	2 338	839	2 660
Rio Branco	4 931	3 584	3 123	3 454	4 196	5 328	4 007	4 642	3 604
Rio de Janeiro	3 250	434	1 148	1 472	1 553	2 338	–	1 649	429
Salvador	2 100	1 372	1 531	2 885	3 090	839	1 649	–	1 962
São Luis	806	2 738	2 157	3 418	3 891	1 573	3 015	1 599	2 970
São Paulo	2 933	586	1 015	1 047	1 109	2 660	429	1 962	–
Teresina	947	2 302	1 789	3 350	3 804	1 137	2 579	1 163	2 792
Vitória	3 108	524	1 238	1 925	2 001	1 891	521	1 202	882

DISTANCES ENTRE LES PRINCIPALES VILLES (BRÉSIL)

ville-étape pour réserver le trajet suivant. Un conseil donc : le faire dès l'arrivée. Les billets ne sont ni échangeables ni remboursables. La seule solution, si vous changez d'avis, est de trouver quelqu'un à qui le revendre. Les places sont numérotées, vous pourrez choisir un siège « fenêtre » ou « couloir ». Évitez les sièges près des toilettes...

Sur moyennes et grandes distances, trois types de bus, tous équipés de w.-c. et air conditionné : *convencional* (normal, assis, quoi !), *executivo* (équipé de sièges inclinables, de distributeurs de café et d'eau) et *leito* (sièges semi-couchettes, quasi à l'horizontal, avec oreillers et couvertures, aussi confortables que des *business* en avion). Évidemment, le *leito*, plus spacieux, est le plus confortable pour les longs trajets, mais aussi environ 2 fois plus cher. Ses tarifs équivalent parfois à ceux des avions.

Les bus s'arrêtent toutes les 2 ou 4 heures pour 15 à 45 mn, ce qui permet de casser la croûte et de se dégourdir les jambes.

Les grandes compagnies nationales ont leur site Internet, en voici quelques-uns :
– **Pour le Brésil :** ● www.itapemirim.com.br ● www.saogeraldoonline.com.br ● www.viacaoaguiabranca.com.br ● www.realexpresso.com.br ●
– **Pour l'international (Argentine, Chili, Paraguay, Uruguay) :** ● www.pluma.com.br ●
– Pour connaître quelles compagnies exploitent les concessions attribuées par le gouvernement : ● www.antt.com.br ●

Le train

À vrai dire, ça n'existe pratiquement pas, sauf comme curiosité locale ou pour desservir la banlieue de Rio.

La voiture

Dans beaucoup de régions, la voiture est le moyen d'excursion le plus agréable. Attendez-vous toutefois à de très longs trajets. En théorie, on ne roule pas vite au Brésil (80 km/h), et les nombreux camions ne sont pas faciles à doubler sur les routes étroites, souvent très fréquentées. Alors ne comptez pas les distances en kilomètres, mais en heures... et apprenez à rester zen ! Achetez la carte routière *GVA Rodoviário,* 1997. On peut en principe se la procurer partout.

Les routes sont correctes dans l'ensemble, surtout dans le Sud et le Sudeste, mais méfiez-vous, la nuit, des chaussées défoncées (on peut vite crever un pneu !). Les autoroutes et les voies rapides se révèlent rares, ainsi que les stations-service dans certaines régions. En Amazonie, les routes peu goudronnées ne sont parfois utilisables qu'à la saison sèche. Faites preuve de beaucoup de prudence, la nuit en ville : les Brésiliens ne s'arrêtent pas au feu rouge de peur des agressions ; verrouillez bien vos portes. Attention aussi aux camions, qui roulent vite, et à la conduite brésilienne, parfois... étonnante, sur des véhicules pas toujours en bon état, et parfois sans assurance (d'où le nombre élevé de délits de fuite).

Si vous ne connaissez pas votre route, évitez de rouler de nuit : la signalisation visible une fois la nuit tombée est quasiment inexistante. Enfin, les virages sont rarement signalés, et les dos d'âne (plutôt raides) systématiques aux entrées des villages. Quant aux limitations de vitesse, en principe, à 80 km/h, vous êtes dans votre droit... Cela dit, vous verrez souvent des voitures lancées à plus de 140 km/h pour vous dépasser : évitez de les imiter, les radars existent aussi au Brésil, certaines routes en sont truffées, et les amendes sont salées ! Apprenez à repérer les boîtiers braqués aux abords des feux de signalisation, ou ces curieux portiques qui mesurent la vélocité des véhicules... Redoutables ! Dernière précision : le port de la ceinture de sécurité est obligatoire et l'amende, en cas d'oubli, tourne autour de 500 Rls (environ 190 €).

Nous indiquons des agences de location sur place, ainsi que des agences nationales, comme *Localiza,* qui loue à travers tout le pays (☎ 0800-992-000, ● www.localiza.com.br ●). Les tarifs, en tenant compte des promotions et week-ends, tournent quand même autour de 30 à 40 € la journée, minimum. Permis de conduire international exigé dans certains États, dans d'autres un permis national suffit : renseignez-vous auprès de votre loueur. Si vous préférez réserver une voiture depuis la France, avant votre départ, vous pouvez vous adresser aux agences internationales classiques, comme *Hertz* (☎ 01-41-919-525) ou *Avis* (☎ 0820-050-505), représentées au Brésil. Ou, moins classique mais tout aussi efficace, à :

■ *Auto Escape :* ☎ 0800-920-940 (appel gratuit) ou 04-90-09-28-28. Fax : 04-90-09-51-87. ● www.autoescape.com ● Cette agence réserve auprès des loueurs de gros volumes de location, ce qui garantit des tarifs très compétitifs. 5 % de réduction supplémentaires aux lecteurs du *Guide du routard* sur l'ensemble des destinations. Vous trouverez également les services d'Auto Escape sur ● www.routard.com ●

URGENCES

Numéros d'urgences

– *Police :* ☎ 190 (civile ou militaire, selon les régions).
– *Ambulance :* ☎ 192.
– *Pompier :* ☎ 193.
Les autres numéros d'urgences varient d'un État à l'autre.
– En cas de vol ou d'agression, porter plainte au commissariat le plus proche ou auprès des services de police touristique lorsqu'ils existent, et ne pas hésiter non plus à le signaler au consulat le plus proche.
– En cas de gros pépin, contacter évidemment le consulat général de France le plus proche :

■ *Consulat général à São Paulo (durant les heures ouvrables) :* ☎ (011) 33-71-54-00 ou en cas d'urgence hors des heures ouvrables : ☎ (011) 99-83-19-08 (portable).
■ *Consulat général à Rio de Janeiro :* ☎ (021) 39-74-66-99.
■ *Consulat général à Recife :* ☎ (081) 34-65-32-90. En cas d'urgence : ☎ (081) 92-12-12-50 (portable).
■ *Ambassade de France à Brasília :* ☎ (061) 33-12-91-00.

Ou, à défaut, les petites agences consulaires ; leurs services pourront vous orienter vers les médecins, cliniques ou avocats les plus à même de vous assister.

LE SUD-EST

« **São Paulo da café, Minas da leite,
e a Vila Isabel da samba...** »

« São Paulo donne du café, Minas Gerais donne du lait, et Vila Isabel donne du *samba*... », dit Feitiço da Vila, le grand *samba* populaire. On ne saurait mieux résumer le Sud-Est.

L'ÉTAT DE RIO

RIO DE JANEIRO   5 850 000 hab.   IND. TÉL. : 021

> **Pour les plans de Rio, se reporter au cahier couleur.**

Si vous avez la chance d'avoir un hublot du bon côté de l'avion en arrivant, vous comprendrez tout de suite ce qui fait la beauté de Rio et pourquoi elle dépasse en réalité tout ce que vous aviez imaginé. Aucune ville au monde n'aligne une telle succession de baies, de plages superbes, un tel bouleversement de reliefs, un tel enchantement géographique.

Omniprésents à Rio, les *morros,* collines pointues où s'accrochent bon nombre de favelas, ponctuent la ville jusqu'à la mer, la découpant en quartiers différents : Lapa, Flamengo, Botafogo, Copacabana...

« La seule grande ville de l'univers où le simple fait d'exister est un véritable bonheur », a écrit Blaise Cendrars, dont l'existence a été transformée par la découverte de Rio et du Brésil. Rio, c'est la mer à la montagne, la jungle urbaine à l'orée de la forêt tropicale, avec la plage pour horizon. Les Cariocas (habitants de la ville de Rio) l'ont de toute façon dans la tête, sur la peau, et, même à des kilomètres de l'eau, le short tend au maillot de bain et la jupe se fait mini. Rio est une ville où la plage sert de podium, on s'y montre mais tout le monde peut se pavaner en bikini : il suffit de savoir marcher, onduler et parler. On vous conseille donc vivement d'apprendre le portugais (l'espagnol peut cependant vous aider un peu) et de ne pas vous laisser intimider par les questions de sécurité : à Rio, parler est un art, un plaisir, une façon de vivre. Un vrai Carioca clôturera toujours une rencontre par un « on se téléphone » de pure convenance. Clore une conversation sans donner espoir qu'elle sera reprise relèverait de la grossièreté !

La chaleur des mots ne doit cependant pas tromper. Les Cariocas, extrêmement accueillants, sont des adeptes notoires du « chacun fait ce qui lui plaît ». On vous promettra tout, à vous de saisir tout de suite l'occasion. Par ailleurs, cette exubérance verbale est aussi un paravent. Elle compense la violence et la dégradation du « savoir-vivre » carioca. Car, depuis qu'en 1960 Rio cessa d'être la capitale, les habitants luttent contre le sentiment d'une certaine décadence.

UN PEU D'HISTOIRE

Si le site de Rio fut découvert le 1er janvier 1502 par les Portugais (ils croyaient avoir découvert un grand fleuve, d'où Rio de Janeiro : « rivière de janvier »), ce sont les Français qui s'y installèrent en 1555, avant d'être chassés par les Portugais quelques années plus tard. La petite ville prospéra grâce à la canne à sucre, mais surtout à la découverte de l'or du Minas Gerais au XVIIIe siècle. En 1808, l'arrivée du roi du Portugal en exil provoqua une grande ouverture sur l'Europe.

Au début du XXe siècle, de grands travaux devaient modeler son visage actuel. De larges avenues furent tracées, des *morros* rasés. La baie de Copacabana connut un grand développement dans les années 1930, lorsque les villas cossues cédèrent le pas aux grands immeubles et que la plage fut aménagée, largement gagnée sur la mer. La ville est en perpétuel mouvement, s'étendant sans cesse vers le sud.

1930-1960 : l'âge d'or

Rio connut son heure de gloire entre les années 1930 et 1960. Capitale de ce qui s'appelait alors les États-Unis du Brésil, elle vit se développer, dans une croissance euphorique, une classe moyenne aisée de fonctionnaires et de rentiers, entourée d'un petit peuple qui passait des fonctions ancillaires au statut de travailleurs de l'industrie et des services. Entre les *morros* et la ville, durant cette période, l'héritage culturel des anciennes classes de maîtres se mêla aux traditions populaires chargées d'influences africaines. Le mélange se fit dans un sentiment de bonheur et d'optimisme.

Ville-fétiche pour de nombreux artistes, Rio attira dans les années 1930 et 1940 des écrivains comme Blaise Cendrars et Stefan Zweig qui en firent l'éloge dans leurs livres. Pour le second, « il n'y a pas de ville plus belle au monde ». Dans les années 1950 et 1960, bossa-nova, *cinema novo,* puis « tropicalisme » furent les signes éblouissants de cette ville unique en son genre. Ipanema est alors un repaire de bohèmes qui, pour la première fois dans l'histoire du pays, célèbrent la jeune fille, la *garota* de la fameuse ballade : bronzée, elle ondule sur le chemin de la plage. C'en est fini de la femme adultère et forcément fatale qui régnait sur l'univers de la chanson. Le Brésil se découvre jeune et plein d'espoir dans le futur.

En réalité, un certain déclin du prestige de Rio s'est amorcé avec la perte du statut de capitale fédérale, au profit de la toute nouvelle Brasília. Le coup d'État militaire de 1964 n'arrangea pas les choses. Les militaires réprimèrent particulièrement Rio, traditionnellement la ville la plus à gauche du Brésil. Enfin, la crise économique des années 1980 emporta une bonne part de l'industrie. Pendant ce temps, l'hyperinflation plongea les pauvres dans la misère et les riches dans l'opulence de la spéculation. Les favelas, bidonvilles des plus démunis, s'étendirent plus vite que la ville elle-même.

Rio, une ville inépuisable faite de contradictions

Aujourd'hui, Rio continue à être cette ville « merveilleuse » qui enchante les visiteurs ; mais toujours sous pression, tiraillée par des contradictions économiques et sociales qu'il convient de connaître avant d'y débarquer.

La misère envahit l'espace même des classes aisées, avec des SDF qui campent sur les trottoirs d'Ipanema, de Copacabana et Leblon. On estime que 37 % de la population vit dans la misère et à peu près autant dans la plus grande pauvreté. La délinquance et les problèmes d'insécurité découlent directement de cette pauvreté des classes les plus défavorisées installées dans les favelas. Chaque quartier riche est flanqué de sa favela, *Dona Marta* au-dessus de Botafogo, *São João* et *Cantagalo* au-dessus de Copacabana, *Pavão* et *Pavãozinho* au-dessus d'Ipanema, *Vidigal* au-dessus de Leblon, et l'immense *Rocinha* (150 000 habitants) au-dessus de la Barra da Tijuca et de São Conrado (on peut s'y rendre accompagné d'un guide – voir plus bas dans les « Adresses utiles »). Aujourd'hui, 20 % des Cariocas vivent dans les favelas, et, contrairement aux idées reçues, la majorité d'entre eux sont des travailleurs que l'on croise tous les jours : vendeurs de glace sur la plage, caissier(ère)s aux supermarchés, gardiens d'immeubles...

La corruption a pourtant atteint tous les niveaux des institutions publiques, à commencer par la police. Les riches se retranchent derrière grilles et systèmes de sécurité sophistiqués. La peur (des pauvres, des Noirs, des milliers d'enfants vagabonds) obsède les classes moyennes. La violence extrême, qui s'exerce d'abord contre les jeunes des favelas (74 % des victimes d'homicides), a abouti à une quasi-coupure des ponts entre les classes sociales.

En 1995, pour la première fois dans l'histoire de la ville, sous la pression d'une forte campagne de presse et de *TV Globo*, le gouvernement fit appel pendant cinq mois à l'armée pour quadriller spectaculairement les favelas et rassurer les classes moyennes. Même scénario en février 2003, où l'armée fut dépêchée en urgence pour faire régner le calme pendant le carnaval, suite à des incidents provoqués par les trafiquants.

Malgré ces fléaux, Rio reste une expérience unique. La capitale déchue n'en finit pas d'irriter le pays par son narcissisme, par sa manière provocante de vivre ses contradictions, et par sa façon indolente et souriante de prolonger son passé. D'ailleurs, personne n'aurait songé à une plus belle scène pour les Rolling Stones lorsqu'ils donnèrent leur fameux concert gratuit à Copacabana en février 2006...

QUAND ALLER À RIO ?

En juin, juillet et août, qui sont les mois d'hiver, on observe une température de 15 à 25 °C, avec des nuits plutôt fraîches qui tombent vite (vers 17 h 30) et un ciel souvent couvert. Si la plage est praticable pour la bronzette, les vagues, en revanche, sont souvent hargneuses et l'eau reste assez fraîche en raison des courants polaires qui remontent vers la ligne du tropique.

À partir de janvier, la ville tout entière chauffe et se prépare pour le carnaval. La musique surgit sur les places, les blocs de rues agitent les quartiers, la plage fait le plein. C'est l'été qui brûle (souvent 35 °C et plus). Pour ceux qui supportent la chaleur humide et quelques brefs orages tropicaux (parfois violents, comme celui de janvier 2006 qui provoqua une inondation partielle de la ville et le décès de 11 habitants), c'est le meilleur moment.

Octobre et novembre sont aussi une bonne option : il fait déjà chaud mais pas trop, et l'ambiance est déjà estivale.

LES CARIOCAS

Attention, ne tombez pas dans l'erreur commune : le Carioca (qui signifie « maison de l'homme blanc » en indien) est l'habitant de la ville de Rio ; l'habitant de l'État de Rio est le Fluminense.

Avec le foot et la « tchatche », le carnaval et le samba sont les sujets de gloire de Rio. Durant la semaine de carnaval, la moitié de la ville part en vacances pour échapper au chaos, un quart participe mollement, pendant que le dernier quart s'éclate. Pour autant, à partir du mois de décembre, toute la ville devient frénétique et le samba coule à flots. Il reste aujourd'hui encore la base culturelle des Cariocas.

Au quotidien, la jeunesse préfère le *pagode,* cousin simplifié du samba. La base rythmique est similaire mais électronique et les paroles sont d'une concupiscence sans imagination : « Je te veux, je vais t'attraper, remue tes fesses » reviennent dans la plupart des rengaines. Quant à la jeunesse du *morro,* elle vibre aujourd'hui au son du rap. Hors période de carnaval, le

samba a donc un peu quitté le *morro* et la rue, pour se produire essentiellement dans les shows et les bars de la classe moyenne, à Copacabana, Botafogo, Santa Teresa ou dans le Centro.

Arrivée à l'aéroport

✈ *L'aéroport international Galeão (plan couleur I, A1)* de Rio de Janeiro
s'appelle désormais *Antônio Carlos Jobim,* raccourci usuellement en « Tom
Jobim », en hommage au père de la bossa-nova.

🖹 *Kiosques d'informations Riotur :* pour obtenir un plan de la ville
et le guide de Rio émis par *Riotur*
(programmes des activités, listes de
bus, etc.). Possibilité de réserver une
chambre (dispose d'une large sélection d'hôtels). Le premier, situé dans
le secteur bleu du Terminal 1 (arrivées internationales), est ouvert tous
les jours de 6 h à 23 h. ☎ 33-98-40-
77. Le deuxième, dans le secteur vert
du Terminal 1 (arrivées des vols
domestiques), est ouvert tous les
jours de 7 h à 23 h. ☎ 33-98-30-34.

Le troisième, situé aux arrivées internationales du Terminal 2, est ouvert
tous les jours de 6 h à minuit. ☎ 33-
98-22-45. Efficaces.
■ Également une *Banco do Brasil*
(T1, 3ᵉ étage ; ouvert tous les jours
en fonction des vols pour le change),
à ne pas manquer si vous arrivez un
week-end ou un jour férié sans avoir
changé d'argent !
■ Enfin, *distributeurs automatiques (HSBC, Banco do Brasil...)* à
l'étage du Terminal 2, au fond à
gauche.

Pour rejoindre le centre

– *Bus :* sortie « B », au rez-de-chaussée du Terminal 2 ou au 1ᵉʳ étage du
Terminal 1. Les bus de la compagnie *Real* assurent les transferts pour le
centre. Ils sont confortables (climatisés et dotés de soutes à bagages), efficaces et desservent les principales zones touristiques (Flamengo, Botafogo,
les plages...). Ils garantissent des liaisons toutes les 30 mn, de 5 h 30 à
minuit, pour 6 Rls environ. Compter à peu près 1 h de trajet. Un agent d'accueil
est souvent posté près du panneau de départ pour vendre les billets et donner les horaires. Si vous êtes perdu, indiquez le nom de la rue ou d'un site
connu au chauffeur ; il vous préviendra au moment de descendre. Attention,
dans le sens centre-ville/aéroport, il n'y a pas d'arrêt défini. Guettez le bus :
les conducteurs s'arrêtent à la demande. Si vous avez une correspondance
à l'aéroport de Santos-Dumont (vols intérieurs), des minibus (2 fois moins
chers) font la navette toutes les 20 mn, de 5 h 30 à 20 h 30. Attention, de
nombreux vols nationaux partent de l'aéroport international.
– *Taxis :* à la sortie de l'aéroport, nombreuses compagnies de taxis. Prenez
toujours un taxi jaune (taxis « communs »), beaucoup moins cher. De jour,
autour de 45 Rls pour la zone sud (et 30 à 45 mn de transport). Prise en charge
un poil plus chère de nuit. Mais la meilleure solution, pour les anxieux, consiste
à acheter un billet de taxi auprès des caisses *(Cootramo, Transcoopass),* qui
se trouvent dans le hall d'arrivée de l'aéroport. Le tarif de la course prépayée
est fixé selon la destination (55 Rls pour Catete/Flamengo, 67 Rls pour Copa-
cabana/Ipanema) et ne risque pas de changer au cours du voyage...

Les quartiers de Rio

Du nord au sud, au pied des *morros* où les favelas dominent la ville, Rio
décline l'histoire de sa splendeur et de ses blessures. Plus on va vers le sud,
plus c'est riche. Plus on va au nord, plus le dénuement se fait visible. Et du
nord au sud, la pauvreté, elle, est en haut, sur le *morro*.

Zone nord *(plan couleur II, C-D-E4 et plan couleur I, A-B2)*

La zone nord commence au nord de l'avenida Presidente Vargas, inclue la zone portuaire, le quartier de la gare routière et remonte vers l'avenida Brasil et vers l'île du Gouverneur. Quartiers Estácio de Sá, São Cristóvão, Maracanã, Bonsuccesso... surplombés des grands *morros* et favelas de Sumaré, Central do Brasil, Mangueira, Complexo do Alemão, Penha, Portela, sièges des plus célèbres écoles de samba du Brésil. C'est ici que vivent la majorité des Cariocas.

Évitez impérativement de visiter seul une favela. En revanche, vous ne risquez rien si vous êtes accompagné d'une personne connaissant et connue de la favela, ou dans le cadre d'une association humanitaire, d'une agence... Renseignez-vous auprès d'eux auparavant (voir plus bas dans les « Adresses utiles »).

Le centro *(plan couleur II)*

Autour de l'avenida Rio Branco, qui va de la zone portuaire au Parque do Flamengo, traçant une espèce de cinquième avenue de gratte-ciel administratifs et bancaires, c'est l'énorme quartier des affaires. Dans la journée, la circulation est intense. Les ruelles ressemblent au fond d'un couloir où se bouscule une foule animée. Mais au ras du sol, les milliers de camelots et les centaines de restos, bistrots *(lanchonetes)* et comptoirs à jus de fruits rendent cette ambiance savoureuse. La nuit et le week-end, cette zone devient tout simplement morte et dangereuse.

À la lisière du quartier d'affaires, de l'autre côté de l'avenida Rio Branco, commence le vrai centre humain et populaire. Au bas de Rio Branco, le quartier *Cinelândia*. Entre les marches du théâtre municipal et celles du conseil municipal, sur le trottoir et aux terrasses des cafés se rencontrent l'intelligentsia et la bureaucratie.

Le troisième aspect du centre, plus glauque, moins festif ou frénétique, plus décrépi aussi, nous mène, depuis Cinelândia, à travers Lapa et Fátima, vers la praça Cruz Vermelha par l'avenida Mem de Sá. La nuit y est plus agitée, ou arrosée, autour des bars populaires.

Seul le **quartier de Lapa** rassemble toujours la bohème de Rio dans les bars mi-déglingués, mi-branchés où règne une ambiance chaleureuse le soir (voir « Où danser ? » et « Où écouter de la musique brésilienne ? »).

Glória, Catete *(plan couleur III)*

Quartier qui fait la liaison entre le centre populaire, Santa Teresa et le début de la zone sud. C'est aussi un lieu qui garde l'ambiance animée et mélangée du vieux Rio. Les immeubles présentent en général une architecture des années 1960, d'où ce je-ne-sais-quoi de « vieux riche » dans le style du quartier.

Zone sud

Flamengo *(plan couleur III)*

C'est le début de la zone sud. La fièvre immobilière a laissé subsister de beaux vestiges de ce quartier bourgeois et classe moyenne : de belles maisons, des édifices Art déco, des bouts de rues résidentielles bordées de palmiers géants (dits « impériaux »).

Sur le front de mer, les loyers sont exorbitants, mais, à l'intérieur, on trouve de nombreuses rues populaires. De la station de métro Glória à celle de Largo do Machado, cafés, snacks et restos se succèdent et les coins à hôtels demeurent animés tard la nuit. Cela en fait un des quartiers les plus pratiques et abordables pour le logement des touristes, à mi-chemin entre le Centro et

Copacabana. Le dimanche, une des larges avenues du bord de mer, fermée à la circulation, devient lieu de promenade.

Botafogo *(plan couleur III)*

Longtemps le quartier le plus élégant de la ville, aujourd'hui dépassé en richesse par les quartiers du sud (Ipanema, Leblon). On y trouve néanmoins de vieux immeubles de style Belle Époque, patinés par le temps, et des rues bordées de villas cossues. Peu de possibilités de logement. C'est de la baie de Botafogo que le *Christ du Corcovado* offre son meilleur aspect, de face.

Urca *(plan couleur III)*

C'est le petit quartier qui se trouve au pied du *Pain de Sucre*. Quartier résidentiel (et zone en partie militaire).

Copacabana *(plan couleur IV)*

À la sortie du *tunnel Cintra* apparaît enfin la plage dont le nom, mythique et poétique, fut sans doute l'un de vos premiers mots de brésilien. Très à la mode dans les années 1940 et 1950, il a été dépassé en élégance (et en richesse) par Ipanema et Leblon.

Ipanema et Leblon *(plan couleur IV)*

Quartiers très riches qui possèdent la plus belle plage de Rio. Rendue célèbre par la chanson de Tom Jobim et Vinícius de Moraes *(Garota de Ipanema)*, Ipanema attire aussi les intellectuels, qui hantent ses cafés. On vient admirer les corps sains et délicatement bronzés sur les plages où les postes *(postos)* de maîtres-nageurs permettent de se donner rendez-vous.

Plus au sud, Rio lance encore un tentacule : les terres n'étant plus limitées par les *morros*, ça bâtit à tout-va... *Gávea, São Conrado, Barra da Tijuca, Recreio dos Bandeirantes* continuent encore à surgir de terre. C'est le royaume des condominiums, ces résidences de luxe ou de grand luxe surprotégées (et parfois équipées comme des villes en miniature : boutiques, écoles, etc.).

Ipanema et Leblon se trouvent entre la mer et la lagoa Rodrigo de Freitas, et sont séparés par le canal du *jardim de Ala* (il est hasardeux d'y traîner...). Les dimanche et jours fériés, la route du bord de mer est fermée à la circulation (dans un sens uniquement) et c'est un défilé de marcheurs, joggers, patineurs, dragueurs, flambeurs, belles fleurs... Très amusant.

Transports

– Attention : de 6 h 30 à 10 h, la circulation en bord de mer (bus, automobiles, deux-roues, etc.) s'effectue uniquement dans le sens Zona sul-Centro.

Le métro

> **Pour le plan du métro, se reporter au cahier couleur.**

Deux lignes. La première commence à Copacabana (« Siqueira Campos ») et dessert les quartiers de Botafogo, Flamengo, Catete, Glória et le Centro, et poursuit vers les secteurs résidentiels de Tijuca. La station Siqueira Campos est reliée à Ipanema et à Leblon par une navette de bus. Si vous souhaitez utiliser cette navette, le spécifier au moment de l'achat de votre billet. Le prix ne change pas, juste le code du ticket, car il vous sera restitué lorsque vous passerez les tourniquets du métro afin de pouvoir prendre le bus par la suite (ordinairement, le ticket est avalé). La seconde ligne part de la station « Estácio », se dirige vers les quartiers populaires de São Cristóvão, Maracanã et monte vers les banlieues nord de Pavuna.

Le métro fonctionne de 5 h à minuit en semaine et de 7 h à 23 h le dimanche. Très pratique (les stations sont annoncées en portugais et en anglais), sécurisé, peu cher (2,50 Rls le ticket) et rapide. La propreté du métro est frappante. Il est question aussi de le prolonger aux portes d'Ipanema, mais les habitants du quartier s'y opposent farouchement (pour des raisons évidentes de fréquentation... trop populaire à leur goût). Pour plus d'informations :
● www.metrorio.com.br ●

Le bus

Bon marché (de 2 Rls sans la clim' à environ 3,50 Rls avec, selon les compagnies) et hyper-pratique. Vous apprécierez sa fréquence, surtout la nuit. La destination est inscrite sur le fronton et son circuit est indiqué à l'avant à gauche. Peu de stations de bus, mais il s'arrête à la demande, d'un signe de la main ou plutôt du bras. Pas de ticket, on passe le tourniquet à l'avant du bus, puis on règle la somme au contrôleur (dans certains minibus, on paye directement au chauffeur). Pour descendre, tirez sur la cordelette ou appuyez sur les sonnettes pour prévenir le chauffeur. Émotions garanties quand les conducteurs se prennent pour des coureurs automobiles, grillent les feux de signalisation et martyrisent la pédale de frein. Accrochez-vous dès que vous montez, et installez-vous plutôt à l'avant (le dernier rang est parfois mal fréquenté). Ayez toujours de la monnaie sur vous. Ne sortez jamais votre liasse de grosses coupures aux yeux de tous.

Sinon, minibus climatisés, le long des plages et sur les principales artères : rapides, nombreux ; environ 3,50 Rls. Évitez les vans (vous les reconnaîtrez, ils vous feront des appels de phares), ils sont clandestins. De nuit, la fréquence des bus reliant Copacabana et le Centro est d'environ 30 mn.

Les taxis

Assez bon marché et nombreux. La taxe de départ est moins élevée qu'à São Paulo. Les chauffeurs mettent en général le taximètre sans difficulté. Il existe deux types de taxis : les taxis communs, collectifs (jaunes, avec taximètre), et les taxis dits spéciaux, individuels (blancs, rouges..., qui opèrent avec des prix préfixés, plus chers mais très sûrs).

Préférez les **taxis jaunes** avec la plaque d'immatriculation rouge et le logo de la compagnie de taxis sur le côté. Les autres sont généralement clandestins (mais négociables). Là encore, la nuit, certains se prennent pour des pilotes de rallye. Généralement, les Brésiliens s'assoient à côté du chauffeur. Comme partout, certains chauffeurs sont roublards. Ils pourront vous présenter une table de réajustement des prix... Vérifiez qu'elle est bien imprimée sur un papier officiel, et ne vous laissez pas abuser. À titre indicatif : pour un trajet Ipanema-Centro, il vous faudra débourser environ 20 Rls.

– Quelques compagnies de taxis collectifs : *Yellow Copacabana* (☎ 22-01-28-19), *Central de Táxi* (☎ 25-93-25-98) ; et de taxis individuels : *Coopertramo* (☎ 25-60-20-22), *Transcoopass* (☎ 25-60-48-88). Si vous faites attendre un taxi, il vous comptera un supplément à l'heure. Il y a des *rádio-táxis* (☎ 38-99-43-43 ou 25-93-43-43 ou 25-01-30-26) qui viennent sans supplément.

La location de voitures

Ce n'est ni la solution la plus économique, ni la plus pratique à moins d'être un as du volant. Les tarifs sont relativement élevés et disparates, entre 100 et 125 Rls (38 à 48 €) par jour, kilométrage illimité et air conditionné, pour une catégorie B à 4 portes, type *Gol* (la sœur jumelle de la Golf), l'essence en plus ! Taxe de 10 % sur les locations effectuées depuis l'aéroport (négociable), contre 5 % depuis Copacabana.

Si, en ville même, une voiture ne s'impose pas, cela peut s'avérer plus qu'utile si vous voulez vous balader dans le grand Rio, dans le parc national de Tijuca ou sur le littoral proche (Niterói, Paraty, Búzios).

Faites attention aux excès de vitesse, nombreux radars sur les axes principaux (linha Vermelha, avenida Brasil), notamment la BR 101 reliant Rio à Paraty.

■ *Avis* (plan couleur IV, N10) : av. Princesa Isabel, 350 (Copacabana). ☎ 25-43-84-81 ou 0800-19-84-56. ● www.avis.com.br ● Mais aussi à l'aéroport international (1er étage, secteur vert). ☎ 33-98-50-60 ou 12. Compter environ 100 Rls par jour pour une catégorie B.

■ *Localiza* (plan couleur IV, N10, 1) : av. Princesa Isabel, 150 (Copacabana). ☎ 22-75-33-40. ● www.localiza.com.br ● Ouvert de 8 h à 20 h (14 h les dimanche et jours fériés). Possède un excellent réseau (national et sur le continent sud-américain) et de bons tarifs. Vérifiez le niveau de l'essence en partant et rendez le véhicule réservoir plein. Un tas d'autres loueurs dans la même avenue.

Adresses utiles

Infos touristiques

🛈 *Riotur* (plan couleur IV, N10) : av. Princesa Isabel, 183 (Copacabana). ☎ 25-41-75-22. ● www.rio.rj.gov.br/riotur ● www.riodejaneiro-turismo.com.br ● Ouvert du lundi au vendredi de 9 h à 18 h. Office du tourisme de la ville de Rio. Le centre le plus efficace. Cleo parle parfaitement le français. L'accueil des touristes se fait à Copacabana, mais vous pouvez aussi vous rendre au siège social, rua da Assembléia, 10, 9e étage (Centro). ☎ 22-17-75-75. Ouvert du lundi au vendredi de 9 h à 18 h. Personnel compétent, anglophone. Le week-end, téléphoner aux bureaux de l'aéroport (voir la rubrique « Arrivée à l'aéroport »). À la rodoviária, aux arrivées, tous les jours de 8 h à 20 h. ☎ 22-63-48-57.

🛈 Également un petit *bureau d'infos touristiques* à Copacabana (plan couleur IV, M11), près du *Sofitel*, à l'angle de l'avenida Rainha Elizabete et de l'avenida N.S. da Copacabana. ☎ 25-13-00-77. Attention, l'entrée est discrète : porte étroite, puis monter au 1er étage. Ouvert en semaine de 9 h à 17 h. Efficacité discutable.

🛈 *Alô Rio :* ☎ 0800-285-05-55 ou 25-42-80-80. Renseignements (téléphoniques) sur Rio et ses environs, en portugais et... en anglais (ça peut aider). Opérationnel en semaine de 9 h à 18 h.

Postes

✉ *Postes :* ouvertes généralement du lundi au vendredi de 9 h à 17 h et le samedi de 9 h à 13 h.

– *Poste centrale, dans le Centro* (plan couleur II, E4) : rua Primeiro de Março, 64 (fait poste restante, payant ; fermé le samedi) ; av. Presidente Vargas, 3077.

– *À Botafogo :* praia de Botafogo, 324. Fermé le samedi.

– *À Copacabana :* av. N.S. da Copacabana, plusieurs agences aux

nos 540 A, 1059 A et 1298 AB (les deux dernières fermées le samedi).
– *À Ipanema :* rua Visconde de Pirajá, 414 (ouvert le samedi) et 452.
– *À Leblon :* rua Ataulfo de Paiva, 822. Fermé le samedi.
– *À l'aéroport international Tom Jobim (secteur 3, bleu) :* tous les jours de 7 h à 20 h.

■ *Téléphones internationaux, régionaux et locaux :*
– dans la rue, auprès des nombreux *orelhões* (cabines téléphoniques bleues). Cartes de téléphone (20 Rls) auprès des kiosques à journaux.

– *Central Fone (plan couleur IV, M11) :* rua Vinícius de Moraes, 129, loja B (Ipanema). ☎ 38-13-09-52. Tout près de la boutique *Toca do Vinícius* (voir « Achats »). Sorte de bureau virtuel ; possibilité d'y effectuer des appels internationaux (chers) et se connecter à Internet.
– Également *Phone Serv* (Ipanema et Copacabana : voir « Accès Internet. Dans le Centro » ci-dessous) : pour l'international, des cabines individuelles climatisées (s'il vous plaît !). Plus cher.

Accès Internet

Pas mal de cybercafés affichant, pour la plupart, à peu près les mêmes tarifs. En voici quelques-uns.

À Copacabana

@ *Tudo é Fácil (plan couleur IV, M11) :* rua Xavier da Silveira, 19. ☎ 25-22-39-70. Et av. Prado Júnior, 78. ☎ 25-43-72-29. Ouvert du lundi au samedi de 8 h à minuit et le dimanche de 10 h à 22 h. Compter 2,50 Rls le premier quart d'heure, puis 1,10 Rls les 15 mn. Nombreux postes disponibles. Vraiment efficace.

@ *All The Best (plan couleur IV, M11) :* av. N.S. da Copacabana, 978 ; boutique 115, au sous-sol de la galerie commerciale. ☎ 25-13-20-30. Ouvert en semaine de 10 h à 19 h, à partir de 14 h le samedi. Compter 1 Rls les15 mn.

Dans le Centro

@ *Phone Serv (plan couleur II, E5) :* station de métro Cinelândia, loja 3 ; accès par l'av. Rio Branco. ☎ 22-40-76-35. Ouvert tous les jours de 9 h à 21 h (14 h le samedi). Une poignée d'ordinateurs pour pianoter à prix sage (environ 7 Rls l'heure). Autres filiales à Copacabana (av. N.S. da Copacabana, 454, loja B) et Ipanema (rua Prudente de Morais, 167).

À Flamengo/Catete

@ *Café.com (plan couleur III, I7) :* rua Buarque de Macedo, 68. ☎ 25-56-40-66. Ouvert de 10 h à 21 h (19 h le samedi). Fermé le dimanche. Agréable petit cybercafé aux tons fluo.

À Ipanema

@ *Letras & Expressões (plan couleur IV, M11, 4) :* rua Visconde de Pirajá, 276 ; au 1er étage de la librairie (voir « Librairies et journaux français »). Compter 5 Rls les 30 mn (procurez-vous une carte à la caisse).

@ *Central Fone (plan couleur IV, M11) :* rua Vinícius de Moraes, 129, loja B. ☎ 38-13-09-52.

À Leblon

@ *Café com Letras (plan couleur IV, L11) :* av. Bartolomeu Mitre, 297 ; quasi à l'angle de l'avenida Ataulfo de Paiva. ☎ 22-49-30-79. Ouvert du lundi au samedi de 8 h à 23 h. Cyber-café aux couleurs acidulées, qui fait aussi *whiskaria,* librairie et petit resto (goûtez à la délicieuse *salada da casa...*). Compter 5 Rls les 30 mn.

@ **Bureau de poste** *(Correio ; plan couleur IV, L11)* **:** av. Ataulfo de Paiva, 822. Consultation gratuite (si, si, c'est vrai !) limitée à 15 mn. On vous remettra une carte où figure un code d'accès, et hop, le tour est joué. Vaut le coup quand il n'y a pas une trop longue file d'attente, mais souvent plein.

Argent, change

Beaucoup de banques, mais les cartes de paiement ne sont pas acceptées partout (excepté *HSBC* qui, on vous le rappelle, accepte tous les types de cartes).

■ **CitiBank :** là, vous êtes sûr de pouvoir retirer des reais avec vos cartes *Visa, Cirrus, MasterCard.* Guichets automatiques accessibles tous les jours, 24 h/24. Succursales dans les quartiers Centro (rua Assembléia, 100), Ipanema (rua Visconde de Pirajá, 459), Copacabana (av. N.S. da Copacabana, 619) et Botafogo (rua Voluntários da Pátria, 450).

■ **Banco do Brasil** *(plan couleur II, E5, 3) :* rua Senador Dantas, 105, 11e étage. Ouvert du lundi au vendredi de 10 h à 15 h. Possibilité d'obtenir des reais avec un passeport et une carte *Visa.* Chèques de voyage et dollars acceptés uniquement dans l'agence du centre. Autres adresses : rua do Acre, 15 (Centro) ; av. N.S. da Copacabana, 594 (Copacabana) ; rua Visconde de Pirajá, 174 et Joana Angélica, 124 (Ipanema) ; av. Bartolomeu Mittre, 438 (Leblon) ; et bien sûr à l'aéroport international.

■ **HSBC** *(plan couleur IV, M11) :* rua Visconde de Pirajá, 259 et 608 (Ipanema) ; av. N.S. da Copacabana, 817 (Copacabana) ; av. Rio Branco, 156 (Centro) ; et au *Rio Sul Shopping Center* à Botafogo (voir « Achats »). Accepte toutes les cartes, y compris *American Express.*

■ **American Express :** *Copacabana Palace,* av. Atlântica, 1702, loja 1 (Copacabana). ☎ 25-48-21-48 (du lundi au vendredi de 9 h à 15 h). Pour effectuer des retraits avec votre carte et, en situation d'urgence, recevoir du cash via transfert international à l'aéroport international, T2, au 1er étage. ☎ 33-98-23-40 ou 50-50 (tous les jours de 6 h 30 à 22 h 30). Un n° général : ☎ 0800-702-07-77.

■ Possibilité aussi de changer des euros, dollars, etc., auprès des bureaux de change *(casas de cambio),* présents un peu partout, et dans les nombreuses agences de voyages.

Représentations diplomatiques

■ **Consulat de France** *(plan couleur II, F5, 2) :* av. Presidente Antônio Carlos, 58, 8e étage (Centro). ☎ 39-74-66-99. Fax : 39-74-68-64. ● www.ambafrance.org.br/rio ● Ouvert du lundi au vendredi de 8 h 30 à 12 h 30 (renseignements par téléphone jusqu'à 16 h 30). Venir avec une pièce d'identité (ou une copie). Permanence de médecins français (payant).

■ **Alliance française :** rua Duvivier, 43, salle 102 (Copacabana). ☎ 25-41-94-97. Fax : 25-41-91-45 ● www.rioaliancafrancesa.com.br ● Ouvert en semaine de 8 h à 20 h. Des filiales dans le Centro *(plan couleur II, F5, 2* ; même adresse que le consulat, mais au 3e étage ; ☎ 22-15-85-22), à Ipanema (rua Garcia d'Ávila, 72), à Botafogo (rua Muniz Barreto, 730) et à Barra da Tijuca (av. Érico Veríssimo, 60).

■ **Consulat de Belgique :** rua Lauro Müller, 116, 39e étage, salle 3904 (Botafogo). ☎ 25-43-85-58 ou 88-78. Fax : 25-43-83-98. ● consulbelrio@sky.com.br ● Dans le centre commercial *Rio Sul.* Ouvert du lundi au vendredi de 9 h à 13 h.

■ **Consulat général de Suisse :** rua Cândido Mendes, 157, 11e étage

(Glória). ☎ 22-21-18-67. Fax : 22-52-39-91. • vertretung@rio.rep. admin.ch • Ouvert du lundi au vendredi de 9 h à 12 h.

■ *Consulat du Canada :* av. Atlântica, 1130, 5e étage. ☎ 25-43-30-04. Fax : 22-75-21-95 ou 38-73-48-43. Ouvert du lundi au vendredi de 9 h à 13 h.

■ Également *consulats de l'Argentine* (praia de Botafogo, 228/201, ☎ 25-51-04-18), *de la Bolivie* (av. Rui Barbosa, 664/101, Flamengo, ☎ 25-52-54-90), *du Paraguay* (praia de Botafogo, 242, 2e étage, ☎ 25-53-22-94) ou *de l'Uruguay* (praia de Botafogo, 242, 6e étage, ☎ 25-53-60-30).

Transport aérien

✈ *Aéroports :* aeroporto internacional do Rio de Janeiro/Galeão-Antônio Carlos Jobim, ilha do Governador *(plan couleur I, A1).* ☎ 33-98-22-88 et 21-55 ou 0800-99-90-99. Également des vols domestiques. *Aeroporto Santos-Dumont Castelo/Centro (plan couleur I, B2 ; plan couleur II, F4-5-6).* ☎ 38-14-72-46 (boîte vocale en portugais ; taper « 9 » pour accéder aux informations). Pont aérien Rio-São Paulo toutes les 30 mn, ainsi que d'autres vols domestiques tels que Brasília, Belo Horizonte. Un conseil : pour les vols domestiques depuis/vers l'aéroport Santos-Dumont, essayez d'avoir un siège côté hublot, la vue sur Rio est vraiment superbe.

■ *Air France (plan couleur II, F5, 2) :* av. Presidente Antônio Carlos, 58,

9e étage (Centro). ☎ 32-12-18-00 ou 18 (résas). Fax : 32-12-18-45. Dans le même immeuble que le consulat de France. Ouvert du lundi au vendredi de 9 h à 17 h 30. À l'aéroport : ☎ 33-98-34-90 ou 88. À Copacabana, av. Atlântica, 2364. Un vol par jour pour Paris.

■ *Varig (plan couleur II, E5, 5) :* av. Rio Branco, 277 G (Centro). ☎ 0300-788-70-00. • www.varig.com.br • Ouvert du lundi au vendredi de 9 h à 18 h. À Ipanema, rua Visconde de Pirajá, 351 ; à Copacabana, rua Rodolfo Dantas, 16 A.

■ *Tam :* • www.tam.com.br •

■ *Gol :* ☎ 0300-789-21-21. • www. voegol.com.br • Unique représentation à l'aéroport. Des prix défiant toute concurrence. N'accepte pas les cartes de paiement internationales.

Agences de voyages

Les agences de voyages pratiquant toutes les mêmes tarifs (imposés par les organismes de tourisme officiels), leur différence se fait essentiellement sur la qualité des prestations.

Le mieux est de téléphoner à l'*ABAV* (Association des bonnes agences de voyages !), qui vous aiguillera. Elle se trouve rua Senador Dantas, 76 (Centro). ☎ 22-20-18-46. Même rue que la *Banco do Brasil.*

■ *Rio by Jeep :* ☎ 96-93-88-00 (portable) ou 78-11-59-12. • www.rio byjeep.com • Agence dynamique et sérieuse qui organise des excursions en jeep : tour de Rio (4 h 30, 135 Rls), forêt de Tijuca (environ 3 h, 105 Rls par personne). Un excellent moyen de découvrir la ville et d'avoir un bon aperçu des lieux, sans se perdre. La jeep (toit ouvert) peut contenir 8 personnes maxi. Le tour de Rio inclut la visite des quartiers du centre, Lapa, Santa Tereza, le Corcovado, et le parc national de Tijuca (forêt). À faire le premier jour.

Superbe ! Demandez Ricardo Hamond, qui parle l'anglais et apprend le français.

■ *Favela Tour :* ☎ 33-22-27-27 ou 99-89-00-74 et 97-72-11-33 (portables). • www.favelatour.com.br • Marcelo Amstrong organise la visite des favelas (Rocinha) dans le quartier de São Conrado. La visite dure 3 h (départs à 9 h ou 14 h) et est vraiment très instructive. Pas de voyeurisme, une visite au cœur d'un univers défavorisé mais humain, celui des favelas, qui permet de mieux comprendre Rio et ses contradictions sociales. Vous y découvrirez comment vivent et s'organisent ces communautés, leurs origines, les programmes sociaux mis en place. On visite aussi une école et un petit centre d'artisanat financé en partie par *Favela Tour*. Les visites se font généralement en anglais, mais aussi en français s'il y a un minimum de 3 Français dans le groupe. Compter 65 Rls.

■ *Exotic Tours (Rocinha Tourism Workshop) :* ☎ 24-22-20-31, 32 ou 33, et 88-31-20-31 ou 88-32-20-32 (portables). • www.exotictours.com. br • Une agence un peu particulière, puisque Rejane Reis (francophone) forme des jeunes des favelas aux métiers du tourisme. Visite de favelas de 15 h à 18 h (85 Rls par personne), mais aussi découverte des écoles de samba et des cérémonies de *candomblé*. Guides parlant le portugais, l'espagnol et l'anglais. Les visites en français se font en tour privé (2 participants minimum) et sont donc un peu plus chères (95 Rls).

■ *Bon voyage Turismo :* av. Presidente Antônio Carlos, 58, 10ᵉ étage (Centro). ☎ 25-32-28-66 et 99-82-21-07 (portable). • www.tourismebre sil.com.br • Dans le même immeuble que le consulat de France. Une des plus vieilles agences de voyages françaises de Rio, tenue par la dynamique et sympathique Dominique Picavet. Une adresse fiable et professionnelle.

■ *Welcome Tour International* *(plan couleur IV, L11, 8) :* rua Visconde de Pirajá, 550, loja 1813 (Ipanema). ☎ 22-49-08-96 ou 07-94. • www.welcometour.com.br • Florence et Alexandre adorent Rio et le Brésil. Ils tiennent cette agence et s'y activent avec sérieux, efficacité et gentillesse. Loue aussi des appartements.

Librairies et journaux français

– Les quotidiens *Le Monde, Le Figaro, L'Équipe* et les grands journaux hebdomadaires arrivent sous 48 h en kiosque à Ipanema (praça N.S. da Paz, rua Visconde de Pirajá), à Copacabana (av. N.S. da Copacabana, derrière le *Copacabana Palace,* en face du *Méridien*) et dans le Centro (av. Rio Branco).

Dans le Centro

■ *Livraria da Travessa (plan couleur II, E4) :* trav. do Ouvidor, 17. ☎ 32-31-80-15. Et av. Rio Branco, 44. Ouvert du lundi au vendredi de 9 h à 20 h et le samedi de 10 h à 13 h.

À Leblon et Ipanema

■ *Letras & Expressões (plan couleur IV, M11, 4) :* rua Visconde de Pirajá, 276 (Ipanema). Café *Ubaldo* à l'étage avec accès Internet (voir « Accès Internet ») et bonne pâtisserie à côté. Empruntez donc un magazine au rez-de-chaussée et feuilletez-le tranquillou devant un café, à l'étage, au frais. Une filiale à Leblon, av. Ataulfo de Paiva, 1292 C *(plan couleur IV, K11, 4),* et une autre entrée sur la rua Dias Ferreira (en face du magasin *Horti Fruti*), avec accès Internet, entre autres. Dans les deux, énorme choix de journaux et magazines internatio-

naux. La librairie d'Ipanema est ouverte tous les jours de 8 h à 2 h (minuit du vendredi au dimanche) ; celle de Leblon, tous les jours, 24 h/24. Si vous ne trouvez pas votre bonheur, traversez la rue et allez au kiosque situé juste en face.

■ *Livraria da Travessa (plan couleur IV, M11) :* rua Visconde de Pirajá, 462 A (Ipanema). ☎ 22-87-51-57. Ouvert tous les jours de 10 h à 20 h (18 h le samedi). Élégante petite librairie (mais un peu chère) toute de bois vêtue, où l'on resterait bien un après-midi entier à fouiner, feuilleter les ouvrages et siroter un

RIO DE JANEIRO

café (mezzanine). Pas de presse, mais des beaux livres. Quelques mètres plus loin (rua Visconde de Pirajá, 572 ; ☎ 32-05-90-02), sa jeune sœur, inaugurée récemment, exhibe fièrement 650 m^2 de livres (nationaux et étrangers) et CD (à l'étage), ainsi qu'un café branché (*Café B,* un peu cher toutefois). Ouvert tous les jours de 9 h (12 h le dimanche) à minuit.

À *Barra da Tijuca*

■ *FNAC :* Barrashopping, av. das Américas, 4666, loja 101. Ouvert du lundi au samedi de 10 h à 22 h et le dimanche de 15 h à 21 h. Pour les inconditionnels. C'est comme à la maison ! Choix énorme.

À *Copacabana*

■ *A Jornaleira :* av. N.S. da Copacabana, 95 ; à l'angle de Prado Júnior. Marchand de journaux bien fourni en quotidiens français.

Urgences

■ *Delegacia especial de atendimento ao turista (plan couleur IV, L11, 7) :* av. Afrânio de Melo Franco, 159 (Leblon). ☎ 33-99-71-70. Ouvert 24 h/24. Pour enregistrer les vols de documents et en cas d'agression.
■ *Pompiers :* ☎ 193.
■ *Hôpitaux :*
– *Hôpitaux publics d'urgence : Hospital Souza Aguiar,* praça República, 111 (Centro), ☎ 31-11-26-29. *Hospital Miguel Couto,* av. Bartolomeu Mitre, 1108 (Leblon ; *plan couleur IV, L11, 9*), ☎ 31-11-38-00 ou 36-85. Recommandé pour les urgences et soins intensifs.

– *Hôpitaux privés d'urgence : Clínica São Vicente,* rua João Borges, 204 (Gávea). ☎ 25-29-44-22.
■ *Pharmacies ouvertes 24 h/24 :*
– *À Catete : Drogaria Pacheco,* rua do Catete, 248. ☎ 25-56-67-92.
– *À Copacabana : Drogaria Pacheco,* av. N.S. da Copacabana, 115 A (☎ 22-95-75-55) et 534 A-B (☎ 25-48-15-25) ; *Farmácia do Leme,* av. Prado Júnior, 237 A (☎ 22-75-38-47).
– *À Ipanema : Drogaria Pacheco,* rua Visconde de Pirajá, 588.
Beaucoup sont ouvertes pendant le week-end.

Divers

■ *Objets trouvés : Empresa brasileira de Correios e Telégrafos,* av. Presidente Vargas, 3077, au rez-de-chaussée (Centro). ☎ 0800-570-01-00 ou 22-73-59-98. Ouvert de 8 h à 18 h. Personne ici ne parle de langues étrangères. Aussi est-il recommandé de se rendre plutôt à la *Delegacia especial de atendimento ao turista* (voir « Urgences ») ou carrément au consulat.
■ *Laveries automatiques (lavanderias) :* en général, ouvertes du lundi au samedi de 8 h à 22 h. En payant un peu plus cher, ils s'occuperont de tout (lavage, séchage, éventuellement repassage), dans la journée ou pour le lendemain.
– *À Copacabana :* av. Prado Júnior, 63 B ; rua Barata Ribeiro, 369 A et 707 D ; av. N.S. da Copacabana, 1226 (chaîne *Landromat*).
– *À Ipanema :* rua Farme de Amoedo, 55 A (tout près de l'hôtel *Vermont*) et rua Teixeira de Melo, 31, loja 1.
– *À Flamengo :* rua Marquês de Abrantes, 82 (ouvert aussi le dimanche de 10 h à 18 h) et au 178 A.
– *À Botafogo :* rua Voluntários da Pátria, 274.
– *À Catete :* rua Arthur Bernardes, 14.

Où dormir ?

CAMPING

Voiture indispensable !

⋏ **Camping Clube do Brasil :** estrada do Pontal, 5900, à Recreio dos Bandeirantes. ☎ 24-90-34-00. Dans le prolongement de Barra da Tijuca, à une quarantaine de kilomètres du centre, au sud-ouest de la ville. Compter environ 16 Rls par personne. Énorme camping de 1 000 places, situé en bord de mer. Très fréquenté pendant la période de vacances.

LOCATION D'APPARTEMENTS

■ **Alex Rio Flats :** ☎ 22-87-76-58 ou 87-15-28-33 (portable). ● alexrio flats@terra.com.br ● Une agence sérieuse dirigée par Alexandre, un jeune Brésilien qui parle bien le français. Loue des studios et des appartements, proches des plages de Copacabana et d'Ipanema, tous meublés et équipés : literie (draps et serviettes), cuisine, ventilateur. De 25 à 35 € la nuit (studio) pour 2 personnes selon la saison. Minimum de 3 nuits. Une remise de 5 % à partir de 10 nuits de séjour sur présentation du *Guide du routard*.

■ **Apartur Imóveis** *(plan couleur IV, L11, 10)* **:** rua Visconde de Pirajá, 371, loja 204 (Ipanema). ☎ 22-87-57-97 ou 22-67-11-91. Fax : 25-23-90-97. ● apartur@globo.com ●

Propose de bons appartements (Copacabana, Ipanema et Leblon), loués à la semaine ou au mois, pour des prix honnêtes (environ 60 Rls par jour en basse saison, c'est-à-dire hors carnaval, fin d'année, et juillet-août).

■ Voir aussi auprès de **Welcome Tour International** (« Agences de voyages », dans les « Adresses utiles ») et de la **pousada da Margarida Carneiro** (« Où dormir ? Hôtels. À Ipanema »).

– Il est possible également de louer des appartements directement à l'aéroport Tom Jobim, sortie porte B. Voir aussi les annonces dans les journaux locaux *O Globo, Jornal do Brasil,* dans la rubrique « Temporada ».

HÔTELS

Il ne manque pas d'hôtels à Rio. Les moins chers se situent dans le Centro, mais à partir de 20 h et le week-end, les rues sont désertes et peu sûres. Aussi, préférez les autres quartiers, comme Glória et Flamengo, qui possèdent une vie sociale active et colorée.

À Catete et Flamengo, les hôtels sont concentrés sur 3 ou 4 rues. Très peu d'hébergements à Santa Teresa, ou alors de qualité plutôt médiocre (mais il y a des exceptions : voir nos adresses). Ceux qui veulent dormir non loin des plages iront à Copacabana, mais il faudra se résoudre à payer plus cher.

À Rio plus encore que dans les autres villes, les prix des hôtels ont tendance à grimper rapidement sans que le service suive, et en particulier pendant la période du carnaval et des fêtes (Noël et Nouvel An).

Voici notre sélection, en partant du Centro (du nord) pour aller vers les plages (au sud)... Dans la majorité des établissements, les prix sont majorés d'une taxe de service (10 %).

Dans le Centro *(plan couleur II)*

Nombreux petits hôtels dans les rues du centre, mais on ne vous les conseille pas. On se répète : c'est désert et dangereux le soir et le dimanche.

Prix moyens (de 70 à 120 Rls – 26,60 à 45,60 €)

🛏 **Hôtel Belas Artes** *(plan couleur II, D5, 20)* **:** rua Visconde do Rio Branco, 52. ☎ 22-52-63-36. • www.hotelbelasartes.com.br • À 200 m de la place Tiradentes, d'où partent de nombreux bus. Compter 75 Rls la double avec AC, TV et petit dej', mais sans frigo-bar. Pour ceux qui ont besoin de loger dans le centre. Hôtel assez agréable, presque élégant, dans un quartier populaire. Chambres simples et sans prétention mais suffisantes pour le prix. Excellent accueil d'une femme joviale qui aime la France et adore les lecteurs du *Guide du routard* ! Parking à l'arrière.

À *Santa Teresa* *(plan couleur II)*

Bon marché (moins de 70 Rls – 26,60 €)

🛏 **Rio Hostel** *(plan couleur II, D6, 37)* **:** rua Joaquim Murtinho, 361. ☎ 38-52-08-27. • www.riohostel.com • Compter environ 35 Rls par lit. Un vrai nid d'aigle ! Haut perchée sur la colline de Santa Teresa, cette minuscule auberge fraternelle embrasse d'un seul regard un large panorama sur les toits de Rio. La grimpette sera par ailleurs récompensée par des dortoirs bien tenus (4 à 8 lits), un salon TV confortable semé de coussins et de tapis, une cuisine et Internet à disposition... Mais la vraie bonne surprise, c'est sa cour intérieure dotée d'une petite piscine, d'un bar et d'une poignée de hamacs pour se consoler d'être éloigné des plages. Cela dit, il suffit d'attraper le *Bonde* au pied de la maison pour rallier le métro et la route de Copacabana.

Prix moyens (de 70 à 120 Rls – 26,60 à 45,60 €)

🛏 **Hôtel Bela Vista** *(plan couleur II, C6, 21)* **:** à l'angle des rues Paschoal Carlos Magno et Monte Alegre. ☎ 22-42-93-46. Compter 70 Rls pour une double. Sur les flancs de la colline de Santa Teresa, le quartier artiste et populaire, voilà un joli hôtel à la façade patinée et aux volets bleus. Une petite trentaine de chambres dans un dédale de couloirs. Et une petite piscine dans le jardin. Certains artistes fauchés y vivent à l'année.

À *Glória* *(plan couleur III)*

Prix moyens (de 70 à 120 Rls – 26,60 à 45,60 €)

🛏 **Turístico Hotel** *(plan couleur III, I7, 22)* **:** Ladeira da Glória, 30. ☎ 25-57-76-98. En face de la station de métro Glória, donc près du centre. La double autour de 88 Rls. Une adresse classique pour routards, d'un bon rapport qualité-prix. L'hôtel a gardé un peu de son charme suranné, mais autour, ce ne sont que des immeubles des années 1950. Les chambres de la partie ancienne sont vieillottes mais propres, hautes de plafond et équipées de l'air conditionné. À l'arrière, adossés à un flanc de colline, de petits pavillons en dur abritent des chambres plus modernes et un peu plus calmes.

À *Catete et Flamengo* *(plan couleur III)*

Plein de petits hôtels à prix moyens dans ces quartiers populaires et assez sûrs, notamment près du largo do Machado (Flamengo ; métro Catete). Pour les routards qui n'ont pas froid aux yeux, pas mal de petites pensions entre les rues Glória et do Catete, vraiment très simples mais pas chères (environ 20 Rls). Un bon plan pour faire connaissance avec les Cariocas qui y vivent.

Bon marché (moins de 70 Rls – 26,60 €)

🛏 *Hôtel Caxambu (plan couleur III, I7, 24) :* rua Correa Dutra, 22 (Catete). ☎ 22-65-94-96. Fax : 25-57-00-90. À 50 m du parc de Flamengo. Des chambres simples, un peu petites, pour 55 Rls, certaines avec frigo-bar. Elles sont plutôt calmes car elles donnent sur le côté et non sur la rue.

Prix moyens (de 70 à 130 Rls – 26,60 à 49,40 €)

🛏 *Hôtel Inglês (plan couleur III, I7, 27) :* rua Silveira Martins, 20 (Flamengo). ☎ 25-58-30-52. Fax : 25-58-34-47. ● www.hotelingles.com. br ● Doubles autour de 115 Rls. À deux pas de la plage de Flamengo, dans un petit immeuble chic, style ancien hôtel particulier reconverti, avec des colonnes et des murs saumon. Chambres assez grandes, très propres, mais peu décorées. Demandez-en une avec vue sur le parc. Celles à l'arrière sont plus calmes mais sans vue. Bon rapport qualité-prix. Ne prend pas de taxe de service.

🛏 *Regina Hotel (plan couleur III, I7, 26) :* rua Ferreira Viana, 29 (Flamengo). ☎ 32-89-99-99. Fax : 32-89-99-50. ● www.hotelregina.com. br ● Doubles à 110 Rls. Dans cette petite rue tranquille qui cache plusieurs hôtels, voici un 2-étoiles dans une maison coloniale. L'intérieur n'est pas dans le style de l'époque, mais c'est impeccable et confortable (TV, frigo et AC). Demander une des chambres du 6e étage, elles sont plus claires et plus calmes. Petit dej' de qualité. Très bon accueil. Une de nos adresses préférées.

🛏 *Hôtel Paysandú (plan couleur III, I7, 28) :* rua Paissandú, 23 (Flamengo). ☎ 25-58-72-70. ● www. paysanduhotel.com.br ● À partir de 130 Rls la chambre double. Dans une rue bordée de très hauts palmiers impériaux. Une belle réception et des chambres correctes avec TV et frigo-bar. Prix comprenant le *café da manhã*.

🛏 *Hôtel Ferreira Viana (plan couleur III, I7, 23) :* rua Ferreira Viana, 58 (Flamengo). ☎ 22-05-73-96. Chambres rudimentaires mais propres et correctes pour 70 Rls, avec frigo, AC et TV, et un solide café le matin. La plupart donnent sur la rue, les autres sur l'arrière.

🛏 *Hôtel Rio Claro (plan couleur III, I7, 25) :* rua do Catete, 233 (Catete). ☎ 25-58-51-80 ou 22-05-51-05. Compter 80 Rls la double. Petit hôtel sans prétention au 1er étage d'une vieille maison. La propreté y est impeccable, l'accueil sympathique, et la maison fait des promos en période creuse. Chambres avec AC, mais un peu bruyantes côté rue.

🛏 *Hôtel Beija-Flor (plan couleur III, I7, 31) :* rua Ferreira Viana, 20 (Flamengo). ☎ 22-85-24-92 ou 22-65-60-70. Fax : 22-05-27-55. La double vaut 90 Rls et la chambre à 5 lits 150 Rls. Chambres bien tenues, avec AC, frigo-bar, TV. À la réception, l'affable Dora, secondée de Paulo (qui parle l'anglais). On viendra vous chercher à l'aéroport si vous l'informez à l'avance.

🛏 *Hôtel Hispano Brasileiro (plan couleur III, I7, 30) :* rua Silveira Martins, 135 (Catete). ☎ 22-65-59-90. Doubles à 70 Rls avec AC. Petit hôtel à la façade beige, calme et propre. Chambres simples mais correctes pour le prix, avec douche/w.-c. et TV.

Plus chic (de 130 à 200 Rls – 49,40 à 76 €)

🛏 *Hôtel Imperial (plan couleur III, I7, 29) :* rua do Catete, 186 (Catete). ☎ 25-56-07-72 ou 52-12. Fax : 25-58-58-15. ● www.imperialhotel.

com.br • Doubles à partir de 120 Rls (pas de taxe de service) dans une belle maison coloniale, dont la façade (classée Monument historique) évoque certains immeubles de Lisbonne. La réception fait presque croire à un grand hôtel. Les cham-bres sont spacieuses et confortables (TV, AC et frigo-bar). Le petit dej' est copieux, et il y a une piscine ! C'est la meilleure adresse de la rue, juste un peu plus chère que les autres (mais réductions le week-end et les jours fériés, hors carnaval, bien sûr).

Très chic (plus de 250 Rls – 95 €)

🛏 *Hôtel Florida* (plan couleur III, I7, 32) : rua Ferreira Viana, 71/81 (Flamengo). ☎ 21-95-68-00. Fax : 22-85-57-77. • www.windsorhoteis. com.br • Derrière le *Palácio do Catete* et proche de la plage. Chambres doubles à partir de 280 Rls environ (taxes incluses). Un grand hôtel de catégorie supérieure, avec des chambres standard (AC, TV) et, surprise, une terrasse sur le toit où se cachent une petite piscine, un sauna, une salle de gym et un bar.

🛏 *Hôtel Novo Mundo* (plan couleur III, I7, 33) : praia do Flamengo, 20 (Flamengo). ☎ 25-57-62-26.

Fax : 22-65-23-69. • www.hotelnovo mundo-rio.com.br • Doubles stan-dard sans vue à 245 Rls et avec vue sur mer à 336 Rls ; réductions inté-ressantes le week-end. Imposante bâtisse de 230 chambres, qui a accueilli certains chefs d'État lors de la Coupe du monde de 1950. Ambiance feutrée et raffinée, et tous les services d'un grand hôtel. Si le bruit ne vous fait pas peur (aéroport Santos-Dumont tout près et boule-vard à vos pieds), prenez une cham-bre avec vue, le spectacle est gran-diose : la baie de Flamengo et le Pain de Sucre, rien que pour vous.

À Copacabana *(plan couleur IV)*

Dans le quartier de la célèbre plage. Pour ceux qui aiment le footing et les bains matinaux   ou qui veulent dire à leurs amis : « J'y suis allé. » Si vous choisissez un hôtel sur l'avenida Atlântica, demandez une chambre avec vue sur mer, bien sûr, mais ce n'est pas pour les petits budgets. Sinon, préférez les hôtels un peu en retrait, le service sera le même et les prix bien plus abordables.

Bon marché (de 20 à 70 Rls – 7,60 à 26,60 €)

🛏 *Rio Backpackers* (plan couleur IV, M10, 44) : travessa Santa Leocádia, 38. ☎ 22-36-38-03. • www. riobackpackers.com.br • À l'angle de la rua Pompeu Loureiro (n° 78). Compter environ 35 Rls par lit. Cette auberge dynamique aurait tout pour plaire, mais pèche par un certain laxisme dans l'organisation. Côté bons points, elle est située dans une adorable petite impasse pavée (attention, ça grimpe !), par consé-quent très tranquille, et propose aux résidents tout un tas de petits plus : accès à Internet, salle commune colorée avec billard, TV et bar, bal-con avec hamacs et minicuisine pour faire son frichti. De beaux atouts... un peu gâchés par un entretien aléa-toire des salles de bains communes. On évitera par ailleurs les deux chambres doubles, franchement nul-les en comparaison des dortoirs convenables de 4 à 12 lits. Bonne ambiance.

🛏 *Mellow Yellow Backpackers* (plan couleur IV, N10, 51) : rua Bar-bosa Lima, 51. ☎ 25-47-19-93. • www.mellowyellow.com.br • À quelques enjambées du métro « Arcoverde », dans une jolie impasse reliée à la rua Barata Ribeiro par la rua Gen. Az. Pimentes (du métro, descendre la rua Dantas, tourner à droite dans Ribeiro, puis 1re à gauche). Pour un lit en dortoir

(6 à 24 personnes), compter 35 à 45 Rls ; ou 100 à 120 Rls pour l'une des chambres doubles avec balcon et hamac. Une auberge qui a tout « d'une grande ». Ambiance très festive et services étonnants : on vient vous chercher à l'aéroport ; cours de surfs (planches prêtées), de yoga ou de portugais ; jacuzzi et barbecue sur la terrasse ; prêt de vélos ; accès Internet gratuit ; vaste bar coloré, impeccable pour se faire des amis ; salle TV confortable ; petit jardin... et tout cela plutôt bien entretenu compte tenu des nombreux routards qui affluent. Bref, tout a été pensé, jusqu'aux ristournes et petits cadeaux (de la *caïpirinha* au T-shirt !) offerts selon la durée du séjour.

🛏 *AJ Copa Praia (plan couleur IV, M10, 34) :* rua Tenente Marones de Gusmão, 85 (plus connue sous le nom de praça do Bairro Peixoto – prononcer « baïro péchoto »). ☎ 25-47-54-22. Fax : 22-35-38-17. ● www.wcenter.com.br/copapraia ● Lits soit en dortoirs (25 Rls par personne), soit en *apartamentos* individuels (ou doubles), à 80 Rls par personne (20 Rls par lit supplémentaire), petit dej' non compris. Sur une placette agréable et parfois animée (manèges, musique), cette auberge de jeunesse a tout pour plaire. Accueil agréable, patio intérieur calme, ensemble propre et bien tenu. Dortoirs de 6 lits superposés, avec

ventilateur, petite cuisine, frigo, et salle de bains. On peut y louer un appartement (de 1 à 4 personnes) à la semaine ou au mois. Pas de couvre-feu le soir. Également accès Internet. N'accepte pas les cartes de paiement (mais les US$ ou chèques de voyage).

🛏 *Stone of a Beach (plan couleur IV, N10, 53) :* rua Barata Ribeiro, 111. ☎ 32-09-03-48. ● www.stoneofa beach.com.br ● À deux pas du métro Arcoverde. Une sorte d'AJ privée, une de plus, au grand bonheur des routards ! Nuitées en dortoirs de 35 Rls (16 lits) à 42 Rls pour les dortoirs de 6 lits. Également quelques chambres doubles entre 100 et 120 Rls pour deux. Bonne ambiance et pas mal de services : Internet gratuit, jaccuzzi sur le toit, cuisine à disposition, location de planches de surf, et même transfert depuis et vers l'aéroport.

🛏 *Copa Chalet (plan couleur IV, M10, 48) :* rua Henrique Oswald, 103. ☎ 22-36-00-47. Fax : 22-39-45-28. ● www.copachalet.com.br ● Non loin de l'*AJ Copa Praia*. Dans une petite maison en pierre disposant de 55 chambres-dortoirs (30 Rls par personne avec le petit dej') et d'une double pour les couples. Demandez la chambre avec terrasse. Le quartier est très sympa, mais la propreté des lieux laisse un peu à désirer. En dépannage.

De prix moyens à plus chic (de 70 à 200 Rls – 26,60 à 76 €)

🛏 *Hôtel Santa Clara (plan couleur IV, M10, 49) :* rua Décio Vilares, 316. ☎ 22-56-26-50. Fax : 25-47-40-42. ● www.hotelsantaclara.com.br ● Situé dans une rue calme, à un peu plus de 1 km de la plage. Chambres doubles chaleureuses, rustiques et très bien entretenues vers 130 Rls ; prix majorés de 20 à 30 % en été. Un petit 2-étoiles à la façade blanche et aux volets bleus, avec quelques arbres devant. Accueil charmant. Notre meilleure adresse dans ce quartier et dans cette catégorie. Faute de salle de resto, le petit dej' est servi dans la chambre.

🛏 *Pousada Girassol (plan couleur IV, M10, 50) :* travessa Angrense, 25 A. ☎ 22-56-69-51. ● www.girassolpousada.com.br ● Au bout d'une petite impasse parallèle à la rua Santa Clara et perpendiculaire à l'avenida N.S. da Copacabana. Chambres (de 1 à 4 lits) autour de 130 Rls la double, négociable selon la durée du séjour. Largement en retrait de l'avenue, cette maisonnette colorée garantit à ses hôtes des nuits relativement calmes. Ses chambres basiques s'organisent autour d'une courette ou à l'étage, et se contentent d'un ventilo et de douches en commun pour les moins chères. Simple mais propre, et l'accueil sympa est tout à fait dans l'esprit d'une pension pour routards. Évitez juste la chambre qui donne sur la terrasse du petit déjeuner si vous comptez sur les grasses matinées ! En haute saison, mieux vaut réserver car vite pris d'assaut.

▲ *Acapulco Copacabana (plan couleur IV, N10, 39)* : rua Gustavo Sampaio, 854. ☎ 22-75-00-22. • www.acapulcocopacabanahotel.com. br • Derrière le *Méridien*, à 100 m de la plage de Leme. Des doubles standard, confortables (TV, AC, frigo, téléphone) à 175 Rls, et 220 Rls pour les « luxe », qui disposent d'un petit balcon (demandez alors une chambre à partir du 8e étage, afin de bénéficier de la vue sur la mer). Très bon accueil. Prêt de serviettes de plage et de parasols. Une bonne adresse.

▲ *Augusto's Copacabana (plan couleur IV, M11, 42)* : rua Bolívar, 119. ☎ 25-47-18-00. Fax : 25-49-61-88. • www.augustoshotel.com.br • Doubles à partir de 190 Rls. Si l'extérieur semble un peu kitsch, les chambres se révèlent à l'inverse très classiques, fonctionnelles et confortables. Personnel compétent et... cerise sur le gâteau, piscine sur le toit pour profiter des couchers de soleil en sirotant une bonne *caïpirinha*. L'hôtel jouxte une école, aussi peut-il être un tantinet bruyant pendant la récré, mais à cette heure-là, vous serez certainement sur la plage...

▲ *Premier Copacabana Hotel (plan couleur IV, M-N10, 43)* : rua Tonelero, 205. ☎ 25-48-85-81. Fax : 25-47-41-39. • www.premier.com. br • Situé face à la station de métro « Siqueira Campos ». Doubles à 170 Rls (+ 10 % de taxe). Hôtel tout confort, pourvu d'une petite piscine avec vue panoramique.

À Ipanema *(plan couleur IV)*

De bon marché à prix moyens (de 20 à 130 Rls – 7,60 à 49,40 €)

Pour les adresses ci-dessous, de la gare routière, prendre le bus *Real* jusqu'à l'arrêt « Farme de Amoedo », c'est tout près. Avec le temps, la rua Barão da Torre est devenue une vraie curiosité, un genre de village pour routards où chaque maison individuelle a été aménagée en auberge de jeunesse privée. Deux avantages : on y trouve théoriquement toujours de la place, et la rue piétonne devient en soirée un lieu de rencontre très international.

▲ *Casa6ipanema (plan couleur IV, M11, 41)* : rua Barão da Torre, 175, casa 6. ☎ 22-47-13-84. • www.ca sa6ipanema.com • En plein cœur d'Ipanema, dans cette fameuse impasse toute mignonne, bordée de maisonnettes. Compter 50 Rls par personne en dortoir, et 120 Rls la chambre double, petit dej' inclus. Sympathique auberge de jeunesse tenue par le non moins sympathique Stéphane. Ses chambres et dortoirs sont répartis dans deux maisons voisines, mais la cuisine ou la terrasse très sympa du n° 6 sont évidemment accessibles à tous. Tout est bien entretenu et sent le propre (comme les douches et sanitaires communs) malgré le bazar.

▲ *Harmonia (plan couleur IV, M11, 41)* : rua Barão da Torre, 175, casa 18. ☎ 25-23-49-04. • www.ho stelharmonia.com • Situé à trois blocs de la plage (*posto* 9) et à mi-chemin de la lagune. Compter 40 Rls par personne, sans le petit dej', ou 45 Rls avec. *Harmonia* ? Mieux vaut effectivement avoir le sens de la communauté avant de poser ses valises. Car cette charmante maisonnette convertie en AJ par des Suédois dynamiques n'est pas extensible : on a tendance à s'entasser un peu dans les 4 dortoirs et il faut souvent prendre son tour pour les douches (2) et la petite cuisine. Mais l'atmosphère conviviale sauve le tout, d'autant plus que la jolie rue piétonne fait office de salle commune en cas de trop-plein.

🛏 *Karisma (plan couleur IV, M11, 41) :* rua Barão da Torre, 177, casa 14. ☎ 22-47-72-69. ● www.karismahostel.com ● Lit autour de 45 Rls, petit déjeuner compris. *Karisma* n'est sans doute pas la plus charismatique des auberges du coin, mais ses dortoirs répartis dans plusieurs maisonnettes sont une bonne affaire : bon entretien, cuisine et Internet à disposition. Mais le petit plus de la maison, c'est la possibilité de s'envoyer en l'air... à l'occasion d'une sortie en deltaplane organisée par l'agence du proprio !

🛏 *Adventure Hostel (plan couleur IV, M11, 52) :* rua Vinicius de Moraes, 174. ☎ 38-13-27-26. ● www.adventurehostel.com.br ● À deux pas de la lagune. Lit autour de 50 Rls sans la carte de membre, 40 Rls avec. Nouvelle venue dans le quartier, cette petite AJ sans fard aura bien du mal à faire de l'ombre à ses concurrentes. Ses dortoirs corrects ont toutefois le mérite de dépanner ceux qui n'ont pas la chance de dénicher quelque chose rua Barão da Torre, mais qui souhaitent malgré tout résider dans ce quartier sympa. Petite cuisine et Internet à disposition.

🛏 *Pousada da Margarida Carneiro (plan couleur IV, L11, 45) :* rua Barão da Torre, 600. ☎ 22-39-18-40. ● margaridacarneiro @ hotmail.com ● Compter 110 Rls pour une double, petit dej' inclus (servi sur la terrasse ou dans la chambre). Jouxtant le resto *Esplanada Grill*, cette petite *pousada* dispose d'une dizaine de chambres, à la déco simple et aux salles de bains impeccables. De prime abord, campée sur sa chaise devant la porte, Margarida semble un peu sévère. En fait, vous serez reçus comme des princes dans cette maison au cœur d'Ipanema, à deux pas de la plage et tout près des meilleurs restos, des boutiques et des bars branchés de ce quartier chic. On peut également y louer un appartement *cobertura* (dernier étage) à la semaine ou au mois. Prix à discuter avec Margarida.

Plus chic (de 120 à 200 Rls – 45,60 à 76 €)

🛏 *Hôtel Vermont (plan couleur IV, M11, 35) :* rua Visconde de Pirajá, 254. ☎ 25-22-00-57. Fax : 22-67-70-46. Hôtel central et de bonne tenue, avec des chambres doubles standard à 170 Rls (taxe et petit dej' inclus). La déco est vieillotte, mais les nombreux *apartamentos* sont très propres. À peine plus cher que le *San Marco*, et la différence est vraiment justifiée.

AC, frigo, TV, téléphone, coffre, etc.

🛏 *Hôtel San Marco (plan couleur IV, L11, 36) :* rua Visconde de Pirajá, 524. ☎ 25-40-50-32 ou 22-59-19-32. ● http://sanmarcohotel.net ● À partir de 160 Rls la double. Vieil hôtel, assez central mais pas beaucoup moins cher que le *Vermont*, sauf peut-être en été. Déco banale, humide : plutôt en dépannage.

Très chic (plus de 200 Rls – 76 €)

🛏 *Mar Ipanema (plan couleur IV, L11, 46) :* rua Visconde de Pirajá, 539. ☎ 38-75-91-91. Fax : 38-75-91-92. ● www.maripanema.com ● Compter 240 à 290 Rls selon la saison, taxes comprises. Possibilité d'obtenir un rabais si on y passe plus de 2 nuits. Chambres refaites à neuf. Classe, tous les services d'un grand hôtel, un resto en terrasse, un autre au rez-de-chaussée, mais l'accueil n'est pas des plus chaleureux.

🛏 *Hôtel Ipanema Inn (plan couleur IV, L11, 40) :* rua Maria Quitéria, 27. ☎ 25-23-60-92. Fax : 25-11-50-94. ● arpoador@unisys.com.br ● À quelques mètres de la plage. Doubles à 230 Rls (+ 5 % de taxe). De la chambre *frente,* on aperçoit un petit bout de mer. Un peu bruyant mais confortable et bien placé. Jouxte une jolie boutique d'artisanat.

À *Arpoador* (plan couleur IV)

Arpoador, c'est le petit bout de terre, le coude qui relie Copacabana et Ipanema.

Très chic (plus de 200 Rls – 76 €)

🛏 *Copacabana Praia Hotel* (plan couleur IV, M11, **47**) : rua Francisco Otaviano, 30. ☎ 25-22-56-46. Fax : 22-87-33-44. ● www.copacabanapraia hotel.com.br ● Doubles autour de 230 Rls, petit déjeuner et taxes compris. Grand hôtel moderne sans surprise, mais c'est sa bonne localisation qui justifie avant tout une halte, au point de jonction entre Copacabana et Ipanema. Il faudra toutefois exiger une chambre dans les derniers étages pour espérer profiter d'une vue à peu près dégagée sur l'océan. Déco standardisée, bon niveau de confort et piscine-sauna sur les toits pour se délasser entre deux balades.

🛏 *Hôtel Arpoador Inn* (plan couleur IV, M11, **38**) : rua Francisco Otaviano, 177. ☎ 25-23-00-60. Fax : 25-11-50-94. ● www.riodejaneirogui de.com/hotel/arpoador_inn.htm ● C'est le seul hôtel du secteur les pieds quasiment dans l'eau... et par ailleurs sans voitures sous ses fenêtres. Un privilège qui vaut de l'or, à en juger par les tarifs presque indécents pratiqués par la direction (jusqu'à 440 Rls !). Mais ceux qui ont quelque chose à fêter ou un portefeuille bien rembourré apprécieront la vue fantastique sur l'océan, le ronronnement des vagues se fracassant en contrebas, les petits déjeuners soignés et l'atmosphère agréable de cet établissement à taille humaine. On regrette toutefois le manque de personnalité des chambres, un peu trop petites à notre goût. Oubliez d'ailleurs les chambres côté rue, bruyantes et sans intérêt.

Où manger ?

Des milliers de restos et de snacks à Rio. Vous avez l'embarras du choix. On vous en cite quelques-uns qui ont des caractéristiques intéressantes, mais on ne doute pas que vous ne trouviez vous-même, par hasard, le petit resto génial que nous aurions mis 3 mois à découvrir. Dans les restos, on peut très bien demander un plat pour deux lorsqu'ils sont copieux. Sans compter les innombrables restos *ao kilo,* souvent la meilleure formule pour un déjeuner complet et bon marché. Les *rodizios* de pâtes ou de viandes sont extrêmement économiques également. Tradition oblige, le samedi est le jour de la *feijoada,* et la majorité des établissements la proposent ce jour-là. Pourquoi le samedi ? Parce que, après l'avoir savourée, accompagnée de quelques *caïpirinhas,* on a tout le dimanche pour s'en remettre !

Dans le Centro (plan couleur II)

Dans le centre des affaires, entre l'aéroport et l'avenue Rio Branco, la plupart des innombrables restaurants sont ouverts à midi seulement, et souvent fermés le dimanche. Mais le centre est plus vaste que ce petit morceau de quartier déserté la nuit et le dimanche.

Bon marché (moins de 20 Rls – 7,60 €)

|●| *Coliseu das Massas* (plan couleur II, D5, **60**) : rua 7 de Setembro, 171. ☎ 22-42-42-06. Près du largo São Francisco de Paula. Ouvert tous les jours de 11 h à 21 h 30 (15 h 30 le samedi). Petit restaurant de quartier,

bien situé au cœur de l'animation, qui sert surtout des spécialités italiennes : pâtes et quelques plats du genre pizzas. Prix raisonnables pour la qualité servie.

|●| *Bistro do Paço (plan couleur II, E4, 61) :* praça 15 de Novembro, 48. ☎ 22-62-36-13. Ouvert tous les jours de 12 h à 21 h 30 (19 h le week-end). Dans le patio du palais impérial *(Paço imperial)*. Tables en granit poli, sous des arches anciennes, voilà un bistro-salon de thé des plus engageants, qui sert des petits plats variés à prix raisonnables, ce qui attire une clientèle régulière. Une oasis de calme au cœur du centre agité.

|●| *Dito e Feito (plan couleur II, E4, 68) :* travessa do Comércio, 16. ☎ 25-09-14-07. Ouvert du lundi au vendredi de 11 h à minuit. Plusieurs restos *ao kilo* dans une des plus anciennes rues de Rio, dans le quartier historique de la praça 15 de Novembro. Au *Dito e Feito,* l'un d'eux, beaucoup de secrétaires et d'employés de bureau à midi. Bon rapport qualité-prix. La partie bar est agréable aussi pour boire un bon café en passant.

|●| *Undergrill (plan couleur II, E4, 64) :* rua do Rosário, 108 A. ☎ 22-21-99-73. Ouvert du lundi au vendredi, à midi seulement. Un honnête resto *ao kilo* (environ 21 Rls/kg) proposant plusieurs plats régionaux.

Prix moyens (de 20 à 35 Rls – 7,60 à 13,30 €)

|●| *Confeitaria Colombo (plan couleur II, E4, 65) :* rua Gonçalves Dias, 32. ☎ 22-32-23-00. Dans une petite rue piétonne du centre. Ouvert de 9 h à 20 h (17 h le samedi). Fermé le dimanche. Créé en 1894, cet immense salon de thé rappelle le style des cafés viennois « 1900 » avec son haut plafond coiffé d'une verrière, ses volutes, ses moulures extravagantes et ses boiseries sombres aux rayonnages remplis de bouteilles. C'est une institution de Rio, un témoin de l'élégance bourgeoise du XIXe siècle dans ce quartier aujourd'hui déserté par les classes aisées. Les sandwichs et salades y sont copieux, les douceurs salées et sucrées appétissantes. À ne pas manquer si l'on souhaite déjeuner ou goûter dans un cadre magnifique (voir également « Où boire un verre ? »). Allez-y au moins pour le plaisir des yeux !

|●| *Bar Luiz (plan couleur II, D5, 63) :* rua da Carioca, 39. ☎ 22-62-69-00. À deux pas de la place Tiradentes. Ouvert tous les jours jusqu'à 23 h et le dimanche de 11 h à 17 h. Public et comédiens du théâtre João Caetano viennent souvent s'y requinquer après le spectacle. C'est un haut lieu survivant du Rio du début du XXe siècle. Autrefois, ce fut une brasserie allemande, qui s'appelait *Café Adolfo.* Hasard malheureux des noms, en 1943, on préféra le renommer *Bar Luiz.*

|●| *Mr Ôpi (plan couleur II, E4, 67) :* rua da Quitanda, 51, et rua da Alfândega, 91 D. ☎ 25-07-38-59. Ouvre en semaine de 11 h à 16 h. Très bon buffet *ao kilo.* Un peu plus cher que d'autres, mais la différence est justifiée : fraîcheur et qualité des produits, déco raffinée et même un buffet de salades (avec indications de teneur en calories).

|●| *Galeto Castelo (plan couleur II, F5, 69) :* av. Franklin-Roosevelt, 84. ☎ 25-32-41-69. Dans une cour intérieure du secteur du Castelo (quartier d'affaires), derrière le consulat de France, cette grande auberge, espagnole à l'origine, est devenue brésilienne par osmose. Boiseries, nappes rouge et blanc, serveurs en nœud pap', véranda sur la cour et huile d'olive sur la table : on y sert des plats copieux et savoureux dans une joyeuse ambiance de grande cantine populaire.

Plus chic (de 35 à 70 Rls – 13,30 à 26,60 €)

|●| *Restaurante Albamar (plan couleur II, E4, 66) :* près de praça 15 de Novembro et, plus précisément, praça Marechal Âncora, 186. ☎ 22-

40-83-78. Face à l'ilha Fiscal, en bord de mer, tout près des docks. Ouvert tous les jours de 11 h 30 à 18 h. Cet étrange édifice octogonal coiffé d'un petit dôme, avec ses nombreuses fenêtres, fut d'abord un marché municipal, avant d'être reconverti en restaurant. Les fruits de mer sont sa spécialité. Plutôt une adresse pour le soir, bien qu'il n'y ait qu'à l'heure du déjeuner (en plein jour, donc) qu'on profite de la vue à 360 degrés.

|●| **Cais do Oriente** (plan couleur II, E4, **58**) **:** rua Visconde de Itaborai, 8. ☎ 22-03-01-78. Ouvert le midi le lundi, et du mardi au samedi de 12 h à minuit. Plats principaux de 40 à 50 Rls. Comme un secret bien défendu, cette belle adresse retirée dans une rue paisible cache ses atours derrière un paravent de bois sculpté. Mais passé cette défense, on découvre une vaste salle en pierres apparentes, drapée de belles tentures qui montent à l'assaut des hauts plafonds. Service sans faille, au diapason d'une cuisine métisse intéressante mêlant les saveurs d'Orient et d'Occident. Concerts (prévoir 25 Rls de participation) le samedi.

À *Santa Teresa* (plan couleur II)

Prix moyens (de 20 à 35 Rls – 7,60 à 13,30 €)

|●| **Sobrenatural** (plan couleur II, D6, **108**) **:** rua Almirante Alexandrino, 432. ☎ 22-24-10-03. Ouvert tous les jours de 11 h 30 à 2 h. Bon resto de poisson, avantagé par un cadre soigné mi-chic mi-rustique. Un peu branchouille tout ça ! Rien de surnaturel ici, la qualité des plats obéissant aux lois de la nature et au professionnalisme des cuistots. Et comme la maison possède sa propre embarcation, la fraîcheur du poisson est plus que garantie ! Carte variée et savoureuse, un peu chère toutefois si l'on s'intéresse de trop près à certaines spécialités. On se laisse tout de même fléchir par le fumet des fameuses *moquecas,* à partager à 2 ou 3, selon les appétits. Voir aussi « Où boire un verre ? ».

|●| **Bar do Mineiro** (hors plan couleur II par D6) **:** rua Paschoal Carlos Magno, 99. ☎ 22-21-92-27. Dans le prolongement de la rua Almirante Alexandrino, après le largo dos Guimarães. Ouvert du mardi au samedi de 11 h à 22 h (bien plus tard pour le bar) et le dimanche de 12 h à 20 h. Jouxtant une jolie église, cette authentique *botequim* tapissée de vieilles photos et d'ustensiles de cuisine propose de savoureuses spécialités du Minas Gerais. C'est pourquoi la maison est très vite devenue le point de rencontre favori des bohèmes du quartier, occupés à refaire le monde en picorant la *carne seca* servie avec largesse. Absolument goûteux et atmosphère définitivement fraternelle ! Un incontournable. Petite terrasse (après l'arrière-cuisine), pour prendre l'air.

|●| **Espirito Santa** (plan couleur II, D6, **57**) **:** rua Almirante Alexandrino, 264. ☎ 25-08-70-95. Ouvert de 11 h à 17 h le mardi, le mercredi et le dimanche, jusqu'à minuit du jeudi au samedi. Fermé le lundi. Avec un chef originaire du Nord derrière les fourneaux, il ne fallait pas trop miser sur les classiques cariocas. Certains figurent pourtant à la carte, mais se font largement voler la vedette par les délicieuses spécialités sucrées-salées fleurant bon l'Amazonie. Mais la cerise sur le gâteau, c'est l'irrésistible véranda qui domine les toits du quartier. Romantique à souhait ! Accueil et service soigné.

À *Flamengo/Catete* (plan couleur III)

Bon marché (moins de 20 Rls – 7,60 €)

|●| **Café Lamas** (plan couleur III, I7, **70**) **:** rua Marquês de Abrantes, 18 (Flamengo). ☎ 25-56-07-99. Reste ouvert jusqu'à une heure avancée de

la nuit. Fondé en 1874, *Lamas* est devenu un classique. Durant les années 1980, les intellectuels, syndicalistes et professeurs s'y réunissaient. Depuis, le quartier s'est un peu endormi. Mais si le cadre est sobre, il a gardé son caractère. Cuisine genre steak-frites mais d'un bon rapport qualité-prix. On peut aussi se contenter d'y boire un verre.

|●| *Catete Grill* (plan couleur III, I7, **78**) : rua do Catete, 239 (Catete). ☎ 22-85-34-42. Ouvert tous les jours de 12 h à minuit. *Churrascaria ao kilo.* Cadre quelconque, mais grand choix de salades, d'accompagnements et de desserts. Viandes et sushis de qualité.

Prix moyens (de 20 à 35 Rls – 7,60 à 13,30 €)

|●| *Majórica* (plan couleur III, I7, **75**) : rua Senador Vergueiro, 11 (Flamengo). ☎ 22-05-68-20. Ouvert tous les jours jusqu'à minuit. Une des meilleures adresses de viande de Rio, dit-on. Ici, pas de *rodizio*, on choisit sa pièce de bœuf et on la déguste dans un cadre un peu austère : tables en bois, nappes blanches, et garçons sérieux comme des papes. Comme c'est copieux, un plat pour deux suffit.

|●| *Garota do Flamengo* (plan couleur III, I7, **74**) : rua Senador Vergueiro, 35. Tout près de l'hôtel *Paysandú*. Un resto bien connu, fréquenté par des habitués et des employés du quartier. À l'angle d'une rue et d'un boulevard, une salle aérée, avec des serveurs aimables, qui servent, comme dans toutes les *Garota*, de bonnes viandes à prix raisonnables et toutes sortes de spécialités brésiliennes.

|●| *Bistrô Jardins* (plan couleur III, I7, **79**) : jardins do museu da República, rua do Catete, 153 (Catete). ☎ 25-58-26-73. Ouvert tous les jours de 9 h 30 à 18 h. Dans le parc du musée de la République (*palácio do Catete*), à l'abri du soleil et de la chaleur, petit havre de paix et de verdure. Salades, pâtes, quiches, sandwichs. Ne pas être pressé, il y a souvent foule à l'heure du déjeuner.

Plus chic (de 35 à 70 Rls – 13,30 à 26,60 €)

|●| *Churrascaria Porcão Rio* (plan couleur III, I7, **76**) : av. Infante Dom Henrique, Aterro do Flamengo. ☎ 34-61-90-20 ou 25-54-85-35. Le seul resto sur la plage de Flamengo. Sans conteste la meilleure adresse de Rio pour les amateurs de viandes. Chic, certes, mais pas du tout luxueux, ni triste ou compassé, au contraire ! Il est très apprécié des Cariocas, qui y viennent seuls, en couple ou en famille. On y parle fort, on y chante parfois, et souvent on y festoie. Spécialité : un excellent *rodizio* de viandes, soit une dizaine de morceaux différents, que des serveurs rapides et aimables détachent par tranche au moyen d'une sorte d'épée, en passant régulièrement à chaque table. Et comme tout est à volonté, on s'efforcera de sélectionner les plus belles pièces et de ne pas craquer devant le buffet, pourtant fabuleux (crudités, légumes, sushis, jambons, fromages…). Réservez et demandez une table près de la fenêtre, pour jouir de la superbe vue sur le Pain de Sucre, au crépuscule. Belle carte des vins.

À *Lapa* (plan couleur II)

L'avantage de dîner dans le quartier, c'est que vous n'êtes plus qu'à quelques pas des nombreux bars et boîtes musicales dont il regorge. Pour bien commencer la soirée, en somme !

Prix moyens (de 20 à 35 Rls – 7,60 à 13,30 €)

|●| *Nova Capela (plan couleur II, D5, 104) :* av. Mem de Sá, 96, anexo 98. ☎ 22-52-62-28. En plein quartier de Lapa, voici un petit resto patiné par les ans qui a retrouvé sa popularité grâce à son rapport qualité-prix. Petite salle chaleureuse, serveurs en vestes blanches, plats cariocas copieux *(cabrito, frutos de mar, javalai a moda),* et vin de la maison.

|●| *Adega Flor de Coimbra (plan couleur II, E6, 62) :* rua Teotónio Regadas, 34. ☎ 22-24-45-82. Ouvert tous les jours, midi et soir. Au pied des escaliers de Santa Teresa et des arches de l'aqueduc, une petite auberge portugaise fondée en 1938, servant des plats traditionnels du Portugal, dont une excellente *bacalhau* (morue). Les prix des plats sont donnés pour 2 personnes.

À Botafogo *(plan couleur III)*

Ce vieux quartier aux accents populaires et aux charmantes maisons avec petits jardins abrite de nombreux restos où les plats sont copieux et les prix très doux. Du métro Botafogo, emprunter la rua Voluntários da Pátria presque jusqu'au bout. On trouve quelques adresses autour de la station de métro Botafogo et dans le quartier compris entre la rua Voluntários da Pátria et le morro da Saudade.

Bon marché (moins de 20 Rls – 7,60 €)

|●| *Aurora (plan couleur III, H9, 71) :* rua Capitão Salomão, 43. Ouvert à partir de 11 h jusque tard dans la nuit. Clientèle populaire qui s'attable en rangs serrés dans un cadre un peu vieillot pour déguster une bonne cuisine portugaise.

Prix moyens (de 20 à 35 Rls – 7,60 à 13,30 €)

|●| *Botequim (plan couleur III, H9, 72) :* rua Visconde de Caravelas, 184. ☎ 22-86-33-91. Ouvert tous les jours dès 11 h 30. Bonne cuisine brésilienne servie au fond d'une petite maison verte. Déco agréable, beaucoup de bois. Ambiance décontractée, clientèle un brin chic et sage.

À Urca *(plan couleur III)*

Prix moyens (de 20 à 35 Rls – 7,60 à 13,30 €)

|●| *Garota da Urca (plan couleur III, J8, 73) :* av. João Luís Alves, 56. ☎ 25-41-85-85. Ouvert tous les jours (y compris le week-end), midi et soir jusqu'à 3 h. Charmant restaurant surplombant la petite plage d'Urca et offrant une vue sur la baie de Botafogo et le Corcovado. Clientèle de classe moyenne. Bons poissons et viandes servis sur des plaques (comme la *picanha a brasileira*), à déguster à deux, car c'est copieux. L'occasion d'une balade très agréable dans ce coin un peu ignoré au pied du Pain de Sucre. La *Garota* fait partie du même groupe que celle d'Ipanema.

|●| *Praia Vermelha (plan couleur III, J9, 77) :* circuito militar da Praia Vermelha, praça General Tibúrcio. ☎ 22-75-64-34. Au bord de la plage, à gauche de l'entrée du téléphérique qui mène au sommet du Pain de Sucre. Ouvert tous les jours en semaine, jusqu'à 2 h. C'est la cantine des officiers de marine. À midi,

buffet *ao kilo*. On y va plus pour la vue sur la plage et les *morros,* que pour sa cuisine. Préférez la terrasse, où vous pourrez prendre un verre. Le soir, après 18 h, musique *ao vivo*.

À Copacabana *(plan couleur IV)*

Les restos ici sont, de manière générale, moins agréables. On y trouve pourtant de nombreuses adresses pas chères où viennent à midi les vendeuses de magasin, secrétaires et employés du quartier.

Bon marché (moins de 20 Rls – 7,60 €)

|●| *Papo de Anjo (plan couleur IV, N10, 80) :* rua Barata Ribeiro, 349 (entre les rues Hilário Gouveia et Paula de Freitas). ☎ 22-36-78-03. Ouvert tous les jours de 11 h à 23 h. Sur la rue, petit comptoir pour déguster sur le pouce un *salgado,* ces petits chaussons à la viande ou au fromage. Dans la petite salle toute simple, excellente cuisine brésilienne *ao kilo* (goûtez et fondez pour la *batata corada*), un peu moins chère en semaine que le week-end. Petit havre de paix dans cette rue agitée, fréquenté par une clientèle d'habitués qui ne se lassent pas de le recommander.

|●| *Cervantes (plan couleur IV, N10, 81) :* av. Prado Júnior, 335 (à l'angle de Barata Ribeiro). ☎ 22-75-61-47. Ouvert du mardi au dimanche de 12 h à 4 h. Une institution carioca, souvent citée par la presse locale comme l'un des meilleurs *botequim* de la ville. Toujours plein de monde, surtout la nuit. Ne vous laissez pas impressionner par l'air revêche de certains garçons. Allez-y pour goûter les sandwichs à l'ananas et au cuissot de porc.

|●| *Buteskina (plan couleur IV, M10, 105) :* rua Santa Clara, 145. Ouvert de 8 h à tard le soir. Le petit bistrot du coin, où les habitués viennent en voisins profiter des grillades sans chichis et de bonne tenue. Mais le samedi, tout le monde sacrifie à la tradition et goûte la *feijoada* de la maison, vraiment goûteuse avec ses quartiers d'orange et son *couve* aillé. Ambiance généralement débonnaire, car, les soirs de foot, les tables envahissent le trottoir pour satisfaire les supporters survoltés. Rien que du bon, surtout les tarifs !

|●| *Mala e Cuia (plan couleur IV, M10, 82) :* rua Barata Ribeiro, 638. ☎ 22-56-02-38. Ouvert de 12 h à 23 h (18 h le dimanche). Chaîne de bons restos spécialisés dans la cuisine du Minas Gerais. D'abord implantée à Belo Horizonte, elle a ouvert d'autres établissements à Rio, notamment dans le Centro (av. Presidente Wilson, 123). Cadre rustique d'auberge traditionnelle, enrichi comme il se doit de boiseries et de bibelots populaires. Formule de buffet pas cher à midi.

|●| *Big Nectar (plan couleur IV, M11, 59) :* av. N.S. da Copacabana, 985. ☎ 25-23-26-62. Une petite faim intempestive ? Faites donc comme les Cariocas : à n'importe quelle heure du jour comme de la nuit, on les retrouve accoudés aux comptoirs de ces *lanchonetes,* débits de boissons et de petits plats tout simples préparés à la minute (*pasteis,* sandwichs...). Et celui-ci se distingue par ses dizaines de jus de fruits, parfois délirants, comme le *super bomba*. Hyper-vitaminé !

Prix moyens (de 20 à 35 Rls – 7,60 à 13,30 €)

|●| *Churrascaria Carretão Lido (plan couleur IV, N10, 94) :* rua Ronald de Carvalho, 55 (au niveau du *posto 2*). ☎ 25-43-26-66. Ouvert tous les jours de 11 h 30 à minuit. Très bon *rodizio,* aux viandes succulentes, pour un prix raisonnable. Les vendredi et samedi midi,

RIO DE JANEIRO

feijoada comprise dans le forfait.

|●| *Colombo do Forte (plan couleur IV, N11, 106)* **:** praça Coronel Eugênio Franco, 1. ☎ 32-01-40-49. Ouvert de 10 h à 20 h. Fermé le lundi. Tout au bout de la plage de Copacabana, après la communauté des pêcheurs, vous trouverez le Fort. Les militaires demandent une petite participation pour l'entrée de leur très chic caserne... À quelques pas de leur guérite, la terrasse du *Colombo* vous ouvre les bras, au-dessus de la mer, sous les arbres, loin des voitures, avec vue panoramique sur Copacabana. Bref, rien de militaire là-dedans, d'autant plus que les plats honorables n'ont rien d'une ration de survie ! Laissez-vous donc tenter par le gargantuesque petit déjeuner ou, vers midi, par les salades tropicales.

|●| *Sindicato do Chopp (plan couleur IV, N10, 102)* **:** av. Atlântica, 3806 (Leme). ☎ 25-23-46-44. Ouvert tous les jours de 11 h à 3 h. Grande terrasse face à la mer, carte variée, mais on peut aussi y siroter une bonne bière. Une filiale à Ipanema, rua Farme de Amoedo, 85.

|●| *Manoel & Juaquim (plan couleur IV, N10, 89)* **:** rua Siqueira Campos, 12, av. Atlântica, 1936 et 3806. Taverne portugaise typique, appréciée pour ses plats tout à fait convenables à partager dans une ambiance décontractée. L'établissement rencontre un tel succès que de nombreuses filiales ont vu le jour un peu partout, à Ipanema (rua Barão da Torre, 162), Lapa (praça João Pessoa, 7), Catete (rua Almirante Tamandaré, 77). Bonnes adresses, souvent avec des terrasses agréables (pas ici, malheureusement).

Plus chic (de 35 à 70 Rls – 13,3 à 26,6 €)

|●| *Churrascaria Marius (plan couleur IV, N10, 83)* **:** av. Atlântica, 290 B (Leme). ☎ 25-42-23-93. Ouvert tous les jours de midi à minuit (pause de 16 h à 18 h en semaine). La formule à 67 Rls comprend le superbe buffet salades/accompagnements, quelques fruits de mer et les viandes... à volonté. Assez touristique, mais c'est un must. On y sert des viandes *ao*

rodizio de très bonne qualité, accompagnées de plats de légumes et de salades. Les produits sont sélectionnés avec rigueur. N'hésitez pas à manger à votre rythme pour profiter de la profusion et du choix des viandes. Toujours la foule... Se faire préciser le prix et le fonctionnement en arrivant, car rien n'est indiqué à l'entrée. Belle déco.

Très chic (plus de 70 Rls – 26,60 €)

|●| *Marius Crustáceos (plan couleur IV, N10, 86)* **:** juste à côté de la *Churrascaria Marius.* ☎ 25-43-63-63. Mêmes horaires que la *Churrascaria Marius,* mais plus cher : 97 Rls. Même principe, mais là, sur la plage abandonnée, ce sont les plateaux de

coquillages et crustacés qui virevoltent. Adresse incontournable pour les amateurs de fruits de mer, dans un décor amusant, mais on peut lui reprocher une atmosphère un tantinet trop touristique...

À Ipanema *(plan couleur IV)*

Prix moyens (de 20 à 35 Rls – 7,60 à 13,30 €)

|●| *Restaurante New Natural (plan couleur IV, M11, 84)* **:** rua Barão da Torre, 173. ☎ 22-87-03-01. Formule *ao kilo* pour environ 25 Rls/kg. Bon restaurant bio niché dans une jolie taverne, avec lanternes, tables épais-

ses en bois, poutres et briques. À côté de la salle principale, une petite boutique de produits naturels, ainsi qu'une pâtisserie servant de délicieuses tartes ou des chaussons aux fruits de mer, aux épinards, au poulet...

|●| *Churrascaria Carretão* *(plan couleur IV, M11, 95)* : rua Visconde de Pirajá, 112. ☎ 22-67-39-65. Ouvert tous les jours (y compris les jours fériés) de midi à minuit. Excellent *rodizio* de viandes, un des meilleurs rapports qualité-prix. En témoigne la file d'attente le week-end, dès la fin de l'après-midi. Allez vous y régaler avant ou après le marché de la *Feira hippie,* le dimanche (voir « Marchés et foires »).

|●| *Da Silva* *(plan couleur IV, L11, 96)* : rua Barão da Torre, 340. ☎ 25-21-12-89. Excellente *comida ao kilo* (jusqu'à 16 h) « made in Portugal », où beaucoup viennent se régaler pendant la pause-déjeuner. *Feijoada* le week-end. Le soir, c'est à la carte et c'est plus cher... mais ça reste très bon et très copieux !

|●| *Casa da Feijoada* *(plan couleur IV, M11, 90)* : rua Prudente de Morais, 10 B. ☎ 25-23-49-94. Pour qui veut affronter le plat typique de Rio, ce mélange savoureux de haricots noirs, riz, choux, manioc et porc (queue, langue, oreilles, pied, demi-sel) composé par les esclaves avec les restes de dîner des maîtres. Pas de panique, vous pouvez choisir vos morceaux de viande (ouf...). C'est bon, lourd et demande un après-midi entier (pour la commander, la manger, la digérer), mais c'est le programme du samedi par excellence et LE restaurant de référence en matière de *feijoada.*

|●| *Bar Lagoa* *(plan couleur IV, M11, 85)* : av. Epitácio Pessoa, 1674. ☎ 25-23-11-35. Face au lac Rodrigo de Freitas. Ouvert de 12 h à 2 h (à partir de 18 h le lundi). Quand on pense que des promoteurs ont voulu le détruire... Les riverains se sont mobilisés ! Le *Lagoa* est une institution depuis 1934, connue notamment pour la mauvaise humeur de ses serveurs (qui n'est parfois qu'une légende) et pour sa terrasse. Sorte de vieux bistrot rénové où l'on peut prendre une bonne viande à deux en observant la gentille animation qui ne discontinue pas. Très agréable, mais parfois de l'attente pour trouver une table en terrasse, réservée par les habitués. Plus sympa à midi, car le soir le lac s'évanouit dans l'obscurité.

|●| *Cafeína* *(plan couleur IV, M11, 97)* : rua Farme de Amoedo, 43. ☎ 25-21-21-94. Ouvert les dimanche et lundi de 9 h à 20 h et du mardi au samedi de 8 h à 23 h 30. Dans un genre de fournil hybride aux allures de salon de thé coquet, avec murs en brique et faïence bariolée de rigueur, de jolies et copieuses salades, des sandwichs dont vous pouvez choisir le pain, et bien sûr une foule de gâteaux du jour... Au fond, petite boulangerie-épicerie fine. Brunchs à déguster en terrasse. Filiale à Copacabana (rua Constante Ramos, 44).

|●| *Alessandro & Frederico* *(plan couleur IV, L11, 98)* : rua Garcia d'Ávila, 134. ☎ 25-21-08-28. L'adresse branchée du quartier ouvre ses portes de 9 h à 1 h du matin. Fréquentée par une clientèle carioca chic et étrangère. Un des rares restos disposant d'une terrasse où déguster de bonnes (et copieuses) salades et grillades, et bruncher le week-end. Souvent plein. Tenter sa chance, car c'est bon, et le pain y est délicieux (ce qui est rare à Rio).

Plus chic (de 35 à 70 Rls – 13,30 à 26,60 €)

|●| *Churrascaria Porcão* *(plan couleur IV, M11)* : rua Barão da Torre, 218. ☎ 25-22-09-99. Compter près de 50 Rls le *rodizio* (hors boissons et desserts). La plus célèbre *churrascaria* de tout Rio : chère, bruyante, déco banale, mais incontournable pour les amateurs de viande. Des serveurs empressés tournoient autour de vous en proposant toutes sortes de viandes, laissant bien sûr les meilleures pièces pour la fin, puisque, ici, on mange à volonté. Il faut donc refuser saucisses et autres poulets pour se concentrer sur le filet mignon, la *picanha* et enfin, summum, la *picanha nobre,* noisette fondante, ou la *fraldinha.* Ceux qui com-

mencent à voir rouge peuvent diversifier les plaisirs avec le buffet varié de poissons crus, crevettes grillées, salades diverses. Méfiez-vous quand même des plateaux d'alcool et de desserts... ces « pousses-conso » ne sont pas compris dans le forfait et ils peuvent plomber l'adition !

I●I *Zaza Bistro Tropical* (plan couleur IV, M11, 88) : rua Joana Angélica, 40. ☎ 22-47-91-01. Ouvert tous les soirs, ainsi que le samedi midi. C'est d'abord la jolie petite maison vert pâle qui retient l'attention, toute mignonne dans cet environnement sévère d'immeubles modernes. Puis la carte bien montée confirme cette première bonne impression... La cuisine de Zaza mélange les délices du Brésil avec les saveurs de l'Orient. Vous pourrez ainsi découvrir la saké-caïpirinha ou le délicieux thon au fruit de la passion... Les végétariens seront aussi de la fête avec un menu spécial. La petite terrasse aux loupiottes colorées ou l'étage aux tables basses, bougies et poufs en cuir attirent une foule éclectique et sympathique. Charmant.

I●I *Yemanjá* (plan couleur IV, M11, 87) : rua Visconde de Pirajá, 128.

☎ 25-23-44-56. Prévoir 40 Rls. En semaine on y dîne, le week-end on peut également y déjeuner. Bienvenue en terre bahianaise. La déco fait un peu kitsch (la salle du fond, souvent réservée pour les groupes, est une reconstitution du *Pelourinho* de Salvador). Cependant, la *moqueca* de poisson et/ou crevettes, que l'on peut facilement partager à deux, y est délicieuse.

I●I *Olivier Cozan* (plan couleur IV, M11, face au 125) : rua Vinícius de Moraes, 130. ☎ 22-47-53-51. Ouvert tous les jours jusqu'à 1 h du matin. Formule à 25 Rls le midi. Plats moyens à partir de 30 Rls. Cuisine de chef, cadre de bistrot, et prix accessibles : c'est rare à Rio et ça marche du tonnerre ! Installé au Brésil, marié à une Brésilienne, Olivier Cozan a su s'adapter au rythme de vie carioca. Pas de chichis, mais un service impeccable. Un grand éventail de plats savoureux à la carte, depuis le sandwich au foie gras et la succulente crêpe de Quimper magnifiée par les saveurs brésiliennes, en passant par les plats de la tradition française vivifiés par les épices du Brésil. Superbe cave et carte des vins.

À *Lagoa* (plan couleur IV)

Prix moyens (de 20 à 35 Rls – 7,60 à 13,30 €)

I●I *Stands de la Lagoa* (plan couleur IV, L10, 91) : av. Borges de Medeiros, du 1400 au 2000, dans le parque dos Patins (ou parque Brigadeiro Faria Lima). Sur une esplanade, une vingtaine de kiosques (japonais, arabe, nordestin, bahianais, italien, et tout et tout...) proposent une cuisine

honnête dans un cadre vraiment agréable, dehors, au bord de la lagune. À partir du jeudi, musique dans plusieurs kiosques, dont du *chorinho* qui chante l'âme de Rio, salsa, jazz, *MPB*, il y en a pour tous les goûts. En cas de pluie, les kiosques restent ouverts, mais pas de musique...

À *Leblon* (plan couleur IV)

Bon marché (moins de 20 Rls – 7,60 €)

I●I *Cantinha do Leblon* (plan couleur IV, L11, 92) : rua Dias Ferreira, 482. ☎ 22-94-09-46. Ouvert tous les jours de 11 h à 2 h. Cela fait 30 ans que les Cariocas se régalent, pour pas cher, dans cet établissement

typique. Ambiance sympathique et décontractée, plats copieux (souvent pour deux) et corrects, qui font oublier la simplicité du décor. *Feijoada* le samedi (23 Rls pour 2).

Prix moyens (de 20 à 35 Rls – 7,60 à 13,30 €)

|●| *Ataulfo (plan couleur IV, K11, 107) :* av. Ataulfo de Paiva, 630. ☎ 25-40-06-06. Ouvert tous les jours jusqu'à minuit. Vous n'arrivez pas bien à vous décider entre plat typique carioca, japonais ou italien ? Voilà votre resto, idéal à toute heure. Pour un café et une bonne pâtisserie en fin d'après-midi ou un vrai dîner pour se remettre de la tournée des bars de Leblon ! La nourriture proposée est vraiment variée : du chateaubriand aux poires jusqu'aux raviolis aux artichauts sauce au brie. Buffet le midi et à la carte le soir. Les glaces valent, elles aussi, le détour.

|●| *Jobi (plan couleur IV, K11, 93) :* av. Ataulfo de Paiva, 1166. ☎ 22-74-05-47. Bar bucolique, quelques tables en bois sur une terrasse, nappes à carreaux désuètes, serveurs qui précèdent vos désirs engoncés dans leur gilet noir. Les *bolinhos* et sandwichs sont délicieux. Goûtez la *picanha* (bœuf) au beurre fondu : fondante ! Propose la fameuse *feijoada* du samedi. Réputé également pour sa bière pression. Souvent plein (queue le week-end). Vénéré par les habitants de la *Zona sul*. Excellente ambiance.

|●| *Fellini (plan couleur IV, L11, 99) :* rua General Urquiza, 104. ☎ 25-11-36-00. Ouvert tous les jours de 11 h 30 à 17 h 30 et de 19 h 30 à tard. Un des meilleurs dans la catégorie *ao kilo*, en terme de qualité et diversité des produits. Souvent plein, mais ne pas hésiter à attendre son tour, car on y vient uniquement pour se régaler et les tables tournent assez vite.

|●| *Ateliê culinário (plan couleur IV, K11, 100) :* rua Dias Ferreira, 45. ☎ 25-57-76-33. Ouvert tous les jours de midi à minuit. Les plats ne sont pas copieux mais souvent surprenants et fins, les cartes changent vraiment de celle des *botequim*. On peut aussi manger sur le pouce des miniquiches, sandwichs et (bonnes) pâtisseries en sirotant un bon jus de fruits. Une filiale existe également à Ipanema (rua Paul Redfern, 41).

Plus chic (de 35 à 70 Rls – 13,30 à 26,60 €)

|●| *Celeiro (plan couleur IV, K11, 101) :* rua Dias Ferreira, 199. ☎ 22-74-78-43. Ouvert de 10 h à 17 h 30. Fermé le dimanche. Élu meilleur buffet de salades (bio) de Rio, la formule est chère (44 Rls/kg) mais *ao kilo*, donc on peut s'en sortir pas trop mal si on reste raisonnable. Artistes, intellectuels, cadres sup', branchés et autres se rencontrent fréquemment ici. Souvent plein.

|●| Plein de restos sympathiques en fin de semaine rua Dias Ferreira. Des branchés plutôt chers et des débranchés à prix moyens.

Où boire un verre ?

Dans le Centro (plan couleur II)

🍸 Lors de votre exploration du centre-ville, n'oubliez pas de vous arrêter pour prendre un verre sur la *praça Floriano* (ou *Cinelândia*). En fin d'après-midi, sur le largo de Lapa, la vaste terrasse du bar *Amarelinho (plan couleur II, E5, 134)* est le rendez-vous des employés du centreville, tout comme celle de son voisin le *Bar Ernesto*. Emplacement stratégique pour détailler sans effort les monuments de la place.

🍸 *Confeitaria Colombo (plan couleur II, E4, 65) :* rua Gonçalves Dias, 32. ☎ 22-32-23-00. Dans une petite rue piétonne du centre. Ferme à 20 h (17 h le samedi). Un des plus beaux cafés-salons de thé de Rio, dans le style Vienne 1900. Voir également « Où manger ? ».

❦ *Casa Cavé (plan couleur II, E4-5, 128) :* rua 7 de Setembro, 137, à l'angle de la rua Uruguiana. Plus petit, plus discret que la *Confeitaria Colombo* mais tout aussi ancien (azulejos sur un mur). Ce charmant salon de thé sert aussi du café et, bien sûr, de savoureuses pâtisseries appréciées des gens du quartier.

❦ *Adega do Timão (plan couleur II, E4, 135) :* rua Visconde de Itaborai,

10. ☎ 22-24-96-16. Ouvert du mardi au dimanche de 16 h à minuit. Dans un genre plus rugueux, cette taverne à matelots patinée par le temps et les bourrasques fera le bonheur des poètes urbains. Dallage grossier, souvenirs marins et comptoir fréquenté par les habitués composent une scène de genre digne des photos sépia. « Authentique » n'est pas un vain mot !

À *Santa Teresa* (plan couleur II)

Ce quartier populaire à flanc de colline abrite une communauté d'artistes, et la bohème de Rio aime à s'y retrouver. Le soir, public jeune dans les bars et dehors, la canette de bière à la main !

❦ *Bar do Mineiro (hors plan couleur II par D6) :* rua Paschoal Carlos Magno, 99. Ouvert tous les jours jusqu'à 2 h (20 h le dimanche). Voir « Où manger ? ». Pour boire un verre sur la terrasse. Beaucoup de monde les soirs de fin de semaine.

❦ ♪ *Sobrenatural (plan couleur II, D6, 108) :* rua Almirante Alexan-

drino, 432. Murs en brique rehaussés de toiles contemporaines, foule hétéroclite d'artistes-peintres en herbe, d'intellos et d'étudiants, musique brésilienne, apéritifs en pagaille. Confusion chaleureuse. Concerts certains soirs. Fait aussi restaurant : on y déjeune très bien (voir « Où manger ? »).

À *Laranjeiras, Machado* (plan couleur III)

❦ *Mercado São José das Artes (plan couleur III, I7, 113) :* rua das Laranjeiras, 90. À l'angle des rues Gago Coutinho et das Laranjeiras, pas très loin du largo do Machado. Cet ancien marché couvert a été sauvé des promoteurs par une mobi-

lisation des écolos. Plusieurs restos et boutiques organisés en coopérative se partagent l'espace. Tout autour, sous les arcades, on boit, on mange, on « tchatche » et on drague. À ne pas manquer.

À *Botafogo* (plan couleur III)

❦ *Rua Farani (plan couleur III, I8, 109) :* dans la partie qui se trouve près de la faculté et près de la plage de Botafogo. Cette petite rue au trottoir sous arcades rassemble une série de *bars-restaurants en terrasse,* ouverts fort tard le soir et fréquentés par un public de bons vivants. Des groupes de samba se produisent souvent en terrasse.

❦ *O Plebeu :* rua Capitão Salomão, 50, face au resto *Aurora (plan couleur III, H9, 71).* Clientèle jeune, étudiante et plutôt animée. Ici, on écluse les bières et on se fiche du cadre. Salle au 1ᵉʳ étage pour les amoureux. Ambiance au rez-de-chaussée. Plats à éviter, ou alors juste pour se nourrir.

À *Copacabana* (plan couleur IV)

❦ *Bip-Bip (plan couleur IV, M11, 120) :* rua Almirante Gonçalves, 50.

☎ 22-67-96-96. Ouvert uniquement le soir. Petit bar sans allure, comptoir en inox... mais samba le dimanche et *chorinho* le mardi. Car ce troquet est une véritable institution à Rio, un rendez-vous quasi obligé pour les artistes de passage qui y improvisent des bœufs. En général, il faut rester debout sur le trottoir car l'intérieur, minuscule, est pris d'assaut par les musiciens et les fans habitués. On danse, on chante, excellente ambiance populaire et authentique ! Hip bip-bip... hourra !

À *Ipanema* (plan couleur IV)

▼ **Botequim Informal** (plan couleur IV, M11, **119**) : rua Barão da Torre, 346. ☎ 22-47-67-12. Sur la jolie place Nossa Senhora da Paz, l'endroit idéal pour faire une pause après un après-midi de shopping fiévreux, ou pour une tout autre ambiance, un apéro typique de la zone « sud » de Rio. Minettes, dragueurs... on parle haut, on se montre, et la *Skol* coule à flot... jusque sur le trottoir quand il n'y a plus de places assises ! Les *petiscos,* tapas locales, sont délicieux et changent des invariables beignets au fromage ou à la viande.

▼ **Garota de Ipanema** (plan couleur IV, M11, **112**) : rua Vinícius de Moraes, 49. Bar archi-touristique, devenu un lieu de pèlerinage pour tous les fans de Vinícius de Moraes et Tom Jobim. C'est ici qu'ils écrivirent la célèbre chanson du même nom, monument incontournable de la bossa-nova. Sa terrasse également fréquentée par de nombreux Cariocas demeure l'une des plus sympas du coin, pour boire un verre ou même grignoter un morceau. La *Garota* a ouvert d'autres établissements (voir aussi « Où manger ? » à Urca et Flamengo).

▼ **Bar Lagoa** (plan couleur IV, M11, **85**) : av. Epitácio Pessoa, 1674. En face du lac Rodrigo de Freitas. Ouvert le lundi de 18 h à 2 h et du mardi au dimanche de 12 h à minuit. Voir « Où manger ? ». Agréable pour y boire un verre... quand il y a de la place. Vous donnera envie d'y retourner pour y manger.

▼ **Bofetada** (plan couleur IV, M11, **111**) : rua Farme de Amoedo, 87 A. Ambiance décontractée dans ce bar fréquenté jadis par Tom Jobim. Ses tables à plateau de marbre et ses râteliers chargés de bouteilles entretiennent son apparence de *botequim* à l'ancienne, mais sa fréquentation est nettement plus moderne. Haut lieu de rencontre des GL'S (Gays & Lesbians).

▼ **Empório** (plan couleur IV, L11, **90**) : rua Maria Quitéria, 37. Bar toujours très animé le soir en fin de semaine. Jeunesses carioca et internationale branchées fusionnent sur fond de rock indépendant et de *caïpirinha*. Toujours la foule agglutinée dehors, un verre à la main. Très sympathique.

À *Jardim botânico* (plan couleur IV)

▼ **Caroline Café** (plan couleur IV, L10, **114**) : rua J. J. Seabra, 10. Le royaume des cocktails, préparés avec soin par Siri, le barman, ouvre ses portes tous les soirs à 19 h. On peut aussi y dîner, sur le balcon. Lumières tamisées, ambiance lounge et bons sushis. Le rendez-vous de la jeunesse branchée carioca. Rue animée les vendredi et samedi soir.

À *Leblon* (plan couleur IV)

▼ Si votre plage de prédilection est la très tranquille langue de sable de Leblon, allez rejoindre les grappes de jeunes qui se retrouvent à la terrasse du ***Caneco 70*** (plan couleur IV, K11, **115)**, av. Delfim Moreira, 1026.

« Caneco 70 », c'est la Coupe du monde de foot 1970 remportée par qui vous savez.

Academia da Cachaça *(plan couleur IV, L11, 116)* : rua Conde de Bernardote, 26. Les nombreuses terrasses de cette rue rivalisent de charme. Mais c'est sur celle-ci que vous trouverez une centaine de marques de *cachaça*, un spécialiste de la *caïpirinha* et des *batidas.* Victime de son succès, c'est vite complet ! Mais la nourriture, du Sertão (intérieur du Nordeste), est savoureuse. Il faut essayer le *caldo de feijão* (soupe de haricot rouge) en toute saison, et la *cachaça* aussi !

Clipper *(plan couleur IV, L11, 121)* : rua Carlos Góes, 263 A, à l'angle d'Ataulfo de Paiva. Ouvert tous les jours de 8 h à 1 h. Bar sans prétention, qui ne bouge pas avec les années. Accueille les soirs de match de foot les fans du club du Flamengo, le plus populaire de Rio. On installe alors les tabourets en plastique sur le trottoir pour suivre la rencontre. Chaude ambiance tard le soir... flots de bière, de pronostics bidons, de cris, d'émotions.

Bracarense *(plan couleur IV, L11, 122)* : rua José Linhares, 85 B, à l'angle d'Ataulfo de Paiva. ☎ 22-94-35-49. Ouvert tous les jours. Autre bar historique de Rio. Les petites tables rondes en béton qui ont poussé sur le trottoir sous l'auvent moderne viennent remplacer les chaises de plage que l'on avait coutume de traîner jusque-là. Mais les sujets de conversation n'ont, en revanche, pas changé : commentaires de match de foot ou sur les filles ! Blindé le week-end.

Seu Martín *(plan couleur IV, K11, 123)* : av. General San Martin, 1196. Plus chic que les autres troquets, l'endroit idéal pour apprécier de délicieux *petiscos* et boire une *chope* sur fond de jazz.

Guapo Loco *(plan couleur IV, K11, 124)* : rua Rainha Guilhermina, 48, à l'angle de l'avenida General San Martin. Bar-resto tex-mex où *margarita* fait de la concurrence à *caïpirinha.* Les générations se mélangent. Bonne ambiance.

Où assister à un spectacle ? Où danser ?

Pour toutes les informations que nous donnons, il est prudent de passer un coup de fil pour vérifier si le spectacle a bien lieu. Les quotidiens *Jornal do Brasil* (*JB* pour les intimes) et *O Globo* offrent, dans leurs pages culturelles, de bons plans pour le soir même (liste des spectacles). Le *JB* édite une revue spéciale le vendredi *(Programa)* avec tous les programmes de sorties, théâtre, ciné, concerts. Même chose pour *O Globo (Rio Show)*. L'hebdomadaire *Veja,* quant à lui, annonce la couleur le dimanche.

Les écoles de samba

Assister à une répétition *(ensaio)* d'une école de samba est un spectacle à ne pas manquer, surtout si vous êtes à Rio à l'approche du carnaval. Difficile d'oublier les couleurs, la rumeur et les odeurs entêtantes de ces foules fortes de milliers de personnes chaloupant au rythme des batteries déchaînées... Les moments propices sont les soirs de fin de semaine, et particulièrement le samedi. L'unique inconvénient est que les écoles sont en général loin du centre.
On vous donne les deux meilleures, proches du centre, dans des quartiers sûrs. Le moyen le plus pratique, et le plus sûr, est de s'y rendre et d'en repartir en taxi (ils attendent à la sortie).
Autre solution : plusieurs agences organisent des visites des écoles de samba. Ce sont des visites « participatives ». Les intéressés embarquent dans un minibus qui s'arrête aux différents hôtels pour prendre les clients. Une fois sur place, on passe une partie de la nuit à danser, mêlé aux Cariocas, dans une ambiance enfiévrée de grand bal tropical. On trouve sur place

des buvettes et des vendeurs d'en-cas et de gâteaux (simples et pas chers). Au retour, le minibus dépose à nouveau chaque participant à son hôtel. On recommande *Brazil Expedition*, dirigée par Wilson Neves Jr. ☎ 93-76-28-39 ou 78-16-74-82. ● www.brazilexpedition.com ● Surf, foot, samba... Wilson organise des expéditions dans différents domaines. Compter environ 50 Rls par personne pour une soirée *Samba* avec transfert en minibus (aller-retour) et entrée à l'école incluse. On réserve par téléphone et le sympathique Wilson passe vous prendre à votre hôtel. L'agence *Angramar Turismo* est également efficace (☎ 22-35-19-89), mais en cas de doute, il suffit de s'adresser directement à la réception de l'hôtel (prévoir alors une petite commission).

■ **Salgueiro :** rua Silvia Teles, 104, Andarai (près de Tijuca). ☎ 22-38-55-64. ● www.salgueiro.com.br ● Entrée : 15 Rls (homme), 10 Rls (femme), sans les consommations. Fondée en 1953, c'est l'école de samba qui collectionne les premières : première à graver un disque, première à accepter des femmes dans l'orchestre, première à se produire à l'étranger... La plus proche du centre de Rio, elle est connue pour offrir les plus extraordinaires répétitions de la ville. Dès fin octobre, tard le samedi (à partir de minuit), la batterie, composée d'une cinquantaine de percussionnistes, se lance dans une démonstration de force tandis que la foule « roule » littéralement dans le *samba*. La sueur dégouline, les tympans explosent, mais c'est une expérience incontournable.

■ **Estação Primeira da Man-** **gueira :** rua Visconde de Niterói, 1072. ☎ 38-72-67-86 *(quadra)* et 25-67-46-37 *(barracão)*. ● www.mangueira.com.br ● Du côté de São Cristovão, et pas très loin de *Salgueiro*. Entrée : 15 Rls, sans la boisson. La plus célèbre de toutes les écoles de samba de Rio, maintes fois championne du Carnaval. Ses couleurs, rose et vert, font partie de l'histoire de la ville. Les bals dits de répétition, durant lesquels la batterie joue en boucle le *samba* qui sera présenté lors du carnaval, sont en général le samedi à partir de 23 h (vérifier par téléphone). L'immense salle de l'école est au Buraco Quente, en bas de la favela. Ce n'est pas dangereux, mais il faut venir léger : sans argent, et à peine vêtu (!) à cause de la chaleur dégagée par les milliers de danseurs. Impressionnant et assourdissant !

Spectacles folkloriques

Voici un endroit où sont présentés des shows folkloriques de qualité, bien que touristiques et chers. Un peu le *Moulin-Rouge* de Rio.

∞ **Plataforma 1** *(plan couleur IV, K-L11, 117) :* rua Adalberto Ferreira, 32 *(Leblon)*. ☎ 22-74-40-22. Tous les jours à 22 h. Pas donné (100 Rls) mais intéressant, surtout lorsque les écoles de samba ferment (de la fin du carnaval à début septembre). En revanche, éviter le resto. Show de métis, qui inclut aussi de la *capoeira*. Possibilité d'entendre jouer de l'instrument traditionnel africain, l'*arc bérimbau*. Durée du spectacle : environ 1 h 30.

Où danser... la *gafieira* ?

Une *gafieira* est une sorte de boîte de nuit brésilienne, un « dancing » convivial sans spot ni coin sombre. D'origine très populaire et à la mode dans les classes moyennes. On n'y danse pas le disco mais la *gafieira,* qui se rapproche du samba et se danse à deux. Quand on connaît la difficulté de bien danser le samba (le buste, le bassin et les jambes doivent être désolidarisés tout en conservant une harmonie d'ensemble), on imagine la dextérité et le sens du rythme qu'il faut pour la danser à deux.

RIO DE JANEIRO

Les *gafieiras* sont donc fréquentées par de vrais amoureux de la danse de tous âges et sont ouvertes à tous. On y fait de nombreuses rencontres, et nul doute qu'on vous prendra par la main pour vous initier.
– *Un conseil :* allez-y le vendredi ou le samedi soir mais évitez le dimanche (l'animation est faible).

♫ **Estudantina** *(plan couleur II, D5, 129) :* praça Tiradentes, 79 (Centro). ☎ 22-52-51-13 et 22-32-11-49. La salle est au 1er étage. Il s'agit d'une école de danse, dans une vaste pièce toute simple. Le programme varie selon les jours de la semaine (téléphonez avant) : *forro, samba, salsa, dança de salao.* Généralement, il faut y être entre 18 h 30 et 20 h 30 pour les cours, mais la danse ouverte au public continue tard dans la soirée. Prix modique. Beaucoup d'habitués et atmosphère conviviale.

♫ **Casa da Mãe Joana** *(plan couleur II, D5, 133) :* av. Gomes Freire, 547 (Centro). ☎ 22-24-40-71. Ouvert du mardi au vendredi à partir de 20 h et le samedi à partir de 22 h. Vaste bâtisse où des monstres sacrés du *samba* – moyenne d'âge 60 ans –

se produisent et sont l'attraction de soirées typiquement cariocas. Sur la piste, les danseurs s'agitent frénétiquement avec le sourire halluciné qu'une heure de samba allume sur tous les visages. Les autres conversent autour d'une bière en grignotant du manioc frit ou de la viande séchée au soleil. Prix moyens, très bonne adresse.

♫ **Asa Branca** *(plan couleur II, E6, 130) :* av. Mem de Sá, 17 (Lapa). ☎ 22-24-23-42. Dans le quartier de Lapa, près de l'aqueduc. Ouvert du mercredi au dimanche à partir de 22 h. *Forró, pagode, samba,* voici un autre antre de la musique populaire brésilienne, version grand public. Populaire oui, très peu glamour, mais authentique et animé.

Où écouter de la musique brésilienne ?

♪ **Rio Scenarium** *(plan couleur II, D5, 131) :* rua do Lavradio, 20 (Centro). ☎ 22-33-32-39 ou 38-52-55-16. Ouvert du mardi au samedi de 19 h à 1 h 30. Un immeuble ancien occupé sur 3 étages par un magasin d'antiquités, avec à chaque niveau des collections incroyables d'objets de tous les styles. Des balustrades en bois bordent un patio intérieur (piste de danse). Musique live avec de bons groupes. Plus on monte, plus on s'entend facilement pour parler. Une excellente adresse.

♪ **Comuna do Semente** *(plan couleur II, E6, 127) :* rua Joaquim Silva, 138, à l'angle avec la rue Evaristo da Vega. ☎ 25-09-35-91. Ouvert les jeudi et samedi de 22 h à 3 h et le dimanche de 17 h à 23 h. Petit immeuble à l'enseigne de la « Commune de Semente », au pied des arches blanches de l'aqueduc de Lapa, au cœur d'un quartier populaire renaissant et alternatif. Une bonne adresse qui a lancé bien des talents du *samba* et du *choro,* et

même des violonistes comme Zé Paulo Becker et Nicholas Krassik.

♪ **Carioca da Gema** *(plan couleur II, D6, 132) :* av. Mem de Sá, 79 (Lapa). ☎ 22-21-00-43. Une référence pour les amateurs de musique live. Programmation tous les soirs à partir de 18 h (21 h le samedi) dans un joli décor fait de brique et... de bois (pas de broc' ici). Si vous y allez essentiellement dans l'optique d'écouter de la musique, évitez le week-end (bondé et bruyant).

♪ **Canecão** *(plan couleur III, I9, 110) :* av. Venceslau Brás, 215 (Botafogo). ☎ 25-43-12-41. ● www.cane cao.com.br ● Tout près du centre commercial *Rio Sul* (voir « Achats »). Salle de concert où de grands artistes brésiliens viennent se produire. Vérifier la programmation. On peut également y dîner, juste avant la représentation.

♪ **Sacrilegio** *(plan couleur II, D6, 132) :* av. Mem de Sá, 81 (Lapa). ☎ 22-22-73-45. ● www.sacrilegio. com.br ● Ouvert à partir de 19 h du mardi au vendredi, 20 h 30 le samedi. Entrée payante en fonction du groupe. Un bar aux couleurs du Brésil, c'est déjà bon signe, mais s'il est doté d'une scène, c'est la garantie d'une bonne soirée. Les excellentes formations font d'ailleurs rapidement

monter la pression... que la terrasse dans la cour permet de faire baisser entre deux morceaux. Salutaire !
♪ Souvent des concerts (gratuits) en été, sur les plages de Copacabana et d'Ipanema. Se renseigner dans la presse locale.

Où écouter du bon jazz ?

♪ *Vinícius (plan couleur IV, M11, 125) :* rua Vinícius de Moraes, 39 (Ipanema). ☎ 22-87-14-97. Situé en face du bar *Garota de Ipanema,* ce petit club très cosy caché à l'étage propose une excellente sélection de musique live, *MPB* et bossa-nova, tous les jours à partir de 21 h.
♪ *Mistura Fina (plan couleur IV, L11, 126) :* av. Borges de Medeiros, 3207 (Ipanema). ☎ 25-37-28-44. Dans un registre un peu plus chic (et plus cher), avec vue panoramique sur la *lagoa,* cet établissement reçoit, depuis 20 ans, de grands noms du jazz, de la bossa-nova, de la *MPB.* Restaurant de cuisines internationales et brésiliennes, piano-bar, et *casa de show*

(salle de spectacle) au 2e étage.
♪ *People Lounge (plan couleur IV, L11, 118) :* av. Bartolomeu Mitre, 370 (Leblon). ☎ 25-12-88-24. Bar, resto et boîte dans une ambiance chic et confortable. Là aussi, de temps en temps, des artistes de pointure internationale. Prix assez élevés.
♪ Ne pas rater également les excellents concerts organisés par la fameuse boutique *Toca do Vinicius* d'Ipanema (voir plus bas la rubrique « Achats »). Chaque dimanche soir en saison (un dimanche par mois le reste de l'année), des artistes de renom honorent les grands maîtres en faisant partager leur passion gratuitement.

À voir

Le Pain de Sucre *(Pão de Açúcar ; plan couleur III, J8)*

🎭🎭🎭 L'une des visites obligatoires, même si l'idée de vous retrouver dans une foule de touristes vous déplaît.
Av. Pasteur, 520, Praça General Tiburcio, praia Vermelha. Informations : ☎ 25-46-84-00. ● www.bondinho.com.br ● Pour s'y rendre en bus, depuis le Centro (rua Senador Dantas), Flamengo (praia de Flamengo) et Botafogo (praia de Botafogo), prendre le n° 107 ; de Copacabana (av. N.S. de Copacabana), d'Ipanema (rua Visconde de Pirajá) et de Leblon (av. Ataulfo de Paiva), le n° 511. Ouvert de 8 h à 22 h. Entrée : 35 Rls ; gratuit pour les moins de 6 ans. Départ des téléphériques toutes les 30 mn ou lorsqu'ils sont pleins. Le meilleur moment de la visite est tôt le matin ou 1 h avant le coucher du soleil. Éviter bien sûr les jours trop nuageux : impossible dans ces conditions d'apercevoir le Christ du Corcovado.
➢ On y accède, en deux étapes, par deux téléphériques rénovés et sûrs. À noter qu'il est possible d'accéder à pied au premier niveau, où un aller-retour pour le Pain de Sucre est vendu moitié prix à la buvette. Mieux vaut toutefois être en forme et éviter les heures les plus chaudes de la journée.
– Le premier téléphérique vous mène, en 3 mn, au morro da Urca (217 m) où l'on peut voir les vestiges de l'ancien téléphérique en bois (en service de 1912 à 1972), et le siège du plus luxueux bal du carnaval. Les amateurs dénicheront ici le souvenir le plus kitsch qui soit : sa propre photo gravée sur une assiette avec le Pain de Sucre en arrière-plan.

– Depuis le *morro da Urca*, un second téléphérique mène au Pain de Sucre proprement dit (395 m). Le parcours total est de 1 400 m et s'effectue en 6 mn.

S'il est communément admis que le nom de cette montagne provient de sa ressemblance avec un pain de sucre, une autre théorie veut que *pão de açúcar* soit une déformation du nom indien *Pau-nh-Acqua* qui signifierait « montagne haute, pointue et isolée ». Les marins normands qui s'installèrent dans la baie de Guanabara en 1555 surnommèrent ce morne exceptionnel le « pot de beurre ».

D'en haut, la vue est grandiose et permet d'avoir une vision très différente de celle obtenue depuis le Corcovado. Au sud, le regard porte très loin et permet de voir tout d'abord la *praia Vermelha* (petite plage recroquevillée au pied de la montagne), puis l'harmonieuse *baie de Copacabana,* comme une lame de faux posée sur la mer, les *morros dos Cabritos* et *do Cantagalo* qui annoncent la *plage d'Ipanema,* la *plage de Flamengo* et son parc (tout ce qui est vert a été gagné sur la mer en 1965). On voit très bien également l'*aéroport Santos-Dumont* (les avions volent plus bas que le Pain de Sucre), le *Centro* hérissé de tours et de gratte-ciel, la *nouvelle cathédrale,* etc., et, bien sûr, plein ouest, le *Christ du Corcovado.* Par beau temps, possibilité de voir *Niterói,* de l'autre côté de la baie, et le pont de 14,5 km de long (il donne l'impression d'être beaucoup plus court) qui évite un détour de 150 km. Plusieurs lunettes (payantes) permettent de mieux détailler ces beaux paysages, avant d'aller s'offrir une *caïpirinha* ou un café au bar. Inoubliable à l'heure de l'apéro ! Enfin, le joli jardin accessible derrière les boutiques se prête parfaitement aux pique-niques, avec ses sentiers ombragés qui dégringolent le long de la montagne. Beaux points de vue, mais gare aux singes chapardeurs !

Sur la pointe de terre la plus proche, à l'entrée de la baie de Guanabara, on note une *forteresse* construite par les Portugais. C'est là que les vaillants navigateurs se sont fièrement engagés le 1er janvier 1502 et, pensant avoir affaire à un fleuve, baptisèrent le site Rio de Janeiro.

Le Christ rédempteur du Corcovado

(plan couleur III, G8-9)

🗙🗙🗙 Deuxième visite indispensable à Rio pour comprendre la topographie de la ville (à n'effectuer que par beau temps). La grande statue du Christ rédempteur (« Cristo Redentor ») du Corcovado domine Rio du haut de ses 710 m. Elle ouvre d'autres points de vue et en perd quelques-uns (la plage de Copacabana, entre autres). « Corcovado » est le nom donné à la montagne. Pour les lettrés, *corcovado* est une déformation du mot « bossu » en portugais *(corcova).* ● www.corcovado.com.br ●

– *Conseil :* n'oubliez pas, en juin, juillet et août, d'emporter une petite laine (en haut, il peut faire frais) et, en toute saison, de rentrer avant la tombée de la nuit (toujours pour des raisons de sécurité).

Comment y aller ?

➤ *En voiture :* trois routes permettent l'accès jusqu'en haut. Soit depuis le *largo do Machado* par les ruas das Laranjeiras et Cosme Velho, soit par *Santa Teresa,* soit de *São Conrado* ou d'*Alto de Boavista* par le parc national de Tijuca (balade splendide). Ces trois routes se rejoignent avant d'arriver au Christ. En semaine, il est moins difficile de se garer que le week-end. Prévoyez de redescendre avant la tombée de la nuit.

➤ *En taxi à plusieurs :* il est intéressant aussi de faire l'excursion aller et retour en taxi pour environ 100 Rls la course (depuis le centre). Ce forfait de 2 h environ est négociable. Cela permet ainsi de passer par le *mirador de*

Dona Marta, d'où l'on fait les plus belles photos du Pain de Sucre. En cas de ciel bas et couvert, si du Corcovado on ne voit strictement rien, en revanche, de Dona Marta la vue est toujours dégagée (on sauve le voyage !). À noter que de nombreux taxis patientent également à la gare du funiculaire, où ils proposent alors leurs services pour le même prix que le billet du funiculaire.

➢ *En bus :* attention, les bus ne montent pas au sommet du Corcovado mais vous déposent à la station du funiculaire. Depuis le Centro (av. Rio Branco) et Flamengo (av. Augusto Severo), prendre le n° 180 ou le n° 184 ; depuis Botafogo (praia de Botafogo), Copacabana (avenida N.S. da Copacabana, rua Barata Ribeiro), Ipanema (rua Visconde de Pirajá) ou Leblon (rua Ataulfo de Paiva), prendre le n° 583 ou le n° 584. Ou de manière plus générale, prendre n'importe quel bus ayant *Cosme Velho* comme destination.

➢ *En funiculaire :* inauguré par dom Pedro II en 1884, le funiculaire permet de faire une délicieuse balade (d'environ 20 mn) à travers la forêt de Tijuca, jusqu'au sommet du Corcovado. Charmant, mais les horaires un peu trop compressés ne permettent pas d'apprécier le coucher de soleil. Pour s'y rendre, il faut d'abord prendre un taxi ou un bus jusqu'à la station du funiculaire appelée *Estrada de Ferro Corcovado,* et située à Cosme Velho. Le funiculaire fonctionne de 8 h à 18 h (parfois de 8 h 30 à 18 h 30). Départs toutes les 30 mn en saison, toutes les heures en basse saison. Billet à environ 40 Rls l'aller-retour. Renseignements : ☎ 25-58-13-29.

Bon à savoir : le billet de funiculaire vous donne droit à 50 % de réduction au *musée d'Art naïf* situé juste à côté (voir plus bas).

Visite du site

La construction du Christ rédempteur fut projetée par l'ingénieur brésilien Heitor Silva Costa et exécuté grâce au ciseau du sculpteur français Paul Landowski. Elle nécessita 5 ans de travail et fut achevée en 1931. Ce Christ mesure 30 m de haut, repose sur un piédestal de 8 m et pèse 700 t ! Chacune des mains mesure 3,20 m et pèse 8 t. La vue est inoubliable (si ce n'est plus !). Une boutade populaire assure que si le Christ a les bras ouverts, c'est qu'il attend que les Cariocas se mettent à travailler pour applaudir. Depuis début 2003, escaliers roulants et ascenseurs facilitent l'accès au pied de la statue.

De droite à gauche, on peut voir le *morro dos Dois Irmãos* qui sépare Leblon de São Conrado et, par-delà la montagne, les derniers étages de l'*hôtel Nacional* sur la plage de Gávea. Puis la *lagoa Rodrigo de Freitas,* ancien lac naturel vidé et rempli d'eau de mer pour supprimer les moustiques (et la malaria). Le *canal Jardim de Ala* le relie à la mer et fait la « frontière » entre Ipanema et Leblon. La grande tache brune du *champ de courses* et du Jockey Club et le *Jardim botânico* apparaissent bien à droite de la lagune. En continuant, sur la gauche, on devine la *plage de Copacabana* cachée par un *morro,* puis on distingue nettement tous les quartiers de la baie : *Botafogo, Flamengo, Glória, la colline de Santa Teresa, le Centro.* Vers l'aéroport Santos-Dumont, vous noterez, dans le prolongement du Corcovado, le *mirador de Dona Marta* (362 m) et la grande favela sur son flanc gauche (rappel : c'est de Dona Marta que l'on a le plus beau point de vue sur le Pain de Sucre). En bouclant le tour de 360 degrés vers la gauche, on aperçoit le *quartier de Cristóvão,* partiellement le *stade du Maracanã* et, juste derrière le Christ, la *montagne de Soumaré* couverte d'antennes.

– Enfin, avant de regagner le centre, faites un saut au **largo do Boticário** (plan couleur III, H8). Ce n'est pas loin du départ du funiculaire. Cette petite impasse est accessible par le n° 822 de la rua Cosme Velho. Elle débouche sur une charmante petite place coloniale, entourée de maisons colorées composant un ensemble homogène et typique, aménagée en 1831 et restaurée par Lucio Costa, un des auteurs de Brasília (mais là, rien à voir !), pour la famille Bittencourt, propriétaire, entre autres, du journal *Correio da Manhã.* Très élégant.

🎋 *Le musée international d'Art naïf du Brésil (MIAN ; plan couleur III, H8) :* rua Cosme Velho, 561. ☎ 22-05-86-12. À la descente du funiculaire du Corcovado, prendre à gauche, c'est à 200 m. Ouvert du mardi au vendredi de 10 h à 18 h et les samedi, dimanche et jours fériés de 12 h à 18 h. Fermé le lundi. Entrée : 8 Rls ; réductions ; ristourne supplémentaire si vous montrez votre billet de funiculaire.

Dans une propriété coloniale appartenant à un collectionneur privé, ce musée rassemble plus de 8 000 œuvres de 1 500 artistes, ce qui en fait la plus grande collection d'art naïf du monde (mais on ne peut en voir qu'une centaine). Si la production brésilienne est bien sûr la plus importante, pas moins de 150 nations sont ici représentées. À l'entrée, une toile gigantesque de Rio version naïve.

Le parc et la forêt de Tijuca *(plan couleur III, G8)*

🎋🎋🎋 Le parc national de Tijuca, à la végétation luxuriante, est situé sur les hauteurs de Rio, à une trentaine de kilomètres dans les terres (depuis le Centro). Au centre du parc se trouve la forêt de Tijuca *(floresta da Tijuca),* considérée comme la plus grande forêt urbaine du monde. En serpentant sur les petites routes de la forêt, au sortir d'un virage ou au sommet d'une colline, on découvre de superbes points de vue sur Rio. Le Christ du Corcovado se situant sur une de ces routes d'accès, il est judicieux d'en profiter pour y monter. Cela dit, en fonction de votre point d'attache, il n'y a pas moins de sept façons de pénétrer cette jungle. La route qui part du centre-ville et qui rejoint Tijuca par Maracanã est à éviter. On traverse des banlieues dangereuses.

– *Entrée :* 5 Rls par personne et 5 Rls par voiture.

– *Conseils :* ce parc est plus facile à découvrir en voiture. Pour des raisons de sécurité, effectuez ces visites de préférence le week-end (vous serez moins isolé), et évitez impérativement de vous y promener à la nuit tombée. Une bonne option (ce n'est pas la plus économique) consiste à passer par une des agences qui organisent des tours en jeep (voir « Agences de voyages », plus haut, dans les « Adresses utiles »).

Voici deux circuits intéressants :

➤ *Par Cosme Velho :* si vous séjournez à Copacabana, Flamengo ou Botafogo, c'est la route que vous emprunterez. Belle chaussée. Profitez-en d'ailleurs pour visiter le coin. Un peu avant, vous traverserez le quartier de *Laranjeiras,* très plaisant, plein de verdure, où les « barons du café » firent bâtir de somptueuses demeures. À Cosme Velho, allez admirer le *largo do Boticário* (voir plus haut). En grimpant par cette route, on passe à proximité du Christ du Corcovado. Si vous comptez redescendre par une autre route (ce que nous vous conseillons), faites la visite du Christ en montant. La route sinue au travers d'une luxuriante forêt pour atteindre l'Alto da Boa Vista, qui est indiqué, et l'entrée de la forêt de Tijuca (voir ci-dessous la suite du parcours). La route est fermée aux véhicules le week-end et devient alors le rendez-vous de nombreux promeneurs. Pour redescendre, prendre la route qui se dirige vers le Jardim botânico en passant par le Mesa do Imperador et la Vista Chinesa qui offrent de superbes panoramas.

➤ *Par le Jardim botânico :* ceux qui résident à Ipanema ou Leblon (veinards) emprunteront la route du *Jardim botânico* à l'aller. Faites-en la visite (entrée : 3 Rls ; intéressant si vous souhaitez vous initier aux richesses de la flore brésilienne), puis prenez l'entrada dos Macacos avant de rejoindre l'Alto da Boa Vista (voir ci-dessous la suite du parcours). Redescendez par la route qui mène au Christ du Corcovado. On regagne la ville par les quartiers de Cosme Velho et Laranjeiras.

🎋 *L'Alto da Boa Vista (plan couleur I, A3) :* quartier situé à l'entrée de la *floresta da Tijuca.* Si vous n'avez pas la possibilité de louer une voiture, un bus part également de la praça 15 de Novembro et se dirige vers l'Alto da Boa Vista. De là, marchez jusqu'à la forêt. Ouvert de 8 h à 18 h. Renseignez-vous cependant sur les conditions de sécurité. Un peu plus haut que la place Afonso Viseu, on parvient à la *cascatinha Taunay,* une petite cascade croquignolette qui jaillit d'une masse rocheuse. Sur le parking du petit restaurant attenant aux chutes, une plaque de céramique indique les différentes routes de la forêt, ainsi que tous les chemins de balades. Le départ des sentiers se trouve encore un peu plus haut sur la route. Le plus intéressant, le *caminho do pico da Tijuca,* mène au pico da Tijuca (1 082 m). Il faut 1 h 30 pour s'y rendre (ça monte pas mal, mais ça reste accessible au grand public, pas besoin d'équipement). Cela vaut la peine : vue impressionnante au sommet. – *Conseils :* emportez de l'eau. Ne commencez jamais la balade l'après-midi, car la lumière tombe vite. Si vous aimez marcher, la plus belle ascension, la *Pierre de Gávea* (Pedra da Gávea) peut se faire (4 h pour l'ascension, 2 h pour la descente) mais il est recommandé de prendre un guide. Superbe montée et vue extraordinaire sur les baies de Rio.

Le Centro *(plan couleur II)*

Un quartier à découvrir à pied. Comme disait l'écrivain Stefan Zweig : « Mon vieux penchant de flâneur est devenu un vice à Rio. » La marche est la meilleure solution pour découvrir les petites rues commerçantes animées, les vieilles demeures des XVIIIe et XIXe siècles et les églises coloniales.
Le livre vendu par Riotur, *Rio Antigo* (en portugais), représente un bon investissement culturel et historique, et permet de dénicher des coins charmants insoupçonnés.
Les horaires d'ouverture des musées et des églises sont indicatifs. Sachez aussi que plusieurs monuments peuvent être en rénovation et donc en partie fermés à tour de rôle.
On vous suggère de téléphoner avant de vous rendre sur les lieux, si vous avez un but bien précis. Vous pouvez aussi appeler l'office du tourisme pour avoir des renseignements sur les musées, et le *palácio São Joaquim* pour les églises (☎ 22-92-31-32).
Attention : on vous rappelle que le quartier est à éviter une fois la nuit tombée, ainsi que le dimanche, car, désert, il devient dangereux.

🎥🎥 **Le mosteiro de São Bento** *(hors plan couleur II par E4) :* rua Dom Gerardo, 68. ☎ 22-91-71-22. Près de la praça Mauá, un quartier populaire à la pointe nord du Centro. L'église (une des plus belles de la ville) est ouverte de 7 h à 11 h et de 14 h à 18 h (17 h 30 le samedi). On y accède à pied ou en ascenseur : on le prend dans le hall au n° 40 de la rue Dom Gerardo et on monte au 5e étage. On parvient sur un parvis où se dresse la petite église de ce couvent fondé en 1641 par les moines bénédictins. La simplicité de la façade tranche avec l'exubérance et la richesse des boiseries à l'intérieur. La nef, tout en rouge et or, est remarquable. Possibilité d'écouter des chants grégoriens tous les jours à 7 h (c'est la messe) et le dimanche à 10 h.

🎥 Tout près de Sao Bento, de l'autre côté de la place Mauá, le **morro da Conceição** rappelle l'histoire des premiers colons qui surveillaient la baie depuis la butte. Quelques édifices historiques ont subsisté, dont le *palácio da Conceição* (petit musée à visiter, mais c'est plutôt pour la balade dans le quartier). C'est maintenant une zone populaire relativement sûre dans la journée. C'est dans la favela da Conceição, à l'arrière de ce quartier, et en haut de la colline, que fut tourné le film *Orfeu Negro* de Marcel Camus.

🎥🎥 **L'igreja de Nossa Senhora da Candelária** *(plan couleur II, E4) :* praça Pio X, au tout début de l'avenida Presidente Vargas (longtemps la plus vaste d'Amérique du Sud). ☎ 22-33-23-24. Ouvert du lundi au vendredi de 7 h 30 à 16 h, le samedi de 8 h à 12 h et le dimanche de 9 h à 13 h. Une des églises les plus luxueuses de Rio. L'édifice actuel date de 1775 et a été achevé bien plus tard. Il présente des éléments baroques et Renaissance. Intérieur couvert de marbre polychrome, contrairement à la tradition portugaise où les ornements principaux sont souvent en bois. Belle sacristie, sculptures en jacaranda (bois recherché). Elle est devenue tristement célèbre depuis le massacre, en 1991, de huit gamins des rues par les escadrons de la mort (policiers payés par les commerçants pour « nettoyer » le quartier).

➤ En continuant l'avenida Presidente Vargas vers la mer *(plan couleur II, E4)*, on parvient au **Centro cultural Banco do Brasil** *(CCBB ; plan couleur II, E4, 141)*, dans un imposant édifice, siège de la *Banco do Brasil* jusqu'en 1986. Le hall, formé de gigantesques colonnes de marbre et d'une coupole de verre, est superbe. Bonne librairie, projections de vidéos, concerts gratuits, petites expos, cela vaut le coup d'y passer. Ouvert de 12 h 30 à 19 h 30. Fermé le lundi.

En face, la **Casa França-Brasil** *(plan couleur II, E4)*, qui date de 1820, hébergea la première mission artistique française au Brésil. Ouvert tous les jours sauf le lundi, de 12 h à 20 h. De style néoclassique, cette belle bâtisse, qui servit par la suite de douane, abrite régulièrement des expositions temporaires souvent très intéressantes (photos, artisanat local...).

➤ Entre la *Banco do Brasil* et la praça 15 de Novembro, on entre là dans un carré de rues pavées, les plus anciennes de la ville, avec leurs lampadaires qui font le grand écart entre les maisonnettes rescapées du XIXᵉ siècle. Très animé le vendredi en fin d'après-midi et le samedi soir. Au bout de la travessa do Comércio, on aperçoit l'*arco do Teles,* ancien passage qui mène à la praça 15 de Novembro.

🍴 **La praça 15 de Novembro** *(plan couleur II, E4)* : appelée plus communément *praça 15 (praça kinns')*. En 1590, les pères carmélites y fondèrent un premier couvent, dont le terrain fut ensuite acquis en 1700 par le gouverneur de Rio. Cette place est toujours très animée. Dans la journée, beaucoup d'employés du centre. Le week-end, sympathique brocante de 9 h à 19 h.

🍴 **Le Paço imperial** *(Palais impérial)* : au nº 48 de la praça 15 de Novembro. Ouvert du mardi au dimanche de 12 h à 18 h. Entrée libre. C'est l'ancien palais du vice-roi du Brésil. En réalité, cet édifice colonial fut édifié en 1743 pour être la résidence du gouverneur. Lorsque le roi du Portugal, João VI (et sa cour) se réfugia au Brésil le 8 mars 1808, après l'invasion du Portugal par les troupes de Napoléon, il en fit sa demeure. C'est aussi ici que la princesse Isabel signa en 1888 l'abolition de l'esclavage au Brésil. Après l'instauration de la république en 1889, le palais servit aux Postes. Aujourd'hui, il abrite un cinéma alternatif, une bibliothèque, un café design où il fait bon se reposer et qui propose des expositions au 2ᵉ étage. Halte très agréable, avant de replonger dans l'agitation du centre.

🍴 **Le palácio Tiradentes** : rua Primeiro de Março. ☎ 25-88-14-11. Ouvert gratuitement du lundi au vendredi de 10 h à 17 h. Derrière le *Paço,* voici la chambre des députés de l'État de Rio, construite en 1992, et, juste devant, une statue du martyr Tiradentes. Celui-ci fut à la tête du mouvement révolutionnaire *Inconfidência* contre le pouvoir colonial. Il finit écartelé, et ses membres furent exhibés dans différentes villes afin de bien montrer au peuple où mène la révolte !
À sa droite, l'*igreja São José,* une des plus anciennes églises de Rio. Son carillon est considéré comme l'un des plus puissants de la ville.

🍴 Mais revenons praça 15 de Novembro : de l'autre côté de l'avenida 1ᵉʳᵒ de Março, on trouve l'ancienne **cathédrale N.S. do Carmo da Antiga Sé** *(sé signifie « cathédrale » en portugais !)*. C'est là, le 12 octobre 1822, que dom Pedro Primeiro fut couronné empereur du Brésil. Construite en 1761, elle servit de chapelle royale pendant tout le XIXe siècle, puis de cathédrale jusqu'à une date très récente. Bel exemple de baroque portugais transplanté au Brésil.

On trouve également le *convento do Carmo,* le plus vieux couvent de Rio (1590), qui abrite aujourd'hui une faculté.

🎥🎥 **Les ruas do Ouvidor, Rosário et les autres** *(plan couleur II, E4) :* voici le cœur de Rio. C'est dans ce lacis de rues piétonnes (à éviter le week-end, désert), aux petits commerces colorés, que le Carioca prouve que la plage n'est pas sa seule occupation. Bienvenue au « Saara », royaume du brouhaha et du bric-à-brac : vêtements pas chers, alimentation, disques, etc. On prendra, au coin des rues, un verre de *chá maté,* ou on sirotera des jus de fruits au comptoir d'une *lanchonete.* Là, de vieux salons de thé ou boutiques rappellent l'ancienne identité bourgeoise de ce quartier, comme en témoigne l'étonnante décoration de la *Confeitaria Colombo,* rue Gonçalves Dias, fondée en 1894 et toujours en service depuis.

Les rues do Ouvidor et Rosário sont deux rues piétonnes qui symbolisent le Rio élégant du XIXe siècle. Rendez-vous de la mode française, en 1862 la rua do Ouvidor comptait 91 magasins appartenant à des Français ! Laissez-vous guider par votre humeur dans ce dédale de rues où la foule se presse tous les après-midi. Empruntez les rues de *Beco das Cancelas,* la plus étroite de Rio, *Beco dos Barbeiros,* où quelques vieux immeubles s'accrochent à leur destin. Au bout de la rua do Ouvidor (au n° 35), la très belle *église N.S. da Lapa dos Mercadores,* dotée de 12 cloches. En général, ouverte de 8 h à 14 h.

🎥 **Le largo da Carioca** *(plan couleur II, E5) :* vaste place, un peu mal fichue, située entre la rua da Carioca et l'avenida Almirante Barroso. Ⓜ Carioca. L'après-midi, vendeurs et artistes de rue s'y donnent rendez-vous. À la sortie du métro, beaucoup de boutiques d'artisanat, notamment de sacs en cuir. Nombreuses attractions foraines et... des pickpockets. Aux abords immédiats, sur la gauche de la place en regardant l'*église* et le *couvent Santo Antônio.* Celui-ci se visite du lundi au vendredi de 7 h 30 à 18 h, et le samedi jusqu'à 11 h. Le quartier est composé d'une série de grands buildings, dont ceux de la *Banco do Brasil,* de *Pétrobras* et de la *Banque de Développement du Sud-Est.* Ces trois établissements sont surnommés « le Triangle des Bermudes » : c'est là que disparaît une bonne partie de l'argent du pays...

🎥 **L'igreja et le convento de Santo Antônio :** largo da Carioca. ☎ 22-62-01-29. Ouvert du lundi au vendredi de 7 h 30 à 18 h et le samedi de 7 h 30 à 11 h. Une des plus anciennes églises de Rio, construite entre 1609 et 1620. Chœur très ouvragé recouvert de feuilles d'or. Une salle du couvent attenant à l'église accueille les sépultures de la famille impériale du Brésil. Dans la sacristie, sol en marbre de Carrare, remarquable meuble à tiroirs en jacaranda, murs couverts d'azulejos et beau plafond avec tableaux enchâssés dans des caissons dorés.

🎥🎥🎥 **L'igreja de São Francisco da Penitência** *(plan couleur II, D5) :* largo da Carioca, 5, à côté de l'église de Santo Antônio. Ouvert du mardi au vendredi de 9 h à 12 h et de 13 h à 16 h. Un des joyaux du baroque brésilien, d'une richesse époustouflante. Couverte d'or de pied en cap, l'église fût construite entre 1653 et 1657, et l'intérieur terminé entre 1726 et 1739. Sur le plafond du chœur et de la nef centrale, premières peintures en perspective du Brésil. Belles chaires latérales couvertes d'or. La taille modeste de l'église accentue la lourdeur de l'ensemble. Jetez également un œil à la sacristie. Petit *musée d'Art religieux.*

🎥🎥 **La rua da Carioca** *(plan couleur II, D-E5) :* commence au largo da Carioca et se termine praça Tiradentes. Rue très commerçante, possédant de vieilles maisons aux façades décorées de moulures, petits balcons... Plusieurs boutiques d'instruments brésiliens et de partitions de musique brésiliens (bérimbau, *cavaquinho*, percus en tous genres). C'est ici que, tous les ans, en novembre, le *rei Momo* (roi du Carnaval) est choisi : il doit être le plus gros possible, le plus gai et le plus sympa. Parfois, cette rue voit passer un groupe de joyeux fêtards avec orchestre et danseurs. C'est là également que l'on trouve le *Bar Luiz* (n° 39), la plus ancienne brasserie de Rio ouverte en 1887 (voir « Où manger ? »). Plus loin, sur le même trottoir, en vous dirigeant sur la gauche vers la praça Tiradentes, jetez un œil au cinéma *Iris* (construit en 1909), à la décoration très élégante (escalier central et galeries intérieures en fer forgé), dorénavant reconverti en ciné porno le jour et discothèque la nuit (premier samedi du mois) !

➤ Entre la rua da Carioca et la rua da Alfândega, on traverse un vieux quartier en pleine renaissance (et ce n'est pas fini !), abritant de nombreuses églises intéressantes, dont **Nossa Senhora do Rosário** (1639). Située au n° 77 rua Uruguaiana, elle abrite le *musée des Noirs* (*museu do Negro* ; ouvert du lundi au vendredi de 7 h à 19 h). Également l'**igreja S. Francisco de Paula,** sur la place du même nom, construite à partir de 1756 et terminée officiellement... en 1865. Vous êtes aussi tout près de la *Confeitaria Colombo* (voir « Où manger ? » et « Où boire un verre ? »).

🕴🕴 **La praça Floriano** (plan couleur II, E5) : plus communément appelée *praça Cinelândia*, cette grande place au cœur du quartier des théâtres et des cinémas est décorée de statues d'hommes illustres, dont celle du maréchal Floriano Peixoto, le deuxième président de la République. Super animation en fin d'après-midi. Terrasses de cafés bondées. Prendre une *caïpirinha* à celle de l'*Amarelinho*, elle est réputée. Sur la place, on remarque le *Teatro municipal,* construit en 1906 dans le style de l'Opéra de Paris. Au début du XXe siècle, il constituait l'un des édifices les plus extravagants de la ville. L'escalier qui mène à l'étage est richement décoré par de grands noms de la peinture brésilienne de la fin du XIXe et du début du XXe siècle, notamment Henrique Bernardelli et Eliseu Visconti. Ouvert du lundi au vendredi de 10 h à 17 h. Visite guidée très intéressante. Sur la même place, le *palácio Pedro Ernesto,* de style néoclassique et, en face, la Bibliothèque nationale.

🕴🕴 **Biblioteca nacional :** av. Rio Branco, 219. ☎ 22-20-94-84. Ouvert tous les jours sauf le dimanche, de 9 h à 20 h (15 h le samedi). Trois visites guidées par jour (durée : 30 mn). Entrée : 2 Rls. Bâtiment de 1910 aux lignes néoclassiques. On y trouve près de 15 millions de documents et livres rares comme une édition originale (1572) des *Lusiades (Os Lusiadas)* de Luís de Camões. À côté, le *Museu nacional de Belas Artes.* Plus au sud, vous rencontrerez le *parc Passeio Público,* le plus ancien jardin public de Rio (1783).

🕴🕴 **Le musée national des Beaux-Arts** (plan couleur II, E5) : av. Rio Branco, 199. ☎ 22-40-00-68. Ouvert du mardi au vendredi de 10 h à 18 h et les samedi et dimanche de 14 h à 18 h. Fermé le lundi. Attention, les horaires changent souvent. Entrée : 4 Rls ; gratuit le dimanche. L'un des meilleurs musées de Rio. Construit au début du XXe siècle dans le style Renaissance français. Organisation chronologique des salles. Œuvres brésiliennes du XVIIe au XXe siècle.

🕴🕴 **Castelo** (plan couleur II, F5) : quartier datant de la seconde moitié du XXe siècle, à proximité de l'aéroport Santos-Dumont, élevé à la place d'un *morro* rasé en 1922. On y trouve :
– *Le Museu histórico nacional* : praça Marechal Ancora (tout près de la praça 15 de Novembro). ☎ 25-50-92-55. Ouvert du mardi au vendredi de 10 h à 18 h et les samedi et dimanche de 14 h à 18 h. Fermé le lundi. Entrée : 6 Rls. Situé dans un splendide édifice, construit sur l'emplacement d'un vieux fort

(1603) dont les souterrains étaient utilisés comme prison militaire. Différentes constructions rajoutées aux XVIIe et XVIIIe siècles, lorsqu'il servit tour à tour d'arsenal militaire puis de fabrique d'armes, lui ont donné son charmant visage actuel. Panorama de l'histoire et des traditions du Brésil, notamment armes, peintures, vaisselle de toutes les époques, mobilier (dont, dans les salles de Pedro II, le « bonheur-du-jour » ayant appartenu à la princesse Isabel). Superbe carrosse de dom Pedro II, avec amortisseurs avant et arrière. Visite intéressante.

– Non loin, la petite *église Santa Luzia,* toute bleue, contraste fort avec les grands buildings modernes qui l'entourent. À l'origine chapelle pour les pêcheurs en 1582, elle subit diverses transformations en 1752 et 1872. Notez, rua Santa Luzia, l'*hôpital Santa Casa da Misericórdia*, fondé en 1592 mais reconstruit au XIXe siècle. Belle architecture de l'entrée et dallage de marbre.

– Pour ceux qui sont intéressés par l'histoire de Rio, le *musée de l'Image et du Son (museu da Imagem et do Som ; plan couleur II, F4-5),* praça Rui Barbosa, 1, offre quantité de documents, films, et près de 100 000 photos sur la ville avant les grands bouleversements architecturaux des années 1940. ☎ 22-24-84-61. Ouvert du lundi au vendredi de 10 h à 17 h. Entrée gratuite.

🎥🎥 *Aterro* désigne tout le terrain gagné sur la mer pour constituer le *parc de Flamengo.*

🎥🎥 *Le museu de Arte moderna (plan couleur II, F6) :* av. Infante Dom Henrique, 85. ☎ 22-40-49-44. Ouvert du mardi au vendredi de 12 h à 18 h et les samedi et dimanche de 12 h à 19 h. Fermé le lundi. Entrée : 8 Rls. Abrite des collections d'artistes brésiliens contemporains (essentiellement des peintres, tel Gilberto Chateaubriand) et des expos temporaires. À côté du musée, le *monumento aos Mortes da Segunda Guerra* (1960). Profitez-en pour aller flâner dans le parc de Flamengo (voir plus loin pour les détails) et admirer la baie.

Lapa *(plan couleur II, D-E5-6)*

Ce vieux quartier est composé de ruelles pavées et de petits escaliers pleins de charme encadrés de vieilles baraques patinées par les ans où vit une population assez pauvre. C'est pourtant l'un des plus authentiques quartiers de Rio, et un lieu important de la vie nocturne. Son aspect se transforme d'année en année, mais la tendance est de conserver l'ancien et de réhabiliter ce qui existe, sans trop détruire. Malgré l'évolution, Lapa garde son caractère populaire et sa mauvaise réputation de quartier de beuverie et de prostitution (beaucoup de travestis en fait).

La *rua da Lapa* (qui commence au largo da Lapa et finit rua da Glória) est bordée de belles maisons des XVIIIe et XIXe siècles avec portes à arcade, façades ouvragées dans les tons bleus, verts, orange, et balcons en fer forgé. Au bout, l'*église N. Sáda do Carmo da Lapa* recouverte d'azulejos (carreaux de faïence bleue de tradition portugaise).

Aujourd'hui, l'*aqueduc de Carioca* semble isolé au milieu des terrains vagues dus à la « rénovation urbaine ». Le soir pourtant, le coin reprend vie avec le ballet des travestis, des voyeurs, des branchés de moins en moins fauchés évoluant en ombres frôlantes dans la lumière blafarde des vieux réverbères. La *rua Francisco Muratori,* qui monte à partir de la praça João Pessoa, perpendiculaire à l'avenida Mem de Sá, est bordée de belles et hautes bâtisses de pierre. Dans la journée, il fait bon fouiner là, autour des arcades de l'aqueduc, pour trouver de tout à très petits prix. Le soir, les habitants prennent le frais sur le pas de leur porte.

Situé entre l'aqueduc de Carioca, la praça Paris et la rue Mem de Sá, le *convento Ladeira da Santa Teresa* a donné son nom à ce petit quartier. On vous déconseille toutefois d'entreprendre la balade le soir.

RIO DE JANEIRO

Le premier samedi de chaque mois, *marché des antiquaires* rua do Lavradio *(plan couleur II, D5-6)*. On y vend meubles et bibelots dans une ambiance relax.

🏃 *La catedral Metropolitana (plan couleur II, D5) :* av. República do Chile, 245. ☎ 22-40-26-69. Ⓜ Carioca. Ouvert tous les jours de 7 h 30 à 18 h. Messe le dimanche à 10 h. Construit entre 1964 et 1976, cet immense édifice en béton évoque une pyramide maya futuriste : il aurait peut-être été plus à sa place à Brasília. Mais il faut voir l'intérieur pour ses immenses vitraux. Seuls les quatre beaux vitraux tout en hauteur présentent un intérêt. Ils symbolisent respectivement l'Église unique (vert), sainte (rouge), catholique (bleu) et apostolique (jaune). Quelques chiffres : la cathédrale est haute de 86 m, a un diamètre interne de 96 m et peut contenir 20 000 personnes. Au sous-sol, petit *musée d'Art sacré*.

🏃🏃 *Le Bonde (le tramway pour Santa Teresa) :* appelé aussi *Bondinho,* c'est l'antique tramway en bois qui passe par l'*Aqueduto da Carioca.* À ne pas manquer ! On le prend près de l'avenida República do Chile *(plan couleur II, E5, 140).* Pour être précis : au croisement de la rua Senador Dantas avec une petite impasse, la rua Prof. Lélio Gama (juste derrière le building de la *Banco do Brasil).* Ⓜ Carioca ou Cinelândia. Le tramway fonctionne tous les jours de 7 h à 22 h, et le billet coûte 0,60 Rls. Départ toutes les 15-30 mn. Il relie le centre-ville au quartier de Santa Teresa. C'est une très belle balade.

🏃 *L'aqueduc de Carioca :* appelé aussi *arcos da Lapa,* l'aqueduc fut construit en 1750. Avec ses élégantes arcades à deux niveaux, il rappelle un ouvrage romain. Avant 1896 et le passage du Bonde (tramway), il servait à canaliser les eaux du rio da Carioca. Du haut de l'aqueduc, on domine une bonne partie de la ville. Impressionnant. N'hésitez pas à emprunter le Bonde mais, surtout, n'emportez rien de valeur. Même si, dans la journée, la présence policière est bien visible, il arrive que des gamins agiles s'accrochent au wagon, fassent les poches des touristes et redescendent en marche. Voir aussi les rubriques « Où manger ? » et « Où boire un verre ? » pour prolonger la balade.

Santa Teresa *(plan couleur II, D6)*

Pour s'y rendre : bus n° 214 depuis la praça Floriano dans le Centro *(plan II, E5* ; ticket combiné avec le métro), ou escalade haute en couleur à bord du fameux Bonde (voir plus haut).

Voici un quartier qu'on adore. Un genre de Montmartre luxuriant, le côté touristique en moins. À Santa Teresa, on se sent loin du bruit et de l'agitation du Centro, sans pour autant se trouver dans les quartiers riches du sud de la ville. Les artistes bohèmes ont envahi les vastes demeures cossues abandonnées depuis que le quartier est cerné par les favelas. Les villas se succèdent, diverses, surprenantes, comme ce château « disneylandien » perché en haut de Santa Teresa, avec des tourelles au toit vert (visible du Bonde, dans la rue Almirante Alexandrino). Il faut errer au gré des ruelles pavées au charme tranquille, pratiquement sans voitures, des escaliers musardant entre des jardins.

On vous conseille, entre autres, la *rua Aprazível* et les impasses qui s'en échappent sur la droite : belles maisons, arbres fleuris, oiseaux en concert. Et la lumière de la tombée du jour lui donne des allures surréalistes. Le parcours jusqu'au *museu Chácara do Céu* est aussi superbe, avec point de vue sur la baie de Copacabana. Enfin, le petit *largo das Neves* rassemble quelques bars qui ouvrent de manière fantaisiste.

Signalons que les Cariocas s'ingénient à raconter les pires histoires sur Santa Teresa. On ne saurait trop vous recommander la prudence, surtout si vous

vous y rendez le soir ; prenez impérativement un taxi pour rentrer une fois la nuit tombée, mais ne vous privez pas de cette visite inoubliable.

🍴🍴🍴 *Le museu Chácara do Céu* (plan couleur II, D6) **:** rua Murtinho Nobre, 93. ☎ 25-07-19-32. Descendre à la station du Bonde, largo do Corvelo. Prendre la rampe sur la gauche, c'est au bout de la rue. Ouvert de 12 h à 17 h. Fermé le mardi. Entrée : 2 Rls.
Au sommet d'une colline, entouré d'un agréable jardin d'où l'on a une vue unique sur Rio, voilà un endroit à ne pas manquer. Les collections sont exposées dans une très belle maison ayant appartenu à l'industriel-mécène Raymundo Ottoni de Castro Maya, un Brésilien qui avait passé son enfance en France. Ce cadre familial et intime donne un côté humain à la visite. Y sont exposés de grands peintres brésiliens : Visconti et surtout Portinari. Également des artistes modernes comme Matisse, Dalí, Vlaminck, Picasso, Monet, Modigliani. Dans la grande bibliothèque, notez les œuvres complètes de Gide et les nombreux ouvrages en français. Dans l'escalier, deux superbes toiles de Portinari et, dans la salle d'à côté, la série de Don Quichotte, 21 beaux dessins rehaussés de couleur, exposés dans de minces tiroirs que l'on tire pour en admirer le contenu. Intéressant mobilier des XVIIᵉ et XIXᵉ siècles et petite collection d'art asiatique.
En sortant de la maison, prenez la passerelle et allez admirer le *parque das Ruínas,* bâtisse de brique et de métal, d'où la vue, là aussi, est superbe sur la baie de Rio et le Pain de Sucre.

Glória, Catete et Flamengo *(plan couleur III)*

Entre le Centro et Copacabana, étalés entre la montagne et la mer, ces quartiers cachent une mixture bizarre de rues, mélange d'immeubles anciens et modernes (années 1950 en général), comme le très bétonné *largo do Machado.* Encore un quartier à découvrir à pied.

🍴 *Le parque do Flamengo :* au sud de Glória et au nord de Botafogo, le long de la mer jusqu'au port de plaisance de Glória, ce parc est couvert de jardins qui communiquent par diverses passerelles. Jardins suspendus, terrains de sport, « village des enfants », théâtre de marionnettes et piste cyclable. Il fait bon s'y promener et s'y amuser. Envahi par les Cariocas en fin d'après-midi et le week-end, dans une ambiance chaleureuse. Mais attention la nuit.

🍴🍴 *L'igreja N.S. do Outeiro da Glória* (plan couleur III, I7) **:** praça da Glória, sur une petite colline derrière la plage de Flamengo, dans le quartier de Glória. ☎ 25-57-46-00. Ouvert du mardi au vendredi de 9 h à 12 h et de 13 h à 17 h et le week-end de 9 h à 12 h. Fermé le lundi. On entre par la charmante sacristie décorée d'azulejos, sur le côté gauche derrière l'église, après avoir gravi quelques marches. Les flancs de l'église sont également ornés d'azulejos. Décoration intérieure assez dépouillée, typique de l'époque coloniale. Belle vue sur la baie.
Poursuivre ensuite la *ladeira de Nossa Senhora,* jusqu'à trouver des escaliers sur la droite. Permet de rejoindre la *rua do Catete* en passant par des rues calmes, bordées de belles demeures. Si l'on prend à gauche, escalier ou ruelle, retour sur la *plage de Flamengo,* à côté de l'*hôtel da Glória.*

🍴🍴 *Le palácio do Catete* (museu da República ; plan couleur III, I7) **:** rua do Catete, 153. ☎ 25-58-63-50. Ouvert du mardi au vendredi de 12 h à 17 h et les samedi et dimanche de 14 h à 18 h. Fermé le lundi. Entrée : 5 Rls ; gratuit le mercredi. Ancien siège du gouvernement fédéral, construit en 1867, il servit de 1897 à 1960 de résidence aux présidents de la République. À présent, abrite le *musée de la République* : meubles, objets, portraits, documents, etc. Vous verrez la pièce où le président Getúlio Vargas (celui qui a une grande avenue, là-haut) mit fin à ses jours en 1954. Petit resto ombragé dans le parc (voir « Où manger ? », *Bistrô Jardins*).

🏃 Juste à côté, le ***museu de Folclore Edison Carneiro :*** rua do Catete, 179. ☎ 22-85-04-41. Ouvert du mardi au vendredi de 11 h à 18 h et les samedi et dimanche de 15 h à 18 h. Fermé le lundi. Accès gratuit. Corridor étroit et sombre : on s'attend à en faire le tour en 10 mn top-chrono. Trois étages grouillants de merveilles. Ceux qui aiment les pièces d'art brésilien, les figurines naïves en bois coloré, les costumes de fêtes, les délicates poteries... seront enchantés. Balade initiatique au cœur des traditions de ce peuple mixte sur les thèmes de la vie, la religion, la mort, la cuisine... Seul bémol : l'absence d'informations ou d'explications sur certaines œuvres (même en portugais).

Urca *(plan couleur III)*

Au pied du Pain de Sucre, le quartier d'Urca est un agréable lieu de promenade situé le long de la baie de Botafogo. Le quartier est calme, sûr... et riche. Il rassemble quelques superbes demeures et immeubles de style Art déco. Il y a même quelques toutes petites plages, çà et là, conférant à l'ensemble une touche balnéaire agréable, mais mieux vaut ne pas s'y baigner (pollution, pollution !). On voit la ville d'en face, déjà un peu au large. À notre connaissance, il n'y a pas un seul hôtel, mais on peut y manger ou y boire un verre (voir « Où manger ? » à Urca).

Botafogo *(plan couleur III)*

Pas grand-chose à visiter dans ce quartier, à part les restos.

🏃 **Le museu do Indio** *(plan couleur III, H8-9) :* rua das Palmeiras, 55. ☎ 22-86-88-99. ● www.museudoindio.org.br ● Ouvert du mardi au vendredi de 10 h à 17 h et le week-end de 13 h à 17 h. Fermé le lundi. Entrée : 3 Rls. Dans un immeuble de 1880, représentatif de l'architecture de Botafogo à cette époque, ce musée administré par la FUNAI (Fundação nacional do Índio – Fondation nationale des Indiens) abrite de riches collections relatives à la vie des Indiens de l'Amazonie, du Pará, du Maranhão : instruments de musique, céramiques, armes, photographies. Sympa à visiter avec les enfants. Belle boutique d'artisanat indien.

Jardim botânico *(plan couleur IV)*

C'est le quartier très résidentiel et tranquille compris entre la lagoa Rodrigo de Freitas et les *morros*.

🏃🏃 **Le jardim botânico** *(plan couleur IV, K-L10) :* rua Jardim Botânico, 920 (pour les piétons) ; 1008 (pour les véhicules). ☎ 22-94-93-49. Ouvert tous les jours de 8 h à 17 h. Entrée : 4 Rls, auxquels s'ajoute le parking si vous êtes en voiture.
Grand parc de 140 ha, où poussent des milliers d'arbres et de plantes tropicaux (plus de 8 000 espèces). Merci à João VI, qui, en 1808, lorsque la couronne portugaise arriva au Brésil, eut la bonne idée de créer un parc d'acclimatation abritant des plantes des quatre coins de la planète. On pénètre dans le jardin par une allée bordée de splendides palmiers impériaux de plus de 30 m de haut, au centre de laquelle trône une jolie fontaine. On prend un réel plaisir à découvrir le nom des fleurs dans une fraîcheur bien agréable. Visite à ne pas manquer, en particulier entre septembre et décembre, quand tout est en fleurs. Superbes orchidées. Pour s'y rendre, utiliser les bus

marqués « Gávea » ou « Leblon via Joquei ». Ne pas descendre au terminus Jardim botânico-Horto, l'entrée principale est bien avant. Cette visite peut être couplée avec celle de la forêt de Tijuca, c'est le même chemin.

🏃 Vous pouvez également, quelques kilomètres plus loin, vous rendre au **Parc Lage** *(plan couleur IV, L10),* rua Jardim Botânico, 414. ☎ 25-38-18-79. Ouvert tous les jours de 9 h à 20 h. Gratuit. La vieille demeure de la famille Lage abrite aujourd'hui l'école des Beaux-Arts *(Escola de Artes Visuais* ou *Instituto Nacional de Belas Artes).* Nombreuses expos, soirées et, parfois, pièces de théâtre. N'hésitez pas à entrer dans cette belle bâtisse : au fond de la cour à gauche, un très mignon petit salon de thé. Les activités sportives sont interdites, mais les 52 ha de jardins et forêt offrent de superbes balades.

Copacabana *(plan couleur IV)*

Un quartier balnéaire au nom légendaire ! Longue de près de 4,5 km, la plage de Copacabana s'étire entre une pointe de terre qui porte le Pain de Sucre au nord et la pointe d'Arpoador au sud. En langue quechua, *copa* signifie « endroit lumineux » et *caguana* « eaux bleues ». À l'origine, il n'y avait qu'un petit village de pêcheurs (Sacopenapa) où les Cariocas venaient en pèlerinage rendre hommage à Notre-Dame de Copa Caguana, le nom d'un sanctuaire construit par les Espagnols au bord du lac Titicaca, en Bolivie. Au cours des siècles, le nom se déforma pour devenir Copacabana, mais ce n'est qu'au début du XXe siècle qu'il devint mythique avec la construction du *Copacabana Palace,* un des premiers hôtels de luxe en Amérique du Sud. En 1924, un raz-de-marée emporta la chaussée devant l'hôtel. Une broutille ! Des années 1930 à 1950, et jusqu'à aujourd'hui, ce palace de légende a hébergé les vedettes et les célébrités du monde entier : des hommes politiques comme Eisenhower, Vaclav Havel, Mario Soares et Bill Clinton, mais aussi des écrivains et des artistes : Blaise Cendrars, Stefan Zweig, Jean-Paul Sartre et Simone de Beauvoir, V. S. Naipaul, Francis Ford Coppola ou Robert de Niro. Au fil des ans, ce paisible quartier résidentiel prit de l'ampleur. On y construisit une série d'immeubles s'ordonnant autour de deux axes : l'avenida Atlântica, gagnée sur la mer, et l'avenida Nossa Senhora de Copacabana, très animée, mais polluée et bruyante aux heures de pointe. Les habitants de Copacabana appartiennent à la classe moyenne (professions libérales, enseignants, etc.). Cela n'empêche pas des « immigrés » de la zone nord de venir y vivre en s'entassant dans de minuscules appartements, sur les *morros* dominant la baie. La juxtaposition de ces deux mondes est probablement l'un des aspects les plus singuliers de toute la zone sud. Le bord de mer aligne les bars à touristes, les prostituées et les pickpockets. Aujourd'hui, Copacabana a un peu perdu de son glamour, mais reste un lieu incontournable.

Tous les matins, jusqu'à midi, à l'extrémité de la plage en face du *Sofitel,* la communauté des pêcheurs de Copa vend la pêche du jour pour une poignée de reais sur des paillasses de carrelage blanc. On y croise des mamies qui négocient ferme ou les coureurs du matin qui y font leur pause. Chouette ambiance.

– *Bon à savoir :* pour éviter les embouteillages, jusqu'à 10 h du matin l'avenida Atlântica n'est ouverte à la circulation que dans le sens Copacabana-Centre de Rio, pour permettre aux employés allant travailler dans le centre d'affaires d'arriver plus vite au bureau. Après 10 h du matin, la circulation redevient à double sens. En outre, cette même avenue est fermée à la circulation (dans un sens) les dimanche et jours fériés.

– En « hiver » (juin, juillet et août), la vie nocturne se cantonne autour des restos et des boîtes, et dans certaines rues.

– *Attention :* la partie la moins sûre de Copacabana se situe entre le *posto 2* et le *posto 3* (secteur autour de la discothèque *Help* et des bars à striptease) et à l'approche des hôtels de luxe. L'heure la moins sûre est le crépuscule.

Dans la zona norte *(plan couleur I, A2-3 et plan couleur II, C4-5)*

Les quartiers nord de Rio n'ont pas d'intérêt touristique en soi, si ce n'est du point de vue sociologique, car c'est là que survit la grande masse des défavorisés de la ville. Cependant, dans *São Cristovão,* quelques points d'intérêt :

🎭🎭🎭 *Le Museu nacional (plan couleur I, A2) :* dans le parc de Quinta da Boa Vista, av. Dom Pedro II. ☎ 22-40-20-03 ou 25-68-82-62. Ⓜ São Cristovão. Ouvert de 10 h à 16 h. Fermé le lundi.
Superbes jardins dans lesquels se trouve l'ancienne demeure de dom João VI où a été installé le Musée national. Visite vraiment conseillée (3 Rls). Le plus grand musée d'Histoire naturelle du Brésil, réunissant d'impressionnantes collections zoologiques, archéologiques, ethnologiques, botaniques.
La famille impériale y séjourna pendant huit décennies, jusqu'à la proclamation de la république en 1889. Assez difficile de décrire par le menu les richesses de ce musée. Pour vous donner la mesure de la qualité des collections présentées, sachez qu'il renferme la plus grande météorite tombée en Amérique du Sud, le *Bendego,* d'un poids supérieur à 5 t.
Dans le parc, un très beau zoo tropical, avec une colonie impressionnante de singes. Évitez d'y aller le week-end si vous aimez le calme, car le parc se transforme alors en zone de pique-nique populaire, bruyante et légèrement crasseuse.

🎭🎭 *Le stade du Maracanã (plan couleur I, A2) :* ☎ 25-68-99-62. Même si vous n'êtes pas un fana de foot dans la mère patrie, essayez quand même d'assister à un match ici. L'expérience est fabuleuse : un vrai moment d'émotion populaire, et atmosphère indescriptible d'exaltation démente des supporters. Toute approche de la culture brésilienne passe obligatoirement par le foot. Bref, un happening inoubliable. Renseignez-vous avec précision, car le stade doit être plein (entre 90 000 et 120 000 spectateurs pour les grands matchs) pour obtenir l'impression maximale.
En principe, les matchs ont lieu le dimanche à 17 h ou le mercredi soir. S'y rendre 1 h à l'avance. Les fauchés arriveront à la mi-temps et économiseront le prix du billet. Les hôtels chic et certaines agences touristiques proposent des forfaits aller et retour pour Maracanã. C'est plus cher (60 Rls) et on se coupe un peu de la masse vibrante des spectateurs, mais c'est plus sûr pour ceux qui ont peur de mal supporter 2 h debout dans des tribunes surpeuplées (10 à 15 Rls, selon les matchs et l'emplacement).
On vous conseille pourtant cette dernière expérience. Se rendre au stade habillé de couleur neutre (pas de rouge et noir, ni blanc et noir, qui pourrait vous faire passer pour un supporter et vous attirer des ennuis si vous vous perdez chez les « ennemis »). Le meilleur moyen de transport reste le métro (station Maracanã). Le bus n° 464 vous y mènera également. Pour les grands matchs très disputés, si vous voulez éviter la cohue, sortez 5 mn avant la fin (ça fait mal au cœur, mais c'est prudent, car c'est souvent après le match que les choses dégénèrent).

Recreio dos Bandeirantes *(hors plan couleur I par A3)*

🎭🎭 *Le museu Casa do Pontal – Arte Popular Brasileira :* estrada do Pontal, 3295. ☎ 24-90-32-78 ou 40-13. Ouvert du jeudi au dimanche de 9 h 30 à 17 h. Entrée : 8 Rls. Comme ce musée est loin et d'accès peu pratique, on vous conseille d'en combiner la visite avec une escapade aux plages de Prainha et Grumari. En voiture, compter au moins 45 mn (quand ça roule bien) depuis Copacabana. La signalisation est bonne. Quant à venir en bus, oubliez, c'est galère. Cela dit, le musée en soi, les pièces présentées, le cadre sont vraiment beaux. La collection, fruit de quarante années de recherche d'un designer français, Jacques van de Beuque, comprend 5 000 œuvres de plus de 200 artistes de tout le pays, mais vous n'en verrez qu'une petite partie car la collection tourne. Une des plus belles et vastes visions de la culture et du folklore brésiliens au travers de scènes de la vie brésilienne (le quotidien, les professions, la religion, les fêtes, etc.).

Les plages

Peu de grandes métropoles sont capables d'aligner de telles plages de sable fin dans leur centre *(plan couleur I, A-B1-2-3, plan couleur IV et hors plan)*. Cependant, certaines sont très polluées et la baignade est exclue. Sur celle de *Flamengo,* il vaut mieux regarder les matchs de foot sur les terrains en bord de plage, et sur celles de *Botafogo* et d'*Urca* l'évolution des voiliers. Ne pas se baigner non plus sur les plages de l'île de *Paquetá* et de *Niterói,* de l'autre côté de la baie.

– *Quelques rappels :* à la plage, n'emporter que le minimum d'argent, ni bijoux ni passeport, bien sûr. Copacabana est tristement célèbre pour ses pickpockets et ses *malendros* (« filous »), mais ne cédez pas à la paranoïa. La règle d'or reste le bon sens (ne pas faire confiance à n'importe qui, ne pas laisser ses affaires sans surveillance) et juste un peu de vigilance.

– *Un tuyau :* des minibus *Rio-Orla* et *Lagoa-Orla* effectuent la navette le long des plages. Les arrêts sont fantaisistes. Il faut faire signe au chauffeur. Un arrêt se trouve à proximité du *Méridien.* Abordable et excellent pour avoir une vue d'ensemble des plages de Copacabana, Ipanema et Leblon.

– *Pour se baigner :* préférer les plages à quelques kilomètres du centre. Prendre le bus du centre de Niterói pour aller à *Itacoatiara,* petites plages superbes, et *Itaipu,* petit village de pêcheurs. L'eau de mer n'offre pas partout la même qualité, certaines plages étant victimes de pollution chronique. Commencez par scruter le haut des vagues qui s'écrasent sur la plage. En cas de doute sur la couleur de l'eau, renseignez-vous auprès des différents *postos* ou feuilletez le quotidien *O Globo.*

– *Pour se donner rendez-vous :* on se repère sur les postes de secours *(postos)* numérotés qui ponctuent la plage (douches disponibles). Copacabana va du n° 1 au n° 6, Ipanema du n° 7 au n° 10 et Leblon du n° 11 au n° 12. On peut aussi donner le nom de la rue perpendiculaire la plus proche, ou encore se retrouver devant un loueur de chaises précis. Il y en a tout le long de la plage, et ces derniers peignent leurs noms en lettres rouges sur leur tente blanche.

◿ **Leme et Copacabana :** Leme est une plage tranquille, et Copacabana celle qui continue à faire rêver des millions de gens dans le monde. C'est la plus longue : près de 4,5 km. La mer peut parfois être dangereuse. Si le drapeau rouge est hissé, il signale la présence de lames de fond. Certains jours, notamment les lendemains de pluie, le sable y est sale. Devant les grands hôtels, certaines filles guettent le *gringo* qui pourrait les emmener dans leur pays. Le week-end, la plage est plutôt familiale. Sur la promenade ou les pieds dans le sable, la balade le long de la plage reste très agréable, égayée par les nombreux matchs de volley ou de foot, ou encore par les prouesses des sculpteurs sur sable.

◿ **Arpoador :** le coin favori des surfeurs, situé à l'extrémité nord-est d'Ipanema. Depuis les rochers, belle vue sur la baie. Grosses vagues, mais on peut quand même s'y baigner.

◿ **Ipanema** est nettement plus chic que Copacabana, et les filles sont plus attentives à leur look. Version *string* ou *tanga,* c'est la compétition du plus joli bikini. Si les surfaces de tissu se calculent en décimètres carrés, tant pour le haut que pour le bas, ne vous avisez pas, mesdemoiselles, à mettre bas le haut... ou le bas. Vous risquez de provoquer une émeute. Au Brésil, se promener les seins nus caractérisait les esclaves. Depuis, le monokini a mauvaise réputation. Vous pouvez porter les strings les plus étroits de la terre, mais gardez le haut !

Ipanema est la plage la plus snob et la plus sophistiquée. Au niveau du *posto 9,* on trouve les plus belles filles et leur cour, les forcenés du foot-volley et enfin les gays. N'oubliez pas d'aller également boire un coup au bar *A Garota de Ipanema,* du nom de la célèbre chanson de Vinícius de Moraes et Tom Jobim. La rue elle-même, qui s'appelait auparavant *Montenegro,* prit le nom de *Vinícius de Moraes* après sa mort, comme aujourd'hui l'avenida Tom Jobim. De fin février à avril, la mer est plus calme et souvent propice à la baignade.

△ **Leblon** redevient plus familiale, moins animée. Le week-end, championnat de volley-ball ou de foot-volley. Eau polluée. Pas de mort subite en cas de baignade, mais douche conseillée. Au bout de la plage, remontez le début de l'avenida Niemeyer jusqu'au *Mirante do Leblon (plan couleur IV, K11),* joli point de vue, un petit peu en hauteur. Possibilité d'y boire un verre (se faire préciser les prix avant, car c'est parfois à la tête du client ; évitez aussi de garder votre appareil photo en bandoulière... on ne sait jamais).

△ **São Conrado,** toujours plus au sud, est prisée par les surfeurs, mais l'eau est polluée et la mer se fait plus violente, n'étant plus domestiquée par les *morros.*

△ **Barra da Tijuca :** plage de près de 20 km de long, de plus en plus fréquentée malgré une mer parfois très dangereuse. Nombreuses boîtes, restos, bars et motels à *Recreio dos Bandeirantes.* C'est l'endroit qui monte malgré l'éloignement, fréquenté essentiellement par les Cariocas aisés, donc très différent du Centro ou des quartiers plus populaires. De Copacabana, bus n° 523 ; de São Conrado, bus n°s 175, 179 ou 523 ou bus climatisés de la compagnie *Real.* Eau pure à partir de Recreio. Puis viennent les plus belles plages, situées dans une réserve ; le sable borde les collines à la végétation luxuriante : *Prainha, Grumari.* Accessibles en voiture.

Achats

Attention, pour la plupart, les boutiques ferment à 14 h le samedi (sauf les centres commerciaux). Faites donc vos achats en semaine si vous souhaitez rapporter des babioles.

Artisanat

⊛ **La Vereda :** rua Almirante Alexandrino, 428 (Santa Teresa). ☎ 25-07-03-17. Ouvert tous les jours, y compris le week-end ! Une jolie petite boutique, nichée au cœur de ce quartier bohème, proposant de l'artisanat brésilien : peintures, poteries, meubles faits de bois de récupération, luminaires, vêtements, et plein d'objets de déco aux couleurs chaudes du pays. T-shirts sympas aux couleurs de Santa Teresa.

⊛ **Trilhos Urbanos :** rua Almirante Alexandrino, 402 A (Santa Teresa).

☎ 22-42-36-32. À côté de *La Vereda.* Artisanat brésilien, quelques objets plus « touristiques » également.

⊛ **Pé de Boi** (plan couleur III, I7) : rua Ipiranga, 55 (Laranjeiras). ☎ 22-85-43-95. Ouvert du lundi au vendredi de 9 h à 19 h et le samedi de 9 h à 13 h. Dans une jolie petite rue aux maisons colorées, *Pé de Boi* vous propose de l'art populaire brésilien, avec des pièces provenant de tout le pays.

Café

⊛ **Armazém do Café** (plan couleur IV, M11 et K11) : rua Visconde de Pirajá, 261 (Ipanema) et rua Rita Ludolf, 87 B (Leblon). A obtenu le prix décerné par la presse brésilienne du « Meilleur café de Rio ». On peut les déguster sur place, dans un cadre fort agréable, et en rapporter quelques paquets dans sa valise.

CD, bouquins

⊛ **Toca do Vinícius** (plan couleur IV, M11) : rua Vinícius de Moraes, 129 C (Ipanema). ☎ 22-47-52-27. ● www.tocadovinicius.com.br ● Ouvert de 9 h à 22 h (de 10 h à 18 h le dimanche). Plus qu'une boutique, il s'agit en réalité d'un « centre culturel » hors norme. Ouvert dans les années 1980 à l'initiative d'un admirateur du talentueux Vinícius de Moraes, cet antre musical recèle des trésors où bossa-nova, *choro*, samba et *MPB* côtoient tropicalistes et autres grands de la musique brésilienne. Mais si les disques et les bouquins constituent bien sûr la base de la collection, c'est le petit musée niché à l'étage et les nombreux concerts gratuits organisés devant la boutique qui lui donnent toute son âme. Adresse incontournable tenue par un homme jovial, toujours prêt à se lancer dans un historique complet du samba... et en français s'il vous plaît ! Autre boutique rua Duvivier, 37 A, à Copacabana : **Beco das Garrafas.**

⊛ **Modern Sound** : rua Barata Ribeiro, 502 (Copacabana). Temple de la *MPB*, ce disquaire propose l'un des plus larges choix de CD de la ville. Petits concerts *ao vivo* au bar du magasin.

⊛ **Livrarias da Travessa :** à Ipanema et dans le Centro (voir « Librairies, journaux français » dans les « Adresses utiles »). Jolies librairies où vous dénicherez sans peine CD et superbes bouquins sur le Brésil.

⊛ **Kuarup** (plan couleur II, E5) : rua México, 3/2e (Centro). ☎ 22-20-16-23. Maison de disques indépendante aux collections introuvables ailleurs : du vrai *forró*, venu du fin fond du Nordeste, du *choro* de première qualité, du samba à la musique érudite, tout Villa-Lobos... Les directeurs parlent le français.

Maillots de bain, paréos, vêtements, accessoires de mode...

⊛ **Sur la plage** (Ipanema, Copacabana) : les jours de beau temps (et surtout le week-end), sont exposés de jolis paréos, des bijoux, et plein de babioles pas chères du tout. Compter 15 Rls maxi pour un paréo. Négociez le prix si vous en achetez plusieurs.

⊛ **Bum-Bum** (plan couleur IV, L-M11) : rua Visconde de Pirajá, 351 (Ipanema). Ouvert tous les jours sauf le dimanche, de 10 h à 20 h. Pour vous donner un petit aperçu, *bumbum* signifie... « fesses ». Bienvenue au temple du maillot de bain mini-mini mais très tendance.

⊛ **Salinas** (plan couleur IV, L11) : rua Visconde de Pirajá, 547 (Ipanema). Autre adresse très branchée côté maillots de bain. Plutôt pour clientèle jeune.

⊛ **Lenny** (plan couleur IV, L-M11) : rua Visconde de Pirajá, 351 (Ipanema). De jolis modèles (toujours les maillots), en plus classiques et... plus couvrants.

⊛ **Santa Clara** (plan couleur IV, N10) : rua Santa Clara, 33 (Copacabana). Fermé le samedi après-midi et le dimanche. Le temple des bonnes affaires : 12 étages de petites boutiques proposant maillots de bain, sous-vêtements, T-shirts, paréos, la plupart à prix d'usine.

⊛ **Gilson Martins** (plan couleur IV, L11) : rua Visconde de Pirajá, 462 (Ipanema). ☎ 22-27-61-78. Une belle boutique de sacs design, plus originaux les uns que les autres (en forme de Pain de Sucre ou arborant fièrement les couleurs brésiliennes, etc.), créés par le talentueux designer carioca Gilson Martins. Ça vaut la peine d'y jeter un œil.

◈ *Osklen (plan couleur IV, L11) :* rua Maria Quitéria, en face de la praça Nossa Senhora da Paz (Ipanema). Marque brésilienne de *sportwear* ultrabranchée qui fait fureur. Pour ramener d'originaux T-shirts, bermudas et maillots, mais un peu cher.

Bijoux, pierres précieuses

◈ *Les joailliers H. Stern et Amsterdam Sauer (plan couleur IV, L11) :* rua Garcia d'Ávila, 113 (Ipanema). ☎ 22-59-74-42. Ils organisent des visites gratuites dans leurs ateliers de fabrication. Taille des pierres et confection des bijoux n'auront plus de secrets pour vous. Visite du lundi au vendredi de 8 h 30 à 18 h et le samedi de 8 h 30 à 12 h. Entre ascenseurs silencieux, hôtesses polyglottes et vigiles souriants, le parcours a des petits airs de vieux James Bond. L'idée est bien sûr très commerciale, mais d'un coup ces bijoux précieux deviennent tout proches... Les filles peuvent essayer bagues de luxe et colliers de princesses sans aucune gêne. Les vendeurs ont tout leur temps et insistent pour assouvir votre curiosité, sans vous obliger à acheter. Pour les plus en fonds, les prix sont avantageux et détaxés. L'histoire de **Hans Stern** vaut le détour. Allemand chassé par le nazisme, il se réfugie en 1939 avec ses parents au Brésil, où il commence comme dactylo chez un courtier en pierres précieuses, avant de se mettre à son compte avec 200 US$ en poche. À 30 ans, il trouve une aigue-marine de 35 kg et la monte en collier : le dictateur Somoza du Nicaragua la lui achète... 20 000 US$! À présent Hans Stern est le premier groupe joaillier d'Amérique, un empire employant 3 700 personnes avec 170 magasins dans le monde, qui domine 70 % du marché des aigues-marines, émeraudes, améthystes, tourmalines et topazes. La maison glisse même des invitations dans les chambres d'hôtel : taxis aller-retour payés par la société et visite gratuite du siège de l'entreprise à Ipanema, un immeuble de 17 étages gardé par des vigiles.

Surf

◈ *Galeria River (plan couleur IV, M11) :* rua Francisco Otaviano, 67, Arpoador (Ipanema). Si vous souhaitez ramener un souvenir un peu plus encombrant, certes, vous trouverez certainement ici LA planche de vos rêves. Certaines boutiques louent des planches *(Ocean Surfshop, Spirit Surf Board).*

Divers

◈ *Rio Sul Shopping Center (plan couleur III, I9) :* rua Laura Müller, 116 (Botafogo). Ouvert du lundi au samedi de 10 h à 22 h et le dimanche de 15 h à 21 h. Un des plus grands centres commerciaux de la Zona sul carioca. Des boutiques à gogo (fringues, maillots, CD), une profusion de restos, pour les allergiques aux petites boutiques !

Location

– Possibilité de louer des **vélos,** le dimanche, lorsque les bords de mer sont ouverts aux piétons et cyclistes, à Ipanema (au niveau du Ceasar Park), et à divers endroits sur la plage de Copacabana. Également à la Lagoa, au niveau du parque do Cantagalo.

– Pour louer une *planche de surf,* rendez-vous rua F. Otaviano, 67, à Arpoador (voir ci-dessus « Achats. Surf »).

Marchés et foires

– *Feira hippie :* tous les dimanches, jusqu'à 18 h environ, praça General Osório *(plan couleur IV, M11),* tout au début de la plage d'Ipanema. Rien à voir avec de l'artisanat hippy : bijoux, vêtements, instruments de musique, objets en bois. Ambiance sympathique, mais très touristique.

– *Feira de Copacabana :* av. Atlântica, plus ou moins entre la rua Miguel Lemos et la rua Bolívar. Tous les jours sauf le dimanche, de 18 h à environ minuit. Tableaux kitsch à souhait, paréos, bijoux, pierres ou pantalons de *capoeira* : idéal pour ramener des souvenirs ! Évidemment très touristique et de qualité... tout aussi touristique.

– *Le marché du Nordeste :* du samedi après-midi au dimanche jusque vers 16 h, dans le pavillon de São Cristovão. Bus n° 474 de Copacabana ou n° 311 depuis la place Floriano. C'est un genre de grande foire populaire où les « immigrés » du Nordeste, qui ont le mal du pays, se retrouvent et vendent les spécialités de leurs régions : artisanat, hamacs (les moins chers de Rio), plats cuisinés, viandes fumées. On y voit également des camelots et jeux de hasard, etc. Dès le jeudi après-midi, les marchands installent leurs stands et, le soir, des bars de plein air proposent du *forró.* Depuis quelques années, le marché a gagné en propreté car tout est bétonné. Cela n'enlève rien à l'authenticité du lieu ! Une bonne idée du folklore du Nordeste, pour ceux qui ne monteront pas à Recife et à Fortaleza.

Le carnaval

Quand on pense Rio, on pense carnaval tout naturellement. Et il reste une fête hors du commun... pour ceux qui y participent. Quatre jours de folie qui bouleversent la ville, où tout le monde oublie ses problèmes de survie. Tout paraît permis, les classes sociales semblent se diluer dans un immense défoulement collectif. Dans leur livre, *Le Brésil,* Mirtes Magalhães et Sergio Ortiz décrivent ainsi le carnaval : « La ville engloutit ses lumières, ses mythes et ses misères, elle devient une scène gigantesque où la tragédie humaine éclate en farce aux mille visages. »

Le carnaval est une institution relativement récente, née du choc de deux cultures : celle des Noirs d'Afrique et celle des Portugais. Les Noirs possédaient une musique et des rythmes très dansants, les Portugais avaient apporté dans leurs bagages une de leurs fêtes, l'*Entrudo,* où ils s'éclataient pendant quelques jours chaque année. Les colons portugais s'amusaient dans leurs beaux salons, les Noirs avaient déjà pris possession de la rue lors des processions religieuses. À partir de 1870, tout le monde prend donc l'habitude de descendre dans la rue une fois l'an sur des rythmes et des thèmes au début assez disparates (marches et polka pour les Blancs, folklore africain pour les Noirs), qui vont progressivement fusionner. Ce n'est qu'en 1917 que naquit le premier *samba,* produit des amours de la musique des colonisateurs et des esclaves, et que fut enregistré le premier disque. Cette innovation devait par la suite susciter maintes vocations de compositeurs et la création d'une véritable industrie. Les années 1920 voient naître les écoles de samba, et les premiers concours ont lieu en 1933.

Le déroulement

La date du carnaval est fixée en fonction de la date de Pâques. Il se déroule du vendredi au mardi précédant le mercredi des Cendres, soit une quarantaine de jours avant Pâques ; le mercredi, tout le monde va dormir.

Si vous voulez défiler, ce que nous vous recommandons chaudement, il faut arriver une semaine avant le carnaval pour avoir le temps d'acheter votre costume (que vous pourrez conserver) et apprendre les paroles de votre samba. Pour les « grandes écoles », comptez entre 100 et 200 € le costume. Déroulement du carnaval, en règle générale :

– *le vendredi soir :* défilé des enfants au sambodrome ; c'est adorable et vraiment pas cher.

– *Le samedi :* défilé des *blocos,* petits ensembles musicaux de quartiers, dans les rues (voir le programme du *Jornal do Brasil* le vendredi), et défilé dans le sambodrome toute la nuit des écoles de « seconde division » (groupe d'accès A), dont une accédera au groupe des « grandes » (écoles du groupe spécial). C'est beaucoup moins luxueux que les jours suivants, mais c'est une bonne option pour ceux qui veulent défiler à bon prix (moins de 100 €). On s'amuse tout autant, voire plus, car c'est très décontracté.

– *Le dimanche :* défilé de 7 écoles de samba du groupe spécial. Il a lieu sur l'avenida Marquês de Sapucai (au niveau de la praça Onze), dans le sambodrome construit dans les années 1980 par Niemeyer. Les places sont payantes : environ 400 € dans les loges privées *(camarotes),* généralement réservées aux entreprises. Pour une soirée confortable, achetez vos places avant, en vous renseignant à votre hôtel, auprès d'une agence de voyages ou au *Riotur.* Sinon, on vous suggère les tribunes populaires *(arquibancadas).* Un conseil : faites un bon dîner avant ; la nuit est longue et éprouvante. Évitez les secteurs 13 et 6, où la visibilité est vraiment mauvaise. Moins cher et déjà sympa, le secteur 1 (où les écoles se préparent). Les meilleurs sont les secteurs 5, 7 et 9, qui offrent une bonne perspective (le 9 est réservé aux touristes). Compter environ 35 € pour les *arquibancadas* (tribunes), 90 € pour les *cadeiras individuais* (chaises individuelles : les meilleures places, au-dessous des tribunes et tout près du passage des chars). Pour les fauchés, il vaut mieux arriver vers 23 h, les revendeurs sont fatigués et bradent les entrées mais, après, il faudra vous faufiler dans la foule pour trouver une place.

– *Le lundi :* même programme que le dimanche, avec les 7 écoles du groupe spécial restantes.

– *Le samedi suivant :* défilé des écoles qui ont gagné. Près de 200 000 personnes assisteront au défilé des écoles du groupe spécial.

Les écoles de samba

Il y a beaucoup d'écoles de samba à Rio. De la plus petite, groupant 15 personnes, à la plus prestigieuse en comprenant 6 000. Une petite école de samba peut devenir grande en s'alliant à d'autres, et se transformer en *bloco,* avec plus de moyens, des costumes plus riches, plus élaborés. Si un *bloco* remporte du succès, il peut prétendre entrer dans le groupe des écoles de samba E, puis grimper la hiérarchie jusqu'au groupe A. Chaque école possède ses propres couleurs. Actuellement, dans le groupe spécial (ex-1er groupe) évoluent 14 écoles : de la plus appréciée, *Mangueira* (née en 1928, couleurs rose et vert), 10 fois championne du carnaval, à l'une des plus récentes, *Beija Flor* (née en 1948, couleurs bleu et blanc), en passant par celle ayant le plus de participants, *Salgueiro* (6 000 personnes).

Pour le grand défilé des écoles du groupe spécial, chacune choisit un thème (l'*enredo*) tiré du folklore ou de l'histoire du Brésil (les Dix Commandements, le Brésil champion du monde de foot 5 fois, etc.), décrit par les paroles d'une chanson composée à cet effet, par les costumes, les danses, les chars, etc. En période électorale, les thèmes sont souvent très politiques (les réfugiés du Nordeste, la santé, l'éducation...). Mais dans les petits défilés de quartiers, le thème le plus populaire est... le carnaval lui-même, la fête, le *samba.*

L'attente et le jugement

Les juges vont avoir à noter un certain nombre de choses : l'homogénéité de chaque école (lorsque celle-ci comprend 2 000 à 3 000 participants et qu'elle exprime plusieurs thèmes, il faut éviter l'impression de pagaille, de rupture de ton, et unifier le groupe). La musique : un *samba* de qualité repris en chœur par la foule marque beaucoup de points. De même, une école qui évolue pendant 70 à 85 mn doit éviter la cacophonie de sa musique, car le *samba* chanté en tête prend du retard, « se décale » au fur et à mesure qu'il remonte le cortège. Éviter cet effet s'appelle l'*harmonie*. Seront notés aussi la *bateria*, l'orchestre, parfois composé de plusieurs centaines de musiciens, les costumes, d'une époustouflante richesse, les *passistas*, danseurs inventant de nouveaux pas de danse, les superbes mulâtresses habillées de 10 cm^2 de tissu dans les *sambas* les plus fous, les chars, les *porta bandeiras* (couples arborant le drapeau de l'école), etc.

L'ordre de passage des écoles est tiré au sort. La meilleure école peut très bien passer en dernier. Il n'est pas rare que le défilé prenant du retard, la dernière école ne démarre que vers 9-10 h du matin. On imagine les participants tentant de ne pas relâcher leur influx et de rester sous pression alors qu'ils sont sur place depuis la veille. La construction du sambodrome, dans les années 1980, a un peu séparé le carnaval de la rue. D'affreux gradins sont loués des sommes exorbitantes pour assister à la meilleure partie du défilé. Une manière de commercialiser toujours plus la fête, d'exacerber les inégalités sociales et surtout de vendre plus de places au marché noir.

Tous les soirs, des bals sont organisés dans les grands hôtels (dont le *Copacabana Palace*). L'entrée est en général assez chère ou sur invitation, mais l'atmosphère souvent démente. Dans ces autocuiseurs en ébullition, les costumes apparaissent comme des monuments dont la magnificence n'appelle plus de superlatifs ou sont plus naturellement... réduits à leur plus simple expression ! En marge du défilé, des écoles tentent de perpétuer tant bien que mal le carnaval de rue ; certains quartiers de Rio (Lapa, Cinelândia, Copacabana, Ipanema, Santa Teresa...) sont envahis de *blocos,* tout le monde s'agglutine, danse et suit les cortèges. Voir les horaires et lieux de passage dans la presse locale.

L'âme du carnaval

En plus des défilés et des bals, le carnaval est présent partout sous la forme d'orchestres de quartier (les *bandas*) jouant en fin d'après-midi les sambas à la mode. C'est à cette occasion que revit un peu sincèrement l'âme du vrai carnaval. Car il faut bien reconnaître que le carnaval de Rio est devenu une gigantesque opération commerciale qui menace d'étouffer le caractère populaire de la manifestation. De plus, dans les mois de préparation du carnaval, les gens finissent par y investir toute leur énergie, oublier les problèmes du quotidien, céder à une forme d'obsession subtile, voire traîtresse. Car si le droit à la fête est légitime, il prend ici le pas sur toutes les autres préoccupations.

Pour participer au défilé de son école, le Carioca dépensera entre un tiers et la moitié de son salaire pour son costume. Paillettes, plumes, colliers, fanfreluches, rubans, strass, tout est cher. Ensuite, la famille se relaiera des jours et des jours pour faire la queue aux guichets de vente des tickets de défilé, car les places du petit peuple, les moins chères, sont en quantité limitée. Restera toujours la solution d'en acheter au marché noir, où même les moins chères verront leur prix multiplié par dix ! Pour les places des tribunes, inutile d'y songer, plusieurs mois de salaire y passeraient. Quant aux loges les plus chères, n'en parlons pas. L'entrée des bals et des clubs privés est également exorbitante. Dernière possibilité : s'éclater dans la rue pendant quatre jours, s'enivrer de danse et de musique, se libérer des tensions de longs mois de labeur et de fatigue... en attendant le prochain match de foot !

Durant l'année

Le mois qui précède le carnaval, vous devez assister aux répétitions *(ensaios)* des écoles de samba. Chaque samedi soir. Liste dans les journaux à la page des spectacles. Très peu cher.

En dehors de cette période, possibilité d'assister aux répétitions des grandes écoles de samba (surtout à partir d'octobre), pas chères du tout. Voir plus haut « Où assister à un spectacle ? Où danser ? ».

Il y a également des boîtes, surtout à Ipanema ou Leblon, qui présentent toute l'année des danses et costumes du carnaval. Touristique, bien sûr, mais ça en donne une idée quand même intéressante.

Rio mystique, noir et indien

Consulter l'oracle africain des *búzios*, l'*ifà*

Ancienne capitale, ville qui vit affluer les Noirs du pays tout entier, Rio est évidemment un haut lieu des traditions africaines et du *candomblé* (voir la rubrique « Religions et croyances » dans les « Généralités »).

Si vous souhaitez entrer en contact avec le monde des *orixás* (prononcer « orishasse », les « dieux africains ») et des pratiques religieuses d'origine yoruba, sachez qu'avant toute chose il convient de consulter l'oracle, l'*ifà* (prononcer « ifan »), que l'on tire à l'aide de 16 coquillages (les *búzios*) ou, beaucoup plus rarement, à l'aide de l'*opelé,* une chaînette de 8 écorces d'une plante sacrée.

C'est l'*ifà* qui dira le sens sacré de votre démarche, définira quel orixá ou groupe d'orixás vous accompagne, et, éventuellement, répondra aux questions que vous vous posez. Les amateurs de divination ne manqueront pas une telle consultation, dont la sophistication et la finesse les surprendront. L'*ifà* est sans doute le plus complexe des systèmes de divination. Il repose sur 256 figures de base, dont chacune répond à une légende mythologique spécifique. Le « père » ou la « mère de saint » *(babalorixá* ou *yalorixá)* qui le tire, avec plusieurs lancers complexes, mettra en relation les figures qui sortent de façon à cerner avec une minutieuse finesse le problème qu'il s'agit d'élucider. C'est donc un jeu qui réclame une extrême connaissance et pratique du *candomblé* et de la culture africaine, et nécessite, outre une grande acuité intuitive, une longue et sérieuse initiation.

Orunmila, l'*orixá* maître de l'*ifà,* est « un dieu qui ne travaille pas pour rien », dit la légende, aussi la consultation est-elle payante, obligatoirement. C'est donc la source de revenus réguliers de nombreuses personnes et, la crise aidant, il se trouve qu'on tire les *búzios* jusque sur les places et les trottoirs. Dans ce domaine, arnaque et jeux de bas niveau ont donc aussi envahi cette pratique et, sauf par simple curiosité sans portée, nous vous déconseillons de consulter les innombrables *macumbeiros,* vagabonds qui offrent leurs services sur les trottoirs ou par petites annonces.

Les fêtes

– *L'Hommage à Iemanjá (déesse africaine de la Mer)* se déroule la nuit du 31 décembre. Comme les Cariocas veulent entretenir des bonnes relations avec tous les dieux, ils profitent du réveillon pour rendre hommage à *Iemanjá.* C'est donc vêtus de blanc, la couleur de la déesse de la Mer, qu'ils se rendent sur la plage de Copacabana par milliers pour assister aux feux d'artifice, mais aussi pour jeter des fleurs dans l'eau. Si elles franchissent la barre des 7 vagues, elles seront reçues par la déesse et les vœux seront exaucés. L'ambiance est familiale, apaisée, mais loin d'être recueillie. Les vraies céré-

monies du *candomblé* ont lieu ailleurs, dans les *terreiros*. À minuit, le sable est déjà jonché de fleurs mouillées revenues sur la grève lorsque les bouchons de mousseux sautent et que les concerts commencent. Le gros de la foule s'évapore dans des fêtes privées, et le reste danse sur la plage. C'est la fête la plus importante de Rio avec le carnaval.
– *Fête des Rois mages :* le 6 janvier. Correspond à la *fête du Reisado* dans le Nordeste.
– *La Saint-Jean, la Saint-Pierre et la Saint-Antoine* sont l'occasion pour les Cariocas de se réunir. En juin.

À faire

– *Le survol de Rio en hélicoptère :* cher, bien sûr (de 150 à 520 Rls par personne pour 7 à 30 mn de vol), mais inoubliable. Au Pain de Sucre, au 1er niveau du téléphérique, un petit stand *Helisight* et un héliport vous attendent. Vous éviterez ainsi le transfert jusque-là avec les autres sociétés. Vous pouvez aussi vous rendre directement à l'héliport de la Lagoa, av. Borges de Medeiros, ou Mirante Dona Marta, près du Corcovado. Pour réserver : ☎ 22-59-69-95, 25-11-21-41 ou 25-42-78-95. ● www.helisight.com.br ● Attention, vols garantis à partir de 3 participants minimum.

– *Une balade en voilier* dans la baie de Guanabara. Balade de 2 h, autour des plages d'Urca, de Copacabana, d'Arpoador, de Niterói, de l'île de Villegaignon, pour découvrir la ville sous un autre angle... Achat des billets (30 Rls par personne) auprès de *Saveiros Tour,* av. Infante Dom Henrique s/n, lojas 13-14, dans la marina de Glória. ☎ 22-25-60-64 ou 94-48-75-51 (portable). ● www.saveiros.com.br ● Départ tous les jours à 9 h 30. Achat des billets 15 mn avant. Organise aussi des excursions en voilier à Ilha Grande ou Búzios.

– *Le survol de Rio en parapente et en deltaplane :* cher également, mais sans doute inoubliable. Compter environ 240 Rls (dans les 90 €). Vous pouvez tenter de négocier. Remise de 20 % pour les groupes. Les vols se font en tandem, mais il faut ne pas dépasser un poids de 100 kg par personne ! Durée du vol : 10 à 30 mn, selon le vent. Les envols se font d'un pain de sucre *(morro)* appelé Pedra Bonita (altitude 520 m) en bordure de la forêt de Tijuca, et l'atterrissage a lieu sur la plage de São Conrado. Si vous en avez les moyens, il s'agit de survoler l'une des plus belles villes du monde (« LA plus belle », disent les Cariocas !). Vous pouvez contacter les organismes suivants :

■ *Delta Flight :* ☎ 25-75-86-26 ou 96-93-88-00 (portable). ● www.delta flight.com.br ● Demandez le dynamique et sympathique Ricardo Hamond, qui parle l'anglais (et apprend le français). Instructeur breveté et expérimenté (plus de 900 vols depuis 1987). Départ le matin, vers 7 h, et retour vers 14 h ou 15 h. Ricardo passe vous prendre à votre hôtel et vous y reconduit.

■ *Rio Adventures :* ☎ 22-42-57-05 ou 97-19-37-48 (portable). Propose des vols en deltaplane, parapente...
■ *São Conrado Eco-Aventura :* ☎ 25-22-55-86. Trekking, deltaplane, parapente, jeep...
■ *Association de vol libre de Rio :* praia do Pepino, São Conrado. ☎ 33-22-02-66 ou 24-22-64-98.
■ *Cours de Miguel Tavares :* ☎ 24-93-43-24 ou 99-88-27-32 (portable).

– *Randonnées, escalade, alpinisme :* Centro Excursionista Brasileiro. ☎ 22-52-98-44.
– *Pour les surfeurs :* les meilleurs endroits sont *Arpoador* et *Praia do Diabo* (Ipanema), vagues entre 1 et 2 m, la *plage de Barra da Tijuca* (Quebra-Mar, Postinho, Pepê), *Barra Meio* (en face de l'avenida Lucio Costa), où se déroulent les championnats de surf, *Macumba Ponta,* après Récreio, pas loin du

camping. Vagues jusqu'à 3 m. *Prainha,* superbe crique, vagues de 1 à 3 m, et enfin *Grumari,* la plage suivante en allant toujours vers le sud.

Ceux qui souhaitent prendre des cours s'adresseront à Paulo Donella (☎ 22-59-23-20, à Ipanema) ou à Rico de Souza (☎ 33-28-30-16, à Barra da Tijuca).

– **Plongée** : *Deep Blue,* rua Marquês de Olinda, 18 (Botafogo). ☎ 25-54-80-31. On plonge vers Búzios. Le fond n'est pas extraordinaire, mais... ça fait une balade ! Également *Dive Point,* av. Ataulfo de Paiva, 1174/ss4. ☎ 38-13-03-12.

À Rio, les meilleurs spots de plongée se situent dans l'archipel des Cagarras (en face d'Ipanema) et dans les îles Tijucas (Barra da Tijuca).

➤ *DANS LES ENVIRONS DE RIO DE JANEIRO*

Cela n'intéressera pas ceux qui n'ont que 4 ou 5 jours pour visiter Rio.

🎭🎭 **Le palácio da ilha Fiscal :** sur une île, face à *l'espace culturel de la Marine* (av. Alfredo Agache ; *plan couleur II, E4, 142*), où vous prendrez le bateau (sorties tous les jours sauf les lundi et mercredi, à 13 h et 16 h). ☎ 22-33-91-65. Visites guidées. Ce petit palais vert amande à l'allure gothique abrita le premier et dernier bal de l'empire, en novembre 1889, puisque quelques jours plus tard fut proclamée la république. Notez les superbes vitraux représentant dom Pedro II et la princesse Isabel. Agréable visite et très belle perspective sur les gratte-ciel de Rio.

🎭🎭 **L'île de Paquetá :** l'une des promenades favorites des Cariocas. Île sans voitures, ni motos. Parc agréable. Location de vélos. Plages polluées et quelques restos. Laissez-vous tenter par une petite balade en calèche pour faire le tour de l'île, les guides qui le proposent ont souvent de bonnes anecdotes à raconter. Prendre le bateau régulier (1 h de trajet ; départs tous les jours de 7 h à 23 h, toutes les 2 h environ en semaine, toutes les 3 h les week-ends et jours fériés), ou l'aéroglisseur (20 mn ; tous les jours de 10 h à 14 h, toutes les 2 h, en semaine ; et de 8 h à 17 h, toutes les heures, les week-ends et jours fériés), beaucoup plus cher, de la praça 15 de Novembro.

🎭🎭 **Niterói :** ville de plus de 458 000 habitants, à une vingtaine de kilomètres de Rio, de l'autre côté de la baie. La ville en soi n'a pas d'intérêt et plusieurs plages sont polluées. C'est la balade pour s'y rendre qui est très chouette, soit en empruntant le pont de 14,5 km (péage) qui court sur la mer – économisant un détour de 150 km –, soit le bateau (ferry : 1,80 Rls l'aller ; ou catamaran : 2 Rls l'aller) en fin d'après-midi. Navette de la praça 15 de Novembro, toutes les 15 mn en semaine et toutes les heures les week-ends et jours fériés. Le retour en bateau offre une arrivée splendide sur Rio.

À voir quand même, si vous y allez :

– *Le musée d'Art contemporain (MAC)* : mirante da Boa Viagem. ☎ (021) 26-20-24-00. Ouvert du mardi au vendredi de 11 h à 18 h, le samedi de 13 h à 21 h et le dimanche de 11 h à 18 h. Entrée : 5 Rls. Sorte de soucoupe volante géante construite sur des plans de Niemeyer, il abrite une collection d'œuvres d'artistes brésiliens contemporains réputés. Toutefois, on y va essentiellement pour la vue sur la baie de Rio et pour son étonnante architecture.

– *La fortaleza de Santa Cruz* : estrada Gal Eurico Gaspar Dutra. ☎ (021) 27-11-04-62. Visites guidées tous les jours sauf le lundi, de 9 h à 16 h. Un des premiers forts érigés sur la baie de Guanabara (1555), avec une superbe vue sur la baie.

⌂ Les plages d'*Itaipu* et *Itacoatiara,* après la *lagoa de Itaipu*. Les plus belles et plus propres de Niterói. Les eaux y sont limpides. Itacoatiara enchantera les amoureux de la nature et du surf, tandis qu'Itaipu séduira les amateurs de fruits de mer et de couchers de soleil romantiques. À faire si vous avez une voiture, car elles sont un peu loin (45 mn environ du centre de Rio).

🏵 Le long du **vale do Paraïba,** au nord-ouest de Rio, entre les villes de Três Rios et Volta Redonda, possibilité de visiter quelques *fazendas* datant du XIXe siècle, lorsque la culture du café était à son apogée. Un nouvel itinéraire touristique est peu à peu mis en place autour de ce patrimoine architectural, mêlant randonnées ou balades à cheval et découverte des produits artisanaux traditionnels et des outils de production du café. Renseignements auprès de l'*Instituto de Preservação e Desenvolvimento do vale do Paraïba* : ● www.preservale.com.br ●

QUITTER RIO DE JANEIRO

En bus

🚌 **Rodoviária Novo Rio** *(plan couleur I, A-B2) :* av. Francisco Bicalho, 1 (entre Santo Cristo et São Cristovão). ☎ 32-13-18-00 (insister !). Pour s'y rendre, depuis le Centro : bus n°s 127, 128 ou 239 ; depuis Flamengo, Catete, Botafogo : bus n°s 170, 172, 178 ; depuis Copacabana : bus n°s 126, 127, 128 ou le *frescão* (av. N.S. da Copacabana) ; depuis Ipanema : bus n°s 128, 474, 485 ou le *frescão* (av. Ataulfo de Paiva) ; depuis Leblon : bus n°s 128, 172 ou 178. À noter qu'il n'est pas inintéressant d'acheter ses billets dans une agence de voyages spécialisée, ceci afin d'éviter un aller-retour fastidieux, de longues queues et une atmosphère parfois un peu lourde. Quelques adresses : *Guanatur,* rua Dias da Rocha, 16, à Copacabana *(plan couleur IV, M10* ; ☎ 25-48-32-75) ; *Paxtur,* rua Visconde de Pirajá, 303 (salle 114), à Ipanema *(plan couleur IV, LM11* ; ☎ 25-23-10-00) ; *Dantur,* largo do Machado, 29 (salle 134), à Catete *(plan couleur III, I7* ; ☎ 22-05-11-44).
➢ Bus toutes les 15 mn **pour São Paulo** (6 h de trajet) et pour toutes les villes importantes et touristiques. **Angra dos Reis :** 3 h *(Costa Verde,* ☎ 25-16-24-37) ; **Búzios :** 3 h 30, 6 bus par jour *(Cie 1001,* ☎ 0300-313-10-01) ; **Paraty :** 4 h *(Costa Verde)* ; **Ouro Preto :** 7 h *(Útil)* ; **Foz de Iguaçu :** 22 h *(Expresso Kaiowa)* ; **Curitiba :** 11 h *(Águia Branca)* ; **Salvador :** 28 h *(Águia Branca)* ; **Recife :** 38 h ; **Vitória :** 8 h.
➢ **Pour l'étranger :** *Argentine* (Buenos Aires, 46 h), *Paraguay* (25 h), *Chili* (Santiago, 74 h), *Uruguay* (Montevideo, 39 h)...

🚌 **Rodoviária Menezes Cortes :** rua São José, 35 (Centro). ☎ 25-44-66-67. Cette gare routière est abritée dans l'*Edificio Garagem TGMC.*
➢ Pour **Petrópolis** (12 Rls), **Novo Friburgo, Teresópolis** et **Cachoeiras de Macacu.**

🚌 **Rodoviária Mariana Procópio** *(hors plan couleur II par D4) :* praça Mauá, 5 (Centro). ☎ 25-16-48-02.
➢ Pour la *baixada* et les banlieues nord.

En avion

– Les *bus Real* font le tour des plages et passent toutes les 30 ou 40 mn sur tout le littoral. Ils n'ont pas de numéro, mais à l'avant est marqué « Aeroporto ». Horaires peu précis.
– **Il n'y a plus de taxes d'aéroport, elles sont généralement incluses dans les billets.**
➢ Liaisons aériennes avec tout le pays ou presque...

AUTOUR DE RIO

Pour ceux qui disposent de temps, il existe, dans un rayon de 200 km autour de Rio, de magnifiques excursions à réaliser : des villes coloniales splendides, des plages de rêve désertes avec du sable blanc et fin, de beaux paysages... Possibilité de s'y rendre en bus (*rodoviária* Novo Rio), bien sûr, mais avec une voiture c'est évidemment plus intéressant pour l'autonomie qu'elle accorde, notamment pour les balades en montagne.

TERESÓPOLIS ET PETRÓPOLIS

Si vous ne disposez que d'une journée de visite, nous vous conseillons de partir de très bonne heure pour pouvoir effectuer la visite des deux villes. Il est préférable de commencer par Teresópolis, plus éloignée, car vous réserverez ainsi votre après-midi au musée de Petrópolis, qui n'ouvre qu'à ce moment-là. Mais ces deux villes présentent chacune de nombreux attraits qui mériteraient un séjour prolongé : randonnées aux alentours de Teresópolis, richesses architecturales et culturelles à Petrópolis.

TERESÓPOLIS   138 000 hab.   IND. TÉL. : 021

Région montagneuse la plus haute de l'État de Rio, Teresópolis culmine à 910 m d'altitude. Son fameux pic *Dedo de Deus* (le Doigt de Dieu) est impressionnant. Formation rocheuse de 1 692 m d'altitude, il a vraiment la forme d'une main à l'index tendu vers le ciel. Le parque nacional da serra dos Órgãos, niché entre Teresópolis et Petrópolis, s'étend sur 118 km^2 et offre de nombreuses possibilités de randonnées pour tous les niveaux ! Les grimpeurs et les cavaliers y trouveront également leur bonheur.

➤ Des bus partent toutes les 30 mn de la *rodoviária* Novo Rio de Rio. Compter 1 h 15 de trajet.

Adresses utiles

ℹ *Informations touristiques :* praça Olímpica. ☎ 27-42-33-52. Ouvert du lundi au samedi de 8 h à 18 h.

🚌 *Rodoviária (gare routière) :* dans le centre, rua 1^{ero} de Maio. ☎ 27-42-26-76.

■ *Bureau du parc national de la serra dos Órgãos :* situé à 3 km du centre-ville, à l'entrée du parc. Renseignements : ☎ 26-42-10-70 ou 26-42-44-60 (mairie). Nombreuses possibilités d'excursions et de randonnées. Toutes les infos sur les activités et les possibilités d'hébergement et de camping dans le parc.

Où dormir ? Où manger ?

🛏 *Varzea Palace Hotel :* rua Sebastião Teixeira, 41. ☎ 27-42-08-78. Compter 65 à 70 Rls pour 2. Belle et vaste bâtisse blanche au charme désuet, digne mais décatie.

🍴 *Taberna Alpina :* rua Duque de Caxias, 131. ☎ 27-42-01-23. De tradition allemande, ce petit resto propose une carte bien montagnarde à des prix raisonnables (de 16 à 30 Rls). La salle *escondidinho* (« cachette ») porte bien son nom, avec ses airs de refuge. Profitez également de votre passage pour découvrir les fromages de chèvre locaux.

PETRÓPOLIS

287 000 hab.   IND. TÉL. : 024

À 68 km au nord-est de Rio, Petrópolis est l'ancienne résidence d'été de l'empereur dom Pedro II (d'où son nom, Petrópolis, « la ville de Pedro »). On peut y arriver de Rio par une route nationale sinueuse ou par la superbe route de Teresópolis, bordée d'impatiens, qui traverse le massif de la Serra dos Órgãos. Ville d'altitude nichée dans les montagnes, son climat particulièrement vivifiant en détermina l'histoire. Voilà un lieu de villégiature apprécié des Cariocas pour sa fraîcheur (quand Rio est écrasée par la chaleur estivale) et sa végétation abondante.
D'agréables places ombragées, de jolis ponts rouges qui enjambent les rivières des grandes avenues, ainsi que plusieurs monuments et sites à visiter. Comme le musée installé dans le *Palácio imperial,* l'étonnante cathédrale néogothique, le *palácio Cristal,* ainsi que de vieux palais et des villas du XIXe siècle, à la façade colorée et aux vérandas en fer forgé.

Adresses utiles

ℹ️ *Fundação de Cultura e Turismo de Petrópolis (informations touristiques) :* av. Ayrton Senna, à l'entrée de la ville sur la droite en venant de Rio. ☎ 22-46-93-77. ● www.petropolis.rj.gov.br ● Ouvert du lundi au vendredi de 8 h à 18 h, jusqu'à 19 h le samedi et 17 h le dimanche. Petits bureaux aussi à la gare routière de la rua Dr. Porciuncula et, en saison, dans le centre historique, praça Expedicionários.
✉️ *Poste centrale :* rua do Imperador, 350. Ouvert de 9 h 30 à 17 h.
◼️ *Banco do Brasil :* rua Paulo Barbosa, 89. ☎ 33-71-12-93. Proche de la *rodoviária.* Guichets automatiques (cartes *Visa* et *Master-Card*) accessibles de 6 h à 22 h.
◼️ *Urgences médicales :* hospital Beneficência Portuguesa, av. Portugal, 236 (quartier Valparaíso). ☎ 22-37-62-62.
🚌 *Rodoviária (gare routière) :* rua Dr. Porciuncula. Pour Rio, 20 bus quotidiens, de 5 h à 23 h (compagnie *Única Fácil*), une bonne demi-heure de trajet ; pour São Paulo, 1 bus par jour, à 23 h (compagnie *Salutaris* : ☎ 22-42-78-90).

Où dormir ?

Prix moyens (de 40 à 80 Rls – 15,20 à 30,40 €)

🛏️ *Pousada 14 Bis :* rua Buenos Aires, 192. ☎ 22-31-09-46. ● www.pousada14bis.com.br ● À 150 m de la gare routière. De 45 à 80 Rls pour 2, petit dej' compris. Superbe petite demeure coloniale offrant des chambres très agréables et bien tenues. Beau parquet ancien et déco avec photos et tableaux retraçant la vie de l'aviateur Santos-Dumont. Accueil très chaleureux d'un couple franco-brésilien. Le sous-sol aménagé abrite un billard et un petit bar. Bons concerts de jazz et bossa-nova organisés chaque week-end.
🛏️ *Hôtel Comércio :* rua Dr. Porciuncula, 56. ☎ 22-42-35-00. En face de la gare routière. À partir de 50 Rls pour 2 avec le petit dej'. Une cinquantaine de chambres au confort suffisant : c'est simple mais propre. Préférer celles donnant sur l'arrière, moins bruyantes.

Plus chic (plus de 80 Rls – 30,40 €)

🛏️ *Casablanca Palace :* rua 16 de Março, 123. ☎ et fax : 22-31-08-18.
● www.casablancahotel.com.br ● Proche de la praça Dom Pedro II et

du Palais impérial. Compter 90 à 100 Rls pour 2, petit dej' inclus. Un hôtel rétro de 7 étages, avec un vieil ascenseur en bois. Chambres spacieuses, confortables et propres.

Où manger ?

Bon marché (moins de 15 Rls – 5,70 €)

|●| **Restaurant Paladar :** rua Barão do Amazonas, 25. ☎ 22-43-11-43. Ouvert tous les jours sauf le lundi, de 11 h à 16 h. Vieille maison de caractère à 150 m du musée Santos-Dumont et de la praça de la Libertade. Pièces hautes de plafond, planchers patinés, buffet *ao kilo* et self-service : voilà une bonne cuisine locale à prix sages.

|●| **Fuka's Lanchonete :** rua do Imperador, 474 ; une autre entrée, rua Nilo Peganha, 223. ☎ 22-42-78-99. Près de la gare routière. Un self-service très fréquenté le midi. Grande salle agréable. Choix de plats typiques, viandes, poissons et pizzas. Service efficace.

Un peu plus chic (plus de 25 Rls – 9,50 €)

|●| **Petit Palais Bistro :** rua da Imperatriz, 220. ☎ 22-44-79-12. À gauche en entrant dans le parc du Palais impérial (voir plus bas). Ouvert du mardi au dimanche de 12 h à 20 h. Petit bistro-resto joliment décoré, donnant sur une courette. On ne sert que des plats à la mode au XIXe siècle, comme la *bacalhau imperial*. Original et charmant.

À voir

🏃🏃 **La catedral São Pedro de Alcântara :** rua S. P. de Alcântara, 60. ☎ 22-42-43-00. Ouvert du mardi au dimanche de 8 h à 12 h et de 14 h à 18 h. Accès gratuit. Construite entre 1884 et 1925. Impressionnante flèche de 62 m de haut. Entourée de flamboyants et d'arbres exotiques, la cathédrale (de style néogothique français) abrite les tombeaux de dom Pedro II et de la famille impériale. Juste en face, statue de l'architecte de Petrópolis, Julio Koeller.

🏃🏃 **Le Museu imperial** *(musée du Palais impérial) :* rua da Imperatriz, 220. ☎ 22-37-80-00. ● www.museuimperial.gov.br ● Visite du mardi au dimanche de 11 h à 17 h 30. Entrée : 8 Rls. Audioguide à 3 Rls. Parc accessible gratuitement dès 8 h. Une visite à ne pas manquer : c'est superbe ! L'ancienne résidence d'été de la famille impériale, construite à partir de 1845, abrite depuis 1940 un musée rempli des trésors du règne impérial (1822-1889) : tableaux, porcelaines, tapisseries, meubles, bijoux... On doit troquer ses chaussures pour des chaussons spéciaux, à garder durant toute la visite. Le palais est entouré d'un magnifique jardin aux arbres centenaires, bien agréable pour faire une pause à l'ombre et au calme.

🏃🏃 **La maison de Santos-Dumont :** rua do Encanto, 22. ☎ 22-47-31-58. Visites guidées (en portugais, anglais et espagnol) ou libres, du mardi au dimanche de 9 h 30 à 17 h. Entrée : 3 Rls. Le célèbre pionnier de l'aviation y vécut pendant la Première Guerre mondiale. Alberto Santos-Dumont vécut surtout en France. C'est dans ce pays qu'il étonna le monde en inventant en 1906 un des premiers avions, la *Demoiselle*. Il construisit aussi des dirigeables, et réalisa le premier record du monde de vitesse. Une expo de photos et de gravures anciennes retrace ses principaux exploits. Quelques objets insolites comme le « bureau-lit », la douche avant-gardiste (la première douche avec eau chaude du Brésil), l'observatoire aménagé sur le toit...

🦶 *Le palácio do Cristal* (palais de Cristal) : rua Alfredo Pachá. ☎ 22-47-37-21. Ouvert tous les jours de 9 h à 17 h 30. Vaste serre qui abrita des expos botaniques et accueille désormais un centre culturel (expos, spectacles, concerts, etc.). Sa structure métallique conçue en 1884, en France, fût importée par cargo jusqu'au Brésil.

🦶 *La maison et la tombe de Stefan Zweig* : rua Gonçalvez Diaz, 34 (quartier Valparaíso). Adossée à une petite colline, au bout d'un chemin en pente, voici la maison où l'écrivain autrichien Stefan Zweig passa les dernières années de son exil. Bien qu'habitée par une famille, celle-ci accepte aimablement et gratuitement les visiteurs. On voit une stèle dans le jardin, et la grande véranda où Zweig écrivit notamment son dernier livre, *Le Joueur d'échecs*. Bouleversé par la conquête de l'Europe par Hitler, l'auteur de *Brésil, terre d'avenir* se suicida en 1942. Au cimetière de Petrópolis, sa tombe, en pierre sombre, et celle de son épouse Lotte (à côté). En descendant la rua Fabrizio de Matos, qui coupe le cimetière en deux parties, prendre l'entrée de droite, la tombe est à 20 m de cette entrée. Le gardien vous y conduira en échange d'un petit pourboire.

VERS LE NORD-EST : BÚZIOS

À 180 km de Rio, on trouve les plus belles plages du Brésil, dit-on. Du turquoise transparent à l'indigo profond, le dégradé de couleur de la mer est saisissant. Quant au sable, il est si fin, si blanc qu'on dirait de la poudre de riz ! L'endroit connaît un fort développement touristique. Compter 3 h 30 de bus pour rallier Búzios, charmante petite ville à l'architecture soignée. En chemin, vous pouvez faire une halte à Arraial do Cabo (connu pour ses spots de plongée) ou à Cabo Frío, aux jolies plages mais aux centres-villes nettement moins agréables que Búzios.

BÚZIOS
20 000 hab.   IND. TÉL. : 022

La légende raconte que Búzios a été « découverte » par Brigitte Bardot, dans les années 1960. Une des rues principales de la ville porte d'ailleurs son nom et une statue lui rend hommage, assise face à cette mer turquoise qu'elle appelait « champagne bleu ». Depuis son passage, ce tranquille village de pêcheurs a connu une véritable ruée vers l'or touristique, tendance chic et branchée. On dit que, de 20 000 habitants en temps normal, la ville passe à 100 000 résidents en haute saison ! C'est-à-dire entre Noël et mi-mars environ (en été, bien sûr), les jours fériés et pendant les week-ends ensoleillés. Pour les routards, il vaut mieux éviter cette période : les prix doublent, la ville devient suffocante. Si vous aimez baigner dans une véritable marée humaine envahissant chaque nuit l'espace réduit de la rua das Pedras, tout occupée à danser, boire et draguer jusqu'au petit matin, alors vous serez heureux ici ! Si Búzios est chère l'été, elle est loin d'être désagréable en basse saison, mais ce n'est pas la même ambiance. Tant mieux, diront certains, d'autres la trouveront presque trop calme...
Ses boutiques flambant neuves mais jolies, ses quelque 200 *pousadas* et hôtels et ses 50 restos sont la meilleure preuve que cette station balnéaire a un côté Saint-Tropez qui peut séduire les uns, excéder les autres... Nous, on a apprécié le côté village branché mais pas défiguré. Et Búzios, c'est aussi et surtout une péninsule très découpée, sauvage à l'intérieur et composée de 26 plages, toutes plus différentes et plus mignonnes les unes que les autres, à choisir selon les envies de chacun : familles ou surfeurs, amoureux ou

L'ÉTAT DE RIO

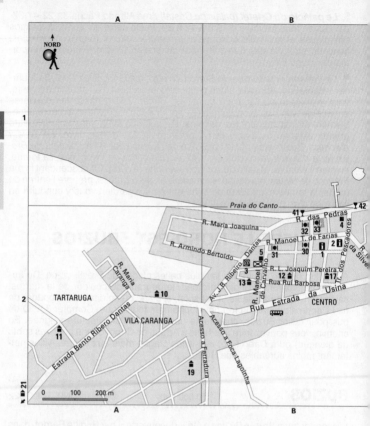

■ **Adresses utiles**

🛈 **1** Ponto de informação turisticas
🛈 **2** Interbúzios
🚏 Rodoviária
✉ Poste
@ **3** Buzios@Internet
4 Malizia Tours
5 Banco do Brasil

🏠 **Où dormir ?**

10 Auberge de jeunesse Praia
dos Amores
11 Pousada Buziana
12 Chez Nice
13 Pousada Canto do Mar
16 Location d'appartements
17 Bella Búzios

aventuriers. Ici, pas de constructions hideuses et désordonnées (les buildings sont interdits). Les *pousadas* rivalisent de charme et d'hospitalité, et ce n'est pas pour rien qu'on y trouve plus de 70 nationalités, dont pas mal d'Européens installés à l'année...

Arriver – Quitter

En bus

🚏 ***Rodoviária*** *(gare routière ; plan B2) :* estrada da Usina. ☎ 26-23-20-50. Juste avant le centre.

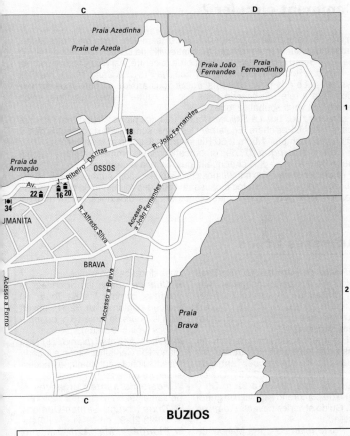

BÚZIOS

18 Pousada La Chimère	31 Bananaland
19 Le Palmier	32 Dom Juan
20 Hospedaria Solar do Peixe	33 Parvati
Vivo	34 Satyricon
21 Chez Marine	
22 Pousada Casas Brancas	▼ **Où boire un verre ?**
|○| **Où manger ?**	
	41 Patio Havana
30 Restaurante David	42 Anexo Bar

➤ **Rio :** 4 liaisons par jour dans un sens comme dans l'autre (à Rio, départs depuis la *rodoviária Novo Rio* ; voir « Quitter Rio »). Compter 3 h 30 de trajet.

En voiture

➤ Depuis Rio, prendre la BR 101, direction Campos ; bifurquer sur la RJ 124 vers Cabo Frío, puis suivre Búzios. Bien indiqué. Compter 2 h 30 de route. Attention aux embouteillages lors des week-ends ensoleillés et des jours fériés : jusqu'à 10 h de bouchons durant le carnaval !

Comment circuler ?

La ville est composée de quartiers assez disséminés, à peu près tous situés, malgré tout, sur la route menant au centre-ville (le *centro*). Un petit détail : la rua José Bento Ribeiro Dantas, qui borde le centre, est plus connue comme la « rua das Pedras » quand elle fait face à la Praia do Canto et la « rua Orla Bardot » face à la praia da Armação. Si vous arrivez en bus, vous pouvez vous faire arrêter en chemin dans l'un ou l'autre de ces quartiers, selon l'endroit où vous souhaitez loger.

➤ *En bus :* des bus *La Salineira* font le tour des plages. Ils portent l'inscription « Praia ». Pas chers. Également les vans, sortes de taxis collectifs de 6 à 10 places ; compter 1,50 à 2,50 Rls selon la distance et la saison.

➤ *En taxi aquatique (!) :* des embarcations vous emmènent d'une plage à l'autre pour à peine plus cher que le bus. Sympa et pratique.

➤ *À deux-roues :* pas mal de possibilités de location, surtout en été, où les prix doublent. Pas de motos à cause de l'état des routes, mais des buggys : bien pratique pour rejoindre les plages les plus éloignées, même si c'est polluant.

Adresses utiles

🛈 *Ponto de informação turisticas* (plan B2, *1*) *:* petit kiosque en bois au milieu de la place Santos-Dumont. ☎ 26-23-20-99. Ouvert tous les jours de 9 h à 22 h. Informations succinctes.

🛈 Les agences de voyages donnent aussi des infos, comme *Interbúzios* (plan B2, *2*) *:* rua Manoel Turíbio de Farias, 203. ☎ 26-23-64-54. Ouvert tous les jours de 9 h à 22 h. On y parle ou comprend l'anglais en général. Guide et cartes payants. Tours en bateau.

✉ *Poste* (plan B2) *:* rua Manoel de Carvalho. Ouvert du lundi au vendredi de 9 h à 17 h et le samedi jusqu'à 13 h. Attention, devrait déménager prochainement estrada da Usina.

@ *Internet :* quasiment tous les hôtels disposent d'accès Internet, et vous trouverez des cybercafés un peu partout dans la ville. Entre autres, *Buzios @ Internet (plan B2, 3)*, av. J. B. Ribeiro Dantas, 97 (en face du *McDo*). ☎ 26-23-92-91. Compter 2 Rls pour 1 h. Également appels longues distances possibles.

■ *Change :* dans les agences de voyages, comme *Malizia Tours,* en face du ponton *(plan B2, 4),* ouvert tous les jours de 9 h à 13 h, ou *Interbúzios* (voir ci-dessus).

■ *Banco do Brasil* (plan B2, *5*) *:* rua Manoel de Carvalho. Accepte la carte *Visa.* Guichets automatiques accessibles de 6 h à 22 h.

■ *Poste de santé :* urgences et pédiatrie, 24 h/24. ☎ 26-23-24-19.

■ *Taxis :* praça Santos-Dumont. ☎ 26-23-28-92 ou 19-11 (24 h/24).

■ *Plongée :* Mar Azul, rua das Pedras, 275. ☎ 26-23-43-54 ou 99-17-26-14 (portable). Sorties tous les jours en mer du côté d'ilha Ancora ou ilha Gravata. Compter 50 mn de bateau. Départ vers 10 h et retour dans l'après-midi, pour 2 plongées. Repas sur place. Compter 140 Rls pour les 2 plongées, 120 Rls si on paie en liquide (matériel compris). Parlent l'anglais et l'espagnol. Formation PADI possible (les initiés comprendront).

Où dormir ?

Pas facile de se loger bon marché à Búzios, surtout l'été. Voici quelques adresses abordables. Vous pouvez négocier les prix dès que vous comptez rester plus d'une nuit. N'oubliez pas de réserver, on vous le rappelle.

À Tartaruga

C'est là que l'on se loge à moindres frais, mais c'est un peu excentré.

Camping

⊠ *Country Club de Búzios :* rua Maria Joaquina, 895. ☎ 26-29-11-55. À praia Rasa, belle plage de surfeurs. Très éloigné du centre mais face à la ilha Rasa, dans un environnement préservé. Très bonnes infrastructures, prix honnêtes. Accueil chaleureux. Possibilité de navettes pour Geribá et Armação.

De bon marché à prix moyens (de 25 à 80 Rls – 9,50 à 30,40 €)

🛏 *Auberge de jeunesse Praia dos Amores (plan A2, 10) :* av. Bento Ribeiro Dantas, 92. ☎ 26-23-24-22. Dans la rue principale de Tartaruga, celle par où vous arrivez en allant vers le *centro*. À partir de 25 Rls par personne sans petit dej'. Assez cher pour une AJ, mais bien tenu.

🛏 *Pousada Buziana (plan A2, 11) :* rua da Tartaruga, 33. ☎ 26-23-29-22. À 500 m de la route principale, à 10 mn à pied de la praia Tartaruga. De 60 à 80 Rls pour 2, petit dej' compris. Dans une maison agréable, tenue par une famille d'Argentins généreuse. Ambiance familiale et chambres simples mais propres. Bien sympa d'emprunter le chemin de terre rouge pour atteindre une des plages les plus isolées de Búzios.

Dans le centro

De prix moyens à chic (de 80 à 130 Rls – 30,40 à 49,40 €)

🛏 *Pousada Canto do Mar (plan B2, 13) :* rua Rui Barbosa, 407. ☎ 26-23-24-90 ou 75-58. De 80 à 130 Rls pour 2 ; plus cher en été, mais négociable à partir de 4 nuits. Jolie maison toute pimpante et très agréable. Chambres impeccables, déco « marine » (jaune, bleu, blanc). Copieux petit dej' à savourer sous une jolie véranda fleurie. Une adresse sympa et d'un bon rapport qualité-prix.

🛏 *Bella Búzios (plan B2, 17) :* rua Luiz Joaquim Pereira, 294. ☎ 26-23-15-11. ● bellabuzios@uol.com.br ● Théoriquement, de 80 à 150 Rls pour 2, petit dej' inclus. Maison moderne, avec chambres à l'étage donnant sur une terrasse en bois ; petite piscine, AC, TV et frigo... Certaines chambres sont plus agréables que d'autres, demander à les visiter. Prix négociables hors saison.

Très chic (plus de 130 Rls – 49,40 €)

🛏 *Chez Nice (plan B2, 12) :* rua Luiz Joaquim Pereira, 94. ☎ 26-23-40-35 ou 44-07. ● cheznice@mar.com.br ● De 130 à 180 Rls pour 2, selon la taille de la chambre et la saison, petit dej' compris. La *guesthouse* typique dans une maison basse coloniale, au cœur d'un jardin très fleuri et plein de charme, avec véranda. Un petit havre de paix à deux pas de la rua das Pedras. Chambres basiques ou plus confortables, selon vos moyens : TV et AC, frigo dans les plus grandes. Prêt de livres, jeux, petites tables disposées dehors... Les proprios, très chaleureux, parlent un peu le français. Parking.

Autour de la plage d'Armação

C'est en fait un petit port, Porto Velheiro, à 5 mn à pied du centre.

Prix moyens (à partir de 50 Rls – 19 €)

▲ *Location d'appartements* (plan C1, 16) : av. J. B. Ribeiro Dantas, 974. ☎ et fax : 26-23-13-49. • www.cesarbuzios.com • Sur le chemin qui longe la mer, panneau « Alugam-se apartamentos vista para o mar ». Marcela et César gèrent les 4 appartements et les 3 suites très bien aménagés de cette résidence au bord de l'eau et proche du centre. Les 2 appartements pour 4 personnes (à partir de 100 Rls par jour, jusqu'à 180 Rls de décembre à février) ont vue sur la mer, les autres donnent sur une cour. Ce sont des doubles pièces très agréables et joliment décorées. Les suites sont moins chères : 50 Rls, qu'on soit 1, 2 ou 3. À vous de faire votre petit dej', bien sûr. Une bonne alternative, à deux pas du joli port d'Armação.

Très chic (plus de 150 Rls – 57 €)

▲ *Hospedaria Solar do Peixe Vivo* (plan C1, 20) : av. J. B. Ribeiro Dantas, 994. ☎ et fax : 26-23-18-50. • www.solardopeixevivo.com.br • À 5 mn du centre. À partir de 150 Rls pour 2, mais de 180 à 220 Rls en haute saison, petit dej' inclus. Une adresse rare, et de charme. C'est la plus ancienne demeure de Búzios. Superbe ! Face à la mer, avec un vaste jardin et une petite piscine ombragée. Uniquement des bungalows : grandes chambres décorées sobrement avec beaucoup de goût dans les tons ocre, salle de bains avec azulejos, et terrasse intime où l'on peut se faire servir le petit dej'. En prime, l'accueil franc et chaleureux de Leonardo, un Italo-Brésilien amoureux des belles choses.

▲ *Pousada La Chimère* (plan C1, 18) : praça Eugenio Honold, 36. ☎ 26-23-14-60 ou 11-08. Compter de 160 à 180 Rls pour 2 avec le petit dej', selon la saison. On reconnaît de loin cette superbe *pousada* aux murs jaunes sur la place derrière la praia de Armação et sur la route pour dos Ossos. Vingt-cinq appartements décorés avec goût. Très beau patio avec de nombreuses plantes et une piscine à remous. Luxe, calme et volupté... Tout près des adorables plages d'Azeda et d'Azedinha. Très chic et confortable, mais tarifs en conséquence (encore plus cher de Noël à mars). Toutes cartes de paiement acceptées.

Ultrachic (plus de 450 Rls – 171 € !)

▲ *Pousada Casas Brancas* (plan C1-2, 22) : alto do Humanita, 10. ☎ 26-23-14-58. Fax : 26-23-21-47. • www.casasbrancas.com.br • De 450 à 600 Rls environ (171 à 228 €) selon le type de chambre et la saison. Extraordinaire vue sur la mer pour certaines. Un nid d'aigle idéalement placé, surplombant la mer, au niveau de la statue de la gloire locale, Brigitte Bardot. Cette maison particulière, blanche comme son nom l'indique, à l'architecture méditerranéenne, est un exemple de bon goût. Décoration raffinée et épurée. Une trentaine de chambres avec vue sur mer ou jardin, petite terrasse et hamac pour certaines, patio pour d'autres. Évidemment, propreté impeccable et excellent confort (AC, frigo, TV, prises antimoustiques, rideaux immaculés, coffre-fort). Petite piscine sur la terrasse, et chaises longues où il fait bon se prélasser devant la mer, sous un parasol ou à l'ombre de la tonnelle. Merveilleux coucher de soleil ! Petit déjeuner servi face à la mer. Connexion Internet gratuite pour les hôtes. Également spa et restaurant.

À Ferradura

Très chic (plus de 120 Rls – 45,60 €)

🛏 *Le Palmier (plan A2, 19) :* rua J. VI, 14. ☎ 26-23-20-32. Fax : 26-22-13-39. ● www.lepalmier.com. br ● Avant le centre de Búzios, sur la droite au début de la route de Ferradura. Compter 170 Rls pour 2, petit dej' inclus (mais jusqu'à 225 Rls de Noël à fin février). Tenue par Vilma, une Brésilienne qui parle couramment le français, cette *pousada* est située dans un luxuriant jardin tropical de 3 000 m² ! Pas de vue sur la mer, mais à l'écart de l'agitation du centre sans en être très éloigné. Bungalows en bois avec chacun un thème (les Indiens, l'Égypte, etc.), tous décorés d'objets rapportés de voyages. Chouettes salons avec une bibliothèque remplie de livres en français et en anglais, agréable véranda pour le petit dej' et grande piscine. Les enfants de moins de 6 ans ne paient pas. Très belle adresse et accueil chaleureux.

À Aldeia de Geribà

Très chic (plus de 130 Rls – 49,40 €)

🛏 *Chez Marine (hors plan par A2, 21) :* aldeia de Geribá, 18. ☎ 26-23-62-99. ● www.chezmarine.com ● Compter de 130 à 150 Rls la chambre double hors saison, de 150 à 180 Rls en été. Marine, française expatriée, reçoit « comme à la maison ». Elle a décoré ses chambres (avec AC ou ventilo) par thème : coquillage, dauphins, bambou... Au rez-de-chaussée, la plus grande chambre, avec deux salles de bains, est réservée aux familles. Également une petite piscine. Les romantiques choisiront, pour un poil plus cher, la chambre spéciale avec lit rond et toit en bois amovible : ils dormiront ainsi sous les étoiles... En bonus, ce qui justifie le prix un peu élevé, prêt de vélos, kayaks, sorties en bateau ou à cheval... On peut même payer en euros.

Où manger ?

Dans le centro

Bon marché (moins de 12 Rls – 4,60 €)

|○| *Restaurante David (plan B2, 30) :* rua Manoel Turíbio de Farias, 260. ☎ 26-23-29-81. Une cuisine brésilienne de qualité, des plats copieux et bon marché pour ce restaurant très fréquenté en soirée. Beaucoup de plats pour 2 personnes, pas toujours indiqués (demander au serveur). Énorme choix de poissons comme de viandes, importées d'Argentine pour ces dernières. Le proprio, Jesus, saura vous faire patienter en offrant une bonne *caïpirinha* maison. Trente ans que ça dure, et ça tourne bien !
|○| *Bananaland (plan B2, 31) :* rua Manoel Turíbio de Farias, 50. ☎ 26-23-26-66. Ouvert tous les jours. Un petit *ao kilo* (35 Rls/kg) moins spacieux et offrant moins de choix que le célèbre *Buzin* voisin (lequel propose des sushis par exemple), mais plus convivial. Du coup, on a moins l'impression d'une ruée vers l'or à l'approche du buffet ! Variété et accueil soignés.

Prix moyens (de 12 à 35 Rls – 4,60 à 13,30 €)

|○| *Dom Juan (plan B2, 32) :* rua das Pedras, 178. ☎ 26-23-21-69. Au cœur de la rua das Pedras, très bel espace tout en bois sur plusieurs

niveaux.Cette *churrascaria* propose différentes pièces de viande argentine à tomber par terre. Tous les mar-

dis, spectacle de tango *ao vivo*. Accueil très chaleureux.

Très chic (plus de 50 Rls – 19 €)

|●| *Parvati (plan B2, 33)* : rua das Pedras, 144. ☎ 26-23-13-75. Ouvert tous les jours. Petites pizzas (pour 2) autour de 20 Rls, les grandes (3-4 personnes) autour de 40 Rls. Resto italien spacieux et animé, tenu par un... Français ! De généreuses pizzas à la pâte fine et moelleuse qui portent les noms des plages de Búzios, et que l'on enfourne avec gourmandise sous le regard de personnalités hétéroclites comme l'incontournable Brigitte Bardot, Gandhi ou Pelé. Carte riche et variée

laissant la part belle aux spécialités transalpines.

|●| *Satyricon (plan C1-2, 34)* : av. José B. R. Dantas, 500. ☎ 26-23-15-95. Juste en face de la plage d'Armação. Ce resto remporte la palme du chic et cher. C'est là que les personnalités et autres stars du show-business, *brasileiros* ou étrangers, vont déguster une cuisine italienne raffinée et des spécialités de fruits de mer. Un must : le pain fabriqué maison ; comble du snobisme, on dit que c'est le meilleur de la ville !

Où boire un verre ?

Selon l'ambiance, l'heure et l'humeur de la nuit, quelques points de repère de la vie délurée de Búzios. Une constante, la rua das Pedras, animée le soir en toute saison.

🍸 *Anexo Bar (plan B1-2, 42)* : Orla Bardot, 392. ☎ 26-23-68-37. Il ne faut pas arriver trop tard (le mieux, c'est au coucher du soleil) pour s'installer sur l'un des confortables canapés blancs en terrasse, quasiment les pieds dans l'eau... Idéal pour siroter une petite *caïpirinha* et regarder passer les *gatos* et *gatinhas* (jolies filles et jolis gars) de Búzios.
🍸 *Patio Havana (plan B2, 41)* : rua das Pedras, 101. ☎ 26-23-21-69. Superbe endroit. Belle grille en fer

forgé, haut plafond, ventilateurs bucoliques agitant leurs palmes comme des grandes feuilles tropicales, du bois partout, de la musique cuivrée, voir sur la mer... Salle de billard à l'étage, cadre intime et atmosphère feutrée.
🍸 Également le *Deep,* pour une clientèle jeune et fêtarde. Entrée dans une galerie, au niveau de la crêperie en plein air *Chez Michou*. En étage. Pour se chauffer un peu avant d'aller danser.

Où danser ?

🎵 *Privilège :* sur Orla Bardot. ☎ 26-23-01-50. ● www.privilegebuzios.com. br ● Ouvert du vendredi au dimanche. Entrée à 50 Rls pour les hommes, 25 Rls pour les *minas*. Si vous arrivez avant minuit, la moitié de votre ticket peut être convertie en consos ; autrement, boissons en sus.

Sur les deux grandes pistes de LA boîte de Búzios s'agite une jeunesse branchée, amatrice de musique électronique. L'ambiance ne décolle pas avant 1 h 30, alors la promo d'avant minuit sert surtout à meubler l'endroit ou à étancher votre soif au bar...

Les plages

On en compte 26, dont une quinzaine facilement accessibles. Elles possèdent l'avantage d'être très différentes. Les bus *La Salineira* portant l'inscription « Praia » en font le tour. Nous aussi. Le parking est systématiquement payant (3 Rls environ).

🐚 **Praia da Armação :** juste à côté du centre. C'est en fait un charmant petit port, Porto Velheiro, qui offre une belle vue sur la baie. On ne s'y baigne pas. Les bateaux-taxis partent de là.

🐚 **Praia dos Ossos :** soit, littéralement, la plage des Os... On en a retrouvé beaucoup ici. Búzios était en effet une plaque tournante de la piraterie et du commerce des esclaves. Le quartier des pêcheurs aujourd'hui. Mieux vaut ne pas s'y baigner non plus. Prisé des étrangers installés à Búzios.

🐚 **Azeda et Azedinha :** quasiment des criques, absolument adorables mais très prisées et vite bondées ! Vu la température idéale de l'eau, on comprend vite pourquoi. Amusant de voir tout ce petit monde repoussé en haut de la plage quand la marée monte. Azedinha est plus souvent à l'ombre. Baignade possible, location de masque et palmes. Accès interdit aux voitures.

🐚 **Praia João Fernandes et praia Fernandinho :** aussi fréquentées l'une que l'autre. Eau très bonne, presque tiède. La première est assez étendue. La seconde était la préférée de Brigitte Bardot, au point qu'elle porte aussi son nom. Sans doute l'une des plus belles plages de Búzios.

🐚 **Praia Brava :** plage sauvage, sans constructions, excepté deux bars. Quand la mer monte, le nageur n'a plus qu'à suivre le mouvement et à se cramponner aux rochers en haut de la plage. Idéale pour les surfeurs. Non loin de là, la *praia Olho de Boi* (œil-de-bœuf) pour les nudistes.

🐚 **Praia do Forno :** une petite plage pas envahie par les guitounes. Location de kayaks. Mer calme mais pas bien chaude. Et **praia da Foca**, encore plus sauvage. La mer y est agitée, voire dangereuse. Attention aux rochers.

🐚 **Praia da Ferradura :** elle aussi semble tirer son nom du passé esclavagiste de la région. C'est ici qu'on enlevait les fers des esclaves. À moins que ça ne soit dû à sa forme en fer à cheval ? Aujourd'hui, c'est une grande plage assez familiale. Mer calme. Plus loin, vers Geribá, la petite **praia de Ferradurinha.**

🐚 **Praia de Geribá :** grande plage de l'autre côté du centre. On y accède par des ruelles étroites. Moins fréquentée que les précédentes. Faut dire que l'eau y est un peu frisquette ! Parfaite pour se baigner et idéale pour les surfeurs (possibilité de louer des planches). Nombreux kiosques sur le sable, dont le *kiosque do Mineiro*, qui concocte de savoureux *pasteis* et *bolinhos de aïpim*. Un chemin mène en quelques dizaines de mètres à la plage de *Ferradurinha* : crique adorable et petite plage entre les rochers.

🐚 **Praia da Tartaruga :** la plus proche des *pousadas* bon marché. Les tours en bateau s'y arrêtent souvent. Très sympathique. Les nuits de pleine lune, il ne faut pas y manquer les *luaus*, sorte de *rave parties* à la plage.

À faire

Se baigner, se montrer et faire la fête essentiellement ! Mais si vous souhaitez voir Búzios « de l'autre côté », prenez un des bateaux (comme le *Queen Mary*) qui longent les côtes et les îles environnantes. Tous les hôtels et les *pousadas* vous y inviteront. Les tours durent 3 ou 4 h hors saison et 2 h en été (pour un prix plus élevé !). Vous passerez près de l'*ilha Feia*, une réserve naturelle ; près de l'*ilha Rasa*, où se trouve l'hôtel 5 étoiles *Nas Rocas* ; vous aurez théoriquement le temps de vous baigner et de déjeuner à Tartaruga ou à João Fernandes (déjeuner à votre charge).

L'office du tourisme organise aussi ses propres tours sur des *escunas,* un peu moins chers.

DE RIO À SÃO PAULO : LA COSTA VERDE ET LE LITTORAL PAULISTE

Le chemin des écoliers pour les touristes souhaitant aller de Rio à São Paulo autrement. C'est celui des côtes montagneuses à la végétation luxuriante, des belles routes en lacet à peine fréquentées, des vastes criques aux plages de rêve cernées par la forêt atlantique dégringolant des pics de la *serra do Mar.*

Par cette route splendide, la BR 101, appelée Rio-Santos, le chemin est plus long (600 km au lieu de 400 km), mais tellement merveilleux qu'on peut avantageusement y consacrer quelques jours en s'arrêtant pour une randonnée de montagne, sur une île, dans l'une de ces petites villes du temps de la première colonisation *(Angra dos Reis, Paraty)* ou dans les villages de montagne du *vale* de Paraíba.

La Costa Verde, qui se prolonge par le littoral pauliste, forme l'ourlet maritime du sud de Rio. C'est d'abord l'immense *baie de Sepetiba,* suivie de la *baie d'Angra dos Reis,* fermée par Paraty, qui forment les 250 premiers kilomètres de cette côte bordée par plus de 300 petites îles montagneuses couvertes de merveilleuses cocoteraies. Elles font face au décor somptueux de la *serra da Bocaïna,* descendant vers l'océan depuis des sommets de 1 500 à 1 700 m d'altitude.

Après Paraty, la montagne se fait encore plus proche au moment d'entrer dans l'État de São Paulo, puis on aborde les villes balnéaires du littoral pauliste. Lieux de vacances et de week-end pour les classes moyennes de la métropole, elles dégradent le paysage à mesure qu'on s'approche de la perpendiculaire de São Paulo.

On n'attendra pas cette déception pour quitter la côte et explorer la montagne qui, depuis 350 km, nous accompagne. Ascension fantastique qui nous transporte dans un autre monde traversé d'immenses lacs artificiels, couvert de forêts d'eucalyptus. La région du *vale* de Paraíba est parsemée de petites villes montagnardes, d'un peuple de gens simples, le peuple *caïpira* (la célèbre *caïpirinha* est sa boisson favorite). Ruraux, artisans du bois et petits propriétaires, cultivateurs de café ou de canne, ce sont des gens solides à la simplicité rafraîchissante.

C'est par ce chemin *caïpira* du café qu'on entrera dans l'univers urbain de São Paulo, une façon, peut-être, de mieux comprendre cette métropole des capitales du Brésil.

Comment se déplacer ?

➢ **En bus :** la route peut se faire facilement au départ de Rio ou, en sens inverse, de São Paulo. À chaque étape, on retrouvera aisément un bus, soit vers la capitale de destination, soit vers l'étape suivante.

➢ **En voiture :** c'est quand même le moyen le plus agréable en 2 ou 3 jours (ou plus pour les flâneurs). On peut camper en chemin sans risque, ce qui compense les frais de location.

Au départ de Rio : pour les esprits simples, prendre l'avenida Brasil (bien indiquée) et aller toujours tout droit ; suivre la direction Rio Santos : c'est encore tout droit ; Angra sera indiquée plus tard. Pour les compliqués, voici le détail : sortir par l'avenida Brasil, puis, à hauteur de Brás de Pina, au Trevo das Missões, continuer quelques kilomètres en direction de São Paulo puis, au Trevo das Margaridas, continuer en direction de São João de Meriti, Itaguai, Angra ; on contourne Rio par le nord-ouest et, au bout d'une bonne vingtaine de kilomètres, on retrouve à Itaguai la BR 101, en direction d'Angra dos Reis.

Possibilité de longer la côte depuis Rio, en prenant par la plage de Barra, Recreio, puis direction Mangaratiba.

MANGARATIBA   IND. TÉL. : 024

Petite ville endormie autour d'un port. De là, on peut prendre un bateau pour Vila do Abraão sur *Ilha Grande* (départ le matin à 8 h et retour de l'île à 17 h 30 ; les horaires sont toutefois variables en fonction des vacances). Compter 1 h 45 de trajet. Quatre bus par jour depuis la *rodoviária* de Rio avec la compagnie *Costa Verde* (2 h 30 de trajet). Pour se renseigner sur les horaires : ☎ 33-65-38-09.

ANGRA DOS REIS   119 000 hab.   IND. TÉL. : 024

À 170 km de Rio. Ville historique qui doit son nom au fait qu'elle a été découverte le jour de la fête des Rois. Aujourd'hui, elle est plutôt amochée à cause des chantiers navals voisins de Verolme. Ce fut longtemps un port caféier. Subsistent quelques constructions coloniales comme l'*église Matriz Nossa Senhora da Conceição* (1625) et le *couvent do Carmo* (1620). La ville est animée, et toute la population se retrouve le soir sur le port et dans les ruelles avoisinantes pour bavarder aux terrasses en dégustant des fruits de mer. Mais l'intérêt, c'est surtout de quitter Angra à bord du premier bateau pour Ilha Grande ! Si vous devez néanmoins y passer une nuit, lisez ce qui va suivre.

Arriver – Quitter

En bus

🚌 *Rodoviária :* un peu excentrée, sur les quais. ☎ 33-65-20-41.

➤ *Rio :* en gros, 1 bus par heure de 4 h à 22 h 30 dans les 2 sens, avec la *Cie Costa Verde* (☎ 33-65-01-81 et 07-50). Compter 2 h 30 de route.

➤ *São Paulo :* 4 à 5 liaisons par jour dans les deux sens (3 le samedi), avec la *Cie Reunidas Paulista* (☎ 33-65-05-65). Environ 7 h de trajet.

➤ *Paraty :* bus toutes les heures de 5 h à 22 h 30, dans un sens comme dans l'autre.

➤ Également un départ chaque soir de et vers *Belo Horizonte,* avec la *Cie Útil* (☎ 33-65-05-65).

En bateau

➤ *Pour Ilha Grande :* voir la rubrique « Arriver-Quitter » de Ipha Grande, ci-dessous.

➤ *Pour aller à Gipoia ou sur une autre île :* s'arranger avec les pêcheurs qui proposent le trajet sur le port Cais Santa Luzia.

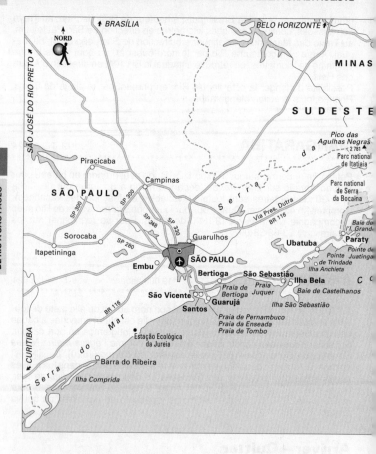

🛥 *Jofama Angra.com – Viagens e Turismo :* praça Lopes Trovão, 52, loja 03. ☎ 33-65-24-55. Diverses excursions vers Ilha Grande et les nombreuses îles aux alentours.

Adresses utiles

🛈 *Office du tourisme :* av. Ayrton Sena, 580. ☎ 33-67-78-26. ● www.angra.rj.gov.br ● Sur les quais. Ouvert tous les jours de 8 h à 20 h. Possède un catalogue d'hôtels et de *pousadas* à Ilha Grande avec photos et tarifs. Bien fait. Plans de la ville et horaires des bateaux pour Ilha Grande.

■ *Téléphone :* Telemar, à côté de l'hôtel *Londres,* rua Paul Pompeia. Ouvert tous les jours de 7 h à 22 h.

■ *Change :* à la *Banco do Brasil,* rua do Comércio, 239. ☎ 33-65-16-55. Ouvert de 10 h à 15 h. Accepte la carte *Visa,* les dollars et les chèques de voyage, théoriquement. Prudent de changer dans les grandes villes avant de venir. Bureau de change *Cambisul* dans la travessa Santa Luzia, 43. ☎ 33-65-37-67.

■ *Urgences médicales 24 h/24 :* hospital Santa Casa, rua Dr. Coutinho, 84. ☎ 33-65-84-32.

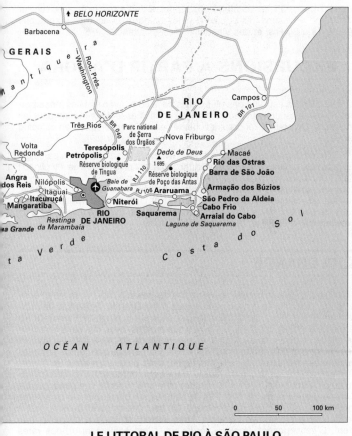

LE LITTORAL DE RIO À SÃO PAULO

Où dormir ? Où manger ?

De bon marché à chic (de 30 à 100 Rls – 11,40 à 38 €)

🛏 *Hôtel Porto Rico :* rua Coronel Carvalho, 54. ☎ 33-65-09-92. Compter de 30 à 45 Rls pour 2 (sans ou avec AC), sans petit dej'. Hôtel correct et pas cher, dans le centre. Basique mais propre et bon accueil. Ne pas chercher une quelconque vue.

🛏 *Hôtel Kuxixo :* rua Prefeito João Galindo, 142. ☎ 33-65-03-46. Prévoir 30 à 65 Rls pour 2 selon le confort. Un peu plus loin que l'hôtel

Porto Rico, mais plus propre et chambres plus spacieuses pour le même prix.

🛏 *Palace Hotel :* rua Coronel Carvalho, 275. ☎ 33-65-00-32. Fax : 33-65-26-56. La double autour de 100 Rls avec le petit dej'. Grand bâtiment vert, agréable. Plus de 70 ans d'existence. Chambres bien équipées, mais un peu vieillottes. Parking, TV, AC... tout confort, mais prix en conséquence.

🍽 *Restaurante Verde Mar :* praça

Lopes Trovão, 35. ☎ 33-65-20-65. Sur le port. Poissons frits et crustacés de 15 à 30 Rls, et des viandes pour deux. Le seul resto avec vue sur les bateaux, donc le plus agréable. Accueil aimable.

EXCURSIONS À PARTIR D'ANGRA

La baie d'Angra est l'une des plus belles de la côte, avec ses îles innombrables. C'est aussi un haut lieu de plongée et de chasse sous-marine pour les amateurs. On peut se rendre sur l'une de ces îles et y séjourner en camping sauvage.

🐚🐚 *L'île de Gipoia* est parfaite... si vous évitez de pénétrer dans la partie qui est propriété privée de la famille Marinho, puissant propriétaire de *TV Globo* ! Mais il n'y a pas moins de 9 plages accessibles à pied !
Pour les puristes, la nature offre toute la nourriture nécessaire. Oursins et moules de roches, poisson très abondant et jacquiers sauvages dont les fruits, de plusieurs kilos, sont extrêmement nutritifs. Pour les autres, il y a un excellent bar-buvette au débarcadère de Gipoia.

ILHA GRANDE   IND. TÉL. : 024

« Oh Dieu, s'il y a un paradis sur terre, il n'est pas loin d'ici ! », se serait écrié Amerigo Vespucci en contemplant la baie d'Ilha Grande. Splendide île tropicale en face d'Angra, dont le pénitencier situé sur la plage de Parnaioca n'a fermé qu'en 1994. C'est aujourd'hui un site protégé, avec des eaux turquoise peuplées de poissons exotiques, et une multitude de petits îlots qui abritent des villages et des cabanes de Robinson. On partage son temps entre les randonnées pédestres dans la montagne, avec baignades dans les cascades, et l'exploration des nombreuses plages qui l'entourent. L'ascension jusqu'au pic Papagaio (1 000 m d'altitude) offre une superbe vue panoramique sur une grande partie de l'île. Pas de voitures sur place, mais le commerce touristique s'est néanmoins développé. On peut dire qu'après Búzios, c'est la destination préférée des Cariocas. Hors saison, on vous le conseille vraiment. C'est reposant, tropical, verdoyant. C'est également un des rares endroits où vous pourrez faire seul de belles balades à pied pour découvrir des plages presque désertes, comme *Lopes Mendes* (2 h 30), *Freguesia de Santana* (avec une jolie église baroque), *Parnaioca*... Des bateaux proposent des excursions jusqu'aux plages plus lointaines, où l'on peut camper ou dormir dans des cabanes de pêcheurs, notamment à *Proveta,* très joli petit village.

Arriver – Quitter

En bateau

➤ *Mangaratiba :* le bateau part à 8 h de Mangaratiba ; au retour, départ à 17 h 30 d'Ilha Grande. Compter 1 h 45 de trajet.
➤ *Port Angra :* départ d'Angra à 15 h 30 en semaine, à 10 h ou 13 h 30 le week-end et les jours fériés. Traversée plus chère le week-end. Notons que si Mangaratiba est plus proche de Rio qu'Angra, les bateaux de pêcheurs, pratiques si vous avez loupé la liaison régulière, sont plus nombreux au départ d'Angra. De 1 h 30 à 2 h de traversée. Débarquement à *Vila do Abraão,* joli village (en fait, le village principal), où se sont installées de nombreuses

pousadas. Penser à réserver en saison. Au retour, départ de Vila do Abraão vers Angra tous les jours à 10 h.

Où dormir ?

Attention, nombre de *pousadas* n'acceptent pas les cartes de paiement.

À Vila do Abraão

Bon marché (de 10 à 50 Rls – 3,80 à 19 €)

⚐ Nombreux *campings* sur place, dont le **Angela Camping :** rua das Flores, 44 A. ☎ 33-61-58-62. Pour 10 Rls pourquoi ne pas planter sa tente ou accrocher son hamac dans ce terrain boisé et escarpé où chante une rivière ?

⬢ **Pousada e albergue da juventude :** rua da Assembléia, s/n. ☎ 33-61-50-34. Selon la saison, autour de 30 Rls par personne, petit dej' compris. Confort rudimentaire en dortoir, mais salle de bains propre et maison bien tenue pour un prix modeste.

DE RIO À SÃO PAULO

Prix moyens (de 70 à 100 Rls – 26,60 à 38 €)

⬢ **Pousada Albatroz :** rua das Flores, 108. ☎ 33-61-55-98. Un peu en hauteur du port ; accès par une très jolie rue fleurie. Chalets individuels dans un jardin arboré ou appartements de 70 à 80 Rls pour 2. Simple mais impeccable. Accueil chaleureux.

⬢ **Pousada Mata Nativa :** rua das Flores, 44. ☎ 33-61-53-97. Des chambres à partir de 80 Rls et des bungalows à 100 Rls pour 2, avec petit dej'. La *pousada* est située un peu à l'écart de l'agitation, dans une rue en pente et boisée. Les bungalows ont un faux air de chalets suisses. Accueil souriant de Jean, le proprio.

⬢ **Pousada Oriental :** rua do Cemitério, s/n. ☎ 33-61-50-73. ● www. oriental.ilhagrande.org ● Chambres doubles autour de 80 Rls selon la saison, petit dej' compris. Dans une maison nichée sur les contreforts de la *serra* verdoyante, la *pousada,* un véritable havre de paix, propose 6 chambres au calme et au naturel.

Hors saison, il est possible d'utiliser la cuisine.

⬢ **Pousada da Cachoeira :** rua do Bicão, 50. ☎ 33-61-50-83. ● www.ca choeira.com ● Environ 100 Rls pour 2 ; hors saison, diviser les prix par 2. Une maison perdue dans la végétation de la *Mata Atlântica,* sur les hauteurs de l'île. Au fond du jardin une rivière à l'eau claire où l'on peut se baigner. Des chambres simples, toutes en pierre et en bois. Accueil souriant. Relativement éloigné des plages.

⬢ **Pousada Beira Mar :** rua da Praia. ☎ et fax : 33-61-50-51. ● bei ramar2000@uol.com.br ● De 80 à 110 Rls pour 2, selon la vue. Un des hôtels les moins chers sur la plage. Ambiance relax dans cette *pousada* tenue par Lutz, un sympathique Allemand à la retraite qui ne compte plus bouger de ce paradis. Confort simple mais chambres propres, certaines avec balcon et hamac donnant directement sur la plage.

Plus chic et plus cher (plus de 100 Rls – 38 €)

⬢ **Pousada Tropicana :** rua da Praia, 28. ☎ 33-61-59-11. Fax : | 33-61-50-47. ● www.ilha-grande. net ● Compter de 150 à 170 Rls pour

2 pendant les vacances brésiliennes et de 100 à 120 Rls hors saison. Elle est vraiment charmante cette *pousada,* avec un jardin luxuriant et seulement 10 chambres confortables. Tenue par des Français, qui pourront aussi vous guider dans votre découverte de l'île et de ses sentiers de randonnée. Petit dej' en plein air, face à la mer.

🛌 *Pousada Solar da Praia :* rua da Praia, 32. ☎ 33-61-51-54 ou 33-61-53-68. ● www.solardapraia.com.br ● Chambres doubles de 100 à 160 Rls selon la saison, petit dej' compris. Dans une maison coquette et très colorée. Les chambres latérales donnent sur un beau jardin fleuri et celles à l'étage, sur la mer (avec hamac). Bon accueil, confortable, propre, et petit dej' sous une paillote entourée de fleurs tropicales... Dommage quand même que les prix aient explosé !

Où manger ?

🍴 *Restaurante Lua e Mar :* praia do Canto, Vila do Abraão. ☎ 33-61-51-13. Au bout de la plage, avec une agréable terrasse sur le sable. Environ 15 Rls le repas. Spécialités de poisson et crustacés. Agréable le midi, à l'ombre des flamboyants, ou le soir, à la lueur des bougies.

🍴 *Toca do Guaiamum :* rua Getúlio Vargas, 351, Vila do Abraão. ☎ 33-61-53-14. Ambiance familiale et populaire pour une nourriture simple, bon marché et reconstituante, dans un cadre plutôt quelconque. Une bonne adresse pour déjeuner.

À faire

➤ *Balades à pied et en bateau :* de nombreux sentiers accessibles de Vila do Abraão s'enfoncent rapidement dans l'humide et toujours verte *Mata Atlântica.*

■ Parmi les agences qui proposent des tours de l'île en *escunas,* une agence franco-brésilienne à Vila do Abraão : *Sudoeste Turismo,* rua da Praia, 647, casa 5. ☎ 33-61-55-16. ● www.sudoestesw.com.br ●

D'ANGRA À PARATY

VILA HISTÓRICA DE MAMBUCABA (ind. tél. : 024)

En contrebas de la route, au km 140 de la BR 101, après Praia Brava, le village historique de Mambucaba éparpille ses vieilles maisons autour de sa charmante église du XVIe siècle, au bord d'une plage de sable fin. De l'autre côté de la route s'élève la montagne du *parque nacional de la serra da Bocaína :* plage, forêt atlantique et montagne.

TARITUBA (ind. tél. : 024)

À gauche de la route, à 30 km au nord de Paraty, dans une petite crique cernée par la *serra da Bocaína,* Tarituba est un très paisible et charmant petit village de pêcheurs au bord d'une magnifique plage de sable. Deux îles en face paraissent si proches qu'on a envie d'y aller à la nage. Sur la plage, les *canoas,* pirogues géantes taillées dans les troncs de cèdres tropicaux, attendent les pêcheurs et le routard à la recherche d'un havre de paix, de cocotiers, de sable et de soleil. Le *parc national de la serra da Bocaïna* borde le village et permet aussi des randonnées et des douches salvatrices sous les torrents d'eau claire.

PARATY

30 000 hab.　　　　　IND. TÉL. : 024

Petite ville coloniale intacte, à 280 km de Rio, Paraty (du nom d'un poisson) est un des hauts lieux du tourisme historique brésilien. À la différence des autres villes coloniales, l'architecture forme ici un ensemble cohérent du XVIIIᵉ siècle. Paraty était l'escale maritime et terrestre entre le Portugal et le Minas Gerais. Par ici passaient or, pierres précieuses, soies et épices, faisant de son port le plus important du XVIIIᵉ siècle. Plus tard, avec l'abolition de l'esclavage et la construction de la voie ferrée entre Rio et São Paulo, Paraty tomba dans l'oubli... Cet abandon fut un cadeau du ciel pour la conservation du site.

Chaussées irrégulières, pavées de pierres dites *pé de moleque* (« pieds de garnements »), vieilles demeures coloniales aux balcons en fer forgé, et le port exhibant encore ses canons du XVIIIᵉ siècle. Impeccablement restaurée, la ville ressemble à un petit musée, avec une foule de visiteurs tout au long de l'année. C'est peut-être l'unique point négatif de ce charmant village. Alors venez en dehors des week-ends, lorsqu'il revient à son rythme indolent. Vous pourrez apprécier tout son charme, en observant les anciens jouer aux cartes dans la rue, les ouvriers faire leur sieste allongés à l'ombre des ficus, et les jeunes virtuoses du ballon s'entraîner sur la praça Matriz en fin de journée.

Et, une fois les ruelles explorées, une promenade en bateau permettra de se baigner, faire un peu de plongée, découvrir une superbe vue d'ensemble sur la ville lors du retour vers le port.

Arriver – Quitter

En bus

▭ Rodoviaria *(plan A2).*
➢ **Angra :** nombreuses liaisons dans les deux sens, avec la *Cⁱᵉ Colitur* (☎ 33-71-12-24).
➢ **Rio :** 9 bus par jour pour Rio, 8 dans le sens Rio-Paraty, avec la *Cⁱᵉ Costa Verde* (☎ 33-71-11-77).
➢ **São Paulo :** 5 liaisons par jour dans les deux sens en semaine, 4 le week-end, avec la *Cⁱᵉ Reunidas Paulista* (☎ 33-71-11-96).
➢ **Belo Horizonte :** 1 bus vers 18 h 30 du vendredi au lundi au départ de Paraty, 1 liaison au départ de Belo Horizonte vers 19 h du jeudi au dimanche, avec la *Cⁱᵉ Útil* (☎ 33-71-11-96).

Adresses utiles

🛈 Centro de informações turísticas *(plan A2) :* av. Roberto Silveira, 1. ☎ 33-71-12-22. ● www.paraty.com. br ● www.paraty.com ● Ouvert tous les jours de 9 h à 21 h. Pas franche-

ment efficace mais offre un bon petit plan de Paraty avec les églises.
✉ Poste *(plan A1) :* rua Domingos G. de Abreu. Ouvert de 9 h à 17 h.
■ Poste téléphonique : à la gare

routière. Ouvert de 8 h à 20 h.

■ *Banco do Brasil (plan A1, 1)* : av. Roberto Silveira, 79 (l'artère principale avant le vieux centre). ☎ 33-71-13-79. Ouvert de 10 h à 15 h. Change de devises et de chèques de voyage. Guichets automatiques ouverts de 6 h à 22 h pour les cartes *Visa* et *MasterCard.*

■ *Urgences médicales :* Santa Casa da Misericórdia, hôpital municipal de São Pedro de Alcântara, av. D. Pedro de Alcântara. ☎ 33-71-29-54.

■ @ *Paraty Tours (plan A2, 4)* : av. Roberto Silveira, 11. ☎ et fax : 33-71-13-27. ● www.paratytours.com. br ● Informations sur la plongée et les sorties en bateau dans les îles voisines. Organise de nombreuses excursions : en bateau, écologiques, visites des alambics, route de l'or... Location de vélos et borne Internet. Accueil souriant.

■ *Planeta Paraty (plan A2, 5)* : rua Dona Geralda, 73 A. ☎ 33-71-12-54. ● www.planetaparaty.com.br ● Sympathique agence de voyages tenue par Teresa, une Brésilienne francophone. Propose de nombreuses excursions : trekking, bateau, cheval. Toutes les agences pratiquent *grosso modo* les mêmes prix, et celle-ci a l'avantage d'être francophone !

■ *Laverie Paraty Wash (plan A2, 2)* : *Shopping Martins,* loja 15. ☎ 33-71-30-27.

Où dormir ?

Camping

⚊ *Camping Clube do Brasil (hors plan par B1-2, 12)* : à Praia do Pontal. ☎ 33-71-10-50. Autour de 14 Rls par personne, selon la saison. Équipé de façon modeste mais suffisante, et situé face à la plage.

Bon marché (de 30 à 80 Rls – 11,40 à 30,40 €)

⚊ *Pousada Miramar (plan A2, 14)* : rua Abel de Oliveira, 19 (Patitiba). ☎ 33-71-28-98. Compter 40 Rls pour 2. Une dizaine de chambres très simples, au confort modeste, mais propres. On vient surtout pour l'accueil chaleureux et souriant des propriétaires, João et Elenice, des grands-parents amoureux et heureux de vivre. On peut même utiliser leur cuisine, faire une sieste sous la véranda et, si par hasard on le souhaite, pêcher un poisson ; Elenice se fera une joie de le préparer pour le déguster « en famille ».

⚊ *Pousada do Sono (plan A1, 19)* : rua João Luis do Rosário, 10. ☎ 33-71-16-49. Compter 50 Rls pour 2 avec le petit dej'. *Pousada* familiale, avec 6 chambres fraîches et propres. On se sent rapidement chez soi dans ce vieux *sobrado* débordant de plantes vertes et meublé d'époque (coloniale, l'époque). Bon accueil.

⚊ *Pousada Silotel (plan A1, 15)* : rua Presidente Pedreira, 10. ☎ 33-71-13-20. ● www.paraty.com.br/silotel.htm ● Près de l'office du tourisme, à l'entrée de la vieille ville. De 60 à 80 Rls pour 2 avec petit dej'. Petite piscine et agréable terrasse sur le toit pour prendre un verre avec la vue sur les montagnes. Confortable et propre.

⚊ *Pouso Familiar (plan A1-2, 10)* : rua José Vieira Ramos, 262. ☎ 33-71-14-75. Près de la gare routière, face à la station-service *Esso.* Chambres doubles autour de 70-80 Rls, petit dej' compris. En dehors de la partie historique de la ville. Peu de chambres, mais bien tenues. Jardin, hamacs, accueil agréable. Le propriétaire, d'origine belge, Joseph Yserbit, et sa femme, Lucia, parlent 5 langues. Bons conseils sur Paraty et sa région.

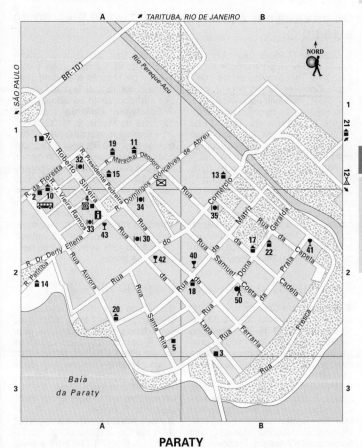

PARATY

Adresses utiles

- **🛈** Centro de informações turísticas
- **🚌** Gare routière
- **✉** Poste
- **1** Banco do Brasil
- **2** Laverie Paraty Wash
- **3** Stand de balades en bateau
- **@ 4** Paraty Tours
- **5** Agence Planeta Paraty

🛏 Où dormir ?

- **10** Pouso Familiar
- **11** Casa da Colônia
- **12** Camping Clube do Brasil
- **13** Pousada Porto Imperial
- **14** Pousada Miramar
- **15** Pousada Silotel
- **17** Hôtel Solar dos Gerânios
- **18** Estalagem Colonial
- **19** Pousada do Sono
- **20** Pousada do Cais
- **21** Pousada Morro do Forte
- **22** Pousada da Marquesa

🍴 Où manger ?

- **30** Galeria do Engenho
- **32** Restaurante Sabor da Terra
- **33** Restaurante Chafariz
- **34** Restaurante Panela de Ferro
- **35** Restaurante Casa do Fogo

🍷 Où boire un verre ?

- **40** Bistro Porto da Pinga
- **41** Beija Flor
- **42** Café Paraty
- **43** Café do Mercador

🎭 À voir

- **50** Casa da Cultura

De prix moyens à plus chic (de 80 à 120 Rls – 30,40 à 45,60 €)

🛏 *Casa da Colônia (plan A1, 11) :* rua Marechal Deodoro, 502. ☎ 33-71-23-43. Tout près du centre historique. Compter 80 Rls pour 2, petit dej' inclus. Très jolie *pousada* en bois bleu et jaune, comportant 20 confortables appartements. Issu d'une famille de pêcheurs, le patron vous proposera des excursions écologiques et culturelles sur son bateau.

🛏 *Hôtel Solar dos Gerânios (plan B2, 17) :* praça da Matriz. ☎ et fax : 33-71-15-50. ● www.paraty.com.br/geranio ● Autour de 80 Rls pour 2, avec le petit dej'. Beaucoup de cachet pour cette vieille maison coloniale. Imposant escalier en bois et pierre au centre du patio, parquets lustrés, nombreuses plantes,

6 chats... Une quinzaine de chambres au confort simple, mais toutes avec un petit balcon chargé de géraniums et donnant sur la praça Matriz, très agréable en fin de journée.

🛏 *Estalagem Colonial (plan B2, 18) :* rua da Matriz, 9. ☎ 33-71-16-26. ● estalagemcolonial@yahoo.com.br ● De 90 à 120 Rls pour 2, petit dej' compris. Dans une maison ancienne avec une déco harmonieuse, organisée autour d'un superbe jardin tropical. Une adresse de charme, bien tenue, où le temps semble s'être arrêté. Demander la chambre 4, très agréable (spacieuse, beaux meubles anciens...), ou bien la 5, qui surplombe les toits avec une très belle vue sur la *serra*.

Plus chic et plus cher (plus de 100 Rls – 38 €)

🛏 *Pousada do Cais (plan A2, 20) :* travessa Santa Rita, 20. ☎ 33-71-12-00. Fax : 33-71-15-22. ● www.pousadadocais.com.br ● Au sud du centre historique. Chambres doubles avec ou sans clim' de 130 à 200 Rls selon la saison, petit dej' compris. Également des triples. Situation idéale, à côté de l'église Santa Rita et du port, face à la mer. Splendide vue des chambres n°s 2, 3, 7, 8 et 9. Possibilité de balade en voilier. Très bon accueil d'Amelia et Patrice, sympathique couple franco-brésilien. Un coup de cœur à Paraty.

🛏 *Pousada Morro do Forte (hors plan par B1, 21) :* rua Orlando Carpinelli, 21 (Pontal). ☎ 33-71-12-11. ● www.pousadamorrodoforte.com.br ● Prévoir de 120 à 190 Rls pour 2, selon la saison. Un environnement

magnifique pour cette *pousada* perchée en haut de Paraty. Chambres confortables avec mezzanine, pour 2 à 4 personnes, bien réparties autour d'une superbe terrasse en acajou. Piscine entourée d'un jardin tropical. En face, une piste mène au vieux fort portugais, avec une vue imprenable sur la baie et les multiples îlots. Superbe !

🛏 *Pousada da Marquesa (plan B2, 22) :* rua Dona Geralda, 69. ☎ 33-71-12-63. Fax : 33-71-12-99. ● www.pousadamarquesa.com.br ● Compter 160 à 190 Rls pour 2, selon la saison. Dans un cadre splendide, une demeure coloniale marquée par les siècles. Meubles et objets d'époque. Piscine au cœur d'un jardin tropical. Petit dej' dans une salle lumineuse très agréable. TV, bar, parking.

Ultrachic (autour de 200 Rls – 76 €)

🛏 *Pousada Porto Imperial (plan B1, 13) :* rua Ten. Francisco Antônio. ☎ 33-71-23-23. Fax : 33-71-21-11. ● www.pousadaportoimperial.com.br ● Doubles à partir de 180 Rls hors saison et de 240 Rls en haute saison, petit dej' inclus. Sublime *pousada*, à visiter même si y loger est

au-dessus de vos moyens : chambres lambrissées, trois salons, petite piscine adorable, pour cet hôtel classé 4 étoiles. Les *pousadas* sont vraiment uniques pour l'utilisation du bois ! Chambres standard (si l'on peut dire), de luxe ou suites. Bon accueil.

Où manger ?

La meilleure façon de manger bon marché, c'est d'aller dans les *lanchonetes* de l'avenida Roberto Silveira, l'artère principale. Mais aussi dans les *padarias* (boulangeries) du centre historique, qui proposent de savoureux *petiscos*.

Bon marché (moins de 15 Rls – 5,70 €)

●| **Restaurante Sabor da Terra** *(plan A1, 32)* : av. Roberto Silveira, 180. ☎ 33-71-23-84. Élu meilleur self-service *ao kilo* de la ville depuis 1999 ! Donc très prisé des habitants, et très fréquenté le midi. Une formule économique de qualité avec un choix de 3 plats, une grande variété de légumes et de crudités,

et la thermos de café à disposition.
●| **Restaurante Panela de Ferro** *(plan A2, 34)* : rua Domingos Gonçalves de Abreu, s/n. ☎ 33-71-28-54. Plats du jour à partir de 8 Rls. Une bonne cuisine, un cadre agréable et rustique. Surtout fréquenté par les gens du coin.

De prix moyens à plus chic (de 15 à 45 Rls – 5,70 à 17,10 €)

●| **Restaurante Chafariz** *(plan A2, 33)* : rua Dr. Derly Ellena, 2. ☎ 33-71-23-16. Juste à côté de l'office du tourisme. Moins cher que dans le centre historique. Idéal pour déguster la *picanha* (délicieuse viande de bœuf) ou de bons poissons à la brésilienne. Certains plats à prix réduit pour 2 personnes.
●| **Restaurante Casa do Fogo** *(plan B2, 35)* : rua do Comércio, 58. ☎ 33-71-63-59. Ouvert uniquement le soir. Une adresse qui propose une cuisine originale par rapport aux autres établissements de la ville :

tous les plats sont flambés avec des *cachaças* artisanales où ont macéré épices et fruits. Les hautes flammes du *fogo* font écho à la lumière tremblante des bougies. Sur les murs en pisé, exposition d'artistes locaux. Le chef parle le français.
●| **Galeria do Engenho** *(plan A2, 30)* : rua da Lapa, 18. ☎ 33-71-16-80. Dans le centre, facile à trouver. À partir de 20 Rls. Personnel accueillant et cadre intimiste en soirée. Bonne cuisine, spécialités de viande et fruits de mer.

Où boire un verre ?

🍸 **Bistro Porto da Pinga** *(plan B2, 40)* : rua da Matriz, 6. ☎ 33-71-13-10. On goûte ici l'une des meilleures *caïpirinhas* de la ville. À l'entrée, un bar ancien renferme une variété de plus de 100 *pingas* (!), que l'on sirote tranquillement dans les petites pièces éclairées à la bougie et décorées d'œuvres d'artistes locaux. Service attentionné. Possibilité de bien dîner, mais prix élevés.
🍸 **Beija Flor** *(plan B2, 41)* : rua Dr. Pereira, s/n. ☎ 33-71-16-29. Un peu à l'écart du centre touristique, le long du fleuve Perequê-Mirim, entre

l'église Matriz et l'église Santa Rita. Ouvert à partir de 17 h 30. Idéal pour boire un verre le soir ou manger sur le pouce (grand choix de sandwichs). Délicieux jus de fruits frais, cocktails soignés et musique brésilienne caressante...
🍸 **Café Paraty** *(plan A2, 42)* : rua do Comércio, 2533. ☎ 33-71-14-64. Point de rendez-vous pour écluser des bières. Bien, mais assez cher, car il y a un orchestre live tous les soirs et on paie le « couvert musical », de 6 à 12 Rls par personne. On y aurait croisé de nombreuses

stars venues se réchauffer les oreilles sur un air de *MPB* !

🍷 *Café do Mercador (plan A2, 43)* : rua Domingos Gonçalves de Abreu, s/n. Dans la tradition des *botecos* cariocas. Le patron sert des pressions et prépare à la demande des petits en-cas. Il ne reste plus qu'à s'asseoir sur les bancs en pierre qui donnent sur la place.

À voir. À faire

🦐🦐 *La Casa da Cultura (plan B2, 50)* : rua Dona Geralda, 177. ☎ 33-71-23-25. Ouvert du dimanche au jeudi de 10 h à 18 h 30 et les vendredi et samedi de 13 h à 21 h 30. Fermé le mardi. Entrée : 5 Rls. Visite incontournable. Au 1er étage, une superbe exposition permanente retraçant l'histoire locale illustrée sur de grands panneaux composés par des juxtapositions et des mélanges subtils de sables colorés. Aux murs, vaste trombinoscope des figures locales.

🦐 🏃 *Fazenda Muricana :* à quelque 6 km de Paraty. Entrée : 3 Rls. Visite d'un alambic et dégustation de *cachaça*. Également un miniparc animalier apprécié des enfants.

➤ *Balades en bateau :* faire un de ces tours à bord des *escunas* et des *saveiros*. On vous en proposera partout. Il y a un *stand (plan B2-3, 3)* sur le port. Durée : 5 h. Possibilité aussi de louer un bateau de pêcheur le long de la jetée. Tarif à l'heure. Économique si vous êtes plusieurs. N'oubliez pas que vous aurez le bruit du moteur... En tout cas, ne manquez pas d'aller voir la baie, ses îles, ses propriétés...

➤ *Tour de la ville :* à l'office du tourisme ou à *Paraty Tours* (voir la rubrique « Adresses utiles »).

🏵 *Visite et achats* dans la rua Dona Geralda jusqu'au port, mais aussi dans l'ensemble du vieux quartier. Nombreux ateliers d'artistes et échoppes d'artisanat local : objets en bois peint, toiles, hamacs, chapeaux de paille... à tous les prix.

– Et puis, à Paraty même, essayez les différentes variétés de *pinga (cachaça)* qui font la célébrité du village (voir « Où boire un verre ? »).

Fêtes

– *Fête du Divino :* durant les 10 jours de Pentecôte. Feux d'artifice, grandes distributions de pain et de viande, les attributs du gouvernement sont donnés au peuple.
– *Saint-Pierre et Saint-Paul :* les 1er et 2 juillet. La fête a lieu dans l'île d'Araújo, de jour, avec de grandes processions de barques, suivies, la nuit, de réjouissances.
– *Festival da Pinga :* un week-end en août, pour savourer la meilleure *cachaça* du Brésil !

VERS SÃO PAULO, LE VALE DO PARAÍBA

On quitte la baie d'Angra et on entre dans l'État de São Paulo en traversant le cap de Trindade.
Le littoral pauliste est tout à fait différent des baies souriantes de Paraty ou d'Angra. Ce sont d'immenses plages de sable blanc qui paraissent encore vierges, battues par l'océan qui déferle sans obstacle à la lisière des coco-

tiers. Après **Ubatuba** et à partir de **Caraguatatuba** (plage immense et agréable) commence vraiment l'enfer des côtes à touristes, du commerce balnéaire, et des complexes hôteliers. Cela ne fera qu'empirer jusqu'à Santos, avec embouteillages et pollution croissante. Il est temps de changer de route.

➤ À Caraguatatuba, prendre la direction de São José dos Campos, par la SP 99. À la sortie de Caraguatatuba commence l'ascension des montagnes du *vale do Paraíba* et de l'intérieur pauliste. La route est excellente et les paysages somptueux. On découvre une terre de café, de canne, d'élevage laitier, de bananes, de *fazendas* et d'alambics, patrie d'un peuple robuste, joyeux et enraciné.

PARAÍBUNA
IND. TÉL. : 012

Perchée au cœur de la montagne, le long de la rivière Paraíba, une jolie petite ville fondée au XVIIe siècle et qui a prospéré avec toute la région sans pour autant changer de caractère. Une atmosphère paisible et authentique : quelques placettes où il fait bon flâner, des ruelles calmes, un vieux kiosque et l'*église Matriz de Santo Antônio*, avec une belle façade d'azulejos portugais représentant les *bandeirantes*. À l'intérieur, de grandes fresques turquoise de l'artiste Alvaro Pereira ornent les plafonds. Sans oublier le cimetière, surmonté d'une inscription plutôt insolite : *Nós que aqui estamos por vós esperamos !* (« Nous qui sommes ici nous vous attendons ! »)
La nature alentour se prête à des randonnées à pied, dans un paysage vallonné recouvert de forêt atlantique. La réserve d'eau voisine, qui régularise la rivière Paraíba (en tupi, « eaux sombres ») et fournit l'électricité à la région, forme sur 206 km un magnifique lac de montagne (artificiel), aménagé pour les promenades. Un bateau assure des excursions sur le lac. Activités nautiques, équestres et pédestres (renseignez-vous à l'office du tourisme). Camping possible.

Arriver – Quitter

➤ **En bus :** depuis la *rodoviária,* praça Manuel M. Amâncio de Moura. ☎ 39-74-01-38. Avec la compagnie *Litorânea,* 5 bus par jour pour São Paulo, 12 bus par jour pour São José dos Campos et Caraguatatuba, 2 bus quotidiens pour Campinas.
➤ **En voiture :** pour rejoindre São Paulo, prendre la SP 99 jusqu'à São José dos Campos. Prendre la via Dutra, BR 116, direction São Paulo. On quitte la nature et on entre dans la civilisation !

Adresses utiles

🏢 *Office du tourisme :* praça M. Ernesto A. Arantes, s/n. ☎ 39-74-06-21. ● www.paraibuna.sp.gov.br ● Ouvert du lundi au vendredi de 10 h à 17 h. Pratique quand on a quelques notions de portugais... Visites gratuites de la ville et des environs.
■ *Urgences médicales :* Santa Casa, praça João Cavalcanti de Albuquerque, 23. ☎ 39-74-00-03.

Où dormir ?

Bon marché (autour de 40 Rls – 15,20 €)

🏠 *Santinho Hotel e Galeria :* rua Maj. Ubatubano, 89, et rua Cel. Camargo, 86 (2 accès). ☎ 39-74-12-02. De 25 à 30 Rls par personne.

Hôtel tout propre et bien tenu, avec des chambres pour 2 à 4 personnes. Confortables, avec ventilateur, frigo et salle de bains impeccable. Préférer celles donnant sur le fleuve. Bon accueil.

Plus chic et plus cher (plus de 200 Rls – 76 €)

▲ *Pousada Alto da Serra :* rodovia do Tamoios, km 67, Alto da Serra. ☎ 38-97-40-00. ● www.pas.com. br ● À environ 20 km de Paraíbuna ; accès par un chemin de 4 km environ à partir de la *rodovia.* Compter environ 200 Rls pour 2 ; réductions au-delà de 2 nuits (ouf !). Il faut traverser la forêt atlantique pour atteindre ce havre de verdure, situé au bord du lac, avec une cascade naturelle en amont. Vous pourrez y découvrir la forêt environnante avec un sentier de promenade au milieu de la cacophonie des oiseaux, et admirer les brumes envahissant la montagne à la tombée du jour. Luxe, calme et volupté dans un environnement préservé, avec piscine, jacuzzi, sauna, kayaks, VTT...

Où manger ?

|●| Sur la *praça do Mercado,* dans les jolies halles bleues et blanches, tout en bois et vieilles tuiles. Ouvert tous les jours. À l'intérieur, petit marché et *cantinas* populaires où manger, pour 5 Rls au plus, le *prato feito* (plat du jour) ou la *refeição* (déjeuner complet).

SÃO PAULO

IND. TÉL. : 011

Paulista : habitant de l'État de São Paulo, soit un quart de la population du Brésil et autant que celle de l'Argentine. *Paulistano :* habitant de la capitale, qui comptait 10,4 millions d'habitants en l'an 2000, sans oublier un total de plus de 19 millions de personnes pour l'ensemble de la région métropolitaine. Ces chiffres font de São Paulo la 2e agglomération urbaine d'Amérique latine (après Mexico) et la 5e du monde. Immense concentration humaine, donc, où plus de 10 % des Brésiliens se compriment les uns contre les autres sur bien moins d'un millième de la surface du pays !... Ville à l'échelle de celui-ci, capitale économique du Brésil (avec plus d'un tiers de l'activité industrielle) et son principal centre financier. « Est-elle humaine ? », se demande-t-on lorsqu'on y débarque. Le centre est égal à la taille de Paris ; et il y a plusieurs Paris, si l'on compte les quartiers excentrés, les banlieues, et les 34 communes que totalise la région métropolitaine !

Évidemment, une telle densité de population soulève des problèmes de tous ordres. L'électricité provient du barrage d'Itaipu, tout près des chutes d'Iguaçu. Plus de 15 000 tonnes d'ordures par jour, dont le traitement devient de plus en plus cher et difficile. Lors des fortes pluies d'été, la rivière Tietê et ses affluents débordent régulièrement, malgré de très importants travaux d'aménagement : bien des quartiers sont alors paralysés et il y a même déjà eu des sauvetages spectaculaires en plein centre-ville, montrés à la TV... Les 5 millions de voitures produisent des encombrements monstres, avec plus de 150 km de rues engorgées et des vitesses moyennes dignes d'un tilbury ; en hiver, la pollution due aux émissions des gaz des voitures fait apparaître la ville, vue de loin, comme surmontée d'une calotte nuageuse, rouge sous le soleil ; elle plombe la ville en noir, blanc et gris, comme le montrent magnifiquement les photos de Sebastião Salgado. Mais le Paulistano rigole : il dit jouir du rare privilège de voir l'air qu'il respire. Du coup, une réglementation ne permet aux voitures de circuler qu'un jour sur cinq, selon leur immatricu-

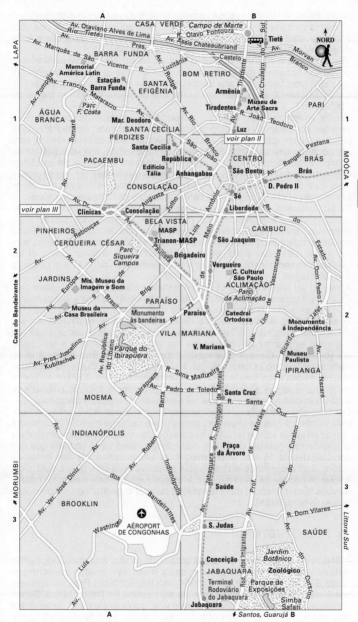

SÃO PAULO – ENSEMBLE (PLAN I)

lation. Enfin, le relief a imposé l'aménagement de nombreux échangeurs à différents niveaux et des tunnels urbains. Bien souvent les distances sont énormes, sauf pour les businessmen qui se déplacent à bord d'une flotte d'hélicoptères, sillonnant sans cesse le ciel de la ville.

Ville paradoxale ? Le mot est faible, tant les constructions sont incontrôlées et souvent hideuses, dans cette ville où bon nombre de vieux bâtiments ont été rasés pour faire place aux buildings. Mais la ville comporte aussi de très beaux bâtiments, aussi bien modernes que du début du XXᵉ et même du XIXᵉ siècle !

São Paulo est une ville « dehors », qui pullule de vendeurs de camelote (souvent des contrefaçons ou des produits entrés en contrebande du Paraguay), proposant leurs articles aux foules d'employés circulant dans les rues du centre, au milieu des sans-abri. Rua Barão de Itapetininga, une véritable armée d'hommes-sandwichs présente des offres d'emploi à des files de candidats hésitants. Tout ce monde vit à l'extérieur, tandis qu'un autre univers se presse dans les buildings : fonctionnaires, employés, prestataires de petits boulots en tous genres – liftiers, porteurs de café, nettoyeurs de carreaux, coursiers...

Paradoxalement, si vous arrivez un week-end, vous aurez l'étrange sensation d'un centre-ville presque vide, car nombre de Paulistanos rentrent alors chez eux... dans les périphéries lointaines : en effet, au contraire de Rio, où favelas et quartiers résidentiels se côtoient, les exclus ont été ici rejetés hors de la ville. Les gens aisés, de leur côté, ont sauté dans un avion, et les classes moyennes dans une voiture, pour prendre un peu l'air à la plage ou à la campagne.

Après un tel tableau, vous vous demanderez sûrement : faut-il aimer São Paulo ? Un conseil : si vous ne comptez pas y passer au moins une semaine, fuyez au plus vite ! Restez-y une nuit de transit, tout au plus... En revanche, si vous décidez de la comprendre, de découvrir ses havres d'humanité, ses excellents restos, bars, boîtes, théâtres, musées et parcs, alors arpentez ses avenues, empruntez son métro, ses bus et, surtout, cherchez à rencontrer les Paulistanos. C'est la ville idéale pour découvrir le Brésil sans être vu comme un touriste et sans voir des foules de touristes. Outre les adresses que nous vous indiquons, on vous en conseillera d'autres, soudain en vogue ou toutes récentes. Car São Paulo est également la capitale culturelle et gastronomique du pays et elle ne veut recevoir de leçon de personne.

Dernier point : les distances sont souvent démesurées. Alors, avis aux budgets serrés : si vous ne logez pas près d'une bouche de métro, il vous faudra rentrer en taxi le soir ou la nuit. Il faut dire encore que la crise économique est la grande responsable de la très nette détérioration de la sécurité que l'on constate depuis 15 ans, et ce, malgré les efforts croissants des forces de l'ordre, dont la présence est très visible au centre de la ville. Maintenant, c'est à vous de décider de partir (ou pas) à la découverte de ce « western » urbain, de vous lancer (ou non) dans le trekking culturel et gastronomique de la ville tentaculaire du Brésil...

UN PEU D'HISTOIRE

À 750 m d'altitude, avec un temps plus doux et plus frais qu'à Rio, sur un plateau largement sillonné par des cours d'eau, les jésuites trouvèrent ici l'endroit idéal pour construire, en 1554, leur mission Saint-Paul, qui donnera son nom à la ville. Au XVIIᵉ siècle, la découverte de l'or du Minas Gerais provoqua un brutal développement de la ville, qui devint le camp de base des orpailleurs, des *bandeirantes* et autres aventuriers, sans pour autant qu'elle en profite : l'or était centralisé à Rio pour être ramené au Portugal. C'est le café, au XIXᵉ siècle, qui fit entrer São Paulo dans le monde moderne et industriel, en bouleversant la vieille société coloniale. L'émancipation progressive des esclaves, qui s'acheva en 1888, entraîna l'arrivée en masse d'immigrants européens venus travailler dans les *cafezais*. Au début du XXe siècle, São Paulo est déjà une métropole, une place boursière mondiale et un centre industriel complexe. Dès les premières grandes crises économiques européennes, Italiens, Allemands, Polonais, Russes, Espagnols, des millions d'Européens, ainsi que des sujets de l'ancien Empire ottoman fuient vers les Amériques. En 1908, ce sont les Japonais qui s'y installent. São Paulo se développe au rythme des grandes vagues migratoires mais n'échappe pas à la crise mondiale de 1929 : on brûle alors le café dans les locomotives pour empêcher les cours de s'effondrer.

L'établissement de la dictature de Getúlio Vargas, en 1930, réoriente toute l'économie du pays vers le développement industriel, avec l'idée de transformer le Brésil en nouvelle puissance. São Paulo est le centre de cette conversion. Un moment, la bourgeoisie paulista entrevoit le rêve de diriger le pays. Mais la « révolution de 1932 » échoue et São Paulo doit se résigner à n'avoir plus droit à un rôle politique. Jusqu'en 1995, aucun président de la République, aucun général important, aucun dirigeant d'une grande institution fédérale ne sera un Paulistano...

Les grandes vagues d'immigration européenne taries, le « miracle brésilien » des années 1950 va mobiliser l'immigration intérieure du Minas Gerais, puis du Nordeste. La population de la ville passe de 2,2 millions en 1950 à 8,5 millions en 1980, et São Paulo devient la plus grande ville nordestine du pays. Mais les crises monétaires des deux dernières décennies du XXe siècle aidant, la demande de main-d'œuvre diminue : au début du XXIe siècle, un Paulistano sur cinq est sans travail, et nombre d'immigrants reprennent la route pour poser leurs valises ailleurs.

Pourtant, quoique sans aucun titre officiel, São Paulo est la ville qui entraîne le pays dans ses transformations sociales, sa modernisation culturelle et l'évolution des mœurs politiques : c'est de là qu'est parti le renouveau du mouvement politique et syndical en 1980-1985, avec la création du Parti des travailleurs ; c'est encore la mobilisation de São Paulo qui a donné le signal du mouvement populaire qui allait destituer le président Collor de Mello en 1992. Pour la première fois, en 1994, comme une revanche, ce sont deux « vrais » Paulistanos – « Lula », né dans le Pernambuco, et F. H. Cardoso, natif de Rio – qui se sont disputé la présidence du pays. En 1998, Cardoso est reconduit au pouvoir, et Lula y arrive en 2002, après avoir vaincu un autre Paulistano, celui-ci authentique (bien que fils d'un immigrant italien), José Serra.

LE PAULISTANO

Plus que tout autre, plus que paulista, le Paulistano est d'abord et avant tout un émigré. De la première, deuxième ou dixième génération. Il est un peu nordestin, un peu carioca, un peu bahianais, un peu *gaúcho*, un peu... de tout. Il est donc finalement brésilien, un type universel de Brésilien... et un peu italien, allemand, polonais ou japonais par là-dessus.

Le Paulistano aime le Brésil et, si ses moyens le lui permettent, le sillonne volontiers, car il s'intéresse à tout ce qui est extérieur, étranger, nouveau.

Mais puisque personne ne prend São Paulo au sérieux, il sera le dernier à avoir la grosse tête ; avec lui, tout finira joyeusement « en pizza » avec une bande d'amis, autour d'une bière dans un bar ou d'un *churrasco,* sans trop penser au lendemain.

Arrivée à São Paulo

En avion

✈ Tous les vols internationaux, ainsi qu'une partie des vols intérieurs, atterrissent à l'**aéroport de Guarulhos** (dit aussi *Cumbica*), à 30 km du centre-ville. Il y a 2 terminaux (T1 et T2), côte à côte. ☎ 64-45-29-45.

SÃO PAULO

ℹ *Comptoirs d'infos touristiques :* à la sortie de chaque terminal ; celui du T2 est un peu éloigné, sur la gauche. Ouvert tous les jours de 6 h à 22 h. À chaque comptoir, deux services, côte à côte. À gauche, le service touristique de la ville de São Paulo (Anhembi ; ● www.an hembi.com.br ●). Cartes de la ville (pas très bonnes, la meilleure étant *Mapa das Artes*) et dépliants thématiques, tous gratuits. À droite, les renseignements touristiques du gouvernement de l'État. ☎ 64-45-23-80. Infos concernant l'hébergement (réservation gratuite possible). Suppléments culturels de *Veja* et de *Folha de São Paulo* à disposition.

■ *Change :* si vous arrivez un week-end ou un jour férié, changez à l'aéroport, n'oubliez pas que c'est le seul endroit où les banques sont ouvertes ! Pour changer des euros ou des US$, en espèces ou en travellers, la *Banco do Brasil* (au 1er étage du T1 ; ouvert tous les jours de 10 h à 20 h 30), ou la *Banco Safra* (à la sortie du T2 ; ouvert 24 h/24). Taux identiques.

■ *American Express :* un bureau au 1er étage du T1. Ouvert tous les jours de 6 h 30 à 22 h 30.

■ *Distributeurs automatiques :* nombreux distributeurs pour les cartes *Visa* et *MasterCard* au rez-de-chaussée et à l'étage des deux terminaux.

✉ *Poste :* au 2e étage du T1. Ouvert tous les jours de 7 h 30 à 22 h 30.

■ *Agences téléphoniques Telefónica :* au 2e étage du T2.

Pour se rendre au centre-ville

➤ Juste après les sorties de l'aéroport sur la droite, des billetteries *Airport Bus Service* vendent des tickets de **bus** pour se rendre en ville. ☎ 64-45-38-11 (à l'aéroport) ou 62-21-02-44. ● www.airportbusservice.com.br ● Toutes les destinations sont au tarif de 24 Rls (26,80 Rls pour les lignes ralliant les terminaux de bus Tietê et Barra Funda).

– *Vers le centre :* avec la ligne *República,* directe ; de là, on peut emprunter le métro.

– *Vers l'aéroport de Congonhas.*

– *Vers le terminal de bus Tietê,* d'où partent les bus pour tout le pays.

– *Vers le terminal Barra Funda :* pour les bus urbains et certains bus moyennes et longues distances.

– *Circuit des hôtels :* notamment sur la rua Augusta et près de l'avenida Paulista.

– Si vous êtes vraiment fauché, empruntez la ligne *Terminal Bresser* (attention, choisir « par Ayrton Senna », car « par Assis Ribeiro », c'est deux fois plus long), utilisée par les employés de l'aéroport. Billet à 3 Rls ; départs toutes les heures. Le bus vous dépose au métro Tatuapé, d'où vous pouvez joindre praça da República. Bus sans AC mais correct ; à éviter si vous avez beaucoup de valises, car il faut les garder avec soi (pas de soute à bagages).

➤ Service de *taxi prépayé* intéressant si vous êtes au moins 3 ; pour avoir un ordre de prix, sachez qu'il vous en coûtera environ 65 Rls jusqu'à República. Accepte toutes les cartes de paiement.

⤳ *L'aéroport de Congonhas (plan I, A3)* est utilisé pour les vols intérieurs. ☎ 50-90-90-00. Distributeurs de billets.

➤ *Pour le centre-ville,* des **bus** ordinaires effectuent la liaison avec le terminal de la ligne nord-sud du métro (Jabaquara).

En bus

🚌 *Le terminal rodoviário Tietê (plan I, B1)* est situé au nord de la ville. ☎ 32-35-03-22. ● www.socicam.com.br ● Ⓜ Tietê. Nombreux distributeurs à l'étage. Vente de cartes téléphoniques près du bureau d'infos touristiques ;

nombreux téléphones en face, et bureau Internet au 1er étage ouvert 24 h/24. Informations touristiques, et consigne *(guarda volumes)* ouverte 24 h /24.

➤ *Pour rejoindre le centre,* prendre le **métro** direction Jabaquara et descendre à São Bento ou Sé.

🚌 Certains bus en provenance de Foz de Iguaçu arrivent au **terminal rodoviário Barra Funda**. ☎ 36-12-17-82. Ⓜ Barra Funda.

➤ *Pour rejoindre le centre,* prendre le **métro** direction Itaquera et descendre à República.

Les différents quartiers

La ville s'est tout d'abord érigée sur l'espace de collines et de vals situés dans le confluent du fleuve Tietê et de la rivière Pinheiros qui la délimitaient au nord et à l'ouest.

Le centre s'est établi de part et d'autre d'un petit affluent sud-nord du Tietê, qui formait le *vale de Anhangabaú* (prononcer [Aniangabaou], « vallée du Diable » en guarani), aujourd'hui couvert mais toujours enjambé par le viaduc du Chá, qui relie le quartier de la *praça da Sé* (place de la Cathédrale), à l'est, à celui de la *praça da República,* à l'ouest de l'Anhangabaú.

Partant de cette croix, la ville s'est étendue par collines et vallons successifs vers les quatre points cardinaux, en fonction des vagues d'immigration et des stratifications sociales.

L'axe de l'Anhangabaú se prolonge au nord par l'*avenida Tiradentes* vers les quartiers populaires nord, au-delà du Tietê. Au sud, par les *avenidas 23 de Maio* et *9 de Julho,* deux voies rapides, on rencontre l'*avenida Paulista,* qui surplombe la ville sur une ligne de crête de 2,8 km, sud-est/nord-ouest. Et l'on redescend vers le sud et l'ouest, jusqu'aux marges du rio Pinheiros, où s'étalent des quartiers aisés.

Il faut noter que les quartiers « bien » se sont déplacés au fil du temps : d'anciens endroits chic sont devenus commerciaux (tel que l'avenida Brasil), ou même des zones pauvres aux maisons délabrées (tel Campos Elíseos).

Comment se déplacer ?

En métro et en bus

– **Le métro** est plus développé et plus pratique qu'à Rio ; il est ouvert tous les jours de l'aube à minuit. Deux lignes principales, l'une nord-sud et l'autre est-ouest, se croisent au centre, praça da Sé (km 0 de la ville), et relient jusqu'aux périphéries éloignées. Une 3e ligne suit l'avenue Paulista et au-delà. Et une 4e (portant le n° 5) dessert pour l'instant essentiellement la périphérie de la ville, et vous aurez peu de chance de l'emprunter. Théoriquement, d'ici quelques années, la ligne 5 devrait être raccordée à la ligne 1, et toutes devraient être interconnectées avec 6 lignes de trains de banlieue, ce qui permettra d'atteindre les périphéries lointaines sans quitter le réseau. Pour visualiser ce que sera cette grande révolution des transports en commun de la ville : ● www.metro.sp.gov.br ●

– **Le bus** est aussi très pratique. Au contraire de ce qui se passe dans la majorité des villes brésiliennes, ici, tout le monde le prend, et pas seulement les pauvres ou les étudiants. On monte par l'avant. Les plus de 65 ans ne paient pas : on descend par l'avant en montrant un document d'identité au chauffeur. Ceci ne vaut pas pour les petits bus *(microbus* ou *transporte alternativo).*

Pour le métro, billet à l'unité *(unitário)* autour de 2,10 Rls, carnet de 10 tickets *(múltiplo 10)* à 20 Rls et des combinés métro-bus *(múltiplo bus)* autour de 3,60 Rls l'aller simple.

En taxi

Ils fonctionnent au compteur. La taxe de départ est plus élevée qu'à Rio (3,2 Rls). Compter de 10 à 20 Rls pour les petites et moyennes courses. Bon à savoir : si la circulation est encombrée, on peut essayer de négocier un prix fixe, surtout les jours un peu calmes pour les taxis, comme le dimanche (par exemple, 50 Rls du centre à l'aéroport de Guarulhos).

En voiture

La circulation est assez compliquée, surtout du fait que dans les rues à double sens on ne peut pas tourner à gauche ; par ailleurs, il faut faire attention aux échangeurs d'avenue sur plusieurs niveaux. Le Paulistano n'est pas un conducteur agressif, mais la conduite n'est pas une partie de plaisir... La priorité à droite existe... théoriquement ! Ne pas oublier que, chaque jour ouvrable, 20 % des voitures ne sont pas autorisées à circuler entre 7 h et 10 h ni entre 17 h et 20 h. Se renseigner sur le site ● www.cetsp.com.br ● Et garer sa voiture n'est pas toujours aisé ni bon marché. Pour résumer : sauf pour les grandes distances ou les endroits mal desservis, mieux vaut prendre le métro, le bus ou... le taxi (surtout le soir).

Adresses et infos utiles

Informations touristiques

🛈 *Offices du tourisme :* il y a les services d'info de la ville (plus efficaces) et ceux de l'État, tous tenus par de jeunes gens fort sympas qui feront de leur mieux pour vous aider. En général, ils se débrouillent en anglais, parfois en espagnol, rarement en français.
– *Au terminal rodoviário Tietê :* bureau d'info de la ville *(Anhembi)* au rez-de-chaussée, ouvert tous les jours de 6 h à 22 h. Mêmes infos qu'à Guarulhos (voir « Arrivée à São Paulo »).
– *En ville :* plusieurs kiosques *Anhembi,* dont ceux de la praça da República *(plan II, D5)* et de l'avenida Paulista, en face du MASP *(plan III, J7).* ● www.anhembi.com.br ● Ouverts tous les jours de 9 h à 18 h. On y parle l'anglais. Mêmes infos qu'à l'aéroport de Guarulhos (voir plus haut « Arrivée à São Paulo »).
■ *Associação paulista de albergues de juventude (APAJ) :* rua 7 de Abril, 386, 2ᵉ étage. ☎ et fax : 32-58-03-88 ou 32-57-02-01. ● www.alberguesp.com.br ● (en portugais) Ⓜ República. Une seule AJ en ville, hors du centre (à 10 mn à pied du métro). Les allergiques à la pollution pourront dormir à l'AJ du Pico do Jaragua, à 25 km du centre (1 h de bus) ; mais c'est un très mauvais choix pour visiter la ville. Réservation obligatoire à l'association. Catalogue gratuit de toutes les AJ du pays, avec photo et description précise des moyens pour les atteindre. Carte *Hostelling International* pour 27 Rls environ. Pas de critère d'âge.
■ *ABPC – Associação brasileira de pousadas e campings :* rua Vicente de Carvalho, 7, São Bernardo do Campo. ☎ 43-32-22-05. Fax : 43-30-25-11. ● www.campismo.com.br ● Très loin, mais pas besoin d'y aller, car leur site donne des informations sur les campings de l'État de São Paulo.

Poste et télécommunications

✉ *Poste centrale (plan II, E5) :* rua Líbero Badaró, 595. Ouvert du lundi au vendredi de 9 h à 19 h 30, le samedi de 8 h à 16 h et le dimanche de 9 h à 12 h. Poste restante et service de fax. Nombreux bureaux de poste en ville, dont l'un à praça da República, à l'angle de la rua

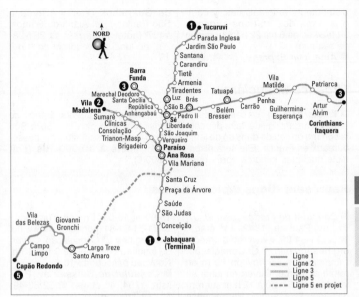

LE MÉTRO DE SÃO PAULO

Marquês de Itú. Ouvert du lundi au vendredi de 9 h à 17 h. Sinon, renseignements au ☎ 0800-570-01-00.

■ *Téléphone (plan II, D5, 2) :* Telefônica, rua 7 de Abril, 295. Dans le centre ; accès par la praça da República. Ouvert tous les jours de 8 h à 22 h. Appels internationaux au 1er étage. Vente de cartes au rez-dechaussée. Prendre celles de 75 unités (2 mn avec l'Europe), difficiles à trouver en kiosques. Sinon, nombreux téléphones publics dans les rues. En principe, vous en trouverez toujours un dans un rayon de 300 m.

@ *Servnet (plan II, D4, 4) :* rua Vieira de Carvalho, 203 (Arouche). ☎ 33-62-86-62. Ouvert tous les jours de 10 h à 5 h du matin.

Argent, change

Quelques conseils et rappels : changez dans les banques. Les week-ends et jours fériés, si vous n'avez pas de carte *Visa* ou *MasterCard* et que vous n'avez pas été prévoyant, gare à vous ! Il ne vous reste plus qu'à aller à... l'aéroport de Guarulhos ! Quelques agences de tourisme peuvent vous dépanner (parfois à des taux prohibitifs), mais elles ne sont ouvertes que le samedi matin. On vous indique quelques endroits où changer des devises étrangères et où trouver un distributeur.

■ *Banco do Brasil (plan II, E5, 3) :* rua São Bento, 465. ☎ 31-01-36-14. Ouvert pour le change du lundi au vendredi de 10 h à 14 h. Dollars, euros et chèques de voyage (en dollars uniquement) acceptés. Parfois très long.

■ *Banco do Brasil (plan III, J7, 1) :* av. Paulista, à la sortie du métro Consolação, au n° 2163 (1er étage). ☎ 30-66-93-00. Ouvert pour le change du lundi au vendredi de 10 h à 13 h. Dollars, euros et chèques de voyage (en dollars). Distributeurs de billets au rez-de-chaussée, accessibles de 6 h à 22 h tous les jours (*Visa* et *MasterCard*).

■ *Banco 24 horas :* nombreux

distributeurs automatiques, y compris dans des stations-service ; 24 h/24 ou de 6 h à 22 h (pour raison de sécurité).

■ *American Express :* à l'aéroport de Guarulhos (voir « Arrivée à São Paulo ») ; et Alameda Santos, 1437 (hôtel *Mofarrej* ; ☎ 251-28-20), du lundi au vendredi de 9 h à 15 h.

Urgence financière

■ *Western Union :* en cas de besoin urgent d'argent liquide, faire déposer la somme en liquide dans un de leurs bureaux en France. Elle sera disponible quelques minutes après dans n'importe quelle agence *Banco do Brasil* (il y en a plus de 130 à São Paulo), sur présentation du passeport ; limité à 10 000 Rls (soit 2 800 €).

Représentations diplomatiques

SÃO PAULO

■ *Consulat de France* (plan III, J7, 1) : av. Paulista, 1842, 14e étage. ☎ 33-71-54-00. ● www.ambafrance. org.br/saopaulo ● Ⓜ Consolação. L'immeuble est à environ 80 m en retrait de la rue. Ouvert du lundi au vendredi de 8 h 30 à 12 h et sur rendez-vous l'après-midi. Permanence téléphonique tous les jours : répondeur donnant un numéro d'appel 24 h/24. En cas de perte du passeport : nouveau délivré (69 €) ou laissez-passer en cas d'urgence. On peut également vous y recommander des médecins parlant le français.
■ *Consulat de Belgique :* av. Paulista, 2073, 13e étage. ☎ 31-71-15-99 et 16-03. En cas d'urgence : ☎ 71-51-81-81 (portable). ● www.bel gica.org.br ● Ⓜ Consolação. Ouvert du lundi au vendredi de 9 h à 13 h. Nouveau passeport : 10 €.
■ *Consulat de Suisse :* av. Paulista, 1754, 4e étage. ☎ 32-53-49-51. Ⓜ Trianon-MASP. Ouvert du lundi au vendredi de 9 h à 12 h. Nouveau passeport délivré en une journée (70 Fs).
■ *Consulat du Canada :* av. Nações Unidas, 12901, 16e étage. ☎ 55-09-43-21. Ouvert du lundi au jeudi de 8 h à 12 h et de 13 h à 17 h et le vendredi de 8 h à 13 h 30.

Urgences

■ *Secours d'urgence :* ☎ 192. Fonctionne 24 h/24.
■ *Pharmacie São Paulo :* av. Paulista, 2073. Ouvert 24 h/24.
■ *Médecins francophones :* appeler le consulat, ☎ 33-71-54-00 (voir « Représentations diplomatiques »).
■ *Hospital São Paulo :* rua Pedro de Toledo, 719. ☎ 50-88-80-80. Hôpital de la faculté de médecine. Très bon service. Gratuit.
■ *Hospital das Clínicas* (plan III, I7) : av. Dr Enéas Carvalho de Aguiar, 255. ☎ 30-69-60-00. Ⓜ Clínicas. Énorme centre hospitalier en état de faire face aux urgences graves. Gratuit.
■ *Santa Casa de Misericórdia* (plan II, C5) : rua Dr Cesário Mota Junior, 112 (Vila Buarque-Centro). ☎ 32-24-01-22. Hôpital public des sœurs. Efficace et gratuit.
■ *Hospital Sírio Libanês :* rua Dona Adma Jafet, 91 (Bela Vista). ☎ 31-55-02-00. Établissement privé de très haut niveau, mais cher ; à n'utiliser que pour des urgences vraiment critiques.
■ *Police touristique Deatur* (plan II, D5) : av. São Luís, 91. ☎ 32-14-02-09. Ouvert du lundi au vendredi de 8 h à 20 h et le week-end de 10 h à 14 h. On y parle l'anglais et l'espagnol. Brochure donnant des conseils sur la sécurité. Autre poste rua 15 de Novembro, 347. ☎ 31-07-56-42. Également aux aéroports.
■ *Police civile :* ☎ 147.

Transports aériens

■ *Air France* (hors plan III par H9) : rua Dr Cardoso de Melo, 1955, 2ᵉ étage (Vila Olímpia). Réservations : ☎ 30-49-09-09. Ouvert de 9 h à 17 h 30. À l'aéroport de Guarulhos : ☎ 64-45-23-14. Billet remplacé en cas de perte, après vérification auprès de l'agence émettrice.

■ *Varig* (plan II, D5, 6) : rua da Consolação, 362. ☎ 32-31-94-00. Autre bureau : av. Paulista, 1765. ☎ 287-96-33. Ouverts en semaine de 8 h 30 à 18 h. À l'aéroport de Guarulhos : ☎ 64-45-27-28.

■ *Tam* (plan III, J7) : rua Bela Cintra, 1157, à l'angle de l'avenida Paulista. ☎ 30-81-44-99. Ouvert du lundi au vendredi de 9 h à 18 h et le samedi de 9 h à 12 h. À l'aéroport de Guarulhos : ☎ 64-45-41-95.

■ *Gol* : représentée à l'aéroport de Congonhas. Pour tout renseignement ou réservation : ☎ 0300-789-21-21 ou ● www.voegol.com.br ●

■ *Bra* (plan II, D5) : av. São Luís, 94, à l'angle avec la praça da República. ☎ 30-17-54-54. ● www.voebra.com. br ● Vols bon marché vers le Nordeste ; mais les départs doivent être confirmés la veille, car si l'avion n'est pas plein, le vol est annulé ! Seulement pour les routards pas pressés qui voyagent avec un petit budget. À éviter si vous avez des dates impératives. Départs de Guarulhos : ☎ 64-45-43-10.

Location de voitures

■ *Localiza* (plan II, C5, 9) : rua da Consolação, 419. ☎ 32-31-30-55. Ouvert du lundi au samedi de 8 h à 20 h et les dimanche et jours fériés de 8 h à 14 h. Réservations : ☎ 0800-99-20-00. À Guarulhos : ☎ 64-45-21-33.

À Congonhas : ☎ 50-92-35-92.

■ D'autres loueurs, comme *Unidas,* rua da Consolação, 347. ☎ 31-55-57-00. À Guarulhos : ☎ 64-45-21-13. À Congonhas : ☎ 55-36-35-84. Réservations : ☎ 0800-12-11-21.

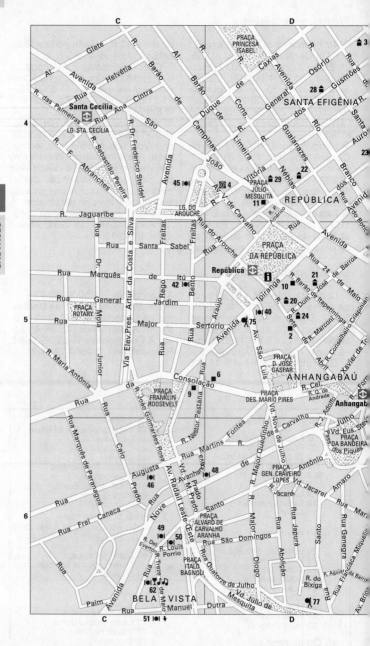

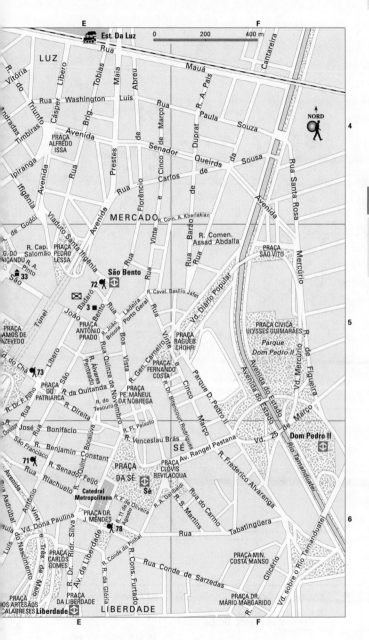

SÃO PAULO – CENTRE (PLAN II)

SÃO PAULO

■ Adresses utiles

🛈 Kiosque touristique
1 Consulat de France, Banco do Brasil

|●| Où manger ?

52 Sujinho

53 Frevo

55 Ifama dos Marinheiros

56 Consulado Mineiro

58 Andrade

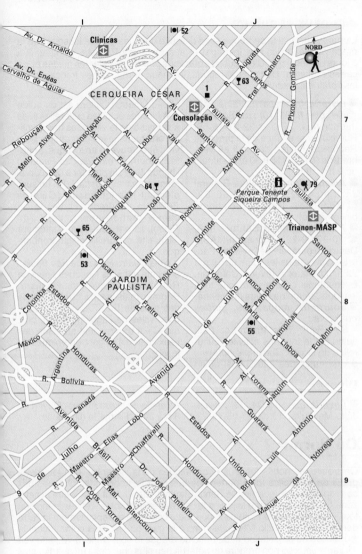

SÃO PAULO – PLAN III

Map labels: Av. Dr. Arnaldo · Clínicas · Av. Dr. Enéas · Carvalho de Aguiar · CERQUEIRA CÉSAR · Consolação · Rebouças · Melo · Alves · Al. Consolação · Al. · Lobo · Jaú · Itú · Santos · Manuel · Azevedo · Paulista · Parque Tenente Siqueira Campos · Trianon-MASP · Cintra · Franca · Tietê · Bela · Haddock · Augusta · João · Rocha · Gomide · Lorena · Oscar · Min. · Paxoto · Casa José · Julho · Franca · Pampiona · Itú · Santos · Jaú · Al. Branca · JARDIM PAULISTA · Estados · Colômbia · México · Argentina · Honduras · Bolívia · Unidos · Avenida · Canadá · Avenida · Julho · Brasil · Elias · Chiaffarelli · Lobo · Estados · Unidos · Honduras · Guararà · Luís · Antônio · Nóbrega · Manuel · da · Maestro · Maestro · Mal. · Cons. · Torres · Dr. João · Pinheiro · Bitencourt · Campinas · Lisboa · Eugênio · Maria · Lorena · Joaquim · NORD · R. Augusta · Carlos · Frei · Canero · Pixoto · Gomide

Map markers: 52 · 63 · 1 · 64 · 79 · 65 · 53 · 55

♀ ♫ Où boire un verre ? Où écouter de la musique ? Où danser ?	65 Quinta do Mandioca
58 Andrade	⚔ À voir. À faire
63 Espaço Unibanco de Cinema	56 Marché aux puces de Pinheiros
64 Ritz	79 Musée d'Art de São Paulo (MASP) et Antique Fair

Journaux et culture

La presse française se trouve sans difficulté dans les grands kiosques de la praça da República (av. Ipiranga) et aussi avenida Paulista. Compter 2 à 3 jours de décalage. C'est aussi là que vous pourrez acheter les guides et les cartes routières. Dans les aéroports, journaux et magazines français dans les librairies *Laselva*.

■ **Livraria francesa** *(Librairie française ; plan II, D5, 10)* : rua Barão de Itapetininga, 275. ☎ 32-31-45-55. Rue piétonne en face de la praça da República. Ouvert du lundi au vendredi de 9 h 30 à 18 h 30 et le samedi de 9 h à 13 h.

■ **Alliance française :** rua General Jardim, 182. ☎ 30-17-56-99. Ⓜ República. Café, expositions, bibliothèque.

■ **Fnac :** alameda Santos, 990. ☎ 30-97-00-22. Ⓜ Trianon-MASP. Dans une parallèle de l'avenida Paulista. Ouvert tous les jours de 10 h à 22 h. Journaux et revues. Cafétéria. Événements culturels presque tous les jours. Vente de billets de théâtre.

■ **Journaux, magazines, guides culturels :**
– *São Paulo This Month :* ce petit guide fait le tour des activités culturelles de la ville. *Turismo e hotelaria* donne aussi des infos, ainsi qu'un plan du métro. *Cultura* est un guide complet des activités culturelles liées à la mairie de la ville. Ces trois publications mensuelles et gratuites peuvent être trouvées en kiosque. Achetez le journal *Folha de São Paulo* ou l'hebdo *Veja* ; le premier a un supplément journalier *(Ilustrada)* et un supplément hebdomadaire *(Guia da Folha,* le vendredi), et *Veja* a un cahier (hebdo aussi, *Veja São Paulo).* Ils ont beaucoup d'infos sur l'actualité culturelle et gastronomique.
– *Guia Quatro Rodas de São Paulo :* en vente dans les kiosques praça da República ou avenida Paulista. Énorme mais assez cher ; indices des rues de São Paulo et de quelques villes de l'agglomération, bus, etc. C'est un vrai petit annuaire des lieux culturels et gastronomiques de la ville.

Divers

■ **Laverie** *(plan II, D4, 11)* : praça Júlio Mesquita, 13. ☎ 31-05-75-29. À l'angle de la rua Aurora. Ouvert de 8 h à 20 h. Fermé le dimanche.

Où dormir ?

On trouve les hôtels les plus économiques dans le centre, non loin de la praça da República, d'où partent les bus pour l'aéroport ; les plus bas prix correspondent au quartier de Santa Efigenia, mais il faut savoir que si cette zone est à peu près sûre le jour, elle l'est nettement moins – et pas sympa du tout – à partir de la tombée de la nuit. Cela concerne essentiellement le carré derrière la praça Júlio Mesquita jusqu'à la gare de Luz, très commerçant le jour et lieu de prostitution et de trafic de drogue le soir. Donc, à vous de voir s'il vaut mieux ou non prendre un hôtel un peu plus cher dans un quartier plus agréable et ne pas vous sentir menacé, ni obligé de rentrer en taxi. Cela étant, si vous décidez de vous éloigner un peu de votre hôtel (ce qui va très vite, quel qu'il soit !), vous pourrez être obligé de prendre un taxi pour rentrer... Alors, investissez un peu plus ou faites preuve de la prudence la plus élémentaire.

Auberge de jeunesse

⌂ **Auberge de jeunesse** *(plan I, B3)* : rua Pageú, 266. Réservations au ☎ 55-84-73-19, ou par Internet sur ● www.spalbergue.com.br

Ⓜ Praça da Árvore, puis 10 mn à pied. Compter de 25 à 31 Rls par personne selon les chambres (sans les draps), petit dej' compris. On y parle l'anglais et l'espagnol. À disposition des résidents : cuisine, laverie, Internet, change (taux pas très bon). Accepte la carte *Visa*. Horaires d'entrée et de sortie libres.

À República

Prix moyens (de 40 à 70 Rls – 15,20 à 26,60 €)

🛏 *Hôtel São Sebastião (plan II, D5, 20) :* rua 7 de Abril, 364. ☎ 32-57-49-88. Ⓜ República. À deux pas de la praça da República, dans la rue (et tout près) du centre téléphonique *(Telefônica),* et proche des bus pour l'aéroport. Chambres doubles à 44 Rls, petit dej' compris. Très propre et bon marché, mais il vieillit un peu et il faut payer cash. TV, téléphone et frigo-bar dans les chambres. Rue animée la journée (éviter les chambres sur rue, bruyantes le matin), mais très calme le soir. Bon accueil.

🛏 *Hôtel Joamar (plan II, D5, 21) :* rua Dom José de Barros, 187. ☎ 32-21-36-11. ● www.hoteljoamar.com.br ● Dans le quartier piéton du centre, proche de l'animation et de la place. Compter 45 Rls avec petit dej'. TV, ventilo et téléphone dans des chambres refaites à neuf. Correct.

🛏 *Hôtel Rivoli (plan II, D5, 24) :* rua Dom José de Barros, 28. ☎ 32-31-56-33. Dans une rue piétonne. Doubles autour de 55 Rls, avec un bon petit dej' compris. Chambres plutôt petites mais claires et bien ventilées, avec TV, frigo-bar et téléphone. Pas d'ascenseur. Un peu plus cher que le *São Sebastião,* mais nettement plus agréable. Accueil sympa. 10 % de rabais le week-end.

De Santa Efigênia à l'avenue Ipiranga

Quartier très central, mais franchement peu sûr le soir. Donc, taxi quasi obligatoire si vous rentrez après la tombée de la nuit.

Bon marché (moins de 30 Rls – 11,40 €)

🛏 *Elite Hotel (plan II, D4, 22) :* rua Aurora, 546. ☎ 222-20-01. Non loin de la sympathique praça Júlio Mesquita et tout près d'un cinéma... porno (le quartier est vraiment limite !). Hôtel très sommaire mais pas cher : compter 28 Rls pour une double. Accueil indifférent ; il faut payer dès l'arrivée. Pas de petit dej'. *Apartamentos* ou *quartos* (sans douche) avec TV.

🛏 *Hôtel Paulicéia (plan II, D4, 23) :* rua dos Timbiras, 216. ☎ 33-31-97-33. Non loin de l'avenida Ipiranga. Chambres sommaires mais prix bas : de 15 Rls sans salle de bains à 25 Rls avec. Pas de petit dej'. Des hôtes y habitent depuis des années ; accepte aussi des couples pour rencontres rapides, vous voilà prévenu. Accueil sympa.

Prix moyens (de 50 à 70 Rls – 19 à 26,60 €)

🛏 *Hôtel Galeão (plan II, D4, 28) :* rua dos Gusmões, 394. ☎ 33-31-82-11. Chambres propres, de style colonial, autour de 50 Rls pour 2, bon petit dej' inclus. Correct, certainement le plus agréable du quartier. Carte *Visa* acceptée. Accueil sympa.

🛏 *Hôtel da Praça (plan II, D4, 29) :* praça Júlio Mesquita, 108. ☎ 33-31-51-00. ● www.hoteldapracasp.hpg. com.br ● Des doubles entre 46 et 68 Rls. Sur une petite place plutôt charmante, bien que bruyante et polluée, car en plein trafic de l'avenida

São João. La façade et la réception ont un petit cachet sympathique, mais mieux vaut demander une chambre à l'arrière et avec *piso* (parquet ou carrelage) : un peu plus cher mais plus propre. TV, frigo-bar et téléphone. Si c'est complet, on essaiera de vous emmener dans l'hôtel à côté (même proprio), un peu plus cher et moins agréable. Simple, mais une valeur sûre du quartier. Garage. Cartes de paiement acceptées.

🛏 *Hôtel Piratininga (plan II, D4, 32)* : largo General Osório, 103.

☎ 33-31-10-22. Immeuble sans aucun charme près de la gare Luz. Compter 65 Rls avec le petit dej'. Remise de 10 % pour les paiements cash. Chambres spacieuses, claires et très propres, avec TV, téléphone et ventilo (ou AC) ; celles avec frigobar sont vraiment mieux que les autres. Bon petit dej'. Fréquenté par des commerciaux, il est souvent plein. Dommage que la sécurité du quartier soit très limite. Accepte les cartes de paiement. Accueil sympa.

Dans la partie piétonne de São João

Bon marché (moins de 30 Rls – 11,40 €)

🛏 *Hôtel Brittania (plan II, E5, 33)* : av. São João, 300. ☎ 222-92-44. Au pied du quartier des banques et proche du viaduto do Chá. Doubles pour 25 Rls. Belle façade d'un hôtel qui est là depuis 60 ans, dans la partie piétonne de l'avenue, donc animée en journée ! Accueil pas spéciale-ment chaleureux, mais prix corrects, incluant un bon petit dej'. Chambres avec une belle hauteur de plafond et des portes immenses, mais finale-ment pas si accueillantes avec leurs teintes sombres. TV, frigo-bar et téléphone. Évitez celles en façade si vous voulez dormir le matin.

Ailleurs

Prix moyens (de 50 à 70 Rls – 19 à 26,60 €)

🛏 *Hôtel Albany :* rua Dr Cesário Mota Junior, 177. ☎ 222-26-22. À Vila Buarque, à égale distance des métros República et Santa Cecília, face à l'hôpital Santa Casa de Misericórdia. Chambres doubles pour 50 Rls. Hôtel correct à prix moyens (possibilité de négocier) incluant petit dej' continental, téléphone et TV. Fréquenté par des médecins en stage, des malades et leurs familles... Quartier sans charme et plutôt triste. En dépannage, ou en cas de pépin de santé !

🛏 *Savoy Palace Hotel (plan III, J7)* : rua Augusta, 1272. ☎ 288-64-59.

● savoy-palace@uol.com.br ● Ⓜ Consolação. Dans une rue célèbre de São Paulo, à 300 m de son croisement avec la Paulista, un coin très animé. Compter 70 Rls pour 2. Établissement plutôt chic mais essentiellement fréquenté par des couples illégitimes. Chambres avec grands miroirs, statues de Vénus et murs aux couleurs rouges, typiques de ce genre d'établissement. Si cela ne vous gêne pas, profitez-en, car le prix est très correct. Bar (évidem-ment), mais pas de petit dej'. Accepte toutes les cartes de paiement, bien sûr.

Plus chic (plus de 75 Rls – 28,50 €)

🛏 *Pousada Dona Zilah (plan III, I7)* : alameda Franca, 1621 (Jardins). ☎ 30-61-54-13 ou 30-62-14-44. ● www.zilah.com ● Ⓜ Clínicas. Rue calme et agréable près des avenues Rebouças et Paulista. Établisse-ment accueillant et sympa, propo-sant de belles chambres doubles avec salle de bains, TV et ventilo à 90 Rls, petit dej' inclus. *Discount* le week-end. Carte *Visa* acceptée.

Encore plus chic (plus de 100 Rls – 38 €)

🛏 *Brasília Small Town (hors plan I par B1) :* rua Dr Olavo Egídio, 420 (Santana). ☎ 69-50-33-55. ● www. brasiliasmalltown.com.br ● Ⓜ Santana. À 5 mn à pied du métro et proche de la gare routière Tietê. Prendre la rue Leite de Moraes, puis à gauche dans la rue Dr Zuquim ; la rue est ensuite à trois blocs sur la droite. Appartements plutôt classe de 55 m², pouvant accueillir jusqu'à 4 personnes pour 130 Rls. Tout confort : AC, frigo-bar, énorme baignoire et belle vue ; pas de cuisine, mais petit dej' compris. Piscine, sauna, salle de gym, tennis et resto. Un bon plan pour des familles, d'autant que les enfants de moins de 7 ans ne paient pas. Excellent rapport qualité-prix. Cartes de paiement acceptées.

Où manger ?

S'il est connu pour son goût du *churrasco* – *gaúcho* à l'origine mais devenu une véritable institution paulista – et ses poulets grillés et rôtis, le Paulista a une cuisine très variée où l'on sent un bon fond paysan. La *feijoada paulista* aux haricots rouges n'a rien à envier à sa collègue noire de Rio.

À São Paulo, on mange, beaucoup et bien. Toutes sortes de cuisines. De tout le Brésil, mais aussi du monde entier avec, toujours, une adaptation aux habitudes brésiliennes : cuisines italienne, portugaise, arabe, japonaise, russe, espagnole, chinoise, hongroise, française, allemande, scandinave, argentine, grecque, juive, indienne...

Sachez que dans bien des restaurants populaires, le plat du jour à midi est à peu près fixe. Le mardi : *ensopado* (goulasch) ; les mercredi et samedi : *feijoada ;* les lundi et jeudi : *virado à paulista* (ça vous tient au corps !) ; le vendredi : *bacalhau* (morue).

On n'indique pas de catégories de prix pour les restos de São Paulo, pour deux raisons : d'une part, on ne mange vraiment très bon marché que dans les *lanchonetes* et les selfs. Par ailleurs, il est difficile de classer un resto qui propose, par exemple, une *picanha* à 25 Rls (ce qui correspond à un prix moyen, et à 300 ou 400 g de viande minimum) : si vous la partagez, l'addition entre du même coup dans la catégorie bon marché. Cela dit, on précise quand il est possible ou non de demander une assiette supplémentaire.

Enfin, on classe les restos et les bars par quartier, car, étant donné les distances souvent impressionnantes entre les adresses, il est plus judicieux de passer une soirée par quartier, surtout si l'on a un budget serré.

Dans le centre

Entre la praça da Sé et le viaduto do Chá, *ruas Líbero Badaró* et *São Bento,* vous trouverez quantité de bars et de restaurants populaires où l'on mange d'excellents plats du jour, ainsi qu'une multitude de *salgados,* de délicieux jus de fruits et des amuse-gueules nourrissants. Même chose dans et aux alentours de la *rua 7 de Abril,* entre la praça da República et le viaduto do Chá.

Cuisine arabe

|●| *Almanara :* plusieurs restos syro-libanais à São Paulo, surtout dans des centres commerciaux. Qualité excellente et prix très honnêtes. Soit le fast-food arabe (*kibe,* taboulé et autres *mezze*), soit le resto où l'on a droit au luxe oriental. Le plus ancien est rua Basílio de Gama, 70 (*plan II, D5*, *40* ; ☎ 32-57-75-80), une ruelle qui finit en galerie et prend sur la

SÃO PAULO

praça da República, presque à l'angle de l'avenida São Luís. Déco typique des années 1950, avec miroirs, boiseries et un beau bar. À gauche, plus chic, on mange une copieuse formule ; à droite, c'est à la bonne franquette, mais à la carte. Si vous êtes seul, allez côté chic ; à plusieurs, préférez à droite, commandez un plat par personne et dégustez-les tous ! On n'y fume pas. Carte *Visa* acceptée.

Cuisine paulista

▮●▮ *Sujinho* (plan II, D4, **41**) : av. Ipiranga, 1058. ☎ 32-29-99-86. À l'angle de l'avenida Rio Branco. *Sujinho* est devenu tellement célèbre qu'il a ouvert cet établissement dans le centre. Les restos d'origine sont toujours ouverts, rua da Consolação (lire plus loin). Attention, il y a des imitateurs ! Celui-ci est plus classe que les autres. Les murs sont jaunes et le mobilier fleure bon le standing un peu haut de gamme, quoique dans un style un peu vieillot. Pourtant, les prix sont les mêmes. Nous, on préfère la terrasse, protégée par une bâche, plus décontractée, avec la vue sur l'animation de l'avenue. On peut aussi partager d'excellents poissons grillés. Ne pas venir trop tard car, contrairement aux autres, ici on ferme à des heures plus « raisonnables » : 1 h 30 du matin... Pour plus de détails, voir, plus loin, le texte sur l'établissement de la rua da Consolação.

▮●▮ *Churrascaria Boi na Brasa* (plan II, C5, **42**) : rua Marquês de Itú, 139. ☎ 32-24-05-64. *Churrasco* garni respectable, de même que le poisson *(pintado)*. La *feijoada* des mercredi et samedi midi est de celles qui tuent. Vin ordinaire servi au verre. Prix très honnêtes. Cartes de paiement acceptées.

Cuisine végétarienne

▮●▮ Pour un resto purement diététique, se rendre au *Macrobiótico Arroz de Ouro* (plan II, C4), sur le largo do Arouche, 88. ☎ 223-02-19. Ouvert à midi. Prix bas.

Cuisine française

▮●▮ *La Casserole* (plan II, C4, **45**) : largo do Arouche, 346. ☎ 33-31-62-83. Faire le tour de la place : c'est en face du marché aux fleurs. Fermé le lundi. Tenu par une famille belge depuis près de 50 ans. C'est tout à fait à la hauteur, si l'on pense que la cuisine française est un département du quai d'Orsay. Étiquette, gigot rose et escargots au beurre. Mais quelle ambiance élitiste ! Comme les prix... Toutefois, du mardi au vendredi à midi, on vous propose une formule très correcte à prix abordables. Vins débités au verre ; goûtez au *miolo shiraz*, un vin de... Bahia (eh oui !) qui descend tout rond et ne pèse pas sur l'addition. Cartes de paiement acceptées, bien sûr !

Cuisine (italienne) super-chic

▮●▮ *Ca'd'Oro* (plan II, C6, **46**) : rua Augusta, 129. ☎ 32-36-43-00. Celui qui fut le resto le plus coté de São Paulo reste encore très bon, malgré la détérioration du quartier. Ambiance seigneuriale européenne où l'on sert depuis 60 ans, avec pompe et cérémonial, des spécialités du nord de l'Italie. L'addition n'est pas donnée (un plat coûte un repas complet en prix moyens !), mais on s'en sort assez bien avec la formule, servie midi et soir sauf le dimanche, qui reste d'un rapport qualité-prix imbattable. Cartes de paiement acceptées.

À Liberdade

Quartier japonais où l'on peut manger partout. Les restaurants se succèdent presque de porte en porte. Mais gare à vos économies. C'est souvent hors de prix si l'on entre dans un resto digne de ce nom. Les « paquebots » de sushis grèvent vite un budget ! Ne vous créez pas de gros... soucis ! Vous êtes prévenu...

Cuisine japonaise

|●| *Jinroku (hors plan II par E-F6) :* rua Tomaz Gonzaga, 110. ☎ 32-07-80-78. Ⓜ Liberdade. Excellent petit restaurant japonais fréquenté par la diaspora nippone de São Paulo. Des sushis, mais aussi des soupes, de délicieux raviolis *gyoza* et autres calamars sautés. Les cartes de paiement ne sont pas acceptées. Prix raisonnables.

|●| *Bakery Itiriki (hors plan II par E-F6) :* rua dos Estudantes, 24. ☎ 32-77-49-39. Ⓜ Liberdade. À côté de la praça Liberdade. Ouvert toute la journée et fermé le soir. On dit que c'est la copie d'une chaîne de boulangeries en self-service très connue au Japon : on se sert (avec des pinces) toutes sortes de sandwichs et *delicatessen* japonais, brésiliens et même... allemands ; on passe à la caisse et on va manger en haut. Sympa, bon marché, très propre, nourrissant et appétissant. Bref, une très bonne adresse, surtout pour les en-cas.

À Bela Vista

Cuisine italienne

Les restaurants italiens sont à Bela Vista, bien sûr ! Nombreux et d'excellente qualité.

|●| *Gigetto (plan II, C-D6, 48) :* rua Avanhandava, 63. ☎ 32-56-98-04. Une petite rue entre les rues Martins Fontes et Martinho Prado. Ouvert tous les jours jusqu'à 3 h. Avec ses grandes tables espacées, ce qui peut donner une sensation de froideur, l'endroit est très fréquenté par les gens de théâtre de São Paulo, surtout tard le samedi. Cuisine très soignée et portions dignes de Gargantua ; si vous venez seul, demandez une demi-portion, que vous n'arriverez pas à finir ! Pas de vin au verre, et carte des vins moyenne et chère. Accueil sympa (beaucoup d'habitués), service efficace. Bon rapport qualité-prix. Cartes de paiement acceptées.

|●| *Cantina Montechiaro (plan II, C6, 49) :* rua Santo Antônio, 844. ☎ 32-59-27-27. Ouvert de 11 h 30 à 3 h 30. Resto italien avec une grande salle au décor presque nu, mais à l'ambiance chaleureuse quand il y a du monde. Buffet de hors-d'œuvre que l'on pèse. Grosses portions. Bons spaghettis aux fruits de mer et excellent chevreau rôti, mais desserts décevants. Bon choix de vins brésiliens, y compris celui « du patron », débités au verre et en carafe. Service sympa. Un peu cher quand même. Cartes de paiement acceptées.

|●| *Il Cacciatore (plan II, C6, 50) :* rua Santo Antônio, 855. ☎ 32-56-13-90. Face à la *Cantina Montechiaro.* Ouvert en 1952, il est aujourd'hui tenu par le fils du fondateur. Cuisine très soignée de Lombardie et du Piémont, servie dans un cadre simple mais raffiné. Garçons attentifs, surveillés par un patron tout aussi attentif. Portions copieuses à partager. Bons vins brésiliens débités au verre. Bien sûr, ce n'est pas donné, mais le rapport qualité-prix est intéressant ; quoiqu'un peu cher, c'est notre meilleure adresse dans ce coin. Cartes de paiement acceptées.

SÃO PAULO

l●l Nombreuses *pizzerias (plan II, C6, 62)* de bonne qualité dans les ruas 13 de Maio et Rui Barbosa. L'accueil y est toujours chaleureux et, bien souvent, de petits groupes musicaux jouent le soir. On prend géné-ralement une pizza pour 2. Vous le constaterez, elles n'ont rien à voir avec les pizzas européennes : ici, on n'a pas l'habitude de les asperger d'huile d'olive ou de les relever de poivre.

Cuisine paulista

l●l *Churrascaria Bassi (hors plan II par C6, 51) :* rua 13 de Maio, 668. ☎ 32-53-43-07. Une fois n'est pas coutume, voici une *churrascaria* à Bela Vista, et digne de ce nom. Plusieurs succursales pour ce resto qui connaît un succès grandissant. Ambiance très chic. Files d'attente éventuelles. Toutes les parties de la viande sont disséquées, expliquées, pratiquement analysées... Bon, les prix ne sont pas ce qu'il y a de plus économique... Surtout si on se laisse faire et qu'on accepte les « couverts », la salade et tout le reste. Mais certaines viandes sont plus abordables, surtout si l'on partage, vu qu'il est difficile d'avaler tout seul un pavé de 600 g... En tout cas, la viande est excellente. Pas de poisson grillé ici. Cartes de paiement acceptées.

À Consolação, Cerqueira César et Jardim Paulista

Les quartiers riches. Parfois chers, donc, mais ce serait dommage de ne pas passer au moins une soirée dans cet univers de restos et de bars rivalisant d'efforts pour vous attirer dans leur antre. On indique quelques adresses où l'on peut dépenser moins.

Cuisine paulista

l●l *Sujinho (plan III, J7, 52) :* rua da Consolação, 2078, 2068 et 2063. ☎ 32-31-52-07. Trois restos, dont deux dos à dos et l'autre en face. Le plus ancien, au coin de la rue Maceió, a l'air plutôt populaire, mais en fait, les prix sont les mêmes partout. Fermeture tard dans la nuit (l'un d'eux à 5 h du mat' !). Vous ne connaîtrez jamais São Paulo si vous n'allez pas au moins un soir chez *Sujinho,* qu'on appelait jadis *Bar das Putas,* car c'était, paraît-il, leur quartier de prédilection. *Churrascaria* principalement, mais aussi du poisson. Les rôtisseurs font griller les morceaux derrière les comptoirs. Public composé de personnes de la nuit : journalistes, chauffeurs de taxi, comédiens, bambocheurs, racoleuses en pause, musiciens, etc. C'est la meilleure et la moins chère des viandes de *churrasco* de São Paulo. Le secret du délice résiderait dans le gros sel. Les rôtisseurs cuisent à point, saignant ou bleu, sans faute, à la demande (qui doit être explicite !). Le morceau de roi est la *picanha* et le morceau de baron la *bisteca.* On vous en sert 500 g dans l'assiette, accompagné soit de manioc frit, de polenta frite ou de frites. Les appétits d'oiseau partageront et en laisseront un peu... *Sujinho* a ouvert une nouvelle adresse dans le centre (voir plus haut).

Cuisine japonaise

l●l *Suntory (plan III, J8) :* alameda Campinas, 600. ☎ 32-83-24-55. Ⓜ Trianon-MASP. À 500 m du métro. Fermé le dimanche soir. Branche d'une chaîne internationale (succursale à Paris) établie dans un immeuble spécialement construit, avec jardin japonais et plusieurs salles où l'on sert toutes les spécialités. Très raffiné. Cuisine de grande qualité et prix en conséquence. Formules abordables à midi en semaine. Cartes de paiement acceptées.

Sandwicheries, salons de thé, etc.

l●l *Frevo* (plan III, I8, *53*) : rua Oscar Freire, 603. ☎ 30-82-34-34. Ouvert tous les jours, midi et soir. Appelé *Frevinho* par les amoureux (nombreux) de ce joli snack à la cuisine arabisante. Style *lanchonete* un peu haut de gamme. On y sert de célèbres *beirutes,* du pain arabe *(pita)* que l'on ouvre pour y mettre un tas de bonnes choses, après quoi on chauffe… Ambiance de classe moyenne aux manches relevées, cravate dénouée… Décontracté. Carte *Visa* acceptée.

l●l *Z-Deli :* trois adresses pour ce *delicatessen* (spécialités juives d'Europe orientale). Le plus ancien (rua Haddock Lobo, 1386 ; *plan III, I7-8 ;* ☎ 30-83-00-21) n'a que cinq petites tables, mais un autre se situe juste au coin d'Alameda Lorena, 1214, la cuisine étant commune aux deux. Un troisième, plus éloigné, se trouve rua Gabriel Monteiro da Silva, 1350 *(plan III, H8).* Tous ne sont ouverts qu'en journée du lundi au samedi. Décor assez simple et moderne. On peut déjeuner ou simplement goûter à toute heure aux sandwichs de *pastrame* avec leur *coleslaw,* salades, quiches, et superbes gâteaux, dix mille fois plus appétissants qu'ailleurs. Prix raisonnables et accueil fort sympa. Vin au verre.

l●l *Casa do Padeiro* (plan III, I7) : rua da Consolação, 2839. ☎ 30-82-06-44. Ouvert 24 h/24. Déco et accueil sympas. Nourriture correcte, mais sans plus (après tout, le chef ne dort jamais !). En hiver, soupes très prisées. Prix honnêtes, sauf pour les vins. Face au succès, deux autres établissements ont ouvert : av. Faria Lima, 2776 (Jardim Paulistano) et praça Vilaboim (Higienópolis).

Cuisine portugaise

l●l *Alfama dos Marinheiros* (plan III, J8, *55*) : rua Pamplona, 1285. ☎ 38-84-92-03. Petit resto au bon accueil, ambiance luxueuse et paisible, tables discrètes. Refusez le couvert, trop copieux. Excellente *bacalhau,* servie par des garçons attentifs, mais addition salée. Les autres plats sont plus abordables, surtout si l'on partage. Par contre, la carte des vins est un vrai coup d'assommoir, et on ne débite pas au verre ! Sinon, irréprochable dans sa catégorie. Cartes de paiement acceptées.

À Pinheiros

Pinheiros est devenu le quartier du soir, avec ses petites rues qui communiquent par des cours intérieures, ses maisons basses, son marché aux puces du samedi, sa population de classes moyennes estudiantines et son air vaguement californien. Le quartier a détrôné Bixiga comme lieu des nuits bohèmes de São Paulo. Les restos et bars ferment très tard, de nombreux groupes musicaux animent les bistrots et, bien souvent, l'écho de réjouissances retentit longtemps après les fermetures.

Cuisine brésilienne

l●l *Consulado Mineiro* (plan III, H7, *56*) : praça Benedito Calixto, 74. ☎ 38-98-32-41. Fermé le lundi. Y aller le samedi pour déjeuner au milieu du marché aux puces. Ambiance grosse foule à partir de 13 h. Arriver avant pour avoir une table. Sinon, faire la queue comme tout le monde ! Spécialités du Minas Gerais, bonne cuisine paysanne aux portions généreuses : *feijoada* (une pour 2 ou 3 suffit bien), *tutu*, etc. Prix un peu élevés si l'on y vient seul. Bien aussi pour boire un verre sur une table du trottoir. Carte *Visa* acceptée. Une autre adresse dans le même quartier : rua Cônego Eugênio Leite, 504.

|●| ***Andrade*** *(plan III, H7, 58) :* rua Artur de Azevedo, 874. ☎ 30-64-86-44. Fermé les dimanche soir et lundi. Restaurant typique du Nordeste (Pernambuco et ailleurs), où l'on joue de la musique le soir et le dimanche midi ; si vous ne voulez pas danser (et payer le « couvert artistique »), dites-le. Ambiance sympa. Excellente cuisine régionale servie en portions incroyables : la moitié d'une peut suffire pour 2. Oubliez le vin, trop cher. Prix pas donnés quand même.

Cuisine italienne

|●| ***Purpurina Oficina de Pizzas*** *(hors plan III par G7) :* rua Purpurina, 517 (Vila Madalena). ☎ 30-32-00-51. Très joli petit resto avec ses bambous qui poussent à l'intérieur. Le proprio est un architecte fan de Gaudí, dont l'esprit plane dans les poutres, la décoration et les pancartes. Les Paulistanos aiment regarder la fabrication de ces pizzas originales dans deux fours en brique ouverts sur les salles. Commandez une pizza pour 2 et faites faire des mélanges. Très bonnes et joliment décorées. Carte *Visa* acceptée.

Où boire un verre ? Où écouter de la musique ?

À Bixiga

On vient ici pour se rencontrer. Les jeunes s'y retrouvent nombreux les soirs de week-end. Une ambiance de village s'en dégage. On passe d'un bar à un autre comme aux États-Unis. Nombreux restos agréables et bars décontractés. Le week-end, nombre d'entre d'eux présentent un petit groupe. Beaucoup sont fermés le lundi.

🍷 🎵 ***Café da Bexiga*** *(plan II, C6, 62) :* rua 13 de Maio, 76. Un des bars traditionnels de la rue. Trois salons, dont un pourpre genre 1900. Terrasse. On peut aussi y manger. Musique le week-end. À glisser dans votre tournée nocturne du quartier...

🍷 🎵 ***Café Piu-Piu*** *(plan II, C6, 62) :* rua 13 de Maio, 134. ☎ 32-58-80-66. ● www.cafepiupiu.com.br ● Fermé le lundi. Entrée payante. Café-concert. Des groupes différents (dont certains confirmés) jouent chaque soir. Cadre genre western. Bières, *caïpirinhas* et cocktails pas trop chers.

À Consolação, Cerqueira César et Jardim Paulista

🍷 ***Espaço Unibanco de Cinema*** *(plan III, J7, 63) :* rua Augusta, 1475 et 1470. Ⓜ Consolação. Non loin de l'avenida Paulista. Cinq cinémas très prisés par la classe moyenne intello de São Paulo. Souvent la grosse foule. Fait aussi librairie et café. Agréable d'y boire un verre.

🍷 ***Ritz*** *(plan III, I7, 64) :* alameda Franca, 1088. Ⓜ Consolação. En passant, on ne voit qu'une façade toute rouge et deux vitrines avec des objets parfois bizarres, de plus, pas de pancarte, mais c'est bien là. Joli petit bar tout en bois, aux murs laqués, avec pas mal de couleur rouge, dans l'esprit bistrot parisien branché. Le soir, point de rendez-vous homosexuel. Boissons (et petite cuisine) un peu chères, mais l'endroit est agréable.

🍸 *Quinta do Mandioca (plan III, I8, 65) :* rua Oscar Freire, 726. Superbe café tout en bois et plein de plantes. Archibondé le plus souvent. Foule de jeunes gens aisés. Idéal pour faire des rencontres et discuter un peu. Crier pour se faire entendre. Un peu cher mais pas trop. À midi, en semaine, buffet très abordable. Tout autour, quantité de restos plus chic les uns que les autres. Ils valent le coup d'œil. *Frevo* est juste en face. Cartes de paiement acceptées.

🍸 *Lone Star (plan III, I8) :* alameda Ministro Rocha Azevedo, 1096. Fermé le dimanche. Venir tard. Un bar sans particularité, si ce n'est que par le passé il était toujours plein d'étrangers et qu'on y parlait l'anglais. Les Brésiliens ont aujourd'hui repris le dessus. Ambiance bavarde. Rare endroit, dans cette grande ville, où l'on peut rencontrer des routards.

À Pinheiros

Voici un repère, mais dans les rues Pinheiros, Henrique Schaumann, Fradique Coutinho, Morato Coelho et autres Arapiraca, vous trouverez mille bars et terrasses où faire halte, de l'après-midi jusqu'à tard dans la nuit.

🍸 *Bar das Batidas :* derrière l'église de Pinheiros, rua Padre Carvalho, 799. Fermé le dimanche soir et le lundi. Coin assez désert le soir, mais le bar est d'autant plus plein. Il ne paie pas de mine, avec quatre petites tables, un comptoir, une terrasse et une forêt de fromages et bouteilles de *cachaça*, noircis par la fumée, suspendus au plafond. Depuis 1942, Narciso Moreno, son vieux patron, est maître dans l'art de préparer des *batidas* sans *cachaça*. Public universitaire jeune, surtout du jeudi au samedi. Pas du tout le genre de bar des beaux quartiers. Du reste, il doit à sa situation (derrière l'église) ce surnom très popu : *Cu do Padre...*

Où danser ?

🎵 *Bar-café Soçaite (plan II, C6, 62) :* à l'angle de 13 de Maio et de Santo Antônio. Ouvert du mercredi au samedi. Entrée payante pas chère, surtout les mercredi et jeudi. Grande salle pleine de petites tables, avec deux pistes, où 70 couples de tous les âges dansent au son de musiciens pas trop connus. Petite mezzanine agréable.

🍸 🎵 *Remelexo (hors plan III par G8) :* rua Pães Leme, 208 ; à l'angle de la rua Ferreira de Araújo. ☎ 30-34-02-12. Fermé le lundi. Entrée bon marché, sauf pour certains concerts annoncés dans *Veja*. Non loin du *Bar das Batidas* (voir « Où boire un verre ? »). Populaire et jeune, on y joue le fameux *forró* ! Une danse intéressante à découvrir... et à pratiquer ! Joyeuse ambiance.

🍸 🎵 *Andrade (plan III, H7, 58) :* rua Artur de Azevedo, 874. ☎ 30-64-86-44. Dans ce restaurant typique du Nordeste (voir « Où manger ? »), on danse sur des airs de *forró* du mardi au samedi soir et le dimanche midi, mais il faut commander un plat et payer le « couvert artistique ». Public d'âge mûr mais plein d'entrain.

🍸 🎵 *Carioca Clube (hors plan III par H7) :* rua Cardenal Arcoverde, 2899. ☎ 38-13-85-98. Ouvert du mercredi au samedi. Entrée payante. Très grand salon bien popu de type western où l'on danse samba, *pagode*, *gafieira*, rock, salsa, *merengue*, etc. (selon les soirs). Groupes confirmés 3 fois par mois. Leçons de danse à partir de 20 h. Moniteurs et monitrices à disposition des solitaires. Public de 18 à 80 ans.

🍸 🎵 *Conexión Caribe (plan III, G7) :* rua Belmiro Braga, 200. ☎ 38-13-52-29. Ouvert du mardi au samedi soir. Entrée payante. Ancienne maison reconverti en bar et resto cubain, où l'on vient danser salsa et *merengue*, au son de CD. Public de 25 à 40 ans. Leçons de salsa les mercredi et jeudi matin. Plein de photos de Cuba et d'autres pays latinos.

À voir : les quartiers de São Paulo

São Paulo est la 3ᵉ plus grande ville du monde. Impression d'être perdu dans une gigantesque « métropolis », on l'a dit... Comment s'y retrouver ? On vous propose plusieurs promenades : dans le centre (grand comme Paris, on se répète) et vers l'ouest. On vous déconseille de visiter les périphéries pour des raisons de sécurité, mais aussi parce que les plus sûres d'entre elles, situées près des lignes du métro, se sont couvertes de tours et ne présentent plus guère d'intérêt. Toutefois, on vous donne un itinéraire dans la zone est, à suivre si vous tenez absolument à avoir une idée de ce qu'étaient ces quartiers avant l'arrivée du métro.

LE CENTRE

Praça da Sé (plan II, E6) *et du largo de São Francisco au largo de São Bento*

Avant toute autre chose, il faut dire que, depuis le milieu des années 1990, le centre-ville fait l'objet de très sérieux efforts, poursuivis avec décision, de la part des autorités, permettant de récupérer bon nombre de constructions. Le cœur de la ville est la praça da Sé (Ⓜ Sé) qui, à l'époque de la fondation de la ville, au XVIᵉ siècle, était entourée de fortifications. Devant la **cathédrale** *(Sé),* construite en style gothique (terminée en 1954 et restaurée en 2002), le kilomètre 0 de l'État de São Paulo. Ici, 365 jours par an, se retrouvent tous les immigrés de la métropole entre les baraques de camelots, quêtant la dîme, écoutant des prédicateurs exaltés ; des enfants vagabonds, des pickpockets, des montreurs d'animaux étranges, des lutteurs de *capoeira,* des guérisseurs *caboclos,* le tout sous le regard constant des policiers...

Descendez, côté gauche, vers la partie basse de la place ; passez devant l'immeuble du n° 111 *(centro cultural da Caixa Econômica Federal,* 3ᵉ et 4ᵉ ét.) et tournez à droite dans la rue Floriano Peixoto pour avoir accès au **pátio do Colégio,** lieu de naissance de la ville. Magnifique place où l'ancien collège des jésuites fait face à des immeubles publics aux styles rococo et néoclassique, avec une belle colonne au milieu et une vue du grand immeuble Banespa.

Tout autour de la *praça da Sé,* le quartier des affaires et des banques descend la pente du vallon du Anhangabaú, dans des ruelles étroites encadrées de gratte-ciel immenses, datant pour la plupart des années 1920 et 1930, où se presse la foule plus hétéroclite. En descendant depuis la cathédrale, vers la gauche, vous vous engagerez dans d'étroites rues piétonnes, pour arriver au **largo de São Francisco,** siège de la **faculté de droit** *(plan II, E6, 71).* Belle architecture néoclassique, méritant une visite.

À droite de la faculté, l'**église de São Francisco,** de 1644, conserve de belles peintures portugaises.

C'est dans ce quartier que s'est édifié depuis le début du XXᵉ siècle, et surtout dans les années 1920 à 1940, le São Paulo financier et industriel moderne, le rêve d'être les nouveaux États-Unis. Et c'est ici qu'il continue de vibrer, dans la multitude qui, par ces rues étroites et fourmillantes, vaque aux activités les plus invraisemblables.

Voici quelques exemples de cette période. Rua Alvares Penteado, au n° 112, le bel immeuble Art déco du *centro cultural Banco do Brasil,* construit en 1901 pour sa première agence à São Paulo, magnifiquement restauré (ouvert du mardi au dimanche de 12 h à 20 h ; expos temporaires, cafés, resto). Rua São Bento, 405, l'*edifício Martinelli,* premier gratte-ciel paulistano (1929), bâti par l'ingénieur et comte Martinelli, qui y avait sa résidence du 26e au 29e étage ; en semaine, visite possible (gratuite) de la belle terrasse. Rua João Brícola, au n° 24, l'*edifício Banespa* (1936), cousin germain tropical de l'Empire State Building et bien plus haut que le *Martinelli* ; accès possible, et gratuit, au mirador (du lundi au vendredi de 10 h à 17 h) ; belle vue de la jungle de béton et des « fourmis humaines » dans les rues.

Le *largo de São Bento (plan II, E5, 72)* est une place au bout de la rue du même nom, avec une école et un monastère (constructions des années 1920 ; chants grégoriens deux fois par jour). Les façades des vieilles maisons au fond ont été restaurées. Partout, d'innombrables bistrots, bars, *lanchonetes.* L'escalier en courbe du métro São Bento mène à un bel espace avec des *lanchonetes,* une librairie et, surtout, le *resto Efigênia,* situé en dessous des arches métalliques du viaduc Santa Efigênia, au milieu d'une étonnante verdure. Incroyable havre de repos en plein centre !

Anhangabaú et le viaduto do Chá *(plan II, E5)*

Tout ce quartier est au flanc de la colline qui borde le Anhangabaú, qu'enjambe le *viaduc du Chá (plan II, E5, 73),* sous lequel coulait jadis un ruisseau d'eau claire. Aujourd'hui, c'est une immense agora aménagée par la municipalité, sous laquelle coule le flot des voitures par l'avenue Tiradentes. Ce gigantesque espace public, au-dessus duquel s'élève l'image de la puissance du capital, forme un des paysages urbains les plus saisissants de São Paulo. Du *viaduto do Chá,* vous en verrez un autre, métallique, dit de Santa Efigênia, transporté de Belgique en 1913.

L'immeuble carré du *Banespa* évoque les constructions totalitaires, et en effet, cet édifice, terminé en 1940, au temps de l'apogée de Mussolini, est dû à un architecte italien embauché par le comte Matarazzo. Destiné à devenir le siège de la mairie, il est doté, au dernier étage, d'un beau jardin, et même d'arbres.

D'autres passerelles, tout aussi peuplées, traversent le Anhangabaú, dans la partie sud, où le fleuve souterrain des automobiles refait surface.

Vers la praça da República *(plan II, D5)*

Sur la rive opposée du viaduc du Chá commence l'autre centre, à peine plus ancien. Avec la *place du Teatro municipal,* construit en 1903 dans le style de l'opéra Garnier de Paris (visite possible le lundi de 15 h à 18 h et le mercredi de 10 h à 12 h, sauf en janvier), entouré de palmiers impériaux. Les rues étroites qui s'engagent derrière étaient jadis celles des plus belles boutiques de São Paulo. Le style s'est démocratisé, est devenu hétéroclite, bariolé et pas toujours joli. La zone piétonne des ruas Barão de Itapetininga, 7 de Abril et autres, regorge d'hommes-sandwichs transformés en « agence pour l'emploi » locale, affichant diverses annonces d'emplois ; d'autres vous proposent de racheter de l'or, ou de réaliser votre CV pour quelques reais. Tout un monde de vendeurs de rues vous propose des produits issus de la contrebande ou piratés. Méfiez-vous avant de faire des achats !

À la périphérie de ce quartier, la paisible praça D. José Gaspar abrite la *bibliothèque municipale* où l'on peut admirer l'original du poème de Blaise Cendrars, *Transsibérien,* illustré par Sonia Delaunay. Toute proche, la librairie Engfile (voir « Adresses utiles »).

Puis on débouche sur la *praça da República,* symétrique à la praça da Sé par rapport au Anhangabaú. Une des plus belles places de São Paulo, autour de son parc tropical, malheureusement quelque peu décharné par la pollution. Semi-résidentiel, semi-professionnel et pas mal peuplé de vagabonds, le quartier vit jour et nuit. Dans les jardins, le dimanche, se tient une foire de colifichets, de pierres semi-précieuses, d'artisanat punk et de tissus et hamacs *sertanejos*. Ça vaut le coup.

Quatre immeubles retiennent l'attention sur la place. La *tour Itália (plan II, D5, 75)*, la plus haute de São Paulo, à l'angle des avenues São Luís et Ipiranga. Du 41e étage, on a la vue la plus saisissante de la ville, particulièrement le soir, mais il faut manger ou consommer au bar. Derrière elle, avenida Ipiranga, l'*immeuble Copan,* ondulé comme un drapeau au vent, est une œuvre de Niemeyer. Sur la place, au n° 177, à gauche de la rue Marquês de Itú, un immeuble plus modeste des années 1950, lui aussi signé Niemeyer, l'*édifice Eiffel,* dit « l'armoire », de seulement 23 étages : c'est dans un club de bridge du 3e étage que se trouve, dit-on, la table de jeu préférée d'Omar Sharif. Collée à sa gauche, une double tour entièrement couverte de verre noir. Et en face, de l'autre côté de la rue Marquês de Itú, un *immeuble de la banque Banespa,* dont la façade en verre fumé reflète le ciel, modèle de l'architecture bancaire paulistana des dernières années.

Quand Ipiranga rencontre l'avenue São João
(plan II, D5)

L'avenue Ipiranga longe la praça da República. La prendre vers la droite quand on regarde la place. Cinémas, restaurants aux entrecôtes rabelaisiennes, foule parfaitement hétérogène où se côtoie tout le genre humain... et « quelque chose se passe dans mon cœur, quand l'Ipiranga rencontre l'avenue São João », pour reprendre les célèbres vers de Caetano Veloso.

Vers la droite, l'avenue São João descend vers le vale do Anhangabaú, en une large voie piétonne sympa, offrant une vue spectaculaire de la colline da Sé, notamment des immeubles *Banespa* et *Martinelli.* Ici, quelques vieilles façades sont peu à peu repeintes.

Prendre la São João vers la gauche. On entre alors dans un quartier où la ville survit à sa propre décadence et décomposition, *Santa Efigênia,* quartier des hôtels douteux mais bon marché, centre du crack et de la prostitution le soir. Où et qui que vous soyez à São Paulo, si vous avez besoin d'une prise de courant, d'un transformateur, d'une râpe à bois, d'une poêle à frire ou d'une antenne parabolique, c'est à Santa Efigênia qu'il faut aller, et chaque rue ou presque a sa spécialité.

Estação Júlio Prestes et estação da Luz
(plan II, E4)

Lorsqu'on aperçoit la *estação Júlio Prestes,* toute blanche, avec sa haute tour horloge, on se demande si l'on n'est pas devant la Grand Central Station de New York. Ses murs blancs vous réservent une surprise : la magnifique *sala São Paulo,* inaugurée en 1999 en lieu et place d'une cour intérieure de la gare, et où se produit l'orchestre symphonique de l'État de São Paulo. Avec près de 1 000 m², son plafond est composé de 15 panneaux mobiles, dont la hauteur est réglée en fonction des morceaux. Son étonnante acoustique, sa taille (1 500 spectateurs) et sa beauté justifient une visite (uniquement sur rendez-vous : ☎ 33-57-54-14) ou même d'assister à un concert, d'autant que les prix sont très abordables.

Le bâtiment en brique, à la sortie (à gauche) de la *sala São Paulo,* est celui de l'ancienne police politique, où bien des gens furent torturés pendant le régime militaire. Il abrite un tout récent *musée de l'Imaginaire du peuple* brésilien : de grands panneaux illustrent les luttes contre la dictature et la torture ! On y voit même la fiche d'un étrange barbu dénommé Lula da Silva, considéré à l'époque comme un individu très dangereux !

Si l'on continue, on aperçoit une tour horloge qui ressemble à Big Ben ; mais on n'est pas à Londres, et elle appartient à la *estação da Luz* (la gare ferroviaire, cette fois-ci), copie de son homologue de Sydney, bâtie en 1901 par les Anglais en brique rouge. En face, le jardin de Luz et ses statues, ainsi qu'un autre immeuble de brique : la Pinacothèque de l'État. Plus au nord, on peut rejoindre le *musée d'Art sacré.*

Bela Vista et Bixiga *(plan II, C-D6)*

Dans la partie basse de la rue Consolação, on trouve la praça Roosevelt avec sa petite église, **Nossa Senhora da Consolação,** construite au début du XXe siècle, et qui fut sous la dictature militaire le siège de bien des actes de solidarité contre l'arbitraire.

Un peu plus loin commence un ancien quartier populaire italien : **Bela Vista.** C'est ici qu'est vraiment né le théâtre brésilien, importé par les Italiens qui s'installèrent dès le début du XXe siècle.

Le cœur de Bela Vista est le petit quartier **Bixiga** (qu'on écrit aussi **Bexiga** et qu'on prononce « Bechiga », qui signifie « la vessie »). C'est un grand village de maisons basses et parfois de taudis, qui s'étend sur les pentes d'un vallon entre la rua Augusta (derrière la praça Roosevelt) et l'avenida Brigadeiro Luís Antônio. De jour comme de nuit, les petites rues et ruelles en pente débordent d'animation : Santo Antônio, 13 de Maio, Major Diogo, Conselheiro Ramalho... Innombrables bars et cafés où se rencontrent artistes, acteurs, chômeurs, ouvriers, vagabonds ; restaurants italiens où des tablées entières commémorent le passé ou discutent ardemment. Dans ce quartier, chacun est un homme libre et un intellectuel, même s'il lui arrive de tirer une charrette. Et de bar en bar, de bière en *pinga*, il est probable que vous fassiez une de ces rencontres qui ouvrent l'amitié. La nuit, beaucoup de musique dans les cafés ou les restaurants. Les terrasses s'étirent dans la rue, surtout du côté de la 13 de Maio.

C'est à Bixiga que se situe, entre autres théâtres, le célèbre **théâtre Oficina** (veut dire « atelier » ; *plan II, D6, 77*) qui incarne depuis 1958 les successives avant-gardes artistiques du Brésil, avec son directeur et fondateur Zé Celso Martínes Correia ; un peu comme la Taganka avec Lioubimov à Moscou ou, en son temps, le TNP de Jean Vilar. Son répertoire est impressionnant, et son architecture déconcertante : c'est la dernière œuvre de Lina Bo Bardi, architecte du MASP (voir plus loin « Rua Augusta, avenida Paulista »). Les mises en scène d'Oficina et de Zé Celso s'inscrivent dans les grandes créations reconnues au niveau international. Les billets sont bon marché et, malgré l'obstacle de la langue, vous ne risquez pas de perdre votre soirée. Mais il ne faut pas oublier que l'identité de Bixiga est autant noire qu'italienne. Son école de samba, *Vai-Vai*, une des grandes de São Paulo, est très présente dans le quartier. Rua 13 de Maio et dans les rues adjacentes, vous trouverez des *casas de samba* et de *pagode*, où l'on fait également du rap aujourd'hui. Et un peu partout, des *casas de umbanda* vendant les produits nécessaires aux cérémonies.

Liberdade *(plan II, E-F6)*

Derrière Bixiga, en traversant l'avenida Brigadeiro Luís Antônio, puis le viaduc qui enjambe 20 et 13 de Maio, autre immigration, autre quartier, autre ambiance. Vous entrez à *Liberdade*, le quartier japonais ou plus généralement asiatique. Il n'offre pas de grandes curiosités architecturales, si ce n'est les arches rouges, de style japonais, avec leurs lampadaires, qui enjambent les rues Galvão Bueno et da Glória. Ne manquez pas de visiter les petits commerces et épiceries de produits asiatiques. Partout, bien sûr, restaurants japonais et *sushis-bars* où l'on peut manger, devant un comptoir ou dans de petites cabines particulières sur un tatami, une infinité de poissons crus. Et déjà, les Japonais ont ajouté aux classiques poissons de mer la riche variété des poissons de rivière brésiliens : *pintados, namorados, pirarucus,* etc. Bars de karaoké. Saké (servi tiède dans de petits flacons en porcelaine ou glacé dans des coupes en bois à section carrée) pour embrumer l'esprit dans les ruelles obscures. Ici aussi, la nuit est animée et la rue étonnante.

Praça João Mendes, parque Dom Pedro II, mercado municipal *(plan II)*

Au bout de l'avenue Liberdade, la **praça João Mendes** *(plan II, E6)* nous fait nous retrouver au centre, derrière la cathédrale *(Sé).* Si vous cherchez des plantes médicinales, des cigarettes traditionnelles de tabac rural (*fumo de rolo* – un des meilleurs tabacs du monde ! oui, oui !) roulées dans des feuilles de maïs, ou diverses variétés de poudre ou bâtonnets de *guaraná,* la graine énergétique des Indiens, vous trouverez votre bonheur place João Mendes, dans les pharmacies d'herbes ou les bureaux de tabac. La belle façade de l'**église de São Gonçalo** *(plan II, E6, 78),* datant de 1756, sur la droite de la place, lui donne un air éternellement assoupi.

Au nord du **parque Dom Pedro II** *(plan II, F5-6),* près de la station São Bento, le vieux **marché municipal,** marché couvert à la belle architecture, où fruits, légumes, viandes et poissons côtoient des produits méditerranéens. Au 1er étage, pas mal de restos. Entre dans le programme de réhabilitation de la mairie pour le centre. C'est le quartier arabe, syro-libanais, autre communauté importante à São Paulo. Restos et bistrots grecs, turcs, arméniens et, bien sûr, arabes. On y trouve des endroits où se pratique la danse du ventre... à la brésilienne.

VERS L'OUEST

À partir du centre, vers l'ouest, ce sont essentiellement les quartiers des classes moyennes ou privilégiées qui forment ce qu'on appelle la partie noble de la ville.

Rua Augusta, avenida Paulista *(plan III, J7)*

Derrière la praça Roosevelt monte, vers la droite, la **rua Augusta,** parallèle à Bela Vista. C'est l'ancien lieu de promenade des jeunes gens chic et, dans les années 1960, des dragues vespérales en cabriolet décapotable. Cette époque étant révolue, la rue Augusta aligne les signes de décadence : façades abîmées, massages et saunas le jour, cabarets et trottoirs racoleurs la nuit avec, de-ci, de-là, quelques vestiges des lustres d'antan : hôtels de luxe comme le *Ca'd'Oro* ou le *Brasilton* et, près de l'avenida Paulista, le *Caesar Park* ; vers la rue Antônia de Queiroz, des boutiques ultrachic de mobilier anglais.

On entre ensuite sur l'**avenida Paulista** : conçue une fois pour toutes par un cerveau unique à la fin du XIXe siècle, elle est devenue la traduction architectonique la plus monumentalement exacte du chaos violent et de l'exubérance de la croissance économique du Brésil – peut-être même plus que Brasília. On l'a qualifiée de « Champs-Élysées paulistes » ou d'une sorte de « 5th Avenue », mais elle n'imite rien car elle est inimitable et colossale ! Sur près de 3 km de long, les plus grands maîtres des avant-gardes brésiliennes y ont laissé leur marque dans des projets réalisés à bourse déliée pour le luxe ou pour la gloire des puissances économiques du pays. À noter, quelques rares maisons anciennes, construites en général par les « barons du café », qui sont devenues des banques, bars ou centres culturels. Plus personne n'y réside !

Il est intéressant d'observer, dans les projets récents, l'inflation impressionnante de l'architecture bancaire. L'avenue est sans aucun doute un exemple de cette beauté particulière de São Paulo qui fait que, malgré l'absolutisme du béton, la ville ne manque jamais d'espace. Le *musée d'Art de São Paulo – MASP* (voir, plus bas, la rubrique « Les musées »), au n° 1578, construit en 1968 sur un projet de Lina Bo Bardi, est peut-être l'endroit d'où l'on peut le mieux saisir l'audace de cette architecture, associée à une grande liberté spatiale.

Cerqueira César, Jardim Paulista, Jardim América, Jardim Europa, Ibirapuera et Morumbi
(plan I)

En face du MASP descendent les *jardins Siqueira Campos* (fermeture à 18 h), verdure sombre et touffue, tout en pente, sentiers et ravins où l'ombre est accueillante... Ce sont des restes de la forêt tropicale humide. Avec un peu de chance, vous pourrez voir quelques animaux qui y vivent en liberté. Mais attention : il y a aussi des satyres ! Et parfois des braqueurs.

La douce colline redescend sur les vrais quartiers chic : *Jardim Paulista,* le « faubourg Saint-Honoré » de la ville, avec ses restaurants bourgeois, confiseries fines, agences de voitures de luxe importées, *lanchonetes* de bon goût. *Alamedas Santos, Jaú, Itú.* Rues *Haddock Lobo, Bela Cintra* et *Consolação...* Des quartiers toujours plus chic à mesure qu'on descend vers le rio Pinheiros : *Jardim América, Jardim Europa,* monde de villas somptueuses entourées de jardins où, derrière les grilles dissuasives et les systèmes de sécurité, patrouillent des gardes privés armés jusqu'aux dents. Ici, ceux qui ont gagné la guerre économique ont perdu la paix et la liberté. Les gigantesques centres commerciaux *Eldorado* et *Iguatemi,* sur les avenues Eusebio Matoso et Faria Lima et, plus au sud, le *shopping center Ibirapuera* sur l'avenue du même nom, sont des temples de la consommation des « élites » et des classes moyennes paulistanas.

En descendant vers le sud-ouest, par l'avenida Europa et Cidade Jardim, on franchit le rio Pinheiros ; derrière, le *Joquei Clube.* Là, au milieu de la colline du Morumbi, dans un fort joli parc, se dresse le *palácio dos Bandeirantes,* le palais du gouverneur.

C'est dans le *cimetière de Morumbi* que repose le plus célèbre et le plus vénéré des Paulistanos, Ayrton Senna. Depuis mai 1994, des fans viennent se recueillir devant la tombe du triple champion du monde, une simple plaque d'acier érigée au centre du cimetière.

En descendant la colline vers le sud, par l'avenida Brigadeiro Luís Antônio, on débouche dans le très beau *parque do Ibirapuera.* Aménagé par Niemeyer pour le quatrième centenaire de São Paulo (1954) et amélioré récemment, ce parc de 160 ha constitue l'un des plus agréables lieux de promenade de São Paulo. Il abrite le pavillon de la Biennale, le planétarium (provisoirement fermé), la *OCA* (un gigantesque igloo, projet de Niemeyer, destiné à d'importantes expos temporaires) et le *musée d'Art moderne (MAM).* On y trouve également un jardin pour non-voyants avec les noms des plantes écrits en braille, un grand lac et une maison typiquement japonaise (visite le week-end). C'est aussi le lieu de concerts géants et gratuits donnés le dimanche (voir « Parcs, concerts, balades », plus loin). En face du

SÃO PAULO

parc, un grand obélisque rappelle les héros de la révolution de 1932 ; tout près, le *palácio Nove de Júlio,* siège de l'assemblée législative de l'État ; au coin des avenues Brasil et Brigadeiro Luís Antônio se dresse l'imposant monument aux *bandeirantes,* de Brecheret ; statique mais plein de force, il est le symbole de la ville.

Higienópolis et Consolação *(plan I, A1)*

L'avenue Consolação, parallèle à l'étroite rue Augusta, forme l'axe principal s'élevant à l'ouest en venant du centre ; de la praça Roosevelt en bas de la Consolação, par la rua Maria Antônia, on s'enfonce petit à petit vers un autre genre de quartiers résidentiels bourgeois : **Higienópolis, Consolação, Pacaembu.** C'est à Higienópolis que l'ancien président Cardoso – ici, on dit Fernando Henrique ou « F.H.C. » – a ses appartements privés. Quartiers paisibles et cossus, aux gratte-ciel confortables, toujours cernés de grilles et de systèmes de surveillance, aux rues ombragées d'eucalyptus, d'amandiers tropicaux ou de manguiers. Mais Higienópolis est aussi un quartier de bonne vie estudiantine, avec terrasses, cafés, *lanchonetes,* petits bistrots où l'on mange au comptoir. Coins de rue et bars animés à la nuit tombée ne manquent pas, notamment dans les petites rues entre la Dona Veridiana et l'avenue Angelica, autour de l'avenue Higienópolis, qui, elle, est déserte. Ne manquez pas de voir la petite *place Villaboim,* avec ses restos et bars, située tout près du musée d'art brésilien *FAAP.*
En arrivant sur l'avenue Paulista, le cinéma *Belas Artes* (qui risque de fermer ses portes) et la galerie souterraine du même nom (qui permet de traverser l'avenue Consolação) sont des lieux de rendez-vous des universitaires et des intellectuels. Sur le trottoir, quelques bouquinistes, à côté des librairies de l'avenida Paulista, ouvertes jusqu'à 1 ou 2 h.

Pinheiros *(plan III, G7)*

L'axe de la Consolação vers l'ouest se prolonge, après sa rencontre avec la Paulista, par l'avenida Rebouças qui descend jusqu'au *rio Pinheiros,* tandis que la Paulista se poursuit vers le nord-ouest par l'*avenida Dr Arnaldo.* Dans le triangle formé par les avenues Dr Arnaldo et Rebouças s'étend, en collines qui descendent vers la rivière, la région de Pinheiros, avec ses quartiers aux jolis noms : *Jardim das Rosas, Pinheiros, Vila Beatriz, Vila Madalena, Jardim das Bandeiras...* Longtemps lieu de résidence des classes moyennes aisées, avec ses ruelles bordées de petites maisons entourées de jardins, aux allures de *cottages,* Pinheiros est peu à peu devenu le quartier d'habitation et de rencontres de la jeunesse universitaire, mi-dorée, mi-hippie. Communautés, bistrots latino-américains, fêtes de rues et soirées guitare y sont de rigueur. La mode de Pinheiros a pris, mais le quartier n'a pourtant rien perdu de son caractère, un peu « californien », notamment dans le bas de Pinheiros. Le quartier qui va de Vila Beatriz jusqu'à la Rebouças, entre la rue Fradique Coutinho et l'avenue Pedroso de Moraes, a gardé ce charme jeune, à la fois insouciant, intellectuel et oisif, avec vie de bohème nocturne et terrasses bruyantes et joyeuses.
De l'autre côté du rio Pinheiros, c'est l'immense campus de la *cité universitaire* et le magnifique *parc de l'Institut Butantã,* le long des avenidas Vital Brasil et Coriféu de Azevedo Marques.

VERS LE SUD *(plan I, A-B3)*

Loin au sud, les *condominiums* luxueux s'entourent de systèmes de sécurité d'autant plus militarisés qu'ils se noient peu à peu dans l'immensité des quartiers pauvres qui enserrent São Paulo, où beaucoup crèvent vraiment de faim avec moins de un dollar par jour. Ces immenses quartiers pauvres et favelas de la zone sud sont contrôlés par des bandes qui font le commerce de drogue, s'affrontent violemment entre elles et sèment terreur et violence. C'est très loin du centre et la vie y est cruelle, incertaine et infiniment difficile. On vous déconseille franchement de vous y aventurer.

LA ZONE EST (plan I, B1 et hors plan I par B1)

Elle s'étend le long du fleuve Tietê et de l'avenue Radial Leste, et forme, depuis le début du XXᵉ siècle, l'espace d'installation des classes pauvres, noires, immigrantes, nordestines, travailleuses. La ligne du métro Corinthians-Itaquera y mène, ainsi que les autobus du parque Dom Pedro II. Ce sont les quartiers de *Brás, Mooca, Tatuapé, Vila Guilherme, Vila Matilde, Ermelino Matarazzo...* Si vous tenez à vous aventurer dans des quartiers qui rappellent encore ce que cette zone était avant le métro, descendez à *Vila Matilde* et prenez le bus n° 2767 *(Cid. Pedro José Nunes)* jusqu'à l'église de la rue Miguel Rachid, à Ermelino Matarazzo ; cela vous permettra de voir des quartiers populaires. Mais attention : comme toujours, évitez de ressembler à une publicité pour agence de voyages ; **habillez-vous comme tout le monde** et n'ayez sur vous ni grosses sommes d'argent ni documents importants !

Les musées

Musées, mode d'emploi : les horaires sont donnés à titre indicatif. Ils changent si souvent qu'il est préférable de consulter les revues culturelles citées dans les « Adresses utiles », ou de téléphoner. Les droits d'entrée sont modestes (autour de 5 Rls en général), voire nuls ; certains jours de la semaine, l'accès est libre et il y a des réductions (ou gratuité) pour les enfants, les ados et les plus de 60 ou 65 ans.

🎥🚶🚶 *Le musée d'Art de São Paulo – MASP (plan III, J7, 79) :* av. Paulista, 1578 (Cerqueira César). ☎ 32-51-56-44. ● www.masp.art.br ● Ⓜ Trianon-MASP. Ouvert du mardi au dimanche de 11 h à 18 h. Entrée : 10 Rls (c'est le plus cher de la ville). Installé dans un immeuble construit en 1968, à l'architecture audacieusement imaginée, afin, paraît-il, de préserver la vue sur Bela Vista... On aime ou on n'aime pas.
Ce musée, sans aucun doute le plus intéressant d'Amérique latine, regroupe une collection rassemblée dans les années d'après-guerre par Assis Chateaubriand Bandeira de Mello, un journaliste. La collection comprend plus de 5 000 œuvres et objets, y compris des centaines de tableaux de grands artistes européens, d'une extraordinaire qualité. On y trouve : Jérôme Bosch, Holbein le Jeune, Lucas Cranach, Frans Hals, Rembrandt, Botticelli, Mantegna, Bellini, Titien, Raphaël, Le Greco, Vélasquez, Goya, Gainsborough, Constable, Reynolds, Turner et bien d'autres. L'école française est très bien représentée : François Clouet, Boucher, Delacroix, Corot, 13 splendides Renoir, Van Gogh, Gauguin, Monet, Manet, Degas (y compris ses danseuses), Cézanne, Lautrec (dont son tout dernier tableau), Picasso, Léger, Matisse, Max Ernst, Bonnard... L'école brésilienne est richement représentée également, entre autres par Portinari, ses paysans pauvres et son réalisme puissant. Faute de place, les tableaux ne sont pas tous présentés en même temps ! Grandes expos temporaires assez régulièrement. Cinémathèque et cafétéria. Le dimanche, marché *Antique Fair* à l'extérieur (voir « Marchés et foires » plus loin) et une foire artisanale en face.

🚶 *La Pinacothèque de l'État (plan II, E4) :* praça da Luz, 2 (en face de la gare de Luz). ☎ 32-29-98-44. Ⓜ Tiradentes. Ouvert du mardi au dimanche de 10 h à 18 h. Gratuit le samedi. Installée il y a un siècle dans un immeuble en brique modernisé dans les années 1990, son architecture a un côté surréaliste. Collection permanente de peinture brésilienne, surtout du XIXᵉ siècle. Travaux d'artistes européens ayant visité le Brésil (Debret, Rugendas, Taunay et autres). Sculptures de Rodin, Bourdelle, Maillol. Expos temporaires très importantes (dans le passé, on a vu Rodin, Camille Claudel, Bourdelle et Maillol). Belle cafétéria Art déco au sous-sol. Sculptures en plein air dans le parque da Luz, à côté.

🎭 **Le mémorial d'Amérique latine** *(plan I, A1)* : av. Auro Soares de Moura Andrade, 664. ☎ 38-23-46-00. ● www.memorial.org.br ● Ⓜ Barra Funda. Ouvert du mardi au dimanche de 9 h à 18 h. Espace multiculturel avec salles d'exposition, bibliothèque et auditorium. L'architecture est signée Niemeyer, mais l'entretien laisse à désirer. On se sent tout petit au milieu de ces grands espaces bétonnés, avec une énorme main sanglante au milieu. Nombreuses activités. Voir notamment le pavillon de la Créativité (artisanat et folklore latino) et le salon Tiradentes, avec un énorme tableau de Portinari et de très hauts panneaux de bas-reliefs de Caribé et Poty.

🎭 **Le memorial do Imigrante** *(hors plan I par B1)* : rua Visconde de Parnaíba, 1316 (Mooca). ☎ 66-92-78-04. ● www.memorialdoimigrante.sp.gov. br ● Ⓜ Bresser, d'où vous pouvez rejoindre le mémorial (500 m) par un ancien tramway remis en service à l'usage touristique. Ouvert du mardi au dimanche de 10 h à 17 h. Ici sont arrivés la majorité des immigrants débarqués au port de Santos pour s'installer à São Paulo : Italiens, Allemands, Libanais, Suisses, Japonais, Français, Russes. L'ancienne gare de chemin de fer est préservée, ainsi qu'un petit train, sur lequel on peut faire une courte promenade. À l'extérieur, une maison d'immigrants reconstituée (presque une case) ; à l'intérieur, des objets leur ayant appartenu, les métiers qu'ils exerçaient, des photos, des témoignages, et une étonnante pièce remplie de photos et papiers d'identité, qui donne une idée de la diversité de tous ces immigrants. Vu également, un « certificat de bonne vie et mœurs » délivré par une municipalité française ! Eh oui, les temps changent finalement peu. Possibilité, à l'aide d'un ordinateur, d'effectuer une recherche sur l'origine d'un nom, pourvu que l'immigrant ait débarqué au port de Santos.

🎭 **Le musée d'Art contemporain de l'université de São Paulo – MAC** *(hors plan I par A2)* : campus de l'université (USP), rua da Reitoria, 160. ☎ 30-91-35-38. ● www.macvirtual.usp.br ● Bus 7725 *(Rio Pequeno)* depuis le métro Vila Madalena. Ouvert du mardi au vendredi de 10 h à 19 h et le week-end de 10 h à 16 h. Magnifique immeuble moderne, très bien éclairé, où, faute de place, ne sont présentées que quelques centaines d'œuvres sur un fonds de 3 000 tableaux. Des artistes brésiliens très connus, mais aussi l'école française au grand complet : Picasso, Modigliani, De Chirico, Braque, Chagall, Miró, Kandinsky, Léger, Dufy, Matisse...

🎭 **Le musée d'Art moderne – MAM** *(plan I, A2)* : av. Pedro Álvares Cabral, parque do Ibirapuera, portão 3. ☎ 55-49-96-88. ● www.mam.org.br ● Ouvert du mardi au vendredi de 12 h à 18 h (22 h le jeudi) et le week-end de 10 h à 18 h. Gratuit le dimanche, et le jeudi après 17 h. Surtout des expos temporaires ; pour les passionnés de la peinture brésilienne.

🎭 **Le musée d'Art sacré** *(plan I, B1)* : av. Tiradentes, 676, quartier de Luz. ☎ 33-26-33-36. ● www.museus.sp.gov.br ● Ⓜ Tiradentes. Ouvert du mardi au vendredi de 11 h à 18 h et le week-end de 10 h à 19 h. Installé dans le *convento da Luz*, un ancien monastère construit en 1774. Le plus important musée d'art religieux du Brésil. Des pièces d'orfèvrerie somptueuses, des autels et retables baroques, des sculptures des plus grands maîtres brésiliens. Les païens perdraient beaucoup à snober cette visite.

🍴 *L'institut Butantã* (hors plan I par A2) *:* av. Dr Vital Brasil, 1500. ☎ 37-26-72-22. À l'ouest, dans le quartier de Butantã. Bus 778J (*Jd. Arpoador*) depuis le terminal Barra Funda. Ouvert du mardi au dimanche de 9 h à 16 h 30. Fondé en 1901, c'est l'un des centres spécialisés dans l'étude des serpents les plus réputés du monde. On y trouve aussi un intéressant musée présentant de nombreuses espèces de serpents et autres reptiles et insectes (araignées géantes, scorpions, etc.). Dans le magnifique et énorme jardin (idéal pour s'oxygéner), des serpents roupillent dans de grandes fosses.

Marchés et foires

– *Le marché aux puces de Pinheiros* (plan III, H7, *56*) *:* praça Benedito Calixto, le samedi de 10 h à 17 h. Peu connu des touristes. Bibelots, disques, artisanat, vraies et fausses puces, quoi qu'il en soit, c'est toujours animé, bon enfant. Musique traditionnelle l'après-midi dans la partie derrière les grilles, où l'on peut casser la croûte ; goûtez aux douceurs d'*Obeny*. Le resto *Consulado Mineiro* est là.
– *Le marché du troc ou feira de Artes e Antiguidades do Bexiga :* praça Dom Orione (Bela Vista). Le dimanche de 10 h à 16 h. Semblable au marché de Pinheiros, avec la nourriture et la musique en moins. De bonnes affaires de temps en temps.
– *Antique Fair* (plan III, J7, *79*) *:* Arte e Cultura do Trianon, av. Paulista, 1578, sous le MASP. Le dimanche de 10 h à 17 h. C'est le plus important marché d'antiquités, mais les bonnes affaires sont rares. En traversant l'avenida Paulista, foire d'artisanat.
– *La foire artisanale :* praça da República (Ⓜ República). Les samedi et dimanche (mieux) de 10 h à 17 h. À recommander pour ses minéraux.
– *Oriental Fair :* praça da Liberdade (Ⓜ Liberdade). Le dimanche après-midi. Artisanat et produits orientaux. On peut y manger.
– *Le marché municipal* (mercado central) *:* rua da Cantareira, 306 (Centro). Tous les jours, mais le dimanche certains stands sont fermés. Les amateurs de *cachaça* trouveront les meilleures bouteilles du Brésil à l'*Emporio Chiappetta,* dont les prix ne sont pas donnés !

Événements culturels

São Paulo est le plus important centre culturel d'Amérique du Sud. Biennales, grandes expositions se succèdent, ainsi qu'une foule d'événements concernant le cinéma, le théâtre, la poésie, la musique, les arts plastiques, etc. On le répète : le journal *Folha de São Paulo* a un supplément culturel quotidien (*Folha Ilustrada*), et l'hebdomadaire *Veja* un supplément *São Paulo*.

■ *SESC Pompeia :* rua Clélia, 93 (Pompeia). ☎ 38-71-77-00. Ouvert du mardi au samedi de 9 h à 22 h et le dimanche jusqu'à 21 h. Grand centre culturel installé dans une usine du début du XXe siècle, rénovée. C'est souvent autour du cinéma qu'ont lieu les manifestations. Cafétéria.

■ *Centro cultural São Paulo* (plan I, B2) *:* rua Vergueiro, 1000. ☎ 32-77-36-11. Ⓜ Vergueiro. Ouvert du mardi au dimanche de 9 h à 22 h. Expositions, cinéma, théâtre, débats, événements.

Parcs, concerts, balades

Pas mal d'espaces verts, finalement. Heureusement pour la ville et pour le touriste. À part le très beau jardin tropical du Trianon, près du MASP, le parc de la gare de Luz, sympa et plein de sculptures, mais dans un quartier douteux, et ce qu'il reste du jardin de la praça da República (tous desservis par le métro), il faut aller plus au sud, dans les quartiers aisés, pour se rassasier de verdure.

🎋 **Le parque do Ibirapuera** *(plan I, A2)* : av. Pedro Álvares Cabral. Pas de métro direct, mais bien desservi par des bus, dont le 408 *(Jd. das Rosas)* depuis le terminal à côté du métro Vila Mariana. Ouvert de 6 h à 20 h. Le plus connu ; immense parc où se trouvent le palais de la Biennale et le MAM. Le week-end, foule de joggers, cyclistes, familles en goguette. Un peu le Central Park de São Paulo ! Vendeurs de jus de canne à sucre... Certains dimanches, des concerts gratuits en plein air en face du parc (près de l'obélisque).

🎋 Dans le **quartier de Morumbi** *(hors plan I par A3),* résidentiel et fortuné, trois parcs, dont deux assez proches l'un de l'autre. Le mieux, c'est que quelqu'un vous y emmène, pour éviter l'addition salée d'un taxi. Notre préféré : le **Parque Burle Marx,** av. Dona Helena Pereira de Moraes, 200. Bus 217 *(Vila Gilda)* depuis le métro Ana Rosa. Ouvert tous les jours de 7 h à 19 h. Ensemble de jardins, sculptures et plans d'eau signés du célèbre paysagiste Burle Marx. Ambiance très calme. Belles perspectives.

🎋 **Le Jardin zoologique :** av. Miguel Estéfano, 4241. Ⓜ São Judas, puis bus 4742 *(Jd. Climax).* Ouvert du mardi au dimanche de 9 h à 17 h. Un des plus beaux de la planète, avec beaucoup d'animaux et de verdure. Navette (payante) pour *Zoo Safari,* que l'on visite sans descendre de voiture (bon, on aime ou pas...). Singes et girafes en liberté viennent jusqu'à la voiture.

Fêtes

– **25 janvier :** fondation de São Paulo.
– **Février-mars :** le carnaval. Le défilé des écoles de samba a lieu dans un « sambodrome », sur l'avenida Olavo Fontoura. Les meilleures écoles *(grupo especial)* se produisent les vendredi et samedi soir (7 par soirée ; il faut de l'endurance pour tenir le coup pendant 10 h !). Le défilé, quoique moins délirant que celui de Rio, reste très spectaculaire et obéit exactement aux mêmes règles. Pour acheter des billets : ☎ 62-24-05-47 ou 04-55.
– **8 août :** la communauté japonaise commémore la fin de la Seconde Guerre mondiale et les bombardements d'Hiroshima et de Nagasaki.
– **31 décembre :** la corrida de la Saint-Sylvestre, traditionnelle course marathon, prétexte à une grande fête populaire.

São Paulo africaine et mystique

São Paulo a subi, également, l'influence culturelle africaine. Et ce, dès l'origine de sa croissance, par l'afflux des esclaves émancipés dans l'État de São Paulo, puis par le mouvement d'émigration intérieure, surtout en provenance de Bahia.
Dans les innombrables périphéries, mais aussi dans les quartiers populaires du centre, à Bixiga, à Santa Efigênia, dans le Brás, prolifèrent les *terreiros de umbanda* et *candomblé,* ainsi que les *centros espíritas kardecistas* (dans le sillage du spirite Allan Kardec). Tous ces *terreiros* cohabitent avec un nombre croissant d'églises évangélistes, baptistes, pentecôtistes, néopentecôtistes, universelles, du royaume de Dieu... souvent installées dans d'anciens cinémas ou des *galpões* (hangars). Le fonds commun au *candomblé* et à l'*umbanda* est la manifestation des dieux dans le corps des médiums, lors de transes amenées par des percussions très rythmées, ce qui permet à l'assistance de parler (directement ou indirectement) avec les dieux.
Quoique plus « brésilianisé » que celui de Salvador, le *candomblé* paulista est resté plus proche de l'Afrique que l'*umbanda*. Dans ses *terreiros,* ni autel

ni saints chrétiens ; les cérémonies sont réservées aux initiés et vous ne pourrez voir que la fête qui a lieu après. On y danse, on y chante (en langues africaines) et on mange des plats succulents. Le *babalorixá* ou la *yalorixá* qui dirigent le *terreiro* sont secondés par des *mães pequenas* et *ogans,* et des *yaos,* les initiés qui « reçoivent » les divinités par la transe.

Le tout se déroule en deux temps. D'abord la fête, avec des cantiques, tambours et danses. Puis les divinités se manifestent : la transe s'empare des médiums et des initiés présents dans le public. On emmène alors les médiums en transe et c'est la pause, autour d'un buffet de plats semblables aux offrandes. Ensuite la cérémonie reprend, bien plus forte et solennelle qu'au début ; les initiés, toujours en transe, réapparaissent, vêtus des costumes de leurs *orixás,* les divinités qui les habitent. Ce sont alors les *saints* eux-mêmes, utilisant le corps de l'initié *(yao),* qui viennent danser au milieu des humains. C'est le moment de venir les honorer, les prier, les inviter, les saluer, pour obtenir leur aide. Les danses se succèdent, on salue les divinités avant de leur faire des offrandes.

Après la fête ou dans les jours qui suivent, la *yalorixá* ou le *babalorixá* reçoivent en particulier ceux qui en font la demande : vous pourrez consulter l'oracle des *búzios* (coquillages) ou vous engager dans la réalisation d'un *trabalho* pour une ou plusieurs divinités, afin d'obtenir leur aide. Mais dans ce cas, sachez que vous devrez participer à la confection et à la remise de l'offrande selon les règles que l'on vous énoncera. Une expérience unique ! Tenez jusqu'au bout, car interrompre un *trabalho,* c'est blesser la divinité et la retourner contre soi.

L'*umbanda,* bien que d'origine africaine aussi, est plus syncrétique, et très répandue à São Paulo. En gros, la cérémonie se déroule de la même façon, sauf que les divinités y sont plus « christianisées », ou issues des traditions indiennes, que la langue employée est le portugais, que l'on n'y mange pas et que certaines figures n'y portent pas le même nom : les *yaos* se nomment ici *mediums,* par exemple. Petit détail très révélateur de l'expansion de l'*umbanda* à São Paulo : on y trouve des *pais de santo* d'origine libanaise, et même un *templo* dont tous les membres sont d'origine japonaise.

Voici quelques tuyaux pour assister à une fête *(candomblé)* ou à une cérémonie *(umbanda)* ; ou encore, pour aller voir une *casa de umbanda.*

■ **Axé Ilé Oba** *(candomblé ; hors plan I par B3) :* rua Azor Silva, 77, Vila Facchini (zone sud). ☎ 55-88-24-37. • www.aguaforte.com/axeiloba • Ⓜ Jabaquara, puis bus nᵒˢ 5760 *(Vila Guaraci)* ou 5791 *(Eldorado).* Vous pouvez y aller afin de satisfaire votre curiosité et assister à une fête ; ou pour tirer les *búzios...*

■ **Casa de velas Santa Rita :** praça Liberdade, à côté de l'église Santa Rita. Boutique de produits rituels, journaux gratuits sur l'*umbanda* et le *candomblé.*

■ **La Fédération umbandista** (☎ 39-66-79-57) pour vous indiquer où aller voir une cérémonie.

QUITTER SÃO PAULO

En avion

➢ *Pour l'aéroport de Congonhas (vols intérieurs) :* bus de la praça da República, en face de l'office du tourisme. Départ toutes les 20 mn. Compter 30 mn de trajet, mais cela peut durer bien plus en cas d'encombrement. Ou prendre le métro jusqu'à São Judas, puis le bus « Aeroporto ».

➢ *Pour l'aéroport de Guarulhos (30 km) :* bus de la praça da República toutes les 30 mn, de 5 h 30 jusqu'à 23 h (à vérifier, en cas de changement inopiné...). Compter 45 mn de trajet, si la circulation automobile le permet. Très pratique. Sinon, bus également de la *rodoviária* Tietê. Ou, bien moins cher, bus à côté du métro Bresser (30 mn par « Ayrton Senna »).

En bus

🚌 Presque tous les bus se prennent au **terminal de Tietê** (plan I, B1). Ⓜ Tietê.

➤ **Pour Santos :** pour la plupart, les bus partent d'une autre gare routière, près du métro Jabaquara. ☎ 50-12-22-56. Départs très fréquents. Compter 1 h 30 de trajet. Une autre compagnie au départ de Tietê ; moins de départs et plus long.

➤ **Pour Rio :** à 430 km ; 6 h de trajet. Nombreux bus dans la journée. On peut aussi longer la côte, superbe, mais uniquement au départ de Santos, avec le bus *Normandy*.

➤ **Pour Belo Horizonte** (correspondance pour Ouro Preto) **:** à 590 km ; 8 h de trajet.

➤ **Pour Foz do Iguaçu** (les chutes) **:** à 1 070 km. Départ du terminal Barra Funda (☎ 36-12-17-82 ; Ⓜ Barra Funda).

➤ **Pour Salvador :** à 1 966 km ; 33 h de trajet. Bon courage !

➤ **Pour Brasília :** à 1 100 km ; 16 h de trajet.

➤ **Pour l'Argentine, le Chili, le Paraguay et l'Uruguay :** avec la Cie Pluma, ☎ 0300-789-13-00. ● www.pluma.com.br ●

ENTRE RIO ET BAHIA : VITÓRIA ET L'ESPÍRITO SANTO

L'Espírito Santo, le « Saint-Esprit », est un petit État (à peine la taille de celui de Rio) coincé le long de la côte entre ce dernier et l'État de Bahia. La frontière continentale longe à l'ouest la ligne de crête montagneuse qui borde le Minas Gerais.

Longtemps ignorée des touristes étrangers, cette région est pourtant agréable et très chaleureuse. Le tourisme est régional, les Mineiros (habitants du Minas Gerais) viennent y profiter de la mer pour les vacances ou le week-end et l'équipement touristique y est simple mais bien adapté. La capitale, Vitória, grand port de fret situé dans une anse formée d'îles et de baies compliquées, n'a pas grand intérêt. Mais c'est un bon point de départ pour découvrir, en 2 à 3 h de voiture ou de bus, de jolies petites plages presque sauvages ou des villages de montagne perdus au milieu de forêts luxuriantes, de plantations de café et de cascades d'eau claire. Cette région est tranquille, propice à la randonnée, au camping en altitude et à la pêche sous-marine. Les petits villages d'agriculture familiale, entre canne à sucre et plantations d'ananas, sont ravissants. Miel, fromages ou plats en terre, de nombreuses fermes ouvrent leurs portes pour vendre leurs produits. Pas de problème de sécurité dans cet État, en revanche, soyez très attentif à l'état de la route si vous êtes en voiture.

UN PEU D'HISTOIRE

C'est le père jésuite José de Anchieta qui, après avoir repris Rio aux Français et conquis São Paulo, fonda l'Espírito Santo en 1551, à Vila Velha. Séduit par la région, catéchèse des Indiens inimimos qui peuplaient la côte, il se fit nommer capitaine de l'Espírito Santo, et s'y installa jusqu'à sa mort. Grâce au rio Doce qui traverse tout le Minas Gerais avant de venir se jeter dans la mer à une soixantaine de kilomètres de Vitória, la ville fut longtemps le débouché naturel des richesses minières. Aujourd'hui encore, le géant sidérurgique Cie Vale de Rio Doce (CVRD) a établi à Vitória un des plus grands terminaux minéraliers du monde.

Au XIXe siècle et jusque dans les années 1920, l'intérieur peu peuplé vit débarquer des milliers d'immigrants rhénans, polonais et italiens, qui s'installèrent dans les montagnes pour cultiver le café et la banane. En même temps, le Nord de l'État, moins montagneux, connaissait une économie esclavagiste de canne et de café, proche de celle de Bahia.

Aujourd'hui, l'Espírito Santo se répartit en trois grandes régions. Dans le Nord prédomine le *latifundio,* avec la culture du café. La région des montagnes, au sud du rio Doce, abrite des petits villages vivant du café, de la banane et d'agriculture vivrière, qui valent à la région la place de 1er producteur de café du Brésil. Le littoral, où la pêche traditionnelle et l'activité portuaire placent Vitória au rang d'un des principaux ports de matériel lourd du Brésil, développe son tourisme en douceur. En dehors de la capitale, les plages sont bien préservées, mais les petits villages côtiers s'endorment dès la fin de la saison.

LES CAPIXABAS

Les habitants de l'Espírito Santo s'appellent les Capixabas (prononcer [Capichaba] ; c'est le nom d'une ancienne tribu indienne) et forment un des mélanges les plus brésiliens de Noirs, anciens esclaves venus de Bahia ou du Minas Gerais, et d'immigrants rhénans, polonais ou piémontais, grands, blonds aux yeux bleus. Souvent protestants, généralement luthériens, leurs descendants, qui peuplent la région des montagnes, ont maintenu leurs traditions. Aussi n'est-il pas invraisemblable de rencontrer des fêtes aux airs slaves ou baltes, auxquelles se mêlent des tambours africains. En pleine montagne, les maisons à colombage et les jardins soignés contrastent avec les forêts de bananiers luxuriantes. Toujours souriants, la gentillesse des Capixabas ne s'oublie pas...

ENTRE RIO ET BAHIA

VITÓRIA
292 300 hab.
IND. TÉL. : 027

Capitale de l'Espírito Santo, Vitória se trouve au confluent des grands axes de communication du pays ; elle fait la jonction entre le Sud – avec Rio et São Paulo –, l'Ouest – avec l'État du Minas Gerais – et le Nord – avec Porto Seguro et Salvador. C'est aussi une étape clé pour le transport maritime. Installée sur une île montagneuse et enserrée dans son anse maritime, Vitória est une ville moderne sans grand charme, mais surprenante.

Trois ponts relient l'île au continent. Le plus impressionnant est le 3e pont : il contourne, comme en prenant son vol, le magnifique *couvent de Penha* (1557), avant de s'élancer, à 90 m de hauteur au-dessus de la baie de Vitória, survolant un instant la capitale, pour atterrir dans les quartiers chic de la *Praia do Sua,* qui conduisent, vers la droite, au front de mer de la plage de *Camburi,* et vers la gauche, au port, dans le centre-ville fourmillant.

Si vous arrivez en bus, vous entrerez par le 2e pont pour débarquer à la gare routière construite au-dessus de l'eau. Vous êtes tout de suite dans le centre.

Arriver – Quitter

En bus

🚌 *Rodoviária :* ilha do Principe. ☎ 32-22-33-66.
➢ Liaisons depuis et vers São Paulo, Rio, Belo Horizonte ou Salvador assurées par *Viação Itapemirim,* la plus grande compagnie de transports routiers du Brésil, qui est capixaba (● www.itapemirim.com.br ●)

➢ Et nombreuses liaisons entre Vitória et toutes les villes côtières ou montagneuses de l'Espírito Santo.

En avion

✈ *Aeroporto de Vitória :* av. Fernando Ferrari. ☎ 32-35-63-00. À 10 km du centre. Tout ce qu'il faut sur place : bus, téléphone, office du tourisme, comptoirs des compagnies... Et même une navette régulière, « Aeroporto » qui rejoint le centre et certaines plages toutes les 40 mn (voir ci-dessous dans « Adresses utiles. Transport »).

➢ Lignes intérieures toutes destinations, tous les jours. *Varig, Vasp, Tam, Gol...*

En voiture

➢ La BR 101, qui relie Rio à Salvador, traverse l'Espírito Santo du sud au nord en longeant la plaine côtière, au pied des montagnes qui s'élèvent en formes étranges. Mais c'est surtout le copilote qui peut profiter de ces magnifiques paysages. Le pilote, lui, devra prendre garde aux nids-de-poule et aux camions qui doublent à l'aveugle ! En venant de Belo Horizonte, la BR 262 descend directement des hautes montagnes sur Vitória. Route splendide et spectaculaire, elle est aussi relativement dégagée.

– *Location de voitures :* pour circuler dans ce petit État, louer une voiture pour quelques jours peut être la meilleure des solutions, d'autant que, dans l'intérieur, le camping sauvage ne pose pas de difficulté ni de problème de sécurité.

■ *Localiza :* à l'aéroport. ☎ 33-27-13-55.
■ D'autres agences à l'aéroport et en face : *Avis* (☎ 33-27-23-48), *Unidas* (☎ 33-27-01-80)...

Adresses utiles

Infos et services

🛈 *Offices du tourisme :* permanence téléphonique au ☎ 16-17.
– *À l'aéroport : Posto de informação.* ☎ 33-82-63-63. Ouvert de 8 h à 21 h.
– *En ville : Posto de informação, Shopping Vitória,* av. Americo Buaiz, 200. ☎ 33-82-63-64. Au 1er étage, en face de la *casa dos Relógios.*
■ *Téléphone :* pour téléphoner à l'étranger, une agence *Telemar* dans le centre-ville, praça Costa Pereira, à côté du théâtre Carlos Gomes. Ouvert de 8 h à 21 h.
■ *Banco do Brasil :* praça Pio XII, 30, sur l'av. Princesa Isabel (Centro). ☎ 33-31-25-00. Ouvert du lundi au vendredi de 9 h à 15 h (distributeur de 6 h à 22 h). Cartes *Visa* et *MasterCard,* euros, dollars et chèques de voyage. Autre agence à Praia do Canto, av. Senhora da Penha, 714. Mêmes services.

Transports

Le plus simple pour se déplacer en ville reste le bus. Pratiquement tous ceux qui partent de la gare routière se rendent au centre-ville (tout proche). Également une navette régulière, intitulée « Aeroporto », qui traverse le centre, se dirige vers les plages (Canto/Camburi) et dessert l'aéroport (toutes les 40 mn). Depuis le centre, pour rejoindre praia de Camburi, l'omnibus « Jardim Camburi » longe toute la plage. Pour ceux qui désirent se rendre à Vila Velha et praia da Costa (plage de Vila Velha), bus jaunes « Vila Velha ».

Compagnies aériennes

■ **Tam :** c/o *Stange Turismo,* rua Dr A. Basilio, 567 (Centro). ☎ 32-25-80-79. Ouvert du lundi au vendredi de 9 h à 18 h. À l'aéroport :

☎ 33-27-69-49.
■ **Varig :** rua Eugenio Neto, 68 (Praia do Canto). ☎ 32-27-15-88. À l'aéroport : ☎ 33-27-03-04.

Urgences

■ **Hôpital :** *Santa Rita de Cássia.* ☎ 33-34-80-00.
■ **Pharmacies :** *farmácia Floresta,* rua Aleixo Neto, 1226 (Praia do Canto). ☎ 33-24-24-98. Livraison à domicile. *Farmácia e drogaria Prin-*

cesa Isabel, av. Princesa Isabel, 261 (Centro). ☎ 32-22-60-59. Ouvert jour et nuit et livraison à domicile.
■ **Police touristique :** ☎ 31-37-91-17 (n° d'urgence).

Où dormir ?

Contrairement aux villes touristiques, les hôtels de Vitória font quasiment tous des promos pour le week-end. Renseignez-vous !

Bon marché (de 20 à 40 Rls – 7,60 à 15,20 €)

🛏 **Albergue da juventude :** av. Dário Laurenço de Souza, 120, Ilha do Principe. ☎ 33-22-27-99. ● ho telp@terra.com.br ● À 5 mn à pied du centre, pas loin de la gare routière. Compter 20 Rls la nuitée, petit dej' compris, dans des chambres de 2 à 5 lits. Les salles de bains privatives et les draps sont compris. Pas de cuisine à dispo, mais un resto bon marché.
🛏 **Hôtel Imperial :** rua 7 de Setem-

bro, 20 (Centro). ☎ 33-23-01-08. Dans une rue piétonne, proche de la sympathique place Costa Pereira. Au 1er étage, la réception se trouve dans le resto *ao kilo* très bon marché. Compter 35 Rls pour 2, petit dej' inclus. Également un dortoir. Adresse au confort très simple, pas toujours nickel. Ambiance d'une pension de famille. Négocier avec le pétulant Jurandis si vous restez plus d'une nuit.

Chic (de 70 à 120 Rls – 26,60 à 45,60 €)

🛏 **Pousada da Praia :** av. Saturnino de Brito, 1500. ☎ 32-25-02-33. Juste avant Camburi, guettez le grand panneau pour trouver la petite route à droite. À partir de 80 Rls pour 2, avec petit dej'. Vue imprenable sur la baie, il n'y a pas photo avec les autres hôtels en béton face à la plage de

Camburi. Piscine, mobilier, végétation, tout y est plus chaleureux, même si l'ensemble a vieilli. Chaque samedi, concert de *pagode,* qui attire la jeunesse de Vitória et empêche tout sommeil jusqu'à 3-4 h du matin. Vous êtes prévenu !

Où manger ? Où boire un verre ?

Les grandes spécialités de la région sont la *moqueca capixaba* et le *pirão de camarões.* La *moqueca* est préparée dans une marmite de terre cuite noire qui fait le secret de sa réputation. Contrairement à la *moqueca* bahianaise, elle est n'est pas revenue dans l'huile de *dendê,* ce qui la rend plus légère.

ENTRE RIO ET BAHIA

I●I *Moqueca do Sizino :* rua Joaquim Lyrio, 778, à l'angle de la rua João da Cruz (Praia do Canto). ☎ 32-27-11-74. Plats pour 2 personnes à partir de 15 Rls. Spécialités de poisson, fruits de mer et *moqueca.* Populaire et abordable. Accueil sympa. Plusieurs bars dans le coin.

I●I *Gramado :* rua Rosendo Serapião de Souza Filho, 43 (Mata da Praia). ☎ 32-25-13-11. Derrière la plage de Camburi. Autour de 30 Rls par personne. Un endroit où apprécier un *churrasco* préparé avec des viandes épicées et des morceaux de choix *(picanha, kupi...).* Clim'. Bon accueil.

🍸 Si vous désirez boire une bière tranquillement assis à la terrasse d'un petit café sur une place typique, allez faire un tour du côté de la *praça Ubaldo Ramalhete,* dans le *centro.* Les vendredi et samedi soir, les terrasses de deux ou trois petits troquets se remplissent, pendant que les enfants tapent dans le ballon. L'ambiance est à la convivialité !

🍸 Deux coins particulièrement animés le soir, *Camburi* et *Praia do Canto* ; c'est dans les rues parallèles à la plage que ça se passe.

À voir. À faire

🐾🐾 *La ville haute* monte vers la gauche, au bout de l'avenue Celso Nunes. On peut découvrir le petit centre historique en suivant un agréable parcours à pied. Grimper par les ruelles vers le *palais du Gouverneur.* Rua José Marcelino, le long de l'*église Santa Luzia* (1535), la plus ancienne construction de Vitória. Non loin, au bout de la rue São Francisco, les ruines du *collège São Francisco* (1590). La *cathédrale,* de 1918, surprend par son architecture mêlant gothique, baroque, roman et byzantin ! En redescendant, on trouve le magnifique *palácio Anchieta,* au style impérial (XVIIIe siècle). C'est toujours le siège du gouverneur de l'État (visite du lundi au samedi de 12 h à 17 h ; ☎ 33-21-36-61). De l'autre côté de la cathédrale, les *escaliers Resende* descendent sur la *praça Costa Pereira* et ses huit palmiers impériaux. À côté, le *théâtre Carlos Gomes,* construit en 1927, est une réplique de la Scala de Milan.

🐾🐾 *Le couvent de Nossa Senhora da Penha* (1557) : surplombe toute la baie à 154 m de hauteur. Le chemin de pierre qui y grimpe traverse une merveilleuse forêt. ☎ 33-29-04-20. Visite tous les jours de 6 h à 17 h. Entrée modique. Impressionnant et animé lors des processions de Pâques.

Plongée sous-marine

■ *Aqua Sub :* av. Anisio Fernandes Coelho, 30 (Jardim da Penha). ☎ 33-25-00-36. ● acquasub.vix@zaz.com.br ● Ivan, l'instructeur (PADI), tient un magasin et une école de plongée. Il a beaucoup d'expérience, du matériel de bonne qualité et parle l'anglais. Découverte d'épaves et de sites dans les environs de Vitória. Bons conseils.

Les plages

La pollution reste de mise pour toutes les plages de Vitória. Il faut se rendre à *Praia da Costa* et à *Vila Velha* pour commencer à trouver une eau plus propre.

⌧ *Praia Itapuã :* plage où se pratiquent le surf ainsi que la pêche et la chasse sous-marine.

⌧ *Praia Itaparica :* plage de 500 m d'où l'on voit l'île d'Itaparica. Eau claire et agréable.

➢ *Praia da Costa :* équipée et éclairée le soir. Eau claire, l'une des plus belles plages de la ville. Bars et restaurants animent toute son extension.

➢ *Praia Barra do Jucu :* fréquentée par les surfeurs, et aussi pour ses ruines datant des jésuites. Également une vie nocturne mouvementée.

À L'INTÉRIEUR DE L'ESPÍRITO SANTO :
LE LITTORAL SUD

De nombreux villages et des jolies plages au sud de Vitória : le littoral sud se compose essentiellement de criques où alternent roches et plages de sable. Hors saison, ces petites stations balnéaires sont complètement endormies et l'environnement retrouve son aspect sauvage.
➢ Le bus longe la mer par la rodovia do Sol jusqu'à Anchieta, à 100 km de Vitória (nombreux départs depuis la gare routière de Vitória).

SETIBA   IND. TÉL. : 027

À 48 km de Vitória. Petit village tranquille avec quelques *pousadas,* résidences secondaires et maisons de pêcheurs, dans une double crique de sable, entourée de rochers. L'eau est méditerranéenne et l'endroit se prête à la pêche sous-marine.

Où dormir ? Où manger ?

Prix moyens (de 40 à 70 Rls – 15,20 à 26,60 €)

🛏 |●| *Pousada Alibabá :* av. da Beira Mar, 15. ☎ 32-62-11-03. Face à la plage. Ouvert uniquement de décembre à mars ; le reste du temps, Mme Amal, d'origine libanaise, rejoint sa famille au pays. Deux vastes appartements tout confort (jusqu'à 10 personnes) pour 70 Rls, et 6 chambres doubles, simples mais propres, à partir de 40 Rls avec petit dej'. Cuisine libano-brésilienne au restaurant.

Très chic (plus de 180 Rls – 68,40 €)

🛏 |●| *Hôtel Fazenda Flamboyant :* rodovia do Sol, km 24. ☎ 32-29-04-34. ● www.hotelflamboyant.com.br ● Entre Ponta da Fruta et Setiba. On vous conseille de prendre la BR 101, car l'accès jusqu'à la *fazenda* est asphalté. Juste après la sortie pour Brasília et Belo Horizonte, guettez les panneaux de la *fazenda* ou ceux du parc nautique *Acqua Mania* ; bifurquez à gauche et suivez cette petite route sur 2 km. La *Fazenda Flamboyant,* sur 20 ha, accueille en demi-pension (obligatoire) haut de gamme : à partir de 180 Rls pour 2, tout compris. Demandez les bungalows, au même prix que les chambres, et plus spacieux. Excursions à cheval et en kayak, rodéo, piscines, tennis, sauna...

ENTRE RIO ET BAHIA

ANCHIETA

19 000 hab.

IND. TÉL. : 028

Évitez Guarapari et continuez vers Anchieta, située à 73 km au sud de Vitória. L'endroit doit son nom au père jésuite Anchieta, qui y vécut une bonne partie de sa vie. Il fait bon flâner quelques heures dans cette jolie ville calme, à l'embouchure de la rivière Iconha. Juste le temps de se balader dans les hauteurs du quartier du *Mémorial* à l'ombre des flamboyants et de grimper jusqu'à l'église qui surplombe la baie.

Où dormir ?

En centre-ville, les hôtels ne sont ouverts que de décembre à début mars. C'est pourquoi nous vous conseillons plutôt de loger à Ubu, tout près des plages qui plus est.

À Ubu

C'est-à-dire à environ 3 km au nord du centre.

Chic (plus de 120 Rls – 45,60 €)

🛏 *Pousada Onda Azul :* rodovia do Sol, 2679, km 73. ☎ 35-36-14-27. ● www.pousadaondazul.com.br ● À 5 km du centre d'Anchieta, sur la pointe de Castelhanos. À partir de 130 Rls pour 2, petit dej' compris ; moitié prix hors saison. Jolis bungalows répartis dans un parc arboré avec vue sur la mer. Des chambres vastes et lumineuses, très propres, et balcon avec hamac. Grande piscine. Accueil charmant ; la grand-mère du propriétaire était française !
🛏 *Pousada Aba Ubu :* rua Manuel Miranda Garcia s/n. ☎ 35-36-50-67. Fax : 35-36-50-68. ● www.abaubu.com.br ● De 120 à 180 Rls pour 2 selon la saison, petit dej' inclus. Très agréable et conviviale maison moderne, d'inspiration coloniale. Les *apartamentos,* clairs et spacieux, donnent sur le jardin. Pour plus de calme, demandez ceux côté court de tennis. Piscine, sauna, tennis et joli patio aux hamacs de lin blanc. Le resto, de première qualité et aux prix raisonnables, sert une bonne cuisine traditionnelle.

Où manger ?

🍽 Toujours à Ubu, deux restaurants sont installés sur la plage : *Peixada do Garcia* et *Peixado do Menelau.* Ils servent de délicieux poissons tout frais pêchés. Des plats de qualité à prix modestes. Également, le resto de la *pousada Aba Ubu* (voir « Où dormir ? »).
🍽 *Cantinho do Curuca :* av. Santana, 96 (Praia de Meaípe). ☎ 32-72-12-62. Les pieds dans le sable, dégustez leur copieuse et délicieuse *moqueca capixaba* (la meilleure, selon les locaux), accompagnée d'un très bon *pirão,* une purée de farine de manioc avec de grosses crevettes à l'huile de palme. Les bananes braisées, probablement cueillies dans les montagnes de la région, sont à tomber raide. Et en plus, le dessert est offert.

À voir

🔫🔫 *L'igreja Nossa Senhora de Assunção et le museu Padre Anchieta :* ☎ 35-36-11-03. Ouvert tous les jours de 9 h à 17 h (fermé de 12 h à 14 h du mardi au vendredi). Les murs (en récif marin) furent dressés au XVIe siècle par le père Anchieta lui-même, qui prêchait aux alentours pour les Indiens inimimos et tupinambas. Le musée annexe expose dans une jolie chapelle de rares pièces d'art sacré (baroque rococo) et présente des objets familiers du père jésuite.

➤ DANS LES ENVIRONS D'ANCHIETA

⬩ Après la plage de Castelhanos, à 5 km d'Anchieta, suivre un chemin de terre qui mène à la *plage* sauvage *de Boca da Baleia,* idéale pour se baigner dans une eau limpide. Et sur environ 20 km, d'Anchieta à Meaípe, le littoral recèle de jolies plages désertes, dans un environnement encore intact.

À L'INTÉRIEUR DE L'ESPÍRITO SANTO : LA RÉGION DES MONTAGNES

À une demi-heure du littoral, la montagne s'élève jusqu'à des sommets de 1 500-1 800 m. Elle est marquée de reliefs étranges et de rochers sculptés par l'érosion qui émergent de pentes aux forêts luxuriantes. La route BR 101, 8 à 10 km à l'intérieur, parallèle à la rodovia do Sol, et la BR 262, qui descend des cimes du Minas Gerais jusqu'à Vitória, sont de bonnes voies d'accès pour d'extraordinaires randonnées pédestres. On goûte aux plaisirs qu'offre la nature brésilienne : celui des cascades et torrents de montagne tropicale. Le camping sauvage dans les règles est toujours possible dans ces endroits.

ENTRE RIO ET BAHIA

VARGEM ALTA

IND. TÉL. : 028

Petite ville de montagne au sud de l'État, à 70 km d'Anchieta, à 800 m d'altitude. Le parcours peut être l'objet d'une très belle randonnée de montagne de 30 km. *Attention,* c'est franchement galère en transports en commun, on vous conseille une voiture pour cette balade.

Comment y aller ?

À pied

➤ Partir tôt le matin pour se rendre à *Iconha* (1 h 15 de bus de Vitória, ou 15 mn d'Anchieta) et là, juste avant le pont qui traverse le rio Iconha, prendre à droite, vers la montagne. La piste de terre battue remonte la rivière jusqu'à sa source en traversant plusieurs petits villages d'agriculteurs. Vingt kilomètres de randonnée époustouflante le long d'un magnifique cours d'eau qui dévale un torrent puissant. Baignade possible à tout moment.

On peut aussi faire les quinze premiers kilomètres en bus, d'Iconha jusqu'à Princesa. À Princesa, la dernière partie du chemin (sur 8 km) escalade la montagne, dans un panorama grandiose... et des forêts de bananiers. Arrivé à Vargem Alta, vous êtes épuisé mais heureux. Vous trouverez café et *lan-chonete* en ville, ainsi que la ligne de bus pour Vitória. Le trajet peut aussi se faire entièrement en voiture. La piste est praticable.

Ici, vous êtes loin des grosses agglomérations, des plages touristiques, au cœur de la montagne, de la forêt exubérante et des plantations de café. Randonnées aux alentours, notamment vers la *grotte des Andorinhas,* à 10 km, qui, à l'époque des pontes, forme une merveilleuse volière naturelle d'oiseaux tropicaux.

En bus

➤ De Vitória (137 km), par la ligne qui passe par Cachoeiro de Itapemirim. Descendre à Vargem Alta. Vous traversez toute la région par les villages de montagne, offrant des paysages extraordinaires.

En voiture

➤ En empruntant la même piste qu'à pied – mais accrochez-vous –, ou par la route de crête qui relie Cachoeiro de Itapemirim à la BR 262. S'il pleut, c'est carrément l'aventure.

Où dormir ? Où manger ?

De bon marché à prix moyens

🛏 |●| ***Pousada do Caiado :*** Richimond, km 7, estrada de Guelmar. ☎ 99-85-73-04 ou 99-16-01-27 (portables). Depuis la piste, 3 km avant d'arriver à Vargem Alta, à droite, par la route qui traverse la rivière. Compter 70 Rls pour 2, petit dej' compris. Dommage que les prix aient tellement augmenté... alors que les prestations ne bougent pas ! Au bord d'une piste de terre en plein milieu de la forêt, Júlio Cesar Dutra Ferreira Caiado a ouvert sa *pousada* avec chalets et petit resto, entre deux cascades extraordinaires qui dégringolent de la montagne. La retenue a ouvert une piscine naturelle d'eau pure, bordée de sable et ensoleillée comme une trouée dans la jungle. Singes, tamanduas, colibris, tatous et oiseaux de paradis peuplent la nature dévorante. On resterait bien ici des jours... On peut aussi camper en contrebas des chutes, le long de la rivière Novo do Sul, et se restaurer chez Júlio Cesar. Concerts *ao vivo* tous les week-ends au bord de la cascade.

🛏 ***Hôtel Chaminé :*** rua Eliseu Gasparine. ☎ 35-28-10-01. ● hotelchamine@hotmail.com ● Dans le centre. De 75 à 95 Rls pour 2 ; prix négociable selon la saison et le nombre de nuitées. Grandes chambres confortables et bien tenues. On peut prendre le petit dej' dans un jardin peuplé de colibris. Pour se rafraîchir, 2 grandes piscines (et même des toboggans aquatiques). L'hôtel propose des randos, balades en barque, pêche ou sports extrêmes.

|●| ***Restaurante Tira na Panela :*** rua William Rose. ☎ 35-28-11-88. Dans le centre. Un self *ao kilo* bien sympa et vraiment bon marché, avec une variété de plats traditionnels qui mijotent doucement sur le four à bois. Une bonne cuisine montagnarde à prix modestes et un accueil franc.

AU NORD DE RIO ET DE SÃO PAULO : LE MINAS GERAIS

BELO HORIZONTE   2 350 000 hab.   IND. TÉL. : 031

Fondée en 1897 pour succéder à Ouro Preto, à l'étroit dans son carcan de montagnes, la nouvelle capitale du Minas Gerais a connu une ascension fulgurante jusqu'à occuper le rang de 4ᵉ ville du Brésil. Elle fut créée de toutes pièces selon un plan de construction inspiré de celui de Washington, avec des rues à angle droit disposées comme un vaste échiquier. Cependant, le projet se limita au centre-ville et les faubourgs se construisirent de façon anarchique, poussés par les impératifs du développement. En effet, le Minas Gerais (les « mines générales ») est la première région productrice de fer et de pierres précieuses du Brésil.

Belo Horizonte, plus communément appelée « BH » (prononcer « Bé-Haga »), n'a pas contrôlé sa croissance. Elle a atteint un degré de pollution important et ne possède, au premier abord, aucun charme particulier. Pourtant, elle est bien plus humaine que la dantesque São Paulo ou l'extra-terrestre Brasília... Par sa taille, mais aussi par l'effort accordé au développement culturel et touristique. La grande provinciale entend bien tirer son épingle du jeu face à Ouro Preto, aux charmes indiscutables et indiscutés ! Les deux rivales ne jouent toutefois pas dans la même catégorie.

Étape (presque) incontournable sur la route des villes coloniales, carrefour de communications oblige, Belo Horizonte affine ses charmes, plutôt intellectuels : manifestations, musées, expositions rivalisent de fréquence et de variété, même si São Paulo et Brasília la devancent largement. Au détour des grandes avenues, on découvre aussi quelques beaux bâtiments datant du début du XXᵉ siècle et des églises à la façade colorée. Pour s'éloigner de l'exubérance de la ville, il suffit de se balader dans le parc municipal, en plein centre, rempli d'arbres tropicaux ; ou, mieux encore, de s'échapper autour du lac de Pampulha, immense parc de verdure dédié à l'œuvre de l'architecte Niemeyer. Car c'est ici même, dans les années 1940, que le couple mythique Kubitschek-Niemeyer s'associa pour le meilleur et pour le pire. Le premier, alors maire de la ville, offrit au second une vitrine pour réaliser ses premiers projets d'envergure et se faire connaître sur la scène internationale. Les idées visionnaires du futur président du Brésil annonçaient l'aventure fantastique de Brasília...

Bref, même si nos yeux se tournent inévitablement vers les joyaux de la région, Ouro Preto et ses petites voisines, Belo Horizonte joue intelligemment le rôle de la grande sœur accueillante et organisée.

Arriver – Quitter

En bus

🚌 **Rodoviária** (gare routière ; plan B1) **:** praça Rio Branco. ☎ 32-71-30-00. En plein centre-ville, avec tous les hôtels autour.

➤ **Ouro Preto :** environ 15 bus par jour de 6 h à 23 h, dans un sens comme dans l'autre. Un peu moins de 2 h de route. Réserver impérativement en saison touristique au guichet de la Cⁱᵉ Viação Passaro Verde. Informations : ☎ 32-80-94-10 ou 0300-789-44-00.

➤ **Congonhas :** 3 à 4 allers-retours par jour. Informations au ☎ 32-01-29-27 (Cⁱᵉ Viação Sandra).

➢ *Diamantina :* 5 à 6 allers-retours par jour. Informations au ☎ 32-80-94-10 ou 0300-789-44-00 (*Cie Viação Passaro Verde*).

➢ Bus également depuis et vers *Mariana, Sabará, Caeté...*

➢ *Bus longues distances :* pour *Rio,* 6 à 8 bus quotidiens avec *Viação Util* (☎ 39-07-96-00) ; pour *São Paulo,* une douzaine de bus par jour avec *Viação Gontijo* (☎ 21-04-63-00) ; pour *Salvador* (*Viação Gontijo* et *São Geraldo*), *Brasília* (*Itapemirim* ; ☎ 0800-723-21-21), *Recife* (*Viação Gontijo* et *Itapemirim*) ou *Belém* (*Itapemirim* et *Transbrasiliana*) au moins 1 départ par jour.

En avion

✈ La ville dispose de deux aéroports. Le petit *aeroporto Da Pampulha* (☎ 34-90-20-01), proche du centre, est toutefois largement distancé en fréquentation par l'*aéroport international Confins* (ou *Tancredo Neves* ; ☎ 36-89-27-00). Il est malheureusement situé à 40 km ! Moderne, il possède une excellente infrastructure : on y trouve un office du tourisme *Belotur* (ouvert tous les jours de 8 h à 21 h 30) où l'on parle plus ou moins l'anglais. Prenez leur excellent guide. Également une *Banco do Brasil* et différents distributeurs *(HSBC, Banco do Brasil...)* acceptant les cartes de retrait internationales. Téléphone, poste, *Varig*, etc.

➢ Liaisons directes et quotidiennes avec toutes les principales villes du pays : *Rio, Brasília, São Paulo, Vitória, Recife* et *Salvador.*

– *Pour gagner le centre-ville :* les bus *executive* assurent des liaisons toutes les 25 mn, de 6 h à minuit environ (de 4 h 30 à 22 h du centre-ville vers l'aéroport). Prévoir autour de 15 Rls. Moitié moins chers mais plus lents, les bus *convencional* proposent leurs services plus ou moins toutes les heures de 6 h à 23 h (de 4 h 45 à 22 h 45 en direction de l'aéroport). Les bus passent également par Pampulha et, en ville, s'arrêtent à la gare routière.

Adresses utiles

Infos touristiques

🄸 *Office du tourisme Belotur (plan B2) :* av. Afonso Pena, 1055, mercado das Flores (Parque municípal). ☎ 32-77-76-66. ● www.belotur.com. br ● Ouvert du lundi au vendredi de 8 h à 19 h et le week-end jusqu'à 15 h. Autre point d'information à la *rodoviária (plan B1),* ouvert tous les

---

■ **Adresses utiles**

🄸 Office du tourisme Belotur
🚍 Gare routière
✉ Postes
▣ Pro-Terra Cybercafé
1 Téléphone
2 Banco do Brasil
3 Air France
5 Varig
6 Pharmacies ouvertes 24 h/24

🛏 **Où dormir ?**

10 Pousadinha Mineira
11 Hôtel São Salvador
13 Hôtel Wimbledon
15 Hôtel Magnata
16 Hôtel São Bento

🍴 **Où manger ? Où boire un verre ?**

20 Marché central
21 La Greppia
23 Dona Lucinha
24 Livraria da Travessa
25 Café Cultura

🏃 **À voir**

30 Église São Francisco de Assis et lac de Pampulha
31 Parque municípal

⚜ **Achats**

40 Centro mineiro do artesanato
41 Gemas de Minas

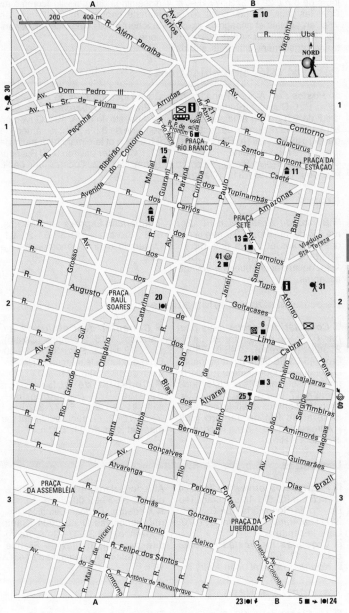

BELO HORIZONTE

jours de 8 h à 22 h. ☎ 32-77-69-07. Dans les deux, très bon guide sur la ville (en anglais et espagnol), guide de l'État, plan du centre, etc. On trouve également différents stands disséminés dans la ville (comme au marché central), moins fournis en brochures mais bien utiles en dépannage.

Poste et télécommunications

■ **Postes :** av. Afonso Pena, 1270 *(plan B2)*. Ouvert du lundi au vendredi de 9 h à 18 h et le samedi de 9 h à 12 h. Autre bureau de poste à la gare routière *(plan B1)*, ouvert jusqu'à 19 h en semaine.
■ **Téléphone** *(plan B2, 1) :* Telemar, rua dos Támoios, 311 (Centro).

Ouvert tous les jours de 7 h à 22 h.
@ **Pro-Terra Cybercafé** *(plan B2) :* av. Augusto de Lima, 134. Ouvert en semaine de 8 h à 23 h, le samedi de 9 h à 22 h et le dimanche à partir de 12 h. Compter environ 0,50 Rls pour 10 mn. Nombreux postes, bon débit.

Argent, change

■ **Banco do Brasil** *(plan B2, 2) :* rua Rio de Janeiro, 750 (entre la rua dos Tamoios et la rua dos Tupis), 4e étage. ☎ 32-17-30-00. Carte *Visa,* dollars et chèques de voyage acceptés.

■ **American Express :** rua Paraíba, 626 (Savassi). ☎ 32-61-26-01. Ouvert du lundi au vendredi de 9 h à 15 h.

Représentations diplomatiques

■ **Consulat de France** *(hors plan par B3) :* av. do Contorno, 5417, 2e étage (Cruzeiro). ☎ 45-01-36-49. Fax : 45-01-36-01. Ouvert au public du lundi au vendredi de 9 h à 11 h, mais renseignements par téléphone jusqu'à 17 h. En cas d'absence, prendre contact avec le consulat général de Rio de Janeiro (voir « Adresses utiles » dans le chapitre consacré à Rio).

■ **Consulat de Belgique :** av. Carandai, 1115, 25e étage (Centro). ☎ 32-19-14-83. Fax : 32-22-38-80. Ouvert le lundi, le mercredi et le vendredi de 10 h 30 à 12 h.
■ **Consulat de Suisse :** rua Paraíba, 476 (Funcionários), salle 1002. ☎ 32-61-77-32. Fax : 32-62-11-63. Ouvert seulement les mardi et jeudi de 9 h à 12 h.

Urgences

■ **Pharmacies ouvertes 24 h/24** *(plan B1 et B2, 6) :* Araújo, praça Rio Branco da Rodoviária (rua Curitiba, 327) ; ou *Araújo,* rua da Bahia, 1070. Dans le centre.
■ **Urgences médicales :** Pronto Secorro, ☎ 192.
■ **Hôpital :** hospital João XXIII, av.

Alfredo Balena, 400 (Santa Efigênia). ☎ 32-39-92-00.
■ **Médecin :** Dr José Olimpios Dias, rua Gonçalves Dias, 2904 (Santo Agostinho). ☎ 33-37-73-06. Accrédité par le consulat de France. Consultations en semaine de 14 h à 18 h.

Transports aériens

■ **Air France** *(plan B2, 3) :* rua da Bahia, 1345, 16e étage. ☎ 32-74-37-77. Ouvert en semaine de 9 h à 12 h et de 14 h à 18 h 30.

■ **Varig** *(hors plan par B3, 5) :* av. Getúlio Vargas, 840 (Funcionários). ☎ 32-69-36-07 ou 40-03-70-00. Ouvert du lundi au vendredi de 9 h à

18 h et le samedi de 9 h à 12 h. À l'aéroport : ☎ 36-89-23-73. • www. varig.com.br •
■ **Tam** (plan A3) : rua Marília de Dir-

ceu, 162. ☎ 33-49-55-20 ou 40-02-57-00. À l'aéroport : ☎ 36-89-22-67 ou 33. • www.tam.com.br •

Où dormir ?

Bon marché (moins de 50 Rls – 19 €)

▣ **Pousadinha Mineira** (plan B1, 10) : rua Araxá, 514 (Floresta). ☎ 34-23-41-05. À 800 m de la gare routière. Y aller à pied, sauf le soir et la nuit, où il vaut mieux dépenser quelques *reais* pour un taxi. Bus Concórdia-Santo Antônio. Cette bonne adresse était toutefois en travaux lors de notre dernier passage. Affaire à suivre...

▣ **Chalé Mineiro** (hors plan par B2) : rua Santa Luzia, 288 (Santa Efigênia). ☎ 34-67-15-76. Compter de 20 à 30 Rls par personne. AJ officielle correcte, mais trop excentrée pour une étape. Confortable et propre, piscine, parking...

▣ **Hôtel São Salvador** (plan B1, 11) : rua Espírito Santo, 227. ☎ 32-22-77-31. Doubles de 30 à 40 Rls, avec petit dej' (sauf le dimanche, c'est sacré !). Notre meilleure adresse dans cette catégorie. Un

genre de pension à l'ancienne mode, où les résidents se réunissent sans façon dans l'entrée pour commenter les infos télévisées. « Strictement familial », précise d'ailleurs un petit panneau. Hôtel sûr, très propre et bon marché. Vingt-sept *quartos* (sans salle de bains) et seulement 3 *apartamentos*. Déco et confort assez sommaires, on s'en doute. Excellent accueil.

▣ **Hôtel Magnata** (plan A1, 15) : rua Guarani, 124. ☎ et fax : 32-01-53-68. Chambres doubles avec douche et w.-c. autour de 50 Rls, 35 Rls sans, petit dej' inclus. Si les longs couloirs tristes ne présagent rien de bon, les chambres se révèlent pourtant tout à fait fréquentables : correctement tenues, et dotées des meilleures d'une TV, d'une douche (avec eau chaude) et de toilettes.

Prix moyens (de 50 à 80 Rls – 19 à 30,40 €)

▣ **Hôtel São Bento** (plan A2, 16) : rua Guarani, 438. ☎ et fax : 32-71-33-99. • www.hotelsaobento.com. br • De 55 à 75 Rls pour 2, selon le confort (avec ou sans TV, câblée ou non, avec ou sans frigo, etc.) ; également quelques chambres basiques, avec salle de bains extérieure, à partir de 25 Rls par personne. La façade ne paye pas de mine et dessert cet hôtel tenu avec sérieux. Tant

mieux ! Cette bonne affaire restera un secret à partager entre initiés. Plus sérieusement, l'entrée style années 1930 et les salons se révèlent bien agréables, tandis que les chambres offrent un bon confort et sont impeccables. Petit dej' copieux (compris) et accueil très sympa de Valeria, la gérante, qui parle un peu le français. Excellent rapport qualité-prix.

Plus chic (plus de 90 Rls – 34,20 €)

▣ **Hôtel Wimbledon** (plan B2, 13) : av. Afonso Pena, 772. ☎ 0800-31-83-83 ou 32-22-61-60. Fax : 32-22-65-10. • www.wimbledon.com.br • Doubles officiellement autour de 170 Rls, mais souvent bradées à moins de 100 Rls, petit déjeuner

compris. Sans doute la meilleure affaire de la ville si l'on profite d'une ristourne. À la différence de ses austères voisins, on note de louables efforts de déco : statues dans la réception (on pardonne du coup le kitsch de l'affaire), beau parquet dans les couloirs, tapis, et des chambres accueillantes qui ne manquent pas de personnalité. Bon confort et, cerise sur le gâteau, une piscine bien agréable en été.

Où manger ? Où boire un verre ?

Belo Horizonte n'est pas une ville triste. Les restaurants et bars ne manquent pas, notamment dans le secteur à l'angle de la rua de Bahia et de la rua dos Guajajaras *(plan B2),* ou encore dans la zone très animée autour de la praça da Savassi *(hors plan par B3).* C'est là que les étudiants tapageurs, les trentenaires rigolards et les quadras bien dans leur peau affluent en fin de semaine, attirés par les nombreuses enseignes (des sushis aux hamburgers !) et les terrasses. La cuisine du Minas Gerais comporte par ailleurs quelques plats typiques hérités de la colonisation des *bandeirantes* : gibier préparé avec le *tutu.* Goûtez aussi aux *feijãos tropeiros,* haricots rouges cuits dans la farine avec des petits morceaux de saucisses.

De bon marché à prix moyens (de 5 à 30 Rls – 1,90 à 11,40 €)

|●| *Marché central (plan A2, 20) :* à l'angle des ruas Lima et Curitiba. Ferme à 18 h. Le marché en lui-même se révèle pittoresque : épices, odeurs fortes, fruits exotiques, jus de fruits tropicaux... Ce qui ne manque pas de mettre en appétit ! Ici, la spécialité, ce sont les viandes au poids cuisinées à feu vif. On trouve aux quatre coins des halles des gargotes plus ou moins simples (certaines disposent de tables et de chaises), où les passants s'accoudent au comptoir le temps d'avaler une assiette de poulet ou de bœuf grillé... à faire glisser comme il se doit avec une bière locale.

|●| *Livraria da Travessa (hors plan par B3, 24) :* av. Getúlio Vargas, 1405 (Savassi). ☎ 32-23-80-92. Ouvert de 9 h à 23 h en semaine, jusqu'à 18 h le samedi. Plats de 8 à 15 Rls. Plus que les bouquins, qui servent principalement d'alibi à une clientèle gentiment branchée, c'est la terrasse très agréable de ce resto-librairie qui retient l'attention. Et quitte à bien faire, ses pizzas et plats de bistrot se révèlent de la meilleure qualité. Alors on fait comme les autres, on prend racine...

|●| *La Greppia (plan B2, 21) :* rua da Bahia, 1196. ☎ 32-73-20-55. Ouvert tous les jours jusqu'à tard dans la nuit. Buffet autour de 10 Rls par personne et plats au poids pour environ 25 Rls/kg. Malgré la vaste salle et un

turn-over rapide, il n'est pas rare de devoir patienter un peu avant de dénicher une table. La recette d'un tel succès : un buffet basique de pâtes à volonté à prix sacrifié, à enrichir d'une kyrielle de viandes, cochonnailles et légumes en tout genre au poids. La formule a bien évidemment les faveurs de la communauté étudiante...

|●| *Dona Lucinha (hors plan par B3, 23) :* rua Sergipe, 811 (Funcionários). ☎ 32-61-59-30. Formule à volonté pour environ 30 Rls. Dans un cadre plutôt agréable d'auberge coquette (pas mal de boiseries), les habitués apprécient les nombreuses spécialités mineiras préparées avec des produits frais. Entrées, plats, desserts, tout y est très honnête et contentera les gourmets comme les gros appétits ! Ce vieil établissement est toutefois distancé par la nouvelle génération des restaurants de Savassi.

|▼| *Café Cultura (plan B2, 25) :* da Bahia, 1416. ☎ 32-22-13-47. Niché dans une ancienne bâtisse qui ne manque pas de charme, ce bar accueillant rassemble sur sa terrasse une clientèle aussi éclectique que décontractée. Bons concerts en fin de semaine, mais pour apercevoir les musiciens, il faudra lever la tête vers le minibalcon suspendu au-dessus du comptoir. Roméo serait contrarié !

À voir

🎥🎥 **L'église São Francisco de Assisi** (hors plan par A1, **30**) **:** av. Otacílio Negrão de Lima. ☎ 34-91-23-19. Dans le quartier résidentiel et touristique de Pampulha (près du lac du même nom), à une dizaine de kilomètres du centre. Ouvert du lundi au samedi de 9 h à 17 h, jusqu'à 13 h le dimanche. Conçue par Niemeyer dans les années 1940, cette église moderne controversée lors de son inauguration est aujourd'hui une référence dans le milieu de l'architecture. Curiosité surprenante : sa façade (quand on tourne le dos au lac) est en forme de faucille et de marteau. Façade de verre, peintures de Portinari et clocher séparé de l'église.

🎥 **Autour du lac artificiel de Pampulha** (hors plan par A1, **30**) **:** d'autres constructions de Niemeyer, dont l'ancien casino inspiré du style de Le Corbusier (maintenant *musée d'Art moderne* dédié aux expositions temporaires ; fermé le lundi), ou la *Casa do Baile,* salle de bal ronde reconnaissable à sa galerie serpentine, où l'on peut voir une exposition d'urbanisme (ouvert de 9 h à 19 h, fermé le lundi). Également un immense stade : le *Magalhães,* d'une capacité de 130 000 places, plus communément appelé « mineirão ». À part ça, cafés et restos à la mode complètent ce tableau très chic, où les villas cossues alternent avec le club de golf et toutes sortes d'institutions de la bourgeoisie locale. Attention, les édifices sont distants les uns des autres, ce n'est pas une balade à faire à pied !

🎥🎥 Grande animation dans le **quartier de la rodoviária** (plan A-B1), notamment rua dos Carijós : nombreux commerces et marché de rue. En sortant de la gare routière, juste en face, rua Sartunino do Brito, voir le marché de la viande et du café *(Armazén do Grito),* impressionnant. Tout est vendu en vrac par les paysans de la région.

🎥🎥 Dans le même esprit, mais en plus séduisant, on ne manquera pas de s'imprégner de la symphonie des couleurs et des odeurs composée par le **marché central** (plan A2 ; angle des ruas Lima et Curitiba ; ferme à 18 h ; voir aussi « Où manger ? »). On y trouve de tout, comme des échoppes spécialisées dans la cachaça. Si vous avez des cadeaux à rapporter...

🎥 **Le parque municípal** (plan B2, **31**) **:** à gauche de l'avenida Afonso Pena en venant de la *rodoviária.* Ouvert de 6 h à 18 h. Fermé le lundi. C'est un lieu de promenade agréable (éviter, toutefois, de s'y enfoncer, pour des raisons de sécurité). On y trouve encore une œuvre de Niemeyer, le *palácio das Artes,* qui se visite (ouvert du mardi au vendredi ; ☎ 32-37-72-10).

Achats

🌐 **Feira de Arte artesanato :** av. Afonso Pena, entre la rua da Bahia et la rua Guajajaras (Centro). Chaque dimanche, de 8 h à 14 h. Impressionnante foire regroupant environ 3 000 artisans qui exposent et vendent une grande variété de produits mineiros de qualité : cuir, métal, verre, céramique, bois, textiles... Un des marchés artisanaux les plus prisés du pays, étalé sur plus de 1 km. Sympa aussi de déguster un *salgado* et de boire son *caldo de cana* dans un des nombreux kiosques.

🌐 On retrouve ces différents objets dans les boutiques plus chic du **Centro mineiro do artesanato** (hors plan par B2, **40**), av. Afonso Pena, 1537 (Centro). ☎ 32-72-95-13. Ouvert le lundi de 13 h à 19 h, du mardi au vendredi de 9 h à 19 h et le week-end de 9 h à 14 h. Prix un peu plus élevés, mais bonne qualité.

🌐 **Gemas de Minas** (plan B2, **41**) **:** rua Rio de Janeiro, 430 (Centro). ☎ 32-01-81-29. L'endroit idéal pour se procurer les pierres semi-précieuses ou précieuses de cette région, 1re productrice de minerais au Brésil. Plusieurs boutiques de bonne réputation proposent ici un large éventail de pierres brutes ou taillées et des bijoux à prix intéressants.

➤ *DANS LES ENVIRONS DE BELO HORIZONTE*

🍴🍴 *Sabará :* à 27 km, charmante ville coloniale accessible en bus, de 7 h à 19 h, avec la compagnie *Viação Cisne* (☎ 36-72-12-55). À noter la présence d'un petit office du tourisme à l'entrée de la ville (☎ 36-72-76-90 ; ouvert de 8 h à 18 h), où l'on distribue un plan bien fait avec les différents monuments et leurs horaires (ouverts généralement de 8 h à 17 h ; prévoir de modiques entrées).

N'ayant jamais fait partie du circuit touristique classique du Minas Gerais, Sabará a conservé son âme et présente le visage paisible d'une bourgade rurale pittoresque. À l'inverse de ses célèbres consœurs comme Ouro Preto, aucune boutique tape-à-l'œil ne dénature ses jolies ruelles pavées et ses placettes ourlées de troquets populaires.

Pourtant, trois *églises* étonnantes méritent largement le détour : *N.S. da Conceição,* bel exemple d'architecture baroque achevé vers 1720 pour le compte des Jésuites, *N.S. do Carmo,* connue pour ses magnifiques statues sculptées par l'Aleijadinho, et *N.S. do Ó,* adorable chapelle à la très curieuse décoration chinoise.

À voir, également, le *museu do Ouro,* aménagé dans la belle demeure de l'ancien intendant des mines. Soigneusement restaurées, ses nombreuses salles sont meublées comme autrefois ou abritent toutes sortes d'objets historiques (coffres blindés pour le transport de l'or, vaisselle, statues...), ultimes témoins du passé glorieux d'une ville déchue.

🍴 *Pico da Piedale :* à 60 km. C'est la route la plus haute du Brésil. Il s'y déroule le 15 août un pèlerinage très important. Point de vue superbe. Pour y aller : bus à la *rodoviária* pour Caeté. S'arrêter 5 km avant Caeté, à la bifurcation qui mène au sommet. Il reste 4 km de montée.

🍴 À *Caeté,* visiter l'*église N.S. do Bom Sucesso,* œuvre de l'Aleijadinho.
🛏 Possibilité de dormir à Caeté. Voir avec l'office du tourisme de Belo Horizonte ou sur place, praça João Pinheiro. ☎ 36-51-18-55.

➤ Pas mal d'autres excursions possibles : grottes (à *Lapinha* par exemple), chutes d'eau, etc. Voir avec l'office du tourisme.

OURO PRETO
66 300 hab.   IND. TÉL. : 031

Située à une centaine de kilomètres de Belo Horizonte, cette délicieuse bourgade est un joyau baroque qu'il serait regrettable de rater. Ouro Preto fut fondée vers la fin du XVIIe siècle par les *bandeirantes* qui y découvrirent, une dizaine d'années plus tard, d'importants gisements d'or – 1 200 t ! La caractéristique de cet or résidait dans la pellicule noire d'oxyde de fer qui entourait les pépites et qui lui donnera son nom : *ouro preto* (or noir).

La ville connut un développement rapide, se couvrit d'églises à la décoration somptueuse, de riches demeures seigneuriales, de fontaines sculptées, et prit le nom de « Vila Rica » (ville riche), puis au XIXe siècle celui d'« Ouro Preto ». La ville entière a été classée Monument historique et Patrimoine culturel par l'Unesco ; et, hormis un hôtel moderne pas très réussi, erreur de jeunesse de Niemeyer, on plonge réellement deux siècles en arrière. Rues aux pavés ronds et polis, qui grimpent sec, bordées de maisons coloniales à l'architecture simple. Façades blanches aux encadrements de fenêtres colorés, portails de pierre, balcons de fer forgé et toits de tuile rouge patinée tombant en cascade. Ouro Preto s'enorgueillit aussi d'avoir accueilli un grand de l'histoire artistique du pays : Antônio Francisco Lisboa, dit *l'Aleija-dinho* (1730-1814 – voir aussi, dans les « Généralités », la rubrique « Personnages »).

Ouro Preto déclina à la fin du XIXe siècle, avec l'épuisement des filons d'or et l'impossibilité d'extension, et fut détrônée par Belo Horizonte comme capitale de l'État. Néanmoins, elle est restée une ville très vivante et étudiante (son université est reconnue dans la région), qui regorge de richesses touristiques. On vous conseille vraiment d'y passer au moins deux nuits pour profiter de la beauté de la ville, aussi bien le jour que la nuit, lorsque les faibles lumières projettent des couleurs nouvelles, des ombres mystérieuses, et que toute la ville apparaît différente, fascinante, offrant le maximum de son vieux charme colonial...

UN PEU D'HISTOIRE

Ouro Preto fut le théâtre de la première lutte pour l'indépendance du Brésil. Pour protester contre les impôts trop lourds et l'arrogance du pouvoir colonial portugais se créa, vers 1790, le *Movimento dos Inconfidêntes* (Mouvement des infidèles). Surtout composé d'intellectuels et d'officiers, il organisa des réunions et débats clandestins qui connurent de plus en plus de succès. La révolte populaire grondait, mais la conjuration, la *Inconfidência,* fut découverte et démantelée avant que l'insurrection ne se produise. Son chef, Tiradentes, fut pendu en 1792 sur la place principale d'Ouro Preto, puis écartelé. Il reste pour les Brésiliens le symbole du premier cri pour la liberté et l'indépendance du pays.

CHICO REI

Vous remarquerez que plusieurs endroits portent ce nom ici. Au début du XVIIIe siècle, le roi africain Chico Rei fut enlevé, avec toute sa famille, afin d'être vendu comme esclave au Brésil. Sa femme et certains de ses enfants périrent pendant la traversée. Chico Rei fut emmené avec son dernier fils dans les mines d'Ouro Preto, où il dut se mettre à travailler dur, comme tous ses compagnons de captivité. Il obtint cette mine qui ne donnait rien à la mort de son propriétaire, et... y trouva de l'or. Tant d'or qu'il racheta sa liberté, celle de son fils et de tout son clan... Depuis, Chico Rei est un mythe, à Ouro Preto et au-delà.

Arriver – Quitter

En bus

📠 La *rodoviária (gare routière ; plan A1),* minuscule, est située à 10 mn du centre, rua Padre Rolim, 661. ☎ 35-59-32-52.

➤ *Liaisons avec Belo Horizonte :* environ 15 liaisons aller-retour par jour de 6 h à 20 h (plus tard le dimanche). Compter 15 Rls pour les 2 h de trajet.

➤ *Liaisons avec Rio :* 2 bus le matin et 1 bus de nuit dans un sens comme dans l'autre. Durée : environ 8 h. Compter 55 Rls.

➤ *Liaisons avec Brasília :* 1 bus tous les jours, en début de soirée, dans les 2 sens. Durée : environ 11 h. Autour de 100 Rls.

➤ *Liaisons avec São Paulo :* 3 à 4 bus quotidiens aller comme retour, le matin, l'après-midi et le soir. Durée : environ 12 h. Compter 80 Rls.

➤ *Bus pour Mariana :* attention, l'arrêt se trouve rua Barão de Camargos, proche de la praça Tiradentes *(plan B2, 1).* Nombreux bus quotidiens. De 20 à 30 mn de trajet.

AU NORD DE RIO ET DE SÃO PAULO

Adresses utiles

Sachez qu'à Ouro Preto, les rues ont parfois plusieurs noms.

🔖 *Associação de Guias* (plan B2) : praça Tiradentes, 41. ☎ 35-59-32-69. • www.ouropreto.com.br • Ouvert tous les jours de 8 h à 17 h. Plan de la ville et brochure indiquant les horaires de tous les monuments.

✉ *Poste* (plan A2) : rua Conde de Bobadela (ou Direita), 180. Fermé le samedi.

@ *Cyberhouse* (plan A2, 7) : rua Conde Bobadela (ou Direita), 109. Ouvert tous les jours de 10 h à 20 h. Compter environ 2 Rls pour 15 mn.

■ *Banco do Brasil* (plan A2, 3) : rua São José, 195. ☎ 35-51-26-63. Ouvert du mardi au vendredi de 9 h à 15 h. Distributeur automatique accessible de 6 h à 22 h (carte *Visa* uniquement). Au n° 201, distributeur automatique *HSBC* acceptant les cartes *Visa* et *Mastercard*.

■ *Bradesco* (plan B2, 4) : praça Tiradentes, 44. ☎ 35-51-24-11. Distributeur automatique acceptant la carte *Visa*.

■ *Pharmacie Tiradentes* (plan B2, 5) : rua Cláudio Manoel (ou Ouvidor), 32. Ouvert le dimanche.

■ *Hôpital Santa Casa de Misericórdia* (plan A1, 6) : rua Padre Rolim, 344. ☎ 35-51-11-33.

■ *Police civile* : ☎ 35-51-32-22 ou ☎ 190 (police militaire, 24 h/24).

Où dormir ?

Difficile de ne pas trouver une chambre de libre à Ouro Preto. Dès la place Tiradentes, les rabatteurs tentent d'attirer le touriste vers telle ou telle *pousada* tenue par un cousin. On évitera en revanche l'auberge de jeunesse officielle, excentrée et très mal tenue.

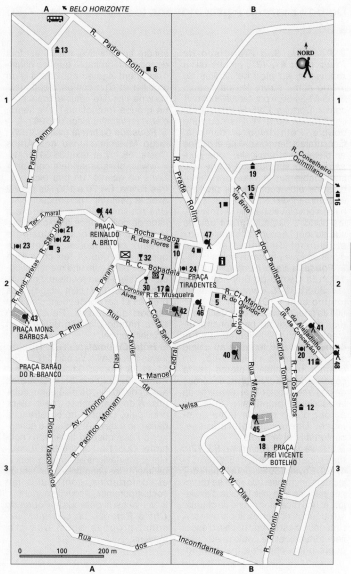

AU NORD DE RIO ET DE SÃO PAULO

OURO PRETO

De bon marché à prix moyens (de 20 à 90 Rls – 7,60 à 34 €)

🛏 *Pousada São Francisco de Paula* (plan A1, *13*) : proche de la *rodoviária,* au pied de l'église du même nom ; suivre les panneaux. ☎ 35-51-34-56. • pousadas@hotmail. com • Dortoirs à 25 Rls par lit, ou compter de 60 à 70 Rls pour une double. Petit déjeuner compris. Construite à flanc de colline en pleine forêt tropicale, cette *pousada* toute simple jouit d'une vue imprenable sur la ville. Les chambres les plus confortables profitent évidemment de cette vue depuis leur balcon privé avec hamac. À l'inverse, les dortoirs basiques n'ont pas de vue du tout ! Accueil très chaleureux et souriant de Vinício et Oliva, d'authentiques routards polyglottes.

🛏 *Pousada Nello Nuno* (plan B1-2, *15*) : rua Camilo de Brito, 59. ☎ et fax : 35-51-33-75. • www.pousadanel lonuno.com • Compter environ 80 Rls pour 2, avec le petit dej'. De la rue, on ne devine pas l'enchaînement de cours intérieures, dont la dernière est une terrasse au calme surplombant la vieille ville. Un charme irrésistible renforcé par la coquetterie des chambres, décorées de couvre-lits colorés et d'œuvres de la délicieuse propriétaire. Petit dej' autour d'une grande table commune. Une excellente adresse, confortable et familiale.

🛏 *Pousada Vila Rica* (plan B3, *12*) : rua Felipe dos Santos, 145. ☎ 35-51-47-29. Environ 50 Rls pour 2, petit dej' inclus. L'immense *Vila Rica* se distingue par une très jolie façade d'azulejos, et une réception pleine de charme aux poutres et pierres apparentes. À l'intérieur, c'est un vrai dédale d'escaliers tortueux et de couloirs aux parquets grinçants. Pas mal d'atmo-

sphère en définitive, mais il est tout de même regrettable que les chambres aient également hérité d'un mobilier et d'un confort d'époque... pour ne pas dire vétuste. Idéal pour un groupe (réductions). D'ailleurs, c'était un internat jusqu'en 1982.

🛏 *Pousada Gabriela* (plan B3, *18*) : largo Musicista José dos Anjos Costa, 58. ☎ et fax : 35-51-47-34. • www.pousadagabriela.com.br • Dans un quartier un peu excentré, très calme. De 70 à 100 Rls pour 2 avec le petit dej' ; prix négociables. Une maison moderne, construite à flanc de colline, face au pic d'Itacolomi, et répartie sur plusieurs niveaux en terrasses. Autant dire que la vue depuis les chambres mérite à elle seule une mention spéciale. Celles-ci se révèlent d'ailleurs confortables (TV, clim', frigo), très propres et par conséquent d'un bon rapport qualité-prix. Petit balcon avec hamac bien agréable. Bon accueil familial.

🛏 *Hôtel Colonial* (plan B2, *10*) : travessa Pe. Camilo Veloso, 26. ☎ 35-51-31-33. Fax : 35-51-33-61. • www. hotelcolonial.com.br • Doubles autour de 90 Rls, petit déjeuner compris. À deux enjambées de la place principale, ce petit hôtel retranché dans une ruelle a l'avantage d'échapper à l'essentiel du tintamarre nocturne. Quant à l'appellation « colonial », elle désigne essentiellement le bâtiment : les chambres, bien tenues et confortables, sont tout à fait contemporaines. Accueil souriant.

🛏 Voir aussi ci-dessous le *Pouso do Chico Rei,* qui, en certaines saisons, propose aussi des prix moyens.

Chic (de 90 à 140 Rls – 34 à 53 €)

🛏 *Hôtel Solar das Lajes* (hors plan par B1, *16*) : rua Conselheiro Quintiliano, 604. ☎ et fax : 35-51-33-88. • www.solardaslajes.com.br • Autour de 100 Rls pour 2, petit dej'

inclus. Le patron parle parfaitement le français, sculpte la pierre et adore les plantes, c'est un passionné ! Sa *pousada* présente du coup un aspect un peu insolite, avec un jardin fleuri étagé où l'on devine certaines de ses œuvres. Elle offre par ailleurs une vue imprenable sur la ville (dont elle est un peu éloignée, puisqu'en hauteur) et possède une belle piscine gardée par une énorme grenouille... en pierre. Les chambres ne dépareillent pas, simples, confortables et très agréables, réparties dans des bâtiments nichés en pleine verdure. Également quelques chambres dans la maison principale, moins chères car sans salle d'eau privée. Une belle adresse, à l'image de l'accueil chaleureux du propriétaire.

🛏 *Casa Grande Pousada (plan B1, 19) :* rua Conselheiro Quintiliano, 96. ☎ 35-51-43-14. ● www.hotelpousa dacasagrande. ● com.br À 200 m de la praça Tiradentes. Compter 120 à 140 Rls pour 2, petit dej' compris. Très belle demeure coloniale : vieux parquets cirés, meubles en bois précieux, jolie façade bleue et blanche... On choisira toutefois les chambres les plus chères (faible différence de prix), pour profiter des balcons et de leur superbe vue sur la ville et le pic d'Itacolomi. Agréable salle de petit dej' avec de larges baies vitrées. Excellent accueil et service élégant.

🛏 *Pouso do Chico Rei (plan A2, 17) :* rua Brigadeiro Musqueira, 90. ☎ 35-51-12-74. Selon le confort et la période (semaine, week-end, saison), de 60 à 160 Rls pour 2, avec le petit dej'. Attention, chef-d'œuvre de *pousada* et lieu d'histoire. Ce *pouso,* c'est-à-dire une auberge pour faire étape, accueillit en son temps Pablo Neruda et Vinícius de Moraes. Du bien beau linge pour une auberge somme toute très rustique, mais si attachante avec son mobilier ancien et sa foultitude de vieux objets... qui en font un véritable musée ! Les chambres sont à l'avenant, à la fois simples et pleines d'atmosphère (douches et toilettes communes pour 3 d'entre elles). Superbe salle de petit déjeuner et salon TV cosy en diable.

Plus chic (plus de 140 Rls – 53 €)

🛏 *Pousada Luxor (plan B2, 11) :* rua Dr. Alfredo Baeta, 16. ☎ et fax : 35-51-22-44. ● www.luxorhoteis.com. br ● Doubles de 180 à 250 Rls, petit dej' inclus. Moins prestigieuse que la célèbre *Pousada do Mondego,* la *Pousada Luxor* doit se contenter de tarifs sages alors qu'elle propose un service sensiblement équivalent. Une injustice dont on profitera sans remords ! Car cette belle demeure historique ne manque pas de ressources : un salon cosy avec cheminée d'angle et tables de jeux, des chambres confortables meublées à l'ancienne, quelques jolis points de vue sur la vieille ville et l'église voisine, et une bonne table sur place. Signalons toutefois que la différence de prix entre les *standard* et les *superior* se justifie uniquement par l'attribution ou non de bains à hydromassage. Pas vraiment indispensable...

Où manger ?

De bon marché à prix moyens (de 5 à 25 Rls – 1,90 à 9,50 €)

|●| *Chocolates Ouro Preto (plan A2, 23) :* rua Getúlio Vargas, 66. ☎ 35-51-73-30. Ouvert de 9 h à 21 h. Tous les gourmands d'Ouro Preto sauront vous indiquer l'adresse de cette maison familiale, connue de longue date pour son chocolat de qualité. Palets ou truffes ? Glacé ou bien chaud ? Chacun y trouvera son petit plaisir, à déguster dans le charmant salon de thé attenant. Également toutes sortes de petits plats pour les becs salés.

|●| *Café & Cia (plan A2, 22) :* rua São José, 187. ☎ 35-51-67-86. Formule *ao kilo* avec un large choix d'entrées et de plats chauds ; dessert et boisson en supplément. Un cadre de

grande brasserie colorée, ouverte par une large baie vitrée donnant sur la rivière. Prix et cuisine corrects.

I●I *Consola's Bar e Pizzaria* (plan B2, 20) : rua da Conceição, 18 (Bairro Antônio Dias). ☎ 35-51-34-22. Ouvert tous les soirs, ainsi qu'à midi le week-end. Fermé le mardi. Ne pas se fier à son apparence des plus ordinaires, ce bistrot de quartier vieillot est une vraie référence dans le coin. On y vient volontiers en famille ou en couple, pour profiter en toute simplicité des excellentes pizzas et des spécialités du Minas concoctées dans un vieux four à bois. Typique.

Plus chic (plus de 25 Rls – 9,50 €)

I●I *Restaurante Chafariz* (plan A2, 21) : rua São José, 167. ☎ 35-51-28-28. Ouvert uniquement le midi ; fermé le lundi. Un « resto-musée » au cadre harmonieux et soigné : murs colorés, photos d'époque, figures pieuses, bibelots... Idéal pour déguster de savoureuses spécialités du Minas préparées par d'authentiques *mammas* expertes. Copieux, mais la maison offre le café et la liqueur pour aider à faire passer le tout. Comme des coqs en pâte ! Service élégant et souriant.

I●I *Casa do Ouvidor* (plan B2, 24) : rua Conde Bobadela, 42. ☎ 35-51-21-41. Après une petite période de flottement, cette vieille enseigne du centre-ville a repris du poil de la bête. Depuis que la patronne est retournée derrière les fourneaux, les plats traditionnels du pays ont à nouveau du goût et retrouvent les faveurs des anciens fidèles. Pour essayer la cuisine bourgeoise à la brésilienne, dans un cadre d'auberge classique et cossue.

Où boire un verre ?

Y *Bardobeco Cachaçaria* (plan A2, 30) : travessa do Arieira, 15. Dans une ruelle à gauche en descendant la rua Direita depuis la praça Tiradentes. Intimiste et chaleureux, ce bar coquet cumule les avantages : ses 60 variétés de *cachaças* feront le bonheur des initiés et des néophytes, tandis que ses concerts de musique brésilienne, toute de miel et de sucre (le vendredi et le samedi), en font un lieu idéal pour conclure la soirée en beauté !

Y *Café Gerães* (plan A2, 32) : rua Direita, 122. ☎ 35-51-14-05. Petit bar à la déco assez étudiée, comme partout ici. Tomettes, meubles et parquet en acajou, service élégant... Bonne ambiance en soirée.

À voir

Ouro Preto peut s'enorgueillir d'un nombre impressionnant d'églises à visiter, toutes plus belles les unes que les autres et chargées d'histoire. Et ce n'est qu'un prélude ! Car ce patrimoine déjà unique en son genre est encore enrichi par de somptueuses demeures seigneuriales abritant quelques musées. Attention, à l'exception du *museu do Oratório,* la plupart des monuments sont fermés le lundi. Vérifiez les horaires, car ils changent régulièrement.

🐾🐾 Explorer toute la ville à pied à partir de la magnifique *praça Tiradentes,* qui en est le cœur palpitant. Sur cette place, l'ancien hôtel de ville, transformé en *musée de l'Inconfidência* (plan B2, 46). Ouvert du mardi au dimanche de 12 h à 18 h. Entrée : 5 Rls. Sur 2 étages, il présente des souvenirs de la conjuration (dont un fragment du pilori sur lequel le héros fut supplicié), ainsi que des objets et œuvres d'art en rapport avec l'histoire de la région (mobilier, art sacré...). Au milieu de la place, un monument dédié à Tiradentes.

🏃🏃🏃 *L'église São Francisco de Assis* *(plan B2, 40)* **:** au-dessous de la praça Tiradentes. Ouvert du mardi au dimanche de 8 h 30 à 12 h et de 13 h 30 à 17 h. Entrée : 5 Rls. Le billet inclus la visite de la *matriz N.S. da Conceição* et du *musée de l'Aleijadinho.* La plus belle église de la ville (construite entre 1766 et 1812) réunit les talents des deux principaux maîtres de l'époque, l'Aleijadinho et Ataíde. Mais ce bijou baroque est surtout considéré comme un chef-d'œuvre de l'Aleijadinho. Il en dessina les plans, en suivit la construction et réalisa presque toute la décoration (la façade complète, dont le fameux médaillon de saint François recevant les stigmates, le retable du maître-autel, les chaires, le lavabo de la sacristie). Passé le porche altier entièrement sculpté en pierre à savon, on est frappé par la beauté du plafond de la nef, réalisé par le peintre Manoel da Costa Ataíde (minutieusement restauré en 1992). Cette peinture baroque aux couleurs chatoyantes représente le triomphe de la Vierge, ici sous les traits d'une femme noire. On découvre aussi un exemple étonnant de tableaux peints sur bois, autour du maître-autel, créant un bel effet de relief.

🏃🏃 *La matriz de Nossa Senhora da Conceição de Antônio Dias* *(plan B2, 41)* **:** praça Antônio Dias, tout en bas, dans le prolongement de la rua Ouvidor. Ouvert du mardi au samedi de 10 h à 12 h et de 13 h 30 à 17 h et le dimanche de 13 h à 17 h. Même ticket que pour São Francisco de Assis. Encore une somptueuse église, réalisée cette fois par le père de l'Aleijadinho, Manuel Francisco Lisboa. La décoration est un exemple parfait de l'art baroque rococo, dans un style ostentatoire, avec des colonnes et des arches surchargées d'anges, d'arabesques et de frises florales. C'est ici que se trouve le tombeau de l'Aleijadinho, sous son vrai nom Antônio Francisco Lisboa.

La sacristie abrite d'ailleurs le petit *musée de l'Aleijadinho,* qui renferme quelques belles pièces, comme ces quatre « lions » sculptés en bois, utilisés pour soutenir le cercueil des personnages illustres d'Ouro Preto représentés sous des traits diaboliques, avec une tête de singe, des oreilles de cochon et un sexe imposant ! La crypte, plus sage, rassemble une collection d'objets liturgiques.

🏃🏃 *L'église Santa Efigênia* *(hors plan par B2)* **:** continuez la route après le musée de l'Aleijadinho, passez le pont, puis grimpez la rue pentue en face, ardue par grosse chaleur. C'est un peu loin, mais l'effort est superbement récompensé par le point de vue sur les environs. Ouvert du mardi au dimanche de 8 h 30 à 16 h 30. Petit droit d'entrée. À l'extérieur, la plus ancienne horloge de la ville (1762). À l'intérieur, magnifique plafond peint et remarquables sculptures sur bois. L'autel est signé par le maître de l'Aleijadinho, Francisco Xavier de Brito. On y reconnaît Santa Efigênia, reine de Nubie choisie à l'époque comme patronne de l'église par la communauté noire d'Ouro Preto.

🏃🏃 Enfin, la petite *chapelle do Padre Faria,* édifiée entre 1701 et 1704, mérite encore un effort. Elle est située au pied de la colline de Santa Efigênia, sur le versant opposé au centre-ville. Ouvert de 8 h 30 à 16 h 30, sauf le lundi. Le plus vieil édifice religieux de la ville serait également celui qui détiendrait l'autel le plus richement doté. Son chœur présente de belles boiseries. Là aussi, abondance de peintures baroques, comme une œuvre admirable figurant le couronnement de Notre-Dame du Rosaire.

En cas de grosse fatigue, possibilité d'attraper sur la placette voisine le minibus local pour regagner la praça Tiradentes.

🏃🏃 *L'église Nossa Senhora do Carmo* *(plan A-B2, 42)* **:** ouvert tous les jours de 9 h (10 h le dimanche) à 17 h. Petit droit d'entrée. Elle date de 1766. On découvre ici un beau portail en pierre à savon et les remarquables sculptures sur bois de la chaire et des balustrades. L'église se démarque toutefois par ses azulejos portugais, rares dans la région, et sa belle sacristie richement décorée. Peintures du plafond intéressantes.

AU NORD DE RIO
ET DE SÃO PAULO

🕯️🕯️ Sur le flanc droit de l'église N.S. do Carmo, le petit *Museu do Oratorio* mérite une halte pour ses collections bien mises en valeur. Ouvert tous les jours de 9 h 30 à 17 h 30. Petit droit d'entrée. Les trois niveaux d'une vieille demeure restaurée rassemblent toutes sortes d'oratoires, plus ou moins imposants et décorés en fonction du rang social du propriétaire. On s'attarde avec plaisir sur quelques curiosités, comme ce modèle incrusté dans une balle de fusil ou cet autre logé dans un œuf d'autruche. Sans doute un Fabergé local !

🕯️🕯️🕯️ En se laissant guider par les charmantes ruelles pentues, on finit par déboucher sur la superbe *église Nossa Senhora do Pilar (plan A2, 43)*. Ouvert de 9 h à 10 h 45 et de 12 h à 16 h 45. Ticket combiné avec le musée à environ 5 Rls. Inaugurée en 1733, cette église surprend dans un premier temps par sa forme curieusement décagonale. Mais elle est surtout célèbre pour ses riches décorations, parmi les plus fastueuses de tout le Brésil. Ses sculptures et ses autels croulant sous les matériaux précieux auraient nécessité plus de 430 kg d'or !
Pour faire bonne mesure, le *museu de Arte sacra* veille sur un autre trésor, dans la crypte : crosses, calices et ostensoirs rappellent la richesse de la ville à l'époque.

🕯️🕯️ Beaucoup d'autres églises à voir (près d'une quinzaine en tout à Ouro Preto). Elles ont chacune leurs caractéristiques et intérêt propres, mais vos jambes risquent de ne plus vous porter. S'il vous reste un peu de souffle, allez tout de même visiter encore la belle *église Nossa Senhora das Mercês e Perdões (plan B3, 45)*. Longtemps délaissée par les touristes, elle renferme pourtant les toutes dernières œuvres de l'Aleijadinho. Les horaires d'ouverture sont toutefois très aléatoires, évoluant au gré des travaux de rénovation. Mais le point de vue depuis le parvis est sublime : face au mystérieux *pico do Itacolomi*, sorte de menhir penché en équilibre au sommet de la montagne, qui servait de point de repère pour les aventuriers chercheurs d'or aux XVIIe et XVIIIe siècles, on embrasse le quartier populaire Antônio Dias, l'*église des esclaves Santa Efigênia* et l'*église Matriz de Nossa Senhora da Conceição*. À vos appareils photo ! Dans un tout autre genre, l'église *do Rosário dos Pretos (hors plan par A2)* intrigue avec son plan étonnant en forme d'ellipse. La décoration intérieure est nettement moins marquante, même si l'on appréciera une statue de sainte Hélène attribuée à l'Aleijadinho.

🕯️🕯️ *La casa dos Contos (plan A2, 44)* : rua São José, 12. Ouvert tous les jours de 10 h (14 h le lundi) à 18 h, et de 10 h à 16 h le dimanche. Entrée : 3 Rls. L'une des plus belles maisons baroques de la ville, dotée d'un splendide portail de pierre et hérissée de balcons en fer forgé bien dans l'esprit de la fin du XVIIIe siècle. Son histoire n'est pas des plus reluisantes. Le percepteur de l'époque, Macedo, en difficulté financière, loua sa maison aux troupes chargées de réprimer la révolte connue sous le nom de *Inconfidência Mineira*. C'était en... 1789. Du coup, la maison devint une prison pour les chefs de la « conspiration ». Toujours endetté, Macedo perdit pour de bon sa demeure, qui fut transformée en fonderie d'or et trésorerie royale (le *conto* est une ancienne monnaie). Elle abrite dans ses beaux salons un petit musée de la monnaie et une bibliothèque, doublés d'une collection d'objets de la vie quotidienne exposée dans les caves.

🕯️ *La mina do Chico Rei (hors plan par B2, 48)* : rua Dom Silvério, 108. Dans la rue à gauche, juste après l'église *N.S. da Conceição*. Ouvert tous les jours de 8 h à 17 h. Entrée : 5 Rls. Creusée au XVIIe siècle, cette mine fut, selon la légende, cédée à Chico Rei et aux esclaves par le Portugais Henrique Lopes de Araújo. La visite, courte, est nettement moins intéressante (aucun historique ou commentaire technique) et « confortable » que celle des mines de Passagem *(mina de Ouro)*, près de Mariana : boyaux étroits et boueux que l'on traverse souvent courbé. S'habiller en conséquence et ne pas être claustrophobe !

🎥 *Le museo de Ciência e Técnica (musée des Sciences et Techniques ; plan B2, 47) :* praça Tiradentes, 20. En face du musée de l'Inconfidência. Ouvert du mardi au dimanche de 12 h à 17 h. Entrée : 5 Rls. L'ancien palais des gouverneurs, vaste citadelle dessinée par Manuel Francisco Lisboa en 1741, est connu comme l'un des plus grands musées de minéralogie au monde. Mais pas seulement ! Les amateurs s'enthousiasmeront pour les collections de minéraux et de pierres précieuses présentées dans une demi-pénombre, mais le grand public appréciera les salles consacrées à l'histoire naturelle (fossiles...), la métallurgie (maquettes, outils...) et bien sûr à la mine. Il y a même une section de galerie reconstituée ! Éclectique et divertissant, mais ce sont sans doute les soirées astronomie organisées le samedi (de 20 h à 22 h) qui laisseront les plus beaux souvenirs.

Achats

Ouro Preto est réputée pour son commerce de pierres précieuses. On trouve pas mal de boutiques autour de la praça Tiradentes, qui se valent toutes. Comparez et, surtout, exigez un certificat de garantie.

🎨 Pour acheter de beaux objets et de la vaisselle artisanale réalisés en pierre à savon, nous vous conseillons la boutique *Milagre de Minas,* rua Antônio de Albuquerque, 16. Située à l'écart du centre touristique et proche de l'église N.S. do Pilar, on y trouve de belles pièces façonnées par les artisans de Cachoeira do Brumado (à 25 km) pour un prix très honnête, ainsi qu'une variété de plus de 100 *pingas.*
– Devant l'église São Francisco de Assis, petit *marché* très touristique. Pas très intéressant à notre avis.

Festival

– *Festival do Inverno e Semana da Cidade :* en juillet. C'est la plus grande fête d'Ouro Preto et certainement du Minas. Nombreux concerts sur la praça Tiradentes et dans toute la ville, avec des pointures de la musique régionale et quelques stars de la pop brésilienne. Spectacles de rue, démonstrations de capoeira, de *batucada...* Pendant un mois, toute la ville s'anime et devient un pôle artistique bouillonnant, très prisé des artistes et de la jeunesse mineira.

➤ DANS LES ENVIRONS D'OURO PRETO

MARIANA *(47 000 hab. ; ind. tél. : 031)*

Située à 12 km d'Ouro Preto (nombreux bus), cette charmante ville coloniale recèle quelques belles demeures et plusieurs églises dignes d'intérêt. Forcément ! C'est par ici que fut découverte la première pépite d'or, ce qui conduisit tout naturellement les colons à choisir le site pour y fonder la toute première capitale de l'état. Elle est aujourd'hui un peu oubliée et peu visitée : il fait bon flâner dans ses rues tranquilles, réveillées en fin de journée lorsque la jeunesse afflue vers les troquets de la place Gomes Freire.
Vous y trouverez un petit *office du tourisme* (sur la place, à la descente du bus ; ouvert en semaine et le samedi matin), ainsi qu'une *poste* et des *distributeurs d'argent* (sur la place de la cathédrale).

Où dormir ? Où manger ?

On peut y faire une étape, mais on ne séjourne pas à Mariana... ce que démontre la faiblesse de l'offre hôtelière.

🛏 **Hôtel Central :** rua Frei Durão, 8. ☎ 35-57-16-30. Prévoir 50 Rls pour 2, petit dej' compris. Stratégiquement localisée sur la jolie place Gomes Freire, cette petite pension sans fard profite d'une situation de quasi-monopole dans une ville pauvre en infrastructures hôtelières. C'est pourquoi ses chambres vraiment sommaires (équipées toutefois d'une douche, de w.-c. et de la TV), mais assez bon marché, sont souvent prises d'assaut par les employés des firmes locales ; le week-end, c'est plus facile.

🛏 **Pousada Gamarano :** rua Raimundo Gamarano, 1. ☎ et fax : 35-57-18-35. ● gamarano30@hotmail.com ● Compter environ 80 Rls la double. Agrippée à flanc de colline, cette villa coquette profite d'une vue dégagée sur la vieille ville et les environs. De quoi récompenser les opiniâtres qui franchissent les 15 à 20 mn de marche depuis le centre ! Les chambres sont par ailleurs une autre bonne surprise, confortables (douche, TV, frigo...) et meublées avec un brin de personnalité.

🛏 **Hôtel Providencia :** rua Dom Silvério, 233. ☎ et fax : 35-57-14-44. ● www.hotelprovidencia.com.br ● Compter environ 100 Rls pour 2, petit dej' inclus. Ce beau bâtiment à la façade bleu et blanc abritait jadis un couvent. Il en reste quelque chose dans l'atmosphère sereine et la grande chapelle briquée avec soin, mais les chambres n'ont plus rien de l'austérité monacale. Réaménagées de façon confortable, elles sont équipées d'un ventilo, de la TV, de douche et de toilettes. Piscine... providentielle en été !

🍴 **Chocolates Ouro Preto :** rua Dom Viçoso, 9. ☎ 35-57-45-87. Ouvert de 9 h 30 à 19 h 30. Ceux qui connaissent déjà la fameuse maison familiale d'Ouro Preto retrouveront avec plaisir cette succursale. Cadre tout aussi coquet, impeccable pour savourer une tarte au chocolat et un bon café.

À voir

🏛 **Le musée de l'Archidiocèse :** rua Frei Durão. ☎ 35-57-25-16. Ouvert en semaine de 9 h à 12 h et de 13 h 30 à 17 h, jusqu'à 14 h le week-end. Situé dans une jolie bâtisse de 1756. L'un des plus riches musées d'art sacré du Minas Gerais : mobilier, peintures (Ataíde), sculptures (Aleijadinho)...

🏛 **La cathédrale de Sé :** praça D. Cláudio Manoel. Ouvert du mardi au dimanche de 7 h à 18 h. La plus belle et la plus ancienne église de la ville (érigée entre 1709 et 1760) combine les trois grandes périodes du baroque. On y distingue notamment les travaux de l'Aleijadinho, venu en voisin, et de Manuel da Costa Ataíde, natif de la ville. Chaque vendredi à 11 h et le dimanche à 12 h 15, l'admirable orgue baroque de fabrication allemande revit pour des concerts ouverts à tous (petite participation).

🏛 **L'église São Francisco de Assis :** praça Minas Gerais. Ouvert du mardi au dimanche de 9 h à 12 h et de 13 h 30 à 17 h. Petit droit d'entrée. L'église possède une façade remarquable inspirée de l'Aleijadinho (1777). C'est ici que le grand maître Manuel da Costa Ataíde est enterré. En sortant de l'église, remarquez, au centre de cette jolie place, le triste pilori (ou *pelourinho*, vestige des temps esclavagistes) ; il n'en reste plus que deux encore debout dans le pays.

LES MINES D'OR DE PASSAGEM

🎯🎯 À 4 km de Mariana, sur la route d'Ouro Preto (nombreux bus locaux entre les deux localités). ☎ 35-57-50-00. Ouvert tous les jours de 9 h à 17 h 30 (17 h les lundi et mardi). Entrée : 17 Rls, donc (trop) chère. L'activité de cette mine d'or légendaire s'est arrêtée en 1985. Considérée comme la plus ancienne et la plus riche du Minas. On estime officiellement à 35 t l'or extrait depuis le début du XVIIIᵉ siècle... mais si l'on tient compte des prélèvements officieux il s'agirait peut-être du double ! Visite (40 mn environ) d'une petite partie des galeries, avec arrêt photo devant un oratoire pour les mineurs et un lac souterrain, le tout agrémenté de commentaires détaillant les étapes du procédé d'extraction. Intéressant, à condition d'avoir quelques notions de portugais. Dans le cas contraire, c'est la descente insolite en funiculaire qui sauve les meubles. Difficile de résister à cette balade dans un wagonnet en bois brinquebalant, qui descend jusqu'à 120 m de profondeur ; ambiance *Indiana Jones...*

CONGONHAS   44 000 hab.   IND. TÉL. : 031

Petite ville coloniale présentant uniquement un intérêt pour les amoureux des œuvres de l'Aleijadinho (voir, plus haut, le chapitre « Ouro Preto »). Elle puise son origine, non dans la ruée vers l'or, comme Ouro Preto, mais dans le vœu d'un riche diamantaire malade qui y fit construire un sanctuaire sur une colline, aujourd'hui lieu d'un pèlerinage très fervent et populaire dans tout le Brésil, la deuxième semaine de septembre.

AU NORD DE RIO ET DE SÃO PAULO

Arriver – Quitter

➤ *Liaisons avec Belo Horizonte :* en bus avec la *Cⁱᵉ Viação Sandra* (☎ 32-01-29-27). Trois à quatre liaisons par jour. À noter qu'il est possible de faire l'aller-retour dans la journée, Congonhas n'étant qu'à 60 km environ de Belo Horizonte (1 h de trajet).

Où dormir ? Où manger ?

🛏 🍴 *Colonial Hotel :* praça da Basílica, 76. ☎ 37-31-18-34. Compter de 80 à 110 Rls pour 2, avec le petit dej'. Côté resto prévoir de 15 à 30 Rls pour 2. Si vous passez par hasard la nuit à Congonhas, profitez des charmes de cette vieille demeure coloniale, simple mais bien tenue. Le bâtiment est très lumineux et de nombreuses chambres donnent directement sur la basilique. La maison fait aussi restaurant, avec des plats très copieux servis dans une agréable salle antique.

À voir

🎯🎯🎯 *L'église de Bom Jesus de Matozinhos :* l'église est fermée le lundi, mais tout le site (parvis, etc.) reste en accès libre. Située au sommet d'une colline, elle fut élevée en 1758, et l'Aleijadinho acheva sa décoration extérieure de 1795 à 1805. Elle comprend de splendides peintures, mais son intérêt véritable réside dans le travail du sculpteur qui y investit ses dernières forces avec une passion dévorante. Sur l'*adro*, le parvis de l'église, l'Aleijadinho a exécuté douze statues, en pierre à savon, représentant les prophètes qui annoncent la venue du Christ. Le travail de l'artiste est prodigieux, notamment dans le modelé des chevelures et le détail des vêtements.

Un peu plus bas se succèdent six chapelles symbolisant les six étapes, ou *passos,* de la Passion du Christ. On visite le site en remontant un chemin pavé qui mène solennellement jusqu'à l'église entourée des 12 prophètes, dominant le paysage. On ne peut visiter les chapelles, mais l'intérieur est parfaitement visible à travers les vastes portes à croisées. Dans la 1re, on admire la représentation de la Cène : grandeur nature, on y voit le Christ entouré des douze apôtres. Les visages, les gestes sont graves, dramatiques, devant la révélation que l'un d'entre eux va trahir. La 2e chapelle renferme la scène du jardin des Oliviers, où l'on peut admirer la statue imposante, accrochée au mur, de l'ange tenant le calice des amertumes. Dans la 3e, on découvre l'arrestation de Jésus par les Romains, ces derniers caricaturés. La 4e chapelle illustre les scènes de la flagellation et du couronnement d'épines, la 5e, le chemin de croix. Les statues de la dernière chapelle représentent véritablement le chant du cygne de l'artiste et l'apogée de son génie. Les souffrances endurées pour leur exécution sont perceptibles dans le rayonnement tragique des visages et des attitudes. Son style s'est ostensiblement éloigné du baroque pour tendre vers l'expressionnisme. Les traits disproportionnés des soldats sculptés traduisent la haine de l'Aleijadinho vis-à-vis des Portugais. Chacune des postures est une critique sournoise des colonialistes.

Le « Petit Estropié » ne sculpta plus après ce dernier message. Il mourut dix ans plus tard, aveugle et paralysé, après avoir donné à l'Amérique latine une de ses œuvres les plus grandioses. Visiter aussi la *salle des miracles,* qui contient les centaines d'ex-voto déposés chaque année, à l'occasion du pèlerinage, l'un des plus importants au Brésil.

DIAMANTINA
44 000 hab.   IND. TÉL. : 038

Isolé à plus de 300 km de Belo Horizonte, Diamantina donne l'impression d'un village du bout du monde déposé comme par mégarde au milieu de sévères montagnes. Le hasard n'y est évidemment pas pour grand-chose... Au début du XVIIIe siècle, la découverte d'importantes mines de diamants a conduit les Portugais à s'implanter en force et à développer la région. Ce sera l'âge d'or de Diamantina. Aujourd'hui oubliée du grand public, malgré un formidable coup de projecteur lorsque l'enfant du pays, Juscelino Kubitschek, fut élu président de la République, cette séduisante cité n'a rien perdu de son charme colonial. Ses ruelles encaissées sont toujours grossièrement dallées, bordées de maisons étroitement serrées qui ne cèdent la place qu'aux adorables églises. C'est ce qui lui a valu d'être inscrite au Patrimoine mondial de l'humanité, sans perdre au change la tranquillité et l'authenticité qui la caractérise. À la différence de beaucoup d'autres cités historiques du Minas...

Arriver – Quitter

En bus

🚌 La *gare routière* est située à moins de 10 mn du centre, largo Dom João, 134. ☎ 35-31-91-76.

➢ *Liaisons avec Belo Horizonte :* environ 6 bus directs par jour, de 6 h à 1 h, avec la Cie Viação Passaro Verde (☎ 35-31-14-71). Prévoir 6 h de trajet.

➢ *Liaisons avec Rio :* la Cie Transnorte (☎ 91-16-03-30) garantit 1 bus, via Curvelo, les mardi, jeudi, vendredi et dimanche. Départ en soirée. Prévoir 10 h de trajet.

➢ *Liaisons avec Brasília :* pas évident. Gagner d'abord Curvelo, pour y attraper une correspondance.

➤ *Liaisons avec São Paulo :* 1 bus quotidien, en fin de journée, avec *Gontijo* (☎ 35-31-14-30). Durée : environ 13 h.

Adresses utiles

🏛 *Secretatria de Cultura et Turismo :* praça Antônio Eulálio, 53, dans une rue parallèle à la place du vieux marché couvert. ☎ 35-31-95-32. ● www.diamantina.com.br ● Ouvert en semaine de 9 h à 18 h, le samedi de 9 h à 17 h et le dimanche de 9 h à 12 h. Plan de la ville et horaires des monuments.

✉ *Poste :* rua do Bonfim, 59 A, en face de l'église du même nom.

■ *Distributeurs Banco do Brasil* accessibles 24 h/24 sur la place de la cathédrale (derrière le chevet).

Où dormir ?

🛏 *Pousada Gameleira :* rua do Rosário, 209. ☎ 35-31-19-00. Compter environ 30 Rls par personne, petit dej' inclus. C'est d'abord la belle situation de cette vieille maison qui retient l'attention : à quelques enjambées à peine de la place principale, mais face à la charmante et paisible praça do Rosário. Puis la qualité de l'accueil et des prestations confirme cette première bonne impression. Le jardin de curé est impeccable à l'heure de l'apéro, tandis que les chambres vieille école s'avèrent bien entretenues et agréables... à condition de n'avoir rien à redire aux crucifix suspendus au-dessus des lits !

🛏 *Reliquias do Tempo :* rua Macau de Baixo, 104. ☎ 35-31-16-27. Fax : 35-31-63-71. ● www.pousadareliquias dotempo.com.br ● Prévoir 110 Rls pour 2, petit dej' compris. Attention les yeux ! Plus qu'une simple *pousada,* cette superbe adresse ressuscite le charme des vieilles demeures coloniales et l'atmosphère des jours anciens. Ici, chaque détail semble raconter une histoire, comme le gramophone et les vieilles valises dans l'entrée, les tables de jeu dans le salon cosy, ou la chapelle attenante à la salle à manger rustique... Et pour en savoir plus, direction le petit musée privé. Du coup, les chambres pourtant agréables paraissent presque trop simples. Un comble !

🛏 *Pousada do Garimpo :* av. da Saudade, 265. ☎ 35-31-10-44. ● www.pousadadogarimpo.com.br ● Compter de 110 à 130 Rls la double. Retirée à la lisière de la vieille ville, cette belle demeure a curieusement choisi l'option de la modernité à celle du charme de l'ancien. Si les chambres, confortables mais très neutres, peuvent décevoir, on se consolera avec la piscine, le sauna et la très jolie vue sur les montagnes. Excellent accueil.

Où manger ? Où boire un verre ?

|●| *Grupiara :* rua Campos Carvalho, 12. ☎ 35-31-38-87. Fermé le lundi soir. Cette vieille enseigne a les faveurs des mineiras depuis ses débuts. Ses plats régionaux tout simples se dégustent sans plus de façon dans une petite salle de bistrot.

|●| *O Garimpeiro :* av. da Saudade, 265. ☎ 35-31-10-44. Ouvert le soir en semaine, midi et soir le week-end. La meilleure adresse de la ville si l'on a quelque chose à fêter. Les plats à base de produits locaux sont parfaitement maîtrisés, et servis avec la manière dans une vaste salle très classique.

🍸 Les troquets à l'ancienne mode rencontrés au hasard de vos pérégrinations vous donneront certainement envie de faire une pause, mais c'est la placette piétonne à l'angle de la rua Carvalho et de la rua Quitanda (juste derrière la place de la cathédrale) qui rassemble le plus d'animation. Chaque soir, les jeunes de Diamantina investissent les terrasses et picorent différents petits plats jusqu'à une heure tardive. L'***Apocalypse Point*** est généralement le plus apprécié du lot.

À voir

Comme toute ville ancienne qui se respecte, Diamantina s'organise à partir de sa place principale, d'où rayonne un maillage étroit de ruelles pittoresques. La *catedral Metropolitana* occupe bien sûr la place d'honneur. Toutefois, si les lourdes tours hissées au-dessus des toits ne manquent pas de cachet, la visite du sanctuaire ne s'impose pas en raison de la pauvreté de la décoration.

🚶🚶 *Le museu do Diamante :* rua Direita, 14, derrière la cathédrale. ☎ 35-31-13-82. Ouvert du mardi au samedi de 12 h à 17 h 30 et le dimanche de 9 h à 12 h. Petit droit d'entrée. Une ville née de la ruée vers le diamant sans musée sur le sujet, cela ferait désordre... Et pourtant, celui-ci se définit plutôt comme un musée d'art et de traditions populaires. Situé dans une jolie bâtisse de 1749, il égrène au gré de ses belles salles des collections d'art sacré, des armes, du mobilier ancien du Minas Gerais, des entraves pour rappeler l'esclavage, et, l'honneur est sauf, quelques pierres dans un antique coffre-fort... Un peu fourre-tout mais plein de petits trésors.

🚶🚶 *La casa da Glória :* rua da Glória, 298. ☎ 35-31-13-94. Ouvert du mardi au dimanche de 13 h à 18 h. Petit droit d'entrée. C'est la carte postale la plus vendue de la ville ! Difficile d'échapper à ces deux bâtiments blanc et bleu (le premier du XVIIe siècle, le second du XIXe siècle) réunis par un passage couvert en bois à l'italienne. Après avoir longtemps appartenu à l'évêché, cet ensemble original abrite désormais l'institut de géologie. On y verra quelques vitrines de minéraux et une petite collection de photographies anciennes.

🚶🚶 *L'église Sr. do Bonfim dos Militares :* rua do Bonfim. Ouvert du lundi au samedi de 8 h à 12 h et de 14 h à 18 h. Petit droit d'entrée. Cette petite église, construite par les militaires d'Arrail do Tejuco vers 1771, est sans doute la plus attachante de Diamantina. De proportions harmonieuses, elle renferme un bel autel baroque richement décoré et d'admirables peintures polychromes sur bois. Mais ce qui rend la visite inoubliable, c'est la possibilité de grimper dans le vénérable clocher pour admirer la superbe vue sur la ville. Gare aux marches de guingois et à la cloche suspendue à hauteur des têtes !

🚶🚶 *L'église N.S. do Carmo :* rua do Carmo. Ouvert du mardi au samedi de 8 h à 12 h et de 14 h à 18 h et le dimanche de 8 h à 12 h. Petit droit d'entrée. Les observateurs ont-ils remarqué ce qui cloche ? Eh bien, c'est justement l'emplacement de la cloche qui intrigue, repoussée curieusement à l'arrière de l'église. Le commanditaire aurait cédé aux caprices de la belle Chica da Silva (voir ci-dessous), sans doute inquiète pour ses siestes ! Toutefois, cette belle église érigée entre 1760 et 1784 est également réputée pour ses remarquables peintures et son orgue baroque.

🚶🚶 *L'église N.S. do Rosário dos Pretos :* largo do Rosário. Ouvert du mardi au samedi de 8 h à 12 h et de 14 h à 18 h et le dimanche de 8 h à 12 h. Petit droit d'entrée. Considérée comme le plus vieux sanctuaire de la ville, cette petite église inaugurée en 1728 a surtout l'avantage d'être située sur une place très pittoresque. Sa décoration intérieure se révèle d'une élégante simplicité.

En revenant sur vos pas, petit détour obligatoire par la *capela imperial do Amparo.* On y observe parfaitement l'influence du rococo sur le style baroque développé dans la région.

🎥🎥 *Le mercado municipal :* praça de Guaicuí. Une balade à Diamantina serait incomplète sans une halte au vieux marché. Le samedi, lorsque les paysans et les artisans disposent leurs étals colorés sous les arches en bois, c'est toute l'âme de cet arrière-pays qui s'offre sans retenue, un patrimoine commun de traditions rurales.

🎥 Ceux qui ont encore un peu de temps et d'énergie iront jeter un coup d'œil à la *casa de Chica da Silva,* praça Lobo de Mesquita, 266, une maison coloniale typique où vécurent un riche entrepreneur et son esclave affranchie, la célèbre Chica da Silva. Les expositions qu'elle abrite sont toutefois nettement moins fascinantes que la maison elle-même (ouverte du mardi au samedi de 12 h à 17 h 30 et le dimanche de 9 h à 12 h ; gratuit).

🎥 Enfin, les admirateurs s'en voudront de ne pas visiter la *casa de Juscelino Kubitschek,* maison natale du grand homme, rua São Francisco, 241. Ouvert du mardi au samedi de 9 h à 17 h et le dimanche de 9 h à 12 h. Petit droit d'entrée. Objets personnels et photos anciennes : la panoplie classique de ce genre de musée.

LE CENTRE-OUEST

Cette région est longtemps restée la plus lointaine limite du pays, son « bout du monde ». Son essor date de la construction de Brasília (1960), qui draina des millions d'habitants et développa un vaste réseau de transports. Équipée aujourd'hui de routes goudronnées qui la relient au reste du pays, elle voit ses villes croître rapidement par le biais de l'exploitation de ses ressources minières (surtout aurifères), de l'agriculture et de l'élevage.

Pourtant, ses grands espaces, sa faune et sa flore d'une richesse inouïe exhalent encore un extraordinaire parfum de terre sauvage.

Si Brasília est une étape possible pour comprendre l'utopie du Brésil moderne, le Mato Grosso et surtout le Pantanal sont sans aucun doute la plus merveilleuse rencontre avec la nature que vous offrira le Brésil. Sans oublier les immensités arides du Cerrado, les hauts plateaux de l'État de Goiás, avec ses montagnes dorées et sa végétation étrange.

BRASÍLIA

2 300 000 hab.   IND. TÉL. : 061

La voilà donc cette capitale, cette aventure architecturale et économique, cette cité créée au milieu de nulle part... Il semblerait que les Brésiliens continuent de la payer... Est-elle un ex-chef-d'œuvre architectural ouvert sur le futur ou un scandale moral et financier, une victime de la folie utopique des hommes ? À l'époque, toute cette école inspirée par Le Corbusier pouvait apparaître novatrice. On a l'impression que tout ça a bien mal vieilli. L'idée même, d'ailleurs : les habitants sont confinés dans des ensembles d'immeubles dignes d'une triste banlieue française. Les avenues sont d'une largeur inhumaine : elles sont naturellement interdites aux piétons. D'ailleurs, on ne marche pas dans Brasília, on se déplace en voiture ou en bus. L'animation se concentre dans d'immenses *shopping centers* modernes qui étalent leurs galeries marchandes et bruyantes sur plusieurs étages. Et cette forme d'avion donnée à la ville... Peut-on vivre dans le symbolisme au point que tout conditionne, compartimente votre vie ? À l'époque, il fallut payer double les fonctionnaires pour qu'ils acceptent, contraints et forcés, de quitter « la plus belle ville du monde », Rio ! On les comprend... Les ambassades étrangères mirent plusieurs années à s'installer et manifestèrent une évidente mauvaise volonté à s'expatrier dans ce Sertão perdu. Le gouvernement brésilien dut en menacer certaines de rupture diplomatique pour les décider.

Cela dit, à Brasília, on parle d'un autre mode de vie, plus calme, plus proche de l'environnement, bref, plus naturel. Il est vrai que la nature omniprésente est des plus attrayantes et que le béton et les distances en ville inciteraient à la sagesse intérieure... Mais la ville se cherche un avenir : du coup, elle est à la pointe de tout ce qui est sectes et *new age*... Annonce-t-elle le futur ou est-elle déjà du passé ? La question se pose toujours. Mais est-ce bien séduisant aujourd'hui pour le routard de passage ? Lisez, regardez des photos, faites-vous une idée de ce que vous voulez voir... et de ce que vous allez voir ! Si la curiosité vous démange, ou si vous êtes fou d'architecture, alors cette ville-musée bien spéciale qu'est Brasília est peut-être pour vous.

UN PEU D'HISTOIRE

L'idée de décongestionner la côte, surpeuplée et trustant toute l'activité économique, fut de tout temps la préoccupation des empereurs et des présidents du Brésil. Ce fut Juscelino Kubitschek qui décida, en 1956, de la construction de Brasília. Le Sertão, région très pauvre et peu peuplée, fut choisi symboliquement pour démontrer la volonté du gouvernement de développer toutes les régions du Brésil et d'intégrer les plus défavorisées à l'économie nationale.

La conception et la réalisation en furent confiées à l'architecte Oscar Niemeyer et à l'urbaniste Lucio Costa. Au début des travaux, les premiers bulldozers et sacs de ciment furent parachutés. On défricha des milliers de kilomètres carrés et un immense lac artificiel de 42 km de long fut créé. La ville se construisit en quatre ans, le président Kubitschek ayant souhaité la voir achevée avant la fin de son mandat. Une urgence, une course contre la montre... L'inauguration se déroula le 21 avril 1960, jour anniversaire de la mort de Tiradentes.

L'URBANISME DE BRASÍLIA

Le plan de Brasília rappelle la forme d'un avion. Cela apparaît clairement quand on arrive par les airs. Les ailes en seraient l'axe routier courbe nord-sud *(eixo rodoviária)* et le fuselage serait l'axe dit « des monuments publics », en est-ouest. La tête et la queue de l'« avion » partent en s'effilant, tandis qu'à l'intersection des ailes et du fuselage on trouve la gare routière.

De part et d'autre de l'axe routier (conçu pour de grandes vitesses avec voies pour autos, camions et autobus) s'alignent les *superquadras* ou blocs d'habitations, puis, au bord du lac, les ambassades. À l'intersection de quatre *superquadras*, une école et une église. Les centres commerciaux, hôtels et restaurants sont regroupés par quartiers. Si les habitations ne font guère qu'un étage de hauteur, les hôtels ou les administrations atteignent souvent les trente étages.

Sur l'axe des monuments s'élèvent tous les ministères et toutes les institutions : Assemblée nationale, Sénat, Cour suprême, les banques et les grandes firmes.

Du haut de la tour de télévision, le panorama sur l'ensemble est intéressant. Ce qui frappe, ce sont les distances énormes, et puis la dispersion des édifices, des monuments, des blocs d'immeubles... De loin en loin, les nombreux chantiers témoignent du dynamisme de cette cité en constante évolution. Pour preuve, le nouveau pont dessiné par Alexandre Chan, élu plus bel ouvrage civil de l'année en 2003, ou encore la bibliothèque et le musée d'Histoire inaugurés en avril 2006 par l'infatigable... Niemeyer. Respect !

Le mode de vie des Brasíliens

Dans le projet des architectes et urbanistes, Brasília devait symboliser le mode de vie idéal du futur. Les axes routiers qui traversent la ville ont été tracés suffisamment larges et sans croisements à niveau pour éviter embouteillages et feux de signalisation. Chaque bloc résidentiel, prévu pour 3 000 personnes, fut construit à l'écart du flux des voitures avec un maximum de pelouses, son école, son église, son marché, sa poste, tous les commerces et artisans nécessaires à la vie du bloc. Bref, tout avait été conçu pour assurer le bien-être de ses habitants. Cependant, beaucoup de clubs, cinémas et équipements socioculturels, pourtant prévus, ne furent pas réalisés. La vie sociale de quartier ne s'est pas greffée sur ces conditions matérielles « idéales ». Un pesant ennui reste l'impression principale. Les gens vivent chez eux, dans l'anonymat de grands ensembles sans âme. Brasília détient, de fait, le record des divorces au Brésil. Aujourd'hui, les fonctionnaires qui travaillent ici doivent assurer quatre ans de présence avant d'être en droit de retrouver les flots bleus de Rio. Ce qui devait être le melting-pot des classes sociales s'est, à l'évidence, vidé de son contenu. Les loyers devenus trop chers et le coût de la vie trop élevé ont chassé les plus démunis à la périphérie. Ils ont rejoint ceux qui survivent dans les cités provisoires réalisées pour les ouvriers du chantier de Brasília. Des bidonvilles se sont même édifiés, habités par ceux qui, malgré tout, espèrent un travail et se moquent des considérations idéologiques et des problèmes d'urbanisme. Ainsi, prévue pour 400 000 habitants, Brasília en compte aujourd'hui plus de 2 000 000 avec ses villes satellites (29 au total).

Il est évidemment tentant de juger vite cette expérience unique en matière de conception d'urbanisme. Pour les initiés, l'audace architecturale des bâtiments publics et des monuments sera sans doute stupéfiante. Les gamins nés ici, à la différence de leurs parents, s'acclimatent facilement à leur ville, n'ayant pas connu d'autre mode de vie. Déjà, les adolescents jugent la cité bien moins sévèrement qu'il y a dix ans. Pour eux, impossible de vivre dans l'enfer de São Paulo. Les notions de silence, d'espace et d'absence de pollution sont devenues des éléments indispensables dans leur cadre de vie. Cette cité fascinera les uns et hérissera les autres ou, pire, elle les ennuiera... Le comble, pour cette ville qui s'est voulue en avance sur son temps, c'est qu'elle peut laisser totalement indifférent.

Le véritable « héros » de Brasília : Niemeyer

C'est lui qui assura véritablement l'originalité de la ville... pour les visiteurs. L'urbanisme de Lucio Costa, sans cette architecture prodigieuse, eût été désincarné, invivable. Le principe fondamental qui guida Niemeyer se résume à ceci : « L'architecture n'est pas un simple problème technique d'ingénieur, mais une manifestation de l'esprit, de l'imagination, de la poésie. » En clair, on va au-delà du principe d'adaptation de la forme à la fonction et aux techniques existantes, pour une utilisation maximale des possibilités de tous les matériaux. Ses recherches allèrent donc dans le sens de l'expression de l'originalité des constructions, mais en tenant compte de leur équilibre personnel et de leur intégration dans l'ensemble... sans jamais pour autant engendrer la monotonie !

Les techniques employées furent d'abord la matérialisation de symboles, par exemple « la garde géante de l'épée » devant le ministère de l'Armée de terre, la couronne d'épines-cathédrale, le thème du portique utilisé dans de nombreux édifices et qui évoque les colonnades grecques, etc. Puis l'utilisation massive des ruptures de rythmes, de volumes et de niveaux. Niemeyer disait : « J'ai éloigné les colonnes des palais, je les ai faites avec des courbes et des droites, en permettant au public de se promener entre elles, surpris par des points de vue si différents. » Niemeyer réussit ainsi à combiner ses sources classiques et ses inspirations personnelles, le tout lié par le lyrisme débridé et la force démesurée que lui donnaient l'ampleur du projet et l'enjeu du pari. Résultat : Brasília est une ville de contrastes. Aux lignes droites et « fonctionnelles » conçues par Costa s'opposent les courbes surprenantes et souvent audacieuses des monuments de Niemeyer.

Arriver – Quitter

En avion

✈ **L'aéroport international de Brasília** est situé à environ 10 km à l'ouest du centre-ville. ☎ 33-64-90-00. Liaisons directes et quotidiennes avec toutes les grandes villes du pays.

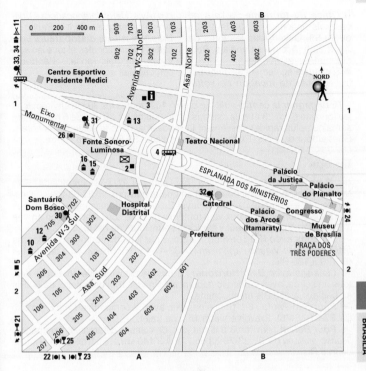

BRASÍLIA

BRASÍLIA

■ **Adresses utiles**

ℹ Office du tourisme Setur
🚌 Gare routière (rodoferro-viária)
✉ Poste
1 Banco do Brasil
2 Air France, Tam et change de l'hôtel Nacional
3 Varig
🚌 4 Bus de la ville (rodoviária)
5 Alliance française

⚠ 🏠 **Où dormir ?**

10 Pousada JK
11 Auberge de jeunesse et camping de Brasília
12 Pousada Brasília
13 Mirage Hotel
15 Hôtel das Nações et Hôtel Bristol

16 Naoum Plaza Hotel

|●| 🍸 **Où manger ? Où boire un verre ?**

21 Beirute
22 Xique Xique
23 Bier Fass
24 Churrascaria do Lago
25 Libanus
26 Spettus

🎯 **À voir**

30 Église Dom Bosco
31 Tour de télévision
32 Cathédrale
33 Mémorial Juscelino Kubits-chek
34 Mémorial des Peuples indigènes

☐ *Office du tourisme :* à l'arrivée des vols nationaux. ☎ 33-64-91-35 ou 94-88. Ouvert tous les jours de 7 h à 23 h. Accueil en anglais. Peut aider à trouver un hôtel.

■ S'y trouve également les principales agences de *location de voitu-res (Avis, Hertz, Interlocadora...),* différentes *banques* (dont la *Banco do Brasil*), plusieurs *distributeurs* pour cartes internationales et tous les *services* habituels (poste, téléphone, compagnies aériennes...).

– *Pour gagner le centre-ville :* le bus n° 102 (toutes les 30 mn environ, tous les jours de 6 h à 23 h) et le minibus n° 30 (toutes les 30 mn, de 6 h à 20 h en semaine ; plus rapide) desservent la *rodoviária,* dans le secteur des hôtels. Billet autour de 3 Rls. En taxi, compter environ 50 Rls pour le centre.

En bus

☐ *Gare routière (rodoferroviária ; hors plan par A1) :* à l'extrémité de l'Eixo Monumental, av. W3 Sul (tout à fait en queue d'avion). ☎ 33-63-22-81. Dessert toutes les grandes villes du pays. En période de vacances, nombreux bus supplémentaires. Mieux vaut toutefois prendre son billet dès son arrivée à Brasília ; sans quoi il peut y avoir plusieurs jours de délai.

➤ *Liaisons avec Rio :* environ 2 à 3 bus par jour, de confort et de classes différents, avec *Viação Itapemirim* (☎ 33-41-45-05). Prévoir 18 h de trajet et de 120 à 180 Rls.

➤ *Liaisons avec Belo Horizonte :* 5 bus de classes différentes par jour, tous en soirée, avec la *Viação Itapemirim.* Prévoir 10 h de trajet et de 80 Rls en basique à 150 Rls en couchette.

➤ *Pour São Paulo :* 6 à 10 bus par jour, avec la compagnie *Real Expresso* (☎ 33-61-18-76). Prévoir environ 15 h de trajet.

➤ *Pour Belém :* environ 3 bus par jour, de classes différentes. Compagnie *Transbrasiliana* (☎ 32-33-75-63 ou 72). À 2 140 km et 36 h de trajet ! Autour de 220 Rls.

Comment se déplacer ?

➤ *En bus :* à la *rodoferroviária,* prendre le bus *Circular n° 131,* « Ponte Norte », pour rejoindre la *rodoviária central (plan A1, 4).* ☎ 33-27-46-31. On y trouve tous les bus urbains indiqués dans la rubrique « À voir ».

➤ *En taxi :* cher, mais c'est le meilleur moyen pour voir le maximum de choses, en toute autonomie. *Rádio Táxi Brasília* (☎ 33-22-20-90) ou *Rádio Táxi Turismo* (☎ 33-25-30-30). Disponibles 24 h/24.

➤ *En tour organisé :* selon ses désirs et ses moyens, on pourra opter pour une visite en groupe (une quinzaine de personnes environ) ou individuelle. L'office du tourisme dispose d'une liste de guides officiels. Sinon, *Aerovan* (☎ 33-40-92-51 ; pas de bureau, ils viennent vous chercher directement à votre hôtel), ou *Delpho's Turismo* (CLN 104, bloco D ; ☎ 33-28-99-68) sont deux agences sérieuses qui organisent tous les jours des circuits d'une demi-journée (en anglais ou espagnol). Prévoir environ 70 Rls par personne.

Adresses utiles

Informations touristiques

☐ *Office du tourisme Setur (plan A1) :* Edificio Empresarial Varig, SCN, Quadra 4, bloco B, salle 502. ☎ 34-29-76-00. ● www.setur.df.gov. br ● Ouvert du lundi au vendredi de 9 h à 17 h. Généralement, il y a quelqu'un qui parle l'anglais. Cartes et brochures sur la ville.

🔟 Autres *points d'informations :* à la tour de la télévision et au *Brasília Shopping Center* (ouvert du mardi au

dimanche de 9 h à 17 h), ainsi qu'à l'aéroport (beaucoup plus efficace !).

Poste et télécommunications

✉ *Poste (plan A1) :* dans le secteur sud des hôtels (setor hoteleiro sul). ☎ 33-17-15-04. Ouvert du lundi au vendredi de 9 h à 17 h. Fait poste restante.

■ *Téléphone international :* à l'aéroport et à la gare des bus.
@ *At Work (plan A1) :* dans le *Pátio Brasil Shopping Center,* couramment appelé *Pátio Brasil.*

Argent, change

■ *Banco do Brasil (plan A2, 1) :* agência Venâncio 2000, dans le *Pátio Brasil* (setor comercial sul, quadra 07). ☎ 32-24-89-26. Ouvert du lundi au vendredi de 11 h à 16 h.
■ *Change de l'hôtel Nacional (plan A1, 2) :* ouvert tous les jours de 15 h à 23 h. Dollars et chèques de voyage. De manière générale, dans les hôtels, taux et commissions plus

intéressants que dans les banques.
■ *Distributeurs :* un peu partout, capitale brésilienne oblige, et plus particulièrement dans les *shopping centers.*
■ *American Express :* à l'ambassade des États-Unis. ☎ 33-21-22-09. Mêmes horaires que l'ambassade (voir plus bas).

Représentations diplomatiques

Prendre les bus qui passent sur L2 Sul.

■ *Ambassade de France :* SES, av. das Nações, Qd 801, lote 04. ☎ 33-12-91-00. Fax : 33-12-91-08. ● www. ambafrance.org.br ● À côté de l'ambassade des États-Unis. Ouvert du lundi au vendredi de 8 h 30 à 11 h 30 ; uniquement sur rendez-vous l'après-midi.
■ *Ambassade de Belgique :* SES, av. das Nações, Qd 809, lote 32. ☎ 34-43-11-33. Fax : 34-43-12-19. ● www.belgica.org.br ● Ouvert du lundi au jeudi de 8 h 30 à 13 h et de 14 h à 17 h et le vendredi de 8 h à 13 h.
■ *Ambassade de Suisse :* SES, av. das Nações, Qd 811, lote 41. ☎ 34-

43-55-00. Fax : 34-43-57-11. ● www. dfae.admin.ch/brasilia_emb ● Ouvert du lundi au jeudi de 9 h à 11 h 30 et le vendredi de 9 h à 14 h.
■ *Ambassade du Canada :* SES, av. das Nações, Qd 803, lote 16. ☎ 31-21-21-71. Fax : 33-21-45-29. ● www.dfait-maeci.gc.ca/brazil ● Ouvert du lundi au jeudi de 8 h à 13 h et de 14 h à 17 h 30 et le vendredi de 8 h 30 à 14 h.
■ *Ambassade des États-Unis :* SES, av. das Nações, Qd 801, lote 03. ☎ 312-70-00. ● www.embaixa da-americana.org.br ● Ouvert en semaine de 13 h 30 à 15 h 30.

Urgences

■ *Hôpital de base do DF :* setor hospitalar sul. ☎ 33-25-50-50.
■ *Ambulances :* ☎ 192.
■ *Pharmacies ouvertes 24 h/24 :*

Drogaria Rosário, 116 Norte (☎ 33-49-83-26) ; ou 102 Sul (☎ 33-23-59-01). *Pharmacie de garde :* ☎ 132.
■ *Police :* ☎ 190.

BRASÍLIA

Transports aériens

■ *Air France (plan A1, 2)* : SHS, galerie de l'*hôtel Nacional,* lojas 39-40. ☎ 32-23-41-52. Ouvert du lundi au vendredi de 9 h à 12 h et de 14 h à 18 h.
■ *Tam (plan A1, 2)* : même adresse qu'*Air France,* lojas 36-37. ☎ 33-22-64-00. À l'aéroport : ☎ 33-65-10-00.

Ouvert en semaine de 8 h à 18 h 30 et le samedi de 8 h à 12 h.
■ *Varig (plan A1, 3)* : centro Empresarial Varig, SCN, quadra 04, bloco B, torre A. ☎ 21-09-11-69 ou 12-25. Ouvert du lundi au vendredi de 8 h 30 à 18 h. À l'aéroport : ☎ 33-64-92-19.

Divers

– Se procurer *Sete,* l'agenda culturel hebdomadaire de Brasília, que l'on trouve dans la plupart des hôtels, ou le magazine *Tablado,* à l'Alliance française.

■ *Alliance française (hors plan par A2, 5)* : SEP-Sul E.Q. 708, lote AW4, près de l'école française François-Mitterrand. ☎ 32-42-75-00. ● www.afbrasilia.org.br ● Ouvert du lundi au vendredi de 8 h à 21 h 30 et le samedi de 8 h à 12 h. Dynamique. Propose bien sûr une bonne sélection de livres et de journaux français, organise également des expos temporaires (photos, gravures), des ateliers théâtre, des dégustations de vins et quelques concerts

(gratuit). Cafétéria sympa dans un agréable patio fleuri.
■ *Centres commerciaux :* au centre-ville. Ils offrent tout ce que peut imaginer la société de consommation. Le plus grand est le *Conjunto Nacional,* près de la *rodoviária.* Vous pouvez aussi aller voir *Park Shopping, Venâncio 2000* ou encore le récent *Pátio Brasil.* Petits restos sympas et quelques bonnes affaires à réaliser.

BRASÍLIA

Où dormir ?

ATTENTION : il arrive que de pseudo guides cherchent à vous conduire à un hôtel plutôt qu'à un autre, prétextant que les autres sont complets à cause des congrès.
Brasília n'est pas une ville faite pour les touristes, mais pour les congressistes et les *businessmen.* Résultat : beaucoup d'hôtels 3 étoiles assez chers, mais pas grand-chose pour les routards. Cela dit, la plupart de ces établissements cassent les prix le week-end (de 50 à 60 % de remise !), lorsque toute leur clientèle habituelle rentre sagement à la maison. Par ailleurs, depuis quelque temps se développe une hôtellerie parallèle, directement chez l'habitant, beaucoup moins chère et bien plus sympa.

CAMPING – AUBERGE DE JEUNESSE

⋊ ⌂ ■ *Auberge de jeunesse et camping de Brasília (hors plan par A1, 11)* : SRPN, quadra 02, lote 02. ☎ 33-43-05-31. Fax : 33-44-91-91. ● hibsb@opendf.com.br ● À environ 10 km du centre. Prendre le bus n° 131 depuis la *rodoferroviária,* ou le n° 143 depuis la *rodoviária.* Compter près de 30 Rls par personne avec

la carte, sinon 40 Rls. Camping à partir de 10 Rls par personne, douche et petit déjeuner compris. Une bonne auberge de jeunesse récente, propre et bien tenue. Chambres familiales ou dortoirs de 6 lits, avec ventilos, salle de bains et w.-c. Possibilité de faire la cuisine, de laver son linge et de se connecter à Internet.

Derrière le bâtiment s'étend un grand carré de gazon qui fait office de terrain de camping, où une petite poignée d'arbres procurent un peu d'ombre. Pas mal tout ça, même si l'ensemble manque franchement d'atmosphère et de caractère.

HÔTELS

Prix moyens (de 50 à 70 Rls – 19 à 26,60 €)

▲ *Pousada Brasília (plan A2, 12) :* av. W3 Sul, quadra 703, bloco A, casa 73. ☎ 33-21-13-14 ou 98-89. Doubles de 50 à 60 Rls, petit déjeuner compris. Cette gentille *pousada* a tout de la maison de poupée : tout est minuscule, du salon aux chambrettes basiques, mais bien tenu et agrémenté de bibelots d'un kitsch très sûr. Douches et toilettes communes correctes. Accueil familial sympathique.
▲ *Pousada JK (plan A2, 10) :* av. W3 Sul, quadra 704, bloco G, casa 55. ☎ 33-23-99-08. Doubles aux environs de 60 Rls, petit déjeuner compris. Plutôt moins austère que ses concurrentes, cette *pousada* de quartier se distingue par ses chambres de taille convenable, souvent rehaussées de parquet. Douches et toilettes communes acceptables. Beaucoup de voyageurs apprécient la maison pour son atmosphère conviviale, notamment en fin de journée lorsque les résidents se réunissent dans le salon pour commenter l'actualité. Sans prétention.

Très chic (de 90 à 200 Rls – 34 à 76 €)

Il n'y a pas d'hôtels pas chers. Il faut donc les mettre dans la catégorie très chic même si on se demande parfois pourquoi...

▲ *Mirage Hotel (plan A1, 13) :* setor hoteleiro norte, quadra 02, bloco N, non loin de la tour de TV. ☎ et fax : 33-28-71-50. ● www.miragehotel.com.br ● Doubles aux environs de 110 Rls ; tarif négociable. Ce petit hôtel bien situé s'est payé le luxe d'un vaste hall... en rognant sur la taille des chambres. Dommage. Celles-ci se révèlent toutefois correctes pour le prix, un tantinet austères mais bien tenues (TV, ventilo...). Quant aux mirages, l'absence de clim' en plein été devrait faire son petit effet ! Penser à réserver, car il est souvent complet. Mais préciser que l'on veut une chambre avec fenêtre et pas en dessous de la cuisine ou de la salle à manger, très bruyantes à partir de 5 h 30. N'accepte pas les cartes de paiement.
▲ *Hôtel das Nações (plan A1, 15) :* SHS, quadra 4, bloco I. ☎ 33-22-80-50. Fax : 32-25-77-22. ● www.hoteldasnacoes.com.br ● Près de l'Executive Tower. Chambres doubles à partir de 75 Rls et pouvant grimper jusqu'à 190 Rls pour les plus spacieuses. Grand building de béton, le matériau local ! Mais çà et là, quelques signes de fatigue apparaissent... ce qui permet de négocier sans trop de difficulté le tarif des chambres, certes convenables, mais vraiment vieillottes. Bon accueil.
▲ *Hôtel Bristol (plan A1, 15) :* SHS, quadra 4, bloco F. ☎ 33-21-61-62. Fax : 33-21-26-90. ● www.bristolhotel.com.br ● Doubles autour de 200 Rls (officiellement). L'un des meilleurs rapports qualité-prix dans cette catégorie intermédiaire : des chambres *seventies* de taille raisonnable (décorées de granit et de marbre un tantinet tape-à-l'œil), un petit resto agréable et, cerise sur le gâteau, une piscine toute ronde qui coiffe le toit de l'immeuble. Toit ouvrant pour satisfaire les amateurs de bronzette !

BRASÍLIA

Très très chic (plus de 300 Rls – 114 €)

🛏 *Naoum Plaza Hotel* (plan A1, *16*) : SHS, quadra 5, bloco H. ☎ 33-22-45-45. Fax : 33-22-49-49. ● www.naoumplaza.com.br ● Pas moins de 350 Rls pour une chambre « standard » ; réductions intéressantes le week-end. Dans le genre super-chic et super-classe, c'est le meilleur du centre-ville. Il a un petit cachet que les autres ne cherchent même pas à avoir... Les chambres crème sont rehaussées de bois sombre et de meubles cossus, et flanquées de balcons. Prestations à la hauteur de l'établissement : piscine, sauna, librairie, deux restos, dont un japonais (signe extérieur de richesse). En prime, une délicate fragrance embaume l'atmosphère.

Où manger ? Où boire un verre ?

Attention, beaucoup de restos ferment le lundi soir. À midi, un peu partout dans le centre, stands ambulants pour acheter une *marmitex* (plat en alu contenant le plat du jour, toujours à base de riz et de haricots).

De bon marché à prix moyens (de 5 à 30 Rls – 1,90 à 11,50 €)

|●| 🍷 *Beirute* (hors plan par A2, *21*) : SCLS 109, bloco A. ☎ 32-44-17-17. Ouvert tous les jours. Bon pied bon œil, ce resto syro-libanais n'a pas pris une ride après 30 ans de bons et loyaux services. Les fidèles de la première heure se font plus rares, forcément, mais les nouvelles générations plébiscitent à leur tour ses *kibeirutes* et ses plats brésiliens. Son cadre aéré en fait d'ailleurs un lieu de rendez-vous idéal ! Ça boit, ça cause, ça drague un peu aussi, surtout en soirée lorsqu'il fait moins chaud pour apprécier pleinement la terrasse sous les arbres...

|●| *Xique Xique* (hors plan par A2, *22*) : CLS 107, bloco E, loja 2. ☎ 32-44-57-97. Ouvert tous les jours. Quel habitant de Brasília n'a jamais entendu parler de ce vaste kiosque vitré, posé stratégiquement en bordure d'un petit parc ombragé ? Les amateurs de *carne de sol* ne ratent pas une occasion pour goûter à la fameuse *completa*, LA spécialité de la maison ; à croire qu'il n'y a que ça ! Mais la carte propose bien d'autres plats fort sympathiques, par exemple le *queijo do sertão* (fromage cuit). La cuisine est bonne, la réputation est solide, l'affluence est là ! Chic *Xique* alors !

|●| *Churrascaria do Lago* (hors plan par B2, *24*) : SHTN conjunto 1, lote A. ☎ 33-06-22-65. À environ 4 km du centre. Ouvert uniquement pour le déjeuner. Formule à volonté pour environ 30 Rls. JK (pour les intimes) avait offert cet emplacement de choix à un ami... qui eut tôt fait d'y installer l'un des tout premiers restaurants de Brasília. Pas folle la guêpe ! Car cette vaste salle est rapidement devenue un incontournable, d'autant plus que le *rodizio* de viandes n'a rien à envier aux meilleures tables. Mais rassurez-vous, ses petites paillotes en bordure du lac Paranoá offrent beaucoup plus de quiétude.

|●| 🍷 *Bier Fass* (hors plan par A2, *23*) : Pontão do Lago Sul. ☎ 32-48-15-19. Fermé le lundi midi. Situé dans le secteur sud du lac, le Pontão (Lago Sul) est un charmant parc dont les allées ombragées épousent la forme du rivage... Certains soirs, des concerts en plein air ajoutent à l'atmosphère conviviale du site. C'est dire si ce resto a bien choisi son emplacement ! En terrasse ou dans la salle ourlée de baies vitrées, on profite à la fois de la vue et d'une cuisine internationale correcte mêlant les pâtes, les pizzas et les plats

locaux à quelques spécialités germaniques.

|●| ▼ *Libanus (plan A2, 25)* : SCLS 206, bloco C, loja 36. ☎ 32-44-97-95. Ouvert tous les jours. Un endroit très sympa pour prendre un verre, avec sa grande véranda prolongée par une terrasse en bordure d'un parc. Le lieu ne s'anime toutefois qu'en fin d'après-midi et en soirée. On peut aussi y déguster une bonne cuisine... libanaise (tiens donc ?). Pas mal de choix et qualité régulière.

Plus chic (de 30 à 50 Rls – 11,50 à 19 €)

|●| *Spettus (plan A1, 26)* : setor hoteleiro sul, quadra 05, bloco E. ☎ 32-26-83-27. À deux pas de la tour de télévision. Ouvert tous les jours. Formule à volonté à 45 Rls. Les vendredi et samedi soir, le buffet est à prix moyens. Pour beaucoup d'hommes d'affaires et de touristes, un séjour à Brasília serait incomplet sans une visite au *Spettus*. Son *rodizio* est probablement l'un des meilleurs de la ville, mais son buffet est certainement le plus complet : salades sur commande, poissons, spécialités japonaises... Il faut faire plusieurs fois le tour avant de se décider ! Son cadre de vaste brasserie chic est nettement plus neutre, malgré un coin salon agréable pour le café.

À voir

Bien sûr, vous pouvez vous débrouiller tout seul pour visiter la ville, mais franchement, ce n'est pas pratique du tout. Il est plus aisé de négocier avec un taxi ou de prendre un tour organisé par une agence (voir « Comment se déplacer ? »). Évitez le week-end, certains édifices publics sont fermés. Enfin, sachez que tous les monuments et les musées de la ville sont gratuits, à l'exception du mémorial de Kubitschek.
Vous l'avez compris, pas moyen de déambuler au gré de son humeur comme dans Rio ou même São Paulo. L'approche de la ville consiste à passer en revue les nombreux édifices publics, chacun d'eux étant construit avec une audace architecturale sans cesse renouvelée.

🏃🏃🏃 *L'église Dom Bosco (plan A2, 30)* : av. W3 Sul, quadra 702. Bus nos 107 et 105. À gauche de la tour de télévision, près des *pousadas*. Ça tombe bien, c'est ce qu'on a préféré. Visite obligatoire ! Ouvert de 7 h à 18 h (le dimanche, de 7 h à 12 h et de 15 h à 20 h). La plus belle architecture intérieure du Brasília monumental. Pas nécessaire d'être baptisé pour l'apprécier. Les « murs » de l'église sont composés de haut en bas de milliers de morceaux de verre bleu et mauve dans toutes les nuances. L'effet de luminosité est fantastique. Un sentiment de paix extraordinaire se dégage de l'ensemble. Ce fut la première œuvre et le coup de maître d'un jeune architecte, Carlos Alberto Neves. Un lustre énorme (2,6 t) en cristal de roche sert de contrepoids à la structure. S'il n'existait pas, le plafond éclaterait vers l'extérieur. C'est ce que disent certains. D'autres affirment que le lustre ne fut installé que trois ans après la construction de l'église.

🏃🏃 *La tour de télévision (plan A1, 31)* : sur l'Eixo Monumental. Bus no 131. Ouvert de 9 h à 18 h (14 h le lundi). Avec 224 m de hauteur, son seul intérêt est le point de vue qu'elle livre de son 2e étage, à 75 m. Ça permet d'avoir un début d'approche de l'urbanisme de Brasília. Ascenseur gratuit, quand il marche, pour la plateforme. En face de vous, les deux *tours du Congrès* avec, sur la gauche, le Sénat (bol renversé) et la Chambre des députés (bol droit). Juste devant, au premier plan, au centre, la *gare des bus* et, de chaque côté, deux centres commerciaux, les plus grands d'Amérique du Sud. C'est le lieu le plus vivant de la ville. Les immeubles identiques qui courent en parallèle sont les différents ministères. Devant eux, la cathédrale (en couronne) à droite et le *Teatro Nacional* à gauche. De l'autre côté du lac, au loin, une forêt de maisons basses aux toits rouges forme le quartier résidentiel (sénateurs, députés, ministres...).

De chaque côté partent les ailes de l'avion, les quartiers d'habitation. Plus on est pauvre, plus on est logé au bout des ailes. Beaucoup plus loin, on aperçoit quelques cités satellites, longues séries d'habitations sommaires construites à la hâte pour les immigrants venus du Nordeste. Ces logements n'étaient pas prévus dans le plan initial de la ville.

De l'autre côté (dos aux ministères), le *Convention Center,* au toit incurvé, abrite l'office du tourisme. Juste à côté, en forme de faucille, le *mémorial Kubitschek.* Enfin, au pied de la tour, la section des hôtels et des banques. Noter les nombreux espaces verts encore vacants qui devraient recevoir, petit à petit, de nouvelles installations hôtelières. Marché artisanal au pied de la tour et tout petit *musée de Pierres précieuses* à l'intérieur.

🏶🏶🏶 *La cathédrale (plan B2, 32) :* bus n° 108. Ouvert de 8 h à 18 h (17 h le lundi). Avec son dôme en forme de couronne d'épines, c'est le plus bel exemple d'union libre heureuse entre le verre et le béton. À l'extérieur, l'accueil est assuré par les évangélistes, quatre belles sculptures signées par le fameux Alfredo Ceschiatti. La galette posée un peu plus loin sur la gauche abrite (qui l'eût cru ?) les fonts baptismaux. L'intérieur se présente sous la forme d'un faisceau d'arches de béton où s'intercalent des vitres laissant entrer le ciel. Des anges suspendus à des filins semblent flotter dans l'espace. Noter la disproportion de leur taille, qui accentue la perspective et la notion d'espace. Au-dessus de l'autel, un œuf (ou embryon) symbolise la vie, tandis que la vieille croix exposée sur le côté est celle qui servit le jour de la première messe dite à Brasília, le 3 mai 1957. Pour la petite histoire, la ville de Tolède envoya, en 1968, quatre cloches destinées au clocher de la cathédrale. Elles n'arrivèrent jamais. Des rumeurs attribuent leur détournement à la femme de Franco dont l'avarice était légendaire. Effet acoustique garanti en se parlant à distance le long des parois.

🏶🏶 *Le palácio d'Itamaraty (plan B2) :* esplanade des Ministères. ☎ 34-11-61-48. Bus n°s 108 et 104. Visites guidées de 14 h à 16 h 30 en semaine et de 10 h à 15 h 30 les week-ends et jours fériés. Après la succession monotone des quinze ministères, parallélépipèdes identiques (pas de jalousie entre eux), le ministère des Affaires étrangères, appelé encore *Itamaraty* (du nom de l'ancien ministère à Rio), apparaît. C'est l'un des plus « élégants » édifices de Brasília. Des colonnes en arches fines et élancées surgissent de l'eau et paraissent se prolonger dans son reflet, donnant à l'ouvrage une harmonieuse légèreté. Dans le bassin, une sculpture moderne figurant un météore et symbolisant les cinq continents. La visite, assez peu palpitante en définitive, présente les différents salons meublés de façon très hétéroclite.

À côté de l'Itamaraty, un long bâtiment de 1962 dont la façade se compose de centaines de carrés jaunes, orange et bruns. Il est l'œuvre de Sergio Bernades, l'architecte favori du président Quadros, qui ne voulait pas que Niemeyer fût totalement le maître d'œuvre de Brasília. L'ensemble est assez laid et ne s'intègre pas réellement.

🏶🏶 *La praça dos Três Poderes (plan B2) :* on y trouve les trois pouvoirs du pays (judiciaire, législatif et exécutif). Nombreux édifices à l'architecture intéressante. Tout d'abord, celui qui abrite le *Sénat* et la *Chambre des députés,* formé de deux bâtiments curieusement collés l'un à l'autre et de deux immenses « bols », l'un tourné vers le ciel, représentant la Chambre des députés, l'autre retourné, symbolisant le Sénat. Certains habitants de Brasília racontent avec malice que celui de gauche « bouillonne d'idées » et que l'autre « étouffe les propositions ». D'autres prétendent que le bol renversé symbolise les sénateurs rassasiés, et le bol droit les députés qui réclament à manger. C'est là que les députés préparèrent, en 1988, la nouvelle Constitution. La visite prend tout son intérêt lors d'une session. Bus n°s 108 et 104.

🏃 *La Cour suprême :* bus n°s 108 et 104. Visite le week-end, de 10 h à 14 h ; visite possible en semaine à condition d'être en costard-cravate. Une architecture élégante aux proportions parfaites. Devant, une statue de la Justice aux yeux bandés.

🏃 *Le palácio do Planalto* (plan B2) *:* le palais présidentiel, juste en face. Il est gardé par les *dragons de l'indépendance,* des soldats d'apparat en grand uniforme blanc. Visites guidées le dimanche, de 9 h à 14 h.

🏃 *La statue des Candangos :* à l'extrême pointe de l'Eixo Monumental. Célèbre la mémoire des pionniers, ces milliers d'ouvriers venus défricher le terrain et élever les premières murs.
À côté, le *Museu da Cidade* (rien à voir) et l'*Espaço Costa* (sous la place : immense maquette de la ville).

🏃 *Le panteão da Pátria* (monument de la Liberté) *:* derrière, fermant l'ensemble. Réalisé par Niemeyer et inauguré en 1986 en l'honneur de Tancredo Neves à qui les militaires donnèrent le pouvoir en 1984. Il mourut juste avant son investiture. Le monument rappelle l'envol d'une colombe, ainsi que la forme du Brésil. À l'intérieur, belle fresque représentant le martyre de Tiradentes. À côté du bâtiment, la curieuse sculpture en forme de pince à linge n'est pas un monument... mais un pigeonnier ! Les mauvaises langues prétendent que le président Quadros aurait commandé ce colombier à Niemeyer en hommage à sa femme, d'origine très modeste, et qui avait été lavandière...

🏃 *Le palácio da Justiça* (plan B1-2) *:* en remontant vers le centre, à droite. ☎ 34-29-34-01. Bus n° 108. Visites guidées en semaine de 9 h à 11 h et de 15 h à 17 h. Façade animée par de monumentales gargouilles placées à des hauteurs différentes et déversant l'eau dans un bassin.

🏃 *Le palácio da Alvorada* (hors plan par B2) *:* situé au bord du lac Paranoá. L'une des premières constructions, édifiée avant que le plan de Brasília ne fût définitivement établi, ce qui explique sa situation excentrée. Œuvre de Niemeyer. Ses colonnades blanches sont célèbres. C'est là que réside le président (deux drapeaux sont hissés lorsqu'il est présent, un seul s'il est en déplacement).

🏃 *Le Teatro nacional* (plan A-B1) *:* entre la *rodoviária* et le ministère de la Culture et de l'Éducation. ☎ 33-25-61-05. Ouvert de 9 h à 20 h. Le plus grand d'Amérique du Sud. Sa forme est inspirée d'une pyramide aztèque.

🏃 *Le palácio do Buriti :* situé au nord, à droite de l'empennage de « l'avion ». Bus n° 131. Siège de l'administration fédérale, il ne se visite pas.

🏃🏃 *Le ministère de l'Armée de terre* (Quartel General) *:* célèbre pour son énorme garde d'épée, monument symbolisant l'épée de Caxias, l'un des plus grands militaires que connut le pays. L'acoustique à l'intérieur est diabolique. Les généraux qui y font leur discours n'utilisent pas de micro, comme Tino.

🏃🏃 *Le quartier des ambassades,* sur l'avenida das Nações, se révèle également intéressant à visiter. Chaque ambassade a été construite par des architectes différents, plus ou moins dans le style de chaque pays. Ainsi, celle d'Espagne ressemble à un Alhambra de béton et celle de Suède se répartit en quelques chalets de forêt tout simples.

🏃🏃 *Le mémorial Juscelino Kubitschek* (hors plan par A1, 33) *:* Eixo Monumental Oeste, pl. de Cruzeiro. ☎ 32-25-94-51. ● www.memorialjk.com.br ● Bus n° 131. Ouvert du mardi au dimanche de 9 h à 18 h. Entrée : 4 Rls. J. Kubitschek salue le visiteur de la main du haut d'une faucille. On pense alors à l'anecdote du général qui présida à son inauguration, celui-là même qui... l'arrêta au début de la dictature.

À l'intérieur, expos sur l'histoire de Brasília, et, bien entendu, sur la vie de l'ancien président. Au rez-de-chaussée, exposition d'objets personnels et reconstitution fidèle de sa bibliothèque, qui contient près de 3 000 bouquins. Remarquez l'importante collection de livres de médecine en français et les 9 ouvrages de Shakespeare, datant de 1820, offerts par la reine d'Angleterre. Accroché au mur, l'ordre national de la Légion d'honneur française décerné à Kubitschek, le 12 janvier 1956. Mais c'est à l'étage que le mémorial prend toute sa dimension ! On a l'impression de pénétrer dans une véritable crypte. La lumière est discrète et se diffuse avec parcimonie. L'atmosphère est envoûtante, un brin pesante. Notez le tombeau, au centre du mémorial, d'un luxueux dépouillement à la limite du kitsch (toutes les lettres du mot « kitsch » sont d'ailleurs contenues dans le nom de l'ancien président). On comprend alors un peu mieux la vie et l'œuvre gigantesque de cet homme... Le sentiment que Brasília est le résultat d'un rêve fou, teinté de mégalomanie, s'empare inexorablement des esprits...

🎯🎯 *Le memorial dos Povos Indígenas* *(mémorial des Peuples indigènes ; hors plan par A1, 34) :* Eixo Monumental Oeste, pl. de Buriti. ☎ 32-26-52-06. En face du mémorial J. Kubitschek. Ouvert du mardi au vendredi de 9 h à 17 h et le week-end de 10 h à 17 h. Ce musée très intéressant présente la collection d'une anthropologue anglaise qui vécut plusieurs années parmi les Indiens. Superbes masques, poteries, sculptures, parures aux plumes multicolores, etc. Accueille aussi des objets provenant d'autres musées indigènes du monde entier. Se renseigner : le musée organise parfois différents spectacles de danse indienne dans le patio.

Loisirs

– *Parque da Cidade :* très grand parc situé en pleine ville. Piscine à vagues.
– *Água mineral Parque nacional :* à 8 km du centre en roulant vers l'ouest sur l'Eixo Monumental. Les habitants de Brasília y passent leurs week-ends. Petites chutes d'eau minérale et deux larges piscines naturelles. Parfois, des petits singes viennent timidement jusqu'à l'orée de la forêt mendier de la nourriture.

Fêtes et manifestations

– *Foire d'artisanat :* les samedi et dimanche, et pendant les vacances, de 8 h à 17 h, au pied de la tour de télévision. On y trouve des produits provenant de différentes régions. Très touristique.
– *21 avril :* anniversaire de la ville.
– *Juin :* durant tout le mois, c'est la *festa Junina* ; ensemble de manifestations populaires et culturelles qui se déroulent dans des lieux et des quartiers différents selon les jours. Se renseigner sur le programme.
– *12 octobre :* fête de *Nossa Senhora Aparecida,* sainte patronne de Brasília.

GOIÁS VELHA ET L'ÉTAT DE GOIÁS

Le district fédéral de Brasília est enclavé dans l'État de Goiás, haut plateau aride, socle du Brésil continental, situé entre les États de Bahia à l'est, du Minas Gerais au sud-est et du Mato Grosso à l'ouest. Le grand fleuve

Araguaia, ancienne mer intérieure, forme cette dernière frontière avant de se jeter, avec le rio Tocantins, dans le delta de l'Amazone, quelque 2 600 km plus au nord. Si la capitale actuelle de Goiás, *Goiânia,* ne présente aucun intérêt (sauf pour changer de bus, depuis Brasília ou Cuiabá, par exemple), la région, avec son ancienne capitale historique, *Goiás Velha,* la *serra Dourada* et le *rio Araguaia,* offre certains des plus beaux sites du Brésil central, sur la route du Mato Grosso.

LA NATURE ET LES HOMMES : LE CERRADO

Tout ce haut plateau aride barré de chaînes montagneuses est un maquis d'une sécheresse extrême, dont la végétation est unique au monde. C'est le Cerrado, pays où les arbres sont si durs qu'ils ne brûlent pas. L'eau semble absente, et pourtant les arbres pullulent, petits, secs, serrés et obstinés... car l'eau est bien là, mais à des dizaines de mètres sous terre. Aussi les arbres développent-ils sous la roche des racines tenaces, parfois dix fois plus grandes que leur taille aérienne. En hiver, les éleveurs mettent le feu au Cerrado, qui brûle sur des milliers d'hectares : herbes, broussailles, branches et écorces s'enflamment, mais le cœur des arbres, dur comme le fer et gorgé d'eau, indifférent aux flammes, reste intact et ils redeviennent vivaces à l'arrivée du printemps. C'est ici la terre de l'*ipé,* l'ébène verte, arbre emblématique brésilien, dont les fleurs violettes, rouges ou jaunes, selon l'espèce, éclosent fin août-début septembre dans le paysage brûlé. Des centaines d'espèces d'arbres donnent des fruits spécifiques au Cerrado, fruits âpres, à la chair parfois remplie d'échardes, comme le *pequi* à la couleur orangée qui agrémente la cuisine goiánia. Dans ce paysage assoiffé, l'eau jaillit du centre de la terre, dans les failles du plateau et de la montagne, en multiples torrents et *cachoeiras* miraculeuses, dans des trouées soudaines et éparses de verdure luxuriante. De ces gaves descendent des rivières rapides, comme si elles fuyaient cette terre aride, pour se jeter, tel le beau *rio Vermelho* qui traverse Goiás Velha, dans le puissant fleuve *Araguaia.*

C'est essentiellement une terre d'élevage, sur des propriétés de milliers d'hectares, et il n'est pas rare de rencontrer sur les routes des troupeaux de 5 000 ou 6 000 buffles en transhumance, accompagnés de leurs *vaqueiros* (cowboys) aux airs de cavaliers farouches. L'homme du Cerrado est celui de ces grands espaces brûlés de soleil, où, à la moindre pluie, en quelques minutes, la nature verdit et fleurit comme par enchantement.

Ici, quelle que soit la saison, il fait chaud. Les températures d'août atteignent souvent 30 à 35 °C en plein hiver, et l'été se différencie surtout par ses fabuleux orages, dont les déluges sont absorbés, aspirés, asséchés en quelques minutes par la terre et les plantes.

GOIÁS VELHA (VILA BOA)   27 000 hab.   IND. TÉL. : 062

Classée au Patrimoine historique de l'humanité par l'Unesco, la ville de Goiás – aussi appelée Vila Boa, et ses habitants, les Vilaboenses – est parmi les plus jolies et les mieux préservées des villes historiques du Brésil. C'est aujourd'hui une petite cité prospère, dont l'ensemble de l'architecture et de l'urbanisme colonial, jusqu'aux rues pavées de grosses pierres, est non seulement intact, mais remarquablement entretenu, non pour le tourisme, ce qui en ferait une « ville-musée », mais pour les besoins de la vie citadine elle-même, qui a peu changé depuis l'époque coloniale.

Il se dégage d'un séjour à Goiás Velha le sentiment d'avoir changé d'époque sans le secours d'une agence hollywoodienne. Ici, tout est paisible, rural, sensuel et simple dans un décor authentique.

L'architecture coloniale et impériale, partout présente, y semble nue, épurée, ouverte au soleil, sans luxe tapageur. Goiás, ville d'or et de pierres précieuses, est à l'opposé des fastes du Minas Gerais. C'est qu'ici l'or était pesé, compté et contrôlé pour les coffres du Trésor royal. Cette esthétique d'épure qui semble tirer sa force et sa lumière de la nature environnante est bien représentée par le *palácio Conde dos Arcos* (1750) et l'*église Nossa Senhora da Boa Morte* (1770).

UN PEU D'HISTOIRE

C'est ici, en 1562, qu'un conquérant astucieux, le nommé Bartolomeu Bueno da Silva, impressionna les Indiens du cru en faisant brûler de l'alcool sur de l'eau, les menaçant de mettre le feu à tous les torrents et rivières du coin s'ils ne disaient pas où étaient les mines d'or. Terrifiés, les Indiens, de la tribu goiyaz, révélèrent tout, évidemment. La serra Dourada était truffée de filons et le rio Vermelho charriait la poudre étincelante... Goiás Vila Boa était née. Capitale d'État de 1749 à 1937, Goiás était aussi l'avant-poste de la culture, des arts, de la civilisation intellectuelle dans une région de rude colonisation. 1792 vit la fondation de la faculté de philosophie rationnelle, et, en 1846, c'est à Goiás que s'ouvrit le 2e lycée d'enseignement secondaire du Brésil ; cercles littéraires, journaux...

Aujourd'hui, si Goiás n'est plus qu'une petite ville perdue dans l'intérieur du Cerrado, le Vilaboense n'a rien d'un provincial. La ville a maintenu ses facultés de philosophie et d'histoire, et son lycée, bien sûr. Le Vilaboense vit sa ville en symbiose avec la nature extraordinaire environnante et, le samedi, il va prendre des bains dans les cascades et les torrents. La ville offrant peu d'attractions commerciales, les fêtes sont nombreuses : de janvier à juin, pas moins de sept semaines de festivités officielles dans la ville... et chaque soir tout au long de l'année, la jeunesse se retrouve sur la place centrale pour siroter, grignoter, faire de la musique... Vila Boa signifie « ville bonne »... et bonne vie !

Arriver – Quitter

En bus

➤ *Liaisons avec Goiânia :* environ 15 bus par jour de 6 h à 20 h. Compter 2 h de trajet pour les bus directs, 3 h pour les autres.

En voiture

Plusieurs loueurs de voitures à l'aéroport de Goiânia et au centre.

■ *Hertz :* ☎ 265-16-26 (aéroport) et 265-48-48 (Centro).

■ *Localiza :* ☎ 207-13-42 (aéroport) et 261-71-11 (Centro).

Adresses utiles

■ Il n'y pas d'office du tourisme, faute de touristes (pardi !), mais on trouve tous les services habituels : la *poste* (praça Brasil), les *banques Itau* (rua Moreto Foggia, 4 ; ouvert en semaine de 11 h à 16 h ou distributeur automatique) et *Banco do Brasil* (av. Sebastião Fleury Curado, 250), un *cybercafé* (*PC Computer*, à côté de la fac) et un hôpital, l'*hospital Caridade São Pedro Alcântara* (rua do Dr Couto Magalhães. ☎ 33-71-13-73 ou 10-26).

Où dormir ?

🏠 *Pousada do Ipé :* rua do Forum. ☎ 33-71-20-65. Fax : 33-71-38-02. De l'autre côté du pont Cora Coralina ; remonter la rue et longer l'église par la gauche. Compter de 75 à 125 Rls selon la période et le confort. La *pousada* se compose d'un enchevêtrement de belles maisons coloniales : magnifiques bois d'ipé, ombres et lumières, poteries, filtres à eau en étain et broderies. Les chambres « de base » encadrent un charmant jardin ombragé, tandis que les plus chères donnent sur le petit parc où l'on devine la piscine et le « bar de plage ». Quant à la vraie différence de confort, elle se résume au choix d'un ventilo ou de la clim'. Pour le reste, la déco soignée et colorée est la même. Excellent accueil de Reginaldo, un professeur à l'académie de musique de Goiânia qui parle couramment le français. Il représente à lui tout seul l'art de vivre vilaboense.

🏠 *Pousada do Sol :* rua Americano do Brasil, 17. ☎ 33-71-17-17. Fax : 33-72-13-44. Doubles autour de 50 Rls. La *pousada* cache bien son jeu. De l'extérieur, on ne devine pas ses bâtiments qui s'étirent le long d'une cour intérieure paisible où il fait bon lézarder. Du coup, ses chambres propres et bien équipées (TV, ventilo, douche et toilettes) se révèlent fort calmes... et d'un bon rapport qualité-prix.

🏠 *Pousada Carioca :* rua da Carioca, 7. ☎ 33-72-17-04. À 5 mn du centre : de la rivière, gagner l'église do Rosario, prendre à droite la rua Bartolomeu Bueno et passer le pont. La maison est plus loin à gauche. Prévoir environ 50 Rls pour 2. Nichée au creux de la vallée, cette *pousada* offre à ses hôtes un environnement champêtre très paisible. Les chambres, simples mais convenables, occupent des petits chalets orientés face aux champs. Très boy-scout !

Où manger ?

🍴 *Flor do Ipé :* praça de Boa Vista. ☎ 33-72-11-33. Plats de 15 à 35 Rls. Excellente cuisine traditionnelle, servie avec art, largesse et belle manière dans un cadre séduisant propice aux déclarations complices... On en ferait bien sa cantine.

🍴 *Dali :* rua 13 de Maio, 26. ☎ 33-72-16-40. Plats de 10 à 20 Rls. Sympathique affaire familiale, appréciée des vilaboenses pour ses petits plats sans esbroufe mais très honnêtes, et son cadre agréable de vieille maison typique. Cour pavée irrésistible en soirée.

🍴 Également, à midi, des plats bon marché au *marché municipal,* un ensemble pittoresque de boutiques nichées sous des arcades.

À voir

🎭🎭 *La casa da Cora Coralina :* ouvert du mardi au samedi de 9 h à 17 h et le dimanche de 9 h à 16 h. Entrée modique. Belle maison coloniale du XVIIIe siècle, une des premières constructions de la ville, située en bordure du rio Vermelho. Y vécut Cora Coralina, écrivain populaire brésilien, qui mourut centenaire en 1985 et publia son premier livre à 75 ans. Musée classique sur l'écrivain, prétexte à une visite très intéressante d'une grande maison traditionnelle.

GOIÁS VELHA ET L'ÉTAT DE GOIÁS

🏃🏃 *L'igreja Nossa Senhora da Boa Morte :* ouvert du mardi au vendredi de 8 h à 11 h 30 et de 13 h à 17 h, le samedi de 9 h à 17 h et le dimanche de 9 h à 13 h. Entrée modique. Construite en 1770, elle a longtemps servi de cathédrale provisoire. Sa cloche a été fondue à Goiás en 1785. Transformée en *musée d'Art sacré* en 1967, elle rassemble différents objets liturgiques et les œuvres d'un sculpteur local.

🏃🏃 *L'igreja São Francisco (1761) :* très belle église, à côté du vieux marché, en surplomb de la rivière. Visite du mardi au samedi de 8 h à 17 h et le dimanche de 8 h à 12 h. Pour les amateurs, voir également *l'igreja Nossa Senhora d'Abadia,* construite grâce à la charité populaire en 1790 et restaurée en 1968 : l'une des plus baroques de Goiás, elle mesure à peine 17 m de long, c'est presque une chapelle (belles polychromies dorées). Ou *l'igreja Nossa Senhora do Carmo* (1786 ; rua do Carmo) : coquette église octogonale, enclavée parmi les habitations.

🏃🏃 *Le museu das Bandeiras (1766) :* praça Brasil Caiado. Au fond d'une belle place, bordée aussi par les historiques quartiers militaires (*Quartel do 20,* de 1747). Horaires liés aux travaux de restauration en cours. L'ancienne Assemblée municipale et maison de détention de Goiás abrite aujourd'hui un petit musée. Collection hétéroclite d'objets hérités de l'époque de l'exploitation de l'or. Sur la place, le *Chafariz de Cauda* (1778), en pierre à savon.

🏃🏃 *Le palácio Conde dos Arcos (1750) :* praça Castelo Branco. Ouvert du mardi au samedi de 8 h à 17 h et le dimanche de 8 h à 12 h. Entrée modique. Splendide et dénudé palais des gouverneurs. Mobilier colonial, galerie de portraits et beau patio fleuri.

🏃🏃 *La praça Castelo Branco :* le soir, la charmante place qui s'étend devant le palais et l'église da Boa Morte, avec son ravissant kiosque à musique du début du XXᵉ siècle et sa si jolie fontaine, se remplit de toute la jeunesse de Goiás. Très festif !

🏃 *La Casa Dodo :* praça Tiradentes, 10. Pas d'horaires, on frappe à la porte bleue pour se faire ouvrir. Cette boutique familiale reflète bien l'âme de la région. La propriétaire, une mamie gentille comme tout, trône au milieu d'un bric-à-brac invraisemblable de potions à base de *cachaça.* Les recettes s'héritent de génération en génération ! Très photogénique... et délicieux !

➤ *DANS LES ENVIRONS DE GOIÁS VELHA*

Randonnées et baignades

➤ *Ribeirão do Bacalhau :* à 3 km du centre ; possibilité d'y aller en mototaxi. Jolie rivière avec un pont de bois invraisemblable. Plage, buvette, *lanchonete,* en pleine nature. Idéal pour camping et baignades. Petit hameau voisin. Très fréquenté le week-end.

➤ *La balnéaire Santo Antônio :* à 9 km du centre. Suivre la route vers Goiânia puis, à 6 km, prendre un chemin à droite (c'est indiqué). On fait 3 km dans le Cerrado. Puissant torrent d'eau pure. Piscines naturelles, bar, camping libre possible dans la brousse.

➤ *Cachoeira Grande :* à 8 km de la ville. Prendre la route pour Jussara et, à 3 km, le sentier à droite (c'est indiqué). Aire de camping-restaurant-bar. Plage, cascade et piscines naturelles.

➤ *La serra Dourada :* chaîne montagneuse à 16 km. Connue pour ses 551 couleurs différentes de sable. *Cachoeiras* et cascades, baignades, camping possible.

LE MATO GROSSO ET LE MATO GROSSO DO SUL

Les deux États sont limités par la Bolivie et le Paraguay à l'ouest, le monde amazonien au nord, et butent contre les contreforts des plateaux du centre. En portugais, *Mato Grosso* signifie « grande broussaille ». On y trouve d'interminables plaines à la végétation de savane *(cerrado)*. La forêt se développe autour des vallées et s'épaissit vers le nord pour se fondre dans la forêt vierge. Partout ailleurs, le territoire est recouvert de grandes plaines cultivées (soja, maïs) parfois ponctuées de plateaux rocheux, les *chapadas*. La plus spectaculaire est la *chapada dos Guimarães,* avec ses nombreuses chutes d'eau et des canyons envahis par la végétation tropicale.

UN PEU D'HISTOIRE

La découverte du rio Paraguay remonte au XVIᵉ siècle. Il faudra cependant attendre 1748 pour que la région soit intégrée à la Couronne portugaise. Son accès reste difficile, l'unique moyen de transport étant le fleuve. Au début du XVIIIᵉ siècle, les *bandeirantes* s'aventurent dans cette nature inhospitalière, à la recherche d'or, et fondent quelques villes, dont Cuiabá. Puis c'est le boom du caoutchouc et l'afflux de *seringueiros* qui se heurtent à la résistance des tribus indiennes. Les premiers explorateurs arrivent au XIXᵉ siècle, mais ce n'est qu'en 1950 qu'est créée la première ligne de chemin de fer. Claude Levi-Strauss a rendu ces terres célèbres en décrivant, dans *Tristes Tropiques,* la vie des Indiens bororos à cette époque. En 1977, la région est divisée en deux États : le Mato Grosso (capitale : Cuiabá), au nord, et le Mato Grosso do Sul (capitale : Campo Grande).

UN ESSOR FRAGILE

Si la région connaît aujourd'hui un essor croissant, elle ne compte que 4,5 millions d'habitants pour une surface de plus de 1 million de kilomètres carrés (2 fois la superficie de la France). La rareté des voies de communication, le climat continental et la végétation prédominante expliquent cette faible densité de population. La principale activité est l'élevage extensif. Dans les immenses *fazendas* (fermes) de plusieurs milliers d'hectares parfois, les troupeaux de bovins paissent librement toute l'année et sont regroupés et recensés par les *vaqueiros,* une fois par an. Grands propriétaires terriens et paysans pauvres du Sud ou du Nord-Est, installés sur de petits bouts de parcelles à défricher, continuent à se disputer la terre. Cette région offre néanmoins de multiples attraits, et l'écotourisme dans les fermes du Pantanal se développe progressivement. L'État du Mato Grosso do Sul et les Parcs naturels régionaux de France ont par ailleurs fondé le Parc naturel régional du Pantanal Sud. La création de ce parc a permis l'institution d'un label de qualité pour le *vitelo* (veau) du Pantanal, et tend à développer un tourisme respectueux de l'environnement. C'est donc l'occasion rêvée d'une rencontre avec une nature sauvage et préservée, où la faune et la flore s'offrent avec exubérance au regard. L'aventure y est toujours possible, et les découvertes sont riches et variées.

LE PANTANAL

C'est sans aucun doute la plus belle réserve naturelle d'animaux du Brésil et peut-être même du monde. À cheval sur les États du Mato Grosso et du Mato

Grosso do Sul, proche de la frontière bolivienne, c'est une grande plaine traversée par de nombreuses rivières (le rio Paraguay et ses affluents).

Entre novembre et avril, les pluies abondantes des hauts plateaux gonflent ces cours d'eau qui inondent plus de la moitié des terres (jusqu'à 2 ou 3 m d'eau au-dessus du niveau du sol). Le Pantanal devient alors un immense territoire d'étangs et de marécages où les poissons viennent pondre à l'abri. C'est aussi la période où se regroupent, autour des îlots inondés, une grande variété d'oiseaux migrateurs et autres habitants des marais : oies sauvages, hérons, aigrettes, etc. Le plus célèbre et le plus insolite est le *tuiuiu*, oiseau symbole du Pantanal, grand échassier muni d'un large bec pour écumer le fond des marais. Au moment de la saison sèche, seuls quelques points d'eau subsistent et la concentration de poissons y est singulièrement élevée. Une spectaculaire chaîne alimentaire se développe alors tout autour, et l'on peut y découvrir des centaines d'espèces d'oiseaux, de reptiles et de mammifères. De superbes envols d'aras, de martins-pêcheurs ou de toucans n'attirent même pas l'œil flegmatique des milliers de *jacarés* (caïmans). Les cerfs et les fourmiliers (plus rares) s'abreuvent dans les rivières à côté du *caipivara* (le plus grand rongeur du monde) et du *tuiuiu*. À l'opposé de l'Amazonie, où les animaux se cachent dans une végétation dense, les paysages dégagés de cette plaine laissent apparaître les secrets de la vie sauvage. C'est l'une des plus fascinantes découvertes du continent sud-américain !

Dans le Mato Grosso, une unique route inachevée traverse ce petit bout de paradis : la *Transpantaneira*. Elle prend naissance à Poconé (à 2 h de Cuiabá) et s'évanouit au cœur du Pantanal à Porto Joffre. Dans l'État du Mato Grosso do Sul, une longue route nationale rallie Campo Grande à Corumbá, à la frontière bolivienne, et longe le parc du Pantanal sud, avec plusieurs pistes de terre pour atteindre les *fazendas*.

Infos pratiques

– La meilleure période pour se rendre dans le Pantanal court de mai à septembre, lorsque l'eau se retire et que les marais s'assèchent, avec une grande concentration d'oiseaux. Pendant la saison des pluies (particulièrement en janvier-février), il est plus difficile de se déplacer en raison des inondations, mais plusieurs pistes restent accessibles, surtout dans le Mato Grosso.

– *Important :* prévoyez de vous faire vacciner contre la fièvre jaune. Le vaccin est obligatoire. Le traitement antipaludéen n'est pas préconisé, ni obligatoire (mais renseignez-vous auprès de l'Institut Pasteur ou d'un autre institut spécialisé en médecine tropicale avant le voyage). Et si le paludisme ne sévit pas encore dans la région, les moustiques abondent et sont particulièrement voraces. Prenez vos précautions !

– Dès votre arrivée à l'aéroport de Cuiabá ou de Campo Grande, vous êtes assuré d'être abordé par une ou plusieurs agences d'écotourisme qui vous proposeront leurs services pour des excursions dans le Pantanal. Le type de prestations habituel est un forfait de 2 à 5 jours comprenant le transport, les nuitées en *pousadas* ou *fazendas* traditionnelles, l'ensemble des repas et les diverses excursions dans la nature. On s'offre ainsi des escapades en 4x4, à cheval, en bateau, canoë ou à pied, à la découverte de la faune et des paysages pantaneiros. Même si certaines agences se montrent insistantes dès l'aéroport ou à la gare routière, elles sont fiables et plutôt bon marché, surtout comparées à celles du centre-ville. À vous de faire marcher la concurrence et de bien vous renseigner avant de faire votre choix. Les prestations (hébergement et nourriture) varient aussi en fonction du prix : on peut loger sous la tente, en cabanon, dans une *fazenda* rustique ou une *pousada* luxueuse. Tout dépend de vos aspirations d'aventurier ! Enfin, la majorité des adresses de la région propose d'intéressantes réductions si vous circulez par vos propres moyens. Les prix varient parfois du simple au double.

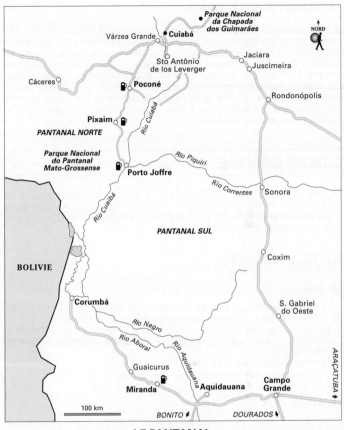

LE PANTANAL

– N'oubliez pas, pour éviter des déceptions ou de mauvaises surprises, qu'un séjour dans le Pantanal coûte assez cher : c'est le prix à payer pour découvrir toutes ces merveilles et préserver « ce sanctuaire écologique ». Et comme il reste peu d'endroits au monde aujourd'hui où la nature se donne ainsi dans sa virginité au regard fasciné du voyageur...

Comment y aller ?

➤ *Dans le Pantanal sud :* liaison quotidienne en avion depuis Cuiabá, Brasília, ou São Paulo jusqu'à Campo Grande. De la gare routière de Campo Grande, bus pour les villes de Miranda et Corumbá (environ 3 et 6 h de trajet) ; *Cie Andorinha* : 6 départs par jour de 6 h 30 à minuit.
➤ *Dans le Pantanal nord :* liaison quotidienne en avion depuis Campo Grande, Brasília ou São Paulo jusqu'à Cuiabá. De la gare routière de Cuiabá, bus pour Poconé et le début de la Transpantaneira (2 h de trajet) ; compagnie *TUT* : 6 départs par jour de 6 h à 19 h.
– Pour les deux régions, nombreuses possibilités de location de voitures aux aéroports et dans le centre-ville.

LE PANTANAL SUD

Le Mato Grosso do Sul offre un paysage de grandes plaines à perte de vue, avec de nombreux fleuves, rivières et points d'eau permettant la pêche et la baignade dans des eaux cristallines. Au départ d'Aquidauana et Miranda, on rejoint les *fazendas* ou *pousadas* « écologiques ». Pour la plupart, elles font partie de l'APPAN, une association de protection du Pantanal, et adhèrent à une charte d'exploitation touristique respectant l'environnement et la culture locale. Vous pouvez obtenir quelques renseignements sur le site du Parc naturel régional du Pantanal sud ● www.parqueregionaldopantanal.org.br ●, malheureusement peu mis à jour.

CAMPO GRANDE   663 600 hab.   IND. TÉL. : 067

Capitale du Mato Grosso do Sul, c'est une grande ville moderne qui a su conserver une ambiance brésilienne authentique. Entre les grands buildings et les avenues tracées au carré, on apprécie les larges places arborées et le centre commerçant très animé.

Arriver – Quitter

En bus

🚌 *Rodoviária :* un peu à l'écart du centre, sur la route de Miranda. ☎ 33-83-16-78. Pour les bus locaux comme pour les longues distances.
➢ Liaisons avec tout le Pantanal en général, et les villes de *Miranda* et *Corumbá* (environ 3 h et 6 h de trajet) ; Cie *Andorinha* : 6 départs par jour de 6 h 30 à minuit.
➢ Nombreuses liaisons avec *Cuiabá* avec plusieurs compagnies.
➢ Longues distances vers la *Bolivie, Rio, Iguaçu...*

En avion

✈ *Aéroport :* av. Dq. de Caxias, km 7. ☎ 33-68-60-93. À environ 15 km du centre-ville. Bureau d'infos touristiques, agence *Banco do Brasil,* location de voitures, distributeurs *Visa* et *MasterCard...* Bus et taxis pour rallier le centre.

Adresses utiles

Informations touristiques et services

🛈 *Centro de informações turísticas e culturais :* Morada do Baís, av. Noroeste, 5140. ☎ 33-24-58-30. ● www.turismo.ms.gov.br ● Ouvert du mardi au samedi de 8 h à 18 h et le dimanche de 9 h à 12 h. Quelques brochures et plan de la ville.
@ *Virtual Café :* Galeria Millenium, rua 14 de Julho, 1647 (Centro). ☎ 33-84-00-92. Ouvert tous les jours de 8 h (10 h le dimanche) à 23 h. Compter 2,50 Rls l'heure.

■ *Banco do Brasil :* av. Afonso Pena, 2202 (à l'angle de la praça da República). Guichet automatique accessible de 6 h à 22 h (*Visa* et *MasterCard*) et change de chèques de voyage et euros de 10 h à 16 h.
■ *Pharmacie :* drogaria São Bento, rua 14 de Julho, 1910 (Centro). ☎ 33-21-30-10. Ouvert tous les jours, 24 h/24.
■ *Location de voitures :* à l'aéro-

LE MATO GROSSO

port international, plusieurs agences de location *(Unidas, Hertz, Loca-* *liza)*. Toutes cartes de paiement acceptées.

Agences de voyages

■ *Ecological Expeditions :* rua Joaquim Nabuco, 185 (Centro). ☎ 33-82-35-04. Fax : 33-21-05-05. ● www.pantanaltrekking.com ● Juste à côté de l'AJ, en face de la *rodoviária*. Forfait tout compris de 3 à 5 jours, de 250 à 320 Rls (95 à 122 €) par personne. Formules économiques proposant toutes les excursions habituelles. Logement de confort modeste, en camping. Ambiance conviviale assurée.

Demander Gustavo, un sympathique guide qui parle un peu le français.
■ *Pantanal Adventure Tour :* rodoviária, s/n (Centro). ☎ 33-21-31-43. Forfait tout compris de 3 à 5 jours, de 200 à 300 Rls (76 à 114 €) par personne. Équipe jeune et accueillante, logement dans une authentique *fazenda* à l'atmosphère familiale. Sorties en bateau, à cheval, pêche... Réductions pour les *backpackers*.

Où dormir ?

Bon marché (moins de 40 Rls – 15,20 €)

▣ *Albergue da juventude :* rua Joaquim Nabuco, 185 (Centro). ☎ 33-82-35-04 ou 33-11-05-05. ● ajcampo grande@hotmail.com ● Compter 25 Rls pour 2. Une chouette AJ située juste en face de la gare routière. Chambres simples et propres,

certaines avec salle de bains. Accès Internet. Pas de petit dej', mais nombreuses *lanchonetes* tout autour. Fait aussi agence de voyages, avec de nombreuses possibilités d'excursions dans le Pantanal.

Prix moyens (de 40 à 80 Rls – 15,20 à 30,40 €)

▣ *Hôtel Colonial :* rua Allan Kardec, 211. ☎ 33-82-60-61. Un hôtel agréable dans une rue calme, proche de la gare routière, proposant des doubles, de 55 à 60 Rls avec le petit dej', simples et impeccables, avec ventilateur ou AC. Préférer celles à l'étage, donnant sur une courette.
▣ *Pousada Mato Grosso :* av. Mato Grosso, 1451. ☎ 33-25-42-25. ● www.pousadamatogrosso. br ● Un peu éloignée du centre, en direction du parc écologique.

Doubles autour de 80 Rls, petit dej' copieux compris. Une belle maison toute jaune et des chambres confortables, distribuées autour d'un joli patio. L'ensemble a du charme et l'atmosphère fraîche est très appréciable après un séjour dans le Pantanal. Accès Internet et accueil sympa. Si tout va bien, ils ont désormais également une *pousada* en pleine nature : vous nous direz si c'est bien !

Où manger ?

De bon marché à prix moyens (de 5 à 25 Rls – 1,90 à 9,50 €)

|●| *Cabbana's Restaurante :* rua Dom Aquino, 1474 (Centro). ☎ 33-26-68-08. Compter environ 5 Rls pour un repas complet. Cantine

populaire coincée entre deux immeubles. Buffet de 7 entrées et 7 plats très corrects. Grande salle mêlant toutes les classes sociales. C'est sympa et bon marché.

|●| **Dom Leon :** av. Afonso Pena, 1907 (Centro). ☎ 33-84-65-20. Compter 12 Rls pour un repas complet le midi et environ 20 Rls le soir. Resto très fréquenté le midi pour son buffet gargantuesque et le soir pour la *churrascaria* à volonté. Service cordial et efficace.

|●| **Churrascaria Khalil Karnes :** rua Rubens Gil de Camilo, 142 (Cachoeira). ☎ 33-26-37-15. Fermé les dimanche et lundi soir. Environ 15 Rls pour un repas complet. Considérée comme la meilleure *churrascaria* de la ville. Décor plutôt agréable, dans une grande maison soutenue par de véritables troncs d'arbres. Valse des serveurs proposant toute la gamme des viandes brésiliennes. À déguster avec une variété de crudités et autres victuailles en abondance. Un excellent rapport qualité-prix.

À voir

🏯 Le museu Dom Bosco : rua Barão do Rio Branco, 1843. ☎ 33-12-64-91. Proche du centre, en face de la praça da República. Ouvert du mardi au samedi de 8 h à 18 h et le dimanche de 8 h à 12 h et de 14 h à 18 h. Une étonnante collection d'objets traditionnels indiens, d'animaux empaillés, oiseaux, reptiles et autres bestioles du Pantanal. Ne pas manquer une incroyable salle consacrée aux papillons du monde entier, épinglés dans de grandes vitrines et tapissant les murs. L'ensemble est poussiéreux, la présentation vieillotte, mais cet amoncellement d'objets et d'animaux possède un charme désuet.

🏯 Le Centro do Artesão : av. Calógeras, 2050. ☎ 33-83-26-33. À l'angle de l'avenida Afonso Pena. Ouvert du lundi au vendredi de 8 h à 18 h et le samedi de 9 h à 15 h. Une grande maison de style colonial où acheter divers objets culinaires, décoratifs, en bois, céramiques... fabriqués par les artisans de la région.

🏯 À découvrir aussi, le **parque Florestal Antônio de Albuquerque,** dans le centre, ou le **parque das Nações indígenas,** à l'est de la ville, qui abrite des espèces du Pantanal (*caipivaras,* aigrettes, serpents, etc.).

ENTRE CAMPO GRANDE ET MIRANDA

BONITO *(ind. tél. : 067)*

Petit village situé en lisière sud du Pantanal, au pied de la serra da Bodoquena. Intéressant pour sa faune et sa flore très variées, ses paysages de cascades, ses grottes, ses lacs cristallins... Du coup, nombreuses activités sportives comme rafting, canyoning, kayak, spéléo, etc.

➤ Liaisons en bus pour Campo Grande (330 km), 6 fois par jour avec *Viação Cruzeiro do Sul* (● www.cruzeirodosulms.com.br ●) ; environ 4 h de trajet.

🛏 Plusieurs *pousadas* abordables, comme **Olho d'Água,** rodovia MS 382, km 1. ☎ 32-55-14-30. ● www.pousadaolhodagua.com.br ● Chambres à partir de 85 Rls par personne.

■ Possibilités d'excursions avec l'agence **Yagarape Tours,** rua Coronel de Rebua, 1956. ☎ 32-55-17-33.

MIRANDA – PANTANAL SUD   23 000 hab.   IND. TÉL. : 067

Petite ville assoupie et halte obligatoire sur la route vers Corumbá et la fron-tière bolivienne. Peu d'intérêt touristique, mais un certain charme avec un petit canal arboré et quelques jolies maisons aux couleurs vives. C'est sur-tout le point de départ de plusieurs pistes vers le Pantanal sud. Le voyage depuis Campo Grande s'effectue en 3 h 30 par une route asphaltée (BR 262), qui traverse en ligne droite les grandes plaines du Mato Grosso do Sul et les paysages de *cerrado*. Le territoire est d'ailleurs peuplé de toute la faune du Pantanal, et de nombreux panneaux nous rappellent la présence d'animaux sauvages susceptibles de croiser la route.

Adresse utile

■ *Águas do Pantanal Tour :* av. Afonso Pena, 367 (Centro). ☎ 32-42-14-97 et 12-42. ● www.aguasdo pantanal.com.br ● Nombreuses excursions au choix à partir de 70 Rls par personne, repas inclus. Une des meilleures agences pour obtenir toutes les infos sur le Pantanal sud. Équipe dynamique et compétente, parlant l'anglais, le français et l'espa-gnol. Infos sur les possibilités d'hébergement, les activités et les meilleures conditions pour observer la faune.

Où dormir ? Où manger à Miranda ?

De prix moyens à plus chic (de 70 à 120 Rls – 26,60 à 45,60 €, pour dormir ; moins de 15 Rls – 5,70 €, pour manger)

🛏 *Pousada Águas do Pantanal :* av. Afonso Pena, 367 (Centro). ☎ 32-42-12-42. ● www.aguaso pantanal.com.br ● Selon la saison et le confort, de 85 à 110 Rls pour 2 en chambres *standard* (25 Rls de plus pour les *deluxe*), petit dej' inclus. Une belle maison tradition-nelle décorée avec goût. Agréable salon et petite piscine dans un patio intérieur. Jolies chambres tout confort, certaines avec baignoire à remous... Nombreuses possibilités d'excursions à la journée dans les différentes *fazendas* de la région. Le tout mené par la dynamique Fátima Cordella, qui s'occupe aussi du bureau de l'agence (voir « Adresse utile »).

🛏 |●| *Pantanal Hotel e Restau-rante :* av. Barão do Rio Branco, 609. ☎ et fax : 32-42-10-68. ● www. pantanalhotel.com.br ● À l'entrée de la ville. Doubles de 70 à 100 Rls, petit dej' compris. Une grande mai-son agréable, avec des chambres impeccablement tenues. Deux pisci-nes pour se rafraîchir, billard et table de ping-pong sous la tonnelle. Accueil sympathique et resto adja-cent, avec un self bon marché le midi et de bonnes spécialités de poisson le soir.

|●| *Restaurante Zero Hora :* av. Barão do Rio Branco, s/n (BR 262). ☎ 32-42-12-49. Juste à l'entrée de la ville. Le midi, buffet à volonté pour 8 Rls, *rodizio* de viandes à 10 Rls. Cadre agréable avec une vaste salle sur deux niveaux, cascade artifi-cielle (!) et grande cheminée. Bon-nes formules le midi et *churrascaria* le soir, avec nombreux hors-d'œuvre et légumes.

Où dormir ? Où manger dans le Pantanal sud ?

On vous indique ici les établissements que l'on peut joindre par la route et des pistes de terre praticables. Il existe d'autres adresses, perdues en plein Pantanal, offrant des paysages et une faune particulièrement sauvages, mais accessibles uniquement par les airs ou en bateau. Vous obtiendrez toutes les infos sur le site officiel du parc naturel et auprès des agences de voyages.

🛏 |●| *Pousada Pequi :* en direction de Miranda en venant de Campo Grande, 5 km après le village d'Anastácio, accès par une piste de 42 km depuis la BR 262. ☎ 36-86-10-42 ou ☎ et fax : 32-45-09-49. ● www.pantanalpequi.com.br ● Formule tout compris avec excursions, logement et repas à partir de 200 Rls par jour pour 2 personnes. Authentique *fazenda* au milieu de grandes plaines, le long du rio Aquidauana. Atmosphère familiale avec seulement 7 chambres fraîches et agréables. Piscine, activités autour de la ferme, balades à cheval, en bateau...

🛏 |●| *Fazenda San Francisco :* en direction de Corumbá, 30 km après Miranda, accès par une piste de 6 km depuis la BR 262. ☎ 33-25-66-06 et 99-82-99-93 (portable). ● www.fazendasanfrancisco.tur.br ● Forfait tout compris à partir de 130 Rls par jour pour 2 personnes. Située dans une des régions les plus peuplées d'oiseaux du Pantanal. Environnement privilégié et accueil authentique. L'équipe soutient aussi plusieurs actions pour la défense de la faune locale. Une de nos bonnes adresses pour

découvrir le Pantanal.

🛏 |●| *Refúgio da Ilha :* en direction de Corumbá, 17 km après Miranda, accès par une piste de 11 km depuis la BR 262. ☎ et fax : 33-84-32-70 (à Campo Grande). ● www.refugio dailha.com.br ● Forfait tout compris à partir de 160 Rls par jour pour 2 personnes. Proche du rio Salobra, une belle *pousada* traditionnelle à la déco soignée. Atmosphère chaleureuse. Encore de superbes paysages et de nombreuses activités autour du rio (canoë, pêche, baignade).

🛏 |●| *Refúgio Ecológico Caiman :* réservations au siège à São Paulo, av. Brigadeiro Faria Lima, cj 161, Itaim. ☎ (011) 37-06-18-00. ● www. caiman.com.br ● Pour les moins aventureux, un vaste complexe éco-touristico-chic situé au cœur d'une des plus vastes *fazendas* du Mato Grosso do Sul. Environnement privilégié et cadre soigné, avec 3 options de logement : au « siège » de la *pousada,* à 1 km de là (avec accès par un superbe pont en bois), ou en pleine nature, au cœur des marais. On retrouve les activités habituelles : sorties à cheval, en canoë, safaris-photos...

LE PANTANAL NORD

Le Mato Grosso et le Pantanal nord présentent une végétation assez variée, alternant des paysages de *cerrado,* de marais, de forêts de palmiers ou d'eucalyptus... Au départ de Cuiabá et de Poconé, l'idéal est de loger dans les *fazendas* ou *pousadas* établies le long de la Transpantaneira. Si vous comptez parcourir cette piste par vos propres moyens, sachez que plus la distance s'allonge, plus l'état de la route se dégrade, sans oublier certains ponts aux planches manquantes... La location d'un véhicule tout-terrain est donc fortement recommandée, voire indispensable pendant la saison des pluies. Sinon, les différentes agences de voyages sont parfaitement équipées et habituées aux conditions de route.

CUIABÁ

482 500 hab.   IND. TÉL. : 065

Fondée en 1719 par les *bandeirantes* à la recherche d'or, Cuiabá s'est rapidement développée ; elle est devenue la 1re colonie portugaise de l'ouest du Brésil au XIXe siècle et la 3e ville du Brésil. Les « envahisseurs » ont lutté contre les tribus indigènes des Bororos et Caiapos, et n'ont pas hésité à les décimer puis à réduire les survivants à l'esclavage. Lorsque l'abondance des mines d'or se tarit, le mode de développement européen se répandit parmi les anciens explorateurs assagis, qui avaient décidé de s'établir dans cette région sauvage. Aujourd'hui, Cuiabá est une ville tranquille, capitale du Mato Grosso, grand État minier, agricole et sylvicole, et, pour les touristes, le point de départ de nombreuses excursions dans le Pantanal nord et à Chapada dos Guimarães. Il y fait très chaud toute l'année, en particulier pendant la saison sèche, et on y mange de délicieux poissons d'eau douce, notamment le *pacú* et le *pintado*.

Arriver – Quitter

En bus

🚌 *Rodoviária :* sur la route vers Chapada dos Guimarães. ☎ 36-21-36-29. Pour la région comme pour les longues distances.
➤ *Pantanal et Poconé :* avec la *Cie TUT*, 6 liaisons par jour dans les deux sens, de 6 h à 19 h. Compter 2 h de trajet.
➤ *Chapada dos Guimarães :* avec la *Cie Expresso Rubi*, 11 liaisons quotidiennes de 6 h 30 à 19 h 30. Environ 2 h de trajet.
➤ Nombreuses liaisons avec **Campo Grande** auprès de plusieurs compagnies et longues distances vers **Rio, Florianópolis...**

En avion

✈ *Aéroport :* ☎ 36-14-25-00. À 10 km du centre-ville de Cuiabá. Bureau d'information, agences de voyages, location de voitures, distributeurs *Visa* et *MasterCard*... Bus pour et depuis le centre.

Adresses utiles

Informations touristiques et services

🮱 *Secretário do turismo (Sedtur) :* praça da República, 131. ☎ 36-24-90-60. • www.sedtur.mt.gov.br • Ouvert du lundi au vendredi de 8 h à 12 h et de 14 h à 18 h. Regroupe de nombreux organismes de tourisme dans l'État du Mato Grosso (infos pratiques, guides, excursions, etc.). Accueil chaleureux.
■ *Banques :* Banco do Brasil, av. Getúlio Vargas ; à l'angle de Barão de Melgaço. Guichet automatique accessible de 6 h à 22 h (*Visa* et *MasterCard*). Juste en face, av. Getúlio Vargas, banques *HSBC* et *Banco Real (Visa)* ; à côté, *Itaú (MasterCard)*, Barão de Melgaço.
■ *Location de voitures :* en face de l'aéroport, *Hertz*, av. João Ponce de Arruda. ☎ 36-82-26-57. Également *Localiza* : une agence à l'aéroport (☎ 36-82-79-00), l'autre dans le Centro (☎ 36-24-79-79).

Agences de voyages

■ *Joel Souza Safari Tours :* rua Pedro Celestino, 391. ☎ 36-24-13-86. Environ 130 Rls (49,40 €) par jour et par personne, tout compris. Cela fait environ 10 ans que Joel Souza accueille les touristes dès leur arrivée à l'aéroport pour proposer ses services de guide dans le Pantanal. Il possède aussi un petit hôtel dans le centre-ville *(Pousada Ecoverde)* très bon marché si vous acceptez d'y loger 1 à 2 nuits avant le départ de l'excursion. Faites-lui confiance, il est sympa, expérimenté et pratique des tarifs très raisonnables.

■ *Ecological Pantanal Tours :* rua 13 de Junho, 102 (Centro). ☎ 36-82-78-92 et 99-35-42-55 (portable). Compter 130 Rls (49,40 €) par jour. Une agence qui propose le même type de prestations dans le Pantanal et dans la *chapada,* avec le transport, le logement en *pousada,* les repas et les excursions. Un des guides locaux est généralement présent à l'aéroport.

■ *Anaconda :* av. Isaac Póvoas, 606. ☎ 30-28-59-90 ou ☎ et fax : 36-24-41-42. ● www.anacondapantanal.com.br ● Forfait tout compris à partir de 200 Rls (76 €) par jour et par personne. Propose des excursions de 2-3 jours dans le Pantanal ou d'une journée à Chapada dos Guimarães. Plus cher que la moyenne mais excellentes prestations, avec transport de qualité, hôtels tout confort et cuisine traditionnelle. En prime, l'agence propose des descentes en rafting dans la *chapada.*

– Sinon, vous pouvez vous adresser à l'aéroport et comparer les prix proposés.

Où dormir ?

Peu de logements agréables et bon marché dans cette ville urbanisée. Plusieurs établissements luxueux, avec des prix en conséquence, ou, à l'inverse, des petits hôtels au confort très simple.

De bon marché à prix moyens (de 30 à 70 Rls – 11,40 à 26,60 €)

🛏 *Hôtel Mato Grosso :* rua Commandante Costa, 2522 (Centro). ☎ 36-14-77-77. Entre le quartier animé la nuit et le centre administratif, un petit hôtel très propre, dont les chambres sont desservies par des coursives en mezzanine autour d'un hall central. Sans grand charme mais correct. Un bon rapport qualité-prix.

🛏 *Hôtel Samara :* rua Joaquim Murtinho, 270 (Centro). ☎ 33-22-60-01. Bien situé, propre et bon marché. Confort plutôt rudimentaire. Le ventilateur est indispensable en saison, car il y règne une chaleur étouffante. Pas de petit dej', mais la proprio vous conseille le buffet du *Mato Grosso Palace,* juste à côté, accessible aux non-résidents (5 Rls). Atmosphère familiale.

🛏 *Abudi Palace Hotel :* av. Cel Escolastico, 259 (Bandeirantes). ☎ et fax : 30-23-73-99. ● www.abudipalacehotel.com.br ● Un peu à l'écart du centre, derrière l'église São Benedito. AC, salle de bains privée et petit dej' compris. Sans charme particulier, mais un bon rapport qualité-prix.

Chic (plus de 170 Rls – 64,60 €)

🛏 *Hôtel Mato Grosso Palace :* rua Joaquim Murtinho, 170. ☎ 36-14-70-00 ou 23. Fax : 33-21-23-86. ● www.hotelmatogrosso.com.br ● C'est bien un palace, pour le confort et les prix. AC, TV, petit dej' copieux, parking privé... Sans commentaires.

Où manger ?

De bon marché à prix moyens (moins de 40 Rls – 15,20 €)

|●| *Guaraná Maués :* av. Isaac Póvoas, 611 (Centro). ☎ 33-21-66-21. Ouvert tous les jours de 7 h à 19 h (22 h le dimanche). Petit snack où savourer une variété de délicieux *sucos* et *vitaminas* aux fruits frais. Pour les petits creux, *salgados* à base de viande et légumes. Et, pour faire le plein d'énergie, la spécialité maison : le milk-shake aux *guaraná*, céréales et banane. Sur place, vente de *guaraná* naturel sous toutes ses formes. Prix imbattables et accueil très sympa.

|●| *Regionalissimo :* rua 13 de Junho, s/n (Casa do Artesão). ☎ 36-23-68-81. Ouvert uniquement pour le déjeuner à partir de 11 h. Buffet à volonté à 15 Rls. C'est LE restaurant de spécialités régionales, connu et apprécié de toute la ville ! Déco traditionnelle et cadre très agréable. On goûte aux fameux poissons de rivière (*pacú* et *pintadu*), accompagnés de riz, *pirão, pacoça, farofa,* salades... En prime, quelques desserts, le café et la liqueur de fruits maison. Ouf ! Après ça, une bonne sieste s'impose...

|●| *Peixaria Popular :* av. São Sebastião, 2324 (Goia Beiras). ☎ 33-22-54-71. Ouvert du lundi au vendredi de 11 h à 1 h et le week-end de 11 h à 16 h. Un des restos les plus appréciés pour déguster de bons poissons régionaux, mais aussi le fameux *jacaré* (caïman). Cadre plutôt banal, mais on vient surtout ici pour la cuisine parfumée. C'est goûteux, copieux et servi avec efficacité. Un excellent rapport qualité-prix.

À voir

🏛🏛 *La casa do Artesão :* praça João Bueno, s/n (Porto). ☎ 33-21-06-03. Ouvert tous les jours de 8 h à 18 h. Une belle demeure coloniale entièrement rénovée, avec parquet en acajou et patio arboré. Plusieurs salles consacrées à la vente d'artisanat régional et indien : bijoux, céramiques, paniers, tissages, superbes hamacs... (de 5 à 200 Rls). De bonnes liqueurs artisanales et quelques produits typiques. Et l'argent est reversé directement aux artisans locaux. On peut aussi faire un détour au petit musée et s'offrir un bon déjeuner chez *Regionalissimo* (voir « Où manger ? »).

🏛 *Le Museu histórico :* praça da República, 151 (Centro). ☎ 36-24-87-10. Ouvert du lundi au vendredi de 8 h 30 à 16 h 30. Petit musée présentant quelques objets sacrés, des photos et documents historiques sur Cuiabá et sa région.

🏛 *L'aquário municipal et le museu do rio Cuiabá :* av. Beira Rio, s/n (Porto). ☎ 36-23-14-40. Ouvert du mardi au vendredi de 9 h à 18 h et le week-end de 9 h à 12 h. Gratuit. Petite visite ludique dans cet aquarium circulaire qui permet d'observer les différentes espèces de poissons peuplant le rio Cuiabá et les marais du Pantanal. Piranhas à la mâchoire vorace, *pintadu* (sorte de dorade), *pacú*... Juste à côté, joli musée sur la pêche, installé dans l'ancien marché de la ville.

POCONÉ – TRANSPANTANEIRA

30 000 hab.

IND. TÉL. : 065

Petite ville paisible perdue en plein *cerrado,* Poconé marque l'entrée de la *Transpantaneira,* unique route de terre de 149 km, qui traverse les plaines et les marais du Pantanal et relie la ville de Porto Joffre avec pas moins de 126 ponts en bois ! C'est la dernière étape pour faire le plein du réservoir et emprunter cette fameuse piste à la découverte de la faune locale et de superbes paysages. Un zeste d'aventure avec les iguanes et les caïmans qui ne manqueront pas de croiser votre route, un soupçon de poésie en observant le vol gracieux des aigrettes, ibis et autres oies sauvages ; et quelques visions insolites avec l'immense *tuiuiu* et les *caipivaras* au cri aigu caractéristique.

Où dormir ? Où manger à Poconé ?

🛏 |●| *Skala Hotel e Restaurante :* praça Bem Rondon, 64. ☎ 33-45-14-07. Fax : 33-45-17-85. En plein centre, proche de l'église et de quelques commerces. Compter 50 Rls pour 2, petit dej' compris. Le seul hôtel agréable de cette petite ville endormie. Jolie maison avec des chambres fraîches et bien tenues. Préférer celles du 1er étage, calmes et claires. Accueil très gentil et bonne cuisine régionale au resto à côté.

|●| *Restaurante Shalom :* rua Padre Manoel Francisco, 65. ☎ 33-45-10-06. Ouvert midi et soir sauf le dimanche. Un petit resto qui ne paye pas de mine, mais qui propose une bonne cuisine copieuse. Le midi, plats de viande (*file* ou *bife*) servis avec moult accompagnements : riz, frites, *farofa, feijão,* crudités. Le soir, plats régionaux plus élaborés et pizzas pour les amateurs. C'est bon, pas cher et l'accueil est sympa.

Où dormir ? Où manger dans le Pantanal nord ?

En sillonnant la route, vous pourrez vous arrêter dans des *pousadas* très agréables, offrant un accueil familial et de nombreuses possibilités d'excursions dans la nature.

🛏 |●| *Portal Paraiso :* rod. Transpantaneira, km 17. ☎ et fax : 33-45-22-71. Forfait tout compris à partir de 150 Rls pour 2 personnes. Notre coup de cœur le long de la Transpantaneira. Authentique *fazenda* entourée de vastes prairies et d'arbres centenaires qui abritent les fameux aras jacinthes. Pas de piscine, des chambres à la déco et au confort basiques, mais une atmosphère familiale très agréable et des activités de qualité pour un prix très honnête. Petite aire de camping bon marché et possibilité de déjeuner pour les non-pensionnaires (15 Rls).
🛏 |●| *Pousada Araras Eco Lodge :* rod. Transpantaneira, km 32 (assez facile d'accès). ☎ 36-82-28-00 ou 96-03-05-29 (portable). Fax : 36-82-12-60. ● www.araraslodge.com.br ● Forfait à partir de 250 Rls par jour et par personne. Une des plus agréables *pousadas* situées sur le trajet, mais aussi une des plus chères.

Cadre soigné, de style traditionnel, avec hamac devant chaque chambre et tonnelle près de la piscine. Balades en canoë et à cheval, pêche, tour d'observation des oiseaux, safari de nuit. Excursions comprises dans le prix et encadrées par une équipe accueillante et expérimentée.
🛏 |●| *Pantanal Mato Grosso Hotel :* rod. Transpantaneira, km 65. ☎ 36-28-15-00 et 99-68-62-05 (portable). ● www.hotelmatogrosso.com.br ● Compter environ 150 Rls par jour et par personne, excursions en supplément (environ 15 Rls). Compter au moins 3 h de route pour atteindre cette *pousada* d'un bon confort, située le long du rio Pixaim, en plein cœur du Pantanal. Chambres simples mais confortables et superbe piscine. Vous aurez peut-être la visite d'un *tuiuiu* ou d'un *tangara* (petit oiseau à tête rouge) s'aventurant jusqu'aux portes de l'établissement. Et vous goûterez sûrement à la

soupe de piranhas, aux vertus aphrodisiaques !

🛏️ |●| *Pousada O Pantaneiro :* rod. Transpantaneira, km 112. ☎ 99-68-61-54 (portable). Compter une journée de route. Prévoir environ 100 Rls par jour pour 2 personnes, excursions comprises. Adresse authenti-que perdue en pleine nature, parfois inaccessible pendant la saison des pluies. Confort modeste mais cadre très agréable et ambiance conviviale. La meilleure adresse pour observer les différents aras et peut-être croiser le chemin d'une *onca* (guépard), l'animal le plus rare du Pantanal.

CHAPADA DOS GUIMARÃES   15 700 hab.   IND. TÉL. : 065

Petite ville située à environ 70 km de Cuiabá, sur un plateau qui domine le parc naturel du même nom. La région vaut d'y passer au moins deux jours si vous avez le temps. Les paysages y sont étonnants. De cascades en grottes, ce plateau rocheux vous permet d'apprécier de superbes vues sur la région, à une altitude d'environ 800 m. L'air y est vivifiant après la chaleur étouffante de Cuiabá, et l'atmosphère de Chapada est tranquille. D'ailleurs, c'est le lieu préféré des Cuiabanos pour passer le week-end.
Une fois sur place, adressez-vous à la petite agence de tourisme sur la place principale, *Ecoturismo,* qui vous fera découvrir toutes les merveilles de ce site fabuleux, depuis la célèbre *porte de l'Enfer,* à-pic impressionnant, en passant par le *Veu de Noiva,* cascade de 60 m qui évoque le voile d'une mariée, ou le *Morro dos Ventos* (très beau panorama sur toute la plaine cuiabaná), jusqu'au *belvédère de Mirante,* centre géodésique de l'Amérique du Sud. En tout, 7 cascades dans un cadre luxuriant.
On peut aussi se déplacer facilement par ses propres moyens et s'offrir une belle randonnée de 3 h à la découverte du site. Se renseigner à l'entrée du parc, signalée sur la route entre Cuiabá et Chapada (« Cataratas »).

Arriver – Quitter

➢ N'hésitez pas à louer une voiture si vous en avez la possibilité (voir par exemple, « Adresses utiles » à Cuiabá).
➢ Ou liaisons en bus avec la *rodoviária* de Cuiabá (toutes les heures à partir de 6 h 30 ; environ 2 h de trajet).

Adresses utiles

ℹ️ *Ecoturismo Cultural :* praça Dom Wunibaldo, 464. ☎ 33-01-13-93. ● www.chapadadosguimaraes.com.br ● Ouvert du lundi au samedi de 8 h à 12 h et de 13 h à 17 h et le dimanche de 8 h à 13 h 30. Toutes les infos sur la ville. Excursions dans le parc : *cachoeras,* grottes, *cidade de Pedra...* Compter 30 Rls par jour et par personne. Accueil très sympa.
@ Juste à côté, *Cyber Café da Praça,* avec accès Internet pour 5 Rls l'heure.
■ Distributeur (*Visa* et *MasterCard*) à la *Banco do Brasil.*

Où dormir ?

Camping

⛺ *Camping Oasis :* rua Fernando Corrêa, 394. ☎ 33-01-24-44. ● oasis@chapadadosguimaraes.com.br ● Dans une rue à gauche de la praça Dom Wunibaldo. Compter 10 Rls par personne. Pour les routards en mal de simplicité, un chouette camping chez l'habitant, dans un joli jardin entouré de palmiers et tapissé de pelouse. Confort rudimentaire, mais atmosphère conviviale.

De prix moyens à chic (de 50 à 150 Rls – 19 à 57 €)

â *Pousada Bom Jardim :* praça Dom Wunibaldo, 641. ☎ 33-01-26-68. • www.pousadabomjardim.com. br • Idéalement situé, sur la belle place principale très arborée. Compter 50 à 80 Rls la chambre double, petit dej' compris. Des chambres simples et sans grand charme, mais bien tenues. Atmosphère fraîche bien appréciable. Parking gratuit.

â *Hôtel Turismo :* rua Fernando Corrêa da Costa, 1065. ☎ 33-01-11-76. Fax : 33-01-13-83. À deux pas de la gare routière. Environ 150 Rls pour 2, petit dej' copieux compris. Joli jardin devant la maison et petite piscine pour se rafraîchir après une journée de balade. Chambres impeccables, avec salle de bains et AC. Possibilité d'excursions dans la *chapada*. Une adresse très agréable. Atmosphère familiale.

Où manger ?

|●| *Miau's Espetinhos :* rua Cipriano Curvo, 620 (Centro). ☎ 33-01-20-49. Ouvert midi et soir sauf le lundi. Compter environ 15 Rls pour 2. Cadre plutôt sympa avec murs bleu layette et traces de pattes de chat. Rassurez-vous, c'est le bœuf qui est à l'honneur dans votre assiette ! Pas vraiment de la grande cuisine, mais l'ensemble est correct et l'atmosphère populaire.

|●| *Felipe Restaurante :* rua Cipriano Curvo, 596 (Centro). ☎ 33-01-17-93. Ouvert tous les jours. Buffet *ao kilo* le midi, plats régionaux et quelques pizzas à la carte le soir. Restaurant local très fréquenté soit pour les repas en famille ou entre amis. Prix nettement plus élevés, mais cuisine régionale de qualité, bons plats de viande et poisson frais servis copieusement, comme la *pacú assado* ou le *mujica de pintadu*. Service cordial et efficace.

QUITTER LE MATO GROSSO ET LE MATO GROSSO DO SUL

En avion

➢ Liaisons quotidiennes vers São Paulo depuis Cuiabá et Campo Grande. Liaisons vers Rio, Iguaçu, Florianópolis... toutes via São Paulo.

En bus

➢ Pour toutes les destinations du nord au sud du Brésil, mais aussi vers la Bolivie (via Corumbá) depuis Campo Grande, et vers l'Amazonie depuis Cuiabá. À Cuiabá comme à Campo Grande, grandes gares routières avec de nombreuses compagnies brésiliennes.

LE MATO GROSSO

LE SUD

La région sud comprend trois États : le Paraná, avec pour capitale Curitiba, le Santa Catarina, dont la capitale est Florianópolis, et le Rio Grande do Sul, avec pour capitale Porto Alegre. C'est toute la partie, notamment côtière, du pays, qui s'étend de l'État de São Paulo jusqu'aux frontières argentine et uruguayenne. Moins connue des touristes européens, la région sud recèle pourtant plusieurs sites remarquables : *Foz do Iguaçu,* avec ses fameuses chutes d'eau immenses, l'*île de Florianópolis*, à la fois touristique et relativement préservée, sans parler des *serras da Graciosa* et de *Morretes,* connues pour leurs randonnées dans la forêt tropicale, ni même de *Paranaguá* et l'*ilha do Mel,* aux dizaines de plages paradisiaques. Pas encore défigurée par le tourisme de masse, la côte du Paraná et du Santa Catarina est l'une des plus belles et des plus exubérantes du Brésil. La *serra do Mar,* cette chaîne montagneuse qui longe le littoral depuis l'Espírito Santo jusqu'au Santa Catarina, atteint ici des sommets de 2 000 m avec une végétation (la *Mata Atlanticâ,* ou forêt atlantique) qui mêle les espèces tropicales et subtropicales, pour se couvrir dans le Santa Catarina d'essences de type méditerranéen.

Le Sud est la région la plus riche et la plus développée du Brésil, grâce à une agriculture prospère et à une industrie de transformation très équilibrée. La misère y est donc moins flagrante que dans le reste du pays. Terre d'élection des immigrants d'Europe centrale au Paraná, d'Allemagne dans le Santa Catarina et d'Italie au Rio Grande do Sul, c'est un pays d'agriculture fruitière d'espèces tempérées (abricots, pommes, pêches, raisins), de légumes, de soja, de maïs, de tabac... C'est notamment au Paraná que vous trouverez ce tabac extraordinaire, le *fumo de rolo* ou *fumo de corda,* composé de feuilles de tabac tressées en cordes épaisses que l'on achète comme de la saucisse, au poids. On défait le tabac avec les doigts dans le creux de la main, pour le rouler ensuite dans des feuilles de maïs préparées à cet effet... Ici naquit aussi l'utilisation du *maté,* cette herbe empruntée par les jésuites aux Indiens du coin pour en faire l'infusion nationale. Dans la région, on boit le très particulier *maté de chimarão* (voir la rubrique « Boissons » dans les « Généralités »). C'est aussi traditionnellement une région de grands élevages, de bœufs et de chevaux. Les *gaúchos* des grandes plaines du Rio Grande do Sul ont d'ailleurs fait la réputation de la région, dignes des meilleurs cowboys et maîtres du lasso. Dans les villages du Sud du Brésil (Santa Catarina compris), il n'est pas rare d'assister à de grands rodéos ou fêtes de la bière (la 2e en importance après celle de Munich). Une autre facette du Brésil ! Et dans ce pays d'éleveurs, la viande rôtie ou grillée à la broche, le fameux *churrasco,* est une véritable institution.

À savoir : dans toute cette région sud, la haute saison, en ce qui concerne l'affluence et les prix des hébergements, court de décembre à avril soit, en gros, de Noël à Pâques.

LES CHUTES D'IGUAÇU (FOZ DO IGUAÇU) ET PUERTO IGUAZÚ (ARGENTINE)

258 400 hab.   IND. TÉL. : 45 et 03757

Une des chutes d'eau les plus connues au monde et certainement l'une des plus belles. *Iguaçu* en indien guarani signifie « Eau grande ». Plus de

200 chutes se pressent sur un front de 2,5 km dans un site exubérant de végétation tropicale, classé au Patrimoine mondial de l'Unesco depuis 1986. Les chutes étagées se jettent les unes dans les autres, tantôt en de minces filets perçant au travers d'une végétation touffue, tantôt en de larges et hautes cascades (jusqu'à 72 m de hauteur). Pour vous faire une idée, elles servirent de décor naturel ou célèbre film *Mission*.

On peut aller admirer les chutes tout au long de l'année. En septembre, le bon équilibre des eaux permet de voir les chutes non comme un bloc, mais bien découpées. Et c'est le début du printemps !

Quant à Foz do Iguaçu, cette ville moderne sans grand intérêt vit de l'intense passage frontalier commercial avec Ciudad del Este au Paraguay. C'est là que les camelots viennent se fournir en produits populaires hors taxes (sacs, cuirs, quincaillerie, cigarettes, électronique, etc.) qu'ils revendent sur les marchés du Brésil entier.

Mais depuis longtemps, la 2e activité provient du tourisme international en visite sur les cascades. On n'y reste généralement pas plus de 2 nuits. Évitez le week-end, où le site est vraiment surchargé.

UN PEU DE LÉGENDE

Selon les Indiens caingangues, le roi des dieux Tupá a envoyé son fils, M'Boi, le dieu-serpent, pour veiller sur la tribu. M'Boi vivait sur le fleuve Paraná. Le chef de la tribu, Igobi, avait une fille, Naipi, très belle et promise au dieu M'Boi qui en était éperdument amoureux. Mais un guerrier de la tribu, nommé Tarobá, était l'amant de Naipi. Le jour des noces de M'Boi et Naipi, les amants s'enfuirent en canoë sur le fleuve. Le bruit des rames alerta le dieu M'Boi, lequel, furieux, donna un grand coup de queue, qui provoqua une énorme crevasse où tombèrent les amants. Naipi fut transformée en un grand rocher au pied des chutes et est perpétuellement soumise à la force du fleuve. Tarobá est devenu un palmier qui surplombe les chutes, contemplant pour l'éternité son amour, sans pouvoir jamais l'approcher. Sous ce palmier se trouve une grotte, dans laquelle se cache le dieu M'Boi qui rit du malheur des amants. Mais son rire est étouffé par le fracas des chutes. On peut voir très distinctement le palmier et on devine le rocher.

Arriver – Quitter

En bus

▱ *Rodoviária* (plan B1) : av. Costa e Silva, km 7. ☎ 35-22-25-90. Petit bureau d'infos touristiques. Également 2 points de vente des billets en centre-ville (voir ci-dessous dans les « Adresses utiles »).

➤ *Rio* : 1 500 km ; 23 h de trajet. Trois bus par jour environ dans les deux sens, avec la Cie *Kaiowa* (☎ 0800-707-23-23, ● www.kaiowa.com.br ●) ou avec la Cie *Pluma* (☎ 0300-789-13-00, ● www.pluma.com.br ●).

➤ *São Paulo* : 1 100 km ; 16 h de trajet. Quatre bus par jour dans les deux sens, également avec *Kaiowa* et *Pluma*.

➤ *Buenos Aires* : *Pluma* propose 1 bus direct par jour, vers midi.

➤ *Curitiba* : environ 8 à 10 bus de 7 h à 21 h 30, avec la Cie *Catarinense* (☎ 32-23-77-66). Compter 4 h 30 de trajet.

➤ *Florianopolis* : 1 bus l'après-midi, l'autre le soir, avec *Pluma*. Compter 14 h de trajet.

▱ *Terminal de bus urbains* (TTU ; plan A1, 1) : à l'angle de l'av. J. Kubitschek et de l'av. República Argentina. Plusieurs arrêts dans le centre, sur l'avenida J. Kubitschek.

➤ Tous les bus pour la visite des chutes côté brésilien et argentin. Bus pour le Paraguay également, de l'autre côté de la rue. Pour se rendre à Puerto Iguazú, bus urbain gris à prendre rua Mem de Sá, au niveau du n° 94. Départ toutes les 30 mn de 7 h 30 jusqu'à 19 h 30 environ (compter 30 mn de trajet, plus 20 mn de passage en douane). Descendre au terminus urbain de Puerto Iguazú, où l'on trouvera les bus desservant les chutes côté argentin.

En avion

✈ *Aéroport international :* rod. das Cataratas, km 16,5. ☎ 35-21-42-00. On y trouve un petit *office du tourisme* (ouvert de 11 h 30 jusqu'au dernier vol), un distributeur de la *Banco do Brasil* qui accepte les cartes *Visa* et *MasterCard* et des comptoirs de toutes les grandes compagnies de location de voitures.
➤ Vols quotidiens depuis et vers les grandes villes du Sud (Rio, Curitiba et Florianópolis), et vers les grandes villes du Nord via São Paulo.
– *Pour gagner le centre-ville :* départ des bus ordinaires (appelés TTU, les moins chers) toutes les 30 mn de 6 h à 0 h 40. D'autres bus *frescão,* plus confortables, un peu plus chers. Les taxis sont hors de prix (comptoir de prépaiement dans l'aéroport), car le centre est assez loin. Une solution, si vous avez réservé un hôtel : leur demander de vous envoyer un taxi, c'est en général moins cher.

Organiser sa visite

Le tracé frontalier au milieu du rio Iguaçu donne la plus grande partie des chutes au côté argentin. Quant au côté le plus spectaculaire et le plus propice à la visite, les avis divergent. On a une vision plus globale sur la rive brésilienne, avec quelques passerelles impressionnantes au milieu des chutes d'eau (douche garantie) et de superbes vues panoramiques. La rive argentine permet de s'enfoncer d'un peu plus près dans la nature environnante et de dominer tout le site, avec le spectacle hallucinant de la gorge du Diable et de ses 90 m de haut. Compter environ 2 h de visite du côté brésilien et au moins 5 h en Argentine. Essayez donc les deux !
Ceux qui voyagent en voiture peuvent passer d'un pays à l'autre sans aucun problème d'intendance. Il leur faudra demander à leur agence de location une autorisation spéciale (gratuite) pour traverser la frontière (vous aurez ainsi droit d'aller jusqu'à une vingtaine de kilomètres de la frontière argentine et à une dizaine de kilomètres de la frontière du Paraguay). On vous demandera de descendre de la voiture afin de désinfecter vos semelles sur une sorte de mousse pour lutter contre la fièvre aphteuse. Les chutes, côté argentin, se trouvent à 17 km de la frontière.
Pour les autres, passer par une agence de voyages peut s'avérer un gain de temps précieux. Bien sûr, c'est plus cher qu'en bus, mais vous éviterez les problèmes de connexion démentiels et les longues files d'attente entre les côtés brésilien et argentin. Si vous souhaitez faire la visite par vos propres moyens, il vous faudra au minimum une journée et demie pour découvrir les trois points d'intérêt (côté brésilien, côté argentin, et le barrage d'Itaipu). Nous vous conseillons alors de combiner les deux côtés des chutes le premier jour et le barrage le lendemain matin. Si vous n'avez qu'une journée, cela va de soi : laissez tomber le barrage !

LE SUD

Où séjourner ?

Les avis sont partagés entre Puerto Iguazú et Foz do Iguaçu. Le côté brésilien (Foz, donc) était bien moins cher avant la crise argentine, mais ce n'est plus le cas. De plus, outre les nombreuses liaisons vers le barrage d'Itaipu, les possibilités d'excursions côté brésilien sont moins nombreuses. Reste la solution de passer la première journée et la nuit côté brésilien, et la matinée ou la journée du lendemain côté argentin. La petite ville de Puerto Iguazú est plus calme et charmante, et la latérite qui imprègne tout, y compris vos affaires, lui donne une étrange couleur rouge. Cependant, pour la plupart, les avions pour Foz do Iguaçu arrivent tard le soir et vous contraignent à loger 2 nuits sur place pour effectuer la visite complète...

Adresses utiles

À Foz do Iguaçu (ind. tél. : 45)

Renseignements, poste et télécommunications

🛈 *Offices du tourisme* (plan A2 et B1) : • www.fozdoiguacu.pr.gov.br • Dans le centre, praça Getúlio Vargas (☎ 35-21-14-55), ouvert tous les jours de 7 h à 23 h, accueil très efficace ; à la *rodoviária,* ouvert de 6 h 30 à 18 h 30 ; à l'aéroport, ouvert de 12 h jusqu'au dernier vol ; à la station des bus TTU (☎ 35-23-79-01), ouvert tous les jours de 7 h à 19 h. Plan de la ville et du parc national d'Iguaçu.

🛈 *Téléphone d'informations en anglais et espagnol :* ☎ 0800-45-15-16 (gratuit). Fonctionne de 7 h à 23 h.

✉ *Poste* (plan A2) : praça Getúlio Vargas, s/n ; à l'angle de l'avenida J. Kubitschek et de la rua Rio Branco.

@ *Net Pub* (plan A2, 2) : rua Rui Barbosa, 549. ☎ 35-72-57-73. Ouvert de 8 h à 22 h (le dimanche, l'après-midi uniquement).

Argent, change

■ *Banco do Brasil* (plan A2, 3) : av. Brasil, 1377. Bureau de change ouvert de 10 h à 15 h. Euros et chèques de voyage acceptés. Distributeurs *Visa* et *MasterCard*

accessibles de 6 h à 22 h.
■ *HSBC :* av. Brasil, 1121 (plan A2, 4) et rua Almirante Barroso, 2075 (plan A1, 4). Distributeurs *Visa* et *MasterCard* accessibles 24 h/24.

Représentations diplomatiques

■ *Consulat d'Argentine :* trav. Consul E. R. Bianchi, 26. ☎ 35-74-29-69. Ouvert du lundi au vendredi de 10 h à 15 h.
■ *Consulat du Paraguay :* rua Edmundo de Barros. ☎ 35-23-28-

98. Ouvert de 8 h 30 à 16 h 30. Les ressortissants canadiens ont besoin d'un visa pour séjourner dans le pays, mais pas pour y passer seulement la journée.

Transports

■ *Varig* (plan A2, 5) : av. J. Kubitschek, 463. ☎ 30-27-21-11. Réservations : ☎ 0300-99-70-00 (0,30 Rls/mn). Ouvert du lundi au vendredi de 9 h à 18 h et le samedi de 9 h à 12 h.
■ *Tam* (plan A2, 6) : rua Rio Branco, 640. ☎ 35-23-85-00. ☎ 0300-12-31-00 (0,30 Rls/mn).
■ *Gol Linhas Aereas :* à l'aéroport.

☎ 35-21-42-96. • www.voegol.com.br • Une nouvelle compagnie aérienne qui propose généralement des tarifs moins chers que ceux de ses concurrents.
■ Deux *points de vente pour les bus longues distances* en centre-ville, au même prix qu'à la gare routière et pour toutes les compagnies :

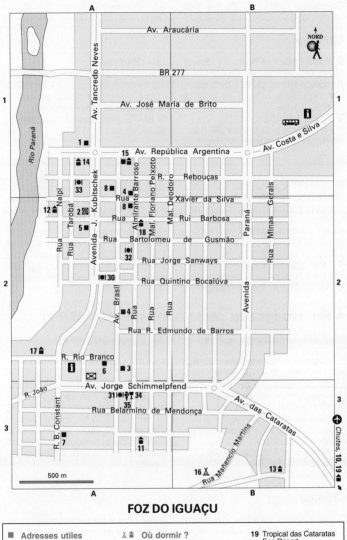

FOZ DO IGUAÇU

- **Adresses utiles**
  - 🅸 Offices du tourisme
  - ✉ Poste
  - 🚌 Rodoviária
  - 1 Terminal de bus urbains (TTU)
  - @ 2 Net Pub
  - 3 Banco do Brasil
  - 4 HSBC
  - 5 Varig
  - 6 Tam
  - 7 Hôpital Santa Casa
  - 8 Corimeira
  - 15 Jaha Iguassu Explorer

- **⛺ 🏠 Où dormir ?**
  - 10 Albergue Paudimar Campestre (AJ)
  - 11 Albergue Paudimar Centro (AJ)
  - 12 Pousada de Laura
  - 13 Pousada Evelina Navarrete
  - 14 Hôtel Tarobá
  - 15 Villa Canoas
  - 16 Camping internacional Piscina do Bosque
  - 17 Hôtel Ilha de Capri
  - 18 Hôtel San Diego

  - 19 Tropical das Cataratas Eco Resort

- **🍽 Où manger ?**
  - 30 Tropicana
  - 31 Emporio da Gula
  - 32 Restaurante Vero Verde
  - 33 Buffalo Branco

- **🍸 🍦 Où boire un verre ? Où manger une glace ?**
  - 34 Capitão
  - 35 Oficina do Sorvete

Corimeira 1 (plan A2, 8), rua Almirante Barroso, 2047, ☎ 35-23-35- | 50 ; *Corimeira 2 (plan A1, 8),* av. Brasil, 148, ☎ 35-72-49-72.

Urgences

■ *Police touristique :* av. Brasil, 1374. ☎ 35-23-30-36. En face de la *Banco do Brasil.* Ouvert du lundi au vendredi de 8 h 30 à 12 h et de 13 h 30 à 18 h.
■ *Police :* ☎ 153 (24 h/24).
■ *Pharmacies ouvertes 24 h/24 :* plusieurs pharmacies au bout de l'avenida Brasil.
■ *Hôpital Santa Casa (plan A3, 7) :* rua Antônio Raposo, 380. ☎ 35-23-10-14. Premiers soins gratuits si vous payez la taxe journalière.
■ *SIATE (équivalent du SAMU) :* ☎ 193.

Divers

■ *Hélisul :* rodovia das Cataratas, km 16,5. ☎ 35-29-74-74. ● www.helisul.com ● Survol des chutes en hélicoptère de 9 h à 18 h. Compter 55 € pour 7 mn de vol. Mieux vaut avoir la chance d'être côté hublot. Cher, nuisible pour la faune, et bruyant.
■ *Jaha Iguassu Explorer (plan A1, 15) :* av. República Argentina, 926. ☎ 35-72-41-58. Dans l'hôtel *Villa Canoas.* Une agence de voyages qui propose des excursions aussi bien vers les chutes que des balades dans la forêt du Paraguay. Également des parties de pêche, ou le tour de la ville et des villages alentour. Très bien si vous n'avez pas envie de vous casser la tête pour organiser des excursions. Tarifs raisonnables.

À Puerto Iguazú *(Argentine ; ind. tél. : 03757)*

Renseignements, poste et télécommunications

🛈 *Bureau d'informations :* Victoria Aguirre, 396. ☎ 42-08-00 et 0800-55-50-297 (gratuit). ● turismo@misiones.gov.ar ● Ouvert de 8 h à 13 h et de 15 h à 20 h ; le week-end, horaires plus restreints. Demander le plan de la ville avec la liste des hébergements et leurs tarifs.
✉ *Poste :* av. San Martin, 780.
■ *Téléphone :* bureau des télécommunications, Victoria Aguirre, 146.
Après Los Cedros (côté entrée de la ville).
▣ *Coffee-Shop :* à l'angle de av. Brasil et de av. Aguirre. Tout en un : café, accès Internet (3 $Ar l'heure, soit environ 0,80 €), fax, et plein de choses à grignoter. Conso offerte pour 1 h de connexion. Autre boutique en face, nombreux ordinateurs, mêmes tarifs.

Change

■ *Bureau de change Argecam Cambio :* av. Victoria Aguirre ; à l'angle de Los Pinos. Ouvert de 8 h à 12 h et de 15 h à 19 h. Un autre bureau *Argecam* sur Victoria Aguirre, en face du bureau d'infos touristiques. Taux à peine plus défavorable que dans le reste de l'Argentine.

Santé

■ *Hôpital :* av. Victoria Aguirre. ☎ 42-02-88.

Transports

🚌 *Terminal de bus principal :* à l'angle de Córdoba et Misiones. C'est de là que partent toutes les heures les bus pour les chutes *(cataratas)* avec la compagnie *El Practico*. Pour aller du côté argentin, départs entre 7 h 40 et 19 h. Au retour, bus de 8 h 30 à 20 h. Pour le côté brésilien, premier départ à 7 h 20. Il faut changer de bus à Foz do Iguaçu (demander au chauffeur, il vous déposera au terminal de bus pour les *cataratas*). Même bus pour se rendre à La Aripuca ou à Guira Oga.

→ *Aéroport :* sur la route des chutes. Un bus par vol.

■ *Bureau Austral :* av. Aguirre, à côté de l'office du tourisme. ☎ 42-01-44.

■ *Aerolineas Argentinas :* à l'angle de Aguirre et Balbino Brahas. ☎ 42-01-68 ou 94. De 2 à 4 vols par jour pour Buenos Aires. Également quelques vols par semaine pour Rio.

Agences de voyages

■ *Aguas Grandes – Iguazú Forest :* Mariano Moreno, 58. ☎ 42-11-40. ● www.aguasgrandes.com ● La meilleure agence de la région (correspondant de l'agence *Équinoxe*), qui propose treks en forêt tropicale, rappel dans des chutes, canyoning, virées en 4x4, visites de villages guaranis, etc.

■ *Agence Cuenca del Plata :* P. Amarante, 76. ☎ 42-10-62. Télé-fax : 42-14-58. Attenant à l'hôtel *Los Helechos*. Dirigée de main de maître par l'efficace Patricia. Propose toute une palette d'excursions dans la région. Accueil chaleureux et prix corrects.

Où dormir ?

À Foz do Iguaçu

En basse saison et dans le centre, les prix peuvent être négociés, les touristes étrangers aisés ayant tendance à loger dans les complexes hôteliers près des chutes.

Campings

⚕ *Camping Clube do Brasil (hors plan par B3) :* av. das Cataratas, km 18. ☎ 91-29-46-64 (portable de Neri, le proprio). À 700 m du *parque nacional* ; bus du même nom ou « Cataratas ». Autour de 14 Rls par personne en haute saison. Location de mobile homes. Le plus près des chutes. Piscine, terrains de foot et de volley. Idéal pour la visite du site mais loin du centre.

⚕ *Camping internacional Piscina do Bosque (plan B3, 16) :* rua Manêncio Martins, 21. ☎ et fax : 35-29-81-83. Après l'hôtel *Torrance*. Compter 25 Rls l'emplacement pour 2 en saison. Très bon confort. Piscines, barbecue, snack, épicerie... Location de bungalows pour 40 Rls environ.

⚕ Voir aussi les deux auberges de jeunesse ci-dessous.

Bon marché (de 20 à 40 Rls – 7,60 à 15,20 €)

🏠 *Albergue Paudimar Centro (AJ ; plan A3, 11) :* rua Antônio Raposo, 820. ☎ 30-28-55-03. ● www.paudi marfalls.com.br ● Réception 24 h/24. Une petite auberge de jeunesse dans le centre avec des dortoirs de 6 lits pour environ 21 Rls par personne, des chambres doubles avec ou sans AC entre 55 et 65 Rls, et même la possibilité de planter sa tente (compter 12 Rls par personne). Moins cher avec la carte des AJ. Le petit déjeuner est inclus de même que l'utilisation d'Internet. Petite piscine pour faire trempette, billard, salle de TV et jardin. Une super-adresse pour faire connaissance.

🛏 *Albergue Paudimar Campestre* (AJ ; hors plan par B3, 10) : rodovia das Cataratas, km 12 (Remanso Grande). ☎ et fax : 35-29-60-61. De l'aéroport, bus « TTU Centro » jusqu'à l'hôtel *San Juan,* puis bus gratuit *(Alimentador)* toutes les 20 mn de 6 h à 19 h 20, sinon, marcher un bon quart d'heure. De la station de bus, prendre un bus *Integrado* ; arrivé au terminus, il faut prendre un bus gratuit « Aeroporto-Parque Nacional » qui s'arrête aussi à l'hôtel *San Juan.* Environ 21 Rls par personne, petit dej' inclus (moins cher avec la carte des AJ). Chambres doubles avec AC et salle de bains privée autour de 70 Rls. En pleine nature. Dortoirs pour 6, filles ou garçons ; 140 lits en tout. Piscine, Internet gratuit, salle de jeu, activités sportives... Propose l'excursion aux chutes côté argentin en voiture, pour un prix très raisonnable. Buffet le soir pour 7 Rls. Une excellente auberge, à l'atmosphère vraiment conviviale. En plus, possibilité de camper dans le jardin.

Prix moyens (de 40 à 70 Rls – 15,20 à 26,60 €)

🛏 *Pousada Evelina Navarrete* (plan B3, 13) : rua Irlan Kalichewski, 171 (Vila Yolanda). ☎ et fax : 35-74-38-17. ● pousada.evelina@foznet.com.br ● Pas d'enseigne. Les bus « J. das Flores – rodov. » ou « São Roque – rodov. » ont un arrêt devant le supermarché *Chemin,* à 500 m de la *pousada.* En venant du centre par l'avenida Jorge Schimmelpfend, 4e rue à droite ; c'est une maison blanche à 50 m sur la droite. Compter 70 Rls en chambre double, petit dej' copieux inclus. Evelina est adorable et très appréciée des routards. D'origine polonaise, elle parle le français, entre autres langues, et vous donnera de bons conseils. La maison n'a rien d'extraordinaire, mais elle est très bien tenue. Piscine. Beaucoup de touristes étrangers.

🛏 *Pousada de Laura* (plan A2, 12) : rua Naipi, 671. ☎ 35-72-33-74. Doubles aux alentours de 40 Rls, petit dej' compris. Une ambiance « comme à la maison » avec salle commune et cuisine pour faire sa popote. Chambres basiques mais très propres, avec ventilo et salle de bains, et l'accueil y est vraiment adorable.

🛏 *Villa Canoas* (plan A1, 15) : av. República Argentina, 926. ☎ 35-23-87-97. ● www.hotelvillacanoas.com.br ● Compter 60 Rls pour une chambre double avec AC, frigo, petit déjeuner inclus. Déco dans les tons chauds avec des rideaux rouges et des tableaux abstraits jaunes et oranges. Le tout, vraiment nickel. Une bonne petite adresse.

🛏 *Hôtel Tarobá* (plan A1, 14) : rua Tarobá, 1048 (Centro). ☎ 30-28-77-00. À partir de 80 Rls pour 2, petit dej'-buffet inclus. Établissement bien tenu. On vous recommande les chambres du 5e étage, entièrement rénovées. Accueil très sympa, chambres impeccables, petite piscine, salle de fitness et sauna. Une bonne adresse. Éviter toutefois de se balader dans les rues qui descendent vers la rivière le soir.

Un peu plus chic (de 70 à 100 Rls – 26,60 à 38 €)

🛏 *Hôtel Ilha de Capri* (plan A2, 17) : rua Barão do Rio Branco, 409 (Centro). ☎ et fax : 35-23-16-85. À côté de la praça Getúlio Vargas. Doubles à partir de 70 Rls, petit dej'-buffet compris (vraiment copieux) ; prix négociables à partir de 2 nuits. Hôtel élégant, assez moderne et joliment fleuri. Chambres confortables et belle piscine avec chaises longues. Accueil très serviable.

🛏 *Hôtel San Diego* (plan A2, 18) : rua Almirante Barroso, 1864 (Centro). ☎ et fax : 35-23-21-61. ● www.sandiegohotel.com.br ● Doubles autour de 90 Rls avec le petit dej' buffet inclus. Bien situé, ce petit hôtel propose des chambres presque coquettes, avec des salles de bains très propres, un brin kitsch, dotées d'une grande douche. Clim'

vieillotte (comme partout), TV câblée et minibar. Petite piscine octogonale.

Très chic, aux premières loges...

≜ *Tropical das Cataratas Eco Resort (hors plan par B3, 19)* : rodovia das Cataratas, km 28. ☎ 35-21-70-00. Fax : 35-74-16-88. ● www.tropicalhotel.com.br ● Dans le *parque nacional do Iguaçu,* pile en face des chutes ! Si vous y allez en bus (dernier départ à 17 h !), prendre le « Parque Nacional ». Taxi très cher, même de l'aéroport. Taxe à l'entrée du parc, valable tout le séjour. Accrochez-vous, le luxe se paye ici entre 625 et 880 Rls (238 à 335 €) la chambre double ! L'hôtel est une grande

bâtisse de style néocolonial, à la façade rose bonbon... C'est vrai qu'il est bien situé, ce palace : aux premières loges ! Tous les avantages d'un grand hôtel : piscine, resto, bar chic... et accueil professionnel. Chambres en revanche un peu quelconques pour le prix. Mais ne boudons pas notre plaisir ! Le matin, vous êtes à 50 m de l'accès aux chutes, en pleine forêt atlantique. Tour d'observation panoramique pour profiter du spectacle à toute heure.

À *Puerto Iguazú (Argentine)*

Les pensions et hôtels sont vite pleins en saison. Essayer d'arriver tôt. Si les adresses qui suivent sont complètes, se rabattre sur la liste des bureaux du tourisme. Dans l'ensemble, les prix sont d'environ 50 % moins élevés que du côté brésilien, depuis la chute du peso argentin. Plein de bonnes adresses dans le centre de la ville.

Bon marché (entre 15 et 30 $Ar – 4,80 à 9,80 US$)

≜ *Albergue Residencial Uno :* Fray Luis Beltran, 116. ☎ et fax : 42-05-29. Sympathique auberge de jeunesse. Compter 10 $Ar par personne avec le petit dej' ! Accès Internet, cuisine et laverie. Net et plaisant.
≜ *Residencial Lilian :* Fray Luis Beltran, 183. ☎ 42-09-68. À 10 petites minutes à pied du terminal des bus. Compter 25 $Ar pour 2 sans petit dej'. Recommandé par de nombreux lecteurs, et ils ont raison. Excellente petite adresse familiale, claire et d'une grande propreté. Super accueil et prix bas. Vraiment bien.
≜ *Residencial Rioselva :* San Lorenzo, 140. ☎ 42-15-55. Du terminal des bus, prendre Córdoba, puis la 3e à droite. Nuit à 15 $Ar par personne. Une des meilleures adresses de la ville. Chambres confortables et grande pelouse généreuse. Dans un coin, une adorable petite piscine, et

dans un autre, un barbecue pour vos grillades. Un lieu paisible et calme. On s'y sent vite chez soi. Un excellent rapport qualité-prix.
≜ *Hostería San Fernando :* Córdoba, à l'angle de Guarani. ☎ 42-14-29. Face au terminal des bus. Doubles à 25 $Ar, petit dej' compris. Petits bungalows autour d'un jardinet fleuri. Chambres avec salle de bains et ventilo. Un peu bruyant, peut-être, à cause de la proximité du terminal des bus et de la rue.
≜ *Residencial Noelia :* Fray Luis Beltran, 119. ☎ 42-07-29. Compter 10 $Ar par personne, petit dej' compris. Dans le plus charmant quartier de la ville. Quelques chambres sans éclat mais propres, avec salle de bains, situées derrière la maison des propriétaires. Accueil souriant et chaleureux. Petit jardin ombragé très agréable.
≜ *Residencial Paquita :* Córdoba, 158. ☎ 42-04-34. Juste en face du

terminal des bus. Doubles de 25 à 30 $Ar, avec ventilo ou AC. Fonctionnelles, sans charme, mais propres.

Tenu par une petite dame prévenante.

Prix moyens (de 30 à 40 $Ar – 9,80 à 13 US$)

🏠 **Hostería Los Helechos :** Amarante, 76. ☎ et fax : 42-03-38. ● www.hosterialoshelechos.com.ar ● Derrière l'hôtel *Saint-George*, à un bloc du terminal des bus. Dans une enceinte calme et pleine de belles plantes. Chambres correctes, de 35 à 40 $Ar, petit dej' inclus. Piscine. Accueillant. Restaurant à prix compétitifs.

🏠 **Hôtel Tierra Colorada :** El Urú, 28. ☎ 42-06-49. Fax : 42-05-72. ● hotelticrracolorada@iguazunet.com ● À deux blocs du terminal des bus. Chambres minuscules mais propres, avec salle de bains. L'ambiance et les chambres sont assez tristes. À considérer seulement si tout est complet.

Chic (de 50 à 100 $Ar – 16,30 à 32,60 US$)

🏠 **Hôtel Saint-George :** Córdoba, 148. ☎ et fax : 42-06-33. ● www.hotelsaintgeorge.com ● Simples ou doubles autour de 80 $Ar. Bien bel hôtel qui disperse ses chambres autour d'une calme piscine à l'eau propre. Verdure, transats... Deux types de chambres, les *standard* et les *especiales,* ces dernières n'ayant d'ailleurs rien de bien *especial,* si ce n'est que celles situées à l'étage surplombent la piscine. Chambres assez banales et literie fatiguée. Rapport qualité-prix pas évident. Accueil moyen. Le resto, *La Esquina,* propose souvent un buffet le soir, avec de bonnes salades mais des plats chauds plutôt minables.

Beaucoup plus chic (plus de 100 $Ar – 32,6 US$)

🏠 **Hôtel Cataratas :** ruta 12, km 4. ☎ 42-11-00. À 4 km du centre d'Iguazú, sur la route des chutes. À partir de 100 $Ar la chambre double. Bâtiment moderne assez vilain, mais intérieur chaleureux : pièces spacieuses et confortables. Magnifique piscine, table de ping-pong, billard, sauna, etc. L'hôtel chic de la ville.

Où manger ?

À Foz do Iguaçu

Difficile de trouver un petit resto authentique dans cette ville très touristique. On a surtout le choix entre les immenses *churrascarias* et autres *rodizios* de pâtes, et les petites *lanchonetes* du centre-ville, sans grand charme. Donc, pas grand-chose à se mettre sous la dent !

Bon marché (moins de 15 Rls – 5,70 €)

🍽️ **Tropicana** (plan A2, **30**) **:** av. JK, 228. Prix défiant toute concurrence : 5 Rls le buffet (salades, légumes, 2 plats de viande en sauce, dessert) ou 8 Rls avec en plus de délicieuses viandes grillées à volonté. Qui dit mieux ? Une vraie bonne affaire, et les Brésiliens ne s'y trompent pas. Ça débite ! Le soir, l'éclairage blafard laisse à désirer, mais, à midi, la salle ouverte sur l'extérieur est plutôt agréable. Le meilleur rapport qualité-prix de la ville, tout simplement !

I●I *Restaurante Vero Verde (plan A2, 32) :* rua Almirante Barroso, 1713. ☎ 35-74-56-47. Ouvert tous les jours, uniquement pour le déjeuner. Prix unique : 10 Rls pour un buffet avec crudités, légumes, pâtes, poissons et desserts. Dans une maison à la façade orange et vert, joliment décorée, deux grandes salles agréablement colorées pour déguster une bonne cuisine de tendance végétarienne. Toujours beaucoup de monde.

Prix moyens (de 15 à 30 Rls – 5,70 à 11,40 €)

I●I *Emporio da Gula (plan A3, 31) :* av. Brasil, 1441 (Centro). ☎ 35-74-61-91. Ouvert tous les jours de 16 h à 1 h. Ce resto branché est connu pour ses barbecues à partager à plusieurs. On choisit une viande qui arrive sur une énorme pique *(espetos)* accompagnée de salades, riz, légumes et sauces. Très convivial. Vaste terrasse en bois bien plaisante.

Un peu chic (autour de 40 Rls – 15,20 €)

I●I *Buffalo Branco (plan A1, 33) :* rua Eng. Rebouças, 530 (à l'angle de la rua Tarobá). ☎ 35-23-97-44. Ouvert du lundi au samedi de 12 h à 22 h 30. Prix unique : 40 Rls par personne. Le buffet est remarquable de variétés de légumes tropicaux, de *farofas*, de *pirão*, de salades, de jardinières... C'est le principe du *rodizio* (tout à volonté). Les viandes de bœuf – 5 variétés – , de porc, les volailles, l'agneau et même les rognons ou les cœurs, tous rôtis à la broche, sont excellents. Si la salle n'est pas folichonne, vous mangerez là dans un des meilleurs restos du Sud du Brésil. Les desserts sont moins terribles.

Dans le parc

I●I Chutes côté brésilien et argentin : quelques **kiosques à sandwichs** et boissons, au départ des sentiers, au pied des passerelles, ou aux stations de train. Pour dépanner. Et c'est bien moins cher côté Brésil que côté Argentine ! Une fois remontée la gorge du Diable, le resto **Porto Canoas** propose un buffet le midi à 35 Rls. Vraiment moyen, mais c'est le seul vrai resto du parc. On y va avant toute chose pour la vue sur les chutes (on ne s'en lasse pas !).

I●I Les seuls bons restos sont ceux du très chic **hôtel Sheraton Iguazú** (côté argentin). On conseille la formule buffet, qui suffit largement, à 28 $Ar (moins de 10 US$), complète et de qualité. Mais ne pas prendre le buffet plus le plat chaud, qui fait monter l'addition. Dans tous les cas, mieux vaut prévoir un petit casse-croûte et de quoi boire avant les visites.

À Puerto Iguazú (Argentine)

Bon marché (de 5 à 15 $Ar – 1,60 à 4,80 US$)

I●I *El Charo :* av. Córdoba, 118. ☎ 42-15-29. Ouvert midi et soir. Pour dîner, on choisit entre la salle et la terrasse. Au menu, brochettes géantes et très bonne viande. Belles salades pour les accompagner. Également un menu touristique. Petit concert bien agréable le soir, vers 21 h. Bon rapport qualité-prix.

I●I *El Quincho del tio Querido :* Bonpland, 110. ☎ 42-01-51. Juste à côté de l'hôtel *Libertador*. Ambiance cool et cuisine honnête à prix raisonnables. Propose un menu touristique tout compris. Voici quelques spécialités de la maison : *bife de chorizo a la pimienta, surubi* (poisson du fleuve) au roquefort (si, si !). Show musical le soir à partir de 21 h et, dans la cour, toboggans et autres jeux pour les bambins.

|●| *Panificadora Real :* face au terminal des bus, sur Córdoba, à l'angle de Guarani. Ouvert tous les jours de 7 h 30 à 21 h 30 (un peu plus tôt le week-end). On vous conseille d'y faire vos courses pour pique-niquer au bord des chutes : pain, fromage, charcuterie, etc. Très pratique. D'autres supermarchés au centre-ville, sur l'avenida Victoria Aguirre.

Prix moyens (de 15 à 25 $Ar – 4,80 à 8,20 US$)

|●| *Pizza Color :* av. Córdoba, 135. ☎ 42-02-06. On y mange de bonnes pizzas et des grillades savoureuses. Compter environ 20 $Ar pour un repas complet, boisson comprise. Cadre agréable : grande terrasse installée sur une petite place devant le resto. Service attentionné. Une bonne adresse.

|●| *La Rueda :* Córdoba, 28. ☎ 42-09-55. Ouvert midi et soir. Un bon petit resto avec sa terrasse de poche, sa déco de bambou et son ventilo. « Menu touristique » tout compris (c'est la mode en ville) et un « menu régional » un peu plus cher. Excellent *surubi.*

Où boire un verre ? Où manger une glace ?

À *Foz do Iguaçu*

🍸 Le soir, le centre reste animé très tard, surtout en fin de semaine. Bars et vastes *chopperias* sont assiégés par une jeunesse festive qui conflue à l'heure de l'apéritif jusqu'à tard au *Capitão (plan A3, 34),* au coin de l'avenida Jorge Schimmelpfend et de la rua Almirante Barroso. Bières et verres de vin se boivent sur la grande terrasse surplombant la rue. L'animation bat ici son plein.

🍦 *Oficina do Sorvete (plan A3, 35) :* av. Jorge Schimmelpfend, 244. Plus d'une quarantaine de parfums de glaces, classiques ou délirants, avec tous les *toppings* possibles à rajouter. Grande terrasse très populaire.

À *Puerto Iguazú* (Argentine)

🍸🎵 *La Reserva :* av. Tres Fronteras y Costanera. ☎ 42-21-02. Bar et resto ouvert toute la semaine, disco (de minuit à 6 h) du jeudi au samedi. Face au « point des 3 frontières », un grand chalet avec une superbe terrasse. Agréable au coucher du soleil, mais aussi vers minuit ou 1 h, lorsqu'on pousse les tables pour dégager la piste de danse. Alternance de DJs (musique latino, samba, dance, etc.) et de concerts. Ambiance parfois déchaînée : Argentins, Brésiliens et Paraguayens s'y retrouvent pour faire la fête.

🍸🎵 *La Barranka :* av. Costanera. Tout près de *La Reserva* et dans le même style. Ambiance plus « pub » dans la salle mais, là aussi, belle terrasse pour admirer le fleuve et la vue sur le Brésil et le Paraguay. Musique plus calme qu'à côté, mais même clientèle hétéroclite.

À voir

LES CHUTES DU CÔTÉ BRÉSILIEN

⋏⋏⋏ *Le parque nacional do Iguaçu :* BR 469, km 18. ☎ 35-21-44-00. ● www.cataratasdoiguacu.com.br ● Ouvert le lundi de 13 h à 19 h et du mardi au dimanche de 8 h à 19 h (jusqu'à 18 h d'avril à septembre). Fermeture des guichets de vente 1 h avant. Compter environ 20 Rls l'entrée (moins cher pour les Brésiliens). Parking à 11 Rls. Pour ceux qui arrivent par avion à Foz et possèdent un petit bagage, possibilité d'aller tout de suite aux chutes. Prendre le bus ordinaire devant l'aéroport à gauche et descendre à l'entrée du parc. Un bus « Parque Nacional » passe en principe toutes les heures. On peut prendre ce bus du centre-ville, sur l'avenida Juscelino Kubitschek, ou au terminal des bus (*plan A1, 1* ; toutes les 30 mn environ). Sinon, des taxis peuvent vous y conduire, mais c'est plutôt cher et il faut négocier. Tous les passagers descendent à l'entrée du parc pour acheter un ticket. Ensuite, des bus conduisent les visiteurs jusqu'aux chutes, à 5 km. Là, des sentiers s'enfoncent dans la végétation et longent la montagne pour atteindre le clou du site : des passerelles qui s'avancent au-dessus de l'eau jusque sous les chutes, dirait-on, au milieu de la *gorge du Diable*. Un nuage permanent de vapeur d'eau vous enveloppe avec un débit de 1,2 million de litres d'eau à la seconde. Observez le ballet des oiseaux traversant les chutes. Tout autour de vous se déversent les eaux du monde. La vue d'ensemble est saisissante et vertigineuse. Le meilleur moment pour capter la lumière est le matin. C'est incontestablement du côté brésilien qu'on a le meilleur panorama d'ensemble sur les chutes, mais la visite est plus rapide. Il faut savoir cependant que, avec le ticket d'entrée, seule une petite partie des sentiers est accessible au public. Le reste est payant avec des activités et des balades gérées par la société *Macuco Safari* (voir ci-dessous).

■ *Macuco Safari de Barco :* dans le parc national, rodovia das Cataratas, km 25, 3 km avant les chutes. ☎ 35-29-96-26. • www.macucoecoa ventura.com.br • Compter environ 150 Rls par personne. Cette agence organise une visite guidée en jeep dans la forêt tropicale, puis trajet à pied et excursion en zodiac pour approcher les chutes au plus près. Vraiment impressionnant, même si l'attraction est très touristique. Également d'autres formules, de 30 mn à 4 h de marche.

🚶 *Le parque das Aves :* avant l'entrée du parc sur la droite. Ouvert de 8 h 30 à 19 h (18 h en hiver). Entrée : 8 Rls. Parc de 17 ha, peuplé d'oiseaux. Les écolos n'apprécieront pas de les voir enfermés, même dans de grandes volières. Mais ceux qui ne se rendront pas en pleine nature pourront admirer les toucans, les aras bruyants et les flamants roses... Neuf cents oiseaux tropicaux, 150 espèces de tous les continents et une trentaine de papillons. Épaisse végétation.

LES CHUTES DU CÔTÉ ARGENTIN

🚶🚶🚶 *Le parc :* ouvert de 7 h à 18 h (18 h 30 de septembre à mars). Attention ! décalage horaire de 1 h avec le Brésil (1 h de moins en Argentine). Entrée : 30 $Ar, soit 9,80 US$, parking compris. Prévoir au moins une journée pour visiter tous les points de vue, faire si possible une balade en bateau et profiter du parc (superbes oiseaux, dont le toucan, symbole d'Iguazú !). Aujourd'hui, l'infrastructure du parc est telle que (presque) rien n'est laissé au hasard. Entre le petit train, les sentiers tout tracés et la foule de touristes, on se croirait un peu dans un parc d'attractions... Mais la végétation reste plus sauvage, plus tropicale que côté brésilien. N'oubliez pas d'emporter beaucoup d'eau, un chapeau, du répulsif anti-insectes et une bonne crème solaire : ça tape ! Les meilleurs moments pour visiter le parc sont le lever et le coucher du soleil, instants où l'on peut le mieux observer les animaux, et surtout les oiseaux. Il paraît aussi que, les soirs de pleine lune, le parc prend un aspect magique. Alors, si vous êtes dans le coin à cette période-là, prévoyez une balade nocturne ; renseignements à l'office du tourisme, au bureau d'informations du parc ou sur • www.iguazuargentina.com •

LE SUD

À Puerto Iguazú, prendre un bus de la compagnie *El Practico* (départ toutes les 45 mn de 6 h 40 à 19 h 25, mais dernier retour à 20 h), qui conduit en 20 mn à l'entrée du parc national. Là, bâtiment d'accueil des visiteurs avec un bureau d'infos (ouvert tous les jours de 8 h à 19 h ; ☎ 42-01-80) et des guides (☎ 49-10-37). Y prendre le petit feuillet d'information qui décrit toutes les possibilités de balades, les différents points de vue et un plan des installations (gares, sentiers, passerelles, etc.). Un peu plus loin, sur la droite, un petit musée (ainsi qu'une maquette des chutes) permet de mieux comprendre la configuration du site. Quelques infos aussi sur les Guaranis et les missions jésuites.

➤ Pour les fans de balade, un sentier de 6 km part de la station centrale pour aller jusqu'aux chutes Arrechea. Le *sendero Macuco* est ouvert jusqu'à 16 h l'hiver et jusqu'à 17 h l'été.

➤ Sinon, on monte à bord du *tren de la selva,* qui passe toutes les 20 mn. Il marque d'abord un arrêt à la *gare de Cataratas,* d'où partent deux circuits différents, le supérieur et l'inférieur :

– Sur la gauche (circuit inférieur ou *paseo inferior*), le sentier mène au bord des chutes en traversant une végétation tropicale resplendissante. Plusieurs points de vue permettent d'observer les chutes, côté brésilien et côté argentin. Des passerelles franchissent quelques petites chutes. En 20 mn, on parvient au belvédère de la chute Bozetti, l'une des plus somptueuses, qui vous rafraîchira autant qu'une douche puisqu'on peut s'en approcher à presque la toucher ! Grondement des eaux impressionnant ! Puis le sentier se transforme en escalier. Tout en bas, un petit bateau (gratuit, toutes les 30 mn de 9 h à 16 h) fait la navette avec l'îlot de San Martín, au pied des chutes. Sur l'île, un réseau de chemins tracés dans la forêt permet d'embrasser de superbes panoramas, notamment sur les chutes des Trois Mousquetaires et Bozzeti. Spectacle fascinant de millions de mètres cubes d'eau se déversant dans un bouillonnement d'apocalypse. Lorsqu'on arrive en bateau sur l'îlot, à l'extrémité du sentier, on continue sur environ 100 m par la gauche et là, baignades dans de superbes vasques naturelles au pied des chutes et vue splendide sur le côté brésilien ;

– Sur la droite de la gare part un autre chemin *(paseo superior),* qui se transforme en passerelle et court sur 500 m ; il mène au-dessus des chutes de San Martín (compter 1 h de marche, aller et retour). Beau point de vue, très différent des précédents puisque, cette fois-ci, on surplombe les chutes.

➤ De la gare on peut aussi, au choix, emprunter un sentier qui longe la voie ferrée, ou reprendre le train jusqu'à la gare *Garganta del Diablo :*

– *La gorge du Diable (garganta del diablo) :* de la gare, longue passerelle jusqu'à la toute-puissante gorge du Diable, en forme de fer à cheval. Spectacle époustouflant, à ne pas manquer.

Pour revenir à Puerto Iguazú, bus depuis le parking, à l'entrée du parc.

À faire dans le parc

– Côté brésilien, **balade en hélicoptère** : grandiose, mais très cher et payable uniquement cash ou par chèques de voyage, et en dollars. S'adresser à *Helisul* (ou à l'agence *Águas Grandes,* voir « Adresses utiles » à Puerto Iguazú). Côté argentin, on n'apprécie pas du tout ces hélicos qui volent bien trop bas et font fuir les oiseaux. Une pétition circule même pour les faire interdire. Choisissez votre camp !

– Côté argentin, plein d'**activités « nature » et « aventure »** pour ceux qui ont un peu de temps. Sur le site, la compagnie *Jungle Explorer* propose plusieurs activités découvertes : safari nautique à la gorge du Diable ; aventure nautique ; et le must, le *Gran Aventura* : découverte de la jungle en 4x4 et rafting dans les rapides de la rivière Iguazú jusqu'à la gorge du Diable.

– *Découverte de la faune et de la flore :* des guides du bureau d'infos du parc proposent leurs services. Balades à la carte et prix à négocier directement avec le guide. Certains parlent le français. Apprenez à reconnaître le chant du toucan, les traces du jaguar, etc. Départs tous les matins pour 4 h de marche. Remarquez, on peut partir seul en forêt, mais il faut être le plus discret possible pour ne pas faire fuir les bestioles. On trouve notamment à Iguaçu des varans, des coatis (adorables fourmiliers au poil doux), des oiseaux-mouches (à grande trompe), des cerfs et, avec un peu de chance, des tapirs et la queue d'un puma ! Le jaguar, lui, est particulièrement dur à débusquer. Beaucoup de papillons de toutes les couleurs. N'oubliez pas d'emporter un stock de pellicules, elles sont rares et chères dans le parc. En cas de promenade, prévoir gourde et chapeau (c'est fou le nombre de touristes brûlés par le soleil qu'on croise ici).

➤ *DANS LES ENVIRONS D'IGUAÇU*

LE BARRAGE D'ITAIPU

🎥🎥 *Itaipu,* en indien, signifie « la pierre qui chante ». C'est le plus grand barrage du monde, immense muraille de béton qui retient des masses d'eau gigantesques. Avec la puissance, la vague d'écume qui déferle sur le plan incliné monte à des dizaines de mètres. Ce projet commencé en 1975, à l'époque des folles années de l'industrialisation, a vu s'élever contre lui de nombreux détracteurs. Cependant, maintenant que le Brésil se trouve obligé de faire des économies d'électricité faute de production, on peut penser que ce barrage a quand même une utilité, finalement... Avant de s'y rendre, se renseigner sur le niveau de l'eau. En été, il est en effet souvent trop bas pour permettre les lâchés d'eau et donc les vagues, tout l'intérêt du spectacle. Pour y aller, prendre le bus « Vila C » sur l'avenida Juscelino Kubitschek ou au terminal (respectivement 30 et 50 mn de trajet). Visite guidée obligatoire, en anglais, parfois en français à 8 h, 9 h, 10 h, 14 h, 15 h et 15 h 30, tous les jours sauf le dimanche. Arriver au moins 15 mn avant. Gratuit. Durée : 1 h 30 environ. La première visite du matin est la moins fréquentée. Ne pas manquer le film explicatif qui précède la visite, sans quoi l'intérêt du tour en bus est bien limité. Pour les curieux, visite de l'intérieur du barrage, plus technique, pour 30 Rls. Huit visites de 8 h à 16 h, tous les jours sauf le dimanche.

🎥 Possibilité de visiter l'*écomusée d'Itaipu,* ouvert du mardi au samedi de 8 h 30 à 11 h 30 et de 14 h à 17 h 30 et le dimanche après-midi, qui se trouve 200 m avant le hall où l'on reçoit les visiteurs pour le barrage. Collections de fossiles, poteries, objets des anciennes civilisations indiennes de la région.

CIUDAD DEL ESTE (Paraguay)

Port franc paraguayen, situé en face de Foz do Iguaçu, de l'autre côté du Paraná. Pour s'y rendre, prendre un bus sur l'avenida Jorge Schimmelpfend. Ville moderne de tous les commerces possibles et imaginables, c'est une cataracte... de marchandises. Pendant très longtemps, une foule ininterrompue de camelots brésiliens (les *sacoleiros*) parcouraient à pied et en voiture le pont frontière, munis d'immenses sacs de voyage, vides à l'aller, chargés au retour des marchandises vendues dans toutes les capitales du pays. Aujourd'hui, la police fédérale et la douane ont renforcé les contrôles. On autorise uniquement 300 US$ d'achats, alors qu'il n'y avait auparavant aucune limite ! Les échanges entre le Paraguay et le Brésil sont donc restreints, et les villes de Ciudad del Este et Foz do Iguaçu en ont beaucoup pâti, car de nombreux hôtels et commerces du centre profitaient de ce flux de *sacoleiros* brésiliens. Toutefois, Ciudad del Este reste un énorme marché de toutes les camelotes

LE SUD

possibles et imaginables, surtout l'électronique puisque les prix sont environ deux fois moins élevés qu'au Brésil.

CURITIBA, LA SERRA DA GRACIOSA, PARANAGUÁ ET ILHA DO MEL

CURITIBA
1 590 000 hab.   IND. TÉL. : 041

Capitale moderne, située dans l'intérieur des terres, à environ 900 m d'altitude, Curitiba est la plus européenne, la plus propre et la mieux organisée des grandes villes brésiliennes. Elle est renommée pour son architecture transparente (y compris ses arrêts de bus !) et ses nombreux parcs. Outre la superbe verrière du *Jardim botânico* et « l'Université écologique » (inaugurée par Cousteau en 1991), Curitiba a créé une série d'espaces verts qui honorent les pays des principales vagues d'immigration de la région : *Bosque Alemão* (Allemagne), *Bosque Papa João Paulo II* (Pologne), béni par le Pape éponyme au début des années 1990, etc. Le petit quartier historique autour du *largo da Ordem* et les différents sites peuvent être visités en prenant le bus touristique *Linha Turismo* depuis la place Tiradentes.

Mais Curitiba est avant tout le point de départ de très belles excursions de plusieurs jours vers la côte paranaense. On rallie en train Morretes et Paranaguá avec la ligne *Serra Verde,* qui traverse la *serra da Graciosa,* aux paysages vertigineux. On peut s'offrir de grandes randonnées en s'arrêtant à Morretes ou à Antonina (accessible en bus), ou s'échapper sur l'ilha do Mel depuis Paranaguá, à la découverte de plages sauvages.

Arriver – Quitter

En avion

✈ *Aeroporto Afonso Pena :* av. Rocha Pombo, km 17. ☎ 33-81-15-15. À 14 km de Curitiba. Aéroport archimoderne. Tous les services : distributeurs *Visa* et *MasterCard* (banque *HSBC*), change, infos touristiques, location de voitures (voir les « Adresses utiles » pour les coordonnées des loueurs).

➢ *Pour gagner le centre :* bus *Executivo* (6 Rls), de 6 h à 23 h 30, toutes les 20 mn. Arrêts devant les gares routière et ferroviaire, puis dans le centre et le quartier historique. Pour rallier l'aéroport depuis le centre-ville, mêmes horaires, même fréquence et mêmes arrêts. En taxi, compter 50 Rls pour rejoindre le centre.

En train

🚂 *Ferroviária (gare ferroviaire) :* av. Pres. Afonso Camargo, 330. ☎ 33-23-40-07. Départs de la ligne *Serra Verde* (● www.serraverdeexpress.com.br ●). Bureau de réservation ouvert de 7 h à 18 h 30 (jusqu'à 12 h seulement le dimanche). Le mode de transport à privilégier pour découvrir la serra da Graciosa et rallier la baie de Paranaguá.

➢ Départ tous les jours à 8 h (du jeudi au dimanche en basse saison) *pour Morretes* (le week-end, le train pousse jusqu'à Paranaguá). Aller simple de 22 à 45 Rls, selon le confort (en 1re classe, explications « touristiques »). Vues extraordinaires sur les pics Paraná (1 952 m) et Marumbi (1 576 m). Le premier arrêt est à Morretes, après 3 h de trajet. Le voyage jusqu'à Paranaguá dure environ 5 h (75 km dans la montagne), à travers la serra do Mar, dans sa partie la mieux conservée et sans doute la plus spectaculaire.

➤ *Depuis Morretes,* retour à Curitiba à 15 h (les week-ends et jours fériés, départ à 14 h de Paranaguà, et à 16 h de Morretes). Beaucoup de touristes font l'aller-retour dans la journée.

En bus

▱ *Rodoviária :* juste à côté de la gare ferroviaire. ☎ 33-20-30-00. Énorme gare des bus. Consigne à bagages ouverte 24 h/24. Petit point d'info commun avec la *ferroviária.* Desservie essentiellement par les C*ies Catarinense,* *Kaiowa* et *Pluma.*

➤ Quatre départs quotidiens *pour Morretes et Antonina.* Environ 8 départs *pour Paranaguá.*

➤ Très nombreuses liaisons vers *Florianópolis* et *Iguaçu.* Grandes lignes vers *São Paulo, Rio, Brasília, Campo Grande...*

Adresses utiles

Informations touristiques et services

🛈 *Informations touristiques :* à l'aéroport, petit kiosque d'informations sur la ville et l'État du Paraná. ☎ 33-38-11-53. Un autre commun à la gare routière et à la gare ferroviaire. • www.viaje.curitiba.pr.gov. br • Ouvert de 8 h à minuit (22 h les week-ends et jours fériés). On y parle un peu l'anglais et l'espagnol. Également infos par téléphone de 7 h à 23 h, en anglais et espagnol, au ☎ 33-52-80-00.

📧 Quelques services *Internet* dans le centre, en particulier rua 24 Horas.

■ *Banco do Brasil :* praça Tiradentes, 410. Guichets automatiques *Visa* et *MasterCard* accessibles de 6 h à 22 h. Change de chèques de voyage en euros et dollars de 10 h à 16 h.

Location de voitures

Toutes les agences de location possèdent un kiosque à l'aéroport.

■ *Unidas :* ☎ 33-81-13-23 ou 0800-12-11-21 (central de réservation, gratuit).

■ *Hertz :* ☎ 33-82-80-01 ou 0800-701-73-00 (gratuit). Pas de kiosque dans l'aéroport même, mais une navette gratuite, juste à la sortie, vous emmène jusqu'au parc de voitures.

■ *Localiza :* ☎ 0800-99-20-00 (gratuit).

■ *Avis :* ☎ 33-81-13-70 ou 0800-19-84-56 (gratuit).

Où dormir ?

De bon marché à prix moyens (de 10 à 70 Rls – 3,80 à 26,60 €)

🛏 *Albergue Roma Hostel (AJ) :* rua Barão do Rio Branco, 805. ☎ 32-24-21-17. • www.hostelroma.com.br • Compter 18 Rls par personne, petit déjeuner compris et draps fournis. Une centaine de lits répartis dans des petits dortoirs avec salle de bains et coffres individuels. Salle de TV, cuisine et plein d'infos touristiques sur la région. L'immeuble n'est pas folichon mais l'auberge est bien tenue.

🛏 *Cervantes Hotel :* rua Alfredo Bufren, 66 (Centro). ☎ 32-22-95-93.

• www.cervanteshotel.cjb.net • En plein cœur du centre historique, chambres doubles, mignonnettes et très bien tenues, autour de 45 Rls.

Ventilo et frigo, salle de bains avec douche. Pas le grand luxe mais une adresse tout à fait convenable.

Où manger ? Où boire un verre ?

|●| ♟ *Saccy Restaurante :* rua Antônio Moreira Lopes, 1533 (Centro). ☎ 32-22-99-22. Ouvert tous les jours, midi et soir. Compter 15 à 20 Rls le repas par personne (supplément le soir pour le « couvert artistique »). Une bonne adresse en plein quartier historique. Bar-resto très convivial, au cadre réussi : murs en brique, parquet, et mezzanine où officie tous les soirs un(e) chanteur(se). Cuisine plus que correcte, bonnes viandes de bœuf, plats de poisson et frites maison, grandes pizzas... Tables en terrasse sur le largo da Ordem, la plus ancienne place de la ville, très animée en fin de semaine, avec des concerts de *pagode*. Service efficace et sympa.

|●| *Churrascaria Curitibana :* av. Iguaçu, 1315. ☎ 32-33-52-87. Fermé le dimanche soir. Prix unique : 27 Rls. Une vaste salle aux murs blancs, un peu impersonnelle mais qui abrite la meilleure *churrascaria* de la ville. En plus du buffet,

26 sortes de viandes (!) sont servies par une nuée de serveurs. Bœuf tendre, agneau croustillant, porc goûteux, une adresse pour carnivore affamé.

|●| ♟ *Beto Batata :* rua Prof. Brandão, 678 (Alto da XV). ☎ 32-62-08-40. Éloigné du centre, s'y rendre en taxi. Ouvert tous les jours de 11 h à 1 h. Compter 18 Rls par personne. Une excellente adresse pour prendre la température de la vie culturelle dans le sud du Brésil. Cadre très soigné, terrasse avec petite scène dans le jardin, bois coloré et plusieurs salles conviviales ou intimes. On y mange des galettes de pommes de terre à la morue, à la viande séchée, au fromage... On vient surtout pour boire un verre, se retrouver entre amis, admirer les expos de peinture et photos contemporaines et écouter de très bons concerts de jazz, bossa, etc. Beto, le maître des lieux, a trouvé la bonne recette ! Atmosphère relax et chaleureuse.

MORRETES
15 300 hab.   IND. TÉL. : 041

Une petite ville au pied des montagnes, en pleine nature, traversée par le rio Nhundiaquara, belle rivière qui descend tout droit des sommets environnants. Cette charmante cité historique du XVIIIe siècle a conservé sa vie et son cachet de ville d'or. Constructions coloniales en bordure de rivière, entourées de flamboyants et de palmiers géants, *engenho* (forme d'organisation économique et sociale) d'herbe *maté* et anciennes mines d'or du rio Nhundiaquara. Entourée de vergers tropicaux, de rivières qui furent aurifères, Morretes n'est qu'à 15 km de la mer. Baignades de rivière sur les plages du Nhundiaquara ou du rio Marumby, dans des eaux claires et revigorantes. Un petit paradis en pleine serra da Graciosa !

Arriver – Quitter

En train

🚂 *Gare ferroviaire RFFSA :* praça Rocha Pombo. ☎ 34-62-12-65. Accueille la ligne *Serra Verde* (• www.serraverdeexpress.com.br •).

➢ Un train par jour depuis ou vers *Curitiba,* et un aller-retour également avec *Paranaguá* les samedi et dimanche (voir la rubrique « Arriver-Quitter » à Curitiba pour plus de détails).

En bus

🚌 *Gare routière :* rua 15 de Novembro. ☎ 34-62-11-15.
➢ Avec *la Cie Viação Graciosa,* 4 allers-retours par jour avec *Curitiba* et 3 ou 4 par jour avec *Paranaguá.*

Adresses utiles

🛈 *Informations touristiques :* rua Visconde do Rio Branco, 45. ☎ 34-62-10-24. Ouvert du lundi au vendredi de 9 h à 17 h et les week-ends et jours fériés de 10 h à 16 h.
■ @ *Calango Home Guide :* av. Jose Almeida. ☎ 34-62-26-00. Ouvert de 9 h à 18 h. Minuscule agence de voyages qui propose une multitude d'options : services de gui-des pour les randonnées, transport pour aller admirer les chutes d'eau, rafting à Antonina (située à 40 km), etc. Loue aussi des VTT et des tentes de camping. Également de l'Internet.
■ *Urgences :* rua Santos-Dumont, 91. ☎ 34-62-11-14.
■ *Police :* ☎ 190.

Où dormir ?

Campings

⚊ *Camping Shiro :* recanto da Prainhas (c'est ce qui est indiqué sur le panneau à l'entrée du camping). ☎ 34-62-37-25. Prix riquiqui : 5 Rls par personne. Shiro et Francisca, d'origines japonaises, ont ouvert ce camping bien aménagé et très « nature » à la fois. Départ de belles randonnées.
⚊ *Cascatinha :* à 6 km de Morretes par la route America de Baixo, en direction de la mer. Voiture indispensable. Suivre les panneaux du resto *Engenie e Serra.* Route de terre au milieu d'une végétation luxuriante. Camping gratuit, seules les douches sont payantes. Cascades du rio Marumby. Baignades et terrain de foot.

De bon marché à prix moyens (de 10 à 100 Rls – 3,80 à 38 €)

🛏 *Hostel Continente :* rua General Carneiro, 300. ☎ 34-23-32-24. ● www.hostelcontinente.com.br ● Réception 24 h/24. Une auberge de jeunesse de 71 lits, très bien située, sur le port. Dortoirs de 3 à 6 lits pour 11 Rls par personne ou chambres doubles avec salle de bains, ventilateur et frigo à 45 Rls pour 2. Réduction avec la carte des AJ. Pas une ambiance de folie mais chambres bien tenues, certaines avec vue sur la mer. Petit dej' compris, Internet et salle TV.

🛏 *Hôtel Nhundiaquara :* rua das Flores, 13. ☎ 34-62-12-28. Dans le vieux quartier historique, une bâtisse blanche et bleue au bord de l'eau. Compter 60 Rls pour 2. Bon accueil qui compense les chambres un peu vieillottes. Fait également resto avec des portions énormes et une bien belle terrasse.
🛏 *Pousada Graciosa :* estrada da Graciosa, km 8. ☎ 34-62-18-07. Bus pour Porto de Cima à 700 m de la *pousada.* Sinon, les taxis (à la gare ferroviaire) connaissent. Six chalets

en bois et verre dans un parc tropical, de 80 à 100 Rls en fonction de leur taille. Calme garanti. Vraiment confortable et très plaisant. Accueil (en anglais) très chaleureux de Mauricio. Le petit dej', déposé le matin sur votre terrasse privative, est un régal. Piscine en prime.

🏠 **Porto Real Palace :** rua Visconde do Rio Branco, 85. ☎ 34-62-13-44. Fax : 34-62-16-12. Dans le centre historique. Compter entre 60 et 80 Rls. À dominante rouge et blanche, des chambres aux moquettes moelleuses impeccablement tenues, et équipées de frigo, ventilo ou AC.

Où manger ?

|●| **Ponte Velha :** rua Alm. Federico de Oliveira, 13. ☎ 34-62-16-74. Pour une vingtaine de reais par personne, une bonne cuisine régionale à déguster sur la terrasse, au-dessus du rio, dans une ambiance bucolique et animée. Spécialité de *barreado*, une viande de bœuf cuite en sauce pendant 24 h à laquelle on ajoute du manioc, de la banane et du riz.

|●| **Armazém Romanus :** rua Visconde do Rio Branco, 141, tout à côté du *Porto Real Palace.* ☎ 34-62-15-00. Un peu cher (au moins 40 Rls le repas), mais haute gastronomie régionale.

➤ *DANS LES ENVIRONS DE MORRETES*

Randonnées

➤ Nombreux chemins de randonnées dans le **parque estadual Pico do Marumbi** et alpinisme sur le **monte Olimpo** (1 539 m). Sentier d'accès à 8 km de Morretes ; prendre l'*estrada das Prainhas*, après Porto de Cima. Accès possible en train depuis Curitiba jusqu'à l'entrée du parc (camping). Vous trouverez quelques cartes peu précises à l'office du tourisme, ou auprès de *Calango Home Guide* (voir plus haut dans les « Adresses utiles ») en insistant un peu, car ils préfèrent bien sûr vendre des balades !

➤ Grande randonnée dans la montagne tropicale par le **caminho da Graciosa,** dans le parc national de la Graciosa. Après São João da Graciosa, la route pavée, construite en 1873, gravit la montagne à travers la jungle tropicale sur 20 km pour environ 900 m de dénivelé. C'est possible à vélo ! Sinon, pour les courageux, un sentier de randonnée part de São João et permet de faire l'ascension à pied à travers la forêt. Le parc national réunit la plus complète variété des fleurs et essences végétales originelles de la *Mata Atlântica,* forêt atlantique à la végétation exubérante qui recouvre la serra do Mar. Cascades et torrents permettent de se rafraîchir en chemin. Les animaux sauvages y sont nombreux : tatous, singes et macaques, lézards et oiseaux extraordinaires. Il est strictement interdit de cueillir la moindre plante ou fleur et de tuer les animaux, quels qu'ils soient (les moustiques, oui, quand même !). À ce propos, prévoyez un pantalon et un bon répulsif, car les féroces moustiques *borracheiros* sont voraces.
– *Distances :* Morretes – Porto de Cima, 5 km. Porto de Cima – São João da Graciosa, 9 km. São João – BR 116 (embranchement de la route nationale, en haut de la montagne), 20 km de grimpée ou 16 km par le sentier de forêt. On peut faire la randonnée par la descente, en venant de Curitiba, c'est moins fatigant, et dormir à São João ou à Morretes. À Curitiba, prendre le train ou un bus qui va vers Campina Grande do Sul et descendre à la route da Graciosa, après Quatro Barras.

➤ Randonnée possible aussi à partir de Morretes vers **Antonina,** jolie petite ville coloniale en bord de mer, à 15 km. À faire en marchant ou à vélo au pied des montagnes (le point culminant est le *pic Paraná*, à 1 952 m), à travers les forêts de bananiers et le long de rivières rapides où l'on peut faire du rafting. Camping possible à l'arrivée : *Camping Clube do Brasil*, av. Conde Matarazzo, 1001. ☎ 34-32-12-96. Belle vue sur la baie de Paranaguá.

➤ Autre randonnée possible (à vélo ou à pied) à partir d'Antonina vers *Cachoeira de Cima,* à 29 km. La piste longe la baie, puis s'élève dans la montagne vers un village qui surplombe le pays. Sur place, petit camping, baignades dans la mer en cours de route et, en haut, baignade dans la *cachoeira,* comme son nom l'indique aussi (*Cachoeira de Cima* : « Cascade d'En-haut ») !

PARANAGUÁ   127 200 hab.   IND. TÉL. : 041

À l'abri de la belle baie de Paranaguá, stratégiquement protégée par l'ilha do Mel, cette jolie ville coloniale connut la prospérité grâce à l'or qui descendait des rivières et torrents de la montagne. Dans le quartier historique, le long du rio Itiberê, constructions coloniales et impériales du XVIIe au XIXe siècle. Excursions en bateau dans la baie aux eaux limpides et sur l'ilha do Mel (île du Miel), tout un programme ! Aujourd'hui, la ville est un peu le débouché principal de Curitiba pour les week-ends et les vacances d'été régionales. Mais elle abrite aussi, à l'écart du centre, le plus grand port de l'État et le 4e du Brésil, grâce à l'exportation de soja.

Arriver – Quitter

En train

🚂 *Gare ferroviaire RFFSA :* rua Mal Alberto de Abreu, 124. ☎ 34-22-88-17. Toujours la petite ligne de la *Serra Verde*.
➤ *Liaisons avec Curitiba :* compter environ 4 h de trajet ; *avec Morretes,* 1 h 30 à 2 h. Depuis Curitiba comme depuis Morretes, le train ne rallie, pour le moment, *Paranaguá* que le week-end et les jours fériés (1 départ par jour, l'après-midi, de Paranaguá).

En bus

🚌 *Rodoviária :* rua João Estevão. ☎ 34-24-07-66. Au bout de la rua Gal Carneiro, proche du centre historique. Consigne ouverte de 7 h à 23 h.
➤ Avec la *Cie Viação Graciosa* (☎ 34-24-07-66), liaisons avec *Curitiba,* dans les deux sens, toutes les heures environ de 5 h à 20 h 30. Attention, les places sont numérotées et les bus se remplissent vite, mieux vaut réserver. Et 3 ou 4 liaisons par jour avec *Morretes.*
➤ Longues distances vers *Porto Alegre, Foz do Iguaçu* et *Ciudad del Este, São Paulo...* *Cie Pluma :* ☎ 0300-789-13-00 (24 h/24).

Adresses utiles

ℹ️ *Informations touristiques :* à l'angle des ruas Gal Carneiro et Mal Alberto de Abreu. ☎ 34-25-45-42. • www.paranagua.pr.gov.br • En face de l'embarcadère, sur le vieux port. Ouvert tous les jours de 8 h à 19 h. Horaires des bateaux pour l'ilha do Mel et possibilités d'excursions dans la baie de Paranaguá. Également consigne à bagages.
■ *Banco do Brasil :* largo Conego Alcidino, s/n (Centro). À 200 m de

l'office du tourisme en remontant la rua Mal Alberto de Abreu. Distributeurs automatiques (un seul, à droite en rentrant, pour *Visa* et *MasterCard*) accessibles de 6 h à 22 h.
■ *Urgences médicales :* ☎ 192.
■ *Police :* ☎ 147.

Où dormir ?

De bon marché à prix moyens (de 20 à 60 Rls – 7,60 à 22,80 €)

▲ *Hôtel Ponderosa :* rua Presciliano Corrêa, 68. ☎ 34-23-24-64. Tout près du petit port, à l'angle de la rua 15 de Novembro. Chambres doubles autour de 40 Rls, petit dej' très correct inclus. Une charmante maison coloniale à la façade rose, avec des chambres propres et confortables. Certaines possèdent un charme désuet, avec vieux meubles, parquet en acajou et persiennes. Une bonne adresse pour goûter à l'ambiance du petit port et du centre historique. Accueil charmant.

▲ *Hôtel San Rafael :* rua Julia Da Costa, 185. ☎ 34-23-21-23. Compter 60 Rls pour une chambre double, petit dej'-buffet inclus (pas fabuleux). Derrière la façade de verre teinté se cache un établissement joliment décoré dans les tons bleu et blanc. Ambiance calme et reposante. Chambres spacieuses et claires avec clim', minibar, TV, et salle de bains fort agréable. Accès Internet gratuit, salon avec canapés et grande TV. Une adresse de standing pour un prix très abordable.

▲ *Pousada Itiberê :* rua Princesa Isabel, 24. ☎ 34-23-24-85. Au bout des quais de la rua Gal Carneiro, dans une grande bâtisse verte. Compter 35 Rls pour 2, petit dej' compris. Une adresse toute simple, à la déco et au confort assez rudimentaires, mais propre et qui a le mérite d'être juste en face du rio. Préférer évidemment les chambres avec vue...

Où manger ? Où boire un verre ?

La ville est animée dans la journée, et quelques *lanchonetes* proposent de bons plats régionaux *(prato feito)* et repas complets *(comercial)* bon marché. Le soir, peu de restaurants sympas ouverts. On se contente des divers kiosques à la nourriture tout juste passable installés sous deux grandes rotondes à chaque bout des quais : chanteurs live tous les soirs et concerts de *pagode* en fin de semaine.

|●| *Mercado do Café :* rua Gal Carneiro. Dans une des halles de l'ancien marché, plusieurs restos répartis autour du patio. Ambiance populaire bien agréable. Poissons et fruits de mer frits, crevettes et moules, accompagnés de *pirão,* bananes frites et riz. Pas de la grande cuisine, mais ambiance sympa et service souriant. Un bon rapport qualité-prix.

|●| *Restaurante Danubio Azul :* rua 15 de Novembro, 95. ☎ 34-23-32-55. Fermé le dimanche soir. Compter 20 Rls le midi pour un repas complet et environ 30 Rls le soir. Vaste resto avec une belle vue panoramique sur les quais et le rio. Copieuse formule buffet le midi, intéressante. Cuisine correcte le soir, mais prix plus élevés que la moyenne. Le seul « vrai » resto de la ville.

♟ *Vesuvio :* rua 15 de Novembro, 540. Pas de pancarte mais non loin du musée archéologique, dans une belle bâtisse ocre. Montez le petit escalier et poussez la porte. Ouvert tous les jours de 13 h à 4 h. Un vrai bar à Paranaguá ! À l'intérieur, billard, jeux d'échecs, petites tables, et bouquins un peu partout. Un lieu bien sympa.

À voir

🍴 *Le museu de Arqueologia e Etnologico do Paraná :* rua 15 de Novembro, 575 (Centro historico). ☎ 34-22-88-44. Ouvert du mardi au vendredi de 9 h à 12 h et de 13 h à 18 h, les week-ends et jours fériés, l'après-midi seulement. Entrée à prix modique. C'est un ancien collège de jésuites avec patio, cour pavée et poutres d'époque. Scénographie très soignée, qui permet une visite ludique et instructive sur 3 niveaux, avec présentation des activités de pêche et d'agriculture de la région en plus d'objets archéologiques. Fermé lors de notre passage pour rénovation, le musée devrait rouvrir vers la mi-2006.

➤ DANS LES ENVIRONS DE PARANAGUÁ

ILHA DO MEL *(ind. tél. : 041)*

Petite île paradisiaque de forme insolite classée au Patrimoine mondial de l'Unesco. L'érosion de la mer sépare peu à peu l'île en deux parties, aujourd'hui uniquement reliées par un banc de sable, la *praia das Conchas*. Au nord, une réserve écologique couverte de végétation et abritant d'immenses plages de sable fin, face à l'océan. Au sud, la plus petite partie de l'île concentre l'activité touristique et la majorité des insulaires autour des villages de *Brasília* et *Encantadas*. En saison, la jeunesse paranaense et les surfeurs affluent à Brasília pour profiter des belles vagues et festoyer dans les bars. Encantadas est plus familial et surtout fréquenté le week-end. On rejoint les plages les plus éloignées en bateau-taxi, *Ponta do Bicho* et *Fortaleza* au nord, *praias de Fora* et *do Miguel* à la pointe nord de l'île. Tout au bout, on atteint un petit fort portugais, construit à la fin du XVIIIe siècle pour protéger la baie, et qui se découpe joliment sur l'horizon.

Arriver – Quitter

➤ *En bateau :* de l'embarcadère de Paranaguá, dans le vieux port, (rua Gal Carneiro – ou rua da Praia), plusieurs bateaux et une vedette assurent la liaison avec l'ilha do Mel. Deux arrêts sur l'île, aux villages d'Encantadas et Brasília. Départs à 8 h 30, 9 h 30, 13 h 30, 15 h et 16 h 30 (seulement à 9 h 30 et 15 h 30 hors saison). Retours de 8 h à 17 h 30 (16 h en hiver) depuis Encantadas et de 8 h 30 à 18 h (16 h 30 en hiver) depuis Brasília. Compter 21 Rls par personne aller-retour et 1 h 30 à 2 h de voyage. Plus rapide avec la vedette *latebus,* pour 5 Rls de plus, mais qui ne fonctionne qu'en haute saison (de Noël à Pâques, pour mémoire). À l'arrivée, possibilité de faire emmener ses bagages dans la *pousada* de son choix ; certaines étant assez éloignées, c'est un service (payant) plutôt pratique.
➤ Pour rallier les plages isolées, on loue les services de *petits bateaux à moteur* qui transportent jusqu'à 4 personnes, pour 30 à 40 Rls le bateau.

Où dormir ? Où manger ? Où boire un verre ?

🛏 Dans les villages de Brasília et Encantadas, pléthore de *pousadas* alignées côte à côte le long de petits sentiers sablonneux. Certaines plus engageantes que d'autres, avec terrasse en bois, jardin fleuri et façade colorée. Confort et prestations plus ou moins équivalents : rudimentaire mais à prix correct (entre 20 et 30 Rls par personne). Pour les adresses situées sur la plage de Fortaleza, descendre à Brasília puis accès à pied en 1 h ou bateau-taxi de la praia das Conchas.

â |●| *Hostel Zorro :* praia das Encantadas. ☎ 34-26-90-52. ● www. hostelzorro.com.br ● Directement sur la plage, on ne peut rêver meilleur emplacement pour une AJ. Petits dortoirs de 5-6 lits à 23 Rls par personne (moins cher pour les membres) ou chambres doubles, équipées de frigo, TV satellite et ventilateur, de 50 à 70 Rls. Le tout nickel et agréablement coloré. Et prendre ses repas sous un parasol, les doigts de pied dans le sable blanc, est un vrai bonheur ! Prix des draps inclus, salle de TV et DVD, accès Internet, coffres individuels et tout et tout. Une vraie ambiance de vacances.

â ▼ *Ilha do Mel Café :* praia do Farol. ☎ 34-26-80-65 ou 80-80. Chambres doubles de 80 à 120 Rls selon la saison. Une bien belle adresse, pleine de charme, dans une maison en bois bleu entourée d'un jardin où gazouillent de nombreux oiseaux. Hamacs, tables avec jeux d'échecs en pierre à savon, échange de livres, salle commune très cosy. Accueil formidable de Charles (dont la mère anglaise lui a légué un accent très *british*), photographe à ses heures. Une mappemonde avec des épingles vous montrera que des voyageurs de la terre entière vien-

nent se relaxer ici. Même depuis les îles Kerguelen ! Fait également café (très bon *espresso*) et Internet (cher). Notre adresse coup de cœur.

â |●| *Pousada Dona Quinota :* praia da Fortaleza. ☎ 34-23-61-76 et 91-28-69-67 (portable). Compter 80 Rls pour 2 avec le petit déjeuner. Jolis bungalows de style case créole, en bois bleu et blanc et parquet d'acajou. Certains donnent sur la forêt, d'autres sur l'océan... Confort simple, mais un vrai charme authentique. Salle commune où déguster une cuisine locale parfumée, préparée avec de bons produits frais. Quelques tables sur le sable et des hamacs pour se prélasser. Atmosphère conviviale et détente garanties !

|●| *Sol e Mar :* praia do Farol, non loin du village de Brasília. Compter de 10 à 15 Rls par personne. Dans une salle en bois ouverte sur la nature environnante. Poissons frais, fritures de crevettes légères, moules en salade vinaigrées, frites maison, c'est bien simple : tout est bon. Pour goûter aux différents plats, nous vous conseillons le *House Special* (une portion suffit largement pour 2 !). Service très prévenant.

|●| ▼ Plusieurs *bars* et *lanchonetes* fréquentés par la jeunesse brésilienne et les surfeurs amateurs de *cerveja*.

LE SANTA CATARINA

FLORIANÓPOLIS
332 000 hab.   IND. TÉL. : 048

Capitale de l'État de Santa Catarina, la ville de Florianópolis est située sur une île qui fait tout entière partie de la municipalité, l'île de Santa Catarina. Région de douces montagnes aux forêts subtropicales, de ravissants villages de pêcheurs, avec une magnifique lagune où l'on pêche des crevettes grandes comme la main et des moules tout aussi géantes et, évidemment, des plages, des plages, des plages. On en compte 42. Toutes différentes selon leur exposition à l'océan. Partout sur l'île, des constructions colorées, des forts, des églises...
Sur cette île de 56 km de long et 18 km de large, la capitale *(Centro)* n'occupe qu'un tout petit espace de 4 km, à la pointe la plus proche du continent. Fondée en 1726, à la grande époque de la pêche à la baleine pratiquée par des immigrants venus des Açores, c'est aujourd'hui une ville prospère et

moderne, qui vit de la richesse agricole du Santa Catarina, de son industrie et d'un tourisme régional dynamique.

Magnifiques ponts reliant Florianópolis (on dit aussi *Floripa*) au continent. Le *largo da Alfândega*, à droite des ponts, offre un panorama de la façade ancienne de la ville, avec son très beau marché municipal (1898) où vous trouverez toutes les variétés de *maté*, de *fumo de rolo* et, bien sûr, de nombreux restaurants populaires, très animés et accueillants où, le soir, on vide les bières au son de la musique *ao vivo*. La cathédrale métropolitaine (1773), la praça 15 de Novembro, à côté du *palácio Cruz e Souza*, furent construites à la même époque. Les buildings ont poussé dans le centre, comme dans toutes les capitales brésiliennes, mais Florianópolis traite assez bien son passé et conserve quelques vestiges de l'architecture coloniale.

Quant à l'île en elle-même, vous y trouverez de très agréables et accueillantes *pousadas*, en pleine nature ou en bord de mer, d'où vous pourrez lancer vos excursions au long des 260 km de routes tranquilles qui la sillonnent. Et si les plages commencent malheureusement à subir les affres du béton, il reste une culture populaire intacte et bien vivante, avec notamment plusieurs blocs de *samba* qui défilent chaque année pour l'un des carnavals les plus célèbres du Sud.

Arriver – Quitter

En avion

✈ **Aéroport Hercílio Luz** *(plan de l'île et hors plan par B3)* **:** av. Deomício Freitas, km 12 (Carianas). ☎ 33-31-40-00. Petit *bureau touristique Santur* (☎ 33-31-41-01) ouvert tous les jours de 8 h à 20 h. On y parle parfois l'anglais. En hiver, renseignez-vous ici, car le kiosque de la ville est fermé. La plupart des *loueurs de voitures* possèdent un bureau à l'aéroport (voir leurs coordonnées dans les « Adresses utiles »).

➤ **Pour rejoindre le centre de Floripa :** prendre les bus « Corredor Sudoeste », de couleur bordeaux, à droite en sortant. Toutes les 20 à 40 mn, selon le trafic (1,25 Rls). Depuis le centre vers l'aéroport, les bus se prennent près de la praça 15 de Novembro *(plan B3, 1)*. Également des taxis : compter dans les 30 Rls pour le *Centro*.

En bus

🚌 **Gare routière** *(plan A3)* **:** bus longues distances à la *rodoviária Rita Maria*, av. Paulo Fontes. ☎ 32-24-27-77.

➤ Pour les liaisons dans le reste du **Santa Catarina,** Cie *Catarinense* (☎ 32-22-22-60), qui dessert également **São Paulo.**

➤ Pour le **Mato Grosso,** le mieux est de passer par la Cie *Eucatur* (☎ 39-01-16-30).

➤ La Cie *Pluma* (☎ 32-23-17-09) propose des liaisons avec **Foz do Iguaçu, Buenos Aires** et **Santiago** (Chili).

➤ Pour **Brasília** et la région du **Minais Gerais,** Cie *Real Expresso* (☎ 32-23-09-91). Brasília est aussi desservie par la Cie *Itapemirim* (☎ 32-23-36-97) qui assure également les liaisons avec **Rio de Janeiro.**

Se déplacer sur l'île

🚌 **Bus pour l'île** *(plan B3, 1)* **:** près de la praça 15 de Novembro. Très nombreux bus reliant toutes les plages de l'île. Destinations bien indiquées mais horaires très variables. C'est de là qu'on va également à l'aéroport (bus « Corredor Sudoeste », 1,25 Rls).

Adresses utiles

Renseignements, poste et télécommunications

⚑ Santur *(informations touristiques de l'État de Santa Catarina ; plan A2, 3)* : rua Felipe Schmidt, 249. ☎ 32-12-63-00. Ouvert de 13 h à 19 h du lundi au vendredi.

✉ **Poste** *(plan B2-3)* : praça 15 de Novembro, la place principale.

@ **Evolution** *(plan B2, 2)* : rua Vidal Ramos, 127. Ouvert tous les jours de 9 h à 23 h (le dimanche à partir de 15 h 30). Situé au 1er étage, un cybercafé avec une quinzaine d'ordinateurs à connexion rapide.

Argent, change

■ **Banco do Brasil** *(plan B2, 4)* : praça 15 de Novembro, 321. Change les euros, dollars et chèques de voyage, de 10 h à 16 h. Distributeurs *Visa* et *MasterCard* accessibles de 6 h à 22 h.

■ **HSBC** *(plan B2, 5)* : rua Felipe Schmidt, 376. Distributeurs *Visa* et *MasterCard* et change de chèques de voyage.

Urgences

■ **Pharmacie** *(plan B3, 9)* : pharmacie *Catarinense,* ouverte 24 h/24, autour de la praça 15 de Novembro.
■ **Urgences médicales** : *hospital Florianópolis,* rua Santa Rita de Cas-

siá, 279, Estreito (sur le continent). ☎ 32-71-15-00.
■ **Pronto socorro** *(premiers secours)* : ☎ 192.

Transports

■ **Hertz** *(plan B1)* : rua Bocaiúva, 2125. ☎ 32-24-99-55 ou 0800-701-73-00. À l'aéroport : ☎ 32-36-99-55.
■ **Localiza** : av. Hercílio Luz. À l'aéroport : ☎ 32-36-12-44. Location de voitures. Prix intéressants en basse saison.

■ **Unidas** : à l'aéroport. ☎ 32-36-06-07 ou 0800-12-11-21 (gratuit).
■ **Varig** *(plan B2)* : av. Rio Branco, 796. ☎ 224-72-66.
■ **Tam** *(plan B2)* : av. Hercílio Luz, 760. ☎ 223-33-91 ou 0800-123-100 (gratuit).

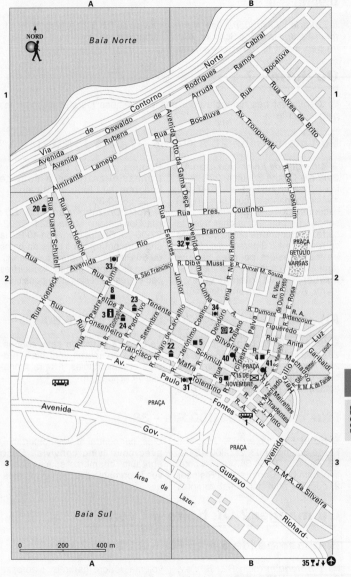

NORD

Baía Norte

LE SUD

FLORIANÓPOLIS (VILLE)

Divers

■ *Laverie :* Lavandaria Ilha Norte (*plan A2, 8*), rua Felipe Schmidt, 706, un peu avant la rua Padre Roma. Ouvert de 8 h à 20 h, jusqu'à 18 h le dimanche.

Où dormir ?

Le *Centro* est très agréable pour passer quelques jours et sillonner les plages de l'île.

Bon marché (de 20 à 40 Rls – 7,60 à 15,20 €)

▲ *Albergue da juventude* (*plan A2, 20*) *:* rua Duarte Schutell, 227. ☎ et fax : 32-25-37-81 et 32-25-45-15. ● www.floripahostel.com.br ● Un poil excentré. Compter 22 Rls par personne ; un peu moins cher avec la carte. Dortoirs filles ou garçons très corrects, de 4 à 8 personnes ; 90 lits en tout. Casiers pour les valeurs (amener son cadenas). Cuisine à disposition, accès Internet et linge fourni. Autre AJ, ouverte de Noël à Pâques, au nord de l'île, praia Canasvieiras (juste à côté de l'énorme fast-food américain...) : ☎ 32-66-20-36.

▲ *Hôtel Cruzeiro* (*plan A-B2, 22*) *:* rua Conselheiro Mafra, 324. ☎ 32-22-06-75. Compter environ 40 Rls la chambre pour 2 sans salle de bains ou 60 Rls avec. *Quartos* rudimentaires, mais propres et sûrs. Accueil très sec et pas de réservation possible.

Prix moyens (de 40 à 70 Rls – 15,20 à 26,60 €)

▲ *Hôtel Valerim Center* (*plan A2, 23*) *:* rua Felipe Schmidt, 554. ☎ 32-25-11-00. ● www.hotelvalerim.com. br ● Compter 64 Rls la chambre double, bon petit dej' compris. Bloc de béton à la façade sans charme. Mais les chambres sont bien, propres et confortables. Prix raisonnables et accueil pro.

Plus chic (plus de 100 Rls – 38 €)

▲ *Hôtel Faial* (*plan A2, 24*) *:* rua Felipe Schmidt, 603. ☎ 0800-48-00-99. Fax : 32-25-04-35. ● www.hotel faial.com.br ● Compter 120 Rls pour 2, copieux petit dej'-buffet compris. Bien, car central et très confortable, avec coin living convivial. Déco agréable, chambres spacieuses et vue imprenable des derniers étages.

Où manger ? Où boire un verre ?

Bon marché (de 6 à 15 Rls – 2,30 à 5,70 €)

|●| ☗ *Botequim* (*plan B2, 32*) *:* av. Rio Branco, 632. ☎ 33-33-12-34. Moins de 10 Rls (sans les bières !). En salle ou en terrasse, ça débite toute la soirée. On cause, on commande une *chopp da Brahma* en grignotant des *bolinhos da seca* ou des mini *pasteis*, on rit... ambiance et volume sonore garantis. L'adresse qui bouge en ville.

|●| *Central do Café* (*plan B2, 34*) *:* rua Vidal Ramos, 174 (Centro). ☎ 33-24-12-79. Ouvert du lundi au vendredi jusqu'à 19 h et le samedi matin. Une chouette petite *lanchonete* à la façade colorée. Une dizaine

de tables couvertes de mosaïque où sont servis *petiscos, pasteis* et tartes salées faits maison. Également de bons sandwichs, des jus de fruits frais et un véritable *espresso*. Accueil souriant. Sympa et bon marché.

|●| *Velho Lamas (plan A2, 33)* **:** av. Rio Branco, 288. ☎ 30-28-24-48.

Fermé le soir. Buffet à 11,50 Rls/kg. Dans un cadre assez charmant (pour une fois !), une maison coloniale avec une grande terrasse, voici un buffet *ao kilo* vraiment pas cher. Une bonne affaire pour le déjeuner. Du coup, il y a souvent la queue.

Prix moyens (de 15 à 30 Rls – 5,70 à 11,40 €)

|●| ☍ *Box 32 (plan B3, 31) :* dans le *mercado municipal,* près du largo da Alfândega. ☎ 32-25-55-88. Au rez-de-chaussée, dans la partie couverte. Compter environ 20 Rls par personne pour grignoter, mais on y vient surtout boire un verre et déguster quelques *camarões com queijo, bolinho de bacalhau* ou huîtres. Véritable institution de la ville, voici un authentique bar à tapas brésilien ! Joyeuse ambiance en fin de journée. Seule ombre au tableau, l'addition grimpe vite... Vente au bar de bouteilles de *cachaça* de la marque « Box 32 », ainsi que bières, sauces diverses et même champagne !

☍ ♪ *Armazém Vieira (hors plan par B3, 35) :* rua Aldo Alves, 2. ☎ 33-

33-86-87. Accès avec le bus « Pantanal » depuis la praça 15 de Novembro, ou taxi. Ouvert du lundi au jeudi de 18 h à 1 h, le vendredi de 18 h à 3 h et le samedi de 21 h 30 à 3 h. Cocktails de 7 à 12 Rls (supplément pour la musique). Superbe maison coloniale de 1840, ancienne distillerie de *cachaça*. On y sert plus de 100 *pingas,* moult cocktails à base de rhum, vodka, tequila et autres mélanges détonants. Cadre sublime avec alambics et grandes cuves, vieux meubles en acajou, et une belle mezzanine prise d'assaut en fin de semaine. Quelques tapas de qualité mais un peu chères. On vient d'abord pour boire un verre et écouter de la bonne musique *ao vivo*.

À voir

🏛 *Le Museu histórico de Santa Catarina (plan B2, 40) :* palácio Cruz e Souza, praça 15 de Novembro, 227. ☎ 33-28-80-92. Ouvert du mardi au vendredi de 10 h à 17 h et le week-end jusqu'à 16 h. Entrée : 2 Rls. Une jolie balade dans le temps. Derrière sa façade baroque rose et blanc, ce palais Cruz e Souza, du nom d'un célèbre poète catarinense, date de 1770 et fut la résidence du gouverneur. Dans un style éclectique, c'est un curieux mélange d'objets et tissus venus d'Europe, plein de couleurs.

🏛 *Le museu Victor Meirelles (plan B2-3, 41) :* rua Victor Meirelles, 59. ☎ 32-22-06-92. Ouvert du lundi au vendredi de 13 h à 18 h et le week-end à partir de 15 h. Entrée à prix modique. Pour ceux qui veulent en (sa)voir plus sur le peintre catarinense (1832-1903). Le musée est installé dans sa maison natale.

➤ *AUTOUR DE FLORIANÓPOLIS : L'ÎLE DE SANTA CATARINA*

On peut facilement découvrir les dizaines de plages de l'île de Santa Catarina depuis Florianópolis. Liaisons très fréquentes en bus depuis la gare routière, dans le centre. Les distances sont courtes et permettent de partir en excursion à la journée. Mais l'idéal est d'opter pour un ou deux petits villages établis le long de plages de rêve et de passer quelques nuits dans un environnement sauvage. On peut aussi louer un véhicule et sillonner l'ensemble de l'île en quelques jours. Avis aux amateurs de surf, les vagues de la côte est sont réputées.

LE CENTRE DE L'ÎLE

🍴 **Lagoa da Conceição :** une grande lagune occupe le centre de l'île. D'un côté, le village de *Lagoa*, de l'autre, celui de *Barra de Lagoa*. L'église Nossa Senhora da Conceição (1750) surplombe le site d'un petit promontoire pour y faire entendre le timbre cristallin de sa cloche d'argent massif. Splendide point de vue au-dessus de la *Lagoa du Morro das 7 Voltas*.

Où dormir ?

Campings

🏕 **Camping Panorâmica** *(plan de l'île, 50) :* av. das Rendeiras, 408, à Lagoa. ☎ 32-32-70-81. Sur la route principale qui longe le lagon. Moins de 20 Rls pour 2 personnes. Perché sur un petit monticule, planté de palmiers et d'hibiscus, le camping surplombe la mer. À la fois calme et à deux pas des restos et bars. Dommage qu'il n'y ait pas de vraie plage.
🏕 **Camping Fortaleza da Barra** *(plan de l'île, 51) :* rodovia João Gualberto Soares, à Barra da Lagoa. ☎ 32-32-42-35. Emplacements pour tentes (compter 10 Rls par personne) et bungalows au confort sommaire (de 30 à 60 Rls, certains avec cuisine équipée), snack-bar, barbecue à disposition... Peuplé de surfeurs et de jeunes babas cool. Ambiance relax. Location de vélos (quand même 20 Rls par jour !) et excursion à prix correct sur l'ilha do Campeche en saison.

De bon marché à prix moyens (de 40 à 70 Rls – 15,20 à 26,60 €)

🛏 **The Backpackers** *(plan de l'île, 52) :* Barra da Lagoa. ☎ 32-32-76-06. ● www.backpackersfloripa.com ● De l'autre côté du pont suspendu, dans une maison blanche accrochée à la colline, où l'on va à pied... et d'où l'on a une vue splendide sur les eaux bleues de l'océan. Environ 25 Rls par personne. Petits dortoirs ou chambres doubles (salle de bains séparée), l'ambiance est ici à la détente. Vraiment très, très relax. En prime et inclus dans le prix : petit dej', surf, *bodyboard*, masque et tuba ! Le dimanche : barbecue. Les vacances, quoi !
🛏 **Restaurante e Residencial Beira Mar** *(plan de l'île, 53) :* rua Amaro Coelho, 276, sur la plage de Barra da Lagoa. ☎ 32-32-33-90. Compter 50 Rls pour 2, sans le petit dej'. Petits *apartamentos* propres et clairs, pour certains installés directement sur le front de mer. Confort

---

🏕 🛏 Où dormir ?	|◉| 🍴 Où manger ? Où boire un verre ?
50 Camping Panorâmica	
51 Camping Fortalez da Barra	60 Esquinão da Barra
52 The Backpackers	61 Nigiri
53 Restaurante e Residencial	62 Restaurante e bar Ponta das
Beira Mar	Caranhas
54 Pedros Vivas	63 A Comida do Francês
55 Pousada Sítio dos Tucanos	64 Porto do Contrato
56 Camping Escoteiro	65 Beira d'Água
57 Pousada Rio Vermelho	66 Santo Antônio Caffè

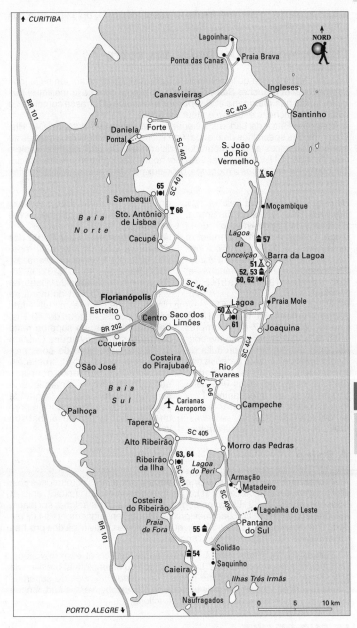

L'ÎLE DE SANTA CATARINA

assez modeste, mais vue imprenable sur la plage. La cuisine y étant

assez médiocre, optez pour un bon
jus de fruits.

Où manger ? Où boire un verre ?

Le soir, c'est à Lagoa qu'il faut sortir. Ici, pas de cuisine locale, on se la joue international et branché. *Saint Germain* est réputé comme la meilleure pizzeria, tandis que *Mexicano* et *Pepperoni's* font salle et terrasse combles. Le midi, en revanche, c'est simple : tout est fermé.

À essayer à Barra da Lagoa : la *sequencia de camarões* autour de 40 Rls. C'est une des spécialités de Floripa, une succession de plats de crevettes de saveurs, de tailles et de préparations différentes. De quoi en faire le plein pour l'année ! Et il y a largement de quoi nourrir deux affamés. Autre spécialité locale, les *camarões a moranga,* délicieux plat de crevettes cuites servies dans une citrouille.

|●| *Esquinão da Barra (plan de l'île, 60) :* rua Prof. Abelardo de Souza, 53, Barra da Lagoa. Non loin de la plage. Ouvert à midi uniquement et le samedi soir. Buffet *ao kilo* à prix riquiqui (moins de 10 Rls) et à la qualité acceptable. Pour les fauchés et les grosses faims. Tables en terrasse.

|●| *Nigiri (plan de l'île, 61) :* av. Afonso Delambert Neto, 413, à Lagoa. ☎ 32-32-57-61. Compter entre 30 et 40 Rls par personne pour déguster autrement les produits de la mer puisque ce resto propose des spécialités japonaises. Moderne, branché et sympa, dans une salle boisée avec une mezzanine. Formule à volonté très intéressante pour se délecter de *sushis, sashimis, makis* et compagnie. Plein à craquer

en fin de semaine. Les serveurs s'agitent à un rythme effréné... avec le sourire.

|●| ▼ *Restaurante e bar Ponta das Caranhas (plan de l'île, 62) :* rodovia Jornalista Manoel de Menezes, 2377, Barra da Lagoa. ☎ 32-32-30-76. Juste avant l'entrée du village, en venant du sud. Ouvert du mardi au dimanche de 11 h à minuit. Plats copieux pour 2 autour de 40 Rls. Face à la lagune, un superbe resto dans un cadre idyllique. Cuisine locale préparée avec de bons produits frais, poissons et crustacés. Apprécié des habitants pour son atmosphère chic et romantique le soir. On profite aussi de la grande pelouse et du ponton pour prendre un verre dans la journée, au bord de la lagune.

À faire

➢ *Promenades en bateau et plongée sous-marine :* très nombreuses possibilités depuis Barra da Lagoa et Lagoa. Balades de 4 à 8 h incluant repas et boissons, autour de 50 Rls par personne. Mieux vaut se renseigner sur place, aux débarcadères, et comparer les prix. À Lagoa, renseignements à la *Pousada Ilha da Magia* (☎ 32-32-54-68), qui propose des activités à des prix très raisonnables. On y parle un peu l'anglais.

⌇ *Plages : praia Mole,* face à l'océan, sable très fin et eaux révoltées. Connue pour ses *beach parties.* Dernière étape du championnat brésilien de body-boarding ! Elle se continue par la *praia Joaquina,* avec de superbes dunes et une eau turquoise, puis la *praia do Campeche,* vers le sud, longue de 17 km et plus sauvage (peu de constructions).

LE SUD DE L'ÎLE

🎭 *Ribeirão da Ilha :* c'est un petit village de pêcheurs typique des populations açoriennes qui ont émigré à Santa Catarina. On y a introduit il y a quelques années l'élevage des huîtres qui, associé à la pêche aux crevettes, assure une vie paisible aux habitants du village. Superbes eaux turquoise, mais pas de réelle plage. Du coup, le tourisme s'est peu développé et une atmosphère calme et authentique se maintient. Le plus joli village de l'île avec ses maisons colorées et son atmosphère d'un autre temps.

🔫🔫 *Le forte Nossa Senhora da Conceição :* à la pointe sud de l'île. Couvent de jésuites perché, d'où l'on découvre un point de vue imprenable sur les plages et la *lagoa do Peri.*

Où dormir ?

Plus chic (de 80 à 120 Rls – 30,40 à 45,60 €)

🛏 *Pedros Vivas (plan de l'île, 54) :* rodovia Baldicero Filomeno, 17583. ☎ 32-37-81-71. Entre praia de Fora et Caieira. Téléphoner impérativement pour réserver. Il vous en coûtera de 90 à 120 Rls pour des maisons pouvant accueillir 2 à 5 personnes. Trois beaux bungalows, dans la forêt, décorés avec beaucoup de goût, entièrement aménagés, avec cuisine équipée. Tania et son mari, Luis, un ancien luthier reconverti dans les barques en bois, accueillent leurs hôtes avec beaucoup de gentillesse. Piscine avec vue imprenable sur la mer. La plage *Naufragados,* la plus belle de l'île, se trouve dans les environs. Kayaks et petits bateaux à disposition. Une de nos adresses préférées.
🛏 *Pousada Sítio dos Tucanos (plan de l'île, 55) :* estrada Rozália P. Ferreira, 2776. ☎ et fax : 32-37-50-84. ● www.pousadasitiodostucanos.com ● À 3 km du village de Pan-

tano do Sul. Téléphoner pour qu'on vienne vous chercher. Selon la saison, de 80 à 120 Rls pour 2, petit dej' inclus. Petit paradis en pleine nature, avec plusieurs hectares de maquis et de bosquets à flanc de montagne. Gerta, la maîtresse des lieux, parle l'allemand et l'anglais, et vous accueille dans deux bâtiments en brique et pierre bien intégrés dans le paysage. Dans certaines chambres, un petit balcon donne sur une cascade. Appartements aux hautes charpentes en bois de cèdre, meublés et décorés simplement mais avec goût. Possibilité, pour des groupes de 4 à 7 personnes, de louer un chalet confortable, équipé avec cuisine complète. Petit dej' copieux, avec de bons produits frais, servi dans l'adorable salle commune. Pour déjeuner ou dîner sur place, on peut s'arranger. Vue splendide sur le village en contrebas et la mer au loin. Beaucoup de charme.

Où manger ? Où boire un verre ?

🍴 *A Comida do Francês – Bar e restaurante das Antigas (plan de l'île, 63) :* rodovia Baldicero Filomeno, 7487, Ribeirão da Ilha. ☎ 33-37-57-70. Fermé le mardi. Autour de 75 Rls pour 2. Voici la façade pimpante de l'ancienne épicerie du village reconvertie en restaurant de spécialités franco-brésiliennes. Le chef, Sylvain, et son épouse brésilienne, Nuna, concoctent de savoureux plats de viande, poisson et crustacés (huîtres récoltées juste devant le resto) mêlant habilement produits

locaux (goyave, manioc...) et recettes françaises. On goûte à la cuisine et au charme des lieux dans une salle aux murs tapissés de bouteilles, ou sur une petite terrasse de l'autre côté de la rue, face à la mer. Un peu cher tout de même.
🍴 *Porto do Contrato (plan de l'île, 64) :* rua Baldicero Filomeno, 5544, Ribeirão da Ilha. ☎ 33-37-10-26. Hors saison, fermé le mardi. Environ 50 Rls pour 2. Un p'tit bout d'paradis surplombant l'océan. Une belle maison en brique et bois où les tables

sont ornées de mini-aquariums avec des minipoissons. Cuisine de la mer, plus élaborée qu'ailleurs, ponctuée de touches açoriennes et africaines. Idéal pour une soirée en amoureux.

À faire

⌇ *Plages :* la *praia Armação,* face à l'océan, est appréciée pour ses grosses vagues. Départs des bateaux pour *ilha do Campeche.* Une autre plage magnifique, et celle-ci presque déserte, la *praia Saquinho,* accessible à pied depuis la plage de Solidão. À l'extrême pointe sud de l'île, la *praia dos Naufragados,* propice à la plongée sous-marine, est la plus difficile d'accès mais vraiment la plus belle et la plus calme. Une superbe balade le long d'un sentier envahi par la végétation permet de s'y rendre.

LE NORD DE L'ÎLE

🏃🏃🏃 À partir de Barra da Lagoa, sur la partie océane de l'île (à l'est), la *praia Moçambique,* immense et fabuleuse, remonte sur 28 km de sable vers le nord, battue par les déferlantes atlantiques, en bordure du parc de Rio Vermelho. Idéale pour le surf. Sur la bordure occidentale de l'île, les plages de la Baia Norte, face au continent, égrènent de petits villages de pêcheurs, à la traditionnelle architecture açorienne. Maisons peintes, criques bordées d'embarcations. Culture d'huîtres et de coquillages, eaux calmes et claires, superbes couchers de soleil.

🏃🏃 *Santo Antônio de Lisboa :* pour s'y rendre, depuis la route principale en venant du Centro, prendre à droite juste avant le péage désaffecté (attention, assez mal indiqué). Village construit par les immigrants açoriens au XVIIIᵉ siècle, avec l'*église Notre-Dame-des-Nécessités* (1756). Maisons roses et bleues, restaurants de pêcheurs ouverts le soir en suivant la mer vers le nord.

Où dormir ? Où manger ? Où boire un verre ?

⚕ *Camping Escoteiro* (plan de l'île, 56) : rodovia João Gualberto Soares, 10623. ☎ 32-69-99-84. Du côté de Rio Vermelho. Environ 6 Rls par personne. Au bout d'un petit chemin, un camping bien ombragé, au calme. Barbecue, terrains de foot et de volley. Sanitaires nickels et très bon accueil. Pour du camping très nature.

🏠 *Pousada Rio Vermelho* (plan de l'île, 57) : rodovia João Gualberto Soares, 8479, praia Moçambique. ☎ et fax : 32-69-73-37. ● www.riovermelhopousada.com.br ● À 1 km de la plage et à 6 km de Barra da Lagoa. Téléphoner pour qu'on vienne vous chercher. De 120 à 180 Rls pour 2, selon la saison et la chambre. Une adresse inoubliable entre mer et montagne, en pleine nature. Belle maison d'architecture moderne et traditionnelle, habitée, meublée et décorée avec le goût de vivre pour le plaisir. Carlota, l'hôtesse, parle aussi le français. Elle a beaucoup voyagé et a décoré sa maison sur les thèmes de l'Afrique, l'Indonésie, la Chine... Chambres spacieuses et confortables, hamacs, piscine et grand jardin. Petit dej' copieux et savoureux. Possibilité de louer un chalet aménagé avec cuisine complète pour 4 à 6 personnes. Un lieu idéal pour se couper du monde...

|●| *Beira d'Água* (plan de l'île, 65) : sur la plage de Sambaqui, après Santo Antônio de Lisboa ; c'est le dernier resto en continuant la route. Ouvert tard le soir. La gargote de pêcheurs la plus authentique. Antônio élève lui-même les huîtres et les moules qu'il sert pour un prix raison-

nable. Frites fraîches vraiment délicieuses.

🍸 **Santo Antônio Caffè** *(plan de l'île, 66)* : à Santo Antônio de Lisboa, juste à côté de l'église. Ouvert jusqu'à 23 h. Dans une grande cour ombragée avec une fontaine. Architecture typiquement açorienne. Café-gâteau ou *caïpirinha,* au choix.

LE LITTORAL NORD : SÃO FRANCISCO DO SUL

IND. TÉL. : 047

Au nord de Florianópolis, le littoral catarinense offre de nombreuses haltes balnéaires possibles. Tout au nord de l'État, à 225 km de Florianópolis, escale sur la route de Curitiba dans la ville historique de São Francisco do Sul, sur *l'île de São Francisco.* Très belles constructions coloniales, citadines et portuaires. L'île elle-même fut découverte en 1504 par le Français Binot Paulmier de Gonneville, mais il fallut attendre un siècle avant que les Portugais n'y fondent le village. L'île est aujourd'hui une réserve naturelle avec une côte propice à la pêche et au surf.

Arriver – Quitter

🚌 **Rodoviária :** rua Barão do Rio Branco. ☎ 34-44-22-80.
➤ Bus **pour Florianópolis, Curitiba, Joinville** (d'où l'on peut rejoindre São Paulo par avion).

Où dormir ?

Bon marché (moins de 40 Rls – 15,20 €)

🏠 **Hôtel Central :** rua Rafael Pardinho, 207. ☎ 34-44-02-64. Grand | hôtel de travailleurs et de marins. Confort minimal... mais prix aussi.

Prix moyens (de 40 à 70 Rls – 15,20 à 26,60 €)

🏠 **Kontiki Hotel :** rua Babitonga, 211. ☎ 34-44-22-32. *Apartamentos* | avec frigo-bar, TV, douche, moquette et miroirs aux murs.

À voir. À faire

🚶 **L'église Matriz Nossa Senhora da Graça** *(1665) :* praça Getúlio Vargas.

🚶 **Le Musée historique :** dans l'ancienne chambre municipale et prison (XVIIIe siècle), rua Col. Carvalho. ☎ 34-44-54-43. Ouvert du mardi au vendredi de 9 h à 18 h et les samedi et dimanche de 11 h à 18 h.

🚶🚶 **Le musée de la Mer :** rua Manoel Lourenço de Andrade. ☎ 34-44-18-68. Mêmes horaires que ceux du musée historique. Il retrace, entre autres, l'histoire des baleiniers açoriens. On replonge dans l'atmosphère du XIXe siècle.

➤ **Excursions en saveiro autour de l'île,** avec baignades.

➤ **Visite des sambaquis,** monuments tumulaires de 5 à 8 m de haut, faits de coquillages, des antiques civilisations indiennes de l'île.

LE SUD

➢ À **Vila da Glória,** visite des ruines d'un phalanstère fondé à la fin du XIXᵉ siècle par des adeptes de Fourier ; l'expérience fut un échec, mais certaines familles françaises restèrent sur place. Les vestiges sont assez maigres, mais la balade est chouette ; accès en bateau en 30 mn ; se renseigner au port.

⌓ Belles **plages** aux alentours de la ville.

LE NORD, L'AMAZONIE

Depuis sa découverte par les Espagnols au XVIᵉ siècle, et malgré les avancées de la civilisation, l'Amazonie reste l'une des dernières parties sauvages de notre planète, « la face cachée de notre monde », selon la belle expression de l'écrivain Michel Braudeau, « l'ultime relique de Mère nature, le dernier vestige de ce que fût le monde avant l'arrivée des Occidentaux. Plus qu'un espace sur la carte, une histoire dans la mémoire humaine. Un rêve. » Comment prendre la mesure d'un pareil territoire couvert de forêt équatoriale et étendu sur 9 pays (Pérou, Équateur, Colombie, Venezuela, Guyane française, Surinam, Bolivie, Paraguay, et Brésil) ? L'ampleur de ce « continent dans le continent » semble d'emblée déroutante. Un kilomètre d'Amazonie n'est pas le même kilomètre qu'en Europe, une heure amazonienne paraît plus longue qu'une heure européenne.

CARTE D'IDENTITÉ DE L'AMAZONIE

Le Bassin amazonien couvre dans sa plus grande extension près de 6 millions de kilomètres carrés, soit près de 11 fois la surface de la France. Rien qu'au Brésil, l'Amazonie couvre 60 % de la superficie du pays, concentrant seulement 4 % de sa population. Près de 70 % de ses terres sont couvertes par une forêt qui renouvelle à elle seule la moitié de l'oxygène de la planète (cette thèse est parfois remise en question).

LE FLEUVE AMAZONE

Avec ses 6 300 km, l'Amazone est le plus long fleuve du monde (par comparaison, le Rhin est 5 fois plus petit). Il prend sa source au Pérou, dans la cordillère des Andes, et se jette dans l'océan Atlantique. Il charrie 20 % des eaux douces du globe (sans compter l'Antarctique) et est nourri par des milliers de fleuves et de rivières. À la saison des crues, sa largeur peut atteindre par endroits jusqu'à 20 km.

Un peu d'histoire

Le nom du fleuve vient des rêves des hommes de la Renaissance et notamment de Francisco de Orellana (né en 1511 à Trujillo en Estrémadure espagnole, mort quelque part en Amazonie en 1546). Il partit en 1542 à la découverte du fleuve. Au nom du roi d'Espagne, Orellana quitta le Pérou avec Gonzalo Pizarro, dont il se sépara ensuite pour aller en éclaireur sur des terres inconnues, escorté de seulement 57 hommes. Son but : trouver le royaume légendaire de l'Eldorado, et le Royaume de la Cannelle. Les conquistadores espagnols avaient ressassé le mythe des Amazones, transmis par Hérodote depuis l'Antiquité grecque. Au cours de leur expédition, ils durent affronter des Indiens commandés par de « redoutables femmes » (qu'ils prirent justement pour des Amazones). Le moine Gaspar de Carvajal (originaire de Cáceres, en Estrémadure également), membre de l'expédition, relata l'événement en ces termes : « Nous les vîmes qui se battaient en tête de tous les Indiens, comme des capitaines. Et elles se battaient avec tant de courage que les Indiens n'osaient tourner le dos. Et ceux qui fuyaient devant nous, elles les tuaient à coups de bâton... Ces femmes sont très blanches et grandes, et elles ont une très longue chevelure, tressée et enroulée sur la tête. Elles sont très membrues et vont toutes nues, leurs seules parties honteuses voilées, leurs arcs et leurs flèches en main, chacune guerroyant comme dix Indiens. Et en vérité, une de ces femmes tira une volée de flèches sur l'un des brigantins (bateaux de l'expédition), lesquels à la fin semblaient des porcs-épics. »

Au départ, le fleuve fut baptisé « Orellana », du nom de son découvreur. Puis les Espagnols le nommèrent Amazone en souvenir de cette tribu de femmes redoutables qu'ils affrontèrent comme les Scythes avaient affronté les Amazones dans l'Antiquité (ce que raconte Hérodote).

LA FORÊT AMAZONIENNE

Comment sauver la plus grande forêt du monde ? Les écologistes s'inquiètent pour l'équilibre environnemental du Bassin amazonien et l'avenir de la forêt. À juste titre ! Sur quelque 4 millions de kilomètres carrés que comptait la forêt amazonienne en 1500, à l'arrivée des premiers Européens, près de 550 000 km^2 (à peu près la taille de la France) ont été déboisés, soit 13,75 % de sa surface d'origine. Malgré les efforts des protecteurs de la nature et des adeptes du développement durable, la déforestation continue : en 2002 et 2003, ce sont près de 23 750 km^2 (la taille de la Sardaigne) qui ont été essartés, environ deux fois plus que la moyenne annuelle des années 1990. Les raisons de cette déforestation sont multiples : l'extension de l'élevage bovin et des grands domaines, le progrès des cultures de soja, l'abattage non contrôlé d'arbres, l'ouverture de nouvelles routes. En outre, le contrôle n'est pas assez rigoureux : l'organisme brésilien chargé de surveiller l'environnement (IBAMA) manque d'effectifs et de moyens pour exercer son pouvoir de surveillance. Pour freiner la déforestation et éviter les désastres écologiques, le gouvernement brésilien s'est doté depuis 2002 d'un outil extraordinaire. Il s'agit d'un système de haute technologie appelé le *SIVAM* (Service de vigilance de l'Amazonie) qui permet une surveillance accrue et quotidienne de cet immense territoire boisé. Coût de l'acquisition : 1,4 milliard de US$. Mais quand on aime, on ne compte pas.

Devant la menace récurrente d'une internationalisation de l'Amazonie, le Brésil veut remplir lui-même cette mission, tout en faisant profiter les pays voisins des bienfaits de ce système performant. La mission ? Protéger l'environnement, veiller au bien-être des populations indigènes, contrôler l'occupation des terres, et surveiller les entreprises forestières. Le SIVAM assure une rotation permanente d'une dizaine d'avions équipés de caméras à rayons infrarouges. Ils survolent à longueur d'année l'Amazonie. Ils sont capables de détecter le moindre mouvement dans la forêt : un feu indien, un camion clandestin, une entreprise qui tronçonne illégalement un morceau de jungle, un avion de narcotrafiquant qui rase la cime des arbres... Rien ne leur échappe. Ce sont les « yeux du ciel amazonien », des espions volants dignes d'un film de James Bond. Reliés par radars à des capteurs au sol, ils transmettent par satellite les données recueillies à trois centres situés à Manaus, Porto Velho et Belém. Le SIVAM travaille en étroite collaboration avec le SIPAM (Service de protection de l'Amazonie), qui est en quelque sorte le bras séculier, son pouvoir exécutif. Il analyse les données et prend les décisions à appliquer sur le terrain. Cela peut aller par exemple jusqu'à l'autorisation d'abattre sans préavis un avion de narcotrafiquant.

Autre initiative qui montre la volonté de progresser : un label FSC *(Forest Stewardship Council)* a été créé, qui consiste à accorder un certificat de bonne conduite aux entreprises qui travaillent dans le respect de l'environnement. Sur les quelque 3 000 compagnies forestières opérant en Amazonie, seule une poignée a reçu ce label *(Precious Woods, Gethal Amazonas, Mil Madeireiras)* et s'est engagée à pratiquer « une gestion forestière écologiquement appropriée, socialement bénéfique, et économiquement viable ». Du développement durable en somme. Mais ce n'est qu'une goutte d'eau pour l'instant dans un océan d'indifférence !

Se reporter aussi à notre rubrique « Environnement » dans les généralités de ce guide.

LES INDIENS D'AMAZONIE

Les deux tiers des Indiens du Brésil vivent en Amazonie. Contrairement à quelques idées reçues, vous ne verrez aucun Indien « authentique » à moins de 500 km de Manaus. De plus, ils sont maintenant « protégés » par la FUNAI (*Fundação Nacional do Indio*), qui dépend du gouvernement brésilien. Il faut donc être au moins ethnologue ou journaliste mandaté pour les rencontrer. La majorité du peuple amazonien est surtout le produit du métissage intensif qui s'effectua au cours des siècles entre les colonisateurs et les Indiens, et dont il a gardé quelques traits. Ces premiers contacts eurent lieu sur les rives des fleuves, ligne de frottement de l'Europe conquérante et de l'indianité. On estime à 5 millions le nombre de Brésiliens ayant un ancêtre indien direct. Le type physique le plus proche des tribus indiennes est le *caboclo,* métis indigène qui vit au bord des *igarapés,* ces bras du fleuve qui relient entre eux les affluents de l'Amazone.

Dès le début de la colonisation portugaise, les Indiens furent pourchassés par les colons, qui n'avaient pas tous les moyens de se payer des esclaves noirs. Outre les massacres, la colonisation apporta aussi la mort dans ses bagages, sous la forme de maladies impitoyables pour des organismes qui n'y étaient pas préparés : grippe, tuberculose, maladies vénériennes ravagèrent les tribus. Les missionnaires, en imposant leur religion et leur morale parfaitement inadaptée aux Indiens, achevèrent l'œuvre d'asservissement des indigènes à l'idéologie et au mode de vie des occupants.

Malgré la création de la FUNAI, organisme d'État chargé de leur protection, ils ne sont toujours pas à l'abri d'une disparition progressive. C'est ainsi que, après la découverte de gisements de minerais très riches sur leur territoire, des compagnies minières peu scrupuleuses mirent en place une politique d'expulsion, voire d'extermination, en introduisant sciemment des maladies mortelles. Une miniguerre bactériologique en quelque sorte. Ceux qui sont déportés ne retrouvent évidemment pas leur milieu naturel pour pratiquer leur économie de subsistance (chasse et pêche).

Un coup sévère leur fut porté avec l'ouverture, dans les années 1970, des grandes voies de communication, telles que la route *Transamazonienne,* et l'implantation de chantiers agricoles et d'élevages gigantesques. La Transamazonienne et surtout la construction de la nouvelle route périmétrique nord, en mettant en contact avec le mode de vie occidental les dernières tribus jusqu'à présent préservées, vont achever leur processus d'« intégration », d'acculturation et de dégénérescence. Longtemps, la FUNAI, instrument du pouvoir, fut impuissante, ou rétive, à inverser cette tendance, mais les choses évoluent et cet organisme est devenu, malgré tout, un partenaire incontournable pour faire avancer la question indienne.

– Un exemple intéressant est celui des **Yanomamis,** appartenant à la famille des Arawaks. Découverts en 1973, ils sont devenus l'emblème du combat des Indiens pour la protection de leur territoire. Ils seraient aujourd'hui au nombre de 25 000, répartis le long de la frontière du Brésil et du Venezuela, avec, au Brésil même, quelque 10 000 individus. Passant directement de l'âge de la pierre au XXe siècle, ils ont vu une douzaine de leurs villages totalement décimés par des maladies, et leur territoire morcelé par le gouvernement. Pour ne rien arranger, les *garimpeiros* continuent une sauvage prospection d'or sur leur territoire. C'est ainsi que des mouvements d'opposition se sont constitués un peu partout dans le monde : des associations de défense locales et des organisations mondiales comme *Survival International,* soutenues par l'opinion publique, essaient régulièrement d'intervenir pour que le gouvernement brésilien prenne enfin les dispositions qui s'imposent et fasse réellement respecter les accords déjà signés.

– Les **Jumas** d'Amazonie sont en voie d'extinction. Après le massacre de 1964, il ne restait plus que 5 survivants intégrés par mariage à la nation des Uru-Eu-Vau-Vau.

– Les **Waiapis** vivent dans la Serra do Navio (province de l'Amapá), entre l'Amazone et la Guyane française. Cette nation semble être sortie du processus de déclin démographique. Elle était au bord de l'extinction, mais dorénavant sa population s'accroît. Une preuve que les courants peuvent s'inverser. Ayant très peu de contact avec les occidentaux, ce peuple amérindien a su préserver tant bien que mal ses traditions, ce qui lui a valu de recevoir un prix décerné par l'Unesco.

LA FLORE ET LA FAUNE AMAZONIENNES

En Amazonie, il est d'usage de distinguer trois types de végétation. D'abord, la *forêt vierge* (selva) proprement dite, avec des arbres de 30 à 60 m de haut, jungle tropicale et humide, très dense et touffue. Les *várzeas* sont des terres à la végétation moins touffue, où pousse le fameux *hevea brasiliensis,* l'arbre à caoutchouc. Ces *várzeas* peuvent être des terres agricoles. Elles sont inondées pendant plusieurs mois (les hautes eaux). Enfin, on rencontre les *terres inondées de façon permanente,* où il n'y a pas d'arbres.

Qu'elle soit enchantée ou énigmatique, un « paradis » ou un « enfer vert », cette forêt amazonienne reste un lieu unique au monde pour sa faune. Là vivent près de 2 000 espèces d'oiseaux, 250 espèces de mammifères, 2 500 variétés de plantes, sans oublier de nombreux serpents (boas, anacondas, etc.) et des insectes qui nous font frissonner : mygales géantes, fourmis rouges... Les fleuves et leurs affluents abritent près de 1 500 espèces de poissons, dont le fameux piranha.

Voici ci-dessous les noms brésiliens des animaux les plus connus.

– *Anta :* tapir. Mammifère herbivore des forêts, jadis commun, aujourd'hui de plus en plus rare (chasse intensive).

– *Arara :* ara, bien sûr. Ces superbes grands perroquets égaient les arbres en bordure de fleuves. On dénombre 4 espèces distinctes : *arara piranga (macao) :* rouge et bleu ; *arara canindé (ararauna) :* bleu et jaune ; *vermelha (chloroptera) :* jaune-rouge-vert ; *azul (hyacinthinus) :* bleu-violet à bande jaune sous le bec.

– *Arraia :* raie. Fréquente dans les cours d'eau. Pour la plupart, les raies sont venimeuses. Attention où vous mettez les pieds !

– *Barbeiro :* punaise noire et rouge (d'environ 4 cm) qui transmet la maladie de Chagas.

– *Boto :* les dauphins en général. On distingue principalement le dauphin gris et le dauphin rose, au corps biscornu. Ce dernier est à l'origine d'histoires d'enchantements et de légendes partagées par les Indiens et les *caboclos.*

– *Candiru :* tout petit poisson couvert d'épines qui s'infiltre dans les orifices du corps humain et n'en sort plus... brrr !

– *Capivara* (ou *cabiaï*) *:* le plus gros rongeur du Brésil ; un hamster géant, en quelque sorte !

– *Coata-da-cara :* atèle, ou singe-araignée. C'est un singe à queue préhensile. Le *vermelha* vit au nord de l'Amazonie, à l'est du rio Negro.

– *Cobra :* attention, ce terme désigne les serpents en général et non le cobra indien.

– *Ema :* autruche. Eh oui, il n'y en a pas que dans la pampa !

– *Jacaré :* crocodile ou caïman.

– *Jiboia :* boa constrictor.

– *Macacos :* singes en général (et non le macaque).

– *Ora :* sorte de moustique qui arrache des bouts de peau. On ne le trouve en principe qu'en forêt profonde, rassurez-vous...

– *Pantera onca* ou *onça pintada* : jaguar. Le terme « jaguar », également utilisé, désigne plus généralement les panthères.

– *Peixe-boi* : c'est une espèce de lamantin d'Amazonie (un mammifère, comme les dauphins).

– *Pica-pau* : pic-vert (à tête rouge).

– *Pira* : désigne le poisson en langue tupinamba. Ne pas confondre avec le piranha (prononcer « piragna »).

– *Pirarucu* : c'est le plus grand poisson de l'Amazonie. Il peut atteindre 4 m de long et peser jusqu'à 200 kg. Sa langue est tellement dure que c'est dessus que l'on râpe les baies de *guaraná* pour en extraire la poudre, et ses écailles servaient de lime à ongles aux Indiens. Dans les années 1970, on en trouvait aux environs de Manaus. Aujourd'hui, il faut aller à 200 km pour en apercevoir (et en pêcher).

– *Poraquê* : anguille électrique, dont les décharges font 600 volts ! Elle vit en basse Amazonie, dans les Guyanes et dans le bassin de l'Orénoque. Longue de 1 m et plus, elle est noire à museau plat, avec des petites nageoires, comme des oreilles. Si vous la croisez, fuyez !

– *Preguiça* : paresseux. On en trouve beaucoup dans les environs de Manaus, et ils ne sont pas trop difficiles à apercevoir. Ils ne bougent pas et se confondent souvent avec les troncs noueux... Un paresseux dort, paraît-il, 20 h par jour ! (Quel beau métier !)

– *Sapo* : crapaud.

– *Sucuri* : anaconda.

– *Suçuarana* : puma.

– *Urubu* : vautour.

LA NOUVELLE VOCATION ÉCONOMIQUE DE L'AMAZONIE

Au début des années 1970, les autorités décidèrent d'assurer un développement rapide des régions traversées par la Transamazonienne en installant le long de la route quelques milliers d'agriculteurs et leurs familles, originaires principalement du Nordeste. Mais les difficultés liées aux conditions climatiques et les promesses non tenues en termes d'investissements et de soutien aux nouveaux colons en décourragèrent beaucoup. L'inaptitude de la bureaucratie et l'expulsion illégale des petits paysans par les grosses compagnies firent le reste. L'expérience se révéla un échec. En 1975, changement de stratégie. Au lieu de tenter d'occuper « démographiquement » le terrain, on allait l'occuper « économiquement » en définissant des pôles de développement et en les remettant dans les mains des multinationales, avec moult avantages fiscaux... Des milliers d'hectares furent donc distribués aux grands pour une bouchée de pain.

D'abord **pôles agropastoraux,** lorsqu'il s'agit de mettre en place l'élevage extensif sur prairie artificielle de bovins spécialement acclimatés (zébus ou autres). Ensuite, **pôles agrominiers,** lorsqu'il s'agit d'exploiter les gisements de fer du plateau des Carajas, de bauxite du rio Trombetas ou de manganèse de l'Amapá (à la frontière de la Guyane française).

Puis du **pétrole** a été découvert au début des années 2000, dans le sous-sol de la région de Coari, une petite ville de 15 000 habitants, située à 3 h de bateau de Manaus en remontant le Solimões (Amazone). La compagnie d'État *Petrobras* a commencé l'exploitation en 2005. Les écologistes inquiets ont fait pression pour contraindre *Petrobras* à respecter l'environnement. Une des règles obligatoires sera celle-ci : tout arbre coupé suppose un arbre replanté.

Enfin, **la bio-industrie et la recherche pharmaceutique** ; il est fréquent d'entendre que l'Amazonie est le plus grand laboratoire pharmaceutique du monde. Un labo immense, en plein air, certes, mais un labo méconnu, mystérieux, un monde convoité mais très fragile. Si le Brésil abrite la plus grande biodiversité de la planète, la forêt amazonienne possède une faune et une flore exceptionnelles capables d'attirer les plus grands laboratoires du monde, mais aussi des bio-pirates peu scrupuleux. Que viennent-ils y chercher ? Des extraits naturels et des plantes médicinales qui révolutionneront la recherche et feront progresser la médecine. Vaccins possibles contre le sida, remèdes à certaines maladies comme l'hypertension ou le cancer.

Quelques exemples : le venin du *serpent Jaracara* sert à fabriquer le *Captopril*, l'antihypertenseur le plus utilisé dans le monde. Un gramme de *venin de mygale* vaut 40 000 € environ sur le marché noir car ses vertus analgésiques sont, paraît-il, extraordinaires ! Boisson hallucinogène des Indiens d'Amazonie, confectionnée à partir de plantes et de lianes de la forêt, l'*ayahuasca* captive les scientifiques car il pourrait avoir des effets curatifs remarquables sur certaines maladies (y compris sur des névroses). Le *curare* qu'utilisaient les mêmes Indiens pour enduire leurs flèches empoisonnées se retrouve comme extrait naturel dans des myorelaxants. La peau du *crapaud Epipedobates Tricolor* ne sert-elle pas à élaborer un puissant anesthésique ?

Les possibilités sont énormes, mais l'argent reste le nerf de cette guerre économique ! Pour éviter que ce « nouvel or vert » ne lui échappe, le Brésil a mis en place des structures pour lutter contre la bio-piraterie, tout en commercialisant à son avantage ces trésors de la nature auprès des grands labos du monde. Le *Centro de Biotecnologia da Amazonia (CBA),* basé à Manaus, répond à cette préoccupation. Centre de production d'extraits naturels, il fonctionne comme un véritable incubateur de petites entreprises de biotechnologie, accordant des facilités à ses chercheurs (logement notamment).

Quelques infos pratiques

– **Période des basses eaux :** elle correspond aux mois d'octobre, novembre et décembre. Dès fin novembre la ligne des eaux atteint son niveau le plus bas. Entre décembre et mai, c'est la saison des pluies, le niveau des eaux remonte progressivement pour atteindre son plus haut niveau vers fin juin. Les deux mois de mai et juin correspondant à la **période des hautes eaux.** Pour résumer, sachez que l'amplitude entre les basses et les hautes eaux peut aller de 10 à 25 m à Manaus, raison pour laquelle les quais sont flottants.

La meilleure époque pour visiter l'Amazonie ? Toutes les époques sont intéressantes. Il fait chaud et humide toute l'année, et un peu plus frais la nuit. Venir en juillet peut être un bon choix, juste à la fin de la saison des pluies.

– **Conseils vestimentaires :** prévoyez une cape de pluie et des sacs plastique pour vos affaires, car il pleut régulièrement toute l'année ; il s'agit d'une forêt tropicale humide *(rainforest)* ! Il est possible de se baigner dans certains cours d'eau : n'oubliez pas votre maillot de bain et une serviette. Attention aussi au soleil pendant les promenades en pirogue : chapeau, lunettes et crème solaire sont vivement recommandés.

– **Le traitement antipaludéen :** il est indispensable pour ceux qui projettent des balades dans la forêt, ainsi que le vaccin contre la fièvre jaune. Cela dit, sur le rio Negro (réputé pour l'acidité de ses eaux) en amont de Manaus, il n'y a pas (ou très très peu) de moustiques. Dans tous les cas, couvrez-vous les bras et les jambes, et utilisez un bon répulsif, en particulier le soir, dès que la nuit tombe. Pour dormir, choisissez des chambres avec air conditionné ou moustiquaire.

– **Le choix d'une agence :** il est probable que la plupart d'entre vous se contenteront (pour des questions de temps, bien sûr) des excursions organisées, fort intéressantes par ailleurs, à condition de choisir une agence sérieuse ! Un critère de choix est l'homologation de cette agence auprès d'*Embratur,* organisme officiel de contrôle de la qualité des agences de tourisme. **Ne partez pas** avec une agence non homologuée par *Embratur,* ne serait-ce que pour des questions d'assurance. Ceux qui projettent de remonter ou de redescendre l'Amazone en bateau peuvent avoir besoin d'apporter leur hamac. Les agences les fournissent parfois, mais ce n'est pas toujours le cas des compagnies de transport fluvial. En revanche, on peut apporter sa moustiquaire et un cadenas pour son sac.

MANAUS

1 400 000 hab.   IND. TÉL. : 092

> « Manaus est hanté par tous les rêves fiévreux qui...
> depuis Orellana... ont traversé les ombres de cette forêt,
> la plus immense des forêts tropicales du monde. »
>
> **John Dos Passos, *Le Brésil en marche***

Manaus, un nom qui véhicule encore bien des légendes et images exotiques. Il provient des Indiens « manao », qui ont fortement résisté aux Blancs. Dans les années 1930, il fallait encore une dizaine de jours pour l'atteindre par bateau, en remontant l'Amazone. Aujourd'hui, l'avion la met à la portée de tous. On s'attend à trouver une ville un peu magique, exubérante à l'excès, et, dans la moiteur équatoriale, on tombe sur une grande ville moderne et active. La folle capitale du caoutchouc du XIXe siècle n'aurait-elle pas d'âme ? Si, mais son charme n'est pas de prime abord évident. Riche et vénérée du temps de « l'or mou », le latex, Manaus connut une dure décadence après la fin de son monopole et, en 1915, redevint une petite ville de province assoupie. Les quelques bidonvilles flottants ou sur pilotis témoignent de la fin du rêve. Son statut de zone franche depuis 1967 a revitalisé l'économie et la ville s'est refait une belle santé. Mais les prix « détaxés » ont fortement augmenté et la zone franche n'est plus ce qu'elle était.

Aujourd'hui, sous l'impulsion des autorités locales, Manaus connaît un renouveau culturel. La ville est fière de son passé, de l'époque où les rues se paraient de belles demeures bourgeoises... Le projet « Belle Époque » (en français s'il vous plaît, ça fait plus chic !) vise à restaurer certaines de ces anciennes demeures et à les transformer en centres culturels ; une heureuse initiative !

ÉCOTOURISME

Il semble aussi que la ville ne compte plus – ou moins qu'avant – sur son fleuve pour son développement. Le paradoxe est là : depuis le déclin du commerce du caoutchouc dans les années 1920, ce port bordé par le plus grand fleuve du monde s'en est presque détourné. Les habitants de Manaus ne mettent pour la plupart jamais le pied sur le fleuve, ni dans la jungle, sinon pour leur voyage de noces.

Certes, le port est encore très actif à nos yeux de touristes de passage (en témoignent les montagnes de conteneurs sur les quais), mais les échanges commerciaux se font de plus en plus par la route. La grande majorité des touristes préfère aussi la confortable et rapide voie des airs à la longue et spartiate remontée du fleuve en bateau. Aujourd'hui, seule activité en développement sur le fleuve et qui redonne un dynamisme certain à la ville : l'écotourisme. Chaque jour, les jolis bateaux en bois des agences embarquent des visiteurs venus découvrir leur minibout d'Amazonie.

Les amoureux de la nature prendront plus de temps. Même si en 3 ou 4 jours le dépaysement est total, il faudrait disposer de 2 bonnes semaines, au moins, pour avoir un aperçu du fleuve et de la grande forêt amazonienne... La meilleure façon reste donc le bateau-hamac, où l'on dort sur le pont supérieur dans des hamacs suspendus. Mais il y aussi des *lodges* (confortables, avec des chambres climatisées), dans des clairières de la forêt ou au bord des fleuves, à découvrir au gré des escales de votre embarcation, ou comme point de départ d'excursion.

UN PEU D'HISTOIRE

Le grand boom du caoutchouc

Manaus est synonyme de la grande aventure du caoutchouc, toute son histoire est liée à une toute petite saignée effectuée sur un arbre bizarrement appelé *hevea brasiliensis*... La petite gomme blanche et élastique était connue depuis longtemps des Indiens, mais lorsque M. Goodyear découvrit la vulcanisation en 1839, le *seringueira* (que les Indiens appelaient l'hévéa) devint tout à coup un arbre convoité. À partir de 1857, des milliers de paysans du Nordeste vinrent travailler à la récolte du latex pour le compte des nouveaux barons du caoutchouc. L'invention du pneu par Dunlop, en 1887, décupla la demande. Des fortunes colossales s'édifièrent pendant que ceux qui travaillaient dans la jungle (les *seringueiros*) tombaient comme des mouches, victimes de la malaria, des parasitoses et des éprouvantes conditions climatiques. On raconte que les milliardaires du caoutchouc envoyaient faire blanchir leur linge à Paris, l'eau du rio Negro étant trop noire...

Manaus se développa prodigieusement, se dota de villas superbes, de tramways, d'une vie culturelle brillante dont le plus clinquant témoin reste aujourd'hui le théâtre *(teatro Amazonas)*. C'était le *Rubber Boom.* Un tel monopole exaspéra évidemment les grandes puissances, dont l'impériale Grande-Bretagne, qui possédait des colonies aux conditions climatiques idéales pour la culture de l'hévéa. Ainsi, l'aventurier anglais Alexandre Wickham réussit (avec des méthodes de pirates) à se procurer clandestinement plusieurs dizaines de milliers de graines et à les rapporter en Angleterre dans les peaux de deux crocodiles empaillés. À peine 2 000 survécurent au voyage ; mais, cultivées en serre, elles suffirent à constituer les premiers rangs d'hévéas en Malaisie, pays qui devint en quelques années le concurrent du Brésil (aujourd'hui 1er producteur mondial de caoutchouc). Lorsque le niveau de production de la Malaisie atteignit celui de l'Amazonie en 1910, les cours mondiaux chutèrent et Manaus amorça un déclin rapide.

L'écrivain américain John dos Passos (d'origine portugaise) séjourna à Manaus en 1962. Il évoque cette ville, comme habitée par d'étranges fantômes, dans *Le Brésil en marche :* « À Manaus, les récits d'échecs devant la forêt tropicale hantent tous les coins de rue. L'histoire de la ville elle-même est faite de plans superbes ayant tourné court. »

Arriver – Quitter

En avion

➜ *Aéroport international Eduardo Gomes :* à une vingtaine de kilomètres au nord de Manaus. ☎ 36-52-12-10. Sur place, *un kiosque de l'office du tourisme (SEC)* se débrouille pour vous trouver un hôtel. ☎ 36-52-11-20. Ouvert 24 h/24. Et à l'extérieur, *distributeur de billets Banco 24 horas* acceptant la *MasterCard.*

➢ Liaisons vers **Belém** avec la *Varig* ou la *Tam.*

➢ Également des liaisons vers Tefé, Tabatinga, Coari et Santarém avec *Rico.*

– À l'aéroport, vous rencontrerez les « rabatteurs » des agences de Manaus. Évitez de vous attarder. Ce ne sont pas toujours des agences homologuées. Mieux vaut contacter des agences que nous recommandons.

– *Attention :* Manaus étant une zone franche, il faut enregistrer les bagages à l'aéroport 3 h avant le décollage si vous avez quelque chose à déclarer, car nombreux sont les amateurs de hi-fi bon marché. Sans quoi, pas de problème, mais venez au moins 1 h avant. En salle d'embarquement, un cyber-café ouvert toute la nuit vous fera patienter.

Pour gagner le centre

➤ *Le bus 306* relie l'aéroport au centre-ville. À droite en sortant de l'aéroport, et, depuis le centre-ville, le long de l'avenida Floriano Peixoto et aussi sur la rua Tamandaré, à côté de la *Banco do Brasil*. Dans les deux sens, un départ toutes les 20 mn environ, de 5 h à 23 h 30. Durée : environ 20 mn vers le centre-ville, parfois le double depuis le centre vers l'aéroport, pour moins de 4 Rls.
➤ *Les taxis* de l'aéroport disposent d'un bureau situé dans le hall d'arrivée. On paye la course d'avance à ce bureau, en indiquant dans quel quartier on se rend : comme cela, pas d'embrouille. À noter cependant que les taxis sont très chers (environ 42 Rls pour le centre-ville ; il n'est pas interdit de négocier, mais c'est difficile).

En bateau

Informations pour se rendre à Belém ou Santarém auprès de l'*estação hidro-viária do Amazonas* *(plan A2, 9)*. ☎ 36-21-43-59 ou 01. (Voir aussi le chapitre concernant Belém.) On vous le rappelle, il faut 4 à 5 jours de trajet entre Manaus et Belém (compter 180 à 320 Rls selon le confort) et 2 nuits/2 jours entre Manaus et Santarém.

En bus

➤ *Rodoviária (gare routière) :* rua Recife, à 10 km au nord de Manaus, sur la route de l'aéroport. ☎ 36-42-58-05. Guichets des compagnies à l'extérieur. À l'intérieur, guichet *Banco do Brasil*.
➤ *Liaisons régulières avec les villes de la région :* Novo Airao, Manaca-puru, Icoatiara (4 bus par jour), Pres. Figueiredo (8 bus par jour), Rio Preto da Eva.
➤ *Pour Boa Vista :* 5 bus par jour avec *Eucatur*. Durée : 12 h.
➤ *Pour le Venezuela (Caracas) :* avec *Eucatur*. Durée : 36 h. Arrêt en route à Boa Vista. La route traverse la réserve des Indiens waimiris atroaris.

Comment se déplacer ?

➤ *À pied :* Manaus est une très grande ville, mais le quartier historique qui converge vers le marché au bord du rio Negro s'explore sans difficulté à pied. Nombreuses rues piétonnes dans ce secteur.
➤ *En bus :* le réseau est très efficace et vraiment dense.
➤ *En taxi :* ils sont chers, mais ils mettent en général le compteur. Vérifiez que le chauffeur a bien compris votre destination.

Adresses utiles

Informations touristiques

🖫 *Office du tourisme Amazonastur (CAT ; plan A1) :* av. Eduardo Ribeiro, 666 (à l'angle avec la rua José Clemente). ☎ 36-33-54-34. ● www.amazonastur.am.gov.br ● À deux pas du théâtre Amazonas. Ouvert du lundi au vendredi de 9 h à 17 h et le samedi de 9 h à 12 h. Office du tourisme de l'État d'Amazonas. Accueil en anglais. Demander le calendrier culturel et touristique de la ville. Pas d'infos sur les voyages et excursions en bateau. Dispose de la liste des agences certifiées par Embratur.

🄸 *Office du tourisme Manaustur (hors plan par A2) :* av. 7 de Setembro, 157 (près de la praça da Liberdade). ☎ 36-22-49-48 ou 48-86.

● www.manaustur.com.br ● Ouvert du lundi au vendredi de 8 h à 14 h. Fermé les samedi et dimanche. Bureau donnant des infos sur Manaus en particulier. On peut y acheter un petit livre, *Walking around Manaus,* écrit par Thérèse Aubreton (agence *Heliconia Amazónia Tourism*) et qui décrit 5 circuits pédestres dans la ville. Versions portugaise et anglaise.

Poste et télécommunications

✉ *Poste (plan A2) :* rua M. Dias, 160. Ouvert du lundi au vendredi de 9 h à 17 h. Également un bureau à l'aéroport.

■ *Appels internationaux :* Telamar, av. Getúlio Vargas, 950.

🄰 *Internext (plan A2, 8) :* rua 24 de Maio, 220. ☎ 36-33-44-09. Dans le *Rio Negro Centro,* au fond de la galerie marchande. Ouvert du lundi au vendredi de 8 h à 18 h et le samedi de 8 h à 12 h.

🄰 *Amazon Cyber Cafe :* à l'angle de la rua 10 de Julho et de l'avenida Getúlio Vargas. Ouvert jusqu'à 23 h. Moins de 4 Rls/h.

🄰 Possibilité également de se connecter gratuitement dans l'une des salles du *musée de l'Image et du Son* (centre culturel Palácio Rio Negro ; dans la rubrique « À voir »).

Argent, change

■ *Banco do Brasil (plan A2, 5) :* rua Guilherme Moreira, 315. ☎ 36-22-29-17. Change de 9 h à 16 h. Fermé

le week-end. Distributeur accessible tous les jours.

■ *Bradesco (plan A2, 2) :* av. 7 de

MANAUS

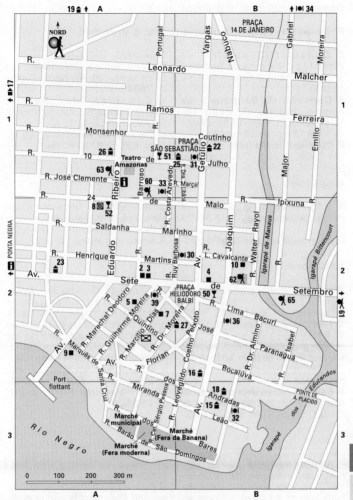

MANAUS

Setembro (angle de Barroso). ☎ 32-34-37-38. Distributeur de billets 24 h/24. Accepte la carte *Visa* seulement. Également rua Eduardo Ribeiro, à l'angle avec la rua Saldanha Marinho.

■ *Unibanco (plan A2, 3) :* à côté de *Bradesco.* ☎ 36-22-38-40. On peut y recevoir des virements de tous pays. Pas de retrait avec les cartes de paiement.

■ *Cortez Cambio e Turismo (plan B2, 4) :* av. 7 de Setembro, 1199. ☎ 36-22-42-22. Ouvert du lundi au vendredi de 9 h à 16 h. Bonne adresse pour changer devises et chèques de voyage. Commission très faible. Un autre dans l'*Amazon Shopping Center.* Ouvert tous les jours sauf le samedi, de 10 h à 19 h.

■ *American Express :* Banco *Económico,* rua Saldanha Marinho.

Représentations diplomatiques

En général, les consulats sont ouverts du lundi au vendredi.

■ **Consulat (honoraire) de France :** av. Visconde de Sepetiba, 17. ☎ 36-48-59-59. Ouvert de 9 h à 12 h 30.
■ **Consulat de Belgique :** rua Recife, quadra D, casa 13, conj. Murici. ☎ 32-36-14-52. Ouvert de 9 h à 12 h et de 15 h à 18 h.
■ **Consulat de Bolivie :** av. Efigênio Sales, 2226 (Condominium Greenword). ☎ 236-99-88.
■ **Consulat de Colombie :** rua 24 de Maio, 220, Rio Negro Centro. ☎ 32-34-67-77.
■ **Consulat du Pérou :** conj. Morada do Sol, rua HI, 12, quartier Aleixo. ☎ 36-42-12-03.
■ **Consulat du Venezuela :** rua Rio Jutaí, 839. ☎ 32-33-60-04.

Urgences

■ **Hôpital 28 de Agosto :** rua Recife, Adrianópolis. ☎ 32-36-85-08.
■ **Pharmacie ouverte 24 h/24 :** Dro-garia Avenida, av. Boulevard Álvaro Maia, 744. ☎ 32-15-26-00.
■ **Police :** ☎ 190.
■ **SAMU** (urgences) **:** ☎ 192.

Transports

■ **Varig** (Cruzeiro ; plan A2, **7**) **:** rua Marcílio Dias, 284. ☎ 36-22-46-45. À l'aéroport : ☎ 36-51-36-23.
■ **Tam :** rua João Valério, 12. ☎ 32-32-88-33.
■ **Rico** (plan A2) **:** Edifício Cidade de Manaus, rua 24 de Maio, 60 B. ☎ 36-33-51-66 ou 40-09-83-33. ● www.voerico.com.br ●
■ **Estação hidroviária do Amazonas** (plan A2, **9**) **:** rua Marquês de Santa Cruz, 25, à l'entrée du port flot-tant. ☎ 36-21-43-01 ou 59. L'endroit est plus connu par les locaux comme la *praça da Matriz* (place de la Cathédrale). Ouvert tous les jours de 7 h à 19 h. Vente des billets pour les *lanchas*, ces embarcations qui remontent et descendent l'Amazone.
■ **Compagnies maritimes :** Enarte, ☎ 99-75-76-75 ; Enasa, ☎ 36-33-32-80 ; Marquês Pinto, ☎ (91) 35-23-28-28.

Divers

■ **Alliance française** (plan B2, **10**) **:** rua Lauro Cavalcante, 250. ☎ 32-32-13-73. ● www.aliancafrancesa-manaus.com.br ● Ouvert du lundi au vendredi de 9 h à 12 h et de 14 h à 20 h (en principe). Accès à TV5 et magazines en français. Ils passent de temps en temps des films français.
■ Pour les manifestations culturelles, voir également le **centre culturel Palácio Rio Negro** (plan B2, **65**) dans la rubrique « À voir ».

Où dormir ?

On trouve dans le centre une poignée d'hôtels alliant la modicité des prix à une hygiène honorable. Ils sont assez proches les uns des autres. Attention cependant, certains coins du quartier sont parfois assez mal famés le soir. Pas de grands risques en comparaison d'autres villes, mais il est préférable de ne pas trop traîner seul(e) de nuit. Et prenez un taxi si vous avez vos affaires avec vous.

Bon marché (de 20 à 40 Rls – 7,60 à 15,20 €)

Dans cette catégorie, on trouve surtout des pensions *(pensãos)*, qui sont de petits hôtels vraiment pas chers et rudimentaires. Bien souvent, les chambres n'ont pas de fenêtre.

▪ *Hôtel Rio Branco (plan B3, 15) :* rua dos Andradas, 474. ☎ et fax : 32-33-40-19. ● hotelriobranco@bra silcomercial.com ● Chambres doubles autour de 40 Rls, selon le confort (avec ou sans AC). Non loin du port, hôtel familial avec des chambres qui se répartissent sur 4 niveaux. L'ambiance rappelle celle des auberges de jeunesse. Chambres simples et propres ; certaines peuvent accueillir 4 personnes. En demander une au dernier étage, sur la terrasse. Coffres. Excellent accueil.

▪ *Hôtel Ideal (plan B3, 18) :* rua dos Andradas, 491. ☎ 36-22-00-38. ● ideal@osite.com.br ● Face à l'hôtel *Rio Branco.* Autour de 30 Rls pour une chambre double avec ventilo, et 38 Rls avec AC. Assez banal, mais suffisant. Pour la plupart, les chambres n'ont pas de vraie fenêtre, elles sont donc un peu sombres. Cabine téléphonique, et réfrigérateur avec boissons. Coffres. Bon accueil.

▪ *Pensão Sulista (plan B2, 16) :* av. Joaquim Nabuco, 347. ☎ 32-32-37-85. Entre 20 et 25 Rls la double, près de 12,50 Rls pour un lit en dortoir ; il n'est pas interdit de demander une réduction. C'est une ancienne maison aux plafonds hauts et vieux parquets, avec une dizaine de petites chambres rudimentaires et très souvent aveugles, équipées de ventilo ou AC, douche et sanitaires communs ou privés. Les chambres au rez-de-chaussée sont moins moches que celles situées en contrebas, derrière, sombres et étouffantes. Méfiez-vous la nuit, le quartier est fréquenté par une faune interlope. Accueil correct.

Prix moyens (de 40 à 70 Rls – 15,20 à 26,60 €)

▪ *Pousada Regional (hors plan par A1, 17) :* rua Luiz Antony, 653. ☎ 32-32-35-05. ● fh.farias@ig.com. br ● Doubles à 60 Rls, petit dej' inclus. Seulement 4 chambres, avec AC, TV, frigo, douche et w.-c. On est reçu par une gentille dame qui parle aussi l'espagnol et le français. La maison est en contrebas de la rue et n'offre pas de vue particulière, mais c'est propre, bien tenu et calme.

▪ *Panair (plan B1, 22) :* av. Getúlio Vargas, 678. ☎ 32-33-60-69. Fax : 36-22-11-12. Doubles autour de 56 Rls. Hôtel sans prétention, en plein centre. On y parle parfois l'anglais. Chambres bien tenues, avec AC, TV et frigo. Pour quelques reais de plus, on vous conseille de prendre les chambres *luxo*, plus spacieuses et donc plus agréables. Les moins chères sont parfois exiguës et ne disposent pas toujours d'une vraie fenêtre. Souvent complet. Accepte les cartes de paiement. Bon accueil.

▪ *Hôtel Palace (plan A2, 23) :* av. 7 de Setembro, 593. ☎ 36-22-46-22 ou 61-64. Compter environ 50 Rls la chambre double ; réduction généralement consentie à partir du 2e jour. Attention, ne pas confondre avec l'hôtel du même nom situé à 50 m de là, et qui, lui, est un hôtel de passe ! Le *Palace* est un grand hôtel vert à la façade stylisée, juste derrière la cathédrale. Le quartier est assez bruyant, choisissez plutôt une chambre à l'arrière. Chambres avec TV, téléphone, frigo-bar et AC. Confortables et assez grandes, mais certaines ne sont pas à la hauteur.

▪ *Hospedaria de Turismo 10 de Julho (plan B1, 25) :* rua 10 de Julho, 679. ☎ 32-32-62-80. Fax : 32-32-94-16. ● htdj@internext.com.br ● À deux pas du théâtre Amazonas, en plein centre donc et dans un quartier sûr. Chambres doubles de 45 à 60 Rls. Un petit hôtel central avec des chambres simples et correctes, équipées d'AC, TV et frigo-bar. Certaines, sans fenêtre, sont à éviter ! Service de laverie. Plutôt en dépannage.

Chic (plus de 70 Rls – 26,60 €)

⌂ *Central Hotel Manaus (plan A-B2, 27) :* rua Dr Moreira, 202. ☎ 36-22-26-00. Fax : 36-22-26-09. ● www.hotelcentralmanaus.com.br ● Doubles autour de 115 Rls. Chambres propres et au confort standard, avec AC, TV et frigo-bar. Certaines sont même jolies, malgré quelques petits signes de fatigue çà et là. Attention, quelques chambres sans fenêtre : à ce prix, c'est difficilement acceptable...

⌂ *Hôtel Manâos (plan A1, 26) :* av. Eduardo Ribeiro, 881. ☎ 36-33-57-44. ● manaos@argo.com.br ● En plein centre, à côté du théâtre Amazonas. Doubles autour de 130 Rls. Dans cet immeuble des années 1950, des chambres confortables avec salle de bains et AC. Celles qui donnent sur la rue sont un peu bruyantes. À l'arrière, elles sont plus calmes. Internet à disposition des clients. Accueil professionnel. Le propriétaire passe une grande partie de sa journée à la réception.

Où dormir dans les environs ?

⌂ *Mango Guest House (hors plan par A1, 19) :* rua Flavio Espírito Santo, 01 Kissia II. ☎ 32-38-43-49. À environ 8 km du centre. Compter 50 US$ pour une double. Quelques chambres bien tenues, autour d'une petite piscine, dans un quartier calme. Propriétaire suisse francophone.

⌂ *Pousada do Francês :* au village d'Acajatuba, à environ 70 km au nord-ouest de Manaus. Infos et réservations à Manaus : av. Japura, 1442. ☎ 36-22-55-23. ● www.frenchpousada.com.br ● Compter environ 70 € la nuit par personne, tout inclus (la chambre et les 3 repas). Bateau ou hôtel ? Cette *pousada* est tenue par Christian Van Hamme, un Français très jovial amoureux du pays. Deux longues et rustiques maisons flottantes en bois, entourées d'une véranda couverte, permettant de goûter à la sérénité et au calme du lac d'Acajatuba. Dans la première, 6 chambres doubles avec ventilateurs (douche et w.-c. à l'extérieur), dans la seconde, une salle à manger coquette et bien aérée. Cuisine mijotée avec de bons plats brésiliens adaptés au goût européen. Au programme : visite des villages *caboclos,* pêche aux piranhas, marche dans la forêt. Christian vient chercher ses hôtes à Manaus.

Les *lodges* en forêt

MANAUS

Les *lodges* sont des hôtels installés dans la nature, soit sur les rives des fleuves soit à l'orée de la forêt amazonienne. Ils offrent des niveaux de prix qui varient selon le type de confort et les services proposés. Les visiteurs y accèdent en bateau. La plupart du temps, les nuitées font partie d'un tour acheté à l'avance auprès d'une agence de Manaus. Dormir dans ces *lodges* permet au visiteur de découvrir l'environnement : marche dans la forêt, observation de la faune (oiseaux, singes, caïmans...) et de la flore, balade en canot à moteur. Certains *lodges* possèdent des miradors d'observation, sorte de tours dominant la canopée des arbres.

– Les *lodges* les plus éloignés de Manaus sont : *Mamiraua* à Tefé, *Guanavenas* à Silves, *Amazon Lodge* sur le rio Juma, et le *Flotel Piranha* à Manacapuru.

– Parmi nos préférés, citons le *lodge Amazonas Riverside* et le *lodge Ecopark.* Situé à une soixantaine de kilomètres au sud de Manaus, le premier appartient à une agence japonaise et peut héberger une vingtaine de personnes. Bien conçu, sobrement décoré et agréable, c'est le seul *lodge*

proche qui soit établi au bord de l'Amazone. Paradoxalement, la plupart des *lodges* ne donnent pas sur le fleuve, mais sont en retrait.
– On déconseille le *lodge Ariau*, usine à touristes d'une capacité de 600 personnes : structure bruyante et sans caractère.

🛌 Amazon Ecopark Lodge : ☎ 91-46-05-94 (portable). ● www.amazone copark.com.br ● À 1 h de bateau de Manaus (20 km au nord), au bord du Taruma, un affluent du rio Negro, ce *lodge* convient aux familles avec enfants. On y dort dans des chambres confortables et on peut faire des excursions avec guide dans une réserve naturelle de la forêt, voir des singes, des oiseaux, et admirer de grands arbres, des fleurs (orchidées) et des plantes médicinales. Bien seulement pour une journée, car un peu trop près de l'aéroport.

Où manger ?

À Manaus, c'est la fête des gros poissons du fleuve. Ils entrent dans la composition de plats délicieux comme la *caldeirada*. Ils ont pour nom *tucunaré, pirarucu, tambaqui*. Même le féroce piranha donne naissance à des soupes délicieuses et parfumées.

Bon marché (moins de 15 Rls – 5,70 €)

|●| Les restos du marché (côté fleuve) sont ouverts tous les jours jusqu'à 16 h. Spécialités de poissons du fleuve, ainsi que de viandes. Très abordables et populaires.
|●| African House et Casa do Pensador (plan A1, **33**) : rua J. Clemente, 634 et 632. Deux *lanchonetes* côte à côte, installées dans d'anciennes maisons de l'époque du boom du caoutchouc, qui donnent sur la place du théâtre. Sandwichs frais et bons jus de fruits.
|●| Kactu's (plan B2, **30**) : rua Ruy Barbosa. Ouvert tous les jours à midi. Self-service *ao kilo*. Un resto très populaire en plein centre-ville, aménagé sur plusieurs étages et avec plein de petites salles. Cuisine simple et nourrissante.
|●| Galo Carijó (plan B3, **32**) : rua dos Andradas, 536. ☎ 32-33-00-44. Ouvert du lundi au vendredi jusqu'à 21 h et le samedi jusqu'à 16 h. Fermé le dimanche. À côté de l'hôtel *Rio Branco*. Petite cantine toute simple, ouverte sur la rue.
|●| Ne pas oublier non plus les **bars-restaurants** de la *plage de Ponta Negra*. Voir « Où écouter de la musique ? Où danser ? ». En soirée de préférence.

Prix moyens (de 12 à 25 Rls – 5,70 à 9,50 €)

|●| Canto da Peixada (hors plan par B1, **34**) : rua Emilio Moreira, 1677, à l'angle de la rua Ayrao. ☎ 32-34-30-21. « Vivez mais mangez du poisson », telle est la devise de ce resto qui mérite un détour pour son poisson justement. Selon la bouche à oreille, ce serait la meilleure table de la ville pour le poisson amazonien. La terrasse déborde sur le trottoir. Service aimable, cuisine bien préparée, carte variée avec les grands classiques du fleuve : *pirarucu, tucunaré...*
|●| Disk-Pizza Scarola (plan B1, **31**) : rua 10 de Julho (à l'angle de l'av. Getúlio Vargas). ☎ 32-32-65-03. Ouvert tous les jours. En plein centre, un petit resto correct qui propose une formule *ao kilo* au déjeuner et des plats à la carte le soir. Propose aussi des pizzas (simples et bonnes).
|●| Churrascaria Búfalo (plan B2, **36**) : av. Joaquim Nabuco, 628 A. ☎ 36-33-37-73. Ouvert du lundi au jeudi jusqu'à 23 h, les vendredi et samedi jusqu'à 23 h 30. Fermé le

dimanche. L'une des meilleures *churrascarias* de la ville ! Insolite de manger une cuisine du Sud brésilien à Manaus. Le cadre se veut à la fois chic et simple. On a le choix entre une douzaine de viandes fondantes *a rodizio*. Nourriture de qualité, et, si on n'arrête pas le ballet des serveurs, on en sort vraiment repu.

|●| *Fiorentina* (plan A2, 39) : praça della Polícia. ☎ 32-15-22-33. Ouvert tous les jours. Immanquable devanture aux couleurs italiennes. Très souvent plein, c'est bon signe. Bon resto italien, au cadre soigné et charmant avec ses nappes à carreaux. On vous conseille d'y aller à midi, pour le buffet *ao kilo*, plus abordable. Le soir, uniquement à la carte. Cartes de paiement acceptées.

Où boire un verre ?

▼ *Bar do Armando* (plan A1, 51) : bar très populaire situé sur la place du théâtre Amazonas, rua 10 de Julho. Ouvert tous les jours jusqu'à 23 h environ. Bons sandwichs au porc (probablement les meilleurs de la ville). En fin d'après-midi, beaucoup d'employés s'y retrouvent pour prendre une bonne bière fraîche autour d'une assiette d'amuse-gueules. Ambiance chaleureuse dans une grande salle aux murs décrépis. Décor nul, mais on aime. En février, pendant une journée, *Armando* organise son propre carnaval : une institution !

▼ *Ponto dos Sucos* (plan B2, 50) : av. 7 de Setembro, 1188. Ouvert du lundi au vendredi jusqu'à 19 h et le samedi jusqu'à 15 h. Fermé le dimanche. Bar en U qui propose d'excellents jus de fruits aux goûts inconnus pour nos palais européens. Le poids des fruits, le choc des papilles. Fait aussi self : petit buffet correct et bon marché.

▼ *Skina dos Sucos* (plan A2, 52) : av. Eduardo Ribeiro, 629. Fermé le dimanche. L'un des meilleurs endroits de la ville pour siroter et déguster les jus de fruits les plus divers. Plus d'une trentaine de combinaisons possibles !

Où écouter de la musique ? Où danser ?

Les lieux nocturnes intéressants sont souvent loin du centre et difficiles à trouver. Il faut prendre des taxis. Comme souvent au Brésil, on change de boîte chaque soir : l'une est bondée le mardi, l'autre le mercredi, etc. Alors, ne vous trompez pas de jour !

Avec un peu de chance, vous verrez les habitants danser le *forró*, cette danse populaire typique du Nord. Son nom vient du temps où les Anglais conviaient tout le monde à de grandes fêtes *(for all)* où l'on dansait.

♪ La *plage de Ponta Negra* (à 16 km du centre-ville, voir « Où se baigner ? ») est bondée de **petits bars-restaurants** qui s'animent le soir, du mardi au dimanche. On vient y flâner ou siroter *uma cerveja* en famille, entre amis ou en amoureux, tandis que d'autres jouent au volley, au foot ou tentent de savoir ce que leur réserve l'avenir... Un doux mélange des genres. La musique, parfois délicate et fluette, mais plus souvent énergique et vitaminée, inonde l'atmosphère et fait chalouper bien des corps. Quelques groupes locaux. Danses de *Boi Bumba* au bar-restaurant *O Laranjinha* à partir de 21 h en fin de semaine.

♪ *Tucanos* : sur la route de l'aéroport. Ouvert le vendredi. Ne pas y aller avant minuit. Entrée payante. Deux salles, deux atmosphères. L'une fait plutôt boîte de nuit sur fond de *house,* voire de disco. À côté, c'est plutôt un bar ouvert avec des groupes de musique brésilienne (samba, *pagode, forró*...).

♪ *Disco du Tropical Hotel :* la boîte

de nuit de l'hôtel qui n'a que 5 étoiles ! Au bout de la plage de Ponta Negra, juste à côté de l'hôtel, pardi ! Très chic, bien sûr.
– Éviter absolument le *Jet Set,* dans le centre de Manaus, près du théâtre. De charmantes hôtesses allèchent les touristes en proposant des spectacles de striptease, mais c'est l'arnaque garantie.

À voir

Le port

C'est le coin le plus animé et le plus coloré de la ville. Ses docks, construits en 1906 par des ingénieurs anglais, sont flottants. Ils accompagnent le fleuve dans ses crues (jusqu'à 12 m). Vous noterez le curieux bâtiment de l'*Alfândega,* de style Renaissance. Il fut amené pierre par pierre de Grande-Bretagne. En avançant sur le ponton qui mène aux docks, sur la droite, notez le mur témoin de la hauteur des eaux chaque année.
C'est du port que partent les *lanchas* (bateaux) pour des destinations qui sentent encore bon l'aventure. Chaque *lancha* porte le nom de sa destination : Santarém, Belém, Tabatinga, Porto Velho, Manacapuru... Toute la journée, les bateaux se bousculent pour accéder aux pontons et embarquer les passagers. Des dockers chargent et déchargent les bateaux en portant sur les épaules des poids insensés.
L'été, les eaux du rio Negro descendent de plusieurs mètres, et les petites barques collées aux pontons laissent la place à une étendue de sable sur laquelle s'installent des baraques en planches et en carton. De nombreuses familles s'y installent et improvisent des petits restos-bars-gargotes. Les poissons cuisent dans de grandes marmites, à même le feu, tandis qu'une activité des plus fébriles se poursuit tout autour, sous le regard patient des vautours attendant leur heure pour nettoyer le site.

🍴🏃 **Le mercado municipal** (plan A3) : se tient au bord du rio Negro dans une superstructure métallique très « Art nouveau », de style Baltard, copie des vieilles halles de Paris, importée à la fin du XIXe siècle. Dans les petites rues, tout autour, les étals de petits marchands de légumes, de fruits exotiques dont les noms se prononcent comme des notes de musique, les mille petits métiers de la rue.

🏃 Après le marché municipal, en longeant le quai de São Domingo vers l'aval du rio, se tiennent deux autres grands hangars (moins jolis que celui du marché municipal) abritant le **marché Fera Moderna** et le **marché Fera da Banana** (plan A-B3). Dans celui-ci, le matin, il faut voir la halle au poisson, bourdonnante et agitée, d'où jaillissent les claquements secs des machettes découpant les nombreux poissons de l'Amazonie. L'hiver (en mai, juin et juillet), les eaux montent, les quais flottent et un petit marché flottant (sur le fleuve) rassemble des dizaines de barques-gargotes.

La ville

« Une ville habitée par la nostalgie », disait John Dos Passos, qui y passa dans les années 1960. Et pourtant, les immeubles modernes laissent peu de place aux rêves. Pour sauver son patrimoine si longtemps sacrifié aux intérêts des promoteurs, la municipalité restaure ce qui peut encore être restauré. Plusieurs vieilles maisons de l'époque du boom du caoutchouc (autour du théâtre, notamment) ont été restaurées. Vous remarquerez, sur certaines demeures couvertes d'azulejos, les initiales de leurs orgueilleux propriétaires, évoquant la splendeur d'une époque opulente mais révolue.

Devant la cathédrale une jolie *fontaine* baroque sculptée et une curieuse *tour* à horloge.

En plein centre, dans la *rua Barroso*, si les portes de la *biblioteca pública* sont ouvertes, jetez un œil au bel escalier de fer en demi-spirale, ainsi qu'au superbe toit gaufré datant des années de fastes.

Le soir, la *praça Roosevelt* est le rendez-vous des amoureux : petits jets d'eau, kiosque à musique du début du XXᵉ siècle, quelques bancs... ambiance décontractée de fin de journée. Quelques étals proposent des plats préparés. Les *ruas Nabuco* et *dos Andradas* sont pleines de petits artisans. Activité fébrile dans la journée. Au n° 979, curieuse maison à niveaux, dans le style pagode. Les rues piétonnes du centre-ville offrent encore quelques belles façades également. Mais votre attention sera certainement plus attirée par les centaines d'éventaires qui s'agglutinent dans les *ruas Eduardo Ribeiro, G. Moreira, M. Deodoro, Henrique Dias...*

🌺🌺🌺 *Le théâtre Amazonas (teatro Amazonas ; plan A1) :* praça São Sebastião. ☎ 36-22-24-20. Ouvert de 9 h à 16 h. Fermé le dimanche. Entrée : 10 Rls. Visite guidée en anglais, assez courte.

Symbole de l'opulence de la ville à la fin du XIXᵉ siècle. On a de la peine à imaginer que tous les matériaux de construction vinrent d'Europe par bateau : marbre de Carrare, marqueterie de France, coupole avec des tuiles venues d'Alsace (remarquez le drapeau brésilien), miroirs de Venise, acier d'Angleterre, etc. Même le superbe rideau de scène, représentant la déesse du fleuve Iara, a été peint à Paris, par un Brésilien il est vrai. Seul le bois est amazonien, mais il fut sculpté... au Portugal. Une décoration magnifique ! Tous ces produits venaient d'Europe, afin que les bateaux qui exportaient le caoutchouc ne revinssent pas à vide. Le plafond fut peint en France avant d'être apporté en entier. Il a pour thème les arts, la danse, la musique, la tragédie et l'opéra. Notez sa partie centrale représentant la tour Eiffel vue du dessous. Pour imaginer la hauteur du théâtre, de l'intérieur, sachez que le rideau ne se déroule pas, mais monte droit jusqu'à la coupole. Sur les colonnes, on remarque les noms des grands dramaturges et compositeurs : Molière, Goethe, Racine, Beethoven, Mozart, Verdi...

À l'étage, une salle de bal au somptueux parquet de bois précieux et aux murs peints de scènes amazoniennes. Remarquez les miroirs qui se font face, donnant une étonnante profondeur à la pièce. Dans les petites salles attenantes, superbe mobilier en jacaranda, un bois noir dur comme du métal. On embrasse le centre-ville depuis le grand balcon. Comble du raffinement, les pavés extérieurs sont faits d'un amalgame de pierre et de caoutchouc pour que les calèches des retardataires ne fassent pas de bruit.

Malgré les bateaux trop lourdement chargés qui coulèrent et toutes les difficultés liées à la distance et à l'environnement, le théâtre fut construit en quatre ans et inauguré en 1896. Le film *Fitzcarraldo,* de Werner Herzog, rappelle cet événement. Sarah Bernhardt fut pressentie pour y jouer (mais elle n'est jamais venue !), et de grandes troupes européennes s'y produisirent, snobant Rio, la capitale. Pas pour longtemps cependant, car ce caprice de nouveau riche ferma en 1915 avec la chute économique et fut laissé à l'abandon. Rénové en 1974, puis en 1990, il a retrouvé son faste et sa magnificence ahurissante. Aujourd'hui, son orchestre philharmonique, composé de musiciens venus de l'ancienne Union soviétique, est considéré comme l'un des meilleurs du Brésil. Généralement, un concert par semaine.

🌿 *La praça de São Sebastião :* face au théâtre, avec ses quatre proues de navire représentant les quatre continents.

🌿 *La casa J. G. Araújo (plan A1, 60) :* à l'angle de la rua Costa Azevedo et de la rua Marçal. Ouvert du lundi au vendredi de 8 h à 12 h et de 14 h à 17 h. Gratuit. Ancienne demeure de J. G. Araújo, qui fut le principal exportateur de caoutchouc. Exposition de jolis tableaux en bois sculpté et peint. Un bel exemple de restauration dans le cadre du projet « Belle Époque ».

🏹 *Le tribunal de justice (plan A1, 63) :* situé juste derrière le théâtre Amazonas. Ouvert du lundi au jeudi de 8 h à 13 h. Ceux qui sont intéressés par l'architecture intérieure pourront toujours aller y jeter un œil. Cette imposante bâtisse, de style néoclassique et inaugurée en 1900, possède un magnifique hall et de belles colonnades. Dans la *rua José Clemente,* voisine du théâtre, trois belles façades de maisons au n° 290.

🏹🏹 *Le centre culturel Palácio Rio Negro (plan B2, 65) :* av. 7 de Setembro, 1546. ☎ 36-22-28-80. Ouvert du mardi au vendredi de 10 h à 17 h et le samedi de 16 h à 21 h. Entrée gratuite. Abrite le *Musée numismatique* et celui de *l'Image et du Son.* Guides parlant l'anglais ou le français.
Le Palácio Rio Negro est une bâtisse de la fin du XIXe siècle ayant appartenu à l'Allemand Waldemar Scholz, l'un des riches barons du caoutchouc. À l'intérieur se dresse un superbe escalier, en forme de ciseaux, au pied duquel trônent deux statues françaises qui auraient été volées au théâtre Amazonas ! À l'étage, belle collection de mobilier réalisé en Europe mais avec du bois brésilien ! Expositions temporaires (peinture, sculptures...).
Dans le jardin, reconstitution d'une habitation *caboclo* (maison bleue) et d'une *maloca* dans laquelle peuvent vivre 6 ou 7 familles ; sachant que chaque famille compte 6 ou 7 membres..., ça fait du monde ! Des manifestations culturelles s'y déroulent parfois (essentiellement autour de la culture indienne : artisanat, danses...).
– *Le Musée numismatique :* ☎ 36-33-28-50. Il rassemble près de 12 000 pièces de monnaies du monde entier et de toutes les époques, léguées par Bernardo D'Azevedo da Silva Ramos (1858-1931). Un véritable trésor de guerre... l'œuvre colossale d'un collectionneur passionné ! Essayez donc de trouver la plus vieille pièce... allez, on vous aide... elle date de 745 av. J.-C. ; ou encore la plus petite du monde, de 1646. À moins que vous ne préfériez vous arrêter sur le *cauri* du Sénégal... deux suffisaient pour acheter une jeune fille (il en fallait 10 pour une vache !). Au fait, les dons sont les bienvenus.
– *Le musée de l'Image et du Son :* un petit musée un peu fourre-tout avec projections de films (version française, s'il vous plaît !), présentant la culture et le patrimoine naturel de l'Amazonie, cartes postales peintes à la main, vieux vinyles, etc.

🏹 *Le museu do Índio (musée de l'Indien ; hors plan par B2, 61) :* av. Duque de Caxias, 356. ☎ 36-35-19-22. Ouvert du lundi au vendredi de 8 h 30 à 11 h 30 et de 14 h à 16 h 30, et le samedi de 8 h 30 à 11 h 30. Fermé le dimanche. Entrée : 5 Rls. Quelques salles présentent des objets de la vie quotidienne des Indiens tukanos, aruaks, makus et yanomamis. Dans la *première salle,* on remarquera le *trocano* qui, creusé dans un seul tronc, servait de moyen de communication. *Salle II,* toutes sortes de poteries. Dans la *salle III,* outils agraires et différentes armes pour la pêche et la chasse. *Salle IV,* quelques belles parures de chef avec plumes décorées. *Salle V,* costumes funéraires, et petit alambic avec lequel les femmes produisaient l'alcool. Un peu statique tout de même... Si vous avez l'assurance de visiter le musée Emílio Goeldi à Belém, vous pouvez vous dispenser de celui-ci, d'autant que les explications ne sont qu'en portugais.

🏹 *Les igarapés de Manaus et de Bittencourt (plan B2) :* si vous allez à pied vers le *museu do Índio* à partir du centre, vous les traverserez. En hiver, lorsque les eaux sont basses, les *igarapés* se gorgent de verdure et laissent apparaître des montagnes de détritus. Pour les habitants des baraques sur pilotis, le fleuve, depuis fort longtemps, sert de poubelle naturelle. L'institution de la zone franche, en 1967, a poussé les habitants des villages du fleuve à venir installer leur pauvreté en ville. Pauvreté ne signifiant pas misère. En effet, vivre au bord d'un *igarapé* correspond au style de vie de la forêt, reproduit à la ville. La maison sur pilotis est construite par la famille. On vit d'une économie de subsistance (pêche et commerce au marché). Y aller dans la journée et éviter la tombée de la nuit.

🍴 *Le museu do Homem do Norte* (centre d'exposition du musée de l'Homme du Nord ; plan B2, *62*) : av. 7 de Setembro, 1385. ☎ 32-32-53-73. Gratuit. Expositions temporaires sur des thèmes très divers.

À l'extérieur de la ville

🍴 *Le zoo de l'Armée* (zoológico do CIGS) : estrada da Ponta Negra, 750, à São Jorge. ☎ 36-25-20-44. À 12 km du centre. Ouvert du mardi au dimanche de 9 h à 16 h 30 ; parfois aussi ouvert le lundi (renseignez-vous). Entrée à prix très modique. Bus n° 117 ou 129 depuis le port. On y voit quelques beaux spécimens sauvages (de l'Amazonie exclusivement) capturés pendant les manœuvres en forêt : jaguar, tapir, anaconda, boa, etc. Également des tortues, aras, toucans et cochons sauvages. En y allant le soir, la lumière est plus belle et on a l'impression d'être en forêt...

🍴 *Le musée des Sciences naturelles d'Amazonie* (museu das Ciências Naturais) : estrada Belém, Colónia Cachoeira Grande. ☎ 36-44-27-99. À environ 18 km au nord du centre. Bus n° 519, arrêt à Conjunto Petros (durée : 25 mn) ; sinon, taxi. Ouvert du lundi au samedi de 9 h à 17 h. Entrée : 10 Rls. Dans le quartier de la « colonie japonaise ». Pour les passionnés de bébêtes qui ne pourront pas en observer dans leurs milieux naturels : papillons, araignées, fourmis géantes, etc. Également un grand aquarium avec des poissons (vivants !) et l'énorme *pirarucu*. Les autres poissons sont en résine.

Achats

🛍 *La zone franche :* ruas G. Moreira, M. Dias et Dr Moreira, trois rues parallèles et piétonnes du centre-ville. Ce quartier propose une multitude d'objets à prix local (pas vraiment avantageux). En revanche, CD à prix très intéressants.
🛍 *Le kiosque praça Terreiro Aranha :* sur la place du même nom.

Ouvert en semaine. Ce kiosque de la FUNAI, qui date de la Belle Époque, expose de l'artisanat indien. On peut y découvrir des objets amusants ou intéressants : colliers de graines colorées, enveloppes de gros fruits tropicaux séchés, vannerie, céramiques indigènes...

Où se baigner ?

🏖 *La plage de Ponta Negra :* à 16 km de Manaus, elle offre une belle langue de sable blanc (accessible uniquement entre septembre et mars à cause de la montée des eaux), sur laquelle se retrouve la population de Manaus le week-end. Prendre le bus « Ponta Negra » sur la rua Tamandaré (n° 120), à côté de l'agence *Banco do Brasil,* sur la place de la cathédrale. Passage irrégulier, mais toutes les 30 mn en moyenne. Il vous laisse devant l'entrée de l'hôtel *Tropical.* Très agréable aussi pour y passer la soirée (voir « Où écouter de la musique ? Où danser ? »). Dans le parc de l'hôtel, petit zoo. N'hésitez pas à jeter un coup d'œil dans l'hôtel, qui est l'un des plus beaux du Brésil.

Fêtes et manifestations

– *24 octobre :* anniversaire de la ville. Grande fête populaire à Ponta Negra.
– *Fin novembre-début décembre :* festival du Film d'aventure. Une idée du cinéaste Jean-Pierre Duthilleux en association avec le gouvernement d'Amazonas.

– **8 décembre :** fête de la Sainte Patronne de l'Amazonas.
– **Festival universitário de Música :** se tient tous les ans pendant un week-end, fin septembre, début octobre, à l'université située à l'extérieur de la ville. Groupes de Manaus.
– Excellent **festival d'Opéra** en avril et mai, que ne rateront pas les amateurs.
– **Fête de Parintins :** sur l'île de Parintins, entre Manaus et Santarém, les 28, 29 et 30 juin, grande fête très populaire de *Boi Bumba*. Les habitants du village s'affrontent derrière le bœuf rouge et le bœuf bleu. S'y rendre en bateau. Réservation indispensable des places plusieurs jours à l'avance, car cette fête attire énormément de monde.

➤ *DANS LES ENVIRONS DE MANAUS*

Excursions sur le rio Negro et l'Amazone

Il y a quelques années, Manaus était un peu considérée comme la frontière ultime avant le bout du monde. Peu de touristes tentaient la grande aventure, et il fallait être journaliste ou ethnologue pour prévoir une petite place, dans un voyage au Brésil, à une excursion en jungle profonde.
Les temps ont bien changé et, aujourd'hui, Manaus compte au moins 250 guides privés qui vous accostent pour vous proposer un circuit pas cher et sur mesure. Sur le lot, 150 seulement ont une licence de guide. Il est tentant de vouloir partir avec quelqu'un qui vous promet un circuit identique à celui d'une agence, à moitié prix. Malheureusement, un certain nombre d'aventures se sont mal terminées et on vous recommande d'être très vigilant avant de vous embarquer. Si vous comptez partir en excursion, surtout pour 3 jours, autant vous adresser à une agence ayant pignon sur rue, quitte à payer plus cher. De nombreuses agences fleurissent mais ne durent que le temps d'une saison. N'hésitez pas à demander le certificat d'enregistrement délivré par *Embratur* (le ministère du Tourisme) ; c'est un gage de professionnalisme. Elles ne sont pas si nombreuses... Nous indiquons plus bas les plus sérieuses.

Bon à savoir

– En période de basses eaux (de novembre à janvier), il est impossible de naviguer sur les *igarapés* et d'avoir même un aperçu de la grande forêt.
– Il n'est pas du tout recommandé de faire une balade dans la forêt par ses propres moyens.
– Il existe *grosso modo* trois possibilités pour réaliser une excursion avec une agence spécialisée. Tout dépend évidemment de ses finances et du temps disponible.
On peut sans problème partir une journée (départ vers 9 h du matin et retour en milieu d'après-midi). Compter aux environs de 70 Rls par personne, déjeuner compris. Le principe est largement touristique : on se retrouve à plusieurs sur un bateau à deux ponts, mais l'ambiance est bon enfant. Un tout petit peu moins « usine », mais valable surtout en saison de hautes eaux : le matin avant 9 h, s'adresser directement, à l'embarcadère, au représentant de l'Assossiaçio dos Canaeiros ; de petits canoës de 7 à 9 places permettent des balades pour une grosse demi-journée (retour vers 15 h), à la rencontre des *igarapés,* de la faune à plume et aquatique, etc. Compter là aussi 70 Rls environ, y compris un bon buffet. Ces deux solutions ne sont pas désagréables, cependant elles ne donnent qu'un trop rapide aperçu de l'Amazonie, et on risque de repartir quelque peu frustré.
Nous vous conseillons plutôt une excursion fluviale (en bateau) de 2 ou 3 jours, avec nuits dans un *lodge,* qui permet d'avoir une tout autre approche (prendre contact avec l'agence une petite semaine avant, si possible). Prix

variables selon le *lodge* et le nombre de jours, mais compter un minimum de 200 à 250 Rls par personne et par jour (76 à 95 €). Certains proposent également des séjours de 5-6 jours : ça ne vaut pas forcément le coup, car vous ne vous enfoncerez pas plus profondément dans la forêt. La plupart du temps, vous serez logé dans les mêmes *lodges* que pour les excursions de 3 jours et pratiquerez les mêmes activités : canoë sur les *igarapés,* pêche aux piranhas ou aux alligators, etc.

– Enfin, sachez que l'on peut aussi réserver directement un *lodge,* qui offre des *packages,* sans passer par une agence. Un peu moins cher, bien sûr, mais on ne connaît pas forcément à l'avance le guide que l'on aura... et c'est tout de même plus rassurant de bien cadrer les choses avant avec une agence sérieuse.

À voir. À faire

➢ **La rencontre des eaux** *(o encontro das águas) :* le véritable intérêt de Manaus nous ramène finalement au port. C'est de là que partent les excursions dans la jungle et sur l'Amazone. Pourtant, le fleuve au niveau de Manaus ne s'appelle encore que le rio Negro. Sa jonction, 8 km plus bas, avec le Solimões donnera l'Amazone et le spectacle le plus insolite de votre voyage. Le rio Negro, aux eaux noires, et le Solimões, jaune et limoneux, vont refuser de fusionner et continueront à couler côte à côte sur plusieurs dizaines de kilomètres en s'ignorant superbement. Ce phénomène s'explique par la différence de rapidité, de densité et de température des deux cours d'eau. L'Amazone coule à environ 8 km/h et le rio Negro à 3 km/h : les flots rapides et lents ne se mêlent pas tout de suite, les eaux de l'un paraissent « glisser » contre celles de l'autre. Deuxième constat : les eaux de l'Amazone sont entre 20 et 22 °C alors que celles du rio Negro, beaucoup plus chaudes, oscillent entre 28 et 35 °C.

L'autre surprise que propose ce site de la rencontre des eaux, ce sont les fameux dauphins d'Amazonie. Avec un peu de chance, vous en apercevrez juste à la rencontre des eaux ! Et avec plus de chance encore, vous tomberez sur des dauphins roses !

Les agences qui proposent la balade sur le rio Negro incluent dans celle-ci la rencontre des eaux et souvent une petite escale sur l'îlot de Chiborena, une terre inondée une partie de l'année, où l'on fait une marche en forêt.

– *Vous pouvez éventuellement y aller tout seul :* prendre les bus « Villa Buruti », « Villa da Felicidade » ou « Ceasa » en face de la cathédrale, direction *porto da Ceasa.* Sur place, des petites navettes vous emmènent à la rencontre des fleuves. Promenade d'environ 1 h. Compter autour de 20 Rls. Sinon, on peut le faire pour moins cher : arrivé au terminus, demandez où se trouvent les ferries qui embarquent les camions et font la liaison entre Manaus et la Transamazonienne. Le bateau traverse la rencontre des eaux, débarque camions et voitures et rebrousse chemin. Prévoir 1 h de trajet dans chaque sens, plus 1 h pour le débarquement. Plusieurs départs par jour. Les autorités changent d'horaires comme de chemise, alors faites-les-vous confirmer. En tout cas, on voit plus distinctement la différence de couleur des eaux en milieu de journée.

➢ **Balade d'une journée :** consiste à prendre un bateau régulier effectuant la liaison Manaus-Careiro pour une somme très modique. Les départs se font du marché aux poissons à 7 h tous les matins. Retour aux environs de 15 h. *Attention,* les horaires peuvent changer. C'est une très chouette balade, qui passe par la rencontre des eaux. Le bateau remonte un peu l'un des bras du fleuve Amazone, le Paraná do Careiro, pour desservir le petit village de Careiro. Si le bateau reste un court moment avant d'amorcer son demi-tour, demandez aux locaux s'il y a possibilité de vous emmener voir les *victorias regias* (nénuphars géants). Ce nom leur a été donné par un Anglais en l'honneur de la reine Victoria. Retour par le même chemin et par le même bateau.

➢ *Balade sur les igarapés :* ces bras d'eau qui, par milliers, s'enfoncent quelquefois sur plusieurs centaines de kilomètres au fin fond de la jungle. On se répète, mais ces excursions ne sont possibles qu'en période de hautes eaux. La balade sur les *igapôs,* au milieu des nénuphars géants (floraison de mai à juillet) et de la végétation luxuriante aux centaines de variétés de palmiers, révèle encore les villages *caboclos* (métis indiens), aux maisons en bois flottantes ou sur pilotis, et les vieux pêcheurs secs et ridés qui transportent sur leurs pirogues quelques-unes des 1 500 espèces de poissons du fleuve. Ne manquez pas de goûter au *jambo,* fruit rouge délicieux et juteux originaire de Malaisie, que l'on ne trouve qu'en été et seulement en Amazonie.

➢ *Trois ou quatre jours en jungle profonde :* un programme type pourrait être le suivant... remontée du rio Negro en bateau, nuit dans un *lodge* (flottant ou non), exploration des *igarapés* en pirogue à moteur, observation de la nature et des oiseaux, pêche au piranha, observation nocturne des caïmans... On vous conseille de ne pas rester plus de 3 nuits dans le même *lodge,* car le choix des balades est vite limité.

Si vous avez du temps, n'hésitez pas : il faut au moins une semaine en forêt pour découvrir la véritable « jungle ». Après 3 jours de remontée du rio Negro, la forêt devient vraiment profonde, les animaux montrent plus facilement le bout de leur nez, on découvre des cascades, etc. Ceux qui rêvent de rencontrer un jaguar devront prendre une excursion de 3 semaines, avec 3 guides, radio et assistance médicale. En revanche, il vous sera très difficile, voire impossible, d'aller rencontrer des Indiens : la FUNAI ne délivre de permis que très, très rarement.

Agences d'écotourisme

■ *Heliconia Amazônia Tourismo :* rua José Clemente, 500, 2e étage, salle 214. ☎ 32-34-59-15. Fax : 32-34-06-41. ● www.heliconia-amazon.com ● Bureau en face de l'entrée du théâtre Amazonas. Agence très sérieuse, dirigée par Thérèse et Michel Aubreton, un couple de Français, sympathiques et compétents, qui vit depuis longtemps à Manaus. Excursions à la journée, mais l'agence est surtout spécialisée dans les excursions de plusieurs jours. On peut choisir de dormir dans des hamacs ou dans des *lodges.* L'agence travaille avec Franscisca et Florival, des guides compétents qui parlent parfaitement le français.

■ *Amazon Explorers :* av. Djalma Batista, 2100, Tulândia Mall, salles 225-226. ☎ 36-42-47-77 ; ou au port de Manaus : ☎ 36-33-33-19. ● www.amazonexplorers.com.br ● Une agence professionnelle dirigée par Iralcy et Eury Barros. Possibilité de se faire prendre à son hôtel. Organise une excursion fluviale à la journée à prix sage, le déjeuner étant compris dans le forfait. Et bien sûr une expédition (fluviale aussi) de 3 jours et 2 nuits sur le rio Negro. Programme à la carte pour les vrais aventuriers. Dispose également de *lodges.*

■ *Swallows and Amazons :* rua Quintino Bocaiuva, 189, 1er étage, salle 13. ☎ et fax : 36-22-12-46. ● www.swallowsandamazonstours.com ● Petite agence sérieuse et compétente, tenue par un Américain et sa femme brésilienne. Ils organisent des excursions d'un à plusieurs jours à bord d'un petit bateau, à des prix raisonnables. Possibilité de camper dans la jungle, de pêcher le piranha... Ils logent également leurs clients dans un sympathique petit *lodge* – Araras Lodge – situé sur le rio Negro, à 60 km environ de Manaus.

Excursions fluviales

Manaus est le point de départ de nombreuses lignes de bateaux (les *lanchas*) pour des destinations qui peuvent être proches de Manaus (2 ou 3 jours de voyage fluvial) ou lointaines (une semaine ou plus). Il est nécessaire bien sûr de disposer de beaucoup de temps. Ce voyage s'adresse donc à ceux qui ont pris du temps sur leur temps, voire un congé sabbatique. Nous ne vous faisons que quelques propositions d'itinéraires. Il y en a d'autres, bien sûr, à découvrir sur place...

– *Quelques conseils pour le voyage :* emportez de l'eau minérale, des biscuits, du pain et du fromage, une petite laine pour les soirées fraîches, des livres, et un lexique franco-portugais (pourquoi pas notre guide de conversation « Portugais » ?). Les repas servis à bord se composent généralement de riz et de haricots accompagnant quelques morceaux de viande. Possibilité parfois d'acheter des fruits aux escales. Les horaires ne sont respectés que rarement, pour de multiples raisons : pannes d'essence, ennuis de moteur, difficultés de navigation, etc. Il est bon de savoir que la notion de temps n'existe plus. Sur l'Amazone ou ses affluents, on va à peine moins vite qu'une diligence tirée par des chevaux ! Et c'est là tout l'intérêt du voyage fluvial, que certains comparent à une aventure : en fait, pour les Amazoniens, voyager en bateau est d'une grande banalité !

– *Encore des conseils :* attention, gardez vos papiers et affaires de valeur sur vous et ne laissez pas votre sac sans surveillance. Même si vous voyagez seul, vous pouvez obtenir une place en cabine (double en général) ; si vous sentez une réticence au guichet, insistez ! Tous les départs s'effectuent sur le port, à gauche du marché et tout autour. Facile à trouver malgré la cohue. Les bateaux portent en général le nom de leur destination, et on peut les visiter avant le départ. Même si vous ne partez pas, allez voir l'animation.

➤ *Manaus-Belém :* les bateaux partent de Manaus les lundi, mercredi et vendredi, à 16 h ou 18 h selon la compagnie. Arrivée 5 jours plus tard à Belém, en principe dans la matinée. C'est l'aventure encore possible pour les « limités dans le temps ». Plusieurs bateaux ont été mis en service, mais on vous déconseille ceux de l'*Enasa,* cette grande compagnie maritime n'étant plus aussi bien gérée qu'avant. D'autres compagnies plus récentes assurent le trajet (pour choisir la bonne compagnie, voir notre rubrique sur le sujet dans le chapitre « Belém »). Les billets s'achètent soit en agence, soit au bureau du transport fluvial, en face du port. Mieux vaut choisir un bateau avec cabine, car il semble que les vols soient monnaie courante lorsque vous vous contentez d'un hamac sur le pont. Confort assez rudimentaire, nourriture banale.

Mais l'intérêt d'un tel voyage est évidemment le contact avec les Brésiliens et le fait de partager leur vie pendant 5 jours (8 si l'on vient de Belém). Indispensable de bien se débrouiller en portugais si l'on veut éviter une grande frustration. En outre, une bonne partie de la balade se passe dans un paysage superbe mais que certains trouvent à la longue monotone à cause de l'éloignement des rives. Quelques courtes escales en cours de route (Óbidos, Santarém).

➤ *Manaus-Santarém :* on emprunte soit des bateaux classiques en bois ou bien un gros bateau à coque métallique comme le *N. M. Santarém.* Pour les premiers, les plus économiques mais pas les plus confortables, on embarque en bas du marché municipal. Les destinations sont inscrites sur les bateaux. Départ tous les jours pour les bateaux ordinaires (en bois) et tous les mercredis, en principe à 16 h, pour le *N. M. Santarém.* Compter environ 26 h de trajet, soit 2 nuits à bord (en hamac, prix économique, ou en cabine avec douche-w.-c. à 120 € par personne environ). Le *N. M. Santarém* transporte environ 250 passagers et des tonnes de marchandises. Il quitte Manaus le mercredi en fin d'après-midi et arrive le vendredi vers 5 h du matin à Santarém, le débarquement se faisant vers 7 h. Ambiance genre arche de Noé. On peut ensuite continuer sur Belém avec le *Cidade de Teresina III,* petit bateau récent et très correct.

➤ **La remontée du Solimões (Amazone) vers le Pérou et la Colombie :** l'une des plus fréquentées. En général, les départs ont lieu le samedi à 18 h. Nombreux autres bateaux pour toutes les petites villes du parcours. Escales à Coari et Tefé. Compter 5 jours (voire 7 !) pour atteindre Benjamin Constant et Tabatinga, de part et d'autre du Solimões ; en général, les bateaux font une escale à Benjamin Constant avant de finir leur route à Tabatinga. On est alors aux frontières du Pérou et de la Colombie. Ne pas oublier de faire tamponner son passeport par la police fédérale en arrivant à Tabatinga (sortie du Brésil).
– On passe en Colombie de Tabatinga à Leticia, lesquelles forment quasiment une seule et même ville. De Leticia, possibilité de prendre l'avion pour Bogotá.
– Pour passer au Pérou, possibilité de continuer en bateau : depuis Tabatinga, on emprunte une vedette (30 mn) pour traverser le Solimões jusqu'au village péruvien de Santa Rosa et, de là, une *lancha* jusqu'à Iquitos (prévoir 3 jours de voyage). C'est très folklo, et n'oubliez pas d'apporter à boire et à manger !
– Vol *Tabatinga-Manaus* : avec la Cie *Rico*. Vols tous les jours sauf le vendredi. Durée : 1 h.

➤ **La ligne du Madeira :** c'est la route pour Porto Velho. Bateau les mardi et vendredi. Voyage intéressant, car on descend l'Amazone une journée avant de remonter le rio Madeira. Après l'île de Careiro, l'Amazone peut atteindre 15 à 20 km de large. Compter 7 à 8 jours de voyage, avec de nombreuses escales pour débarquer les marchandises. De Porto Velho, bus pour les villes du Sud : Cuiabá, Brasília, São Paulo... Tant que la route n'est pas asphaltée, choisir d'utiliser ce parcours de juillet à décembre. En saison des pluies, elle risque d'être difficile. De Porto Velho, possibilité aussi de gagner la Bolivie par Guajará Mirim pour Santa Cruz et Cochabamba. Là encore, la route non asphaltée n'est bonne que de juillet à décembre.

➤ **La ligne du rio Negro :** depuis le débarcadère de Morro do São Raimundo, à l'ouest de la ville, de l'autre côté de l'*igarapé* de São Raimundo. On peut naviguer sur le rio Negro toute l'année. Destination principale : Barcelos, mais on peut continuer sur São Gabriel da Cachoeira (sur l'équateur) en changeant de bateau. Belles chutes. Possibilité d'y voir des Indiens. Pour dormir, demandez aux religieux. Vous êtes dans la région du Pico da Neblina (3 014 m), la montagne la plus haute du Brésil.

➤ **La ligne du rio Branco :** pour Caracarai. Paysages changeants à cause de l'altitude. Jungle plus ouverte. On traverse quelques réserves d'Indiens.

SANTARÉM

262 000 hab.   IND. TÉL. : 093

Sur la rive droite de l'Amazone, à 766 km à l'est de Manaus par voie fluviale et 836 km à l'ouest de Belém, une ville assez étendue et isolée au cœur de l'Amazonie. Bien que peu connue, elle possède quelques singularités : des kilomètres de plages de sable blanc (eh oui !), un beau musée, un tout petit marché flottant et, comme à Manaus, le spectacle de la rencontre des eaux... La vie y est tranquille et plaira aux routards ayant du temps devant eux pour découvrir la forêt de Tapajós, sanctuaire unique de la nature équatoriale.

Arriver – Quitter

En bateau

🚢 *Port :* au bout de la BR 163 Santarém-Cuiabá. ☎ 35-22-60-61. À 3 km environ du centre. Fermé le dimanche après-midi. Billets et bateaux pour Manaus et Belém.

➤ *Manaus :* plusieurs compagnies et plusieurs types de bateau à prix variables selon le confort font la liaison Santarém-Manaus et vice-versa. Les bateaux de transport collectif (en bois) sont les plus économiques et partent tous les jours de Manaus. Préférez des bateaux un peu plus élaborés comme le *N. M. Santarém* (coque métallique) qui propose des hamacs ou des cabines climatisées. Compter 36 h environ pour le trajet fluvial Manaus-Santarém. Départ de Manaus une fois par semaine (normalement le mercredi), avec une arrivée à Santarém le vendredi vers 5 h du matin (courte escale à Óbidos).

➤ *Belém :* trajet un peu plus long que pour le voyage Manaus-Santarém, en raison de la géographie et du courant contraire.

En avion

✈ *L'aéroport* se trouve au sud de la ville. Une course en taxi du centre jusqu'à l'aéroport dure 15 mn environ et coûte en moyenne 60 Rls (cher !). ➤ Liaisons quotidiennes avec *Belém* et *Manaus* avec les compagnies *Varig* et *Rico*. De Belém, environ 1 h 30 de vol. De Manaus environ 1 h.

En bus

➤ Des bus relient les villes voisines de Santarém, grâce à la route Santarém-Rurópolis, mais le voyage est long, fatigant et impossible à la saison des pluies...

Adresses utiles

🏠 *Santarém Vagem e Aventuras :* dans le secteur d'*Amazon Park,* un peu loin du centre. ☎ 35-23-20-37 ou 91-23-37-96 (portable). ● amazonia pe@yahoo.com.br ● Dirigé par Jean-Pierre et Pépa Schwarz, un couple suisso-brésilien francophone. Spécialiste de la forêt, Jean-Pierre s'est installé dans les années 1980 en Amazonie. Il propose de nombreuses excursions, dans un esprit de découverte original, respectueux du milieu et des gens. Il a replanté six forêts dans le parc de Tapajós, ouvert des pépinières, supervisé des projets de développement durable, en partenariat avec le gouvernement et les populations indigènes (pour en savoir plus : ● www.aquaverde. org ●). Il peut venir vous chercher à votre hôtel ou au bateau.

✉ *Poste :* rua Siqueira Campos. À deux pas de l'église.

■ *Banco do Brasil :* rua Barbosa, 794. ☎ 35-23-26-00. Ouvert du lundi au vendredi de 8 h à 13 h. Change les dollars mais pas les chèques de voyage. Distributeur acceptant les cartes *Visa* et *MasterCard.*

■ *Bradesco :* rua Barbosa, 756. ☎ 35-23-26-66. Distributeur pour carte *Visa.*

Où dormir ?

Bon marché (de 20 à 40 Rls – 7,60 à 15,20 €)

🏠 *Brisa Hotel :* rua Senador Lameira Bittencourt, 5. ☎ 35-22-10-18. Face au fleuve. Doubles de 25 à 45 Rls selon le confort. Petit hôtel dans des tons blanc et vert pastel, très bien tenu. Chambres propres, avec ventilo ou AC, douche et w.-c. Dommage que certaines ne disposent pas de fenêtre.

🛏 *Hôtel Alvorada :* rua Senador Lameira Bittencourt. ☎ 35-22-53-40. Compter entre 30 et 60 Rls la chambre double. Dans cette ancienne maison à la façade recouverte d'azulejos et aux vieux parquets, l'ambiance est familiale. On prend le petit dej' dans le salon. Les chambres sont très simples, les plus chères étant équipées d'AC et de douche, les autres se contentant d'un ventilo.

Prix moyens (de 40 à 70 Rls – 15,20 à 26,60 €)

🛏 *Hôtel Modelo :* av. Tapajós, 344. ☎ 35-23-51-26. Près de la *Caixa Economica,* au fond de la cour à droite ; réception au 1er étage. Doubles à 45 Rls. Vue sur la confluence des eaux. Chambres avec douche, w.-c. et AC.

🛏 *New City Hotel :* trav. Francisco Corrêa, 200. ☎ 35-22-03-55. Compter environ 60 Rls pour 2. Transport offert pour venir de l'aéroport. Hôtel assez classique et tout à fait correct. Chambres propres avec AC. Certaines ne sont pas bien grandes.

Où manger ?

🍽 *Delicias Caseiras :* trav. 15 de Agosto, 121. ☎ 35-23-55-25. En plein centre, sur la gauche de la rue, 3e bloc en venant du fleuve. Ouvert tous les jours sauf le dimanche, jusqu'à 15 h. Sympathique self-service à la brésilienne avec un buffet à partir de 4 Rls. Populaire et économique.

🍽 *O Mascote :* praça do Pescador, 10. ☎ 35-23-28-44. Ouvert tous les jours jusqu'à 1 h du matin. Buffet à midi, le soir c'est à la carte. Prix moyens. Avec ses tables, ses nappes, et son service professionnel (et aimable). Sandwichs à partir de 2,50 Rls ou plats variés plus chers. Le soir, la terrasse est bien agréable. Sandwichs pour les petites faims, sinon viandes et poissons qui se défendent bien.

🍽 *Mascontinho :* av. Tapajós, au niveau du 114, en face de l'hôtel *Beira Rio.* Ouvert le soir seulement, après 18 h. Tenu par la même famille que *O Mascote.* Maison aux murs blancs comme au Portugal, avec des tuiles rouges, au bord du fleuve. Très bon accueil et cuisine amazonienne à prix sages.

À voir

➢ Il est agréable de se promener le long de l'avenue Tapajós en bordure du fleuve. La plupart du temps, on devine parfaitement la différence de couleurs entre les eaux du rio Tapajós et celles du rio Amazonas, qui s'ignorent parfaitement (mêmes causes, mêmes effets qu'à Manaus entre le rio Negro et le rio Solimões).

Ne pas rater le surprenant petit **marché flottant,** avec ses étals couverts de poissons et de légumes. À quelques centaines de mètres, jeter un coup d'œil au **Mercadão 2000** : à l'intérieur, c'est une succession de box où s'amoncellent les poissons fraîchement pêchés avant d'être découpés en tranches et filets dans une joyeuse effervescence. Juste derrière, petit marché aux fruits et légumes. Un peu moins d'animation le dimanche.

🍴 *Le musée Dica Frazão :* rua Floriano Peixoto, 281. ☎ 35-22-10-26. Fermé le dimanche. Gratuit. Petit musée qui contient des pièces confectionnées à la main par Dica Frazão, une dame d'un âge respectable. Autodidacte, elle a commencé en 1950. Tout est fait ici avec des matériaux naturels de la forêt : sacs en fibre de bois ou en racines de patchouli, chapeaux et vêtements en fibres végétales indiennes. Chaque pièce est unique ! Parmi ses clients, elle compte la reine de Belgique.

🐾 *Le centre culturel João Fona :* rua do Imperador ; face au fleuve. Ouvert du lundi au vendredi de 7 h à 17 h. Gratuit. Beau bâtiment construit entre 1853 et 1867. Expositions de peinture et d'artisanat indien (céramiques, colliers, flèches...).

Fête

– *Fête de Nossa Senhora da Conceição :* pendant un week-end fin novembre ou début décembre, grande fête populaire sur la place José Gregório. On mange, on danse, on chante, on boit... Les portes de l'église restent ouvertes et la sainte patronne de la ville, sous les feux des projecteurs, veille ainsi sur ses fidèles, qui ne manquent pas de lui rendre une petite visite, entre deux danses.

➤ DANS LES ENVIRONS DE SANTARÉM

🐾🐾🐾 *La forêt nationale de Tapajós :* à une centaine de kilomètres au sud de Santarém. Compter 2 ou 3 jours au moins pour une découverte de cette belle forêt tropicale, intégrée dans le parc du même nom. Pour y aller : voiture, bateau sur le rio Tapajós, puis marche à pied. Guide indispensable et obligatoire. Mieux vaut passer par une agence comme celle de Jean-Pierre Schwarz (voir plus haut, « Adresses utiles »). Une merveilleuse approche de la jungle, à travers ses secrets et ses problèmes. Avec lui, les visiteurs se sentent plus concernés par l'environnement et, forts de cette observation, se sentent aptes à agir pour sauver la forêt. En cours de randonnée, ils peuvent ainsi planter un arbre (essence native), une manière concrète et symbolique de lutter contre la déforestation.

🐾🐾 *Alter do Chão :* à 45 mn de voiture (soit environ 30 km) de Santarém. Nombreux bus depuis Santarém, du lundi au samedi, de 5 h à 18 h ; 10 départs quotidiens depuis la praça Tiradentes ou près du Mercadão 2000. Pour revenir à Santarém, 9 bus par jour, mais dernier départ à 17 h. On peut aussi y aller en taxi (cher !) ou s'adresser à une agence qui organise des excursions à la journée.

C'est l'endroit où tout le monde va le week-end. Et on le comprend ! Alter do Chão est un petit village en bordure du rio Tapajós. Là, le fleuve ralentit sa course en créant un doux méandre, une superbe plage de sable fin qui devient doré au coucher du soleil et un lac où l'eau se pare, comme par magie, d'une teinte turquoise (lago Verde). Sur la plage, une dizaine de paillotes où se rassasier pour quelques reais. Après la baignade ou un petit tour en canoë, il est impossible de résister à la tentation d'une noix de coco bien fraîche. Le bruissement des palmes caressées par un vent léger suspend le temps... La plage est grande, et on peut sans problème trouver un endroit calme et un peu ombragé.

Dans le village, petite église, placette ombragée, nombreuses boutiques d'artisanat indien où l'on peut trouver des poteries, des colliers, des hamacs, de la vannerie...

Plusieurs *pousadas* et restaurants autour de la place principale :

🏠 🍽 *Pousada Alter do Chão :* rua Lauro Sodré, 74. ☎ (093) 35-27-12-19. Juste à gauche en arrivant au vil- | lage. Chambres doubles entre 30 et 40 Rls. Dans une maison en bois, quelques chambres (pour 2, 3 ou

4 personnes), simples et correctes, avec douche (froide) et w.-c. Les plus chères disposent de l'AC. On prend le petit dej' sur une agréable terrasse couverte qui regarde le lago Verde. On y mange aussi à prix moyens. Bon accueil. Une adresse bien sympathique.

■ *Pousada Tupaiulândia :* rua Pedro Teixeira, 300. ☎ (093) 35-27-11-57. À 10 mn à pied du centre : prendre le chemin à gauche quand on est en face de l'église ; continuer 300 m environ, tourner à droite, c'est indiqué. Compter environ 60 Rls pour 2. Une petite dizaine de chambres pouvant accueillir 4 personnes, avec douche, sanitaires, AC, frigo, et qui se répartissent dans 2 bungalows. Les murs sont en brique vernie et les sols recouverts de tomettes. Très propre, très bien tenue. L'accueil est charmant, le jardinet fleuri : une adresse qui a un certain charme, vous l'avez compris.

◺ *Les plages de Ponta de Pedras et Pajuçara,* sur la route entre Santarém et Alter do Chão, sont également des plages très agréables de sable blanc en bordure du rio Tapajós. Pour s'y rendre, c'est plutôt galère en bus, préférer la voiture.

MACAPÁ
280 000 hab.   IND. TÉL. : 096

Une ville récente faite par et pour les pionniers, mais qui se montre soucieuse du « développement durable ». Capitale de l'Amapá, Macapá est une grosse cité plate et surchauffée, traversée par la ligne de l'équateur. Seules cinq villes au monde ont ce privilège (dont Entebbe en Ouganda et Pontianak à Bornéo). Étendue sur la rive gauche de l'Amazone, isolée du reste de l'Amazonie et du Pará, elle ne possède pas le charme des anciennes villes coloniales, mais c'est une ville-étape inévitable sur le chemin de la Guyane française. C'est aussi un bon point de départ pour rayonner dans l'Amapá où la forêt immense et sauvage semble mieux préservée qu'ailleurs en Amazonie.
– Attention, les cartes de paiement sont peu acceptées, munissez-vous de liquide ou de chèques de voyage. Enfin, n'hésitez pas à vous déplacer en moto-taxi, c'est facile et bon marché (3 Rls la course).

UN PEU D'HISTOIRE

Planifiée au début du XXᵉ siècle pour attirer les pionniers, ses rues et ses avenues sont larges, bordées de manguiers et s'organisent de manière très géométrique avec des avenues perpendiculaires à l'Amazone et des rues parallèles au fleuve.
Une anecdote amusante : devant l'avancée de l'urbanisation, l'ancienne piste de l'aérodrome s'est retrouvée un jour entourée d'immeubles. Les avions ne pouvaient plus atterrir. Le gouvernement décida alors de la construction d'un nouvel aéroport à l'extérieur de l'agglomération. L'ancienne piste devint la rue principale de la ville et fut ouverte à la circulation automobile. Macapá se développe très vite depuis les années 1970. Aujourd'hui, le taux d'immigration des pionniers reste élevé (5,5 % par an), preuve de son expansion.

Arriver – Quitter

En avion

✈ *L'aéroport* est situé à une dizaine de kilomètres de Macapá. ☎ 32-23-23-23.

■ *Compagnies aériennes à l'aéroport :* Varig, ☎ 32-23-58-55 ; *Tam,* ☎ 32-23-26-88 ; *Gol,* ☎ 32-23- 74-81 et 32-22-48-57 ; et *Taf,* ☎ 32-23-19-70, ● www.voetaf.com.br ●

➤ *Belém :* 3 liaisons par jour avec la Cie Tam. Durée : 50 mn. Depuis Belém, 1 vol l'après-midi et 2 vols de nuit, et depuis Macapá, 1 vol le matin, 1 l'après-midi et un dernier de nuit. Également un aller-retour par jour avec la *Varig* (le matin en direction de Belém, le soir en direction de Macapá). La Cie *Gol* assure elle aussi 2 allers-retours par jour entre Belém et Macapá. Et 3 liaisons par semaine, dans les deux sens, avec la Cie *Taf* (☎ 32-23-19-70 à Macapá,)

➤ *Cayenne (Guyane française) :* 3 vols par semaine avec la Cie *Taf,* dans un sens comme dans l'autre.

➤ Toutes ces compagnies assurent aussi des liaisons, avec une ou plusieurs escales, vers Manaus et toutes les grandes villes du pays.

En bateau

⛴ *Deux compagnies :* Navio Bom Jesus (av. Mendonça Júnior, 12 ; ☎ 32-23-23-42 ou 00-21) et *São Francisco de Paula* (rua Hildemar Maia, 2730 ; ☎ 32-42-20-70 ou 23-78).

➤ Trois bateaux par semaine (départ vers 10 h) *pour Belém* pendant la saison touristique. Départs au port Santana, à 21 km de Macapá (30 mn de trajet). Prendre le bus « Santana » devant l'église São José. Compter près de 24 h de voyage en bateau, et 48 h en barge *(balsa).* On est entassé, mais c'est « local ». On dort en cabine ou dans son hamac.

➤ Bateaux également *pour Santarém* et *Manaus.*

En bus

🚌 *Gare routière* (rodoviária) *:* BR 156, São Lázaro, à 6 km du centre. ☎ 32-51-20-08 ou 09.

➤ *Pour la Guyane française :* bus tous les jours pour la ville d'*Oiapoque,* ville frontière avec la Guyane, située à 640 km au nord de Macapá. De Macapá, la route est bitumée pendant environ 200 km, puis elle se transforme en piste (en cours d'asphaltage). À Oiapoque, on traverse la rivière Oiapoque et on arrive en territoire français à Saint-Georges de l'Oyapock. De cette localité jusqu'à Cayenne, compter encore 180 km de route bitumée, avec passage d'un pont sur la rivière Approuague à Regina.

Trajet possible avec les compagnies *Estrela de Ouro* et *L'Amazontour.* Compter 12 h de voyage en saison sèche ; en saison des pluies (de janvier à juin), le voyage est parfois un peu plus long (de 15 à 18 h), mais l'amélioration progressive de la piste devrait réduire la durée du trajet.

– *Attention :* certains bus ont été victimes de braquage... Certes, ce n'est pas très fréquent, mais c'est un danger qu'il ne faut pas ignorer. L'implantation de postes de police routière devrait diminuer le risque. En attendant, il est préférable de voyager de jour sur le tronçon nord (Oiapoque-Calçoene).

Adresses utiles

Informations touristiques

🛈 *Office du tourisme (Detur) :* rua Independência, 29. ☎ 32-12-53-35. ● www.amapa.gov.br ● Dans le centre. Ouvert du lundi au vendredi de 8 h à 12 h et de 14 h à 18 h. Accueillant, mais peu d'infos (demander le plan de la ville). Kiosque ouvert 24 h/24 à l'aéroport.

Poste et télécommunications

✉ **Poste :** av. Coriolano Jucá ; face à la praça Veiga Cabral. Ouvert du lundi au vendredi de 9 h à 17 h.
■ **Téléphone international :** agence *Teleamapá,* à l'angle de la rua São José et de l'av. Professora Cora de Cravalho. Ouvert du lundi au vendredi de 8 h à 16 h et le samedi de 8 h à 12 h.

Argent, change

■ **Banco do Brasil :** rua Independência, 250. ☎ 32-23-21-55. Change dollars et chèques de voyage. Distributeur acceptant les cartes *Visa* et *MasterCard* accessible de 6 h à 22 h.
■ Autre distributeur acceptant la carte *Visa* à la banque **Bradesco,** à l'angle de la rua Cândido Mendes et de l'av. Padre Júlio Maria Lombaerd.
■ Change (devises uniquement) également possible à la **Casa Francesa,** rua Independência, 232. ☎ 32-24-14-18.

Représentation diplomatique

■ **Consulat de France :** rua Jovino Dinoá, 1693. ☎ 32-23-75-54. ● j-f@uol.com.br ● Ouvert en semaine (sauf le mercredi et les jours fériés) de 9 h à 12 h.

Agence de voyages

■ **L'Amazonetour :** ☎ 32-41-18-12 ou 32-23-76-73. ● www.lamazone.com.br ● Jeune agence, sérieuse et dynamique. Demandez Inacio Flavio, qui parle bien le français (il fut étudiant à Marseille). Excursions guidées sur terre ou par mer vers les sites les plus intéressants : embouchure de zone, chutes de Santo Antônio, Serra do Navio (ville minière), Curiau (villages de marrons), Mazagao. Organise aussi des marches en forêt et des journées d'observation de la vague Pororoca (voir plus bas dans la rubrique « À voir »).

Où dormir ?

⌂ **Hôtel Merco Sul :** av. Coaracy Nunes, 195. ☎ 32-24-22-14. À trois blocs du fleuve. Les chambres doubles, à 30 Rls, sont très simples, avec AC, douche et w.-c., mais assez spacieuses (ce qui n'est pas toujours le cas !). Elles ont toutes des fenêtres. Un hôtel d'un rapport qualité-prix correct.
⌂ **Mara Hotel :** rua São José, 2390. ☎ 32-22-08-59. ● www.marahotel.com.br ● Compter près de 100 Rls pour 2. Un hôtel à 5 mn à pied du fort, qui se donne des airs un peu chic et un tantinet kitsch. Les chambres, propres, disposent de tout le confort (AC, frigo...). Si les unes sont agréables avec leur balcon, d'autres, sans fenêtre, sentent le renfermé ! Alors, pas d'hésitation, demander à voir avant ! Accueil sympa et parfois même en français.
⌂ **Pousada Ekinox :** rua Jovino Dinoá, 1693. ☎ 32-23-00-86 (même adresse que le consulat de France). ● www.ekinox.com.br ● Réservation obligatoire. Pas moins de 130 Rls pour 2. Cette *pousada* propose une quinzaine de chambres, avec AC, frigo, TV et magnétoscope... très agréables et joliment décorées. Le sol est recouvert de brique. On prend le petit dej' sous une paillote blottie au sein d'un jardinet verdoyant et fleuri où quelques hamacs invitent à la sieste. Bibliothèque et vidéothèque. Accès Internet pour les résidents.

LE NORD. L'AMAZONIE

Où manger ?

De bon marché à prix moyens (de 5 à 25 Rls – 1,90 à 9,50 €)

|●| Petits *restos populaires* à l'angle de l'avenida Professora Cora de Carvalho et de la rua São José. Self-services *ao kilo*. Bon marché.

|●| *Paladar :* av. Presidente Vargas, 456. ☎ 32-23-05-55. En venant du fleuve, remonter l'avenue sur 400 m environ, c'est sur la droite. Ouvert pour déjeuner seulement, de 11 h 30 à 15 h. Resto *ao kilo,* clair et fonctionnel, pour les employés du quartier. Très bon rapport qualité-prix.

|●| *Trapiche restaurante :* au bout de la jetée Trapiche Eliezer Levy. Fermé le lundi midi. Situé au bout d'une jetée qui s'avance dans les eaux de l'Amazone, on y accède à pied, ou à bord d'un drôle de petit train. Cadre très aéré et vivifiant pour manger du poisson (bien sûr !) sous l'œil vigilant de l'aimable Pedra do Guindaste. Ce n'est pas de la grande cuisine, mais c'est très correct. On peut aussi simplement y prendre un verre.

|●| *Peixaria Amazonas :* rua Beira Rio, 410 (Santa Inês). ☎ 32-25-20-08. Ouvert tous les jours sauf le dimanche, de 11 h à minuit. C'est une vaste terrasse à l'étage, avec une vue dégagée sur le fleuve et les bateaux. Carte fleuve, avec un grand choix : *piracuru, tucunaré, dourada,* poissons amazoniens qui se mijotent à toutes les sauces ! Bonne cuisine. Un simple rappel utile : les plats sont pour 2.

Un peu plus chic (plus de 25 Rls – 9,50 €)

|●| *Chalé Restaurante :* av. Presidente Vargas, 499. ☎ 32-22-19-70. Fermé le dimanche soir et le lundi. Petite maison avec terrasse. L'intérieur est aussi charmant. On y déguste surtout du poisson et des fruits de mer. Bonne réputation.

À voir

🎭 *Le fort São José :* situé au bord de l'Amazone, non loin du centre. Ouvert du mardi au vendredi de 9 h à 18 h et les samedi et dimanche de 10 h à 19 h. Gratuit. Visites guidées (certains guides parlent le français). Ce fort en forme d'étoile à quatre branches a été construit par les Portugais entre 1764 et 1782 pour asseoir leur présence dans la région. Dans l'enceinte subsistent huit édifices parfaitement conservés. Après les deux maisons d'officiers en entrant, ancienne chapelle sur la droite avec, de part et d'autre, l'habitation du médecin (à gauche) et celle du prêtre (à droite). L'ancienne maison du commandant accueille aujourd'hui le *musée J. Caetano da Silva,* dont les restes reposent dans le coffre en bois à droite de l'entrée. Ce diplomate et historien (1810-1873) francophone mena notamment des négociations avec la France pour délimiter la frontière entre le Brésil et la Guyane. Pour les Brésiliens, c'est grâce à lui si l'Amapá est resté au Brésil.
Expositions temporaires et petit musée archéologique également. Il y a même un bar pour se rafraîchir après la visite.

🎭 *Le monument Marco Zero do Equador :* situé à plus de 4 km du centre. ☎ 32-41-19-51. Ouvert tous les jours de 7 h 30 à 22 h. Prendre une moto-taxi. Certains guides parlent le français. Grand bâtiment tout en béton qui marque précisément la ligne de l'équateur (vérifiée par GPS !). Lors des deux équinoxes (20 ou 21 mars et 22 ou 23 septembre), le soleil concentre ses rayons sur le disque (horloge solaire) à 17 h 30. Le disque solaire se projette alors en deux parties égales sur la ligne de l'équateur. En été, le soleil passe dans l'hémisphère nord, en hiver, il est dans le sud. Expositions temporaires au rez-de-chaussée. Jeter aussi un coup d'œil au stade de foot du Zerao, juste à côté ; c'est l'équateur qui sépare le terrain en deux !

🏃 **Le musée Sacaca do Desenvolvimento Sustentável :** av. Feliciano Coelho, 1509. ☎ 32-12-53-49. Ouvert du mardi au dimanche de 8 h à 18 h. Fermé le lundi. À l'écart du centre, y aller en moto-taxi.
Un musée du développement durable ! Voilà une initiative originale qui répond au vaste programme pilote engagé par l'État de l'Amapá. Ce musée vise à montrer que la biodiversité de l'Amazonie est une véritable richesse et que les ressources naturelles peuvent être à l'origine d'une économie dont profitent directement les populations locales ; une alternative à des schémas de développement souvent plus radicaux ! La visite se fait sous forme de promenade pédestre à travers un grand jardin à la végétation luxuriante, où plusieurs maisonnettes et pavillons ont été reliés par des passerelles en bois. Reconstitution notamment d'une maison *caboclo,* et d'une case d'Indiens waiapis, une nation récompensée par l'Unesco pour avoir le mieux préservé ses traditions. Le musée rend hommage à Raimundo Sacaca, médecin-guérisseur et autodidacte mort en 1999, qui fut un spécialiste des plantes tropicales. Il abrite aussi une pharmacie, un petit centre culturel, un bar et un restaurant.

🏃 **Le centro de Cultura Negra :** rua General Randon, Laguinho. ☎ 32-22-49-57. Manifestations culturelles souvent organisées le week-end (concerts, danses traditionnelles...). Gratuit, en général. On peut aussi assister à des fêtes de *candomblé* sous une paillote. Juste à côté, une succession de portes colorées derrière lesquelles se dissimulent des *orixás.* Se renseigner pour le programme.

🏃🏃🏃 **Un phénomène naturel, la Pororoca :** c'est une grande et longue vague d'eau, mi-salée, mi-douce, qui remonte le fleuve Araguari, un affluent de l'Amazone, à son embouchure, à 200 km environ au nord-est de Macapá. La vague est impressionnante mais ce n'est tout de même pas un tsunami : elle mesure 2 ou 3 m de haut, sur 5 km de large. Elle ne provoque aucun dommage, se déplaçant dans le couloir du fleuve à environ 30 km/h pendant une bonne heure avant de s'affaiblir et de s'éteindre. On ne peut l'observer qu'à certaines périodes de l'année, de mai à septembre, en la suivant ou en la précédant à bord d'un bateau. Mais il est possible de la voir aussi depuis les rives de l'Araguari, dans la commune de Cutias.
Des surfeurs chevronnés viennent chaque année danser sur la Pororoca, l'un d'eux étant même resté 34 mn sur la vague. Provoqué par la rencontre des eaux montantes de l'Amazone avec celles plus lentes de l'Araguari, ce phénomène exceptionnel, de type « mascaret », se produit toutes les 12 h, suivant le rythme des marées océaniques. Mieux vaut passer par une agence comme *L'Amazonetour* (voir « Adresses utiles »).

Achats

🪶 **Marché des produits de la forêt :** rua São José, 1500. ☎ 32-25-34-33. Face à la praça Barão do rio Branco. Ouvert du lundi au vendredi de 8 h à 18 h et le samedi jusqu'à midi. Fermé le dimanche. Toutes sortes de biscuits à base de noix du Brésil, de confitures, de miels, ainsi que des produits artisanaux... réalisés par des associations ou coopératives locales.

🪶 **Maison des artisans** *(casa do artesão)* **:** rua Franscisco Azarias C. Neto. Quelques objets artisanaux, mais décevant dans l'ensemble. Juste à côté, l'*Apitu* vend des colliers à base de graines...

Fêtes et événements culturels

– **4 février :** jour anniversaire de Macapá.
– **En février-mars :** carnaval. Les écoles de samba envahissent le Sambodrome.
– **19 mars :** jour de São José, le saint patron de la ville.
– **L'Equinocio :** les 21 et 22 mars, les habitants de Macapá célèbrent l'équinoxe de printemps en organisant des défilés et des spectacles de danse folklorique. Même fête après l'été, pour l'équinoxe d'automne, les 21 et 22 septembre.
– **Juillet :** festival *Macapá Folia*. Durant 3 jours, plusieurs concerts avec des grands noms de la chanson et de la musique brésilienne.

BELÉM
1 600 000 hab.   IND. TÉL. : 091

Une erreur courante consiste à penser que Belém est au bord de l'Amazone. En réalité, elle s'étale le long d'un immense bras issu de la rencontre de l'étroit Pará (qui communique en amont avec l'Amazone) et du large Tocantins. Elle est installée sur un cap plat qui s'avance en rondeur, d'est en ouest, dans la baie de Guajara. Voilà une « capitale oubliée » du nord lointain, qui illustre par sa seule histoire (haute en couleur) l'incroyable destin de l'Amazonie, alternance de périodes d'expansion et de repli. Aujourd'hui, on rénove les vieux palais aux façades fatiguées, on restaure les maisons patinées des barons du caoutchouc, les rues commerçantes bordées d'immeubles 1900 reçoivent la visite des maçons et des peintres, on ouvre de nouveaux musées : ça bouge en profondeur, signe d'une vague de renouveau qui donne un nouvel essor à Belém.
Un tramway Belle Époque sera remis en circulation dans le vieux centre historique, en 2007 ou 2008. Et voilà le miracle improbable qui s'opère : cette ville historique à la splendeur fanée retrouve petit à petit un éclat, une beauté, et cela se lit maintenant dès les premiers pas. Mais ne vous fiez pas à vos toutes premières impressions d'agglomération au décor indéchiffrable : Belém se révèle au-delà des apparences de désordre, au-delà de ce sentiment étrange de « ville riche ruinée ». Elle n'est ni riche ni ruinée : elle vit !
Outre son atmosphère si particulière, si jeune, la ville recèle des surprises : un patrimoine historique remis en valeur, des musées, un étonnant marché, un jardin zoologique fabuleux, et l'une des meilleures cuisines du Brésil. Sans compter les bars musicaux et la vie nocturne.
C'est aussi une excellente base pour rayonner dans l'embouchure de l'Amazone : Macapá, l'île de Marajó et l'île d'Algodoal.

UNE « CAPITALE OUBLIÉE » ET RETROUVÉE

Nous sommes loin de la frénésie de verre et d'acier de Rio, de São Paulo, et même de Manaus. Ici règne une nonchalante douceur unique, liée peut-être au métissage indien et portugais et à la force du fleuve. Dans ce grand port fluvial, les immeubles et buildings modernes ont jailli de terre en période de prospérité, mais ils n'étouffent pas l'âme de la ville coloniale, ni la beauté et la forte organisation de ce qui fut la capitale du caoutchouc au début du XXe siècle (bien plus que Manaus). Avenues spacieuses et boulevards cossus, belles places aux parcs ombragés et luxuriants, allées bordées de manguiers géants, vieux quartiers du port aux ruelles animées, et atmosphère languissante et souriante d'une ville où le hasard étrange fait que 60 % des Belémois sont des Belémoises ! Et puis, nous sommes presque sur l'équateur, un degré en dessous, pour songer aux vers du poète : « En dessous de l'équateur, il n'y a plus de péché mon amour. »

UN PEU D'HISTOIRE

Lorsque les premiers Portugais débarquèrent, en 1616, ils connurent un sentiment proche du coup de foudre. Du XVIe au XVIIIe siècle, Belém fut appelée Pará. C'était le cœur administratif et politique du royaume du Portugal au Brésil, le cerveau de l'activité des Jésuites en Amazonie, le poumon économique commerçant en direct avec Lisbonne et l'Europe sans passer par Rio ou Salvador. Aujourd'hui comme hier, Belém fascine ou déconcerte. Les aviateurs Mermoz et Saint-Exupéry y faisaient naguère des escales entre l'Europe et la cordillère des Andes. L'écrivain Stefan Zweig adora Belém et son jardin zoologique, tandis qu'Henry Michaux, jeune poète aventurier, se lassa de Pará. Il y séjourna en décembre 1928, après avoir descendu l'Amazone du Pérou jusqu'à l'embouchure.

CLIMAT

Il n'y a ici pratiquement pas de saisons au sens où on l'entend en Europe. Seule la période de la *chuva* (les pluies), de janvier à juin, permet de ressentir une légère différence. À Belém, d'ailleurs, on ne donne pas d'heure pour se rencontrer. Les rendez-vous sont fixés avant ou après la pluie !

TOPOGRAPHIE DE LA VILLE

La partie « noble » de la ville, celle où vous vous déplacerez le plus, se trouve à l'intérieur d'un périmètre délimité : au sud par la ligne allant de la cathédrale, au-dessus du fort do Castelo, et suivant la travessa Padre Eutiquio jusqu'à l'avenue José Bonifacio ; celle-ci forme la limite est, jusqu'à la gare routière et le marché São Braz ; la bordure nord est formée, jusqu'au port, par l'avenue Governador José Malcher. Comme partout, tout autour s'étendent les quartiers populaires (appelés ici *baixadas*), où vivent la majorité des habitants. Ce ne sont pas vraiment des favelas comme à Rio ou Fortaleza. Cela ressemble à de la misère, c'est de la pauvreté à la manière du Brésil, sous le soleil de l'équateur, avec son cortège de difficultés sociales, économiques et sécuritaires.

GASTRONOMIE BELÉMOISE

Riche synthèse des recettes indiennes, pleines de saveurs de la forêt, et de l'apport portugais, voilà une cuisine sensuelle, née de la fusion de la terre et des eaux. Un plat essentiel : le manioc *(mandioca)* dont on extrait le *tucupi*, base de tous les mets régionaux. Sur le marché, on en voit la préparation. *Tucupi* et *jambú*, une herbe aphrodisiaque, s'unissent pour enfanter le *pato tucupi,* canard au *tucupi,* le plat le plus célèbre de la région.
Le *tucupi* sert aussi à l'élaboration du *tacaca,* l'une des merveilles gastronomiques locales. *Grosso modo* il se compose de gomme de tapioca d'aspect très gélatineux, d'un peu de *pimento do cheiro,* de crevettes, de sel, de quelques feuilles de *jambú* et... de *tucupi,* bien sûr. Le tout servi bouillant dans une calebasse noire vernissée. Crevettes et feuilles de *jambú* doivent être mangées avec les doigts. On dit ici qu'un bon *tacaca* doit faire « trembler la langue ». Vous en trouverez partout sur le marché, mais le meilleur est celui servi par *La Juridica,* à l'angle de la Gama Abreu et du largo da Trindade. Sur le marché Ver-o-Peso, goûtez aussi le *vin d'açaï,* une boisson épaisse et forte qui a la densité tremblante du sang ainsi que sa couleur (un peu

comme ces bolées de sang de porc à l'ail de nos terroirs)... Mais ce n'est pas ça du tout ! C'est le jus d'un fruit, une baie dure, d'un violet noir, grosse comme une cerise, l'*açaí*, que l'on presse devant vous. Ce n'est ni fermenté, ni alcoolisé ; certains y mêlent du tapioca pour l'épaissir.

Il y a aussi le *maniçoba*, qui dispute au *pato tucupi* la vedette culinaire paraense. C'est un mélange de pied de cochon, de saucisses et de *carne do sol*, avec des couennes grillées, le tout cuit au four dans des feuilles de *mani,* et servi avec de la *farofa.*

Enfin, ne manquez pas non plus les *toks-toks,* c'est-à-dire tous les restaurants de crabes, et ici, les variétés ne manquent pas : crabes de terre, d'eau douce, de mer, du fleuve...

Arrivée à l'aéroport

✈ *L'aéroport (hors plan par B1)* est à environ 12 km au nord de Belém, soit 20 mn en taxi et 45 mn en bus. ☎ 32-10-60-00. On trouve un petit *bureau d'infos (Belémtur)* dans le hall d'arrivée, ouvert de 8 h à 23 h (18 h le dimanche). Sinon, on peut demander un plan de la ville à l'agence *Localiza.* Plusieurs *distributeurs* acceptent les cartes *Visa* et *MasterCard.*

Pour gagner le centre-ville

➤ **Avec les taxis,** on paye à l'avance au bureau de la *cooperativa* (dans le hall en sortant) et on remet le reçu au chauffeur. Courses à 25, 28 et 35 Rls selon l'endroit où vous descendez.

➤ **Bus direct vers la ville :** la compagnie de bus de l'aéroport s'appelle *P. Socorro* (terminal Marex). Fonctionne de 4 h à minuit. Attention, 2 bus possibles : le n° 034, direction *Arsenal,* direct vers le centre (praça da República) en 30 mn ; le n° 032 (moins pratique), direction F. *Patroni,* s'arrête au terminal de bus puis dessert certains quartiers du centre. Les 2 bus passent toutes les 15 mn environ à l'aéroport. Billet : 5 Rls.

Comment se déplacer ?

➤ Le système du **bus** est très efficace, rapide et très bon marché : environ 1 Rls (les bus privés, un peu plus chers, sont climatisés). Fonctionne de 4 h à minuit. Destinations indiquées en haut du bus.

🚌 **Terminal de bus :** à l'angle des avenidas Ceará et Almirante Barroso (quartier Sambras). ☎ 32-28-05-00. Compter 10 mn de bus jusqu'au centre-ville, notamment par la ligne *Aero-Club,* qui se dirige vers la praça da República.

Adresses et infos utiles

Informations touristiques

ℹ *Paratur (plan B1, 1) :* praça Kennedy. ☎ et fax : 32-23-61-98. ● www. paratur.pa.gov.br ● Ouvert de 8 h à 17 h. Fermé les samedi et dimanche. Situé dans un tout petit parc, sur une grande place. On y trouve un plan de la ville. Artisanat local. Petit bar où grignoter des plats régionaux.

Accueillant, et plus sérieux que *Belémtur.*

ℹ *Belémtur (plan B2, 2) :* av. Governador José Malcher, 592, dans le *palácio de Bolonha.* ☎ 32-83-48-50 et 32-42-09-00. ● www.belemtur. br ● Ouvert du lundi au vendredi de 8 h à 14 h. On pourrait dire : adresse inutile ; peu d'infos. Également des kiosques à l'aéroport (plus souriant), à Isabel Square et à Operário Square.

– Le journal local *O Liberal* contient l'agenda culturel de la ville pour la journée.

Poste et télécommunications

✉ *Poste centrale (plan B2) :* av. Presidente Vargas, 498. ☎ 32-11-31-77. Ouvert de 8 h 30 à 17 h. Fermé les samedi et dimanche. Autre bureau à l'*estação das Docas,* ouvert du lundi au dimanche de 10 h à 14 h (12 h le dimanche).
■ *Téléphone international :* Telemar, sur la droite du terminal de bus. Ouvert 24 h/24. Un autre *(plan B2, 1)* sur l'avenida Presidente Vargas, 670, à l'angle de la rua Riachuelo. Ouvert tous les jours de 7 h à 23 h.

Un troisième à l'aéroport.
@ *Internet :* Amazon Corporation *(plan A2, 2), estação das Docas,* hall 1, av. Castilho França. ☎ 32-10-16-20. Ouvert du mardi au dimanche de 10 h à minuit. Au *Business Center (plan B2, 3)* de l'hôtel *Hilton,* praça da República. ☎ 32-17-75-22. Ouvert du lundi au vendredi de 7 h à 22 h et le week-end de 7 h à 18 h. Ou à l'office *Telemar (plan B2, 1),* av. Presidente Vargas.

Argent, change

■ *Banco do Brasil (plan B2, 4) :* rua Santo Antônio, 432. ☎ 32-12-61-88. Change dollars et chèques de voyage (mais commission exorbitante ! uniquement en dépannage). Une autre agence *(plan B2, 5)* dans l'avenida Presidente Vargas, 248. ☎ 32-16-48-88. Distributeurs acceptant les cartes *Visa* et *MasterCard.*
■ *Bradesco :* praça da República, à côté du *Hilton.* Distributeurs de

billets accessibles 24 h/24.
■ *HSBC :* av. Presidente Vargas, 676. Distributeurs accessibles de 7 h à 22 h. Plusieurs distributeurs également dans l'*estação das Docas.*
■ *Casa Francesa :* trav. Padre Prudêncio, 40. ☎ 32-14-27-16. Ouvert du lundi au vendredi de 9 h à 19 h et le samedi de 9 h à 14 h. Change les dollars sans commission.

Représentations diplomatiques

■ *Agence consulaire de France :* rua Arístides Lobo, 651 (près de la praça da República). ☎ 32-24-68-18. Ouvert de 8 h à 12 h.
■ *Agence consulaire des États-Unis :* av. Oswaldo Cruz, 165. ☎ 32-23-08-00. Ouvert l'après-midi.

■ *Consulat du Venezuela :* av. Presidente Pernambuco, 270. ☎ 32-22-63-96. Ouvert du lundi au vendredi de 8 h à 14 h.
■ *Consulat du Pérou :* av. José Bonifacio, 2432. ☎ 32-29-72-78.

Urgences

■ *Police touristique (plan B1, 6) :* même adresse que *Paratur* (voir « Informations touristiques »). ☎ 32-12-09-48. Permanence 24 h/24. Un

autre bureau dans l'*estação das Docas,* av. Castilho França. Ouvert du mardi au dimanche de 10 h à 23 h.

Compagnies aériennes

■ *Varig :* av. gov. José Malcher, 815. ☎ 30-84-84-84. Ouvert du lundi au vendredi de 9 h à 17 h 30 et le

samedi de 9 h à 12 h. À l'aéroport : ☎ 32-10-62-62.
■ *Tam :* av. Assis de Vasconcelos,

BELÉM

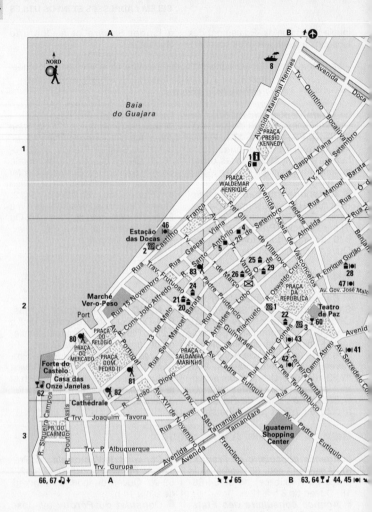

BELÉM

■ **Adresses utiles**

- 🛈 1 Paratur
- 🛈 2 Belémtur
- ✈ Aéroport
- 🚌 Terminal rodoviário
- ✉ Poste centrale
- @ 1 Telemar (téléphone international et Internet)
- @ 2 Amazon Corporation
- @ 3 Business Center (hôtel Hilton)
- 4 Banco do Brasil
- 5 Banco do Brasil
- 6 Police touristique
- 7 Alliance française
- ⛴ 8 Terminal hidroviário

â **Où dormir ?**

- 20 Hôtel Fortaleza
- 21 Hôtel Vitória Régia
- 22 Sete Sete Hotel
- 23 Panorama Hotel
- 24 Hôtel Palacio
- 25 Hôtel Unidos
- 26 Hôtel Novo Avenida
- 28 Hôtel Massilia
- 29 Hôtel Ferrador

|●| **Où manger ?**

- 28 Massilia

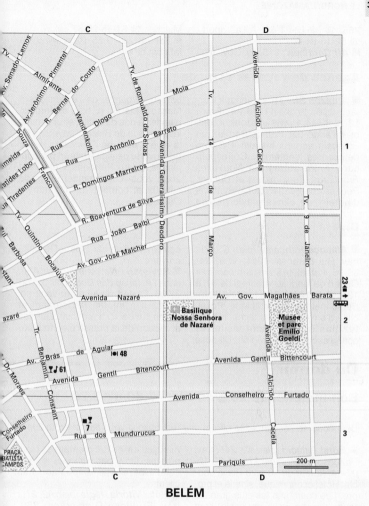

BELÉM

41 Mixtura Paulixta
42 Cozinha de Bistrô
43 Le Miako
44 Saldosa Maloca
45 Marulho da Olha
46 Restos de l'estação das Docas
47 Lá Em Casa
48 Spazzio Verde

🍸 🎵 🎶 Où boire un verre ? Où écouter de la musique ? Où danser ?

7 Le Bistrô

60 Bar do Parque
61 Pub Cosa nostra
62 Boteco das Onze
63 Bar de Gilson
64 Cafe Imaginario
65 Carpe Diem et The Beatles
66 Mormação
67 Porto do Mares

🏃 À voir

80 Musée d'Art sacré
81 Musée d'Art de Belém
82 Musée d'État du Pará
83 Paris N'America

265. ☎ 32-12-21-66. À l'aéroport : ☎ 32-10-64-00.
■ *Air Caraïbes :* 815, av. Gov. José

Malcher. ☎ 81-56-95-57.
■ *Taf :* ☎ 32-10-65-10. • www.voe taf.com.br •

Agence de voyages et guide

■ *Amazon Star :* rua Henrique Gurjão, 236. ☎ 32-41-86-24. Fax : 32-12-62-44. • www.amazonstar.com. br • Dirigé par Patrick Barbier, un Français sérieux installé à Belém depuis très longtemps. Correspondant, entre autres, de *Nouvelles Frontières, Équinoxiales* et *Condor.* Peut se charger de vos réservations d'hôtels, de billets d'avion et de

bateau. Organise des excursions à Macapá, Marajó (visites de fermes, balades à dos de buffle, etc.) et dans les environs de Belém : traversée de la baie à bord de l'*Amazon Queen,* découverte des *igarapés* en pirogue, plages, île aux Perroquets, etc. Peut aussi vous recommander un guide sérieux et compétent, notamment Oswaldo.

Divers

■ *Alliance française (plan C3, 7) :* trav. Rui Barbosa, 1851. ☎ 32-24-39-98. • afbelem@amazon.com.br • Ouvert du lundi au vendredi de 8 h à 12 h et de 14 h à 21 h (parfois 22 h). Personnel très sympathique. Possibilité d'emprunter des livres. N'hésitez pas à leur rendre visite, ils connaissent bien la région. Dispose

également d'un bar (voir « Où boire un verre ? »).
■ *Revistaria Newstime (plan A2) :* dans l'*estação das Docas.* ☎ 32-12-32-98. Ouvert du lundi au vendredi de 12 h à minuit, les samedi et dimanche de 10 h à minuit. Librairie et maison de la presse bien fournie.

Où dormir ?

Bon marché (de 20 à 40 Rls – 7,60 à 15,20 €)

Beaucoup de ces adresses offrent une réduction si vous payez en liquide.

🛏 *Hôtel Palacio (plan A2, 24) :* trav. Frutuoso Guimarães, 275. ☎ 32-12-07-94. Autour de 18 à 20 Rls la double. Hôtel économique, simple et propre. Les chambres les plus grandes (avec douche, w.-c. et ventilo) sont au 1er étage. Au rez-de-chaussée, les plus petites donnent sur le grand patio intérieur bordé par des balustrades de bois.
🛏 *Hôtel Fortaleza (plan A2, 20) :* trav. Frutuoso Guimarães, 276. ☎ 32-12-10-55 (24 h/24) et 32-23-06-88. Entrée au 1er étage. Compter 8 Rls la nuitée en dortoir, 12 Rls en chambre, ou 20 Rls pour 2 selon la chambre (douche et w.-c. communs ou privés). Petit hôtel familial dans une belle maison vieille de 270 ans, au cœur du centre animé. Un des moins chers de la ville. Chambres

minuscules et rudimentaires, mais propres. On y parle un peu le français. Coffre à la disposition des clients.
🛏 *Hôtel Vitória Régia (plan A2, 21) :* trav. Frutuoso Guimarães, 260. ☎ 32-12-33-01 ou 36-28. • porto@ ig.com.br • Juste à côté de l'hôtel *Fortaleza.* Doubles avec ou sans AC. Chambres simples, à la propreté acceptable. Si les unes sont petites et tristounettes, les autres sont plus claires et bénéficient même d'un ameublement plutôt mignon.
🛏 *Panorama Hotel (hors plan par D2, 23) :* trav. 1ero de Queluz, 81. ☎ 32-26-97-24 ou 53-10. Derrière la gare routière, dans le quartier de São Brás. Pratique si vous arrivez en bus tard le soir. Chambres avec douche, w.-c. et ventilo, simples et propres,

qui donnent sur la petite rue ou sur une cour (plus calme). Les plus claires sont au 3ᵉ et dernier étage. Le propriétaire possède un autre hôtel (hôtel *Danúbio*), non loin, plus confortable (AC) et très correct.

â *Sete Sete Hotel* (plan B2, *22*) : trav. 1ᵉʳᵒ de Março, 673. ☎ 32-22-77-30. Fax : 32-22-01-49. Hôtel très central. Chambres bien tenues et équipées de l'AC, mais sommaires : plutôt en dépannage.

Prix moyens (de 40 à 70 Rls – 15,20 à 26,60 €)

â *Hôtel Novo Avenida* (plan B2, *26*) : av. Presidente Vargas, 404. ☎ 32-23-88-93 ou 32-42-99-53. • www.hotelnovoavenida.com.br • Chambres doubles à 69 Rls avec AC. Hall chic et chambres, avec TV et fri-

go-bar, bien aérées et propres. Certaines avec ventilo (moins chères) et d'autres pouvant accueillir 4 personnes. Banal mais correct. Accueil pro et bon petit dej'.

Un peu plus chic (plus de 60 Rls – 22,80 €)

â *Hôtel Unidos* (plan B2, *25*) : rua Ó. de Almeida, 545. ☎ 32-52-18-91 ou 14-11. • hotelunidos@bol.com. br • Doubles à 66 Rls. Un hôtel récent avec des chambres impeccables équipées d'AC, frigo, TV, douche et w.-c. La plupart sont spacieuses et lumineuses ; c'est suffisamment rare pour être souligné ! Accueil avenant, parfois en anglais. Bon buffet au petit dej'. Un bon rapport qualité-prix.
â *Hôtel Massilia* (plan B2, *28*) : rua Henrique Gurjão, 236. ☎ 32-22-28-34. Fax : 32-24-71-47. • www.massi lia.com.br • Chambres doubles à partir de 90 Rls. Hôtel en plein centre-ville et pourtant très calme. Fondé et dirigé par Frank, un Marseillais jovial qui parle avec l'accent provençal. Une quinzaine de chambres impeccables et bien arrangées, dis-

posées autour d'un jardin intérieur et d'une petite piscine. Jolis murs en brique vernie et intérieur confortable : douche, w.-c., AC, TV et frigo. Certaines chambres ont une mezzanine et peuvent accueillir 4 personnes. Fait aussi resto (voir « Où manger ? »). Demi-pension possible. Excellent accueil et de bon conseil.
â *Hôtel Ferrador* (plan B2, *29*) : rua Aristides Lobo, 485. ☎ 32-41-59-99. Fax : 32-41-96-96. • www.hotelferra dor.com.br • Très central, à deux pas de l'avenida Vargas, mais tout de même assez calme. Chambres doubles entre 70 et 80 Rls ; réduction de 10 % si vous payez cash. Chambres tout confort, dans un immeuble moderne, avec TV, frigo-bar, téléphone et AC. Accueil pro en anglais et parfois même en français. Bon rapport qualité-prix.

Où manger ?

Bon marché (moins de 15 Rls – 5,70 €)

On peut manger autour de la praça da República. Tous les jours, pour quelques reais, des éventaires servent des petits plats ou des brochettes.

|●| *Sur le marché Ver-o-Peso* (plan A2) : si vous voulez comprendre la cuisine du Nord, c'est là que votre éducation débute. Slalomez entre les dizaines de stands qui préparent devant vous tous les délices du fleuve. Vous choisissez votre plat

directement sur les fourneaux (demandez bien le prix avant) et vous le dégustez assis à une petite table de bois, avec les autochtones. Un bon endroit pour faire mille rencontres et se faire expliquer les secrets de cette cuisine aux parfums infinis.

Depuis la restauration du marché, l'hygiène y est plus garantie qu'autrefois, de même que la sécurité.

I●I *Mixtura Paulixta (plan B2, 41) :* av. Serzedelo Corrêa. ☎ 32-56-03-98. Dans le prolongement de l'avenida Vargas, juste après la praça da República. Ouvert tous les jours à midi. Nourriture *ao kilo,* servie en buffet, vraiment pas chère. Pas franchement de la grande cuisine, mais c'est correct. Immense salle dans le genre cantine, où les ventilos brassent énergiquement l'air.

Prix moyens (de 15 à 25 Rls – 5,70 à 9,50 €)

I●I Plusieurs *restos* dans l'*estação das Docas (plan A2, 46* ; cf. la rubrique « À voir »). L'entrepôt n° 1 abrite plutôt les bars, et le n° 2 les restos. C'est un grand hall doublé d'une mezzanine et d'une terrasse sur le quai ouverte sur le fleuve. Restos ouverts midi et soir, avec chacun sa spécialité : poissons et fruits de mer, cuisine régionale, italienne, orientale... et même « cuisine contemporaine ». Et aussi self-services *ao kilo* ou à la carte. A été surnommé familièrement le « boulevard de la gastronomie ».

I●I *Cozinha de Bistrô (plan B2, 42) :* rua Ferreira Cantão, 278. ☎ 32-30-06-05. Entre Silva Santos et Caetano Rufino. Ouvert pour déjeuner seulement, de 11 h à 16 h. Fermé le samedi. Plat moyen à 21 Rls. Voilà un petit resto qu'on a bien aimé ! Est-ce à cause de la charmante Rita, qui parle un peu le français, et de son compagnon João, journaliste, gourmet et amateur de jazz ? Petite salle joliment décorée. Cuisine familiale mijotée et servie avec le sourire. Plats brésiliens et français. Un mélange réussi de deux influences.

I●I *Spazzio Verde (plan C2, 48) :* av. Brás de Aguiar, 834. ☎ 32-23-47-39. Ouvert tous les jours de 11 h à 1 h du matin. Le meilleur restaurant *ao kilo* de Belém. Buffet imposant : *bacalhau, maniçoba, pirarucu* (délicieux). On paie au poids et on va s'installer dans l'immense patio couvert, décoré de plantes vertes (ou dans la salle climatisée), où l'on mange au son d'un orchestre, en oubliant le bruit de la rue.

I●I *Massilia (plan B2, 28) :* à côté de l'hôtel *Massilia* (voir « Où dormir ? »). Ouvert du lundi au samedi, le soir uniquement. Massilia, bien sûr, c'est Marseille, ville d'où Frank est originaire, comme le montrent les images sur les murs. Ce passionné de cuisine prépare des plats français qu'il allie aux ingrédients et aux saveurs du pays, comme le magret de canard au *tucupi.* C'est savoureux, et l'accueil est jovial. Parfait pour ceux qui veulent changer de la *feijoada* et des *churrascos.* Petit bar pour boire le pastis.

I●I *Saldosa Maloca (hors plan par B3, 44) :* ilha do Combú. ☎ 99-82-33-96 (portable). Ouvert selon les réservations, du lundi au vendredi. Le samedi et le dimanche, c'est de toute façon ouvert (de 10 h à 17 h) car clientèle dominicale assurée. Au parking du restaurant *Marulho da Olha* (voir plus bas), prendre le bateau *Saldosa Maloca* qui fait la navette. On paie au resto. Bondé le dimanche (y arriver avant midi), plus calme le samedi. C'est en fait une paillote sur pilotis en bordure du rio Guamá, à l'ambiance très guinguette... On y vient en famille, entre amis. Après le repas, le *forró* semble être le seul maître à bord. Alors certains se lèvent et se laissent emporter. Les plus jeunes en profitent pour piquer un plongeon. De l'autre côté de l'eau, les immeubles de Belém prennent d'étranges airs de Manhattan... un autre monde... si loin...

I●I *Le Miako (plan B2, 43) :* rua 1ero de Março, 766 (derrière le *Hilton).* ☎ 242-44-85. Ouvert tous les jours de la semaine, midi et soir, mais seulement pour déjeuner le dimanche. Fermé les 2e et 4e dimanches du mois. Dans un bâtiment moderne sans charme, immense restaurant où s'alignent des rangées de tables aux nappes blanches. Cadre un tantinet chic. Service efficace. Plein de spécialités japonaises, sur une carte longue comme le bras.

|●| **Marulho da Olha** (hors plan par B3, **45**) : av. Bernardo Sayão, 4804 (Guamá). ☎ 40-08-90-00. Le restaurant de l'hôtel Beira Rio, au sud du centre de Belém. Bus P. Vargas ou Ver-o-Peso. Ouvert tous les jours de 12 h à 22 h. Superbe buffet à volonté à prix très raisonnable ou carte. Sous une grande paillote directement sur le fleuve. C'est beau et bien plaisant d'être au bord de l'eau.

Plus chic (de 25 à 50 Rls – 9,50 à 19 €)

|●| **Lá Em Casa** (plan B2, **47**) : av. Gov. José Malcher, 247. ☎ 32-23-12-12. À 5 mn de la praça da República. Autant vous le dire tout de suite, c'est l'un des meilleurs restos de la région, spécialisé dans la cuisine typique des Indiens d'Amazonie. Créé il y a longtemps par Ana Maria Martins, le resto eut notamment droit aux éloges du New York Times... Grande terrasse, le soir, très agréable. On lui pardonne vite son aspect chicos vu la qualité de la cuisine. À la carte, beaucoup de poissons bien sûr, finement préparés. Ambiance presque distinguée, très feutrée. Doux fond musical.

|●| **O Dedão** : trav. Maritz e Barros. ☎ 32-26-51-41. À 6 km du centre. Fermé le lundi. Le meilleur tok-tok de Belém. Vous devrez prendre un taxi pour découvrir cette grande salle animée, où les amateurs de crabes tapent en chœur sur leurs planches avec un petit bâton pour casser les pinces. C'est frais, c'est bon et on s'en tire à un prix raisonnable si on ne prend pas les plus gros... Également des crevettes (chères), du poisson, des fruits de mer et des viandes.

Où boire un verre ? Où écouter de la musique ? Où danser ?

Cafés, brasseries

♟ **Bar do Parque** (plan B2, **60**) : praça da República, face au Hilton. Ouvert tout le temps ! Petit pavillon jaune devant une terrasse ombragée par de vieux manguiers. La nuit venue, on y retrouve toute la faune de Belém, jeunes, étudiants, marginaux et piranhas (femmes légères, en argot brésilien). Il a une excellente mauvaise réputation !

♟ **Microbrasserie Amazon Beer** (plan A2) : boul. Castilhos França, estação das Docas, entrepôt n° 1, le plus à gauche quand on regarde les anciens docks depuis la rue. ☎ 32-12-54-00. Ouvert tous les soirs de 17 h à 1 h. De rutilantes cuves en cuivre pour une bière fraîche et mousseuse.

♟ **Le Bistrô** (plan C3, **7**) : le bar de l'Alliance française (voir « Adresses utiles »). Ouvert du lundi au vendredi de 8 h à 20 h et le samedi jusqu'à 12 h. Un lieu de rencontre à l'enseigne de la francophonie.

Bars de nuit, bars musicaux

♟ ♪ **Boteco das Onze** (plan A2, **62**) : Casa das Onze Janelas, praça da Sé. ☎ 32-24-85-99. Près du vieux fort, dans le palais restauré des Onze Fenêtres, qui surplombe le fleuve. Ouvert tous les jours jusqu'à 1 h (2 h les vendredi et samedi et minuit le dimanche soir). Attenant à un restaurant (branché), ce bar est un des hauts lieux (un peu classe) où prendre un verre en écoutant de la musique ao vivo (groupes locaux).

♟ ♪ **Bar de Gilson** (hors plan par B3, **63**) : rua Padre Eutiquio, 3172. ☎ 32-72-73-06. Ouvert les vendredi, samedi (tard dans la nuit) et dimanche soir (jusqu'à 20 h). Hangar en bois, tuiles rouges, ambiance chaleureuse. Le plus typique, le plus populaire des bars musicaux. Le contraire de *Boteco das Onze*. Le patron musicien invite des groupes variés *(pagode, samba, MPB)* et tous les grands y sont passés.

🍷🎵 *Carpe Diem (hors plan par B3, 65)* : praça Amazonas, 7. Un autre bar musical, à l'angle avec la rua Lazario Alvon, près du musée São José. Ouvert du mercredi au samedi, de 18 h jusque tard dans la nuit. Tout proche, et tout aussi musical, à deux blocs de *Carpe Diem*, **The Beatles** (rua Cesario Alvin, 660) avec des tables dehors, des vieux disques aux murs, dans une petite salle où l'on se trémousse sur des airs de jazz et de *pagode* (pas de groupes *ao vivo*).

🍷🎵 *Cafe Imaginario (hors plan par C3, 64)* : trav. dos Apinages, entre les travessas dos Tamaoios, et dos Mundurucus, près de la praça Batista Campos. ☎ 32-12-97-47. Ouvert tous les soirs jusque tard dans la nuit. Maison de deux étages décorée dans un style « bohème ». Public d'artistes, de jeunes et d'intellectuels. Une étape dans la nuit belémoise.

🍷🎵 *Pub Cosa Nostra (plan C2, 61)* : rua Benjamin Constant, 1499. ☎ 32-41-10-68. Ouvert tous les soirs. Au rez-de-chaussée, un pub classique où l'on peut boire et manger. Pour la musique, monter à l'étage, c'est là que cela se passe. Groupes tous les soirs à partir de 20 h ou 21 h.

Grands bars dansants

🎵 *Mormação (hors plan par A3, 66)* : allée Carneiro da Rocha, par la rua do Arsenal. ☎ 32-23-98-92. Ouvert du mardi au dimanche de 15 h à tard dans la nuit. Passer entre la place de l'Arsenal et l'hôpital naval, continuer jusqu'au bout de la rue, et 150 m à pied encore par un étroit passage entre des maisons, le long d'un bras d'eau. On arrive dans une très grande salle en bois, sur pilotis, ouverte sur la rivière. On y boit et on y danse dans une ambiance chaude et électrisée (musique brésilienne). Notre adresse préférée.

🎵 *Porto do Mares (hors plan par A3, 67)* : rua Bernardo Sayão 1172, entre les ruas Caripunas et dos Timbiras. ☎ 32-71-56-28. Entrée : 7 Rls. Le long d'un bras d'eau bordé de maisons sur pilotis, la boîte comporte une loggia qui donne sur le canal. Discothèque à la mode : musique reggae et pop-rock.

À voir

Si vous avez peu de temps pour visiter la ville, nous vous conseillons de vous rendre en priorité au marché Ver-o-Peso et au parc Goeldi, qui sont les deux endroits les plus représentatifs de l'esprit de Belém... Le lundi, de nombreux musées sont fermés.

🍽 *La praça da República (plan B2)* : le véritable centre de la ville, avec un grand parc dans lequel s'élève le *teatro da Paz,* autre folie de la période du boom du caoutchouc, du genre de celle de Manaus. ☎ 32-24-73-55. Entrée : 4 Rls. Visite à heure fixe, toutes les heures de 9 h à 17 h, le samedi de 9 h à 13 h seulement. Fermé le dimanche. Construit de 1868 à 1874 pour accueillir 1 300 personnes (alors que la ville en comptait à peine le double !), cet opéra présente une riche décoration intérieure.

🍽🍽 *Le marché Ver-o-Peso (plan A2)* : le long du port. Son nom, « voir le poids », provient de la période coloniale, lorsque les contrôleurs du roi venaient vérifier le poids des marchandises et prélever les taxes. Le flux naturel de la ville, l'animation et les effluves vous ramèneront toujours au Ver-o-Peso, le plus beau marché du Brésil. Les lève-tôt seront récompensés, car le moment le plus animé est à 6 h du matin, lorsque les bateaux multicolores, qui sont arrivés avec la marée, déchargent le poisson. À 9 h 30, le marché a déjà changé de physionomie, des métiers, des corporations ont disparu pour laisser la place à d'autres et à la foule des acheteurs. Tard le soir, quelques pêcheurs fatigués lancent leurs lignes dans les eaux du port. Le marché représente à lui seul tout l'esprit commerçant et actif de la ville : mélange de constructions baroques et Art déco, fourmillement humain qui exhale toutes les couleurs et tous les parfums de l'Amazone dans la luminosité dorée du matin. Tout autour, des centaines d'étals et d'éventaires, dont une grande partie a été restaurée. Seul le coin des petits restos conserve l'atmosphère d'antan... On y trouve une incroyable variété de produits : fruits aux noms magiques, plantes médicinales et thérapeutiques, gris-gris afro-brésiliens, philtres d'amour, etc. Essayez donc les os d'épervier contre la malchance, les yeux du *boto* (poisson local) pour retrouver un amour perdu, le *guaraná* râpé qui vous redonnera force et puissance sexuelle, sans oublier les multitudes d'herbes, écorces, racines, dents de crocodile, amulettes, etc. Un grand bâtiment de style néo-Empire abrite le **marché à la viande.** Spectacle fellinien ! À l'intérieur, structures métalliques de style Art nouveau et splendide escalier central en fer forgé qui s'élance en une harmonieuse volute vers le ciel.

🎯 **L'estação das Docas** *(plan A2)* : rua Castilho França. Fermé le lundi. Il s'agit d'anciens docks portuaires du début du XXᵉ siècle, rénovés dans un esprit très contemporain et de manière plutôt réussie ; vitres fumées et structure métallique ocre. Même les anciennes grues métalliques ont été conservées. Tout en longueur, ce grand bâtiment se compose de trois parties : l'entrepôt n° 1, le plus proche du marché Ver-o-Peso, abritant 3 bars et une microbrasserie (la meilleure bière de Belém), l'entrepôt n° 2 rempli de restos variés, et le n° 3 consacré aux expositions et aux foires. Pour se repérer, les portes d'entrée sont numérotées : 2A, 2B, 2C... Voilà le rendez-vous préféré de la classe moyenne belémoise. Il y a aussi des magasins et une librairie-maison de la presse.

🎯 **Le forte do Castelo** *(plan A2)* : à 600 m au sud du marché. Ouvert du mardi au vendredi de 10 h à 18 h, jusqu'à 20 h le week-end. Entrée : 2 Rls ; gratuit le mardi. C'est là que naquit la ville en 1616. Le petit fortin en bois d'origine fut remplacé en 1721 par la construction actuelle. De vieux canons sont toujours pointés vers le large. Des travaux de restauration ont mis au jour les vestiges des premières constructions. Expo sur l'histoire du fort. Le panorama sur la baie de Guajará et le marché Ver-o-Peso est splendide, exceptionnel au soleil couchant.

🎯 **La casa das Onze Janelas** *(palais des Onze Fenêtres ; plan A2)* : praça Frei Caetano Brandão. Ce fut dans les années 1720 le palais du gouverneur. Transformé ensuite en hôpital, il abrite aujourd'hui un petit *musée d'art contemporain et de photographie.* Ouvert du mardi (jour de gratuité) au vendredi de 10 h à 18 h, les samedi et dimanche de 10 h à 20 h. Billet : 2 Rls. Cette belle demeure abrite aussi un bar-restaurant (avec terrasse agréable) qui fait partie des lieux branchés chic de Belém.
Au pied du palais, amarré à un quai, la **corvette Solimões,** bateau de la marine nationale brésilienne transformé en petit musée.

🎯🎯 **La vieille ville** *(plan A2)* : tout autour du port et du marché Ver-o-Peso. Une vague de renouveau souffle sur la vieille ville consécutive à un projet de réaménagement (« Nucleo Cultural Feliz Lusitania ») et de réhabilitation du centre historique. Toutes les grandes tendances architecturales et l'émulation culturelle que connut Belém à l'époque du caoutchouc sont petit à petit remises en valeur : restauration progressive des vieux immeubles défraîchis, réparation des voies piétonnes, remise en service (en 2007 ou 2008) d'un vieux tramway 1900... Au fil de la promenade, nombreux témoignages architecturaux du passé : petites maisons portugaises à azulejos, hôtels particuliers style français de la Belle Époque, églises et bâtiments coloniaux, etc. Sur la praça Dom Pedro II, vous noterez le *palais du Gouverneur*, bâtiment blanc d'architecture néoclassique (1762, c'est d'ailleurs le premier édifice de ce style au Brésil) et le *palais de la Préfecture*, bâtiment bleu de style « Empire brésilien » (tous deux transformés en musées). Le soir, des dizaines de couples d'amoureux se disputent les bancs du jardin.

🍴 *La praça do Relógio (plan A2) :* entre le marché Ver-o-Peso et la praça Don Pedro II. Cette petite place est baignée, sur un de ses côtés, par les eaux du port de pêche. Au centre se dresse une horloge lumineuse de 12 m de haut (la Big Ben locale), construite en 1931. À l'époque, on installa aussi des lampadaires publics, les premiers du Brésil à fonctionner à l'électricité.

🍴🍴 *La cathédrale (catedral da Sé ; plan A2) :* sur le largo da Sé. Ouverte du lundi au vendredi à partir de 14 h ; les samedi et dimanche, ouverte pour la messe du matin. Construite en 1617, achevée plus d'un siècle plus tard. Observez ici la fusion des styles baroque et néoclassique. C'est la seule église du Brésil où les chaires sont en fer.
À côté de la cathédrale, l'*église Saint-Alexandre*, ancien collège de l'ordre d'Ignace de Loyola. Sur cette place encore, de belles maisons avec balcons en fer forgé. Un poète de passage a pu dire : « Tu seras la cause de nostalgies nouvelles... je ne pourrai plus t'oublier, Largo da Sé ! »

🍴 Un peu plus loin, tout près du marché, la **igreja das Mercês.** Belle église du XVIIIe siècle qui abrite de superbes ex-voto dans la sacristie. Elle fut restaurée par Landi, célèbre architecte baroque qui exprima tout son génie créatif à Belém. Dehors, les pavés de la petite place proviennent tous du Portugal. Les bateaux s'en servaient de lest pour traverser l'Atlantique, puis les laissaient sur place.

🍴 Enfin, une petite halte s'impose devant le magasin **Paris N'America** *(plan A2, 83)*, de style Art nouveau français, rua Santo Antônio. C'était un haut lieu du prêt-à-porter parisien et de toutes les nouveautés du vieux continent ; les mannequins européens venaient même y défiler !

🍴 *Le musée d'Art de Belém (museu de Arte de Belém ; plan A2, 81) :* dans le palais de la Préfecture (palácio Antônio Lemos), entre les places Dom Pedro II et Felipe Patroni. ☎ 32-83-46-87. Ouvert du mardi au vendredi de 9 h à 18 h et les samedi et dimanche de 9 h à 13 h. Entrée : 1 Rls ; gratuit le mardi. Installé dans un bâtiment du XIXe siècle, également appelé palais Azul, qui sert aujourd'hui d'hôtel de ville. On peut y admirer l'entrée en marbre de Carrare, des meubles anciens, des statues en bronze, des tableaux, dont un représentant le musicien brésilien Carlos Gomez quelques jours avant sa mort.

🍴🍴🍴 *Le musée d'Art sacré (plan A2, 80) :* praça Frei Caetano Brandão, s/n. ☎ 32-25-11-25. Ouvert du mardi au dimanche de 10 h à 18 h. Entrée : 4 Rls. Gratuit le mardi. Se faire accompagner par un guide, car la seule brochure est en portugais.
Dans l'ancien palais épiscopal rénové. Un endroit exceptionnel, à ne rater sous aucun prétexte. Plus de 320 œuvres, essentiellement baroques, parfaitement mises en valeur, grâce à un éclairage remarquable. La visite commence par l'église Saint-Alexandre pour se poursuivre dans le palais épiscopal.
– *L'église Saint-Alexandre :* construite par les jésuites, dans un beau style baroque. Elle a été fermée pendant 40 ans avant de devenir musée. À l'entrée, plusieurs tableaux extraordinaires représentent le chemin de croix. Réalisés en fer fondu, ils puisent leur éclat dans les fibres optiques qui les « illuminent ». Vraiment superbe ! Dans l'état où on les a trouvées, deux chaires (celle de gauche est la mieux préservée) très ouvragées et construites en cèdre rouge valent aussi le coup d'œil. Très beaux retables

également. À l'étage, on remarque des petites loges. Autrefois, pendant les offices, les nobles s'y tenaient, tandis que les Indiens se regroupaient en bas, et les Noirs n'avaient pas le droit d'entrer !

– *Le palais épiscopal :* sur la partie droite du couloir, au fond, Jésus et Nossa Senhora présentés en deux beaux « médaillons » de marbre polychrome (XVIIIᵉ siècle). Nombreuses et belles salles. La dernière met en valeur le travail du métal, or et argent notamment. Bougeoirs, calices, couronnes, vaisselle, impressionnantes lanternes de procession en bronze.

🎥🎬 *Le musée du Cirio :* rua Padre Shampagnat, dans le même bâtiment que le musée d'Art sacré. ☎ 32-19-11-52. Entrée : 2 Rls. Ouvert du mardi (gratuit) au vendredi de 13 h à 18 h et les samedi et dimanche de 9 h à 13 h. Histoire de la fête du Cirio : collections et objets.

🎥🎬 *Le musée d'État du Pará (plan A2, 82) :* praça Dom Pedro II, à côté du musée d'Art de Belém, dans le palais du Gouverneur (palácio Lauro Sodré). ☎ 32-19-11-38 ou 39. Ouvert du mardi au vendredi de 9 h à 17 h 45 et les samedi et dimanche de 9 h à 13 h. Gratuit le mardi. Visite guidée (demander Andréa, qui parle le français).
Surtout intéressant pour le palais lui-même, construit au XVIIIᵉ siècle par les Portugais. Il fut la résidence du gouverneur jusqu'au début du XXᵉ siècle et son bureau jusqu'en 1994. À l'étage, luxueux mobilier (dont on ne connaît ni la date de fabrication, ni l'origine du bois), lustres en cristal, souvenirs de l'époque du caoutchouc, etc. Intérieur de style très éclectique, car le gouverneur A. Montenegro fit appel à des artistes français au début du XXᵉ siècle pour modifier toute la déco.
Petite *chapelle* redécouverte en 1970 ; c'est de là que débutait le *Cirio de Nazaré* (voir plus loin la rubrique « Fête ») à la fin du XVIIIᵉ siècle, avant que celle-ci ne soit fermée sur ordre du gouverneur. On oublia alors son existence pendant près d'un siècle. Ne pas rater la table du 16 novembre 1889 (date officielle de l'adhésion de l'État du Pará à la république), sur laquelle monta Paes de Carvalho (il était tout petit...) pour annoncer l'avènement de la république au Brésil dans la plus grande agitation ambiante ! Dans la *salle d'honneur,* beau plafond en zinc pressé, avec les dates les plus importantes du Brésil et du Pará et remarquable tableau de Parreiras (1907) illustrant l'arrivée de Portugais.

🎥🎬 *Le musée des Pierres précieuses du Pará (museu de Gemas do Pará ; hors plan par C3) :* São José Liberto, praça Amazonas. ☎ 32-30-44-51. Ouvert du mardi au samedi de 10 h à 20 h et le dimanche de 15 h à 20 h. Ce vieux bâtiment restauré avec soin s'organise autour d'un patio intérieur mêlant la pierre au verre. Il abrite une très belle exposition de pierres brutes ou polies : améthystes, tourmalines, diamants des États du Pará, d'Amazonie, du Tocantins. Certaines sont énormes, comme ce bloc de quartz de 2,5 t datant de 500 millions d'années. En cours de visite, possibilité d'observer de près le travail méticuleux d'un joaillier : taillage et polissage des pierres brutes. Le musée abrite aussi une collection de vestiges archéologiques comme ces amulettes *(muiraquitas)* considérées comme magiques par les pêcheurs et chasseurs tapajós. Boutique de vente de bijoux et de pierres.

🎥🎬 *Le musée et le parc Emílio Goeldi (jardin zoologique ; plan D2) :* av. Magalhães Barata, 518. ☎ 32-19-33-69. Bus *Pedreira Condor,* av. Nazaré, tout près de la praça da República. Ouvert du mardi au dimanche (et les jours fériés) de 9 h à 17 h. Entrée payante très raisonnable (3 billets distincts : pour le parc, pour le musée et pour l'aquarium) ; réductions. On peut également y boire un verre ou y manger.
Étonnante irruption de la forêt amazonienne dans l'univers citadin, sur la route de l'aéroport : une petite mer d'arbres surgit au milieu du fouillis des immeubles. On y a reconstitué une miniforêt composée de centaines de plantes et de fleurs dans une exubérance fascinante. Pour ceux qui n'auront pas

le temps de faire un bout de jungle, venez dans ce jardin zoologique qui fascina naguère Stefan Zweig, Henri Michaux et, plus près de nous, le journaliste Gilles Lapouge. On peut y admirer des *victorias regias* (nénuphars géants) armés de centaines d'épines très pointues qui les protègent des poissons. Également des dizaines d'animaux de toutes sortes : jaguar, panthère, tapir, *macaco coata, cachoto de mato, tartaruga da Amazonia* (tortue), *poraquê,* cette anguille qui donne des décharges aux racines des arbres pour en faire tomber les fruits, oiseaux exotiques. Un aquarium présente les différentes espèces des fleuves amazoniens, dont le piranha, et bien sûr les deux poissons-totems des amazones : le *pirarucu* et le *peixe-boi.*

– Le *musée* expose une remarquable section archéologique. Les recherches qu'il présente font remonter l'existence de groupes humains organisés à environ 25 000 ans, c'est-à-dire l'époque de Lascaux en Europe, avec des traces d'activité rituelle et artistique. On peut voir des vestiges de civilisation indienne, avec des villes et, semble-t-il, des institutions remontant à près de 3 000 ans. L'exposition atteste aussi de l'effroyable génocide que la conquête et ses conséquences ont infligé à ces civilisations. La partie consacrée aux civilisations indiennes actuelles est particulièrement riche : instruments, économie, habitat, techniques, coutumes, art...

🏃🏃 *La basilique Nossa Senhora de Nazaré (plan D2) :* praça Justo Chermont, pas très loin du musée Goeldi. Bus *Pedreira Condor,* av. Nazaré, tout près de la praça da República. Visite tous les jours sauf le lundi matin, de 6 h 30 à 11 h 30 et de 15 h à 21 h. Sur les lieux mêmes où un certain Placido trouva une image de la Vierge de Nazareth. En 1774, on y établit une petite chapelle, remplacée au début du XXᵉ siècle par la basilique actuelle. Celle-ci fut construite en 1908 sur le modèle de la basilique Saint-Pierre de Rome. Belles mosaïques à l'intérieur. Superbe balcon en bois sculpté et beaux marbres de Carrare. Au mois d'octobre, la basilique accueille des centaines de milliers de personnes pendant la procession du *Cirio* de Nossa Senhora de Nazaré, une des plus grandes manifestations du monde catholique (voir la rubrique « Fête »).

🏃 Les amateurs de bucolique pourront prolonger leur plaisir en se rendant au *bosque Rodrigues Alves* (av. Almirante Barroso, 2453). Ouvert du mardi au dimanche de 8 h à 17 h. Entrée : 1 Rls. Parc créé en 1883, présentant de splendides essences d'arbres et d'orchidées. Il fait à peu près quatre fois la taille du parc Emílio Goeldi (voir plus haut). Petites volières dans lesquelles s'ébattent de superbes oiseaux colorés. L'espace est agréablement aménagé pour une promenade dominicale.

Achats, foire, marchés

C'est à Belém que vous ferez les meilleures affaires et que vous trouverez le plus bel artisanat d'Amazonie. Comme à Manaus, celui des Indiens de la forêt bien sûr, mais surtout la céramique dans le style des Indiens marajóaras. Elle est travaillée en bas-reliefs ou peinte en rouge et noir ou en brun et beige. Dessins toujours géométriques mais très variés. Ensuite, des animaux joliment façonnés en latex, objets sculptés en bois, de beaux articles de cuir, des hamacs, etc.

On trouve aussi des bonbons à base de confiture *(cupuaçu, açaí, bacuri...)* et enrobés de chocolat. Ils sont énormes !

Enfin, n'oubliez pas que la *cachaça* de Belém (alcool de canne brut), qui sert à faire la *caïpirinha,* est considérée par les vrais amateurs comme la meilleure du Brésil.

🎁 Principales *boutiques de souvenirs et d'artisanat* sur l'avenida Presidente Vargas, mais aussi à la *feira do artesanato,* praça Kennedy, là où se trouve *Paratur*. Fermé le dimanche. Prix beaucoup plus intéressants, bonne qualité des produits proposés, mais peu de boutiques.

🌀 *Orion :* trav. Frutuoso Guimarães, juste à côté de l'hôtel *Fortaleza*. Ouvert du lundi au vendredi de 8 h à 12 h et de 14 h à 18 h et le samedi de 8 h à 12 h. Boutique où l'on fabrique et vend des parfums artisanaux (bois de rose, jasmin, patchouli...) que l'on retrouve dans tous les marchés de la ville.

– *La foire d'artisanat :* praça da República. Uniquement le dimanche matin.
– *La rua Conselheiro Furtado* accueille le samedi matin la population de Belém, qui vient y faire ses emplettes (fruits et légumes principalement).
– *Le marché São Braz :* à côté de la *rodoviária*. Grand marché présentant une architecture intéressante. Viandes, fruits et légumes.

Fête

– *Cirio de Nazaré :* c'est la grande fête annuelle belémoise, à la fois religieuse et profane, au moins aussi populaire que le carnaval. Elle se déroule pendant une quinzaine de jours au mois d'octobre. Le deuxième dimanche d'octobre est le jour le plus important de la fête. La Vierge noire est amenée en grande procession de la cathédrale *(sé)* à la basilique Nossa Senhora de Nazaré. Une procession fluviale se déroule à la nuit et les canons de la marine ouvrent la fête populaire. Pendant tout le mois, presque chaque jour, une communauté de la ville vient en procession honorer la Vierge et, le soir, offre un banquet dans la cathédrale. Sur le parvis et les places alentour, bals et fête foraine battent leur plein. On y mange les meilleurs *maniçoba, tacaca* et *carne do sol* de la ville. Des pèlerins affluent du pays entier durant tout le mois.

➤ *EXCURSIONS DANS LES ENVIRONS DE BELÉM*

➤ *L'île aux Perroquets :* en face de Belém, de l'autre côté du fleuve. Une belle excursion d'une demi-journée proposée par les agences, dont *Amazon Star* (voir « Adresses utiles »). On part du port à 4 h 30, on traverse le fleuve, puis on attend le lever du soleil... Apparaît alors une petite île recouverte d'arbres et, dans le ciel, des nuages... de perroquets ! Leurs cris sont assourdissants et le spectacle de ces milliers d'oiseaux, sur fond de fleuve et de lever de soleil, ne vous fait pas, en général, regretter de vous être levé si tôt ! Au retour, possibilité de faire une promenade en pirogue dans des *igarapés,* à la recherche de la faune locale... Attention, en août, ces délicats volatiles couvent, l'ambiance est donc beaucoup plus calme. On peut aussi faire cette excursion le soir.

🍗 Dans le périmètre urbain de Belém, à 45 mn de bus, un joli petit quartier très populaire, au bord du fleuve, avec plein de buvettes, restos, bars, *tokstoks* et poissons grillés. Embarcadère pour *Vigia* (petit port de pêche à 200 km vers l'embouchure) et une jolie petite plage avec guinguette. Sympa pour boire un coup le soir, mais totalement exclu pour la baignade. Prendre le bus « Icoaracy », praça da República.

🍗 *Icoaracy :* à une vingtaine de kilomètres. Bus quotidiens « Icoaracy » toutes les 30 mn environ, sur la praça da República. C'est là que sont fabriquées les poteries *marajóara* et *tapajónico* (de l'ethnie *tapajós*). Quelques ateliers d'artisans.

🍗 *L'île de Mosqueiro :* à 85 km de Belém. Lieu de villégiature favori des habitants de Belém. Tous les week-ends, surtout en juin, ils se répartissent

BELÉM

sans se bousculer sur de longues plages. Prendre le bus pour s'y rendre : un pont relie l'île au continent. Il est prudent d'acheter son billet de retour dès son arrivée à Mosqueiro.

➤ **Balade sur la rivière Guamá :** visite d'un village *caboclo* sur l'**île de Combu.** Durée : 4 h. Proposé par la plupart des agences, donc assez touristique.

🔪 **L'île d'Outeiro :** située à 30 km de Belém, en face de la petite ville d'Icoaracy. Bus de Belém devant le teatro da Paz (praça da República) jusqu'à Icoaracy. Puis prendre un autre bus pour Outeiro. Ou bus Icaoaracy/Brás à prendre au bout de l'avenida Nazaré, plus rapide. Le week-end, le bus est direct de Belém (plusieurs départs par jour). Destination très populaire pour échapper à la chaleur de la ville.

QUITTER BELÉM

En avion

✈ **Aéroport** *(hors plan par B1) :* à 12 km au nord du centre. ☎ 32-10-60-00. Pour y aller, prendre le bus « P. Socorro » qui passe avenida Barroso, devant le terminal de bus, ou avenida Gama Abreu à côté du glacier *Zero Grau*. Fonctionne de 4 h à minuit et passe toutes les 10 mn environ.
Nombreux vols pour les principales villes du pays.
➤ **Pour Macapá :** 6 vols quotidiens. Durée : 45 mn.
➤ **Pour Cayenne :** avec *Air Caraïbes,* 3 vols Belém-Cayenne par semaine, plus en période de vacances scolaires. Prix élevés car clientèle encore rare. Également avec la *Taf,* 3 fois par semaine également, un vol dessert Cayenne (via Macapá) au départ de Belém.

En bus

🚌 **Terminal rodoviário** *(hors plan par D2) :* av. Almirante Barrioso, face à la praça do Operário. ☎ 32-66-26-25. À 10 mn de bus environ de la vieille ville, vers l'est ; pour y aller du centre, prendre les bus marqués « São Brás », le nom du quartier de la gare routière. Celle-ci est ouverte 24 h/24. À l'intérieur : bureau d'infos, w.-c. (*sanitarios,* avec douche payante), consigne « Guarda Volumes » ouverte 24 h/24. Les compagnies se valent en qualité et en prix.
➤ **Pour São Luís :** à 840 km. Trois bus quotidiens, dont 2 en soirée, avec *Transbrasiliana* (☎ 32-26-19-42) et *Boa Esperança* (☎ 32-26-09-66). Compter 14 h de trajet. Fauteuils inclinables dans le bus. Les routes du Pará sont en assez bon état, mais celles du Maranhão sont souvent défoncées.
➤ **Pour Brasília :** à 2 100 km. Trois bus ordinaires quotidiens avec *Transbrasiliana.* Environ 36 h de trajet.
➤ **Pour Rio et Salvador :** respectivement 56 h de trajet pour 3 213 km, et 36 h de trajet pour 2 146 km. Pour Rio, départ quotidien dans l'après-midi avec *Transbrasiliana* et *Itapemirim* (☎ 32-26-33-82).
➤ **Pour Fortaleza :** la compagnie *Timbira* propose de bons services (bus avec w.-c. et AC). Bus tous les jours, en début d'après-midi et dans la soirée. Environ 22 à 24 h de trajet.

En bateau

🚢 **Terminal hidroviário** *(plan B1, 8) :* av. Marechal Hermes, quai n° 10. C'est la gare maritime de Belém. Les principales compagnies y ont un kiosque. Informations : ☎ 32-42-15-70.
➤ **Pour Manaus et Santarém :** avec la *Cⁱᵉ Marquês Pinto Navigação,* l'une des plus sûres. Réservations et informations à Belém : ☎ 32-72-

38-47 ou 93-55. Les bateaux de cette compagnie ne partent pas du *terminal hidroviário* mais d'un port (privé), situé avenida Bernardo Sayão, 3012 (Jurunas). Pour l'achat des billets, le plus simple est de contacter Patrick Barbier d'*Amazon Star* (voir « Adresses utiles »). Normalement, compter 6 jours/5 nuits de trajet pour Manaus, et 3 jours/2 nuits pour Santarém. Départs pour Manaus un mardi sur deux, avec escales en cours de trajet à Óbidos et Santarém. Le meilleur bateau : le *Santarém,* avec des hamacs (économique) et des cabines doubles climatisées avec coin toilette. L'autre bateau a des cabines mais sans salle de bains. En cabine double climatisée avec salle de bains compter près de 1 000 Rls pour Manaus et 700 Rls pour Santarém, repas compris. En cabine climatisée sans salle de bains compter aux alentours de 800 Rls pour Manaus et de 500 Rls pour Santarém. En hamac dans un salon climatisé environ 220 Rls pour Manaus et 150 Rls pour Santarém.

➢ *Pour Marajó :* avec la C*ie Arapari,* la plus fiable. ☎ 32-41-49-77. Deux départs tous les jours du lundi au samedi, tôt le matin et en début d'après-midi. Un départ seulement le dimanche. Se rendre directement aux quais pour l'achat des billets. Aller : 13 ou 15 Rls. Compter environ 3 h 30 de trajet. Une autre compagnie, *Banav,* assure aussi la liaison, avec 1 ou 2 départs par jour. Les bateaux partent du même quai.

➢ *Pour Macapá :* deux compagnies assurent la navette mais on recommande la compagnie *Arapari.* Trois bateaux par semaine. Environ 20 h de trajet. Attention : départs près du fort Castelo et non à la gare maritime.

L'ÎLE DE MARAJÓ

IND. TÉL. : 091

« Le bouclier de l'océan » en langue indienne. Selon la légende, Marajó fut placée à l'embouchure de l'Amazone pour protéger le fleuve des coups de la mer. Voilà une île aussi grande que... la Suisse et qui compte moins de 90 000 habitants, au cœur de l'embouchure de l'Amazone. Entouré par l'Amazone, le rio Pará et l'océan Atlantique, l'archipel du Marajó a une superficie de 49 620 km² sur lesquels s'étendent des forêts, des savanes, des plages et un riche écosystème pratiquement vierge. Les vastes étendues de cette île sont terres d'élevage pour l'énorme cheptel de buffles du pays, et elles sont inondées entre les mois de janvier et juin, époque de pluies intenses. Le reste de l'année, de fin juillet à janvier, c'est la saison sèche et donc le meilleur moment pour connaître l'île.

UN PEU D'HISTOIRE

Sur l'île de Marajó vécurent des civilisations indiennes marajóaras, aux origines mystérieuses, qui laissèrent de nombreux vestiges, dont le plus ancien remonte à l'an 1000 av. J.-C. On a notamment retrouvé les fondements de villes bâties en terrasses et des cimetières. Certaines maisons, immenses, pouvaient loger jusqu'à vingt familles et des murs de greniers mesuraient 1 m d'épaisseur.

En 1499, cinq ans après la découverte de l'Amérique par Christophe Colomb, le Florentin Americo Vespucci longe la côte et découvre l'embouchure d'un grand fleuve qui n'est pas encore nommé l'Amazone. Il évoque une grande île sur l'équateur. Le 26 février 1500, le marin espagnol Vicente Yanez Pinzon atteint à son tour l'embouchure. On pense qu'il a débarqué sur Marajó et qu'il repartit en Espagne avec des Indiens captifs. Progressivement, entre le XVIᵉ et le XIXᵉ siècle, les Indiens disparaissent. Un des derniers Aruás encore en vie fut noté à Chaves en 1877 par Ferreira Penna.

UNE « CAMARGUE SAUVAGE ET ÉQUATORIALE »

On y découvre une extraordinaire nature sauvage : des milliers d'oiseaux, dont les superbes et inoubliables ibis rouges, des troupeaux de buffles sauvages (rescapés d'un naufrage, dit-on, quelques survivants élurent domicile sur l'île : ils sont aujourd'hui 60 000 !), de vastes pâturages, des forêts de manguiers, de nombreux *igarapés* que l'on remonte en bateau et des plages désertes. Quelques centaines de *fazendeiros* exploitent l'île, pratiquant l'élevage principalement. Une super-Camargue équatoriale en plus sauvage, en quelque sorte ! Le sentiment de mettre les pieds dans un immense territoire vierge, intact et en même temps si proche.

LES *FAZENDAS* DE L'ÎLE

L'archipel du Marajó compte 13 municipalités, dont ***Souré,*** la plus fréquentée par les visiteurs. L'île a peu de restaurants, généralement très simples, quelques hôtels et *pousadas.* Mais la meilleure façon de faire sa connaissance est de visiter ses *fazendas* avec le propre *fazendeiro* comme guide, afin de voir de près la vie quotidienne de ces immenses propriétés – quelques-unes de plusieurs dizaines de milliers d'hectares – où le temps s'écoule lentement au rythme de la nature.

Arriver – Quitter

Liaisons avec Belém

➢ ***En bateau d'abord :*** tous les jours avec les compagnies *Arapari* et *Banav,* entre autres (voir « Quitter Belém »). Compter 13 ou 15 Rls l'aller. Départs de Belém du lundi au samedi, à 6 h 30 et 14 h 30. La traversée dure environ 3 h 30. On arrive au petit port de *Camará.* Et, au départ de Camará, 2 bateaux par jour en semaine (à 6 h 30 et 15 h), un bateau le samedi matin et un le dimanche après-midi avec la *Cie Arapari.* Même type de liaisons avec la *Cie Banav.* Également un Souré-Belém le samedi matin tôt.

➢ ***Puis en bus :*** à la descente des bateaux, à Camará, des minibus (municipaux ou privés) attendent les passagers en partance pour les villes de Salvaterra et Souré. Ils peuvent faire des détours pour vous déposer devant votre hôtel. Billet de 2 à 8 Rls. Après Salvaterra, pour atteindre Souré, on doit traverser le rio Paracauari à bord d'un bac qui fonctionne de 7 h à 18 h (départ toutes les heures). De Camará à Souré, compter environ 1 h 15 de trajet par la route (bac inclus).

Adresses et infos utiles

Attention, pour contacter un correspondant sur l'île de Marajó (même en étant déjà sur l'île), il est souvent nécessaire de composer l'indicatif téléphonique (091).

À *Souré*

■ ***Téléphone international :*** agence *Telemar,* 4ª rua, 835. Derrière la *Banco do Brasil.*

■ ***Banco do Brasil :*** sur la place face au marché municipal. Pas de change, mais un distributeur acceptant les cartes *Visa* et *MasterCard,* accessible de 8 h à 20 h. En face, un petit ***point info,*** parfois ouvert, vend un petit guide intéressant.

■ ***Moto-taxis :*** face à la *Banco do Brasil.* Course à 2 Rls en ville, 3 Rls plus loin.

■ ***Location de vélos :*** chez *Bimba,* 4ª rua, à 50 m de l'agence *Telemar.*

À Salvaterra

@ *Internet : Cultura Marajoara*, av. Victor Engelhard. Ouvert du lundi au vendredi de 8 h à 21 h et le samedi de 14 h à 16 h.

■ *Location de vélos :* à la *pousada Bosque dos Aruãs* (voir « Où dormir ? Où manger ? »). Meilleure qualité que chez *Bimba*, à Souré.

Où dormir ? Où manger ?

À Souré

🛏 |●| *Asa Branca :* 4ª rua, à l'angle de la travessa 12. ☎ 37-41-14-14. Chambres doubles de 40 à 55 Rls selon le confort (avec AC ou ventilo). Chambres propres, simples et calmes, avec douche et w.-c., donnant sur une cour avec quelques beaux arbres. Fait également resto, ouvert tous les jours. Bon marché. Accueil sympathique. Le meilleur rapport qualité-prix de la ville.

🛏 |●| *O Canto do Francês :* 6ª rua, à l'angle avec la travessa 8. ☎ 37-41-12-98 ou 88-27-77-46 (portable). ● thcarliez@ig.com.br ● Compter 80 Rls la chambre double, petit dej' inclus. Le patron, Thierry Carliez, est un ex-photographe de pub qui a eu le coup de foudre pour Marajó et s'y est installé. La maison principale, grande et bien décorée, abrite 9 chambres climatisées (avec douche et w.-c.) qui donnent sur le jardin ou sur le chemin. Très bon accueil. Repas servis midi et soir à la demande. Plats autour de 10-15 Rls. Cuisine mijotée et savoureuse. Excursions en moto-taxi, en attelage à cheval ou en canot, dans la mangrove et sur la plage d'Araruna (ibis rouges).

🛏 |●| *Hôtel Ilha do Marajó :* rua Jerónimo Pimentel, 82. ☎ 37-41-13-15. Réservation à Belém : ☎ (091) 40-06-38-50. Fax : (091) 40-06-38-51. ● www.iaraturismo.com.br ● En face du point de rencontre des eaux du rio Paracauari et de la baie de Marajó. Un peu excentré ; y aller en taxi. Chambres à 120 Rls pour 2. *Apartamentos* équipés de frigo-bar, AC, salle de bains privée et véranda. Fait resto et possède une piscine, un court de tennis, etc. Organise aussi des excursions, comme tout le monde sur l'île.

À Salvaterra

🛏 |●| *Bosque dos Aruãs :* 2ª rua (parallèle à l'avenida Beira Mar), un peu à l'écart du centre. ☎ 37-65-11-15. ● jurandir@supridados.com.br ● Doubles aux alentours de 80 Rls avec AC, un peu moins cher avec ventilateur. Une dizaine de chambres dans des pavillons en bois, avec w.-c. et douche, dans un jardin ombragé par des manguiers, au bord du fleuve. Le cadre est agréable et l'accueil se fait en anglais (le patron parle un peu le français). Bon rapport qualité-prix. Location de vélos. Fait aussi resto (ouvert tous les jours).

🛏 |●| *Pousada dos Guarás :* praia Grande da Salvaterra. ☎ 37-65-11-33. Réservation à Belém : ☎ et fax, (091) 40-05-56-56. ● www.pousada dosguaras.com.br ● Compter environ 140 Rls la chambre double. Situé au bord de la praia Grande, en face de la baie de Marajó. Les chambres confortables sont aménagées dans des petits bungalows espacés : salle de bains, moustiquaire, AC, véranda avec des hamacs. Bar-resto et piscine. Organise des visites d'une journée dans l'île.

Où dormir ? Où manger ailleurs sur l'île ?

🛏️ ⃤ *Pousada Ventania do Rio-Mar :* 4ª rua, 3, dans le village de Joanes, à 21 km de Camará. ☎ et fax : 36-46-20-67. ☎ 99-92-57-16 (portable). ● www.pousadaventania. com ● Du port, prendre un van (maximum 3 Rls) et demander qu'il vous dépose devant la *pousada*. Compter 75 Rls la chambre double. Une *pousada* posée sur la rive, au-dessus du rio Pará, et tenue par Oliva et Edvan, un couple francophone. Accueil jovial. Chambres à la déco soignée, avec ventilo et moustiquaire. Accès direct à la plage (pizzeria). Le soir, Oliva vous fera goûter ses soupes (sa spécialité).

🛏️ ⃤ *Fazenda Nossa Senhora do Carmo :* on y accède grâce à un canot à moteur en remontant le fleuve depuis Camará, pendant 45 mn à 1 h. ☎ 32-41-22-02 ou 10-19. Compter 360 Rls (environ 137 €) par jour, pour 2 personnes en pension complète. Au cœur d'un domaine de 6 000 ha (et de 3 000 animaux), la *fazenda* de la famille Dias mérite un séjour prolongé. Claudio, le fils, parle un peu le français. La maison principale, des années 1900, possède 8 chambres avec moustiquaire (sans AC ni ventilo), dont 4 avec sanitaires privés, les autres avec 3 salles de bains communes. Électricité par groupe électrogène, eau courante, téléphone, TV. Linge de maison d'époque et luxe sobre. On y mange très bien. Promenades à cheval ou à dos de buffle, en canot ou kayak, pêche, observation des oiseaux et de la faune (singes, crocodiles), promenades en jeep (seulement de septembre à décembre)...

À voir. À faire

🏃 *Salvaterra :* petite ville située à 28 km au nord-est de Camará. De Camará, compter 45 mn de bus. Elle offre une belle plage animée le week-end, avec une série de bars et de restos en bordure du rio Pará.

🏃 *Souré :* située à 32 km au nord-est de Camará et à 4 km de Salvaterra, c'est la ville principale de l'île, celle qui se trouve au plus près de la forêt vierge. La route s'y arrête, puis devient une piste qui mène jusqu'à la côte nord-ouest, bordée par de longues plages sauvages, et des mangroves aux racines noueuses.

◠ *Les plages :* plusieurs plages bordent le rio Pará. On a l'étrange impression que ce fleuve hésite longuement à rejoindre l'océan... Il a encore une trentaine de kilomètres à parcourir. La marée basse découvre de longues plages de sable fin. *Praia do Pesqueiro,* à environ 13 km de Souré, est l'une des plus fréquentées le week-end. C'est aussi la plus aménagée. Quelques petites paillotes. Négocier avec une moto-taxi pour y aller. On peut se rendre aussi à *praia Barra Velha,* située à moins de 3 km de Souré. Fréquentée toute l'année. Quelques paillotes également dans un paysage de mangrove. À Salvaterra, la jeunesse passe ses week-ends sur *praia Grande.*

➤ L'île offre de superbes *balades* au sein d'une nature sauvage où paissent paisiblement les buffles et où se regroupent des ibis rouges *(guará)* et des aigrettes. Leur envol est un spectacle franchement magique et inoubliable !

L'ÎLE D'ALGODOAL

IND. TÉL. : 091

« Richesses incomptables du fond de la mer », telle est la signification de son nom en langue tupi guarani. Amoureux de simplicité et de nature vierge, voici l'endroit que vous cherchez depuis longtemps !

Située à 163 km au nord-est de Belém, cette île a la forme d'un grand triangle de 15 km de long avec deux côtés d'une dizaine et d'une douzaine de kilomètres. Elle donne sur l'Atlantique au nord, et sur le rio Maracanã au sud, décrivant une belle ligne évasée. La splendeur d'Algodoal réside dans ses immenses plages de sable blanc, bordées de dunes recouvertes d'arbres à cajous et de *murucis*. L'intérieur de l'île abrite une sorte de brousse maritime habitée par une faune variée : perroquets, ibis rouges, caméléons, singes... Entre 1 500 et 2 000 personnes vivent sur ce superbe bout de terre, essentiellement dans le petit village de pêcheurs, qui semble aller à un autre rythme que le continent. Peu d'installations touristiques, ici, pas de voitures (pas encore !), tout est lent et paisible, tout à fait dépaysant. Les déplacements se font sur de petites charrettes tirées par un cheval. La fée Électricité est arrivée en 2005, mais quelques coins en restent encore dépourvus.
– *Meilleure saison :* la saison sèche, entre juin et septembre (moins d'insectes). Février et mars correspondent au pic de la saison humide (moustiques).

Comment y aller ?

En bus et en bateau

➤ *De Belém à Maruda :* du *Terminal rodoviário,* av. Almirante Barrioso, prendre un bus en direction de Maruda. Avec la compagnie *Rapido Excelsior* (☎ 32-46-36-36 à Belém), 4 départs par jour du lundi au samedi, entre 6 h et 15 h ; un départ le dimanche dans l'après-midi. Trajet en 3 h 30 environ. Billet : 13 Rls. La route Belém-Maruda (BR 316) fait 163 km. Elle est mal indiquée mais en assez bon état (asphalte avec quelques bosses et trous). À Maruda, la gare routière se trouve à l'entrée du village, au bord de la route principale, à 400 m environ du bord de mer (plage). Si vous prenez un bus l'après-midi, il est probable que vous serez contraint de dormir dans ce sympathique petit village de pêcheurs qu'est Maruda. Également, au départ de Belém, des navettes un peu plus chères (15 Rls), un poil plus rapides et aux horaires plus souples.

➤ *De Maruda à Algodoal :* à Maruda, les bateaux se prennent au débarcadère, situé à environ 1 km au sud de la ville. On y va à pied ou en moto-taxi. Billet simple : 4 Rls. Traversée en 40 mn environ. Pas d'horaires fixes. Il faut se renseigner sur place. C'est selon la clientèle. Quelques bateaux par jour en période estivale, et un peu plus le week-end, qui partent et reviennent selon la marée. À marée haute, les bateaux passent sans problème dans le goulet, mais ce n'est pas le cas à marée basse. Parfois, la coque touche le fond sableux et les passagers doivent descendre sur la plage avant d'avoir atteint le port.

Où dormir ? Où boire un verre à Maruda ?

🛏 *Hôtel Atlântico :* av. Beira Mar. ☎ 34-66-12-21. En venant de la gare routière, prendre à gauche et longer la plage sur 200 m environ. Compter 45 Rls la chambre double. Maison en bois avec véranda. Pas cher, rudimentaire mais suffisant, avec des chambres équipées de salle de bains et de ventilateur.

🛏 *Pousada Santa Barbara :* av. Euvaldo da Gama Alves (rua Principal), 3. ☎ 46-61-14-01. Près de la gare routière. Double à 50 Rls. Maison fleurie à l'extérieur comme à l'intérieur, abritant 7 chambres avec AC, TV et petit balcon donnant sur le jardin intérieur (calme) au fond duquel se cache un petit pavillon (on peut y dormir aussi).

🍸 Sur le quai dominant la plage, quelques *petits troquets* sans prétention pour boire un verre le soir et profiter de la brise océane.

Où dormir ? Où manger ? Où écouter de la musique sur l'île d'Algodoal ?

⛺ |●| ♪ *Pousada Kakuri :* av. Magalhaes Barata. ☎ 38-54-11-56. Dans le village principal. Facile à trouver. Compter 30 à 40 Rls pour 2 personnes (moins cher hors saison). Petites paillotes en bois abritant des chambres simples (avec ventilo, douche-w.-c. dehors) dans un jardin tropical. Fait aussi resto. Quelques concerts de musique traditionnelle le week-end (*carimbô* notamment). Parfois, c'est plus rock, avec des groupes de Belém.

⛺ |●| *Hôtel Bela Mar :* rua Pres. Vargas, à 400 m du débarcadère. ☎ 38-54-11-28. ● www.belamar.hpg.com. br ● Compter 50 à 80 Rls la double selon la saison, petit dej' inclus. Murs extérieurs peints en rose. Petites chambres avec douche-w.-c. et ventilo, autour d'un charmant jardin très verdoyant. Fait aussi resto à prix doux.

⛺ |●| *Pousada Jardim do Eden :* Evandro et Véronique Thaumaturgo-Rocha, Jardim da praia do Farol. ☎ 96-23-96-90 et 99-67-90-10 (portables). ● www.chez.com/algodoal ● À 3 km environ à l'ouest du débarca-

dère. Accès par la plage dans une charrette à cheval. Chambres doubles à 77 Rls, chalet à 140 Rls. Personnalités sympathiques et attachantes, Véronique (ex-Parisienne) et Evandro (ex-Belémois) ont tout construit eux-mêmes, au fil des ans, suivant leur inspiration et leur vision écologique du monde. La maison principale sur pilotis regarde la mer. Elle abrite 2 chambres au 1er étage, avec salle de bains commune sur le palier. Les autres chambres sont nichées dans des petits chalets en brique (un est en pierre, caché dans un bosquet), avec des touches amusantes de style gothique, répartis dans un grand jardin planté d'arbustes. Douche, lavabo, bougie et moustiquaire. Possibilité aussi de dormir en hamac et de camper. Repas servis sur la grande véranda. Cuisine locale simple et bonne. Goûter au miel fait maison par Evandro. Nombreuses possibilités d'excursions, guidées par Evandro : mangroves, pêche en mer, observation d'oiseaux, lac de la Princesse...

Balade sur l'île

➢ En longeant la plage sur la gauche, on parvient à un petit *igarapé*. Traversez-le et poursuivez jusqu'à la *praia da Princesa.* Cette plage mesure 18 km de long : quelques cabanes de pêcheurs... dunes ondulées, sable blanc à perte de vue.

➢ À l'intérieur des terres, on peut se balader jusqu'au *lagon.* On raconte qu'une sirène, qui y attire les hommes, y vivrait. Messieurs, méfiez-vous !

➢ Depuis *praia do Algodoal,* on peut aussi rejoindre le village de *Fortalezinha* après une marche de 2 h, puis revenir par la *praia da Princesa.* Mais se faire accompagner par un guide.

– Possibilité de participer à des sorties de *pêche artisanale en mer* sur des petites embarcations.

LE NORDESTE

Le Nordeste est formé de neuf États alignés sur 3 500 km de côtes. D'ouest en est se suivent les États de Maranhão, Piauí, Ceará, Rio Grande do Norte, Paraíba, Pernambuco, Alagoas, Sergipe et Bahia. Tous ces États possèdent un climat, des caractéristiques géographiques et des problèmes socio-économiques communs.

Sur tout le littoral, on trouve une zone fertile de 100 km de large, largement arrosée, où poussent canne à sucre, coton et cacao. Puis, avant d'aborder le Sertão, s'étendent des régions d'élevage et de cultures moins nobles : manioc, tabac, haricots.

Vaste dépression aride, le Sertão s'étend donc au sud et à l'ouest des États côtiers et au nord du Goiás. Les rivières et fleuves sont à sec la moitié de l'année. La végétation se réduit à des épineux rabougris (la *caatinga*), quelques cactus et aux *juazeiros,* petits arbres qui donnent la seule tonalité verdoyante dans cet environnement gris et brûlé.

Cette région se caractérise surtout par de grosses poches de pauvreté aggravée par les sécheresses périodiques. Les cultures sont en grande partie liées aux caprices du temps. Pire que la sécheresse cependant, le système latifundiaire, cette féodalité de la terre qui maintient en esclavage plus de 20 millions de paysans. Le contrôle de la terre et de l'eau par une minorité de propriétaires terriens et de grands industriels est la cause principale de la pauvreté nordestine. Ce n'est pourtant pas la surface qui fait défaut, mais 70 % de la terre appartiennent à 4 % de gros propriétaires. Dans la région coexistent côte à côte des structures traditionnelles et des industries et agro-industries modernes qui doivent devenir des pôles de dynamisme économique. La concentration des revenus aggrave le cadre d'isolement et de pauvreté de la majorité de la population.

Au moment de la création, en 1960, de la Superintendance du développement du Nordeste *(SUDENE),* la population du Nordeste comprenait environ 22 millions d'habitants ; aujourd'hui, elle est de 47 millions, dont la majorité (deux tiers) vit dans les zones urbaines. La croissance incontrôlée des villes, dès le début de la dictature militaire en 1964, est une conséquence de la déstructuration agraire et de l'aggravation de la concentration des richesses. Malgré les changements survenus dans le Nordeste au cours des quarante dernières années, la situation sociale de la région est encore très mauvaise. Selon l'Indice de développement humain (IDH) de l'ONU, les neuf États nordestins présentent des résultats inférieurs à la moyenne brésilienne. Parmi les dix plus petits IDH du Brésil, 8 se situent dans le Nordeste. Les plus hauts taux de mortalité infantile et la plus courte espérance de vie, eux aussi, se rencontrent dans le Nordeste. Quant à la pauvreté au Nordeste, elle touche 46 % de la population totale pour 23 % dans le Sudeste.

À noter que le Pará est un État tout particulièrement victime de la déforestation massive, au profit d'immenses *fazendas* d'agro-élevage (ou plus récemment de plantations de soja), dont les propriétaires se livrent à un trafic illégal de bois précieux. Ils s'approprient des millions d'hectares et utilisent des milliers de travailleurs ruraux. Ces derniers, recrutés souvent de manière illégale dans des États plus pauvres encore, sont soumis à un véritable esclavage. C'est dans le Pará que cette pratique criminelle est la plus importante au Brésil, terrible conséquence de cet autre désastre qu'est la destruction de la forêt amazonienne.

LE CYCLE DU SUCRE

Historiquement et économiquement, le Brésil est né au Nordeste. La culture de la canne à sucre, exploitée de façon extensive dans les États de Pernambuco et de Bahia pendant près de deux siècles, a généré une forme d'organisation économique et sociale particulière : l'*engenho,* ou « moulin à sucre », dont il subsiste aujourd'hui encore de nombreuses caractéristiques dans les latifundias, et qui a marqué les rapports sociaux de façon définitive. La main-d'œuvre principale était formée d'esclaves noirs, les Indiens ne présentant pas suffisamment de résistance. Ils vivaient dans des conditions très dures et misérables. Mieux traités étaient les métis, les *mulatos,* à qui l'on confiait des tâches plus techniques, moins pénibles. On disait à l'époque : « Le Brésil est l'enfer des Noirs, le purgatoire des Blancs et le paradis des *mulatos.* » Au XIXᵉ siècle, le Sud du Brésil se mit à la canne à sucre, les cours chutèrent et beaucoup d'*engenhos* furent ruinés, faute de solution de rechange à la monoculture de la canne. Cela ne fit qu'accélérer la concentration de la propriété et le pouvoir de quelques familles de latifundistes et propriétaires d'usines de raffinage. Les *coroneis* devinrent industriels, et leur puissance sur les institutions s'accrut jusqu'à aujourd'hui.

LES *QUILOMBOS*

Mal nourris, épuisés, les esclaves noirs des *engenhos* devaient aussi subir des châtiments corporels inhumains comme la *novena.* Cette punition, infligée pour le vol d'un quignon de pain, consistait à être fouetté pendant neuf nuits d'affilée. Beaucoup mouraient avant la fin du supplice, aussi les évasions étaient-elles nombreuses. Les esclaves se réfugiaient à l'intérieur des terres et formaient des *quilombos,* communautés indépendantes capables de se défendre et d'organiser l'évasion d'autres esclaves. L'État d'Alagoas possédait la plus grosse concentration de *quilombos.* L'un d'entre eux comptait jusqu'à 10 000 maisons. La résistance de leurs habitants fut longue et héroïque. Les colons portugais durent lever de véritables armées, composées principalement de *bandeirantes* déjà rompus aux dures conditions du Sertão, pour éliminer les *quilombos.* Les derniers chefs se suicidèrent plutôt que de se rendre. Les exploits de ces communautés donnèrent lieu à toute une culture populaire, dont la *littérature de Cordel,* des chansons, des pièces de théâtre, etc.

LE *CORONEL*

Héritier du « seigneur de l'*engenho* », le *coronel* régna – de la moitié du XIXᵉ siècle jusqu'aux années 1930 environ – sur les terres arides de l'intérieur. L'esclave noir fut ici remplacé par le *caboclo* (métis de Blanc et d'Indien), mieux accoutumé aux dures conditions d'existence du Sertão. À la tête d'une immense exploitation régie par un système patriarcal très hiérarchisé, le *coronel* est un chef de bande lorsqu'il s'agit de piller un voisin plus faible ou de s'emparer de terres convoitées, mais aussi... juge et parfois chef spirituel ou religieux de la région. L'activité principale de ces grandes fermes était l'élevage. En cas de sécheresse catastrophique, le petit éleveur voyait mourir ses bêtes, et son endettement et sa dépendance vis-à-vis du *coronel* augmentaient au point de le rendre à son tour esclave à vie ou d'être obligé de fuir avec sa famille vers d'autres régions pour survivre.

LE *CANGACEIRO*

Dans ce contexte de misère et de lutte contre la faim est apparu son corollaire inévitable : le bandit de grand chemin, le *cangaceiro,* immortalisé par les films de Glauber Rocha, *Le Dieu noir et le Diable blond,* ou *Antônio das Mortes,* du nom d'un des *cangaceiros* des années 1910-1920. Encore exista-t-il plusieurs sortes de *cangaceiros.* Au bandit pilleur et sanguinaire se juxtaposa souvent l'image du redresseur de torts au grand cœur, un Robin des Bois du Sertão, en quelque sorte. En l'absence de justice légale, n'importe qui pouvait être amené à se défendre contre un *coronel* tyrannique et ainsi devenir hors-la-loi. Une mystique religieuse ou une foi fiévreuse animait souvent les *cangaceiros,* donnant là encore des héros pittoresques dont la littérature de Cordel raconte les exploits.

Un des plus célèbres fut Lampião, devenu *cangaceiro* pour se venger du meurtre de ses parents par la police. Pendant quinze ans, il tint tête avec sa troupe aux forces de l'« ordre » et terrorisa les gros propriétaires. Il était adoré du peuple, ainsi que sa compagne Maria Bonita. En 1930, ils flirtèrent tour à tour avec l'insurrection communiste et avec des bandes répressives, avant de poursuivre leur aventure. Tout le *cangaço* de Lampião finit décapité par la police, et leurs têtes furent exposées publiquement en 1936.

UNE FIGURE TRAGIQUE D'AUJOURD'HUI : LE *POSSEIRO*

Ruiné par la sécheresse, le plus souvent dépossédé de sa terre, le *flagelado,* le petit paysan du Nordeste, n'a plus aujourd'hui qu'à rejoindre les favelas des grandes villes ou à aller toujours plus loin chercher une terre plus favorable. Il en colonise de nouvelles, sans papiers légaux, et obtient au bout d'un an et un jour le droit d'y rester : un droit de propriété symbolique par l'usage. Il devient *posseiro.* Mais la boulimie des grands propriétaires et des multinationales (comme en Amazonie) ne connaît plus de limites. Ils avancent dans le Sertão comme un rouleau compresseur, marquant les territoires conquis de nouveaux désastres écologiques. Les cultures vivrières sont abandonnées au profit des élevages ou des cultures extensives. Tout est rationalisé, mécanisé, les arbres abattus au risque de provoquer un dangereux déséquilibre de la nature. Il arrive aussi que le *fazendeiro* ne produise rien et qu'il n'acquière de nouvelles terres que dans un but spéculatif.

Le petit paysan qui a défriché la forêt, mis en valeur une terre ingrate pendant 5, 10 ou 20 ans, le *posseiro,* donc, devient l'ennemi... On lui propose d'abord une indemnisation à l'amiable, souvent ridicule. S'il refuse, c'est l'escalade des moyens de pression. Avec la complicité de juges, d'avocats et de *cartórios* (notaires) corrompus, les *fazendeiros* mettent en avant de faux titres de propriété. Si cela ne suffit pas, les *pistoleiros,* des tueurs embauchés pour la circonstance, passent à l'action. Les arrestations par la police et l'armée, à la solde des *fazendeiros,* se multiplient. Les *posseiros* arrêtés se voient contraints de signer l'acte de vente de leurs terres, parfois même des feuilles en blanc. Le dernier acte de ces spoliations est plus terrible encore : lorsque le besoin en main-d'œuvre se fait sentir, les *pistoleiros* partent à la recherche de journaliers et le *posseiro* dépossédé revient travailler sur sa propre terre sous la menace des fusils. On a vu tous les hommes d'un village emmenés de force dans des camions.

Face à cette situation, l'Église catholique s'est rangée du côté des *posseiros.* Un début de résistance s'est manifesté, avec l'aide d'avocats progressistes, et certains journaux importants ont décidé d'informer sur la situation du Nordeste et en particulier du Pará. Ricardo Kotscho, journaliste à la *Folha de São Paulo,* a d'ailleurs obtenu le prix Wladimir Herzog (du nom d'un confrère mort sous la torture policière) pour son livre *Le Massacre des posseiros* (Syros, 1983).

L'action de l'Église progressiste, sous-tendue par des hommes comme l'archevêque de Recife, dom Helder Câmara, ou celui de Fortaleza, dom Aloyso Lorscheider, a permis de faire naître un vaste mouvement de solidarité des paysans, le *mouvement des Sans-Terre,* né dans le Rio Grande do Sul dans les années 1980, qui lutte pour une réforme agraire qui résoudrait enfin le drame du Nordeste et de ses misérables émigrés entassés dans les capitales. En 1988, se crée la *CUT* rurale, premier syndicat libre de travailleurs ruraux, qui rassemble aujourd'hui près de 10 millions d'adhérents. Depuis 1990 les élections montrent que l'autorité absolue des *coronels* et des puissances financières sur les institutions du Nordeste n'est pas inéluctable. La question de la réforme agraire est plus que jamais au cœur de tous les enjeux brésiliens, et fait d'ailleurs partie des priorités du nouveau gouvernement.

UNE CULTURE, DES TRADITIONS VIVANTES

C'est dans cette région du Nordeste que vous sentirez le cœur du Brésil caraïbe et *caboclo* battre au travers de nombreuses fêtes populaires et manifestations religieuses et culturelles. Un phénomène de retour aux sources de leur civilisation amène les habitants du Nordeste à redécouvrir leur identité grâce aux rites afro-brésiliens du *candomblé* et à l'héritage indien de l'*umbanda,* au vrai carnaval, aux légendes et à la mémoire populaire mises en scène dans les fêtes. São Luís, Recife et Salvador da Bahia, trois étapes inoubliables, et même obligatoires, de votre périple brésilien, pour appréhender cette chaleureuse et extraordinaire réalité qu'est le Nordeste.

SÃO LUÍS DO MARANHÃO   870 000 hab.   IND. TÉL. : 098

Une très belle ville coloniale, qui vécut longtemps de façon discrète du fait de sa situation géographique reculée. Son faible développement industriel et son isolement lui ont épargné le massacre de son centre historique, aujourd'hui toujours intact : une avalanche de toits de tuiles patinées, rongées par l'air salin, chapeautant les splendides façades à azulejos des *sobradões* (maisons bourgeoises). Au fil des rues pentues qui réservent des points de vue plongeants, dans l'été permanent de cette ville qui somnole et rêve au passé, vous effectuerez une des plus belles balades à pied de votre séjour.
Le centre colonial de la ville, aujourd'hui en grande partie restauré mais presque inhabité, fait de São Luís l'une des capitales historiques les plus fascinantes du Brésil, comme un théâtre peuplé d'ombres et de vivants. Le *Projeto Reviver,* ce grand programme de rénovation du centre historique entamé dans les années 1980, se poursuit toujours avec dynamisme et a valu à São Luís d'être classée au Patrimoine mondial de l'humanité par l'Unesco.
Sous ses dehors endormis, São Luís est une ville peuplée d'habitants qui vivent pour la plupart dans les *povoados* et cités de la Cohab (programme social d'accès à la propriété) ou dans la partie moderne de la ville, de l'autre côté du fleuve Anil, tout en travaillant au centre.
Africaine et équatoriale autant que Belém est indienne, c'est une ville qui semble ne pas connaître le stress des grandes métropoles brésiliennes. São Luís, un hymne indolent, doublé d'une gentillesse qui vous charmera. Vous découvrirez à travers les fêtes populaires, uniques au Brésil, l'âme authentique de ce peuple. Et puis il y a Alcântara, un lieu indéfinissable, une atmosphère magique, étrange. Bon, on vous en dira plus tout à l'heure...

UN PEU D'HISTOIRE

« Saint-Louis » fut fondée en 1612 par les Français et nommée ainsi en l'honneur du roi Louis XIII, mais ceux-ci y restèrent que huit ans en laissant le souvenir d'une colonisation sans esclavage. Même si par la suite les Hollandais occupèrent également la ville, les habitants de São Luís se souviennent surtout de la présence française et vous signalent fièrement que le sieur Daniel de La Touche, seigneur de La Ravardière, fondateur de la ville, possède sa statue près de la mairie. D'ailleurs, jetez un coup d'œil à l'annuaire téléphonique, vous serez surpris par le nombre de « França ». Longtemps une des villes les plus importantes (au XIXe siècle, 3e du pays, bien avant São Paulo), São Luís connut une vie artistique et littéraire riche et vivante. On la surnommait « l'Athènes brésilienne ». Elle a produit de grands noms de la littérature et de la poésie : *Gonçalves Dias, Aluiso Azevedo,* et l'un des leaders du courant moderniste dans les années 1920 : *Graça Aranha.*

Aujourd'hui, la ville vit principalement du tourisme et de son port minéralier, lié au gisement de fer d'Itaqui, exploité par la puissante *Companhia Vale do Rio Doce.* Longtemps fief de l'ex-président Sarney, qui en fut gouverneur et sénateur, c'est aujourd'hui celui de sa fille, Roseane Sarney, histoire de montrer qu'ici, modernité ou pas, le pouvoir reste une affaire de famille. Ce côté monarchique explique certaines fantaisies, comme le changement du nom des rues... peu pratique quand les plans de ville et les habitudes ne suivent pas. En fait, c'est un vrai casse-tête : tous les plans sont différents et les échelles sont franchement fantaisistes. Si un certain nombre de rues ont changé d'appellation officielle, la signalisation n'a pas été modifiée. Bon courage !

À noter que São Luís se divise en deux parties reliées par un pont : la vieille ville coloniale *(centro histórico),* où se trouvent la majorité de nos adresses, et la ville nouvelle *(São Francisco),* tirée au cordeau, plantée d'immeubles hétéroclites, et dont l'intérêt unique réside dans ses plages.

Arrivée à l'aéroport

✈ *L'aéroport* est à 11 km du centre, au sud-est de la ville. On y trouve un *kiosque d'informations touristiques,* ouvert tous les jours de 9 h à 20 h et de

---

■ **Adresses utiles**

🛈 **1** Office du tourisme
✉ Poste centrale
🚌 Rodoviária
2 Téléphone international
@ **3** Poeme-Se

🛏 **Où dormir ?**

10 Auberge de jeunesse Solar das Pedras
11 Pousada Colonial
12 Lord Hotel
13 Hôtel Sol Nascente
14 Pousada do Francês
15 Pousada Tia Maria *(plan nord)*
16 Skina Palace Hotel *(plan nord)*

🍽 **Où manger ?**

21 Naturalista Alimentos
22 Panaderia de Valery
23 Antigamente et Papagaio Amarelo
24 Restaurante Base da Lenoca
25 Senac
26 El Galeton *(plan nord)*

27 Le Bistrot *(plan nord)*
28 Tia Maria *(plan nord)*

🍸 🎵 **Où boire un verre ? Où sortir ?**

32 Bagdad Cafe

🏵 **Achats**

37 Mercado Central
38 Antigo Mercado das Tulhas

🏹 **À voir**

40 Avenida Dom Pedro II
41 Fonte do Ribeirão
42 Praça do Desterro
43 Musée de la Culture populaire
44 Musée historique
45 Musée des Arts visuels
46 Théâtre Arthur Azevedo
47 Convento das Mercês
48 Cafua das Mercês et museu do Negro
49 Praia da Ponta d'Areia *(plan nord)*
50 Centro de Criatividade Odylo Costa Filho

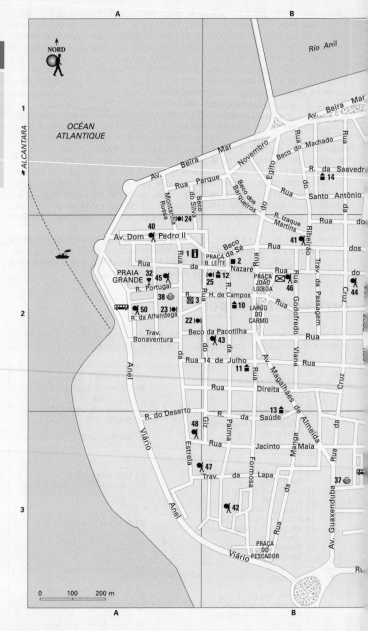

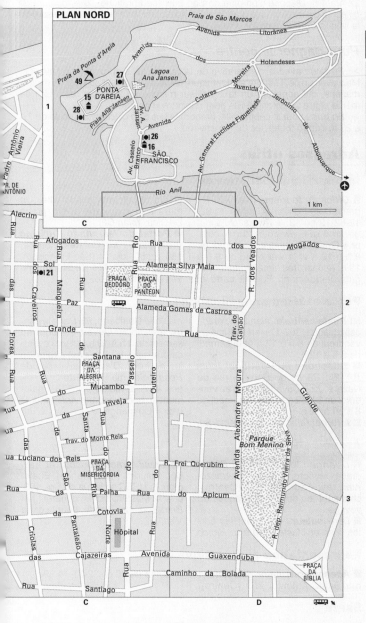

PLAN NORD

Praia de São Marcos

Avenida Litorânea

Praia da Ponta d'Areia

Avenida dos Holandeses

49

27

Lagoa Ana Jansen

Moreira

Avenida

Jerônimo de Albuquerque

PONTA D'AREIA

15

Colares

Avenida

28

Praia Ana Jansen

Av. A. Jansen

Av. Castelo Branco

Avenida

26

16

SÃO FRANCISCO

Av. General Euclides Figueiredo

Rio Anil

1 km

SÃO LUÍS DO MARANHÃO

Alecrim

Rua

Rua dos Craveiros

Rua das

Afogados

Rua Mangueira

Sol

21

Rua Paz

Grande

Rua de

Flores

Rua

Rua do

Rua da

das

Rua de

Rua das

Luciano dos Reis

Rua da

Rua

Rua das Criolas

Rua

Rua Rio

Rua

dos

R. dos Veados

Afogados

Alameda Silva Maia

PRAÇA DEODORO

PRAÇA DO PANTEON

Alameda Gomes de Castros

Rua

Trav. do Galpão

Santana

PRAÇA DA ALEGRIA

Mucambo

Passeio

Outeiro

Inveja

Santa

Rita

Rua do

Trav. do Monte Reis

PRAÇA DA MISERICORDIA

São

Palha

Rua

do

Cotovia

Pantaleão

Norte

Hôpital

Cajazeiras

Santiago

Avenida

Rua

Caminho da Boiada

R. Frei Querubim

do

Apicum

Avenida Alexandre Moura

Parque Bom Menino

R. dep. Raimundo Vieira da Silva

Grande

Guaxenduba

PRAÇA DA BÍBLIA

Rio Anil

C

D

1

2

3

22 h à 4 h. Dispose d'un plan de São Luís (peu pratique). *Distributeurs de billets* (à gauche dans la grande salle) acceptant la carte *Visa (Bradesco)* ou la *MasterCard (Banco 24 horas)*.

Pour gagner le centre

➤ *En taxi :* avec la coopérative de taxis, prix fixes et on paye à l'avance. Mais avec un petit sourire sympathique, on peut s'adresser au kiosque d'informations, qui appellera un taxi meilleur marché... La course reste tout de même chère : environ 25 Rls pour rejoindre le centre.
➤ *En bus :* pour le centre-ville, prendre le bus *São Cristovão*. Circule de 7 h à 23 h, départ toutes les 30 mn environ.

Adresses utiles

Informations touristiques

🅸 *Office du tourisme* (plan A2, 1) : praça Dom Pedro II (Centro). ☎ 32-12-62-12 ou 13. ● www.saoluis.ma. gov.br ● et ● www.guiasaoluis.com. br ● Ouvert du lundi au vendredi de 8 h à 19 h et le week-end de 9 h à 19 h. Accueil très aimable, en portugais uniquement. Fournit carte et divers documents sur la ville. Un autre à la *rodoviária* et sur praça Deodoro *(plan C2)*.
■ *Portal do Maranhão Turismo* (hors plan) : av. Colares Moreira, 150, qd 50, loja 04 (São Francisco). ☎ 32-27-02-02. Agence de tourisme très professionnelle.

Poste et télécommunications

✉ *Poste centrale* (plan B2) : praça João Lisboa, 302. Ouvert du lundi au vendredi de 8 h à 17 h et le samedi de 8 h à 12 h.
■ *Téléphone international* (plan B2, 2) : *Banco do Service*, rua da Nazaré, 227. Ouvert du lundi au vendredi de 8 h 30 à 18 h et le samedi de 8 h 30 à 12 h.
@ *Internet* (plan A2, 3) : *Poeme-Se*, rua João Gualberto, 52. Dans le centre historique. Ouvert du lundi au samedi de 9 h à 19 h. Un vrai cyber-café sympa, où l'on peut siroter un jus de fruits. D'autres adresses de *Poeme-Se* : rua Humberto de Campos, 49 A, et rua do Sol, 173. Également au bar-restaurant *Antigamente* (voir « Où manger ? »).

Argent, change

■ *Change :* les *Banco do Brasil*, praça Deodoro, et *Banco da Amazonian*, av. Pedro II, 140 (Centro), changent les dollars et chèques de voyage.
■ *Distributeurs* acceptant les cartes *Visa* et *MasterCard* à la *Banco* do Brasil (praça Deodoro et trav. Boaventura à Praia Grande). Également la *HSBC* de la rua do Sol, 105, pour la *MasterCard* (en général...) et *Bradesco*, rua Grande, pour la carte *Visa*.

Représentation diplomatique

■ *Agence consulaire de France :* rua Santo Antônio, 259 (Centro). ☎ 32-48-05-00 ou 32-31-44-59.

Santé

■ *Urgences :* *Soccorão 1*, ☎ 32-12-83-40, et *Soccorão 2*, ☎ 32-12-27-00. Fonctionnent 24 h/24.
■ Les *pharmacies Redemed* restent ouvertes 24 h/24. Il y en a plusieurs dans la ville.

Transports

🚌 **Rodoviária** *(hors plan par D3) :* av. dos Franceses (à 12 km). ☎ 32-49-24-88.

🚌 Le **terminal des bus de la ville** se trouve rua Anel Viário *(plan A2),* à Praia Grande, à 20 mn du centre historique.

■ **Varig :** av. Colares Moreira, en face du *Tropical Shopping* (São Francisco). ☎ 32-35-20-10 et 32-17-62-00 (aéroport). Ouvert du lundi au vendredi de 8 h à 18 h et le samedi jusqu'à 12 h.

■ **Tam :** av. Colares Moreira, 23 (São Francisco). ☎ 32-27-08-16 ou 32-17-62-45 (aéroport).

■ **Gol :** à l'aéroport. ☎ 32-17-62-16.

■ **Bra :** à l'aéroport. ☎ 32-17-61-75.

■ **Taxis :** *Coopertáxi,* ☎ 32-45-44-04 ; *Rodotáxi :* ☎ 32-43-42-42 ; *Rádio Táxi :* ☎ 32-31-10-10 ; *Ligue Táxi :* ☎ 32-22-22-22.

Où dormir ?

Dans le centro histórico

Un avantage : les hôtels sont proches les uns des autres.

De bon marché à prix moyens (de 20 à 70 Rls – 7,60 à 26,60 €)

🛏 **Auberge de jeunesse Solar das Pedras** *(plan B2, 10) :* rua da Palma, 127. ☎ et fax : 32-32-66-94. ● www.ajsolardaspedras.com.br ● Avec ou sans la carte, compter 30 ou 35 Rls la double et 15 ou 18 Rls par personne en dortoir de 4 lits, petit dej' compris. Auberge de jeunesse récente dans un ancien bâtiment restauré de manière sympathique (murs de pierre bien conservés) et très bien tenue. Salle de bains commune. Chambres avec ventilateur et moustiquaire. Éviter celles situées à côté du salon, où la TV peut veiller jusqu'à des heures tardives. Laverie, cuisine en commun et accès Internet même pour les non-résidents.

🛏 **Pousada Colonial** *(plan B2, 11) :* rua Formosa (anciennement A. Pena), 112. ☎ et fax : 32-32-28-34. ● www.clickcolonial.com.br ● Compter 74 Rls pour 2 avec petit dej' ; 10 % de réduction en payant cash. Chambres avec salle de bains, téléphone, TV, AC et frigo-bar. Belle maison coloniale rénovée, couverte d'azulejos jaunes et bleus en relief. Joli patio autour duquel on prend un copieux petit dej'. Très propre, ça sent l'encaustique. Une adresse qui charmera les amoureux des vieilles pierres, des briques et des parquets cirés. En plus, un bon rapport qualité-prix-proximité.

🛏 **Lord Hotel** *(plan B2, 12) :* rua da Nazaré (anciennement Joaquim Távora), 258. ☎ 32-21-46-55. ● lord@elo.com.br ● Très bien situé, en plein centre. La plupart des chambres varient entre 45 et 55 Rls, petit dej' inclus. Certaines ont une salle de bains commune, les autres ont douche, w.-c. et ventilateur ou AC. L'entrée presque chic est trompeuse. Malgré tout, les chambres sont bien tenues. Certaines sont petites et tristes, demandez à en voir plusieurs, cela vaudra mieux.

🛏 **Hôtel Sol Nascente** *(plan B2-3, 13) :* rua da Saúde, 221. ☎ 32-22-43-29. ● www.hotelsolnascentema.com.br ● Bien situé, en plein centre mais calme. Chambres doubles avec ventilos à 40 Rls et avec AC à 65 Rls. Petit dej' avec fruits tropicaux. Équipement sommaire. Préférez celles du haut avec ventilo, on trouve celles avec AC un peu chères pour le confort. Entrée kitsch et accueil nonchalant. Son petit plus : la piscine dans la cour entourée de hauts murs. Petite *lanchonete*.

Chic (de 70 à 120 Rls – 26,60 à 45,60 €)

🛏 *Pousada do Francês (plan B1, 14) :* rua 7 de Setembro, 121. ☎ 32-31-48-44. Fax : 32-32-08-79. • pousada@elo.com.br • Un peu moins de 100 Rls la chambre double. Bel édifice du XVIIIe siècle à la façade rose, dans un quartier calme et agréable. Chambres confortables, clean et sans coup de barre. Excellent petit dej'. Réservation conseillée : c'est souvent plein. Un reproche toutefois à la salle du resto, qui donne un peu le bourdon avec ses grosses pierres toutes sombres... pas franchement idéal pour le réveil !

Dans la ville moderne *(São Francisco)*

🛏 *Pousada Tia Maria (plan nord, 15) :* rua das Angelicas, qd 2, CII, praia da Ponta d'Areia. ☎ 32-27-15-34. • www.hoteltiamaria.com.br • Environ 85 Rls pour 2 ; forte ristourne si paiement cash. Coin calme à deux pas de la mer, mais les chambres, bien que nickel et confortables (TV, frigo, AC), restent très banales. Piscine et bar.

🛏 *Skina Palace Hotel (plan nord, 16) :* av. Mal Castelo Branco, 512. ☎ 32-16-40-00. Fax : 32-35-63-01. • www.hotelskina.com.br • Chambres doubles avoisinant les 85 Rls et près de 150 Rls pour une suite avec 2 chambres, salle de bains, kitchenette et salon. Bâtiment assez récent mais sans charme, dans un quartier qui n'en a pas plus. Chambres correctes et confortables, déco passepartout. Bonne literie. Apprécié des hommes d'affaires de passage. Également un resto.

Où manger ?

Dans le centro histórico

Bon marché (moins de 15 Rls – 5,70 €)

l●l *Naturalista Alimentos (plan C2, 21) :* rua do Sol, 517. ☎ 32-21-03-18. À deux pas du Musée historique. Ouvert le midi seulement, du lundi au vendredi. Bon resto populaire et végétarien *ao kilo,* où de simples ventilos s'efforcent énergiquement de rendre l'atmosphère plus légère. Bon accueil.

l●l *Panaderia de Valery (plan A2, 22) :* rua de Giz, 164. Ouvert de 7 h à minuit. Dans le quartier piéton, vers le port. Boulangerie-pâtisserie tenue par un Français. Pour les nostalgiques du croissant au petit dej'.

Prix moyens (de 15 à 25 Rls – 5,70 à 9,50 €)

l●l *Antigamente (plan A2, 23) :* rua da Estrela, 220 (Praia Grande). ☎ 32-32-29-64. Ouvert du lundi au vendredi à partir de 17 h (10 h le samedi). C'est l'un des endroits animés de São Luís le soir dans le centre historique. Les tables envahissent l'agréable petite rue pavée et ne tardent pas à se remplir. On peut débuter par une *caïpirinha* plutôt généreuse. Puis on a le choix : soupes, salades, pizzas, poissons grillés ou plus cuisinés, ou encore excellente *feijoada* (le samedi midi uniquement). C'est très bon. Concerts certains soirs *(couvert artístico).* Pas mal de monde. Une douce adresse pour prendre le petit déjeuner le samedi ou profiter calmement de la soirée. Le service est souriant ; on en redemande !

l●l *Papagaio Amarelo (plan A2, 23) :* rua da Estrela, 210 (Praia Grande). ☎ 32-21-38-55. Fermé le lundi. Resto-pizzeria connu surtout pour sa terrasse donnant sur une rue piétonne, toujours animée le soir. Bonne cuisine bien ficelée avec de généreuses salades pour deux. Pizzas au feu de bois. Petit orchestre. Un de nos endroits préférés également pour boire un verre en terrasse.

I●I Restaurante Base da Lenoca *(plan A2, 24)* **:** praça Dom Pedro II. ☎ 32-31-05-99. Ouvert tous les jours, midi et soir. Attention, si l'on n'y prend garde, l'addition peut vite s'envoler... En fait, on vient surtout en journée pour le cadre : grande terrasse avec vue sur la mer et le pont qui relie à la ville nouvelle. La salle en elle-même est d'une banalité presque affligeante. Bonne nourriture et quelques plats traditionnels. On peut se contenter d'y boire un verre.

Plus chic (de 25 à 50 Rls – 9,50 à 19 €)

I●I Senac *(plan B2, 25)* **:** rua da Nazaré, 242. ☎ 32-32-63-77 ou 62-36. Ouvert du lundi au samedi. Resto de l'école hôtelière du Maranhão, dans une très belle maison du XVIIIe siècle et un cadre chic. Cuisine parfois excellente, parfois banalissime, mais prix raisonnables pour le niveau. Une spécialité gastronomique qui change tous les jours. Service laborieux et emprunté des élèves, pleins de bonne volonté. La réputation du lieu n'est pas à mettre en cause, mais à notre dernier passage, on est resté sur notre attente. Piano-bar à l'étage.

Dans la ville nouvelle *(São Francisco)*

Prix moyens (de 15 à 25 Rls – 5,70 à 9,50 €)

I●I El Galeton *(plan nord, 26)* **:** av. Mal. Castelo Branco, 600 A. ☎ 30-84-15-42 (portable). À 100 m de l'*hôtel Skina Palace*. On peut passer devant sans le repérer : il y a un poteau de bois peint devant l'entrée. Ouvert à midi et le soir jusqu'au dernier client. Joli petit resto à la déco soignée, où les tables se comptent presque sur les doigts d'une seule main ! Poulet grillé à la braise, viande grillée, filets de poisson, *carne de sol*. Quelques plats pantagruéliques pour 4. Clientèle joyeuse au bon appétit. Bon accueil.

Plus chic (de 25 à 50 Rls – 9,30 à 18,50 US$)

I●I Le Bistrot *(plan nord, 27)* **:** rua Miosotis, 3, qd 13, Ponta d'Areia. ☎ 32-35-06-65. Fermé le lundi. Resto français assez excentré, certes, mais que ne ferait-on pas pour retrouver la saveur d'un filet mignon ou d'une côtelette de veau au poivre ? Pizzas cuites au feu de bois. Air conditionné.

I●I Au bout du chemin où se trouve la *pousada Tia Maria,* av. Nina Rodrigues, 1, le **resto Tia Maria** *(plan nord, 28)* sur la plage (rien à voir avec la *pousada*), face à la mer et aux bateaux. ☎ 32-35-69-79. Ouvert tous les jours sauf le lundi, midi et soir.

Où boire un verre ? Où sortir le soir ?

À noter que São Luís est une ville qui cultive intensément une réputation de centre de la musique reggae dans le Nordeste. Ne vous étonnez pas de croiser le soir des fans en *dreadlocks* rasta qui se retrouvent en petits groupes dans certains bars pour vénérer la mémoire du grand Bob Marley.

Dans le centro histórico

🍷 **Rua da Estrela** (plan A2-3), des **cafés** se sont ouverts dans ce quartier piéton et font terrasse commune avec musique *ao vivo*. Avec les deux ou trois rues adjacentes, c'est là essentiellement que, le soir, touristes de passage et ceux qui n'ont pas su repartir, étudiants, noctambules et poètes, faux ou vrais, se retrouvent en alignant les *caïpirinhas*.

🍷 **Bagdad Cafe** (plan A2, **32**) : au coin de la rua Portugal et du beco Catarina Mina. Hauts murs de pierre brune, ventilos et quelques tables au dehors. On y va pour profiter de la terrasse, siroter un cocktail et prendre le soir la température du quartier. Sorbets et glaces, mais aussi quelques plats à grignoter comme un risotto de crevettes à la mangue.

Dans la ville nouvelle (São Francisco)

🍷 🎵 Sur la **praia da Ponta d'Areia** (plan nord), au début de la plage, en face des dizaines de **baraques** et **bars de plage** qui restent ouverts le soir, plusieurs bals au prix d'entrée souvent symbolique. Le week-end, l'ambiance est chaude. Les baffles frôlent la saturation... Au fur et à mesure que l'heure avance, les bouteilles de bière s'accumulent sur les tables désertées par les derniers réfractaires qui se lèvent pour rejoindre peu à peu cette jeunesse qui se balance sensuellement d'un seul corps, sur des rythmes de *forró*, de reggae... Si vous voulez vraiment connaître la musique et la danse du Nordeste, c'est là qu'il faut aller. Le soir, nombreux taxis.

À voir

Préservée, du fait de la décadence commerciale de São Luís après la crise du sucre et de son isolement, la vieille ville fait l'objet d'une importante opération de rénovation, pour son unité architecturale unique au Brésil. Les maisons conservent un style cohérent, des hôtels particuliers en ruine sont complètement reconstruits et retrouvent leur éclat d'antan. Le programme a rénové plus de 200 maisons, mais vous verrez qu'il reste encore pas mal de boulot à accomplir. Certaines maisons ont leur façade couverte d'azulejos. Autrefois, on les utilisait pour les vérandas et les cuisines. Puis on a trouvé judicieux de les coller sur les façades afin de les protéger de l'humidité des pluies tropicales.

Essayez d'obtenir à l'office du tourisme un plan avec les anciens noms de rues, car le plan *Quadro Rodas* ne possède que les nouveaux, et peu de monde ici ne les connaît. Les plaques de rues sont également composées d'azulejos.

🎭🎭🎭 **Quelques rues de caractère** : beco Catarina et rua da Estrela ; voir aussi le *Solar dos Vasconcelos,* bel immeuble en ruine en face du sindicato dos Vigias Portuários. Belle perspective du bas de la rua Pintor Zaque Pedro. Rua Magalhães de Almeida et rua do Giz, harmonieux alignement de maisons coloniales. La rua Direita (rue « Droite », en fait assez sinueuse) et la rua da Palma englobent encore une population très pauvre. La nuit, quand il ne reste que les habitants du quartier, le centre prend des allures étranges de décor de théâtre avant la représentation. Dans les rues piétonnes résonnent les pas des petits groupes qui déambulent. Sur quelques places, dans la partie rénovée, retentissent des rires et des bruissements de terrasses où l'on boit et joue de la musique. Dans les rues Marcelino d'Almeida ou João Vital, aux alentours du beco da Sé, des réverbères hésitants dévoilent l'entrée de maisons aux murs patinés par les vents marins... Tout en bas du quartier, au bord des quais, au *beco da Lapa,* éclatent les *forrós* populaires au rythme d'accordéons dans la joie fiévreuse de terrasses où la bière coule à flots.

🎣 L'avenida Dom Pedro II *(plan A2, 40) :* on y trouve le *palácio do Governo* (ou *palácio dos Leões*), aménagé en musée (mobilier, assiettes... ouvert uniquement l'après-midi). Fine architecture coloniale et splendides boiseries intérieures. Il fut construit en 1776 par les Français, qui se sont inspirés du Grand Trianon de Versailles. À côté s'élève le *palácio La Ravadière,* qui abrite la préfecture municipale et qui date de 1689 (ne se visite pas).
Au bout de l'avenida, côte à côte, le *palácio arquiepiscopal* (vous y trouverez les faux azulejos, peints en trompe-l'œil) et la *igreja da Sé* (bâtie en 1676 en l'honneur de Notre-Dame-de-la-Victoire, sainte patronne de São Luís), qui présente un retable considéré comme une pièce essentielle de la sculpture coloniale brésilienne de style baroque. C'est aujourd'hui la cathédrale. Ouvert tous les jours de 8 h à 11 h 30 et de 15 h à 18 h. Remarquez, dans la chapelle de gauche, l'œil dans un triangle, symbole franc-maçon.

🎣 La fonte do Ribeirão *(plan B2, 41) :* largo do Ribeirão. Magnifique fontaine coloniale aux teintes bleues, sculptée et entourée de hauts murs, construite en 1796 pour approvisionner la ville. Jolies gargouilles. Derrière les fenêtres aux barreaux de fer, un des accès aux galeries souterraines du centre historique, découvertes dans les années 1990 (ne se visitent pas).

🎣 La praça do Desterro *(plan B3, 42) :* elle abrite la plus ancienne église de São Luís. Sa construction, débutée en 1641, fut achevée en 1863 grâce à un mécène. En fait, elle fut profanée par les envahisseurs hollandais et reconstruite par les habitants du quartier. La seule église du Brésil à la fois néoclassique et byzantine.

🎣 Le port : pour ses bateaux avec leurs magnifiques voiles triangulaires de couleur ocre. Ne manquez pas leur retour le soir. On y pêche surtout la crevette.

🎣🎣 Le musée de la Culture populaire *(plan B2, 43) :* rua do Giz, 221. ☎ 32-31-15-57. Ouvert du mardi au samedi de 9 h à 19 h. Gratuit. Dans une ancienne demeure bourgeoise fort bien restaurée, un musée aménagé sur 3 étages (prenez votre souffle !), qui évoque plusieurs volets de la culture populaire. Au rez-de-chaussée, intéressante collection de costumes et de bœufs servant au *Bumba-meu-Boi,* la fête la plus typique de la région (voir plus loin). Les couleurs claquent et enchantent le regard. Au 1er étage, clin d'œil à la fête religieuse d'*Alcântara* et expo d'objets indigènes. Au 2e étage, superbes costumes du carnaval de São Luís, expo de marionnettes réalisées par Beto Bittencourt. Au passage, n'oubliez pas de jeter un coup d'œil à la baie depuis le minuscule balcon. Enfin, sous le toit (salle de droite), hommage à *Andor do São Raimundo,* un saint que la ville célèbre le 31 août mais qui n'est pas homologué par le Vatican. Nombreux ex-voto. La salle de gauche rassemble les saints de la ville.

🎣🎣 Le Musée historique *(plan B2, 44) :* rua do Sol (rua Nina Rodriguez), 302. ☎ 32-21-45-37. Ouvert du mardi au vendredi de 9 h à 18 h 45 et le week-end de 14 h à 18 h. Billet commun modique. Installé dans une splendide maison coloniale avec patio et balustrades extérieures. Le musée est divisé en 3 parties (1 billet), dans 2 endroits différents :
– *La casa Maranhense :* à l'adresse ci-dessus. Maison typique de l'époque coloniale où sont reconstitués les intérieurs des maisons maranhenses du XIXe et du début du XXe siècle. Intéressantes collections de mobilier. Dans une vitrine vous verrez que le proprio de l'époque avait reçu la Légion d'honneur.
– *Le musée d'Art religieux :* même adresse. ☎ 32-21-45-37. Collection d'art sacré des XVIIIe et XIXe siècles, provenant principalement de la

cathédrale. Remarquez la statue en bois de saint Jean-Baptiste avec le haut du corps creux et amovible destiné à cacher des pierres précieuses de contrebande.

– *Le musée des Arts visuels (plan A2, 45)* : rua Portugal, 273. ☎ 32-31-67-66. Dans une jolie maison coloniale, collection d'azulejos, de dessins et gravures. Demander la brochure expliquant brièvement chaque œuvre.

À deux pas de là, jetez un coup d'œil à la galerie d'art *Nagy,* rua da Estrela, 124. Gratuit.

🏛 *Le théâtre Arthur Azevedo (plan B2, 46)* : rua do Sol. ☎ 32-32-81-63. Visite du lundi au vendredi de 15 h à 17 h précises ! Entrée presque gratuite. Ce théâtre, construit au XIXe siècle, présente une belle façade de style néoclassique. Spectacle de *Bumba-meu-Boi* le mercredi soir.

🏛 *Le convento das Mercês (plan A-B3, 47)* : rua da Palma, 502. ☎ 32-22-51-82. Ouvert du lundi au vendredi de 8 h à 12 h et de 14 h à 18 h, et le samedi de 10 h à 18 h. Gratuit. C'est un ancien couvent inauguré en 1654, récemment restauré. Des travaux d'aménagement étaient en cours au début 2005. Aujourd'hui, il abrite la *fundação da Memória republicana,* qui s'efforce de monter des projets avec des jeunes en difficulté autour de la musique. Il est agréable de déambuler dans les galeries lorsque les notes de musique s'échappent des fenêtres et vagabondent de manière anarchique. Quelques expos temporaires et concerts.

🏛 *La cafua das Mercês et le museu do Negro (plan A3, 48)* : rua Jacinto Maia, 34. Face au *Convento das Mercês.* Ouvert du mardi au vendredi de 9 h à 18 h. Gratuit. Cette petite demeure de style colonial servait autrefois de marché aux esclaves. À leur arrivée d'Afrique, on y enfermait les Noirs jusqu'à leur vente aux propriétaires de plantations de canne à sucre et de coton. Au rez-de-chaussée, petite expo de pièces utilisées dans les rituels afro-brésiliens (les tambours de Mina). Dans le patio, remarquer la réplique du *pelourinho* (pilori) qui se dressait à l'origine devant l'église do Carmo. À l'étage, collection d'objets africains achetés récemment (non, ils n'ont pas appartenu aux esclaves).

🏛 *Le centro de Criatividade Odylo Costa Filho (plan A2, 50)* : rua da Alfândega, à 50 m de l'Antigo Mercado das Tulhas. ☎ 32-31-40-58. Un centre culturel avec théâtre, cinéma et quelques ateliers d'artistes (peinture, sculpture).

Achats

🛍 Plusieurs *boutiques d'artisanat* entre la rua Portugal et le beco dos Catraeiros. Pas mal de babioles, de pièces de dentelles, de corsages brodés, mais aussi de beaux hamacs, couvertures et objets en vannerie.

🛍 *L'Antigo Mercado das Tulhas (plan A2, 38)* : entre la rua da Estrela et le beco Catarina Mina, dans le centre historique. Aussi appelé *Feira de Praia Grande,* un marché populaire où vous trouverez de la super *cachaça* parfumée. Prenez la meilleure, tant qu'à faire, celle de São Bento (ville de la Baixa da Maranhense), servie au bidon. Les gosiers entraînés peuvent essayer la *cachaça de mandioca* (alcool de manioc), mais c'est plutôt fort. Petits cigares informes mais délicieux et bon marché. Pas mal de musique et de danses improvisées le soir dans ce dédale concentrique de petites allées.

🛍 *Mercado Central (plan B3, 37)* : près du *Largo de Comercio,* des bâtiments de béton abritent le marché principal. Sur le pourtour, échoppes de vannerie de cuirs, de matériel de cuisine et, à l'intérieur, poissonniers, bouchers et maraîchers se partagent les étals. Beaucoup de couleurs et... d'odeurs. Quelques tables et comptoirs où l'on peut grignoter des plats populaires très bon marché ou se faire presser un excellent jus de fruits.

⊗ Voir aussi l'**Antigo Mercado das Tulhas** (plan A2, 38 ; cf. « À voir »).

Les plages de São Luís

Le climat de la région étant l'un des plus séduisants du Brésil, pas trop chaud, frais alizés, les grandes plages de São Luís sont aussi une invitation à prolonger le séjour. São Luís a la particularité de connaître la plus forte amplitude de marée (7 m) du Brésil. Du coup, à marée basse plages infinies ! Mais à marée haute, c'est l'invasion des sonos poussées à saturation sans compter les pétarades de tous les engins à moteur qui sillonnent la plage. Et la mer est loin d'être bleue : sans doute les alluvions charriées par les embouchures du rio Pará et de l'Amazone plus au nord sont-elles pour quelque chose dans sa coloration ocre laiteuse... mais il semblerait que les égouts de la ville n'y soient pas étrangers non plus. Les bus pour s'y rendre se prennent praça João Lisboa.

△ **Praia da Ponta d'Areia** (plan nord, 49) : à 3 km au nord de São Luís. La route qui y mène permet d'apercevoir un village sur pilotis construit sur la lagune. Très longue plage de sable, la plus proche de la ville. Nombreuses échoppes installées sur le sable : noix de coco ou jus de fruits. Malheureusement, la construction d'immeubles va bon train, et l'endroit a déjà pas mal perdu de son charme. Pour y loger et s'y restaurer, voir plus haut.

△ **Praia do Calhau :** à environ 12 km. Bus « Calhau/Litorânea ». La plus vaste. Sable blanc à perte de vue. Mais elle a connu une forte urbanisation ces dernières années. Tous les soirs, grosse animation tout au long de la Litorânea : restos, paillotes, boîtes, bars...

△ **Praia do Araçagi :** à 20 km. Très faiblement urbanisée et peu de monde. Bus derrière le Mercado das Tulhas.

Fêtes et manifestations

– **Les tambours de Mina :** rites afro-brésiliens propres à l'État de Maranhão. Ils suivent chaque année un calendrier précis, et les dates sont annoncées dans les journaux et dans une brochure de l'office du tourisme. Les principales fêtes tournent autour des 19 et 20 janvier (en l'honneur de saint Sébastien), 19 et 20 mai (saint Georges-Ogum), 12-13-14 juin (saint Antoine), 28-29-30 juin (saint Pierre et saint Marçal) et 2 juillet (Santana).
– **La festa do Divino Espírito Santo :** événement mi-religieux mi-profane, marqué comme beaucoup de fêtes du Nordeste par les apports africain et portugais. Elle se déroule de l'Ascension à la Pentecôte et célèbre la prodigalité de la nature et la bonté de Dieu pour avoir favorisé de bonnes moissons. Elle s'accompagne bien sûr de messes et de processions, mais aussi de tambours de Crioula (danses d'origine africaine qui accompagnent toutes les fêtes populaires), de Bumba-meu-Boi et de grands repas. Ses deux thèmes principaux, qui s'interpénètrent, sont la célébration du Saint-Esprit et de l'Enfant Jésus et le couronnement d'un « empereur » parmi les notables de la région. Une des cérémonies les plus colorées réside dans la transmission de la couronne entre l'empereur de l'année précédente et celui nouvellement désigné par le tirage au sort.
– **Le Bumba-meu-Boi :** la plus belle fête du Maranhão. L'histoire, d'origine paysanne, tourne toujours autour du même sujet : un pauvre vacher vole un bœuf pour nourrir sa famille affamée. Son entourage l'admoneste copieusement, mais le vacher demande pardon et le bœuf ressuscite. Une version

plus élaborée met en scène une femme enceinte qui manifeste brutalement une envie folle de manger de la langue de bœuf. Son mari va donc tuer le plus beau bœuf du troupeau, mais ne fait que le blesser. Le mari passe en jugement. Il se repent et le pardon lui est accordé tandis que le bœuf guérit. La représentation dure toute la nuit et le bœuf en est le héros principal. Fait d'une armature légère en bois recouverte de toile noire richement brodée et de fanfreluches multicolores, le bœuf est animé par un des participants. La résurrection ou la guérison de l'animal est bien entendu le prétexte à de grandes réjouissances. Chants et danses expriment la joie de l'audience à l'aide d'instruments de musique typiques du Maranhão : le *sanfona,* le membraphone, les tambours, etc.

Vous pouvez assister à des *Bumba-meu-Boi* de la seconde quinzaine de juin à la fin août, en général le samedi, dans les villages et les quartiers (se renseigner à l'office du tourisme pour les lieux et dates). Mais le plus célèbre est celui de la Saint-Jean, qui rappelle le carnaval par sa folie festive. Atmosphère colorée et bon enfant.

– **Le festival de Folklore :** vers la mi-août, à São Luís.
– **28 juillet :** jour commémorant l'adhésion de l'État du Maranhão à la république du Brésil.
– **8 septembre :** anniversaire de São Luís. Pas mal de manifestations culturelles.
– **8 décembre :** jour de *Nossa Senhora da Conceição.*
– **Début décembre :** *Feira cultural da Praia Grande.* Nombreuses manifestations culturelles organisées pendant une semaine.

➤ DANS LES ENVIRONS DE SÃO LUÍS DO MARANHÃO

ALCÂNTARA *(5 700 hab. ; mais où sont-ils ?)*

Fondée en 1634, elle était au XVIIIᵉ siècle plus importante que São Luís, et servait de résidence aux grands aristocrates et propriétaires portugais. La ville s'était enrichie grâce à la canne à sucre et au coton. La suppression de l'esclavage en 1888, la crise du sucre, le développement de São Luís et de son commerce au détriment d'Alcântara provoquèrent une hémorragie de ses habitants, qui abandonnèrent les belles *sobradões.* Peu à peu, la végétation tropicale reprit le dessus, maisons et églises se dégradèrent. Quelques-unes sont encore aujourd'hui en ruine. Alcântara présente le visage d'une ville fantôme mais conserve une fascinante noblesse, une orgueilleuse fierté dans sa relative déchéance. Le silence y a quelque chose d'émouvant. Le temps semble s'y être figé. Amateurs de photos noir et blanc, à vos objectifs ! La balade vaut vraiment le coup et la petite animation du village et du port a quelque chose de rafraîchissant. N'hésitez pas à passer une nuit dans cette ville de moins de 6 000 habitants aujourd'hui, discrets et accueillants. Alcântara servit même un temps de pénitencier, d'anciens prisonniers y ont élu domicile depuis. Quarante jours après le carême a lieu la *festa do Divino Espírito Santo* (voir « Fêtes et manifestations » à São Luís do Maranhão).
On peut se procurer un plan de la ville sur le port, au guichet de vente des billets de bateau.

Arriver – Quitter

➤ **Liaisons en bateau avec São Luís :** allers à 7 h et 9 h 30, retours vers 8 h 30 et 16 h. Moins de 20 Rls l'aller-retour, moins cher si l'on prend le 1ᵉʳ bateau. Compter maximum 1 h 30 de traversée. Souvent, la houle est assez forte. Achat des billets et départ du *Terminal hidroviário,* avenida Beira

Mar, dans le centre, près de praça Dom Pedro II. ☎ 32-32-06-92. Se renseigner sur les horaires, qui peuvent varier, et sur le lieu d'embarquement (parfois, à marée basse, depuis la plage de Punta d'Areia). De même au retour, se faire préciser très exactement l'heure du bateau dans l'après-midi sous peine de passer la nuit sur l'île de façon imprévue. De façon moins organisée, des traversées (plus chahutées encore) se font aussi en catamaran. Prix à négocier.

Où dormir ? Où manger ?

🛏 *Pousada e Artesanato Planeta Alcântara :* rua das Mercês, 400. ☎ 33-37-12-70. En montant du débarcadère, à droite peu avant d'arriver à la place du village. Deux chambres doubles à 30 Rls dans l'arrière-boutique d'un magasin d'artisanat, propres et décorées avec soin. Douche et w.-c. communs. Un petit dépannage tout simple et très familial. Vente de boissons et de sandwichs. Location de vélos. Cela peut être utile pour parcourir l'île. Possibilité, sans loger, d'utiliser la douche pour 2 Rls si vous vous êtes baigné.

🛏 |●| *Pousada dos Guarás :* praia da Baronesa, à 1,5 km de la praça Matriz. ☎ 33-37-13-39. Sur la plage de sable blanc, sous les palmiers. Petits bungalows plutôt modestes, très bien tenus, au toit en feuilles dc palmier tressées. Salle de bains commune ou privée. Pour 2 personnes, compter 40 Rls, petit dej' compris. Au resto, ouvert tous les jours jusqu'à 20 h, on s'en sort à environ 20 Rls pour 2. La nourriture est excellente, le service souriant et les proprios très sympas. Fabuleux jus de fruits avec les produits du jardin comme l'*acerola* et le cajou. Un vrai

petit coin de paradis... à condition d'aimer la solitude. Jolie plage mais baignade impossible, les fonds sont vaseux.

🛏 *Pousada do Mordomo Régio :* rua Grande, 134. ☎ 33-37-15-37 ou 58. Dans la rue qui part à gauche au bout de la praça da Matriz. Chambres doubles de 33 à 56 Rls selon le confort (AC ou non, salle de bains privée ou non, TV, frigo-bar). L'endroit est plutôt plaisant, dans une vieille maison (évidemment, il n'y a que ça ici !) avec de beaux parquets. L'équipement est basique mais propre. Depuis le balcon, vue sur la mer. En plus, accueil souriant.

|●| *Bar-restaurant Cantaria :* à 50 m à droite après la *Pousada e Artesanato Planeta Alcântara*. Ouvert tous les jours. Plats pour deux de bon marché à prix moyens ; mais si l'on est seul, le sympathique patron accepte de diviser la note (c'est suffisamment rare pour être signalé) ! Terrasse couverte donnant sur la plus vieille chapelle, avec vue sur le large. Cadre agréable et reposant, déco de paille tressée. La carte, limitée, propose surtout du poisson et des tartes aux crevettes.

À voir

🔨🔨 *La praça da Matriz :* c'est la place principale. Y subsiste le *pelourinho*, le pilori où l'on fouettait les esclaves, le dernier existant encore de nos jours. À côté, quelques pans de mur de l'*église São Matias*. En face, l'ancienne prison, qui accueille aujourd'hui la municipalité. Tout autour, admirer les plus imposantes *sobradões* de la ville.

🔨 *Le Musée historique :* praça da Matriz. Ouvert tous les jours de 8 h à 14 h (13 h le dimanche). Entrée à prix symbolique : 1 Rls ! Musée aménagé dans l'ancienne maison du baron de São Bento. Exposition de photos qui prouvent (pour les sceptiques) qu'Alcântara fut bien une ville pleine de vie, il y a longtemps... et qui rappellent également que le centre de l'île accueille une base de lancement de fusées qui procèdent à la mise en orbite de satellites. À l'étage, mobilier d'époque avec un fauteuil de cuir de dom Pedro II, empereur du Brésil au XIXᵉ siècle, placé sous un portrait de Marie de Médicis. Petite exposition d'art sacré ; on remarquera le *Christ* de 1703, les saints du XVIIIᵉ siècle aux troncs creux dans lesquels on cachait des objets précieux pour échapper aux lourdes taxes. Les Brésiliens ont gardé l'expression « saint de bois vide » pour désigner quelqu'un qui a une apparence très morale mais ne l'est pas. Remarquable candélabre du XVIIᵉ siècle taillé dans le jacaranda, un bois précieux devenu très rare au Brésil. À gauche du musée, on peut visiter une maison historique de marchand.

🕯 *La casa do Imperador :* rua Grande. Elle nous raconte une drôle d'histoire : l'empereur Pierre II ayant exprimé le désir de venir à Alcântara, deux seigneurs de la ville décidèrent de construire une maison digne de lui. Mais comme ils se disputaient le droit de recevoir en priorité l'empereur, celui-ci mit tout le monde d'accord en renonçant au voyage, et la maison ne fut jamais achevée.

🕯 Rua Grande également, la *igreja da Nossa Senhora do Carmo* et, en annexe, son couvent (en ruine), érigés en 1665 (certains contestent la date). Ouvert tous les jours de 8 h à 12 h et de 13 h à 17 h. Admirer l'autel. Beau style baroque.

🕯 D'autres églises pittoresques encore, dont la *capela das Mercês* possédant une statue en bois de la Vierge. Au bout de la ville, *rua Mirititiva,* une jolie fontaine de 1747. Voir aussi le cimetière envahi par les herbes.

RAPOSA

Pour vous rendre dans ce pittoresque village de pêcheurs à 30 km de São Luís, prendre un bus derrière le marché central, au bout de l'avenida d'Almeida. Départ (en principe, ça peut varier) toutes les heures à partir de 7 h. Trajet : 45 mn. Dernier retour à 22 h.

Ses habitants, poussés par la famine, émigrèrent du Ceará à la fin du XIXᵉ siècle, et ils possèdent la particularité de ne s'être jamais intégrés à la population du Maranhão.

Le village est plutôt délabré mais, bâti sur pilotis au-dessus de la mangrove, il présente une unité architecturale insolite. Quelques maisons sont en bois ou boue séchée, avec toits de palme. On a l'impression d'une séquence du Brésil colonial projetée brutalement devant soi, et le sentiment désagréable d'être un peu voyeur. Les femmes fabriquent des *rendas* (dentelles) d'une grande finesse, à l'aide d'un procédé séculaire : une espèce de pouf de toile planté de clous. Les doigts de la dentellière font passer les navettes de fil entre les clous à une vitesse diabolique. L'occasion de rapporter des souvenirs qui ont un sens et une vraie valeur.

QUITTER SÃO LUÍS DO MARANHÃO

En avion

✈ *L'aéroport* se trouve à environ 10 km du centre (au sud-est). ☎ 32-17-61-33. De São Luís, prendre le bus indiquant « São Cristovão » soit de la gare routière, soit de la praça Deodoro, en se faisant préciser s'il passe par l'aéroport.

➤ Vols pour Belém, Santarém, Manaus, Natal, Fortaleza, Salvador, Imperatriz, Rio, Brasília, São Paulo et Recife.

En bus

Pour vous rendre à la *rodoviária* (à 8 km au sud-est du centre) prendre le bus « Rodoviária » sur l'avenida de Casto ou la praça Deodoro. On peut réserver son billet dans certaines agences de voyages du centre.

➤ *Pour Belém :* à 840 km et 12 h de route. Deux bus par jour.
➤ *Pour Fortaleza :* à 1 080 km et 18 h de route. Quatre bus par jour.
➤ *Pour Natal :* 1 bus par jour.
➤ *Pour Recife :* à 1 650 km et 24 h de route. Deux bus par jour avec la C*ie* Progresso. Départs à 8 h et 13 h.
➤ *Pour Salvador :* 1 bus par jour.
➤ *Pour Rio :* à 3 200 km... dur !
➤ *Pour Brasília :* à 2 250 km et 40 h de route. Un bus par jour.

En train

🚂 *La gare* se situe dans le quartier Ango da Garota. Mais, pour la plupart, les trains ne prennent pas de voyageurs ! Et comme le train, au Brésil, n'est vraiment pas au point...

LE PARC NATIONAL DOS LENÇÓIS MARANHENSES

Le parc naturel couvre une superficie de 1 500 ha de dunes de sable d'un blanc aveuglant (comme les draps – *lençóis* en portugais), ondulant sur des dizaines de kilomètres, et entrecoupées de mangroves et de lagunes d'eau douce, ou de plages désertes, refuge d'espèces de tortues marines en voie de disparition et d'oiseaux migrateurs. C'est bôôô ! On s'y balade, à pied ou en bateau, on profite des paysages, on guette les animaux à la jumelle... on oublie les bruits de la ville...

La plupart des voyageurs passent par des agences pour acheter des excursions de 2 ou 3 jours, mais les petits débrouillards peuvent se concocter leur séjour en se rendant tout seul à Barreirinhas.

Infos pratiques

– Il vaut mieux s'y rendre à la saison des pluies (mars à septembre) pour profiter de la vue des nappes d'eau entre les dunes.
– Pour les incursions dans les dunes, un 4x4 est indispensable.
– Au départ de São Luís, l'excursion peut se faire en 2 ou 3 jours en achetant les services d'une agence, généralement des forfaits autour de 500 Rls (190 €) par personne. Dans le cas du forfait complet, on vient vous chercher à l'hôtel vers 5 h 30 et l'arrivée à Barreirinhas se fait vers 9 h. L'après-midi, visite de villages de pêcheurs, baignade dans la rivière, etc.

Mais en achetant les prestations à Barreirinhas on peut en diviser facilement le prix par deux. De São Luís, 2 bus quotidiens vers Barreirinhas. Là, soit vous vous adressez aux petites agences locales, soit vous prenez une embarcation qui descend le fleuve Preguiças : 2 h de parcours avant de rejoindre la zone des dunes.
– Sites Internet d'agences spécialisées : ● www.ecodunas.com.br ● ou ● www.giltur.com.br ●
– Pour les amoureux de solitude, il y a moyen de dormir à Cabouré.

FORTALEZA

FORTALEZA

2 300 000 hab.

IND. TÉL. : 085

Capitale du Ceará, petit État de 146 348 km² et de 7,4 millions d'habitants, Fortaleza est une ville moderne, tracée à l'américaine, au carré, avec un centre animé d'un trafic cacophonique dans la journée, d'immenses fronts de mer résidentiels, bordés de palmiers, sur de belles plages. Mais aussi, à proximité immédiate des complexes touristiques de luxe, des bidonvilles où les habitants ne gagnent pas en trois mois ce que d'autres, pile en face, dépensent en une journée. C'est que le Ceará, avec un taux d'analphabétisme de 26 % chez les plus de 15 ans et un taux de mortalité infantile de 28 %, ne fait pas figure d'État privilégié. À vrai dire, Fortaleza, sous le flux constant d'un important exode rural, concentre, ou entasse, un tiers de la population de l'État, majoritairement des jeunes de moins de 25 ans. Et les bidonvilles de sa périphérie rassembleraient une population estimée à 700 000 personnes au moins, dont 25 % vivant sous le seuil de pauvreté.

Importante ville du Nordeste, Fortaleza n'a gardé pratiquement aucun vestige de son passé. On en retiendra seulement qu'elle fut fondée par les Hollandais, et prise et reprise aux Indiens par les Portugais, qui assurèrent son développement autour du fort hollandais rebaptisé *Fortaleza de Nossa Señhora da Ascunção*. Sa fierté plus récente est d'avoir donné naissance aux plus grands humanistes brésiliens comme Chico da Matilde, figure de proue du combat antiesclavagiste et dont le surnom, *Dragão do Mar,* a été donné au centre culturel de la ville.

Dans les environs, de superbes excursions pour découvrir une nature inviolée, avec des paysages de roches multicolores et de dunes rappelant le Sahara, et quantité d'autres plages magnifiques. Précision : ici, la température de l'eau est absolument idéale. Et puis Fortaleza détient un taux d'ensoleillement exceptionnel, probablement le meilleur climat de la côte. Les nuits aussi sont « chaudes », tous les jours y compris le lundi, quand a lieu la « plus grande fête du monde » au *Pirata,* boîte célèbre dans tout le Brésil. On y écoute et danse une musique très particulière qui doit avoir des origines bretonne ou cajun, assez syncopée et très loin de la suave samba. Son nom, *forró,* proviendrait des années 1940, lorsque les Américains, profitant de l'entrée du Brésil dans la guerre mondiale, avaient installé une base aérienne à Fortaleza pour profiter de sa proximité avec les côtes d'Afrique. Ils avaient déployé devant le bâtiment qui leur servait de *club-house* (l'actuel resto *Estoril,* près du *Pirata*) une banderole avec l'inscription : *Music for all,* devenu *forró* !

Tout cela a fait de Fortaleza l'une des plus importantes stations touristiques du pays. Cela dit, les avis sont partagés sur la ville. Certains ne l'aiment pas à cause du manque d'histoire et de monuments, mais nous, on en garde un bon souvenir. La vie y est désinvolte, l'ambiance largement moins parano que dans d'autres grandes villes du pays, la population a le sens de la fête et, en vous faisant des amis, vous découvrirez une cité trépidante. Dommage cependant que le développement d'un tourisme friqué et très américain tende à la transformer un peu vite. Beaucoup se servent de Fortaleza comme d'une porte d'entrée pour visiter le Ceará et rejoindre au plus vite les fabuleuses plages plus au nord et plus au sud.

UN PEU DE SOCIOLOGIE

La population de Fortaleza a explosé en vingt ans. Cette croissance est principalement due à l'exode rural, lié à la sécheresse du début des années 1980, suivi de l'endettement général des petits paysans, puis de leur expulsion massive par les banques et la grande propriété foncière. Cela s'appelle « l'économie de la sécheresse ». Aujourd'hui, Fortaleza englobe sans doute, contrairement à ce qu'on croit à Rio, la plus grande favela d'Amérique du Sud. Toute la partie de la côte ouest, jusqu'au fleuve Ceará, forme le quartier-favela du *Pirambu* : 300 000 habitants à lui tout seul.

Il faut savoir cela pour s'attendre à la présence insistante de la pauvreté, surtout de l'enfance et de la jeunesse, autour des touristes qui affluent de plus en plus dans une ville réputée pour ses plages, son luxe, ses fêtes, son artisanat...

Cela dit, peu de problèmes de sécurité à signaler par rapport à la plupart des grandes villes brésiliennes : Fortaleza a été classée 5e ville la moins dangereuse du Brésil ! Là encore, la police veille dans les principaux endroits « stratégiques » et donc touristiques. Mais ce n'est pas une raison pour courir des risques : évitez la provocation, et tout se passera bien.

Arriver – Quitter

En avion

✈ **Aéroport** (hors plan par A3) : à 10 km au sud du centre. ☎ 34-77-12-00. On y trouve un *kiosque d'informations touristiques* (Setur ; ☎ 34-77-16-67), ouvert de 6 h à 23 h. Aucune doc digne de ce nom, bonne volonté malgré tout. Une *Banco do Brasil* à l'étage (ouverte de 5 h à 21 h 45) : change de dollars, euros et chèques de voyage et distributeur acceptant la carte *Visa*.

➤ Pratiquement toutes les destinations nationales.

Pour gagner le centre

➤ Un **bus** « Aeroporto » fait le trajet aéroport-rua Pedro Pereira (derrière la praça José de Alencar) dans les deux sens. Toutes les 20 mn environ (30 mn le week-end). Fonctionne jusqu'à 22 h.

➤ À l'extérieur de l'aéroport, deux types de **taxis,** disponibles 24 h/24 : *Táxi aeroporto* (☎ 34-77-15-00), prix fixes, sans possibilité de négociation, et *Táxi comum* (☎ 34-77-55-49), au compteur. Comparer les tarifs car, selon la destination, les uns sont plus intéressants que les autres et vice versa.

En bus

🚌 **Terminal des bus Engenheiro João Thome ou rodoviária** (hors plan par A3) : av. Borges de Melo, 1630 (Alto da Banlança). ☎ 186 ou 32-56-40-80. À 5 km au sud du centre-ville. Prendre le bus « Aguanambi » ou « 13 de Maio » pour aller au centre-ville. Du centre, prendre le « Top bus » (qui passe notamment sur l'avenida Beira Mar). *Attention,* la fréquence des bus de Fortaleza est moins élevée que dans d'autres villes. Billets autour de 1,60 Rls. La nuit, prendre un taxi, c'est plus sûr.

➤ **Belém :** 1 journée de voyage.

➤ **São Luís :** 16 h de trajet.

➤ **Teresina :** 10 h de trajet. N'oubliez pas de vous arrêter à Piripiri pour le *parque nacional das Sete Cidades,* qui vaut la visite.

➤ **Recife** (via Guanabara) : 12 à 13 h de trajet, avec *Transbrasil* ; depuis Fortaleza, environ 5 départs par jour, dont un le matin et 4 en début de soirée.

➤ **Natal :** 8 h de trajet.

➤ **Salvador da Bahia :** 18 h de trajet.

Adresses utiles

Informations touristiques

🖪 **Office du tourisme Setur** (plan A2, 1) : rua Senador Pompeu, 350. │ ☎ 34-88-74-10 et 11. ● www.turismo. ce.gov.br ● Dans le centre. Ouvert

FORTALEZA

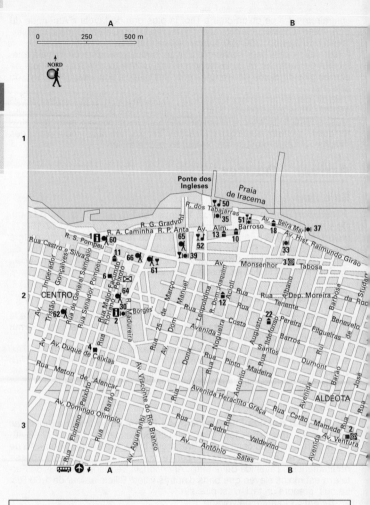

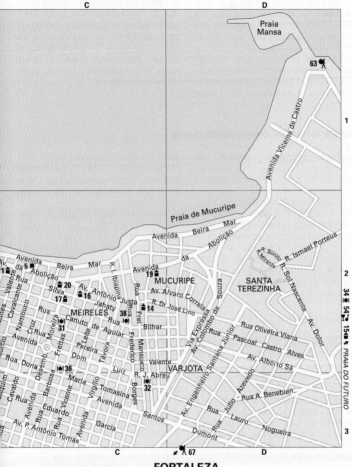

FORTALEZA

32 Boca de Forno
33 Picanha do Raul
34 Barraca Terra do Sol
35 Colher de Pau
36 Café Pagliuca
37 Tia Nair
38 Colher de Pau
39 Restos du centre culturel Dragão do Mar et Santa Clara Café
51 Cais Bar

🍷 ♪ Où boire un verre ? Où sortir ?

39 Bars du centre culturel Dragão do Mar
50 Ó Pirata

51 Cais Bar
52 L'Orbita et L'Armazem
54 Bars de praia do Futuro
61 Frutas e da fruta

🎥 À voir

60 Centro do turismo
61 Mercado central
62 Teatro José de Alencar
63 Musée de Fortaleza
64 Museu do Ceará
65 Centre culturel Dragão do Mar
66 Fortaleza da Nossa Senhora da Assunção
67 Musée Artur Ramos - casa de José de Alencar

du lundi au samedi de 8 h à 17 h et les dimanche et jours fériés de 8 h à 12 h. Situé dans une ancienne prison restaurée. Infos de base : horaires des bus, renseignements sur les plages des environs, etc. Accueil volubile à défaut d'être très efficace. Également un bureau à l'aéroport et un autre à la *rodoviária*. Lire aussi « À voir ».

◼ Office du tourisme Funcet *(plan A2, 2)* : un kiosque sur praça Ferreira, dans le centre historique. ☎ 32-52-14-44. Ouvert du lundi au samedi de 8 h à 17 h. Autre kiosque sur l'av. Beira Mar, ouvert tous les jours. Infos culturelles, plans, réservation d'excursions.

Poste et télécommunications

✉ Poste principale *(plan A2)* : rua Floriano Peixoto. Ouvert du lundi au vendredi de 8 h à 17 h et le samedi de 8 h à 12 h.
◼ Téléphones internationaux : pas mal de cabines (contrairement à d'autres villes) à praia Iracema, praia do Meireles, à l'aéroport et à la *rodoviária*, où on peut appeler à l'étranger. Également un *Telemar* en centre-ville et un autre à deux pas de l'*albergue Praia de Iracema*.
@ Internet : à l'*Alliance française*

(plan B3, 2), rua Catão Mamede, 900 (Aldéota). ☎ 32-44-78-87. Accès gratuit du lundi au vendredi de 17 h à 19 h. Un autre accès gratuit à la *bibliothèque*.
@ Cyberoom *(plan B2, 3)* : av. Monsenhor Tabosa, 937. Sur un angle, face à la station *Shell*. Ouvert jusqu'à 20 h en semaine et 18 h le week-end.
@ Internet Café : av. Beira Mar, 2120 A. Ouvert tous les jours jusqu'à 22 h 30.

Argent, change

◼ Distributeurs : on peut retirer de l'argent à la *Banco do Brasil (plan C2, 5)* avec les cartes *Visa* et *Master-Card*. Autres agences dans la rue Floriana Peixoto, à deux pas de la poste, et av. Abolição, à l'angle de la rue J. Nabuco. La *Banco Bradesco (plan A2, 6)*, à l'intersection des rues Facundo et Senhor Alencar, accepte la carte *Visa*. Distributeur *Master-Card* (24 h/24 h) à la *HSBC*, rua Facundo, 302-306.

– Les grands hôtels assurent le change également.
◼ Banco do Brasil *(plan A2, 4)* : av. Duque de Caixias, 560. Change dollars, euros et chèques de voyage.
◼ Libratur : av. da Abolição, 2194. ☎ 32-48-78-55. Change possible. Disposent également d'un kiosque avenida Beira Mar, 2500. Ouvert tous les jours de 8 h à minuit.
◼ American Express : av. Beira. Mar, 3960. ☎ 32-63-19-27.

Représentations diplomatiques

◼ Consulat honoraire de France : rue João Cordeiro, 831 (Praia da Iracema). ☎ 32-26-34-70 et 99-97-99-01 (portable). ● fc-jensen@yahoo.com.br ● Ouvert de 14 h 30 à 16 h 30.

◼ Agence consulaire de Suisse : rua Dona Leopoldina, 697 (Centro). ☎ 32-53-13-23. Ouvert du lundi au vendredi de 8 h à 11 h et de 13 h à 17 h.

Urgences

◼ Pronto socorro de accidentados : av. Desembargador Moreira, 2283 (Aldéota). ☎ 32-44-21-44.
◼ Santa Casa : rua Barão do Rio

Branco (Centro). ☎ 32-11-19-11 ou 32-21-23-67.
◼ SOS Hospital : av. Tristão Gonçalves. ☎ 32-31-60-99.

■ *SAT :* av. Sen Virgilio Tavora, 2225 (Dioniso Torres). ☎ 32-61-22-20 et 31-01. Consultation médicale à domicile ou à l'hôtel 24 h/24. Le docteur Marco parle le français.
■ *Pharmacies ouvertes 24 h/24 :* plusieurs en ville. Demander aux habitants « Drogajafre » ou « Pague Menos ». Également un numéro gratuit qui permet de se faire livrer des médicaments à domicile : ☎ 0800-85-13-13.
■ *Police touristique (delegação turística) :* ☎ 32-61-37-69 ou 34-55-81-12.

Location de voitures

Le buggy est très à la mode, puisqu'il permet de se balader sur les plages. Mais sachez qu'il est formellement interdit de s'amuser dans les dunes : pour cela, il faut un chauffeur ayant un permis spécial. Même prix qu'une voiture de tourisme. Bon, pourquoi pas si vous avez l'âme sportive. Attention toutefois aux gamins qui vous proposeront de vous le garder sur les plages : s'ils s'en servent, sachez que vous serez responsable en cas d'accident...

■ *Avis :* av. Abolição, 2480. ☎ 32-42-31-15 ou 34-77-13-03 (aéroport).
■ *Localiza :* av. Abolição, 2236. ☎ 32-48-29-00. Également le ☎ 0800-99-20-00 (n° national).
■ *Unidas :* av. Abolição, 2400 B.
☎ 32-42-40-55 ou 34-77-53-73 (aéroport).
■ *Hertz :* rua Osvaldo Cruz, 175 (Meireles). ☎ 32-42-54-25 ou 34-77-50-55 (aéroport ; 24 h/24).
■ *Europcar :* ☎ 32-57-24-17 ou 62-58.

Compagnies aériennes

■ *Varig :* av. Santos-Dumont, 2727, à l'angle de la rua Osvaldo Cruz. ☎ 32-66-80-00. À l'aéroport : ☎ 34-77-55-00.
■ *Tam :* av. Desembargador Moreira, 1940 (Aldéota). ☎ 34-86-52-00. À l'aéroport : ☎ 34-77-11-92.

Agences de voyages

Plusieurs agences de voyages. Elles organisent des excursions à la journée dans les environs.

■ *In Out de Intercâmbio e Turismo :* av. Abolição-Mireiles. ☎ 32-42-43-47. ● www.inoutturismo. com.br ● Agence dynamique généraliste qui reçoit en français et qui propose des forfaits intéressants pour Jericocoara, Canoe Quebrada et Fernando de Noronha.
■ *Lisatur :* av. Dom Luiz, 880 (Aldéota). ☎ 32-44-78-12.
■ *Bhiattur Turismo :* rua 28, 21, loja 02, conj. José Walter. ☎ et fax : 32-91-20-30 ou ☎ 99-86-12-19 (portable).
■ *Net Tur :* av. Ruis Barbosa, 780. ☎ 32-68-30-99.

Divers

■ *Alliance française (plan B3, 2) :* rua Catão Mamade, 900 (Aldéota). ☎ 32-44-70-57. ● www.aliancafran cesa-fortaleza.com.br ● Ouvert en semaine de 8 h à 19 h 30 (de 9 h à 15 h le vendredi), ainsi que le samedi matin (mais pas toute l'année). Quelques journaux français et manifestations culturelles. Il y a même un petit café.

Où dormir ?

Les hôtels du centre-ville sont moins chers mais souvent bruyants. On vous conseille de séjourner dans les quartiers de *praia da Iracema* ou d'*Aldéota,* pas très loin du centre et beaucoup plus tranquilles, avec la plage toute proche... Malheureusement, on ne s'y baigne pas à cause de la pollution ! La *praia da Iracema* est également un haut lieu de l'animation nocturne. Une autre solution, mais un peu plus éloignée du centre, c'est *praia do Futuro* : av. Zézé Diogo ou plutôt av. Dioguinho (la même route mais à double sens). Pour s'y rendre depuis la gare routière : prendre l'omnibus *Papicu* jusqu'à la station « Papicu » ; là, avec le même billet, prendre l'omnibus *31 de Março* ou *Caça e Pesca* ou *Grande Circular* jusqu'à praia do Futuro.

Enfin, sachez que de nombreux établissements pratiquent des tarifs haute saison, de mi-décembre jusqu'en février (fin du carnaval).

Bon marché (de 20 à 40 Rls – 7,60 à 15,20 €)

≜ Albergue Praia da Iracema *(plan B2, 10)* : av. Almirante Barroso, 998. ☎ 32-19-32-67. Fax : 32-19-37-20. ● www.aldeota.com/albergue ● Nuit à 20 Rls par personne, avec petit dej'. Membre des AJ internationales. Une maisonnette restaurée et bien située, à deux pas de la plage d'Iracema et de l'animation nocturne. Belle vue de la terrasse du toit. Possibilité de cuisiner et de laver ses affaires. Dortoirs de 6 à 15 lits bien tenus, avec de simples ventilos. Chambres doubles à 40 Rls disponibles dans une annexe. Téléphone international dans le hall. Environnement bruyant. Accueil sympa.

≜ Albergue da juventude Atalaia *(plan B2, 18)* : av. Beira Mar 814 (praia de Iracema). ☎ 32-19-07-55.

Fax : 32-19-06-58. ● www.pousadaa talaia.com.br ● Une AJ officielle de 72 lits en face de la plage. Pas difficile à repérer : c'est une sorte de petite villa rose saumon. Nuitée de 37 Rls en dortoir à 60 Rls en solo, petit dej' inclus, donc un peu cher. Une seule chambre double à 85 Rls. Bien tenu. Petit patio à l'entrée avec fauteuils d'osier. Liaison Internet et cuisine à dispo. Accepte la carte *Visa*. Accueil très sympathique.

≜ Pousada do Turista *(plan B2, 12)* : rua Dom Joaquim, 351. ☎ 32-53-75-42. Chambres doubles de 28 à 40 Rls. Simple et sans charme, mais ce n'est pas cher et le petit dej' est copieux. AC dans certaines chambres. On y parle bien le français.

Prix moyens (de 40 à 80 Rls – 15,20 à 30,40 €)

≜ Pousada Luar da Praia *(plan B2, 13)* : rua Tomas Lopes, 99. ☎ 32-19-81-80. Dans le quartier d'Iracema, à 5 mn de la plage. Chambres doubles entre 50 et 60 Rls. Pas d'AC pour les moins chères. Cette pension de famille-auberge de jeunesse a l'avantage d'être située dans une rue tranquille en étant assez proche de l'animation nocturne. Salle de bains, TV, frigo. Les chambres restent très basiques et la lumière rend le teint un peu blafard... Mais c'est calme et très propre. Petit patio-salon. Cuisine à disposition. La douce Noima est aux petits soins avec ses clients. Elle peut même vous faire la cuisine.

≜ Hôtel Passeio *(plan A2, 11)* : rua Dr João Moreira, 221. ☎ 32-26-96-40. Fax : 32-53-61-65. Dans le centre, à 20 mn à pied de praia da Iracema. Compter 55 Rls pour une double avec AC, et 45 Rls avec

ventilo. Face à un grand square, hélas un peu mal famé la nuit. C'est une grande maison à la façade jaune et aux plafonds hauts. Chambres correctes pour le prix. Certaines pour 5 à 7 personnes. Cuisine à disposition. Le patron est un jeune Suisse très sympa qui parle le français. Ambiance cool et conviviale.

≜ Monte Sinaï Pousada *(plan C2, 14)* : rua Frei Mansueto, 531 (Meireles). ☎ 32-67-30-66. Compter près de 60 Rls pour 2. Petite auberge tendance AJ. Claudia, la propriétaire, est très sympathique. Ambiance un peu tristounette, même si la maison est correcte. Dortoirs de 6 à 8 lits, séparés par sexe, avec douche et w.-c. communs, ou chambre avec AC, frigo et TV. Très simple. Quelques règles imposées après 22 h pour le bien de tous.

≜ Pousada Feitiço do Ceará *(hors*

plan par D2, 15) : av. Hildebrando Pompeu, 255 (praia do Futuro). ☎ 32-34-69-29. ● www.pousadafeiti codoceara.com.br ● Prendre le bus *Caça e Pesca* sur l'avenida Aboli-ção. Compter de 40 à 50 Rls pour 2 ; un peu moins cher en basse saison. Une ravissante *pousada* très bien tenue par Marilene, prof de français. Chambres doubles ou véritables petits appartements pour 4 avec cuisine, TV, frigo, douche et w.-c., mais pas d'AC. Déco très soignée, couleurs chatoyantes, belles couvertures artisanales, draps brodés, sols en brique... à deux pas de la plage. Dans la cour, plein de hamacs pour faire une bonne sieste. Bref, une adresse au charme certain, mais c'est loin du centre.

▲ *Mundo Latino* (*plan C2, 16)* : rua Ana Bilhar, 507 (Meireles). ☎ et fax : 32-42-87-78. ● www.mundolatino.com. br ● Chambres doubles avoisinant les 90 Rls en haute saison. Rapport qualité-prix très intéressant en basse saison : 60 Rls. Bon petit dej'. Chambres pour la plupart bien décorées et disposées autour d'un petit jardin. Spacieuses, avec salle de bains, AC, TV et radio, mais la propreté ne serait pas toujours au rendez-vous, bien que, à notre dernier passage, on n'ait rien trouvé à y redire. Préférer les chambres situées en fond de cour, plus sympas. Cartes de paiement acceptées et réduction de 20 % sur présentation de ce guide.

▲ *Hôtel Pousada Arara* (*plan C2, 19)* : av. Abolição, 3806 (Meireles). ☎ 32-63-22-77. ● www.hotelarara. com.br ● Chambres doubles aux alentours de 80 Rls en haute saison. Tenu par un Français, Jacques. Confortable et très propre. Chambres avec AC, frigo-bar, téléphone et TV. Certaines peuvent accueillir jusqu'à 4 personnes. Plage toute proche, petit dej' et petite piscine dans une cour joliment aménagée, où s'organise souvent un barbecue agrémenté de musique.

Plus chic (de 70 à 140 Rls – 26,60 à 53,20 €)

▲ *Hôtel Pousada La Maison* (*plan C2, 17)* : av. Desembargador Moreira, 201 (Aldéota). ☎ et fax : 32-42-68-36. ● www.hotellamaison. com.br ● Chambres autour de 100 Rls. Grande bâtisse rouge (en brique), à 200 m de la plage. Des chambres très propres et plutôt fleuries, avec tout le confort (TV, frigo, AC, téléphone). Le patron, Francis, est tourangeau d'origine. Chaleureux comme tout, cet ancien géophysicien rend de nombreux services à ses clients (accepte même d'être payé en euros !). Il paie aussi le taxi pour venir de l'aéroport ou de la *rodoviária* (pour un séjour de 3 nuits minimum). Toujours une bonne adresse, même si certains services sont un peu surfacturés. Réduction de 25 % sur présentation de ce guide, sauf en janvier. Poste de connexion Internet gratuit pour les hôtes.

▲ *Pousada Colonial de Gramado* (*plan C2, 21)* : rua Nunes Valente, 180 (Meireles). ☎ 32-48-20-38. Fax : 32-48-08-66. ● www.pousadagrama do.com.br ● À 200 m de la mer. Compter 110 Rls pour 2 ; réduction intéressante en basse saison. Chambres pouvant accueillir jusqu'à 5 personnes, idéal si on est nombreux. Belle maison d'extérieur. À l'intérieur, c'est plus banal et presque dépouillé mais bien tenu. Attention, toutes les chambres n'ont pas l'AC. Certaines se répartissent autour de la piscine et sont entièrement en bois... un petit côté cabane au Canada, quoi !

▲ *Pousada Jardim* (*plan B2, 22)* : rua Ildefonso Albano, 950 (Aldéota). ☎ et fax : 32-26-97-11. ● www.hotel jardim.com.br ● À 15 mn du centreville. Compter de 140 Rls pour 2 à 180 Rls pour 3. Attention, pas d'indication extérieure, il faut passer par un portail bien gardé. Grand jardin nickel, avec végétation tropicale et petites statuettes bien blanches. Chambres tout confort avec salle de bains, le tout très bien tenu. Laverie et cuisine à disposition. Hamacs à accrocher sur la terrasse. Le patron, très affable, parle un français châtié. Cela dit, le règlement intérieur en application pose clairement et partout les conditions du séjour : la devise de la maison, « ordre, moralité et propreté », implique une adhésion à des règles de sécurité et de comportement qui ne conviendront peut-être pas aux fêtards. Les « conquêtes » d'un soir n'y seront pas admises. À vous de voir si cette ambiance vous conviendra. Parking à dispo. Réduction de 20 % sur le prix des chambres sur présentation de ce guide.

Beaucoup plus chic (plus de 140 Rls – 53,20 €)

🏠 *Hôtel Villa Mayor* (plan C2, *20*) : rua Visconde de Maua, 151 (Meireles). ☎ 34-66-19-00. Fax : 34-66-19-20. ● www.villamayor.com.br ● À 100 m de la plage. Chambres de 150 à 170 Rls, petit dej' inclus. Un hôtel de charme au milieu des immeubles. Aménagé sur trois étages en galerie autour d'un patio, dans un style colo-

nial aux tons pastel. Et dans le patio, une piscine ! Des chambres de taille moyenne, avec salle de bains, déco coquette et colorée, les plus chères avec balcon sur le patio. Photos de la ville ancienne. Tout s'illumine le soir. Petit dej'-buffet au choix large. Excellent accueil.

Où manger ?

Avenida Presidente Kennedy (ou Beira Mar), sur le front de mer, se succèdent toutes sortes de restos de poisson et fruits de mer. Embarras du choix mais bien « pour touristes », et globalement, c'est plutôt difficile de trouver des petits prix.

Bon marché (de 5 à 15 Rls – 1,90 à 5,70 €)

|●| *L'Escale* (plan A2, *30*) : rua Guilherme Rocha, 48. ☎ 32-54-23-23. En face de la praça Ferreira (centre historique). Ouvert du lundi au samedi, le midi seulement. Au 1er étage d'une belle, ancienne et spacieuse demeure bourgeoise. Vieux parquets, fenêtres grandes ouvertes sur la rue et ventilos accrochés aux hauts plafonds qui brassent l'air imperturbablement. Self-service *ao kilo*. La cuisine est fraîche, excellente, et le choix important ; nombreuses salades composées. Idem pour les viandes et les poissons. Il faut savoir que le chef cuisinier est français... On est franchement repu pour pas bien cher. Beaucoup de monde, et c'est

normal. Une institution à Fortaleza ! |●| *Self-service Bomd+* (plan C2, *31*) : av. Desembargador Moreira, 469 (à l'angle de Canuto de Aguiar). ☎ 32-42-41-90. À côté de la *pousada La Maison*. Ouvert du lundi au samedi, le midi seulement. Self-service *ao kilo* avec une agréable petite terrasse bien aérée. Bon. Également des sandwichs et des jus de fruits. Accueil souriant.
|●| *Boca de Forno* (plan C3, *32*) : av. Júlio Abreu, 120 (Varjota). ☎ 32-67-66-46. Ouvert tous les jours de 11 h à 14 h 45. Self *ao kilo* moderne qui propose une nourriture superfraîche. Cadre des plus classiques, dans des tons beige et marron. Déco quelconque.

Prix moyens (de 15 à 25 Rls – 5,70 à 9,50 €)

|●| *Picanha do Raul* (plan B2, *33*) : rua Alves, 73. ☎ 32-19-85-77. Ouvert tous les jours midi et soir. Non loin de praia de Iracema, mais à l'écart de l'affluence touristique. On mange sur une terrasse en bordure de rue. Connu pour ses bonnes viandes braisées et préparées devant vous. Quelques plats du jour également, comme le *carne do sol*. En

demandant la carte, on vous offrira du pain aillé et braisé ! Un resto simple, sympa et populaire avec une patronne adorable. À quelques pas de là, au *Café do Raul,* on peut prendre un petit dej' (même maison).

I●I *Barraca Terra do Sol (hors plan par D2, 34) :* av. Zézé Diogo, 5295 (praia do Futuro). ☎ 32-34-08-90. Ouvert tous les jours à midi. Un bar-restaurant comme il en existe beaucoup d'autres, en bordure de plage. Les orteils en éventail sur le sable, on mange sous de toutes petites paillotes des fruits de mer et principalement les traditionnels *toks-toks.* Attention, certains plats, comme le *pargo grande,* sont pour 4. On peut aussi tout simplement y prendre un verre accompagné d'un *tira gostos* ou de crevettes séchées au soleil en profitant de la douceur bienfaisante d'un après-midi ensoleillé. Très fréquenté le week-end.

I●I *Colher de Pau (plan B2, 35) :* rua dos Tabajarras, 412. ☎ 32-19-36-05. Un bon restaurant portugais dans ce quartier de praia de Iracema, particulièrement animé le soir. La terrasse qui donne directement sur la rue est souvent bondée. Excellents plats de poissons, gambas et *vinho verde.* Menu en anglais. Traduction prévue en français avant 2050 !

I●I *Café Pagliuca (plan C2, 36) :* rua Barbosa de Freitas, 1035 (Aldéota). ☎ 32-24-19-03. Ouvert du lundi au vendredi, le soir seulement. Au-dessus de la Casa d'Arte, petite galerie d'art intéressante. C'est un café-restaurant au cadre contemporain et un peu design, qui allie avec succès classe et décontraction. On peut y manger, mais la jolie terrasse est aussi un endroit sympa pour passer la soirée autour d'un verre, tout en écoutant un concert de jazz ou de blues (le mardi soir en général).

I●I Le soir, plusieurs *restos (plan A2, 39)* alignent leurs tables en terrasse au pied du *centre culturel Dragão do Mar* (fermés le lundi). C'est un endroit plutôt en vogue et très animé en fin de semaine. Chacun rivalise de ses spécialités : plats brésiliens, cuisine italienne... Entre autres, **Le Café Crème** (92, rua Dragão do Mar, ☎ 32-19-66-15), vraiment au pied du centre culturel, propose une cuisine française parfois audacieuse mais qui ne nous a pas pleinement convaincus. Le week-end, chacun rivalise aussi de ses concerts. Ne manquez pas de monter quelques instants sur la passerelle qui surplombe les terrasses... C'est alors un spectacle touchant de scènes de vie.

I●I *Cais Bar (plan B2, 51) :* voir « Où boire un verre ? Où sortir ? ».

Plus chic (de 25 à 50 Rls – 9,50 à 19 €)

I●I *Tia Nair (plan B2, 37) :* av. Beira Mar. ☎ 32-19-14-61. Au début de la plage d'Iracema, grande terrasse couverte en bordure de plage. Ouvert tous les jours. Plats de poisson de 25 à 60 Rls suffisamment copieux pour contenter deux appétits. Brochettes de langoustes, *camarão* tropical.

I●I *Colher de Pau (plan C2, 38) :* rua Frederico Borges, 206. ☎ 32-67-37-73. Ouvert tous les jours. Selon les plats, on peut aussi s'en sortir à prix moyens. Grandes terrasses en vis-à-vis de chaque côté de la rue. Ici, on aime le jaune ! Poisson, crevettes, excellentes langoustes, viandes juteuses et *carne do sol* bien préparé. Bon accueil, mais service un peu lent. Une autre adresse à Iracema : rua dos Tabajaras, 412. ☎ 32-19-40-97. Grand patio agréable.

Où déguster une bonne glace, une pâtisserie ?
Où boire un café, un bon jus de fruits ?

🍦 *Sorvetão :* grands bistrots où l'on sert les glaces et sorbets les plus délicieux qui soient. Il y en a un en haut de la plage du Meireles, et un autre à Iracema.

🍹 *Santa Clara Café (plan A2, 39) :*

au bout de la passerelle du centre culturel *Dragão do Mar,* une cafétéria qui semble sortie d'un décor amazonien épuré. Ouvert de 14 h à 23 h. Mobilier d'un beau design. Les serveurs portent une tenue vert avocat des plus seyantes. Excellents cafés comme il se doit (essayez le *frappucino,* un velouté de café au lait), mais aussi confondantes pâtisseries au tapioca. Toilettes originales.

▼ **Frutas e da fruta** *(plan A2, 61)* : au rez-de-chaussée du *Mercado central,* au niveau du parking. Une petite échoppe colorée débordant de fruits frais que l'on presse sous vos yeux en combinaisons variées. Quarante variétés complétées d'eau minérale ou de lait. Cure de vitamines C garantie. N'hésitez pas à essayer les fruits que vous ne connaissez pas : sapotier, jacquier, *acerola,* cajou, ou *graviola,* dont les feuilles sont utilisées en infusion pour combattre le cancer. Un régal à prix modérés.

▼ **Leão do Sol** *(plan A2)* : sur la praça Ferreira, au rez-de-chaussée d'un bâtiment vert Art déco de 1926. Petite salle en longueur décorée de photos du Fortaleza d'antan. Y venir pour siroter un jus de canne pressé sous vos yeux, à savourer avec un *pasteis* (chausson fourré à la viande). Excellents petits en-cas. À peine 1 Rls le gobelet !

Où boire un verre ? Où sortir ?

Tout au long du front de mer, de la praia de Mucuripe jusqu'à Iracema, mais surtout en bordure de la praia de Meireles et dans le quartier d'Iracema, l'après-midi et le soir. Des centaines de terrasses sur la plage ou sur le trottoir. La nuit, le quartier le plus sympa et le plus pétillant est celui d'Iracema et du ponte dos Ingleses (idéal aussi pour admirer le coucher du soleil). Sinon, la praia do Futuro est le dernier endroit à la mode ; c'est aussi là qu'on se baigne ! Le week-end, tout le monde danse le *forró,* dans des lieux spécialisés pouvant contenir plusieurs milliers de personnes ! Bref, vous ne vous ennuierez pas le soir à Fortaleza ! Se procurer (à l'office du tourisme, par exemple) *Fortaleza a Noite,* un fascicule avec le programme des festivités nocturnes.

À praia da Iracema

Le spot nocturne de Fortaleza : la jeunesse brésilienne en beauté déambule de bar en bar. Ça drague, ça rit, ça boit, ça vit quoi !

▼ ♪ **O Pirata** *(plan B1, 50)* : rua dos Tabajaras, 325. ☎ 32-19-80-30. ● www.pirata.com.br ● Ouvert uniquement le lundi soir et le jeudi (soirées à thème), dès 20 h. Entrée : 30 Rls. Cher, mais à ne rater sous aucun prétexte pour voir à quoi ressemble une vraie fiesta brésilienne. Le *O Pirata* s'est autoproclamé « la plus grande fête du monde » et on ne le contredira pas : de mémoire de routards, on n'a pas souvent connu des ambiances aussi extraordinaires. L'endroit est d'ailleurs cité dans le *New York Times* comme étant l'un des plus animés d'Amérique... en attendant de rentrer au Patrimoine mondial de l'humanité de l'Unesco, pourquoi pas ? Mais attention à ne pas se tromper de jour (lundi ou jeudi soir, on vous le rappelle). Arriver dès 20 h, la soirée démarre par un quadrille en costumes à 22 h. Sur une gigantesque piste de danse à ciel ouvert, complètement « surchauffée », nuit *forró* et lambada, la vraie. Un monde fou fou fou s'y bouscule, dans une ambiance populaire bon enfant mais néanmoins délirante. Bière et *cachaça* coulent à flots, ça danse sans discontinuer dans tous les coins, y compris aux terrasses, et ça dure jusqu'à l'aube. Les meilleurs groupes y passent, et personne n'échappe à la frénésie de la danse, y compris les plus vieux ! Soupe gratos à 3-4 h du mat'. Júlio, le patron du *O Pirata,* un ex-routard, parle très bien le français.

🍷 Dans la même rue que le *O Pirata* se trouvent plusieurs **bars** et **restos,** tous très animés en fin de semaine.

🍷♩ ***Cais Bar*** *(plan B2, 51) :* av. Presidente Kennedy, 696. ☎ 32-19-39-01. Non loin de *O Pirata,* face à la mer. Ouvert tous les soirs. Café réputé depuis des lustres, rendez-vous des intellectuels et des artistes. Il y règne une douce ambiance de taverne, une atmosphère bonifiée par la patine du temps. Musique *ao vivo* à partir de 22 h (19 h le dimanche). *Couvert artístico.* On peut aussi y manger à des prix raisonnables, et c'est même plutôt agréable de trouver un coin comme ça parmi la kyrielle de restos qui tendent les bras... Salades, poisson et *feijoada* (le samedi). Remarquez l'amusante fresque, qui caricature les plus grands musiciens brésiliens.

🍷♩ ***L'Orbita*** *(plan A-B2, 52) :* à l'angle des ruas Alm. Jaceguai et Dragão do Mar, à proximité du centre culturel. Ouvert du mercredi au dimanche. Entrée payante. Un bar aménagé dans d'anciens entrepôts portuaires et qui se transforme, au fur et à mesure que l'heure avance, en boîte de nuit plutôt branchée. Lumière fluo sur structure métallique d'origine, déco interplanétaire... assez « orbital » comme cadre ! Ambiance souvent *house,* mais pas mal de concerts le week-end, aux teintes musicales variées... On y a déjà entendu du rock... tendance *trash* ! De toute façon, la musique diffuse généreusement à l'extérieur. Pratique pour se décider. Juste à côté, **L'Armazem,** ouvert le mercredi et le week-end, lui fait une belle concurrence. On y joue un *forró* endiablé.

🍷 On ne manquera pas d'aller faire un tour au **centre culturel Dragão do Mar** *(plan A2, 39* ; voir « Où manger ? »). Plusieurs **bars** avec concerts en fin de semaine.

À *praia do Futuro*

Sur les 5 km de cette plage, pas mal de **bars** et **restos** *(hors plan par D2, 54),* de la simple baraque à l'établissement plus classique. Point commun entre tous : une sono bien puissante qui fait chalouper tous les plagistes de la nuit. Pour y aller le soir, le plus pratique et le plus sûr est de prendre un taxi. Donnez le nom du bar au chauffeur, il saura vous y conduire. Évitez de vous balader tout seul en dehors des bars. Deux bars très connus : **L'Atlantic** et le **Coco Beach.**

🍷♩ ***Chico do Caranguejo :*** av. Zézé Diogo, 4930. ☎ 32-34-68-08. Ouvert tous les jours. Un peu plus loin que les autres, plus grand et plus « établi ». *Live music* le jeudi à partir de 20 h (entrée payante). Ambiance folle sur la plage, beaucoup plus sage sous l'auvent de feuilles de palme. Venez le jeudi pour la nuit du crabe. Très prisé par les étrangers.

Où s'essayer au *forró* ?

♫ Les vendredi et samedi, les habitants dansent le *forró* dans les nombreuses (et gigantesques) *casas do forró* : le **Cajueiro Drinks** (☎ 32-75-14-82) ou le **Vila Forró** (☎ 32-92-21-00) le samedi, le **Parque** et le **Clube** de Vaqueiro (☎ 32-29-19-06), le **Palácio do Forró** (☎ 34-84-52-13)... Aucun touriste. Chaude ambiance. Demandez à un taxi de vous y conduire.

À voir

Si, à Recife, c'est l'overdose d'églises, ici, on fait plutôt ses achats. Vous trouverez à Fortaleza la meilleure qualité et les meilleurs prix pour la dentelle et les hamacs.

%% Le centro do turismo *(plan A2, 60)* **:** rua Senador Pompeu, 350. ☎ 32-12-50-22. Dans le centre. Ouvert du lundi au samedi de 8 h à 18 h et le dimanche de 8 h à 12 h. « Amis lecteurs, tous en prison ! » En effet, le centre d'artisanat et l'office du tourisme occupent l'ancienne maison d'arrêt (comme c'est le cas dans plusieurs villes du Nordeste : Recife, Natal...). Au 1er étage, un petit *musée d'Art et de Culture populaire* assez limité. Entrée modique. Vous y verrez de la céramique, divers objets domestiques, ex-voto, ainsi qu'une *jangada* avec explications sur le mode de vie des pêcheurs du Ceará. Les anciennes cellules abritent désormais des petits magasins. Il nous a semblé que les boutiques qui couraient le long du mur d'enceinte au rez-de-chaussée présentaient une qualité de dentelle et des prix plus valables que celles du bâtiment principal. Le travail sur les blouses brodées de dentelle est admirable. Les vendeuses sont tellement fières de la qualité de leurs produits qu'on ne va jamais très loin dans le marchandage. Acheter plutôt son hamac au marché central.

% La rua de General Sampaio *(plan A2)* **:** rue commerçante particulièrement animée qui débouche sur la praça da Ferraia, la place la plus vivante de cette partie de la ville. Quelques immeubles rescapés de la période Art déco la bordent. Au coin de la rua Guilhermo Rocha, deux très beaux immeubles éclectiques restaurés et peints de bleu et vert bien flashy.

% Le mercado central *(plan A2, 61)* **:** av. Alberto Nepomuceno, 199. Ouvert tous les jours sauf le dimanche, de 8 h à 18 h. Le plus facile consiste à prendre l'ascenseur jusqu'au 3e étage, puis à redescendre à pied. Le marché a des allures de caverne d'Ali Baba du souvenir. Il s'agit d'une grande promenade circulaire, sur plusieurs étages. Follement animé. Alimentation, herbes médicinales, articles en cuir, alcools, et des centaines de boutiques de vêtements. La qualité des dentelles est plus ordinaire qu'à la « prison » ; en revanche, plus de choix pour les robes beiges à fanfreluches. C'est dans les boutiques tout autour du marché que vous ferez les meilleures affaires pour les hamacs. Grande variété et prix intéressants. Marchandez dur ; vu la concurrence, ça marche. Pour ceux qui veulent casser la croûte, à l'étage, un bon petit resto *ao kilo*, le *Gulodices*.

% Le teatro José de Alencar *(plan A2, 62)* **:** praça José de Alencar. ☎ 32-52-23-24. Ouvert du lundi au vendredi de 8 h à 17 h. Entrée : 4 Rls, avec petite visite guidée en portugais ou espagnol. Construit au début du XXe siècle dans un style français Belle Époque. Architecture métallique Art nouveau originale.

% Le passeio Público : rua Dr João Moreira (praça dos Martires). Petit parc public, une oasis de fraîcheur sous un baobab d'Afrique. Ne faire que passer, car l'endroit n'est pas forcément très bien fréquenté.

% Le musée de Fortaleza *(plan D1, 63)* **:** av. Vicente de Castro, s/s (Mucuripe). ☎ 32-63-11-15. Ouvert du lundi au vendredi de 8 h à 17 h et le week-end de 8 h à 12 h. Gratuit. Il est installé dans le phare de Mucuripe (donc facile à repérer). Pas grand-chose à voir ; il abrite quelques pièces concernant l'histoire de Fortaleza. Demander à monter sur la terrasse pour la vue.

% Le musée Artur Ramos – casa de José de Alencar *(hors plan par D3, 67)* **:** av. Perimetral, s/n (Messejana). ☎ 32-29-18-98 ou 32-76-16-77. Ouvert tous les jours de 8 h à 12 h et de 14 h à 18 h (17 h le week-end). Gratuit. Plus de 200 pièces d'origine africaine et de culture indienne du Ceará qui appartenaient à l'anthropologue Arthur Ramos. Il abrite également toiles et documents provenant de l'écrivain José de Alencar.

% Le museu do Ceará *(plan A2, 64)* **:** rua São Paulo, à l'angle de la rua Floriano Peixoto. ☎ 32-51-15-02. Ouvert du mardi au vendredi de 8 h 30 à 17 h et le samedi de 8 h 30 à 12 h 30. Entrée à prix modique ; réductions.

Visite guidée. Musée historique et anthropologique axé sur l'histoire de la ville et de la région. On y voit une réplique fidèle de la *jangada* avec laquelle trois courageux pêcheurs rejoignirent Rio pour revendiquer de meilleurs droits du travail auprès de Getúlio Vargas, en 1941. Le voyage a duré 60 jours ; un véritable exploit ! Collections d'armes et souvenirs des hommes qui marquèrent la vie politique du Ceará, notamment les abolitionnistes de l'esclavage. C'est d'ailleurs dans cette même salle qu'eut lieu, le 24 mai 1883, l'assemblée proclamant l'émancipation des esclaves à Fortaleza ; une peinture le rappelle. Petit hommage aux femmes qui ont marqué l'histoire et la culture du Ceará (Rachel de Queiroz, Jovita Alves Feitosa...) ainsi qu'au Padre Cicero. Ce saint homme, auquel on attribue plusieurs miracles, est une figure de la culture populaire locale. Ne ratez pas non plus l'attendrissant *Yôyô*, la mascotte de la ville, qui, figurez-vous, prenait le bus tout seul pour aller faire la tournée des bars ! Véridique ! Expositions temporaires.

🎭🎭 *Le centre culturel Dragão do Mar (plan A2, 65) :* rua Dragão do Mar, 81 (praia de Iracema). ☎ 34-88-86-00. ● www.dragaodomar.org.br ● Ouvert du mardi au dimanche de 10 h à 20 h (22 h certains jours). Centre culturel du surnom d'un pêcheur célèbre qui lutta en faveur de l'abolition de l'esclavage ; à l'époque, on ne pouvait pas être esclave et pêcheur. Or, la ville vivait en partie des revenus de la pêche. Il s'organise autour d'un petit pâté de maisons du début du XXᵉ siècle joliment restaurées et que l'on enjambe par des passerelles. Théâtre, planétarium, cinéma, gigantesque mosaïque murale d'Aldemir Martins évoquant les paysages du Ceará et surtout deux musées. Une pincée de reais l'entrée ; gratuit pour les étudiants.

– *Le mémorial de la Culture du Ceará :* dans le premier espace, plusieurs vitrines sur la culture populaire, la littérature de Cordel, les fêtes campagnardes, l'artisanat, l'art religieux, le folklore... Le deuxième espace, plus intéressant, est consacré aux *vaqueiros,* ces cow-boys brésiliens qui ont joué un rôle important dans l'occupation des terres à l'intérieur du pays. Reconstitutions d'ambiances de *fazendas,* au milieu de la grande sécheresse du Sertão, de maison de *vaqueiros...* Vêtements de cuir pour se protéger des épineux à cheval, sellerie, fers à marquer le bétail... Plutôt bien fait. Textes en anglais.

– *Le musée d'Art contemporain* avec des expositions temporaires.

🎭 *L'église Nossa Senhora do Rosário :* praça dos Leões (Centro). Construite par les esclaves au XVIIIᵉ siècle, elle servait de lieu de prière et de lamentation. Aujourd'hui, bien restaurée, c'est un témoin, une référence des moments difficiles de l'histoire du Ceará, État qui se considère comme pionnier dans la libération des esclaves au Brésil.

🎭 *La fortaleza da Nossa Senhora da Assunção (plan A2, 66) :* av. Alberto Nepomuceno (Centro). ☎ 32-55-16-00. Ouvert aux visites tous les jours de 13 h à 17 h. Gratuit. Ce fort, construit en 1816 par les Hollandais et alors nommé fort Schoonenborch, fut le premier édifice de la ville. Aujourd'hui, c'est le siège de la « région militaire ». Intérêt limité.

🎭 *Le musée de l'Automobile :* av. Desembargador Manoel Sales de Andrade, 70 (Água Fría). Ouvert du mardi au samedi de 9 h à 12 h et de 14 h à 17 h, et le dimanche de 9 h à 13 h. Petite contribution à l'entrée. Un musée qui rassemble une soixantaine de voitures de toutes marques (Chevrolet, Dodge, Cadillac...) et qui ravira les passionnés !

🎭 *L'avenida Monsenhor Tabosa (plan A-B2) :* autre rue commerçante animée bien achalandée en boutiques de vêtements, de décoration, de mobilier et d'artisanat. Tous les fabricants de l'État du Ceará y ont un magasin.

Parenthèse nécessaire

🎭 *Pirambu :* favela de Fortaleza. Le plus gros problème pour des touristes moyennement argentés et normalement humanistes en voyage dans le

Nordeste, c'est la pression omniprésente de la pauvreté autour de tout ce qui consomme. Garçons et filles de 13 ans se prostituant aux touristes, enfants mendiant les restes des plats aux terrasses, vols furtifs... Il y flotte comme un profond malaise. Plutôt que de ressasser un complexe de culpabilité, autant entrer dans le vif du sujet.

Dans le quartier de Pirambu, qui s'étend sur 10 km le long de la mer, vers l'ouest après la marina blindée construite par les Français à la limite du centre-ville, vous pouvez faire connaissance avec un remarquable travail d'organisation de la vie collective, en pleine favela, dans la communauté 4 Varas : le *Mouvement intégré de santé mentale communautaire,* rua Profeta Isaïas, 126, quartier du Pirambu. Sur 2 ha en bord de plage, les associations d'habitants, appuyées par des psychiatres, des avocats, des psychologues, des travailleurs sociaux volontaires, mais aussi des prêtres de l'*umbanda,* des *caboclos,* des médecins traditionnels des plantes, ont aménagé un espace ouvert pour traiter le stress, et aborder les questions des Droits de l'homme, qui, ici, sont une denrée rare. Une « pharmacie vivante » fabrique des remèdes avec l'aide des étudiants en pharmacie, à partir de plantes sélectionnées par les *caboclos* et cultivées sur le terrain. Une « maison des cures » dispense, gratuitement, des massages relaxants, tandis que sous une immense paillote indigène, tous les jeudis après-midi, une séance de thérapie publique aborde, en présence de psychiatres et de psychanalystes, tous les problèmes de la vie quotidienne collective. Dans une maison à part, le *pai de santo* de l'*umbanda* aide, avec ses méthodes à lui, le travail des psychologues. Les lundi et vendredi, les étudiants en médecine viennent en TP.

On peut y aller en toute sécurité (mais uniquement de jour !) et les visiteurs étrangers sont les bienvenus. Il est toutefois conseillé d'être accompagné par des amis brésiliens.

➤ *Pour s'y rendre :* prendre le bus « Grande Circular » ou « Colónia », de la rue Abolição ou du centre. Demander à descendre à l'angle de la rua 6 Companheiros, sur l'avenida Leste Oeste, après les jardins. S'informer au siège de la communauté Emmaüs, devant l'arrêt du bus.

➤ **Les Indiens tremembés :** la communauté des 4 Varas du Pirambu s'est « jumelée » avec la tribu des Indiens tremembés qui vivent à 250 km de Fortaleza, dans le Ceará, en butte à de sérieux problèmes de terre. Il est possible de se rendre dans leurs communautés villageoises, car ils sont ouverts aux visites d'étrangers qui peuvent leur permettre de faire connaître leur lutte. S'adresser au *Mouvement intégré de santé mentale communautaire du Pirambu* (voir ci-dessus).

Les plages de Fortaleza

Elles sont superbes. Sable blanc très fin, cocotiers, etc. Vive animation le soir autour des restos et bars de plage. On y danse parfois toute la nuit... Des dizaines de vendeurs ambulants de *caïpirinha* et vente d'artisanat et de vêtements (plus cher qu'en ville).

⌂ Celle de **Meireles,** bordée d'immeubles résidentiels et de restaurants est très fréquentée mais impropre à la baignade. Son intérêt principal réside en son marché artisanal où 400 exposants sont rassemblés tous les soirs de 17 h 30 à 22 h 30.

⌂ Sur la **plage de Mucuripe,** un spectacle à ne pas manquer : le retour des *jangadas,* entre 14 h et 16 h, avec la marée. Littéralement « radeaux », ces bateaux traditionnels des pêcheurs de Fortaleza, mais aussi de toute la côte jusqu'au Pernambuco, sont composés d'une demi-douzaine de troncs courbes assemblés par des chevilles de bois, d'un mât et d'une grande voile. Leur équipement se limite au strict nécessaire : un filet lesté de pierres, une réserve d'eau et de nourriture, le panier pour rapporter les poissons. L'impression de

fragilité ne doit pas tromper ; ces embarcations séculaires, entre les mains de courageux pêcheurs, sont d'une efficacité remarquable. Elles servirent dans le passé à assurer le transport des esclaves en fuite vers le Ceará, premier État à abolir l'esclavage. Trois *jangadeiros* réussirent même à parcourir 3 000 km, en 1941, de Fortaleza à Rio (voir le *museu do Ceará*). Enfin, au-delà du folklore, la vie des pêcheurs est probablement l'une des plus rudes du Nordeste. Un certain nombre d'entre eux ne sont même pas assez riches pour être propriétaires de leur bateau et doivent laisser une grosse partie de leur pêche contre l'utilisation de leur *jangada*.
– Ne pas rater, tous les jours à partir de 6 h, le *marché de marée des jangadeiros,* au bout de la plage de Mucuripe.

> **Barra do Ceará :** c'est la plage à l'extrémité du Pirambu, à l'embouchure du fleuve Ceará, à la sortie nord de la ville. Pour y aller, bus « Colónia » ou « Grande Circular » jusqu'à Barra do Ceará, praia das Goiabeiras. C'est là que débarquèrent les premiers bateaux portugais. L'endroit est très beau et n'a plus l'allure luxueuse et touristique des plages du centre-ville. Sable fin et eau propre à la baignade. Des centaines de bars installés dans de jolies cabanes de planches et des paillotes, avec grandes terrasses, servent toute la journée crabes, langoustes, fritures et *caïpirinha.* Plage envahie par une foule populaire durant tout le week-end, un peu moins dense en semaine. Douches d'eau douce un peu partout. C'est LE rendez-vous de la jeunesse pas dorée. Dangereux le soir seulement. Éviter d'y aller en buggy : des touristes ont eu des problèmes.
– En prenant un petit bateau, on peut remonter le fleuve et rejoindre un petit *village d'Indiens tapebas.* Compter 1 h de trajet.

> **Praia do Futuro :** à 9 km du centre, mais sans sortir des faubourgs de Fortaleza. Bus... « Praia do Futuro ». Une superbe plage longue de 5 km avec un océan déchaîné et magnifique. L'eau y est enfin propre et le sable fin. Beaucoup de petites baraques et de bars, plage quasi déserte en semaine et bondée le week-end (voir aussi la rubrique « Où boire un verre ? Où sortir ? »). Le soir, privilégier le taxi pour s'y rendre.
– Tout au bout de la praia do Futuro, après quelques bâtiments plutôt moches, on atteint l'*embouchure du rio Côco.* Bel endroit assez calme, avec des dunes de sable fin. Quelques baraques de pêcheurs (notamment *Caça* et *Pesca*) qui proposent des plats typiques. Un petit bac franchit la rivière pour accéder à l'autre côté de la plage. Possibilité de louer un kayak pour remonter vers la mangrove. ATTENTION : éviter d'y aller le soir, un peu dangereux pour les touristes.

Plongée sous-marine

Un des plus beaux sites de plongée de la côte se situe à 20 miles au large de la *plage de Pecem* (65 km au nord de Fortaleza), par 30 m de fond. Il s'agit d'un navire coulé en 1943, pendant la Seconde Guerre mondiale.

Le *canal de Arabaianas,* à 20 miles de Fortaleza, garde lui aussi quelques belles épaves.

– À *Projeto Netuno* (☎ 32-64-41-14), on vous fera découvrir ces beautés.

Fêtes et manifestations

– *Le Maracatu* est le carnaval folklorique et culturel de Fortaleza, fin février ou début mars. Moins spectaculaire que le *Fortal*.

– **19 mars :** fête de São José, patron du Ceará. Nombreuses processions dans tout l'État pour demander la pluie ; s'il pleut ce jour-là, c'est gagné ! La saison sera bonne !

– **13 avril :** anniversaire de Fortaleza. Un grand gâteau (dont la taille dépend des récoltes) est réalisé sur la praça do Ferreira et généreusement offert. En soirée.

– **13 mai :** fête de Nossa Senhora de Fatima. On s'habille en blanc pour parcourir les 10 km de procession qui cheminent dans la ville.

– **23-29 juin :** aux fêtes de São Antônio et de São Pedro, on danse le quadrille.

– **Juillet :** pendant la dernière semaine se déroule le *Fortal,* l'un des carnavals « hors saison » les plus animés du pays. Le long de l'avenida Beira Mar, des milliers de gens sont pris de folie au son des *trios elétricos* de renommée nationale.

– **15 août :** fête d'*Iemanjá,* la reine de la mer. Manifestation de *candomblé* sur la plage.

➤ DANS LES ENVIRONS DE FORTALEZA

🔏 **Le museu da Cachaça :** à 30 km au sud-est de Fortaleza. ☎ 33-41-04-07. Sur l'avenida Imperador, sur praça da Lagoinha, prendre le bus pour le village de Maranguapé puis continuer en taxi. Ouvert du mardi au dimanche de 8 h 30 à 17 h. Entrée : 5 Rls ; réductions. Un musée intéressant qui retrace avec force machines, équipements et ustensiles, documents et photos, l'histoire de l'exploitation de la canne à sucre et évoque l'importance de son économie pour la région. À la fin de la visite, petite dégustation ! Petit parc de jeux pour enfants.

LE LITTORAL DU CEARÁ

AU NORD DE FORTALEZA

CUMBUCO

À 30 km environ au nord de Fortaleza. Prendre le bus « Cumbuco » (toutes les heures) sur l'avenida Beira Mar (devant le *Praiano Palace Hôtel* ; moins de 4 Rls l'aller). Assez touristique. Restos en bord de mer spécialisés dans le poisson.

À faire

– Le sport local dans les dunes, en dehors du surf et des buggys décidément bien envahissants (20 Rls par personne pour 1 h de montagnes russes), c'est l'**eskibunda,** la « luge de sable », une planche de bois graissée sur laquelle vous posez vos fesses pour glisser du haut d'une dune à pente bien raide. La première fois, la gamelle est assurée, on se retrouve avec du sable jusqu'au fond des molaires, et puis, avec un peu d'expérience, on parvient à diriger cette infernale savonnette jusqu'à la lagune qui se trouve en contrebas, et même à y prendre goût ! Le plus dur est de se retaper à chaque coup la pente dans l'autre sens.

PARACURU (ind. tél. : 085)

Sur la route de Jericoacoara, à 100 km de Fortaleza (2 h 30 de bus), un petit village de pêcheurs encore tranquille et préservé mais qui commence à attirer les fondus de *kite-surf*. Il faut savoir qu'ils considèrent que les plages de cette région sont bordées des meilleures eaux pour pratiquer leur sport favori. Paracuru est connu aussi des fondus d'ufologie pour avoir servi de terrain d'atterrissage à un OVNI en 1960. Mais personne ne sait plus qui l'a vu !

Où dormir ? Où manger ?

⌂ *Pousada Villa Verde :* rua Maria Luiza Saboia. ☎ 33-44-11-81. Compter 50 à 60 Rls pour une jolie petite chambre double (AC et frigo), avec terrasse et hamac. Toutes font face à un magnifique jardin arboré, où s'étire un immense ficus africain. Calme absolu, à peine perturbé par les oiseaux et les singes.

IOI *Formula 1 :* sur la place centrale, face à la mer. ☎ 33-44-20-48. Un resto tenu par Michel, un Français très sympa qui s'est lancé dans l'élevage d'escargots (si, si !). Mais on peut aussi y manger langoustes et palourdes dans un mariage réussi de cuisine brésilienne et française. Service efficace.

PRAIA DA LAGOINHA (ind. tél. : 085)

À quelques encablures de Paracuru, une station balnéaire bien ventilée par les alizés, blottie entre une dune, sa plage et ses cocotiers, et un promontoire orangé. Beaucoup de monde le week-end malgré son relatif isolement. Jolie lagune dans les dunes.

Où dormir ? Où manger ?

⌂ IOI *Milton Gois Pousada :* ☎ 33-63-50-78. Une adresse populaire si vous décidez de faire étape dans ce petit coin charmant. Chambres très convenables, autour de 80 Rls pour

2, bien aérées (pas besoin d'AC), toutes avec balcon et hamac face à la plage. Côté table, la spécialité ici est la *moqueca* de poisson. Accueil empressé.

JERICOACOARA (ind. tél. : 088)

Ce curieux nom signifie en langue indienne « le lieu où les crocos dorment au soleil », mais tout le monde abrège et dit « Jeri ».
À 280 km au nord de Fortaleza, cocotiers, dunes, falaises, lacs et plage de sable blanc, douceur de vivre constituent les ingrédients naturels de ce petit paradis, devenu patrimoine national. L'endroit est donc totalement préservé, et tant mieux, car il offre des paysages uniques au Brésil : dunes dignes du Sahara, rochers sculptés par l'érosion, lagons d'eau salée et d'eau douce, pierre percée, etc. Coucher de soleil sublime sur la dune face à l'océan.
Mais ce n'est plus le sympathique village de pêcheurs d'antan, sans électricité, même si les routes ne sont toujours pas goudronnées ! C'est aujourd'hui une vraie station balnéaire, très prisée des jeunes tourtereaux des États du Sud du Brésil, idéale pour les voyages de noces. Elle offre les avantages du dépaysement avec les bienfaits du confort. L'été, on y danse le *forró* jusqu'au petit matin et des écoles de *capoeira* animent la plage tous les soirs. Si l'affluence a ses inconvénients, n'oublions pas que cette prospérité a permis la construction d'une école, d'un dispensaire et l'installation d'un médecin en permanence.
Les fondus de sport (50 % des arrivants) s'adonneront au *kite-surf* et à la planche à voile (le vent est optimal dans l'après-midi), au *sandboard* et à l'équitation à perdre haleine sur les immenses plages. Les autres cultiveront

avec assiduité l'art de la glandouille le jour et de la *fiesta* le soir. Bref, Jericoacoara vaut largement le déplacement.

À savoir aussi : malgré son développement rapide, Jeri s'est doté d'une charte environnementale très stricte, quant aux normes de construction des hôtels (qui ne peuvent dépasser la taille des cocotiers), et quant aux eaux usées et aux nuisances sonores. Toutes ces règles salutaires sont rédigées dans une charte du nom d'IBAMA.

Arriver – Quitter

➤ *Fortaleza :* depuis Fortaleza, 2 bus par jour, un le matin et un en fin d'après-midi ; 5 h 30 de trajet en version express en haute saison, 7 h en version omnibus, pour 45 Rls ou 27 Rls. À la fin de la route, depuis le dernier village accessible (Jicoca), c'est un camion-bus *(jardineira)* qui prend le relais jusqu'à Jeri en cahotant à travers les dunes. Pour rentrer vers Fortaleza, 3 bus par jour, à 7 h, 14 h et 22 h 30. Coût : 33 Rls.

➤ On peut aussi louer un 4x4 avec chauffeur depuis Fortaleza (en partageant le prix à plusieurs) et prendre une bonne demi-journée à faire le trajet, en partie par les plages. Paysages déserts sublimes, griserie du vent et de la mer et passage des lagunes sur un petit bac. Un léger parfum d'aventure en compagnie de troupeaux d'ânes sauvages. L'arrivée à Jeri se fait alors par la plage à l'est.

Comment s'orienter ?

Très facile : vous avez la plage, et puis d'est en ouest, trois perpendiculaires à celle-ci et parallèles entre elles : la rua do Forro, la rua Principal au centre, et la rua das Dunas qui, comme son nom l'indique, fait face aux dunes.

Où dormir ?

Les logements chez l'habitant sont de plus en plus rares. Si vous trouvez où poser votre hamac, il vous en coûtera 5 Rls la nuit. Sinon, toute la gamme habituelle de *pousadas,* avec divers conforts, à partir de 15 Rls jusqu'à l'adresse de charme. Le village compte près de 160 *pousadas* et offre un total de 2 000 lits disponibles ! Depuis l'arrivée de l'électricité en 1997 et le développement du tourisme, les prix ont lourdement augmenté.

De bon marché à prix moyens (moins de 100 Rls – 38 €)

⚊ ⌂ *Pousada Tirol (Jericoacoara Hostel) :* rua São Francisco, 202. ☎ 36-69-20-06. ● www.jericoacoara-tirol.com ● En face de l'arrêt du bus. Ouvert toute l'année. L'AJ officielle de la station. Petits bungalows pimpants avec dortoirs de 5 lits pour 24 à 26 Rls (selon la saison) par nuitée. Douches chaudes, draps fournis, hamacs sur la terrasse. Chambres doubles joliment aménagées de 50 à 65 Rls. On peut aussi dormir sous tente (tout l'équipement est fourni) pour 8 à 16 Rls par nuit. Si vous n'avez pas la carte des AJ, compter en gros 20 % de plus. On peut acheter la carte sur place. Le petit dej' est compris.

⌂ *Pousada Maria Bonita :* rua do Forró, 315. ☎ 36-69-23-29. ● www.mariabonitajeri.com.br ● Chambres pour 1 à 5 personnes de 70 à 140 Rls, et des doubles à 80 Rls. Notre adresse préférée même si elle n'est pas à proximité de la plage. Décoration évoquant les *haciendas* et l'histoire de Lampião et de sa compagne Maria Bonita, les deux bandits légendaires du Ceará. Chambres coquettes décorées de couleurs chaudes et galerie ventilée avec hamacs et fauteuils d'osier. Accueil adorable.

🛏 *Isalana Praia Hotel :* rua das Dunas. ☎ 36-60-13-34. ● www.jeri coacoara.tur.br/isalanapraiahotel ● Petites chambres bleues et oranges de 60 à 100 Rls selon la saison, avec AC, frigo et TV, toutes en rez-de-chaussée. Certaines pour 4 personnes. Préférez celles qui ont une

fenêtre. Salles de bains riquiqui mais très propres. Grande terrasse à l'étage pour le petit dej'.

🛏 *Pousada Juventude :* rua do Forró, à 200 m de la plage. ☎ 36-69-20-84. En haute saison, compter 60 à 100 Rls pour une chambre, avec ou sans AC. Prix fortement diminués en basse saison. Petits bâtiments bas peints de couleurs vives, disposés autour d'une cour sablonneuse. Chambres simples mais bien tenues. Location d'appartements avec kitchenette. Accueil un peu bourru mais sympa.

De prix moyens à chic (de 70 à 120 Rls – 26,60 à 45,60 €)

🛏 *Pousada Azul :* rua das Dunas, à 50 m de la plage. ☎ 36-69-21-82. ● www.jericoacoara.tur.br/azulpousa da ● Compter de 70 Rls pour une chambre sans AC à 90 Rls avec, et 120 Rls pour un duplex. Où ça ? Et bien dans un joli petit hôtel bleu et blanc tenu par Frédéric, un Niçois volubile. Chambres intimes et colorées réparties dans des petits bâtiments cubiques d'un étage. Salle de petit dej' très accueillante ; on peut aussi y goûter. Thé et café à volonté.

🛏 *Casa do Turismo :* rua das

Dunas. ☎ 36-21-02-11. ● www.casa doturismo.com ● Ce petit centre touristique très bien situé propose une vingtaine de chambres très confortables et bien équipées (chacune avec terrasse et hamac) à 95 Rls en haute saison. Duplex à 120 Rls. Compter 40 % de moins en basse saison. Salle de petit dej' sous un toit conique. Nombreux services sur place : bureau d'infos (ouvert de 7 h à 22 h), change, poste, téléphone, tickets et horaires de bus, location de chevaux, etc.

Très chic (plus de 150 Rls – 57 €)

🛏 *Sea's Wind Pousada :* rua do Forró. ☎ 36-69-23-25. ● www.seas wind.com.br ● Doubles de 160 à 240 Rls selon la saison. À 100 m de la mer, un peu à l'écart de l'agitation du centre, bien au calme. Bâtiment de bois à un étage. Chambres petites, mais bien équipées et décorées sur le thème marin. Balcon avec hamac. Piscine.

🛏 *Mosquito Blue Hotel :* rua Ismael. ☎ 36-69-22-03. ● www.mos quitoblue.com.br ● Compter 240 à 270 Rls pour une chambre double et

300 à 330 Rls pour une suite. Calme, volupté et élégance sont les maîtres mots de ces petits bâtiments d'un étage bien intégrés à leur environnement et organisés autour d'un jardin et d'une piscine. Très bon confort des chambres, naturellement, dans un esprit de « simplicité sophistiquée » comme se plaît à dire la maison. Le petit déjeuner-buffet se prend au bord de la plage histoire de bien entamer sa journée de farniente. Restaurant.

Où manger ?

Quelques accueillants pêcheurs (eh oui, il en reste encore, dépêchez-vous...) vous feront découvrir leur *peixada* pour environ 10 Rls (le plat suffisant largement pour 4 personnes), dans leur maison-resto, au fond du village. Ce plat de poisson est tout simplement diabolique, surtout ne vous privez pas de ce plaisir !

|●| *Carcará :* rua do Forró, 530. ☎ 36-69-20-13. Ouvert de 12 h à 23 h 30. Une bonne adresse plutôt gastronomique, tout en longueur, dans un jardin intérieur. Spécialités locales de 15 à 40 Rls, comme la *carne de sol* au riz au lait, ou la *moqueca de camarõa* et de *capixoba* (poissons et crevettes). Plats pour 2 évidemment, ce qui reste intéressant même pour la plantureuse *caldeirade*. Vins chiliens et argentins. Le week-end, pensez à réserver.

|●| *Naturalmente :* en bordure de la plage. Dans un décor étoilé, une crêperie qui soigne autant la forme que le fond : crêpes originales présentées en cornet. Salées, sucrées, ou accompagnées d'un excellent jus de fruits, c'est une bonne manière d'entamer la deuxième partie de la soirée, avant d'aller au *forró*.

|●| Autres adresses recommandées par nos espions préférés : *Sabor da Terra* et *Tudo na Brasa.*

À voir. À faire

🏃 Plein de curiosités à voir dans le coin si vous avez du temps : la *lagoa Azul,* la *Pedra furada* (une roche percée un peu comme à Étretat), les *ruines d'une cité engloutie* dans les dunes, et la *lagune de Jijoca,* à atteindre en buggy (même si vous connaissez notre opinion sur ces engins : pollution sonore, olfactive...).

⌁ N'oubliez pas d'aller faire un tour à la *lagoa da Tatajuba,* à quelques kilomètres au nord (4x4 à louer à plusieurs). C'est une plage avec des lagons, des lacs, de grandes dunes, et quelques maisons de pêcheurs perdues. Superbe coucher du soleil puisque depuis la dune l'astre disparaît sur la mer à l'ouest. C'est le seul endroit sur la côte Atlantique...

– *Cours de windsurf :* au *Club dos Ventos.* ● www.clubedosventos.com.br ●

– *La fête :* presque une occupation à plein temps, ici ! *Fête locale* les mercredi et samedi *(forró),* et tous les soirs en saison. La vie nocturne se concentre sur la plage, et les boîtes, ces derniers mois, avaient pour nom *Sky, Planeta Jerry,* etc., mais cela change tout le temps !

AU SUD DE FORTALEZA

LA PLAGE D'IGUAPÉ *(ind. tél. : 085)*

À 50 km au sud. Pour y aller de Fortaleza, un bus part toutes les heures (à partir de 7 h 30) du petit terminal de l'avenida Domingo Olímpio. Compter 1 h 30 à 2 h jusqu'à Iguapé, village de pêcheurs lui aussi. D'Iguapé, les bus partent tous les jours de l'intersection des rues Conselheiro Tristão et Meton de Alencar (bus *São Benedito).* Très belle plage tranquille avec des rouleaux impétueux. Les enfants font une sorte de ski sur les dunes. Le sable commence à être de toutes les couleurs. Moins de cocotiers. Venir vers 8 h pour le retour des pêcheurs. Quelques buvettes où l'on grille les langoustes. On peut louer des chevaux à la *fazenda,* entre la dune et la lagune.

Où dormir ? Où manger ?

🛏 Location de chambres, très rudimentaires et très bon marché | (20 Rls), à la *Pousada Dunas,* face à la mer. ☎ 33-61-62-94.

|●| Au ***restaurant Peixada*** (toujours face à la mer), vous dégusterez des langoustes pour un prix très raison-nable : 30 Rls. *Forró* le samedi à 22 h.

CAPONGA *(ind. tél. : 085)*

À 13 km de Cascavel et à 65 km au sud de Fortaleza. Très joli petit village de pêcheurs, tranquille et encore peu touristique, alangui le long d'une belle plage de sable blanc.

Où dormir ? Où manger ?

🛏 |●| ***Hôtel-resto Bybloss :*** en bord de mer, à 20 m de la plage, tournant le dos au village. ☎ et fax : 33-34-80-45. ● www.caponga.free.fr ● Prévoir 100 Rls pour une double, petit dej' copieux inclus. À partir de 25 Rls le repas. Très sympathique établissement tenu par Gérard, un Nîmois installé là depuis plus de 15 ans, et Patricia, la serveuse brésilienne. Les chambres (avec ventilo, douche et w.-c., et balcon pour celles du 1er étage) sont coquettes (murs de briques vernies et couvre-lit de coton blanc) et d'une propreté irréprochable. Dans le patio, belle piscine face à la mer. Terrasse fort agréable. Resto de cuisine franco-brésilienne plus que correcte. Spécialité : le filet au roquefort ! Une bonne adresse, ouverte même en août (basse saison sur la côte).

MORRO BRANCO *(ind. tél. : 085)*

À 94 km au sud de Fortaleza ; compter 2 h de bus depuis la *rodoviária.* Belle plage, falaises superbes, sources d'eau fraîche qui jaillissent du sable... spectaculaire ! Un phénomène naturel local fait que les dunes se composent de douze couleurs différentes ! Les enfants du coin emmènent les touristes dans des canyons creusés dans les dunes par les sources et grattent le sable pour montrer les différentes couleurs. L'endroit est très populaire au Brésil depuis qu'une émission télé très célèbre a utilisé ses fantastiques paysages en générique.

Où dormir ? Où manger ?

🛏 ***Pousada do Morro :*** sur la plage. ☎ 33-38-10-40. Belle piscine, propre. Une étape agréable.
🛏 |●| ***Pousada e Restaurante Sereia :*** ☎ 33-30-11-44. Plus chère que la précédente. Très propre, petit dej' copieux.
🛏 ***Pousada Ibitu :*** au sommet d'une dune, à 400 m de la plage. ☎ 33-38-60-80. ● www.ibitu.com.br ● Compter autour de 80 Rls pour l'une des 5 chambres ou l'un des 9 duplex sobrement décorés. Architecture de brique particulièrement réussie, patio tapissé de pierres colorées, vue panoramique. Petite piscine avec pataugeoire pour les enfants. Cadre agréable pour le petit déjeuner. Tenu par un Suisse féru de culture brésilienne.

CANOA QUEBRADA *(ind. tél. : 088)*

La plus fameuse des plages du Ceará, à 170 km au sud (2 h 30 de route) de Fortaleza. Bus directs toutes les 2 h de Fortaleza, et quelques bus depuis Aracati.

Autrefois petit village de pêcheurs complètement isolé, devenu un véritable mythe parmi les paradis sur terre. Son nom signifie « Vent de la Lune ». Superbe paysage de roche rouge et de chutes d'eau tombant au bord de la plage (du moins lorsqu'il a plu)... Endroit réputé pour ses gravures rupestres : on distingue nettement une soleil et une lune gravés dans la roche d'une falaise ; symboles d'ailleurs repris par certains restos. De plus en plus de touristes et de *pousadas chicos*. Moins couru tout de même que Jericoacoara, ce petit paradis a longtemps souffert d'une ambiance post-baba cool un peu agaçante, mais il semble à présent tendre vers le chic branché. Complètement saturé lors des week-ends et des périodes de vacances ; prix à la hausse à cette époque.

Où dormir ? Où manger ?

🛏 ***Pousada Oasis do Rei :*** rua Nascer do Sol, 112. ☎ 34-21-70-81. ● www.oasisdorei.com.br ● On s'en sort pour 80 Rls pour 2 au calme et au milieu de la végétation. Petit dej' avec vue panoramique sur l'océan. Piscine et laverie.

|●| ***Barraca Chega Mais :*** sur la plage. ☎ 34-21-71-01. Pas compliqué à trouver, c'est une grande paillote pile en contrebas du parking. Réputée pour ses langoustines grillées (65 Rls pour 2). Accompagnements généreux. On déguste tout cela sur un balcon sur pilotis en jetant un œil distrait sur les épidermes de toutes teintes qui eux aussi grillent allègrement sur le sable. Service virevoltant.

|●| ***Barraca Ghetto :*** sur la plage, à l'extrême droite, face à la mer. Marco l'Italien et Adriana la Brésilienne proposent un succulent poisson à peine sorti des filets, de la *moqueca* de crevettes et des langoustes. On passe une paire d'heures à se régaler tout en regardant les évolutions des surfeurs et en guettant le retour des *jangadas*.

L'INTÉRIEUR DU CEARÁ

L'intérieur du Ceará offre des régions d'une beauté saisissante où, dans une chaleur d'enfer, l'eau jaillit de partout, dans des paysages de plaines recouvertes par une végétation arbustive mêlée de quelques cactus filiformes ; les kilomètres s'avalent en ligne droite. C'est le domaine des *fazendas*. Subitement, et de manière presque inattendue, se dresse la *serra da Ibiapaba*. À 900 m d'altitude, c'est alors un paysage tantôt aride, tantôt de luxuriantes forêts de palmiers.

Au cœur du massif rocheux, le ***parc national d'Ubajara*** est l'un de ces endroits extraordinaires. On peut y faire une excursion de 2 jours en dormant à Ubajara ou à Tianguá (à 350 km environ de Fortaleza). On y découvrira aussi les gens du Ceará, Caboclos et Sertanejos au caractère fier et libre, et qui aiment tant parler.

Arriver – Quitter

➢ ***En bus :*** liaisons avec la *rodoviária* de Fortaleza. Deux ou 3 bus par jour dans les deux sens. Compter environ 5 h de trajet pour Tianguá, un peu plus pour Ubajara.

➢ ***En voiture :*** les routes sont excellentes et très belles. La meilleure solution, si votre porte-monnaie vous le permet. Sortir de Fortaleza par la BR 222 en direction de Sobra ; continuer après Sobra jusqu'à Tianguá, à l'entrée du *parque nacional* (280 km).

TIANGUÁ *(ind. tél. : 088)*

« Là où l'eau apparaît toujours », en langue indienne. Ancienne ville indienne, donc. C'est à 20 km de Tianguá que débute l'ascension de la *serra da Ibiapaba*. Très beaux paysages. Prévoir une petite laine, car les nuits sont un peu fraîches. En fait, c'est avant tout un point de départ intéressant pour les excursions dans la région.

Adresses utiles

🔲 Un petit *office du tourisme* est normalement ouvert à côté de la *pousada Serra Grande*.
🔲 *Banco do Brasil :* sur la place principale. Pas de distributeur, mais carte *Visa* acceptée au guichet.

🌐 On peut aller faire un tour au *centre d'artisanat* (ouvert tous les jours), à côté de la gare routière ; principalement des produits alimentaires (dont toutes sortes de rhums).

Où dormir ? Où manger ?

🏠 *Pousada Serra Grande :* juste à côté du *Serra Grande Hotel* (même proprio). Près de 15 Rls pour 2, petit dej' compris. Une trentaine de chambres aménagées dans les boutiques de l'ancien centre artisanal. Aucun toit en tuile n'est à la même hauteur, et c'est franchement plutôt mignon. Chambres très simples avec des murs blancs, douche et w.-c. bien tenus. Un rapport qualité-prix imbattable !
🏠 *Serra Grande Hotel :* BR 222, à l'entrée de la ville. ☎ 36-71-18-18. Fax : 36-71-14-77. Compter entre 60 et 80 Rls pour une double. Chambres très confortables avec le charme des beaux parquets, assez spacieuses. Piscine en bordure d'un jardinet fleuri. Propose également (et de manière parfois insistante !) des excursions dans une réserve privée.

Demander à visiter la plantation de l'hôtel, en face ; un bon moyen de découvrir les différents fruits que l'on ne cesse de déguster quotidiennement au Brésil... N'accepte pas les cartes de paiement.
🍴 *Churrascaria Brasão :* av. Pref. Jaques Numes, 978. ☎ 36-71-46-07. Ouvert tous les jours de 9 h à minuit. Plats bon marché, en plus, ils sont pour 3 ! Un restaurant tout jaune, bien propret, avec de belles petites tables recouvertes de nappes en tissu. Afonso, le proprio, s'occupe lui-même de préparer la viande et de la faire cuire. C'est excellent ! La viande est servie sur un brasero, avec du fromage, du manioc... et continue à cuire tout doucement. Miam ! Tout cela est très convivial. On ressort repu et content !

UBAJARA *(ind. tél. : 088)*

« Seigneur des pirogues » en langue indienne. À 850 m d'altitude et à 18 km de Tianguá.

Où dormir ? Où manger ?

🏠 *Pousada Sítio do Alemão :* à environ 3,5 km du village et à 1,5 km de la grotte (prendre un taxi). ☎ 99- 61-46-45 (portable). ● www.sitio-do-alemao.20fr.com ● Compter entre 25 et 40 Rls pour 2. Au cœur d'une plantation de caféiers et d'une végétation luxuriante de bananiers, de manguiers, etc., 4 petits chalets (dommage, ils ne sont pas en bois), dont 2 avec douche et w.-c., bien tenus par Herbert, un sympathique Allemand qui parle le français. Super petites balades à faire au sein d'une forêt dense. Un véritable coin de charme. Herbert propose des excursions pour admirer de très chouettes cascades.

🛏 |●| *Pousada da Neblina :* à 2 km d'Ubajara. ☎ 36-34-12-70. Chambres doubles qui s'échelonnent doucement de 35 à 65 Rls, selon le confort. Disposent toutes de douche et de w.-c., mais la déco est des plus sobres. Ne pas se laisser impressionner par l'entrée aux allures chicos... l'établissement est un peu défraîchi. Les chambres les moins chères offrent le meilleur rapport qualité-prix. Piscine. Restaurant très moyen.

|●| *Nevoar :* av. Monsenhor Gonçalo Eufrásio, 167. ☎ 36-34-13-12. Dans le centre d'Ubajara. Ouvert tous les jours, midi et soir. Considéré comme le meilleur resto de la ville... et pourtant, il nous a paru juste correct. Peut dépanner.

À voir. À faire

🎭 *Le parc national et la grotte d'Ubajara :* à 3 km d'Ubajara, au cœur du parc forestier de 563 ha. ☎ 36-34-13-88. Centre d'information *IBAMA,* ouvert tous les jours de 8 h à 17 h. Participation symbolique à l'entrée du parc (pour les guides). Sentiers pédestres. Accès à la grotte par téléphérique (de 10 h à 16 h) pour 4 Rls.

Si vous avez la frousse (et on peut comprendre, la descente se fait à pic et parfois le vent souffle !), il est possible d'emprunter un sentier de 4 km (guide obligatoire). La grotte s'étend sur près de 1 km, mais on n'en visite que 350 m. La première salle servit longtemps de lieu de culte ; on pouvait même s'y marier ! On ne s'étonnera pas alors de la présence de Notre-Dame-de-Lourdes... Quelques beaux jeux de lumière mettent en valeur d'étonnantes formes. Dans la salle des portraits se dissimulent un cheval, un crocodile, un cobra, un lion... et dans la dernière, un véritable essaim de chauves-souris (bien vivantes, celles-là !). La grotte est également connue pour son lac souterrain, mais il ne se visite pas, hélas !

IPÚ

À 75 km d'Ubajara, sur la CE 075. *Cascata de Ipú* (chute d'eau de 120 m) et baignade dans les eaux pures. La cascade est impressionnante de janvier à avril ; le reste de l'année, le filet d'eau s'évapore en milliers de gouttelettes emportées par le vent. Quelques restos à proximité. Sympa pour une petite halte, mais pas la peine d'y passer une nuit.

Au retour, à 7 km après Ipú, prendre sur la gauche la CE 157 en direction de Canindé, puis, à Santa Quiteria (65 km), continuer par la CE 032 jusqu'à Canindé (encore 111 km). Très beau voyage à l'intérieur du Ceará entre eaux et aridité extrême.

CANINDÉ

À 105 km de Fortaleza par la route BR 020. Haut lieu de pèlerinages populaires dédiés à saint François, guérisseur des maux du corps et de l'âme. Plongée impressionnante dans la foi fervente du peuple du Nordeste. Rues envahies d'images pieuses, de chapelets, etc. Grande *fête de São Francisco de Assis* au début du mois d'octobre, pendant 9 jours.

NATAL

750 000 hab.   IND. TÉL. : 084

Capitale de l'État du Rio Grande do Norte (qui compte 2,7 millions d'habitants), son nom provient de la fondation de la ville, le jour de Noël 1599. Elle fut aussi le premier point de chute de l'Aéropostale du temps de Mermoz.
Les voiliers qui traversent l'Atlantique viennent souvent accoster ici. Logique, Natal est le point le plus proche des côtes africaines. Cette ville ne présente pas d'intérêt particulier, sauf pour rejoindre les plages que l'on trouve à proximité ; elles sont splendides et le soleil y brille près de 300 jours par an ! C'est à Natal qu'atterrissent la plupart des charters venus d'Europe.
Le centre de la ville est hérissé d'immeubles de 15 à 20 étages, qui ont poussé de manière anarchique, et a connu récemment une augmentation de l'insécurité due aux bandes organisées qui gravitent autour du trafic de crack. La plupart des voyageurs restent donc plutôt confinés dans le quartier agréable mais un peu excentré de Ponta Negra, en bord de mer. Les recommandations des autorités locales sont d'éviter *Morro de Careca* au sud de Ponta Negra, la plage de Ponta Negra elle-même durant la nuit, et les plages de *Do Meio*, *Artistas* et *Forte* de jour comme de nuit. Ce n'est pas que vous risquez votre vie à chaque instant, ne tombons pas dans le travers sécuritaire absolu, c'est que, statistiquement, c'est là que vous risquez le plus de vous faire dépouiller si vous affichez trop nettement votre condition de touriste.

Arrivée à l'aéroport

✈ *L'aéroport Augusto Severo* se trouve à environ 15 km de Natal, au sud-ouest de la ville. ☎ 36-44-00-00. Le bus A, rejoint le centre pour 3 Rls.

🛈 *Bureau d'informations touristiques :* ouvert du lundi au vendredi de 8 h à 18 h et le week-end de 8 h à 16 h.
■ *Bureau de change VIP Câmbio :* ☎ 36-44-80-80. Ouvert du lundi au samedi de 11 h à 1 h et les dimanche et jours fériés de 11 h à 23 h. Change les chèques de voyage, dollars et euros.
■ Plusieurs banques avec *distributeurs :* Banco do Brasil, Bradesco, HSBC, Itaú.

Adresses utiles

Informations touristiques

🛈 *Office du tourisme :* Central do Cidadão, dans le complexe *Praia Shopping,* av. Eng. Roberto Freire. ☎ 32-32-74-04. Dans les locaux de l'administration de la ville. Ouvert du mardi au vendredi de 10 h à 22 h et le samedi de 10 h à 18 h. Sympathique mais pas très documenté. Dans cette galerie commerçante, vous trouverez aussi des postes Internet, un distributeur d'argent, un self-service et de bonnes petites gargotes *ao kilo.*
🛈 *Autres bureaux* à la *praia dos Artistas* et à la *rodoviária* (généralement ouverts tous les jours de 8 h à 22 h).

Poste et télécommunications

✉ *Poste :* av. Rio Branco, 538. Ouvert de 8 h à 18 h.
■ *Téléphone international :* rua Princesa Isabel, 683. ☎ 32-11-72-09. Ouvert de 8 h à 18 h (14 h le dimanche).

@ *Internet :* à l'*Alliance française* (voir plus bas « Divers »). Accès du lundi au jeudi de 14 h à 20 h et le vendredi jusqu'à 18 h. Également *Sobre Ondas,* rua Erivan França, 14 (Ponta Negra). Ouvert tous les jours.

Argent, change

■ *Banco do Brasil :* av. Rio Branco, 510. ☎ 32-21-19-15. Ouvert de 10 h à 16 h. Une autre agence dans le complexe *Praia Shopping,* av. Eng. Roberto Freire (Ponta Negra). Distributeur acceptant les cartes *Visa* et *MasterCard.*

■ *Praia Câmbio :* dans le complexe *Praia Shopping,* av. Eng. Roberto Freire (Ponta Negra). ☎ 32-19-46-81. Ouvert du lundi au samedi de 9 h à 21 h et les dimanche et jours fériés de 9 h à 17 h. Change les chèques de voyage et devises étrangères.

Urgences

■ *Urgences (pronto socorro) :* composez le ☎ 192.
■ *Pharmacies ouvertes 24 h/24 :* une dizaine en tout. *Drogaria Guararapés :* ☎ 32-15-80-00.
■ *Police (assistance aux touristes) :*

Central do Cidadão, dans le complexe *Praia Shopping,* av. Eng. Roberto Freire (Ponta Negra). ☎ 32-32-72-34 (permanence 24 h/24). Agents parlant l'anglais.

Transports

🚌 *Rodoviária :* av. Capitão Mor. Gouveia, 1237. ☎ 32-32-73-12.
■ *Varig :* rua Mossoró, 598. ☎ 32-01-93-33 et 29. Ouvert du lundi au vendredi de 8 h à 18 h et le samedi de 8 h à 12 h.
■ *Vasp :* av. João Pessoa, 220.

☎ 32-11-35-64. Mêmes horaires d'ouverture que *Varig.* À l'aéroport : ☎ 36-43-11-37 ou 14-41.
■ *Tam :* rua Seridó, 746 (Petrópolis). ☎ 36-43-12-61. À l'aéroport : ☎ 37-43-16-24.

Divers

■ *Alliance française :* rua Potengi, 459. ☎ 32-22-15-58. ● secretaria@ aliancafrnatal.com.br ● Ouvert du lundi au vendredi de 8 h 30 à 11 h 30 et de 13 h 30 à 21 h (18 h le vendredi). Journaux français. Expos temporaires et quelques soirées poétiques *(sarau)...* Petit bar pour se désaltérer ou grignoter.

Où dormir ?

Attention, les prix de certains établissements subissent des variations saisonnières. Un site où sont répertoriés les hébergements de Natal et environs : ● www.abihrn.com.br ●

Bon marché (de 20 à 40 Rls – 7,60 à 15,20 €)

🏠 *Albergue da juventude Lua Cheia :* rua Manoel A. B. de Araújo, 500. ☎ 32-36-36-96. ● www.luacheia.com.br ● Un peu difficile à trouver : de l'avenida Roberto Freire à Ponta Negra, c'est la 1re à droite après la Rota do Sol qui va vers les plages du sud. Réception 24 h/24. Près de 25 Rls par personne pour les membres du réseau *Hostelling International,* environ 32 Rls pour les autres, petit dej' compris. Dans un pseudochâteau médiéval avec pont-levis, doté d'un petit jardin intérieur et décoré de reproductions des maîtres de la peinture européenne. Petits dortoirs de 4 à 6 lits et sanitaires corrects. Pas d'AC, mais les chambres sont bien aérées. Le réceptionniste de nuit parle le français. Au sous-sol, un bar branché, *La Taberna* (voir « Où boire un verre ? Où sortir ? »). Accueil excellent d'un staff dynamique. Cartes de paiement acceptées.

LE NORDESTE

Prix moyens (de 40 à 70 Rls – 15,20 à 26,60 €)

🛏 *Hôtel Oasis (Swiss Hotel) :* rua Joaquim Fabrício, 291. ☎ et fax : 32-02-27-66. ● www.swiss-oasis.ch ● Chambres doubles entre 50 et 70 Rls selon la saison. Dans le centre, au sein d'un quartier de tours d'habitations mais plutôt calme, à 10 mn de la mer et du centre à pied. Les chambres sont distribuées autour d'un jardin intérieur avec piscine. Chambres nickel, climatisées, certaines avec terrasse. Quelques-unes peuvent accueillir 5 personnes. Cabine téléphonique à disposition. Fait aussi bar et resto. Raoul, le proprio, un Suisse-Allemand, parle bien le français. Promotions intéressantes en cas de séjour de longue durée. Très bon accueil, l'endroit est vraiment convivial.

🛏 *Hôtel Sol :* rua Hector Carrilho, 107. ☎ 32-01-22-08. Fax : 32-21-11-57. En plein centre, à deux pas de l'avenida Rio Branco. Compter 50 Rls pour 2 en haute saison. Hôtel moderne aux chambres de bon confort : TV, frigo et AC. Petit déjeuner sur la terrasse. Un établissement sans histoire et un rapport qualité-prix qui tient la route. Bon accueil, et resto correct.

Plus chic (de 70 à 150 Rls – 26,60 à 57 €)

🛏 *Pousada La Luna :* rua Francisco Gurgel, 9045. ☎ et fax : 40-08-82-00. ● www.pousadalaluna.com.br ● À Ponta Negra, face à la mer, au début de la plage en venant de Natal. Chambres doubles de 90 à 130 Rls selon la saison et l'orientation. Chambres standard très mignonnes, bleu et blanc, avec du parquet et un ameublement agréable, et impeccablement tenues par un couple. TV, AC, téléphone et frigo-bar. Petite piscine sur la terrasse qui dispose d'un accès direct à la mer. Excellent accueil et ambiance conviviale. Réduction supplémentaire pour les lecteurs du *Guide du routard* en basse saison.

🛏 *Hôtel Ponta do Mar :* face à l'arrêt de bus, rua Skal, 2056. ☎ 32-36-25-09. Fax : 32-36-20-08. ● www.hotelpontadomar.com.br ● Sur la colline qui surplombe la plage de Ponta do Mar. Petits *apartamentos* autour de 150 Rls. Bon rapport qualité-prix, surtout en basse saison (environ 110 Rls). Les chambres ont tout ce qu'il faut, sauf une réelle déco, dommage... l'abondance des carrelages fait parfois penser à un hôpital. Très propre. Bonne ambiance. Super petit dej'. Piscine dans une cour. Vue sur mer. Accueil gentil.

Très très chic (plus de 200 Rls – 76 €)

🛏 *Manary Praia Hotel :* rua Francisco Gurgel, 9067 (Ponta Negra). ☎ 32-04-29-00. ● www.manary.com.br ● Hôtel de charme en bordure de la plage de Ponta Negra. Les prix varient de 300 à 500 Rls selon l'équipement et la saison. Chambres de très bon confort, décorées, avec goût, d'antiquités retrouvées dans les plantations du nord-est. Piscine entourée de cocotiers. Petit dej'-buffet généreux et restaurant à la carte franco-brésilienne de très bon niveau et à prix raisonnables pour la qualité. Pour ceux qui peuvent se payer une petite tranche de luxe, par exemple pour une lune de miel...

🏠 *Barreira Roxa – Senac (école hôtelière) :* via Costeira, parque dos Dunas. ☎ 32-09-40-00. Fax : 32-02-40-00. Entre le centre et Ponta Negra. Pas moins de 200 Rls la chambre double, mais réduction de 30 % en basse saison. À ce prix, vous imaginez bien que les chambres offrent un grand confort, bien que toutes ne bénéficient pas d'une vue sur la mer ! Quelques chambres style *Hôtel & Charme,* avec une déco absolument superbe (les prix le sont tout autant) ! Fait également restaurant : *ao kilo* à midi, à la carte le soir. Prix très raisonnables. Le panorama vaut le coup.

Où manger ?

À Natal

De bon marché à prix moyens (de 5 à 25 Rls – 1,90 à 9,50 €)

🍴 *Estação de Minas :* av. Presidente Café Filho, 197 (Praia dos Artistas). ☎ 32-02-20-99. En fait, sur la route menant de Natal à Ponta Negra. Ouvert tous les jours. Self-service *ao kilo* à midi, carte également le soir (plus cher). *MPB ao vivo* tous les soirs. Un resto perché sur une terrasse avec vue sur la mer. Les traditions sont ici à l'honneur. À commencer par la déco, avec ses antiquités tout droit venues de *fazendas* du Minas. Mais c'est surtout l'occasion de goûter une très bonne cuisine traditionnelle, servie dans de jolis plats en terre : *tutú de feijão, filé com castanha...* Une adresse où l'on mange bien, où l'on se sent bien !

🍴 *Mangai :* av. Amintas Barros, 3300 (Lagoa Nova). ☎ 32-06-33-44. Fermé le lundi. Self-service *ao kilo.* Ne peut pas se rater, avec son coq perché ! Un resto aménagé dans une sorte de grange avec des lampions, des calebasses, des couleurs, des régimes de bananes qui pendent aux murs (servez-vous, c'est gratuit !)... Serveurs habillés en costumes traditionnels et parfois comme Lampião, l'un des plus célèbres bandits de la région (il vous attend d'ailleurs aux toilettes) ! Très bonne cuisine régionale : *carne do sol, cuscuz, buchada...* N'oubliez pas la petite cloche sous la table pour appeler les serveurs... mais un peu de discrétion, s'il vous plaît !

À Ponta Negra

De bon marché à prix moyens (de 5 à 25 Rls – 1,90 à 9,50 €)

🍴 *Casa de Taipa :* rua Manoel A. B. de Araújo, 130. ☎ 32-19-57-98. En face de l'AJ (voir « Où dormir ? »). Ouvert tous les jours à partir de 17 h. Une cahute en plein air, en fait une « *tapiocaria-café* » avec des petites chaises bancales et colorées pour déguster une bonne crêpe de tapioca à prix modérés. Salades, *batidas* et cafés.

🍴 *Cipó Brasil :* rua Aristides P. Filho, 3111. ☎ 32-19-52-27. Ouvert tous les jours à partir de 17 h. Au cœur de l'animation nocturne, voilà un restaurant chaleureux et sympa comme tout avec son petit singe et sa roue de moulin à l'entrée. C'est un cadre un peu fou, une déco à la Robinson avec ses huttes qui paraissent bringuebalantes, ses lianes et sa végétation presque luxuriante, ses tables en bois posées sur le sable... Propose des salades et des crêpes qui sont énormes, presque monstrueuses ! Et plus d'une quarantaine de *caïpirinhas* !

|●| *Peixada da Comadre :* av. Praia da Ponta Negra, 9048. ☎ 32-02-34-11. Fermé le mardi. On ne vient pas ici pour la grande salle assez impersonnelle, même si quelques plantes vertes s'efforcent de réchauffer l'atmosphère. En revanche, la réputation de l'endroit est intacte depuis plus de 40 ans, c'est dire si on connaît le métier ! Poissons et fruits de mer d'une fraîcheur incontestable et incontestée. Attention, les plats peuvent en général combler 3 ou 4 appétits !

|●| *Tábua de Carne :* av. Eng. Roberto Freire, 3241. ☎ 36-42-11-38. Ouvert tous les jours, midi et soir. Prix très raisonnables puisque là encore les plats sont pour trois !

Grande paillote dans un cadre à la fois chic et décontracté. Ravissant jardinet à l'entrée. Les amateurs de *carne do sol* seront ravis : c'est la spécialité de la maison. Mais le *queijo na brasa com origano* (fromage caillé avec des herbes) mérite aussi de chatouiller vos papilles gustatives !

|●| *Churrascaria Tererê :* av. Dep. A. Queiroz, 2316. ☎ 32-36-28-51. Ouvert tous les jours, midi et soir. Une *churrascaria* très classique où les tables s'alignent en de longues rangées, où les serveurs s'affairent dans leur *bombacha* (pantalon traditionnel du Rio Grande do Norte). On y mange bien.

Chic (de 25 à 50 Rls – 9,50 à 19 €)

|●| *Abade :* via Costeira. ☎ 32-19-44-69. Fermé le dimanche. L'addition peut facilement graviter autour de 60 Rls par personne avec le vin. Cadre élégant et ambiance compassée, belles tables avec argenterie, cuivres aux murs... Largement réputé pour ses fruits de mer : *bacalhau Vasco da Gama, bacalhau a Gomes de Sá...* Quelques plats aux accents français également. Présentation raffinée. Carte des vins du monde entier. La classe, quoi !

Où boire un verre ? Où sortir ?

Pas grand-chose pour boire un verre à Natal. Le soir, l'essentiel de l'animation se concentre le long de Ponta Negra face à la plage, dans la *rue Erivan França* entre autres, avec plein de restos et de bars.

🍷 🎵 *La Taberna :* voir l'*albergue da juventude Lua Cheia,* dans la rubrique « Où dormir ? ». Au sous-sol, dans les caves du « château ». Ouvert tous les jours à partir de 21 h. Entrée : moins de 10 Rls et conso obligatoire (à partir de 7 Rls). L'un des bars les plus branchés de Natal avec sa déco médiévale délirante : armures, blasons, écus et collection de canettes de bière. Concerts de musique brésilienne, de blues, de reggae ou de rock tous les soirs.

🍷 Non loin du centre, vous trouverez quelques *bars* sur la pointe entre la praia dos Artistas et la praia da Areia Preta. Parmi eux, le *Chaplin* (☎ 32-02-11-88) et le *Milk Shake,* grands bars à la mode. Le premier se veut un peu chic, le second plus populaire. Beaucoup de monde, surtout le week-end, mais ces adresses ne nous ont pas passionnés. Si vous vous promenez dans ce quartier le soir, mais que vous n'y logez pas, il vaut mieux prendre un taxi pour rentrer.

🍷 *Casa da Ribeira :* rua F. Miguelinho, 52, quartier Ribeira. ☎ 32-11-77-10. Ouvert du mercredi au dimanche soir. Genre de centre culturel avec café-théâtre et spectacles de musique, danse, pièces de théâtre. Quelques expos temporaires également.

🎵 *Forró com Turista :* Centro de Turismo de Natal, rua Aderbal Figueiredo, 980 (au coin de l'av. Prudente de Morais). ☎ 32-11-62-18. Tous les jeudis soir à 22 h. Pour s'initier au *forró,* si ce n'est pas déjà fait. Le centre n'est pas un bureau d'informations, comme on pourrait le croire, mais un centre culturel (concerts, expos, etc.), aménagé dans un très beau bâtiment néoclassique, en fait anciennement une prison.

À voir

Offre culturelle plutôt limitée, que vous pouvez même ignorer, vous n'aurez rien perdu.

🔪 *La fortaleza dos Reis magos :* av. Café Filho (Praia do Forte). ☎ 32-11-49-59. Visite tous les jours de 8 h à 16 h 45. Entrée : 3 Rls. On y accède à pied par une jolie jetée. La silhouette blanche et discrète se révèle alors peu à peu derrière un rideau d'arbustes. Construite en 1598, en forme d'étoile à cinq branches, située à la rencontre de l'Océan et du rio Potengi, la *fortaleza* servit de prison. On y voit la première pierre gravée par les Portugais au Brésil (1501). Une originalité : la poudrière dissimulée au-dessus de la chapelle ! Remarquer aussi l'entrée du fort, qui, une fois n'est pas coutume, est située sur le côté ; difficile à localiser depuis le large, difficile à défoncer...

🔪 *Le museu Câmara Cascudo :* av. Hermes da Fonseca, 1398 (Tirol). ☎ 32-15-44-21. Ouvert du mardi au vendredi de 8 h à 10 h 30 et de 14 h à 16 h 30, et le week-end de 13 h à 16 h. Entrée : 2 Rls. Petit musée des sciences naturelles et d'anthropologie. Un tantinet vieillot. Quelques animaux empaillés, squelettes de baleines, coquillages... pas très convaincant. Expositions consacrées aux activités économiques de la région : culture de la canne à sucre, élevage, production du sel qui représenta une activité importante pour la population avant que n'intervienne la mécanisation dans les années 1970, extraction pétrolière, etc. Petite collection de céramiques indigènes, d'urnes funéraires et d'art sacré également.

🔪 *Le théâtre Alberto Maranhão :* praça Augusto Severo. ☎ 32-22-36-69. Ouvert tous les jours de 9 h à 16 h. Il fut inauguré en 1904 et agrandi par la suite avec la réalisation d'une cour intérieure. Mérite un coup d'œil.
À quelques centaines de mètres, la *Capitania das Artes,* un centre culturel abritant des expositions temporaires. ☎ 32-32-49-51. Ouvert du lundi au vendredi de 8 h à 17 h. Gratuit.

🔪 *Le musée d'Art sacré :* rua Santo Antônio, 698. ☎ 32-11-42-36. À droite de l'église du même nom. Ouvert du mardi au dimanche de 9 h à 17 h. Entrée à prix symbolique. Pour les passionnés d'art sacré, logique !

🔪 *Le parque das Dunas :* av. Alexandrino de Alencar (Tirol). ☎ 32-21-23-35. Ouvert du mardi au dimanche de 8 h à 18 h. Entrée à prix modique. Cet espace naturel est une réserve de la biosphère de l'Unesco ; sur près de 1 150 ha s'étendent des dunes et quelques zones boisées correspondant aux « reliques » de l'ancienne forêt atlantique. Petit centre d'exposition sur les milieux naturels, mais l'intérêt du parc réside dans les visites guidées (payantes) par des étudiants-naturalistes le long de sentiers. Minimum de 5 personnes et départs à heures fixes. Le matin en général, à cause de la chaleur.

Les plages

Décors de dunes, de cocotiers, de lacs et de piscines naturelles aux couleurs superbes. Les plages proches du centre depuis le Fort des Rois mages jusqu'au phare sont à éviter.

△ *Ponta Negra :* plage magnifique, au sud du centre (bus). Grande dune qui dévale vers la mer. Nombreuses *pousadas* propres et familiales (voir « Où dormir ? »). Le site est beau mais de moins en moins paradisiaque, car de plus en plus construit ; c'est même devenu, à 12 km du centre, un faubourg de Natal. Dans la partie proche de la dune *(Morro do Careca),* plein de petits bars-restos avec musique le long de la plage et pas mal de vendeurs de cocos et de bricoles. L'autre partie est beaucoup plus calme.

Achats

⊗ *Centro do Turismo :* rua Aderbal de Figueiredo, 980. ☎ 32-11-61-49. Ouvert tous les jours de 8 h à 19 h. C'est à Natal que sont réalisés les dessins dans les bouteilles à l'aide de sable de couleur. Nombreuses petites boutiques d'artisanat : hamacs, nappes... À l'étage, galerie d'art.

Fêtes et manifestations

– *6 janvier :* jour des Rois mages.
– *Juin :* les *festas juninas* durent tout le mois, avec des danses et des groupes de musique dans différents lieux de la ville, mais les 12, 24 et 29 juin la fête est plus belle !
– *21 novembre :* fête de Nossa Senhora da Apresentação, la sainte patronne de Natal. Grande procession autour de la cathédrale.
– *Début décembre :* pendant 4 jours, c'est le *Carnatal,* le carnaval hors saison de la ville. Très réputé et très populaire. ● www.carnatal.com.br ●
– *25 décembre :* c'est Noël, certes ! Mais n'oublions pas l'anniversaire de Natal !

➤ DANS LES ENVIRONS DE NATAL

GENIPABU *(ind. tél. : 084)*

Au nord de Natal. On accède au village de Genipabu par la route (20 km) ou par un bac que l'on prend à l'*estação da Balsa,* à la pointe nord de Natal, pour traverser le rio Potengi (départs tous les jours, environ toutes les 20 mn de 6 h à 21 h). De Natal, bus toutes les 40 mn de la *rodoviária* Ribeira et de même au retour. Plage très agréable en dehors des week-ends, où l'affluence est bruyante. Un des grands trucs là-bas : le buggy dans les dunes. Ne vous inquiétez pas, on échappe facilement au bruit du moteur de ces drôles d'engins. Si toutefois cela vous tente, vérifiez que le chauffeur dispose bien d'un permis spécial et n'embarquez jamais à plus de 4, c'est interdit (même si on vous soutient l'inverse). Les établissements sont ici plus chers et relèvent de la catégorie « chic ». Hors saison, ce petit coin de paradis est tout de même plus abordable. Plein de petites paillotes et de bars sur la plage.

Où dormir ? Où manger ?

🛏 *Pousada Villa do Sol :* à 1 km au nord du village, sur la rive du fleuve Ceará Mirim. ☎ 32-25-21-32. Fax : 32-25-20-37. ● www.villadosol.com.br ● Chambres doubles de 90 à 140 Rls. Toutes équipées de TV, frigo, douche, sanitaires et AC. C'est un endroit paradisiaque pour passer quelques jours de repos. La *pousada* est pleine de charme, avec une petite piscine. Les pieds dans l'eau, avec une vue reposante. Possibilité de passer le fleuve sur de petits bateaux pour se retrouver sur une plage beaucoup plus déserte, avec des baraques de pêcheurs... Le silence, enfin, dans ce pays bruyant. La beauté des alentours, les dunes à quelques centaines de mètres. Passez un coup de fil du centre de Genipabu, et l'on viendra vous chercher en buggy... Accueil adorable.

🛏 **Pousada Palm Beach :** rua da Igreja, 3. ☎ et fax : 32-25-20-96. Chambres doubles autour de 100 Rls en haute saison. Prix beaucoup plus intéressants en basse saison. Au bout du village, comme collé à la dune. Accueil charmant d'Éric et Josy, qui sont Suisses. Quelques chambres seulement, coquettes, très bien tenues et avec tout le confort (AC, frigo-bar, douche et w.-c.). Barbecue. Tranquille quand le voisin ne met pas sa sono à fond. Petite piscine, mais qu'importe : la plage est à 3 mn à pied ! Parking aisé. Atmosphère familiale.

🛏 **Hôtel Aldeia :** à 500 m de la plage, sur la route principale qui mène à la plage. ☎ et fax : 32-25-20-11. Chambres doubles avoisinant les 80 Rls en haute saison, 90 Rls pour 3. Jolis chalets en bambou ou en brique (au choix !), simples et élégants, autour d'une belle piscine dans un grand jardin avec les traditionnels hamacs. Superbes moustiquaires brodées,

qui donnent des airs de lits à baldaquin. Très sympathique. Excellent accueil.

🛏 |◎| **Genipabu Hotel :** 2 km avant Genipabu, sur une colline en venant de Natal. ☎ 32-25-20-63. Fax : 32-25-20-71. ● www.genipabu.com. br ● Chambres doubles de 170 à 180 Rls, appartements à près de 250 Rls, petit dej'-buffet inclus (ouf !). Anna et Patrick ont ouvert un hôtel sur une colline de 7 ha dominant la région à 800 m de la plage. Vingt grandes chambres et 4 suites. Terrasses face à la mer, avec vue magnifique sur la plage (qui n'est pas directement accessible) et le village de Genipabu. Après 15 ans de voyage, cet Alsacien et cette Brésilienne ont décidé de se poser et d'accueillir aujourd'hui ceux qui font la route (de luxe), dans un endroit très confortable. Chambres de très grand confort. Piscine de 25 m, espaces verts, 2 restos, bar panoramique. Possibilité de louer un 4x4 avec chauffeur pour dévaler les dunes (sensations assurées). Au grand regret de certains, l'hôtel s'est spécialisé dans le créneau du *fitness* (centre d'amincissement, spa, massage ayurvédique et shiatsu) et des soins de la peau. Prestations à prix assez élevé.

PIRANGI (ind. tél. : 084)

À 21 km au sud de Natal, une plage bordée de cocotiers et traversée par une petite rivière. Piscines naturelles formées par des affleurements rocheux. On peut y pratiquer le *snorkelling* en toute quiétude. Des petits bateaux organisent des promenades.

➤ Depuis Natal, emprunter le bus qui passe par la Rota do Sol en direction de Tabatinga (dessert aussi Búzios).

Où dormir ? Où manger ?

🛏 |◎| **Pousada Gitana :** rua José Inácio, 128. ☎ 32-38-33-13. ● www. pousadagitana.com.br ● Sur les hauteurs de Pirangi do Norte, vue panoramique sur l'océan. Autour de 120 Rls pour 3 en haute saison. Huit chambres doubles coquettes et harmonieuses, avec balcon sur la piscine. Adresse familiale. Piscine et bar, petite restauration et *feijoada* le

samedi. Accueil absolument délicieux de Miriam, la propriétaire des lieux, un modèle de beauté brésilienne.

|◎| **Paçoca de Pilão :** rua Dep. Márcio Marinho, 5708. ☎ 32-38-20-88. Au bord de la route qui mène à Natal. Ouvert du lundi au jeudi de 11 h à 18 h et midi et soir du vendredi au dimanche. Un resto de cuisine régio-

nale avec une grande terrasse couverte d'une toiture de tuiles. Réputé pour ses spécialités comme la *paçoca de carne,* en fait la sempiternelle *carne do sol* servie avec des bananes frites et des haricots verts, des tiges de manioc et du riz au lait (entre nous, un peu étouffe-chrétien, comme plat). On vous conseille de n'en prendre qu'une pour deux et de la faire passer avec des rasades généreuses de *caïpirinha.* Fait aussi la morue à la portugaise. Nappes blanches et service attentif.

À voir

🏃 *Le plus grand cajueiro du monde* (l'arbre à noix de cajou, l'anacardier pour les botanistes pointus), une vraie anomalie végétale. Entrée presque gratuite. Âgé d'environ 120 ans, cet arbre ressemble, à lui seul, à une forêt avec ses branches qui pénètrent dans la terre pour ressortir plus loin ! Il couvre près de 7 000 m^2 et continue de grandir à raison de 2 m par an ! Pas moins de 70 000 noix de cajou chaque saison, quelle belle santé !

BÚZIOS

À 23 km au sud de Natal. Une grande anse bordée de dunes, pas encore trop envahie par les buggys. Peu de constructions encore et donc assez tranquille. Piscines naturelles comme à Pirangi. À marée basse, on peut apercevoir les évolutions des dauphins depuis la falaise.

PRAIA DA PIPA *(ind. tél : 084)*

À 85 km au sud de Natal (à 2 h de bus ; 10 liaisons par jour en semaine et 4 le dimanche au départ de la *rodoviária* de Natal, et autant dans le sens Praia da Pipa-Natal ; *Cie Oceano,* ☎ 32-05-36-56). L'une des plus belles plages de sable blanc de la région ; en fait, un petit village de pêcheurs perché sur des falaises ocre et noyé dans la végétation. Une longue rue principale bordée de bougainvillées et de boutiques à la mode. C'est la plage de la jeunesse branchée et des routards de tous les pays, et un bon spot de surf. Le week-end et durant toute la saison touristique, la vie nocturne y est beaucoup plus active qu'à Natal. On peut aussi y pratiquer le *kite-surf,* le kayak, la pêche et monter à cheval. On aime beaucoup cet endroit.
Pour en savoir plus : ● www.pipa.com.br ●, en anglais et espagnol.

Où dormir ? Où manger ?

Nombreux logements (une soixantaine de *pousadas* !), dont certains très abordables, souvent à l'écart de l'animation de la rue principale.

🛏 *La Maison de Pierre :* rua da Gameleira, 100. ☎ 32-46-23-40 ou 99-77-22-88 (portable). ● la.maison.de.pierre@free.fr ● À 300 m de la rua de Golfinhos, sur la droite. Tenue par Pierre (un Chti !). Pour 55 Rls la chambre, vous y trouvez même une petite piscine. Location de chalets de 40 m^2 en matériaux traditionnels, avec 2 chambres, cuisine et douche, au milieu des cocotiers et des palmiers, des oiseaux et des singes.
🛏 ▐●▌ *Pousada Aconchego :* rua do Céu, 100. ☎ 32-46-24-39. ● www.pipa.com.br/aconchego ● Au centre de la station. Tenue par un couple helvético-brésilien, Serge et Marilia. Pour 55 à 80 Rls, des chalets pour 4 ou 5 personnes avec véranda dans un jardin au calme. Aménagement simple mais confortable. Parking privé. Bon petit déjeuner avec profu-

sion de fruits. On peut aussi y dîner.
🛏 **Pousada Toca da Coruja :** av.
Baia dos Golfinhos. ☎ 32-46-22-26.
● www.tocadacoruja.com.br ● À
100 m de la plage. Neuf chambres
autour de 360 Rls pour 2 et 4 chalets
de 120 m² à 450 Rls dans un superbe
jardin luxuriant. Dans le registre
« beaucoup plus chic », pour ceux
qui peuvent s'offrir un peu de luxe,
une *pousada* de charme équipée

d'une belle piscine et d'un sauna.
Déco raffinée.
🍽 **Al Buchetto :** av. Baia dos Golfinhos. ☎ 32-46-23-18. Ouvert midi
et soir. Un italien qui sert autre chose
que des pizzas, cela mérite d'être
relevé. Petite terrasse bien placée.
🍽 Et bien sûr, plein de petits restos,
y compris sur la plage (le **Jack on
the Beach** et le **Garagem** emportent
nos préférences).

FERNANDO DE NORONHA   1 300 hab.   IND. TÉL. : 081

Pas vraiment la porte à côté, à 400 km au large dans l'Atlantique, cet archipel
de 21 îles (26 km²) appartient en fait à l'État du Pernambuco. Après en avoir
fait un poste militaire avancé vers les Açores au cas où les Portugais auraient
eu l'idée saugrenue de récupérer leur empire colonial, les Brésiliens, cons-
cients de la fragilité de l'écosystème marin, ont souhaité préserver la virginité
de ce site naturel, en en contingentant sévèrement l'accès. C'est aujourd'hui
un parc naturel national, et l'île est même classée au Patrimoine mondial de
l'humanité par l'Unesco. Il faut dire que l'archipel est formé des sommets de
la dorsale sous-marine de l'Atlantique Sud et ses eaux fécondes constituent
l'un des lieux de reproduction et de subsistance essentiels pour les thons,
requins, tortues et autres mammifères marins. La baie de Golfinhos, par
exemple, accueille une population exceptionnelle de dauphins résidents et, à
marée basse, l'atoll das Rocas offre un paysage spectaculaire de lagons et
de bassins de marée grouillants de poissons. En mer, qui dit poissons dit
oiseaux, rien d'étonnant donc à ce que les îles abritent aussi la plus grande
concentration d'oiseaux marins tropicaux de l'Atlantique Ouest.

Comment y aller ?

➤ C'est en **avion** depuis Natal ou Recife (1 bonne heure de vol, 2 fois par
jour avec *Varig* ou *Trip*) que l'on peut gagner ce petit paradis.
Condition nécessaire et obligatoire : passer par un des voyagistes accrédités
qui vous aura vendu un forfait *(pacote)* en bonne et due forme, comprenant
vol, hébergement et l'une ou l'autre excursion pour découvrir les coins les
plus reculés. La plupart des agences de voyages de Natal et de Recife proposent Fernando de Noronha dans leur catalogue.

Infos pratiques

– Il faut savoir que le nombre maximal de touristes autorisés est de 420 personnes à la fois. Hébergements et vols sont donc vite complets ! Évitez de
vous y rendre pendant la haute saison, en particulier entre le 15 décembre et
le 28 février, réellement le pic de la saison touristique... Les réservations
doivent se faire longtemps à l'avance, surtout pour les mois de décembre,
janvier, février et juillet, ainsi que lors des week-ends prolongés. Pas question donc à Natal ou à Recife de se pointer dans une agence en disant « tiens,
demain j'irais bien à Fernando ! » : plantage assuré.
– La durée idéale d'un séjour est de 7 jours pour diluer le coût du billet d'avion
dans un séjour plus long. Il n'y a pas de durée maximale de séjour sur l'île, à
condition de s'acquitter de la *taxe de préservation environnementale,* pro-

gressive, dont la valeur augmente selon la durée du séjour. Compter en moyenne 33 Rls par jour. Pour un forfait 4 jours/3 nuits avec vol, hébergement en demi-pension et l'une ou l'autre excursion compter entre 400 et 500 € par personne selon la saison. Pas donné, donc, mais il faut savoir que tout ce que vous consommez là-bas doit être importé. Donc coût de la vie très élevé.

– **Transport sur l'île :** bien que l'accès à certaines plages puisse se faire à pied, la location d'un buggy est parfois nécessaire. Les agences louent des buggys avec ou sans chauffeur. Pour les déplacements courts, on peut utiliser les taxis ; ce service est assuré par la *Nortax,* une coopérative de propriétaires et de conducteurs de buggys. Le vélo est déconseillé vu l'état du petit réseau routier. Le stop fonctionne pas mal, mais on vous demandera à chaque fois de contribuer. Et le bus qui fait l'aller-retour sur l'île coûte 2 Rls quelle que soit la destination.

– **Plaisanciers, attention :** tout bateau de plaisance arrivant sur l'île doit se mettre en contact immédiatement avec le contrôle du port, et cela à travers la chaîne VHF 12 pour des instructions. L'accostage n'est pas permis et toutes les embarcations doivent mouiller au large. Outre la taxe d'ancrage, équipage et passagers doivent régler la *taxe de préservation.* On vous raconte cela parce qu'on a rencontré à Recife des plaisanciers qui avaient dû s'acquitter d'une amende très salée pour avoir ignoré cette obligation.

Où dormir ?

Plusieurs options d'hébergement, mais qui ont toutes comme caractéristiques principales la simplicité et des ambiances plutôt familiales. Vous aurez le choix entre la pension complète ou en *bed & breakfast.* L'île possède aujourd'hui 70 auberges, qualifiées selon leurs installations et structure d'accueil, et un petit hôtel. Les moins chers démarrent entre 100 et 150 Rls la nuit pour une chambre double, mais la plupart se situent autour des 250-300 Rls. Pas d'illusion : ce petit joyau naturel se paye bien cher, pour des prestations qui sont rarement à la hauteur ! Et comme les agences ne vous laissent de toute façon guère de choix dans les hébergements... C'est ce qu'on appelle une clientèle captive, en bon langage libéral. N'empêche que les propriétaires pourraient faire un effort, tout de même ! Vous trouverez une liste d'hébergements sur ● www.noronha.com.br ●

Quant à la vie nocturne, sachez qu'elle est inexistante. Donc, à part la conversation avec vos compagnons d'hébergement, il n'y a strictement rien à faire le soir ; prévoyez donc de la lecture !

À voir. À faire

On se répète, mais l'archipel est un environnement exceptionnel, et il offre plusieurs options de découverte : randonnées, tours en bateau, et aussi activités sous-marines. Les plages sont nombreuses. Certaines sont mieux adaptées à la plongée, d'autres à la baignade, au surf, voire à la contemplation. De manière générale, la mer étant extrêmement calme entre avril et novembre, toutes les plages situées sur la côte abritée de l'île principale sont idéales pour la plongée et la baignade. Le reste de l'année, les vents favorisent la pratique du surf, surtout en janvier et février. Attention, certaines plages sont d'un accès limité.

– **Activités sous-marines :** la plongée autonome avec bouteilles et le *snorkelling* sont largement pratiqués. Pour la plongée, trois entreprises locales proposent baptêmes et plongées pour les niveaux plus élevés. La pêche sous-marine est évidemment formellement interdite.

– **Promenades en bateaux :** des embarcations proposent des sorties quotidiennes au départ de Port Saint-Antoine. Départ à 9 h, à destination des îles secondaires, Ponta da Sapata, en passant par la baie des Dauphins et avec un arrêt à la baie du Sancho pour la plongée et la baignade. Quelques embarcations offrent, à bord, des repas à base de poisson. Le retour se fait normalement à 13 h 30.

RECIFE

1 420 000 hab.   IND. TÉL. : 081

Capitale du Pernambuco, premier port de commerce du Nordeste, Recife connaît depuis quelques années un développement accéléré qui la pose en rivale de Salvador et de Fortaleza. On peut presque considérer qu'une communauté urbaine officieuse, comptant près de 3 500 000 âmes et s'étendant sur plus de 50 km, prend désormais forme, avec ses codes, ses beaux quartiers, ses belles plages et ses bidonvilles. Contrairement à Salvador, on n'a pas le coup de foudre au premier abord. L'histoire y joue un rôle plus discret. Plus qu'ailleurs, l'humidité a déposé sa lèpre noire sur les murs des maisons et des églises. On y ressent également plus violemment les tensions et les contradictions sociales posées par les centaines de milliers de *retirantes* entassés dans les marécages aux portes de la ville.

Un tas de maux endémiques, que les pouvoirs publics ont du mal à juguler, rongent le tissu social de la ville avec ces zones de pauvreté extrême qui côtoient les centres commerciaux rutilants à l'américaine, débordant de produits de consommation. Le voyageur ressent péniblement la pression de cet état de choses, à moins de séjourner à Boa Viagem, la plage chic, à l'écart du centre.

Entre les deux rivières et les multiples canaux qui la traversent et l'ont fait surnommer « la Venise brésilienne », la vieille ville, elle, malgré sa lèpre, dégage une personnalité forte et attachante, une beauté presque intacte et un rythme « blues » qui finissent par envoûter. Son carnaval a conservé une spontanéité qu'il n'a plus à Rio et qu'il est en train de perdre à Salvador. Et puis, à 6 km, l'ancienne capitale du Pernambuco, Olinda, offre ses merveilles coloniales et son prestigieux passé.

UN PEU D'HISTOIRE

Recife ne fut au commencement qu'un tout petit port à l'ombre d'Olinda, la capitale. Son nom lui vient tout naturellement du nom de la barre de récifs qui borde la côte de la ville. Au début du XVIIe siècle, les Hollandais s'emparèrent des deux villes et s'employèrent à développer Recife. Ils y restèrent une trentaine d'années avant de se faire expulser par les Portugais. L'âge d'or du sucre, aux XVIIe et XVIIIe siècles, contribua ensuite à la richesse d'Olinda et à l'extension de Recife, qui devint rapidement la véritable capitale économique. Le transfert de souveraineté se fit officiellement en 1825.

Recife se distingua aussi par une activité intellectuelle et culturelle intense. Divers mouvements pour l'indépendance du pays, puis contre l'empereur, y virent le jour, notamment la révolte républicaine de 1817. Avant le coup d'État militaire de 1964, Recife et l'État de Pernambuco ont été le creuset d'idées et d'expériences nouvelles. Le gouverneur Miguel Arraes et le député Francisco Julião favorisèrent la mise en place des *ligas camponesas* (ligues paysannes) pour obtenir une réforme agraire. Ils garantirent également un salaire minimum aux travailleurs de l'État, obligeant les « usiniers » du sucre à reconnaître les syndicats de travailleurs et à concéder des droits sociaux. Pendant les vingt ans de dictature militaire, Miguel Arraes, qualifié de « communiste », fut jeté en prison puis forcé à l'exil. C'est alors une autre voix, puissante et généreuse, qui fit entendre au monde entier le cri des pauvres du Nordeste contre l'injustice, la misère et l'exode : celle de dom Helder Câmara, archevêque de Recife et Olinda, « le prophète de l'espérance »... Le saint homme fut mis à la retraite en 1985 (il est mort en 1999), et son remplaçant, désigné par le Vatican, ne confond pas théologie et libération sociale.

L'appauvrissement du Pernambuco s'est entre-temps durement aggravé, d'autant que l'industrie du sucre a connu de sérieux revers après la sécheresse de 1993. En 1994, à 78 ans, le « vieux lion » Miguel Arraes a été réélu à la tête d'une coalition de forces populaires, mais aux dernières élections, début 2002, le candidat qu'il soutenait (trop âgé lui-même pour se présenter à nouveau) a été battu. Fin d'un mythe...

LA CUISINE DU PERNAMBUCO

La cuisine, très riche, est ancrée dans les racines populaires du pays. Elle se veut avant tout roborative, afin de remplir l'estomac. Ainsi, l'un des plats typiques est la *galinha de cabidela* (importée par les Portugais), une poule fraîche cuite dans son sang et servie avec une purée ou du riz. On la sert dans les *lanchonetes* populaires pour une somme dérisoire. La *carne do sol* est le deuxième plat de base de la population, préparée avec les parties les plus tendres du bœuf (contre-filet...), recouvertes de sel, puis séchées au soleil plusieurs jours. Dans ces régions pauvres, le sel est en effet un des seuls moyens de conservation des denrées périssables. Le *mão de vaca* est réalisé à base de pied de bœuf coupé, cuit avec des oignons, de l'ail et différentes herbes ; la sauce de la viande est ensuite retirée puis mélangée à de la farine de *mandioca* (manioc) tout doucement. Il en résulte une sorte de pâte (*pirão*) assez gluante qui accompagne la viande. Le *pirão* est également servi avec le *cozido pernambucano* (sorte de pot-au-feu) préparé avec les muscles et les côtes de bœuf. Tous ces plats très populaires tendent, pour certains, à ne plus faire partie que du folklore, tellement le prix de la viande grève le budget des plus déshérités. N'oublions pas la place importante du *sarapatel*, boyaux de porc ou de tout autre animal, accompagné de farine de manioc. Le *buchada*, pour sa part, utilise dans sa préparation l'estomac du bouc ou encore ses viscères (non, non, ce n'est pas si répugnant !). Et puis les multiples *tiragostos* (amuse-gueules), qui proviennent de la mer. Pour finir, notons la discrétion des plats de poisson dans la cuisine du Pernambuco, si ce n'est le *peixada*, préparation de poisson et légumes cuits à l'eau.

LES FRUITS

Les fruits feront le régal de vos papilles. Comme à Belém, leur profusion fait rapidement déborder l'imagination d'un Européen. Au hasard de votre balade sur les marchés, vous découvrirez le *pitanga*, liquide et doux ; le *caju*, au savant goût aigre-doux ; le *sériguela* ; l'*acerola*, petit fruit rouge au goût très fin, et puis encore le *caja* et la *mangaba*, petit fruit rond et vert. Voilà pour « l'été » (décembre, janvier, février dans le Nord). « L'hiver » est plus pauvre. À cette période, on trouve surtout la *pinha*, protégé par une sorte de carapace à alvéoles et à la chair consistante et laiteuse, le *graviola* et le *jaca* (assez indigeste). Terminons par le *saputi* (assez pâteux) qui a donné naissance à une chanson d'une célèbre école de samba de Rio. La chanson raconte l'histoire de ce fruit, importé par un roi du Portugal et aujourd'hui exporté aux États-Unis. Il entre dans la composition de certains chewing-gums.

SÉCURITÉ

Sans verser dans la paranoïa aiguë, il est recommandé de faire preuve de la plus grande prudence et de suivre les conseils habituels de sécurité : des vols de valeurs et de documents d'identité commis avec violence sur les touristes ont été signalés par les autorités consulaires, de même que quelques cas de touristes drogués à leur insu (substances versées dans leurs boissons : ne laissez pas vos verres sans surveillance).

Arriver – Quitter

En avion

✈ **Aéroport dos Guararapes** *(plan d'ensemble) :* à l'ouest de Boa Viagem. ☎ 34-64-41-88. Une aérogare ultramoderne, qui accueille aussi de nombreux vols réguliers et charters venus directement d'Europe. Tous les services habituels y sont présents.

ℹ **Informations touristiques :** un bureau dans le hall d'arrivée. ☎ 34-62-49-60. Ouvert 24 h/24. On y parle l'anglais. Plan de la ville intéressant. Réservation d'hébergement.

■ **Bureau de change :** ouvert tous les jours de 6 h à minuit. Change chèques de voyage et devises étrangères.

■ **Banco do Brasil :** à l'étage. Avec distributeur (24 h/24) acceptant les cartes *Visa* et *MasterCard*.

■ **Police touristique :** à l'étage. ☎ 33-26-96-03. Permanence 24 h/24.

■ Les **agences de location de voitures** (*Avis, Hertz, Unidas, LocAlpha, Localiza...*) sont à l'extérieur de l'aéroport, à 300 m de là, desservies par des navettes.

Comment gagner le centre ?

➢ **En bus :** fréquents vers le centre-ville. Le bus « Aeroporto » (n° 33) se prend à gauche en sortant de l'aéroport ; il passe par Boa Viagem et va jusqu'au centre à São José. De 5 h à minuit, départ toutes les 20 mn, sinon, toutes les heures. *Attention :* il y a parfois des embouteillages à Recife. Pour se rendre à l'aéroport, en bus, comme en taxi, il vaut mieux prévoir large... De São José, prendre le bus « Aeroporto » sur l'avenida N.S. do Carmo. De Boa Viagem, prendre le bus « Aeroporto » sur l'avenida Domingos Ferreira, ou le bus « Curado IV-Boa Viagem » qui s'arrête aussi à l'aéroport. Le quartier de Boa Viagem est situé à 10 mn de l'aéroport (lorsque tout va bien...).

➢ **En taxi :** il faut acheter préalablement un billet au guichet des taxis (coopérative), dans le hall d'arrivée. Prix fixe : 20 Rls. Les fauchés sortiront de l'aérogare pour attraper, sur l'avenida Mascarenhas de Morais, à droite, un taxi collectif.

➢ **En métro :** prendre, en face de l'aéroport (sans traverser la rue), l'omnibus « Barro/Prazeres », de couleur rouge. Descendre au terminal de Barro, continuer avec le métro, sans payer à nouveau, car on se trouve dans un terminal qui fait correspondre bus et métro. Prendre le bon métro (il n'y a que 2 lignes), vers Santo Antônio. Une nouvelle station devrait ouvrir ses portes prochainement à proximité même de la nouvelle aérogare. Se renseigner.

En bus

🚌 La **rodoviária** *(hors plan d'ensemble)*, éloignée à l'ouest du centre, est appelée *TIP* (Terminal Integrado de Passageiros). Pour rejoindre le centre, prendre le métro (1,20 Rls) jusqu'à la gare ferroviaire *(estação ferroviária ; plan I, B3, 71)*, rua Floriano Peixoto (30 mn de trajet) ; puis prendre le bus circulaire n° 2 vers São José ou Boa Vista, le centre-ville ; ou continuer en métro jusqu'à Santo Antônio (environ 30 mn). Pour rejoindre la *rodoviária* depuis le centre, prendre le métro depuis la gare ferroviaire (derrière la *Casa da cultura*). Attention, tous les métros ne vont pas à la *rodoviária*. Depuis la

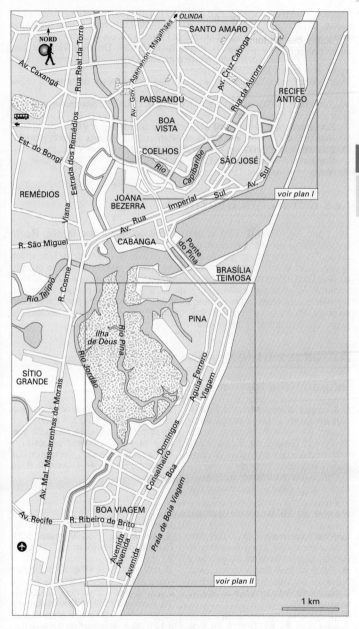

RECIFE – PLAN D'ENSEMBLE

station « Recife », compter 25 mn et 1,20 Rls. La propreté du métro est étonnante. Explication : à l'arrivée de chaque rame au terminus, une armée de balayeurs et laveurs de vitres intervient ! Sinon, depuis le centre, prendre le bus « Curado IV » devant la poste *(plan I, C2)*. De Boa Viagem, bus « Curado IV-Boa Viagem » qui s'arrête aussi à l'aéroport. Compter 1 h 30 de trajet. Bus toutes les 30 mn environ.

Pour connaître les horaires et les tarifs des liaisons vers l'extérieur : ☎ 34-52-19-99.

➤ *Salvador :* à 850 km et 12 à 13 h de trajet. Deux bus par jour en général, vers 19 h. *Cie Itapemirim.*

➤ *Fortaleza :* à 800 km et 12 h de trajet. Quatre bus par jour.

➤ *Rio :* à 2 450 km et 38 h de trajet. Nombreuses liaisons toute la journée.

➤ *São Paulo :* à 2 662 km et 44 h de trajet. Liaisons tous les jours.

➤ *Caruaru :* 2 h de trajet. Bus toutes les heures.

➤ *Natal :* 4 h de trajet. Un bus toutes les 2 h.

Les différents quartiers

Avec son long bord de mer et ses rivières qui quadrillent la ville, Recife semble s'être bizarrement constituée. Le centre historique se trouve sur la presqu'île formée par les *quartiers de São José* et *Santo Antônio.* Très vivant le jour, blues et errances la nuit. De l'autre côté du rio Capibaribe, le *quartier de Boa Vista* aligne ses immeubles modernes. De-ci, de-là, une vieille bâtisse apparaît, étouffée par la ville qui grandit. En allant vers les plages, *Pina* est le premier quartier que l'on rencontre, avec ses restaurants de poisson en bord de plage. Plus loin s'étend le *quartier* bourgeois *de Boa Viagem :* le calme, la plage et les résidences luxueuses.

Adresses utiles

Informations touristiques

🗊 **Kiosque d'informations touristiques** *(plan I, D2)* : praça Artur Oscar ou Arsenal da Marinha. ☎ 32-24-23-61. Ouvert de 9 h à 23 h. Accueil charmant en anglais. S'y procurer l'agenda culturel de la ville.

🗊 **Office du tourisme** *(Empetur ; hors plan)* : Centro de convenções,
au *Complexo rodoviário de Salgadinho.* ☎ 34-27-80-00. ● www.empetur.com.br ●, ● www.recife.pe.gov.br ● et ● www.turismo.pe.gov.br ● Sur la route d'Olinda ; prendre un bus du centre de Recife. Ouvert de 8 h à 18 h.

Poste et télécommunications

✉ **Poste centrale** *(plan I, C2)* : av. Guararapes, 250. Dans le centre de Recife. Ouvert du lundi au vendredi de 9 h à 17 h. À Boa Viagem, deux bureaux de poste dans l'avenida Conselheiro Aguiar *(plan II, zoom)*, face au 3231.

■ **Téléphone international** : Telpe *(plan I, C2, 1)*, av. Conde de Boa Vista, 50. Ouvert du lundi au vendredi de 8 h à 18 h et le samedi de 8 h à 14 h. *Posto telefónico (plan II,*
zoom, 2), av. Boa Viagem, 500. Ouvert tous les jours de 7 h 30 à 22 h.

▦ **Internet :** à l'*Alliance française (hors plan I par A1, 3)*, rua Amaro Bezerra, 466. ☎ et fax : 32-22-09-18. ● www.af.rec.br ● Ouvert du lundi au jeudi de 8 h 30 à 12 h et de 12 h 30 à 19 h 30, le vendredi de 8 h à 18 h et le samedi de 8 h à 12 h. Mais usage réservé aux étudiants. Quelques journaux français également.

On peut leur téléphoner pour être mis en contact avec un guide francophone, mais l'Alliance n'est pas une agence de tourisme. Également à la *Torre de Malakoff (plan I, D2, 75* ; lire la rubrique « Et si vous avez encore du temps »), gratuit, mais réserver 2 semaines à l'avance, au moins ! Sinon, un peu partout dans la ville, dont l'un, bon marché, sur la praça Boa Viagem (immeuble João Paulo).

Argent, change

Comme dans beaucoup de villes, commission moins importante à la banque *BBV (Banco Bilbao Vizcaya).*

■ *Banco do Brasil (plan I, D2, 4) :* av. Rio Branco, 240. ☎ 34-25-74-18. Change, évidemment, mais évitez d'y changer vos chèques de voyage, car la commission est très forte. Mieux vaut y retirer de l'argent avec les cartes *Visa* ou *MasterCard* (un distributeur à l'agence de la rue Barão Souza Leão, à Boa Viagem).
■ *American Express :* à l'aéroport. ☎ 33-41-57-77.
■ *Citibank :* av. Conselheiro Aguiar, 2034 (Boa Viagem). Distributeurs 24 h/24 pour les cartes *Visa* et *MasterCard.* Autre agence : rua Marquês de Olinda, 126.

■ *Bradesco :* plusieurs distributeurs à Boa Viagem *(plan II, zoom, 5)* et au centre-ville *(plan I, D2, 6),* acceptant la carte *Visa.*
■ *Change* (chèques de voyage et devises) également possible à *Poptur Câmbio,* rua Dona Maria César, 170. ☎ 32-24-79-79. Ouvert du lundi au vendredi de 9 h à 19 h et le samedi de 12 h à 17 h. Et à *Mônaco Câmbio e Turismo,* praça J. Nabuco. ☎ 34-24-92-77. Ouvert du lundi au vendredi de 9 h 30 à 16 h. Taux intéressants.

RECIFE

RECIFE

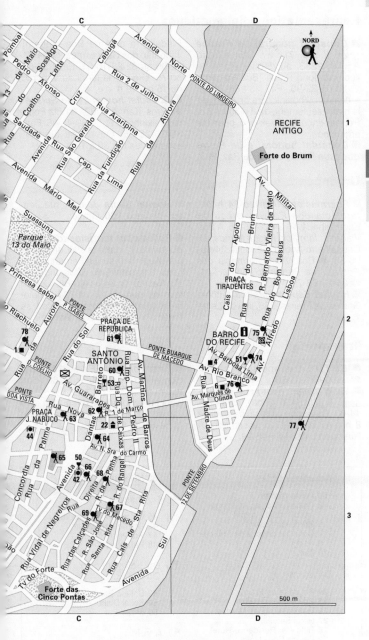

RECIFE – CENTRE (PLAN I)

Représentations diplomatiques

■ *Consulat général de France* *(plan II, F5, 7)* : av. Conselheiro Aguiar, 2333, au dernier étage de l'edifício João Roma (Boa Viagem). ☎ 34-65-32-90. Fax : 34-66-35-99. ● consulfr@hotlink.com.br ● Ouvert le matin seulement, de 8 h 30 à 12 h. Permanence le week-end pour les urgences.

■ *Consulat honoraire de Belgique :* rua Rosa Amélia da Paz, 388, Piedade (à côté de Boa Viagem), Jaboatão dos Guararapes. ☎ 34-74-72-05 ou 32-23-10-01. Fax : 33-61-50-75. Ouvert du lundi au vendredi de 15 h à 19 h.

■ *Consulat honoraire de Suisse :* av. Pres. Kennedy, 694 A (Vila Popular, Peixinhos). ☎ 34-39-45-45. Fax : 33-25-25-35. Ouvert du lundi au vendredi de 8 h 30 à 12 h.

Urgences

■ *Pharmacies ouvertes 24 h/24 :* *farmácia dos Pobres,* praça da Encruzilhada. ☎ 34-26-95-96. À Boa Viagem : *farmácia Pague Menos,* av. Conselheiro Aguiar, 4635. ☎ 34-65-98-33. À Boa Vista : *farmácia dos Pobres,* rua Fernando Vieira, 741. ☎ 34-21-88-79.

■ *Hôpital Esperança :* rua Antônio Gomes de Freitas, 265, ilha do Leite. ☎ 33-02-20-20.

■ *Hôpital Santa Joana :* rua Joaquin Nabuco, 200, Graças. ☎ 32-16-66-66.

■ *Police pour touristes (delegácia de turistas) :* dans le hall de l'aéroport. Autre bureau rua Fernando Barbosa, à proximité du *Shopping Center Recife.* ☎ 34-64-40-88. Ouvert tous les jours de 10 h à 22 h. Également une camionnette qui fait sa ronde sur l'avenida Boa Viagem.

Transports

■ *EMTU :* transports urbains. ☎ 0800-081-01-58.

■ *Varig (plan II, F4, 8) :* av. Conselheiro Aguiar, 456 (Pina). ☎ 34-64-44-00. Ouvert du lundi au samedi de 8 h à 17 h 30 (17 h le samedi). À l'aéroport : ☎ 34-64-48-09.

■ *Tam (plan II, F4-5, 10) :* av. Conselheiro de Aguiar, 1360 (Boa Viagem). ☎ 33-27-83-13. Ouvert du lundi au vendredi de 8 h à 18 h et le samedi jusqu'à 12 h. À l'aéroport : ☎ 34-64-42-57.

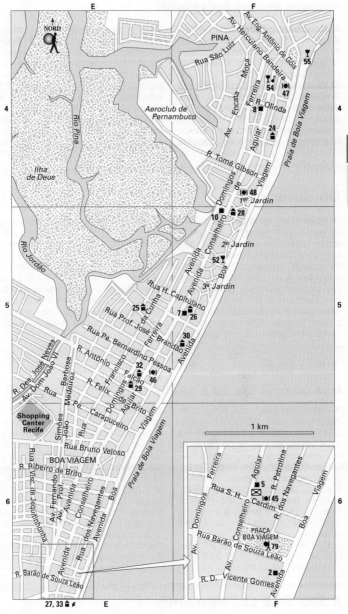

RECIFE – BOA VIAGEM (PLAN II)

Agences de voyages et guide

■ *Moturismo :* rua Rosário de Boa Vista, 159 (Boa Vista). ☎ 32-31-11-97. Une agence proposant un large programme d'excursions. Vente de billets d'avion.

■ *Viver Viajes & Turismo :* rua Ernesto de Paula Santos, 550, salle 4 (Boa Viagem). ☎ 33-26-03-01 ou 34-66-95-85. Une autre agence dynamique.

■ *Martur :* rua Dr Nilo Donelas Câmara, 90, loja 02 (Boa Viagem). ☎ 34-63-36-36 ou 34-66-95-85.

Visite guidée de Recife, de jour et de nuit, excursions dans la région pour découvrir le reste du Pernambuco et séjours à Fernando de Noronha.

■ Vous pouvez aussi contacter *Márcio :* ☎ 34-47-08-62 ou 99-68-31-72 (portable). ● marcio.cabral@voila.fr ● Un guide officiel qui parle parfaitement le français et connaît très bien Recife et son histoire. Une mine d'informations ! Mais on vous conseille de vous y prendre à l'avance, son planning est bien chargé.

Où dormir ?

Dans le centre, nombreux petits hôtels vraiment pas chers, mais plutôt miteux (et le coin n'est pas toujours agréable la nuit). Établissements plutôt corrects et propres à prix moyens dans le quartier de Boa Vista. Également des chambres chez l'habitant. Renseignements à l'office de tourisme. Pour les adeptes de la plage, le quartier Boa Viagem est le plus indiqué, même s'il ressemble avant tout à une cité balnéaire, sympa, active et commerçante, sans plus. Les établissements de catégorie supérieure pratiquent en général des tarifs haute saison (en janvier et février) et un *pacote* de 3 ou 4 jours lors du carnaval (une sorte de forfait obligatoire). Les hôtels sont d'ailleurs pris d'assaut à cette époque. Entre nous, si vous en avez l'opportunité, loger à Olinda procure beaucoup plus de satisfaction.

À Boa Vista

Bon marché (de 20 à 40 Rls – 7,60 à 15,20 €)

🛏 *Lido Hotel* (plan I, B2, 20) : rua do Riachuelo, 547. ☎ 32-22-46-60. Chambres doubles à partir de 30 Rls avec ventilo et jusqu'à 36 Rls avec AC. Petit dej' copieux. Coquette maison peinte de couleurs vives. Certaines chambres sont assez sombres, d'autres, beaucoup plus agréables, donnent sur un petit patio intérieur fleuri. Essayer d'avoir l'une d'entre elles. L'équipement est assez sommaire.

🛏 *Central Hotel* (plan I, B2, 21) : rua Manoel Borba, 209. ☎ 32-22-91-38. Doubles de 30 à 40 Rls selon que l'on

souhaite une chambre avec AC ou sans. Plus cher en période de carnaval. Grand hôtel plutôt décati, à la façade couleur saumon et qui a dû connaître ses heures de gloire avant la guerre. Un ascenseur digne d'aller dans un musée des antiquités mène, tant bien que mal, à de grandes chambres calmes. Style années 1950, charme désuet, routard quoi ! Préférer celles situées de l'autre côté de la rue, plus calmes. La chambre la plus chère *(panorámico)* possède une terrasse sur le toit, mais sans aménagement particulier.

À São José et Santo Antônio

Prix moyens (de 40 à 80 Rls – 15,20 à 30,40 €)

🛏 *Hôtel Nassau* (plan I, C3, 22) : largo do Rosário, 253. ☎ 32-24-35-17. Chambres doubles avec douche et AC autour de 80 Rls. Au beau milieu de l'animation du quartier historique, à côté de l'église Rosário. Bonnes prestations et tenue générale, des travaux de restauration ont rafraîchi l'endroit.

À *Boa Viagem*

Beau quartier de front de mer, aujourd'hui le lieu « où tout se passe ». La journée, c'est LA plage de Recife, et, le soir, les lieux de vie nocturne y font le plein. C'est ici que se déroule le « carnaval hors saison » du mois d'octobre, et c'est ici encore qu'on trouve le grand centre commercial tout neuf de Recife. Curieusement, c'est dans cet endroit pourtant chic que la majorité des routards choisissent de résider, pour la plage bien sûr, et pour le grand choix d'hébergements proposé ; mais peut-être aussi pour fuir l'atmosphère parfois glauque du centre historique...

Bon marché (de 20 à 40 Rls – 7,60 à 15,20 €)

🛏 *Boa Viagem Hostel* (plan II, E5, 25) : rua Aviador Severiano Lins, 455. ☎ et fax : 33-26-95-72. ● hostel boaviagem.com.br ● Une AJ officielle dans un petit îlot de tranquillité au milieu des immeubles d'un quartier résidentiel. Nuitée à 25 Rls (pour les membres) avec le petit dej' ; 30 Rls sans la carte. Dortoirs de 8 lits, ou chambres doubles plutôt coquettes à 60 ou 70 Rls. Moins cher en basse saison. Laverie, cuisine, connexion Internet, petite piscine et terrain de basket. Jardin agréable et bon accueil.

🛏 *Albergue Maracatus* (plan II, E5, 32) : rua Maria Carolina, 185. ☎ 33-26-12-21. ● alberguemaracatus@ya hoo.com ● Un *backpackers* pas mal situé, dans un quartier animé. Nuitée entre 20 et 30 Rls avec le petit dej'. Location de draps et de serviettes. Dortoirs avec ventilos de 14 lits, garçons et filles séparés, pas d'alcool, pas de tabac. Il ne faut pas être trop regardant sur l'entretien. Cuisine à disposition. C'est aussi un club de *capoeira* et d'arts martiaux, pour ceux qui seraient intéressés.

Prix moyens (de 40 à 70 Rls – 15,20 à 26,60 €)

🛏 *Hôtel 54* (plan II, F5, 30) : rua Professor José Brandão, 54. ☎ et fax : 34-65-23-96. Petit hôtel blanc et jaune en face du poste 3 de la plage de Boa Viagem, dans une petite rue perpendiculaire. Très bien placé. Chambres doubles à partir de 55 Rls et jusqu'à 70 Rls pour une *luxo*, petit dej' inclus. Plus gai que de nombreux hôtels dans le coin. Chambres avec AC, frigo, TV et téléphone. Pas de piscine, mais douche dans chaque chambre ! Très calme. Accueil gentil. Le meilleur rapport qualité-prix du quartier.

🛏 *Hôtel das Águas Mornas* (plan II, F5, 26) : rua dos Navegantes, 2661. ☎ 33-25-04-69. ● www.hotelaguas mornas.com.br ● À 50 m de la plage, dans une maisonnette très mignonne et colorée. Entre 60 et 70 Rls pour 2 ; selon la saison, réduction de 20 % si l'on paye cash. Plus gai que la moyenne, dans une rue calme. Dortoirs de quelques lits et 10 chambres simples et correctes. Chambres doubles avec AC, téléphone, frigo et TV. Accueil pro et convivial.

🛏 *Pousada da Praia* (plan II, F4, 24) : rua Alcides Carneiro Leal, 66 (Pina). ☎ 33-26-70-85 ou 34-65-07-38. ● www.hpraia.com.br ● Compter près de 55 Rls pour 2. Petit immeuble tout rose situé à 30 m de la mer. Chambres minuscules, certaines sans fenêtre et au confort sommaire mais propres (mis à part une odeur de moisi), avec AC et TV. Petit dej' en terrasse sur le toit. L'un des moins chers du coin, surtout hors saison. Bien placé, pas cher, mais pas vraiment une adresse de charme. Accueil souriant.

Plus chic (de 70 à 120 Rls – 26,60 à 45,60 €)

🛏 *Bianca Praia Hotel (plan II, E5, 29) :* rua Mamanguape, 142. ☎ et fax : 33-27-97-25 ou 09-58. • www. biancapraiahotel.com.br • À 5 mn à pied de la plage. Un peu moins de 80 Rls la double, toute l'année. Petit hôtel moderne, très bien tenu. Accueil charmant et agréable déco dans les chambres. Quelques couleurs sympathiques. AC, TV et frigo. Propreté impeccable. Bon resto-grill (self) en face. Une bonne adresse. Cartes de paiement acceptées.

🛏 *Belo Mar Residence Hotel (plan II, F5, 28) :* rua Raul Azêdo, 145. ☎ et fax : 33-26-37-09 et 94-98. • prvictor@zaz.com.br • À 100 m de la plage, même direction que le *Águas Mornas* (voir plus haut). Chambres doubles de 70 à 80 Rls (10 Rls de moins hors saison). Dans une maison jaune, petit hôtel d'une quinzaine de chambres confortables : AC, TV, téléphone et frigo. Atmosphère plutôt souriante. Ter-rasse. Quelques chambres avec hamac. Très agréable.

🛏 *Hôtel Barramares (hors plan II par E6, 33) :* av. Beira Mar, 544. ☎ et fax : 34-61-61-00. • www.hotel-barra mares.com.br • À Piedade, le long de la plage qui prolonge celle de Boa Viagem. Chambres doubles entre 95 et 110 Rls ; réduction de 20 % si paiement cash. Les plus chères ont vue sur la mer. Un grand hôtel moderne, face à la plage. Assez éloigné du centre tout de même. Grand confort, mais pas de charme. Moins cher si l'on passe par une agence.

🛏 *Hôtel Setúbal (hors plan II par E6, 27) :* rua Setúbal, 932. ☎ 33-41-09-41. • www.hotelsetubal.com.br • À un bloc de la plage. Compter 80 Rls pour 2. Prix dégressifs en fonction du nombre de nuitées. Chambres agréables et de bon confort (TV, frigo, AC, téléphone, coffre). Mobilier vieillot pour le prix. Piscine. Bon accueil.

Où manger ?

Dans le quartier Antigo, nombreux restos pour tous les goûts (rua Bom Jesus, rua Madre Deus, rua da Moeda).

À Recife

De bon marché à prix moyens (de 5 à 30 Rls – 1,90 à 11,40 €)

|●| *La Suiça (plan I, B2, 43) :* rua Gervásio Pires, 485. ☎ 32-22-54-54. Un self-service *ao kilo* fréquenté par les employés du coin. Crudités, jus de fruits et plats chauds présentés en buffet. Bon et économique.

|●| *Recanto do Picuí (hors plan I par A2, 41) :* praça do Derby, à l'angle de Jener de Souza (Boa Vista). ☎ 34-23-51-65. Ouvert tous les jours de 11 h à 23 h 30. Resto très populaire, réputé pour sa *carne do sol,* la meilleure du Nordeste selon la carte. C'est peut-être exagéré, mais c'est sans doute la meilleure de Recife, ce qui est déjà pas mal. Les prix affichés ont l'air élevés, mais une seule assiette peut nourrir 3 personnes ! Également des tapas à tous les prix. Accueil pro. Deux autres adresses : rua Ernesto de Paula Santos et Cais do Apolo.

|●| *Banguê Restaurante (plan I, C3, 42) :* patio de São Pedro, 20. En plein centre historique, la place est magnifique avec ses pavés. Pas de panneau. Ouvert midi et soir sauf le dimanche. Sur cette petite place se retrouvent les intellos, les margeos et les musiciens du coin. Lorsque la bière a coulé dans les gosiers, quand la *cachaça* a fait briller les pavés, lorsqu'il n'est plus l'heure de discuter, on laisse la place à la musique et

à la chanson. Tables en bois et murs de brique blanche. Un chaleureux endroit pour finir une soirée et manger un morceau. Prenez un plat pour deux. Venir le mardi soir pour profiter de la fête sur la place.

|●| *Spettus* (plan I, A2, 49) : av. Gov. Agamenon Magalhães, 2132. ☎ 34-23-41-22. Sur la grande artère à l'ouest de Boa Vista. Ouvert midi et soir. Restaurant assez chic d'allure, genre *churrascaria* pour clientèle aisée, mais qui propose une formule à 30 Rls par personne, donnant droit à un magnifique buffet de crudités et de sushis, puis à une débauche de morceaux de viande sur broche, servie et découpée à volonté par des serveurs stylés. Les desserts, aussi attirants, sont facturés en sus. Vins plutôt chers. Conviendra donc aux carnivores impénitents qui aiment manger à la manière des *gaúchos* de la pampa. Piano-bar pour aider à digérer tout cela.

Plus chic (de 30 à 50 Rls – 11,40 à 19 €)

|●| *Leite* (plan I, C3, 44) : praça Joaquim Nabuco (à l'angle de la rua de la Concórdia). ☎ 32-24-79-77. Ouvert seulement à midi. Fermé le samedi. L'addition peut grimper assez facilement jusqu'à 50 Rls. Grand resto fondé en 1882 et encore réputé auprès de la bourgeoisie locale. À la carte, viande (agneau), crustacés et poisson (morue). Cuisine correcte, sans surprise. Pianiste. Uniquement pour les curieux fortunés appréciant les atmosphères d'avant-guerre, avec armure à l'entrée et garçons compassés dans la salle. Pas l'endroit où entrer en short en tout cas !

À Boa Viagem

Le mètre carré est ici devenu tellement cher ces dernières années que les restos hésitent à s'installer. Les spéculateurs immobiliers préfèrent investir dans les immeubles à appartements. Résultat : les endroits où se sustenter ne courent pas les rues... et ceux qui subsistent risquent à terme de disparaître.

|●| *Marchands ambulants* (plan II, zoom) : dans les petites rues autour de la praça da Boa Viagem. Vendeurs de poulet grillé très bon marché. Sans oublier les traditionnels *vendeurs de brochettes* le long de la plage.

Prix moyens (de 15 à 25 Rls – 5,70 à 9,50 €)

|●| *Chica Pitanga* (plan II, zoom, 45) : rua Petrolina, 19. ☎ 34-65-22-24. À deux pas de la praça da Boa Viagem. Ouvert tous les jours. Maison d'angle peinte dans les tons ocre, déco chaleureuse et service en costume traditionnel. Trois salles très fréquentées par les employés du quartier. Terrasse bordée de petits cactus. Au choix, buffet *ao kilo* proposant d'excellents plats : *feijoada*, paella, poulet, pâtes, etc. Le soir, le buffet prend des teintes plus régionales. Délicieux gâteaux également, tous tellement alléchants qu'on met un temps fou à se décider ! Ou resto de crustacés (assez cher) dans une autre salle et bar à sushi dans une troisième. Une des meilleures adresses de Boa Viagem, tant pour le cadre que pour la nourriture. Accueil avenant et pro. Arriver assez tôt pour éviter l'interminable file d'attente !

|●| *Ilha do Guaiamum* (plan II, E5, 46) : rua Maria Carolina, 80. ☎ 34-66-21-22. Ouvert midi et soir. Côté cadre, la maison fait dans le simple : une terrasse avec quelques ventilos et parasols. Les rares tables qui se vident sont généralement prises

d'assaut par la jeunesse de la ville. Vous l'avez compris, beaucoup de monde, et on peut trouver l'endroit un peu bruyant. Poissons, crevettes et crabes à toutes les sauces se disputent la carte ! Langoustes également (au risque de faire exploser l'addition !). Fraîcheur garantie, et ce ne sont pas les crabes qui agitent impatiemment leurs pinces dans l'aquarium près des fourneaux qui nous contrediront ! Si vous ne trouvez pas votre bonheur...

l●l **Parraxaxá** *(plan II, F4, 48) :* rua Baltazar Pereira, 32. ☎ 34-63-78-74. Juste à l'arrière du 1er Jardin. Ouvert du lundi au vendredi midi et soir, uniquement le soir le week-end. La cuisine traditionnelle du Pernambuco dans un décor rustique qui restitue l'ambiance du *sertão* des *cangaceiros.* Ils sont d'ailleurs tous présents, statufiés avec leurs grands chapeaux. Cuisine solide et revigorante avec en vedette des plats présentés en buffet, comme la *paçoca,* la *macaxeira,* le *charque* et les desserts au tapioca ou la banane *zarhola.* Folklo mais amusant.

Un peu plus chic (de 25 à 50 Rls – 9,50 à 19 €)

l●l **Pra Vocês** *(plan II, F4, 47) :* av. Herculano Bandeira, 115 (Pina). ☎ 33-25-31-68. Ouvert midi et soir. Excellent resto de poisson, très populaire. Grande salle carrée un peu trop éclairée par de longs néons blancs. Murs décorés de plaques de rues. Cadre plutôt décevant mais, au menu, crabes, langoustes et poissons savamment cuisinés. Goûtez, par exemple, le *camarão de molho de coco* (crevettes à la sauce coco), ou bien laissez-vous entraîner par la douce musique du nom des plats. Plus cher que les précédents, mais ça reste correct.

Où boire un verre ? Où sortir ?

Le soir à Recife peut être languissant, bluesy ou frénétiquement festif selon l'humeur et le quartier.

– **Le patio São Pedro** offre chaque soir une atmosphère magique où, sans tralala, se manifeste la culture populaire, pour le seul plaisir. Il est saisissant d'assister aux répétitions de carnaval sur cette place. Les *blocos/bandos* n'ont pas les costumes et l'organisation professionnels de ceux qui défilent à Boa Viagem ou à Bom Jesus, mais cela ajoute de la sincérité aux groupes de quartier qui se produisent en y mettant tout leur cœur. Tout autour de la place, **terrasses** *(plan I, C3, 50)* pleines de monde, amis, amoureux, étudiants, vieux couples... Chaque soir, un groupe de musique différent se produit, depuis les vieux artistes à la voix déchirante de nostalgie pour le *seresta,* la romance et le *samba canção,* le dimanche et le mardi, jusqu'à l'hallucinante *ciranda cabocla* du vendredi, en passant par le *baião* et les *repentistas...* dans un décor de lustres et splendeurs coloniales rongées par la misère et la décadence. Grand blues.

– **Le quartier au bout de Boa Viagem,** entre les avenidas Herculano Bandeira et Engenheiro Antônio Gois, est très animé, avec souvent des groupes de musique dans les **bars** et aux **terrasses.**

– **La plage de Boa Viagem** *(plan II, zoom),* bien sûr, et le quartier environnant sont le lieu de rencontre de la jeunesse et des dragues, et en période de vacances tout le quartier est traversé de bandes joyeuses jusque tard dans la nuit. Attention quand même, une fois la nuit tombée, à ne pas vous retrouver isolé. On nous a signalé la présence de pas mal de prostituées. La boîte la plus fréquentée est le **Barcanoë,** av. Beira de Mar, à 150 m du Club de l'Aéronautique. Ouvert le samedi uniquement, de 14 h à 4 h du mat'. On peut y aller dès 17 h, il y a déjà de l'ambiance. Musique brésilienne et *forró.*

– Dans le prolongement de l'*avenida Antônio Gois* sur Boa Viagem (l'axe principal reliant Recife-centre à Boa Viagem), c'est déjà une ambiance plus trouble. De toute façon, on s'en rend vite compte ! *Boîtes* et *bars* (et trottoirs) où les *piranhas* et les travestis au sourire irrésistible attendent l'aventure...

– Également beaucoup de *restos, bars, discothèques, animations, orchestres* dans le *quartier Antigo (plan I, D2, 51)*, pôle Bom Jesus. Les rues les plus animées sont les ruas Moeda et Madre Deus, et surtout la rua Bom Jesus. Mais attention, les boîtes y sont chères. La plus en vogue, *Downtown*, est ouverte du jeudi au dimanche de 22 h 30 à 5 h.

La mairie continue de faire des efforts pour réhabiliter ce quartier et y attirer la population bourgeoise de la ville et les touristes. Sur la *praça Artur Oscar* (arsenal da Marinha), de très nombreuses manifestations culturelles sont organisées à partir de 20 h 30. C'est alors très sympa de prendre place sur une des nombreuses terrasses du coin pour siroter *uma cerveja, uma caïpirinha* ou un simple *suco*. Se renseigner auprès de l'office du tourisme pour connaître la programmation. Avant de vous asseoir confortablement, n'oubliez pas d'aller faire un petit voyage sur la lune... de la torre de Malakoff (*plan I, D2, 75* ; lire la rubrique « Et si vous avez encore du temps »).

– *Le quartier Pina*, à la pointe nord de Boa Viagem, est devenu un des derniers points de rencontre des noctambules.

🍸 *Casa do Suco Tropical (plan I, C2, 53)* **:** av. Dantas Barreto, 768 et 900, à Santo Antônio. Deux adresses proches l'une de l'autre. Ouvert de 7 h à 19 h 30. Fermé les samedi et dimanche. Fabuleux jus de fruits frais pressés sous vos yeux avec un choix de 57 compositions différentes pour à peine 1,50 Rls. Un régal !

🍸 *Boteco Bar (plan II, F5, 52)* **:** av. Boa Viagem, 1660, 2ᵉ Jardin ! ☎ 33-25-14-28. Ouvert à partir de 17 h en semaine et de 12 h le week-end. Un bar sympa comme tout, à mi-chemin entre le petit bistrot du coin à l'ambiance posée et la taverne à l'atmosphère un peu plus vaporeuse. On a le choix entre une terrasse d'où l'on voit la mer et une salle où le temps a laissé sa patine (notez les ravissants ventilos...). On peut y grignoter des *pesticos* : crabe farci *(casquinha de caranguejo)*, *empadinhas* au fromage ou à la crevette... *Sucos* et caïpirinhas, bien sûr ! Un endroit très populaire et en vogue, une ambiance chaleureuse et une liste d'attente assurée à partir de 21 h !

🍸 *Biruta Bar (plan II, F4, 55)* **:** rua Bem-te-vi, 15. Au bord de la plage, un bar tout en bois. L'endroit rêvé pour un apéritif sur la terrasse face à l'Atlantique. Goûtez à la *caïpifruta pernambuca*, un cocktail léger. On peut aussi y manger fruits de mer et paella.

🍸 🎵 *Socal Dinho (plan II, F4, 54)* **:** près du Polo Dina, à Pina (derrière le resto *Pra Vocês*). Bar très couru pour ses 50 variétés de *cachaças* et ses concerts le soir. Cadre banal. Bon marché.

À voir

Le district historique de São José et Santo Antônio, en réhabilitation depuis quelques années, se parcourt aisément à pied. Importante concentration d'églises, de couvents, d'édifices coloniaux, il est aussi le centre d'une capitale qui connut un grand essor au XIXᵉ siècle et jusque dans les années 1950. Aussi les chapelles et les palais voisinent-ils avec un univers urbain moderne, de bus, de gare, de tramways, de gratte-ciel, d'immeubles d'affaires. Le tout est déjà tombé dans la décadence, et la misère de la crise brésilienne s'infiltre partout dans ce centre presque à l'abandon. Du coup, les immeubles des années 1930 paraissent parfois plus éreintés par l'âge que les façades du XVIIᵉ siècle. La rivière qui entoure l'île, avec ses ponts Belle Époque et ses quais déglingués, accentue la fascination qu'exerce l'ensemble de ce véritable joyau historique, certes un peu délabré mais toujours debout.

🏃🏃 L'église da Ordem Terceira de São Francisco et le couvent de Santo Antônio *(plan I, C2, 60)* : cet ensemble imposant se trouve pratiquement en face des jardins du palais du Gouverneur, à la pointe nord de l'île de Santo Antônio, praça da República. Construits en 1606, restaurés en 1859. Coupole peinte. La *capela dourada* (chapelle dorée), une des plus riches églises du Brésil, date de 1697. Structures et plafonds en bois de *jacaranda* et de cèdre, recouverts à la feuille d'or. Le Christ est affublé de vrais cheveux. À gauche de l'autel, portrait de saint Louis. Beau jardin.
– *Le musée franciscain d'Art sacré (dans l'église)* : rua do Imperador, 206. ☎ 32-24-05-30. Ouvert de 8 h à 11 h 30 et de 14 h à 17 h ; le samedi de 8 h à 11 h 30. Fermé le dimanche. Entrée : 2 Rls. Aménagé autour d'un cloître dont les colonnes sont taillées dans du récif, le musée rassemble des œuvres provenant de différentes églises de la ville qui ont été rasées pour construire des avenues.

🏃🏃 La praça da Independência *(plan I, C2, 62)* : ici s'élève le célèbre *édifice du Diario de Pernambuco*, le plus ancien journal d'Amérique latine ; il a été fondé en 1825. On y voit également la *Matriz Santo Antônio* (datant de 1753), à la jolie façade baroque. Le soir, quelques femmes préparent des beignets sur la place.

🏃🏃 L'église Nossa Senhora Conceição dos Militares *(plan I, C2-3, 63)* : au bout de la rua Nova, que l'on prend de la praça da Independência. Ouvert du lundi au vendredi de 7 h à 11 h 30 et de 13 h 30 à 17 h, et le samedi de 7 h à 11 h. Construite en 1757. Riche plafond de boiseries sculptées : spirales, conques, volutes dorées et grises enserrant de somptueuses peintures. Tout autour, une galerie court avec des fenêtres et balustrades ouvragées. Autel et chœur en style rococo assez dément aussi. Au plafond, le tableau retraçant la célèbre bataille de Guararapes qui opposa Portugais et Hollandais, en 1648. Une des églises où le délire baroque est le plus présent.

🏃 L'église Senhora Rosário dos homenes Pretos *(plan I, C3, 64)* : rua do Rosário. Ouvert du lundi au vendredi de 7 h à 12 h et de 14 h à 19 h. Édifiée de 1725 à 1777 par des esclaves noirs (d'où son nom « dos Pretos »). Remarquable maître-autel et plafond peint. À voir également, dans la salle du consistoire, une remarquable statue de saint Benoît (São Benito), du milieu du XVIIIe siècle.

🏃🏃 Le couvent et la basilique Nossa Senhora do Carmo *(plan I, C3, 65)* : praça do Carmo. Ouvert du lundi au vendredi de 8 h à 12 h et de 14 h à 17 h, le samedi de 7 h à 12 h et le dimanche de 7 h à 10 h. Vaste esplanade agrémentée de quelques bars populaires. Le couvent fut construit sur les ruines de l'ancien palais du gouverneur hollandais. La façade de l'église semble avoir une de ses tours curieusement amputée. En retrait sur la gauche, la basilique, dotée d'une riche façade, l'une des plus travaillées du Brésil, représente une synthèse parfaite des techniques du baroque du XVIIIe siècle. Remarquable travail du bois et belles peintures dans la sacristie. Dans l'église, les tableaux représentent la Passion du Christ.

🏃🏃 Le patio de São Pedro *(plan I, C3, 66)* : cette place pittoresque, entourée de jolies petites maisons coloniales colorées, est un de nos coins préférés à Recife. Les vendredi et samedi soir, les cafés se remplissent, les musiciens jouent des airs de samba, de *MPB* et de *frevo*. Un bon endroit pour se faire plein d'amis. Mais attention, soyez plus vigilant qu'à Boa Viagem et Bom Jesus si vous rentrez à pied en pleine nuit. Évitez notamment l'arrière de São Pedro.
– Au fond, l'*église São Pedro dos Clérigos* prend toute sa valeur dans son cadre charmant. Ouvert du lundi au vendredi de 8 h à 12 h et de 14 h à 16 h. L'une des plus riches de Recife. Intérieur superbement décoré. Commencée en 1798, elle fut rénovée au milieu du XIXe siècle. Elle tire son originalité de

sa nef de forme dodécagonale et de son harmonieux plafond peint en trompe-l'œil. De la restauration du XIXᵉ siècle, l'église a conservé quelques belles boiseries anciennes. Noter aussi le chœur couvert d'une large voûte d'ogives à caissons. Ne pas rater non plus la sacristie, à laquelle on peut accéder par une porte secrète ! Allez, on vous aide... elle se trouve à droite au fond du chœur, il suffit de pousser.

– On peut aussi jeter un coup d'œil à la *Casa do carnaval,* en face de l'église. ☎ 32-24-63-68 ou 11-03. Ouvert du lundi au vendredi de 9 h à 20 h et le week-end de 14 h à 20 h. Gratuit. Expositions temporaires.

🥄🥄 **Le marché São José** *(plan I, C3, 67)* **:** praça Dom Vital. Ouvert du lundi au samedi de 6 h à 17 h 30 et le dimanche de 6 h à 11 h 30. À quelques pas du pátio São Pedro. Le marché le plus populaire et le plus animé de la ville, abrité dans des structures métalliques type Baltard. Vaut vraiment le détour. Sous ses grandes halles, on trouve les gros poissons de l'Océan et les étals de viande. Activité fébrile dès le petit matin. Une partie est réservée à la vannerie et aux étoffes. Les stands de bois qui délimitent les allées ont beaucoup de charme. Les hamacs, les dentelles, les figurines religieuses et les petits personnages de terre cuite sont moins chers que dans les boutiques officielles de la maison de la Culture. Dans certaines boutiques au centre du marché couvert, on vend des amulettes et de petits cercueils : le matériel indispensable pour jeter un mauvais sort !

Venez-y tôt le matin. Le marché déborde largement dans les rues avoisinantes : montagnes de fruits qui gonflent de généreux paniers, herbes odorantes, épices aux senteurs exotiques. Vous y verrez encore des porteurs (même s'ils ont tendance à disparaître), semblables à de laborieuses fourmis qui vont et viennent, le chef croulant sous plusieurs hauteurs de lourds cageots, traçant leur chemin en poussant de grands cris à travers la foule des ménagères, qui grossissent les rues étroites à mesure que le soleil monte... À côté de la grande halle, un chapelet de petites *lanchonetes* populaires nourrissent de plats reconstituants les travailleurs du marché.

🥄 Non loin du marché, sur le *pátio do Livramento,* une placette très commerçante toujours animée, on trouve l'**église Nossa Senhora do Livramento** *(plan I, C3, 68).* Assez sobre, elle possède quelques jolies boiseries dorées. Bel exemple d'architecture coloniale classique. Elle fut construite de 1694 à 1772. Pas d'horaires de visite fixes.

🥄 **La basilique Nossa Senhora da Penha** *(plan I, C3, 69)* **:** praça Dom Vital. Église à chapiteaux corinthiens qui se démarque nettement des autres édifices religieux. Structure classique, empreinte d'humilité. Le vendredi, cérémonie de bénédiction de saint Félix. Au fond, à gauche de l'église, le petit *musée Dom Vital.* Ouvert du mardi au dimanche de 8 h à 12 h et de 15 h à 17 h (le samedi de 8 h à 18 h).

🥄🥄 **La maison de la Culture et de l'Artisanat** *(Casa da Cultura ; plan I, B-C3, 70)* **:** rua Floriano Peixoto. ☎ 32-24-28-50. Ouvert du lundi au vendredi de 9 h à 18 h, le samedi de 9 h à 17 h et le dimanche de 9 h à 13 h. Installée, comme celle de Fortaleza, dans l'ancienne prison *(casa de detenção)* composée de trois ailes en étoile, construite en 1855 et fermée en 1973. La structure a été conservée et les cellules, du rez-de-chaussée au 2ᵉ étage, ont été converties en boutiques. Beaux escaliers (particulièrement raides !) et balcons de fer forgé. Au-delà des babioles de mauvais goût pour touristes, on trouve de belles dentelles, en particulier chez *Fátima Rendas,* cellule 211, au 1ᵉʳ étage. N'hésitez pas à demander une ristourne. Au rez-de-chaussée, un petit bar de *sucos* (ouvert tous les jours) avec les photos des fruits que l'on déguste.

🥄 En face de la *casa de detenção* s'élève la **gare de chemin de fer** *(plan I, B3, 71),* aujourd'hui terminus du métro de surface. L'édifice vaut qu'on le regarde et songe à ce que fut le début du XXe siècle pour une bourgeoisie pernambucaine alors conquérante. Elle abrite un petit *musée du Train.* ☎ 34-24-31-41. Ouvert de 9 h à 12 h et de 14 h à 17 h. Fermé le week-end. Gratuit. Un peu d'imagination et voilà que les lanternes s'allument, les sifflets retentissent, les guichetiers tracent de leur plume les noms des voyageurs sur les registres aux pages jaunies dans une bruyante et joyeuse cohue...

🔫🔫 *L'institut Ricardo Brennand (hors plan I par A1, 72) :* alameda Antônio Brennand s/n, Várzea. ☎ 21-21-03-52. ● www.institutoricardobrennand.org. br ● Près du campus de l'UPFE. Ouvert du mardi au dimanche de 13 h à 17 h. Entrée payante.

Inauguré en 2002, ce complexe culturel à l'architecture médiévale gothique, plutôt étonnante dans un environnement tropical, s'est donné pour objectif de présenter les collections rassemblées pendant 50 ans par son fondateur, Ricardo Brennand, autour du thème de la présence hollandaise au Brésil. On y trouvera également des objets d'art décoratifs, des peintures de maîtres hollandais, des œuvres historicistes et pompier (Bouguereau) du XIXe siècle. Également de nombreuses armes et armures (européennes, mais aussi indiennes et japonaises) reconstituant des scènes historiques, des tapisseries des Gobelins et d'Aubusson, du mobilier de toutes les époques et des sculptures, essentiellement d'origine italienne. Expos temporaires de qualité et bibliothèque de 20 000 volumes consacrée à la période hollandaise de la colonisation. Très agréable parc avec pièces d'eau et sculptures.

🔫🔫 *Le musée Joaquim Nabuco (museu do Nordeste ; hors plan I par A1, 73) :* av. 17 de Agosto, 2187, dans le quartier de Casa Forte. ☎ 34-41-55-00. À une vingtaine de minutes du centre ; pour vous y rendre, prenez le bus « Dois Irmãos », via Rui Barbosa, au centre-ville. Si vous êtes plusieurs et que vous n'avez pas beaucoup de temps, prenez un taxi. Pour en revenir, utilisez le bus « Alto Santa Isabel ».

La fondation est composée de deux musées ouverts de 13 h (9 h le jeudi) à 16 h. Fermés le lundi. Les deux musées sont disposés à droite et à gauche du hall principal. Entrée : près de 3 Rls ; réductions. C'est le lieu le plus documenté, le plus vivant et le plus enrichissant du pays sur la civilisation brésilienne. Demandez un guide parlant le français.

– *Le Musée anthropologique :* à droite. Enfilade de salles présentant des photos montrant les trois différentes populations (indienne, noire et blanche) représentées au Brésil, des ex-voto, une vitrine consacrée au *candomblé* avec plusieurs représentations d'*orixás.* Plus loin, une série de plantes médicinales, dont certaines, mélangées à l'eau du bain, aident à trouver un(e) compagnon(ne), quelques objets évoquant l'artisanat (poteries et sculptures sur bois). Un petit muret présente la littérature de Cordel, vous savez, ces petits livrets religieux, poétiques, politiques, narratifs, que l'on plaçait à cheval sur une cordelette comme du linge qui sèche. Bien souvent réalisée par des gens du peuple très créatifs, cette littérature constituait une culture populaire directe, simple et bon marché. En tout cas moins bêtifiante que la télé. En poursuivant, on arrive dans une salle réservée aux costumes de fêtes religieuses africaines du Pernambuco et du Maranhão. Et plein d'autres choses à voir encore.

– *Le musée du Sucre :* à gauche. À l'entrée du musée, quelques tableaux de peintres populaires et contemporains, tels Lula Cardosa ou Ayres (disparu fin 1987). Dans la première salle, toute l'explication du processus de production, depuis la coupe de la canne jusqu'au produit fini. Photos anciennes, machines, schémas et maquettes présentent de façon didactique toutes les étapes. Ne pas rater la collection de bouteilles de *cachaça,* aux étiquettes très inspirées. En les examinant de près, on remarque l'humour sarcastique de certaines : dans l'armoire de gauche, sur la 2e rangée en partant du haut, la 4e bouteille, appelée « de Cabeça pra baixo » (la tête à l'envers), mérite d'être retournée. Puis évocation de la vie des esclaves, chaînes, punitions, piloris, etc. Notez la tasse de thé dessinée pour ne pas se mouiller les moustaches (fabrication anglaise et française). La juxtaposition d'un tel raffinement à côté des instruments de torture ne manque pas d'humour grinçant. Enfin, de belles boîtes à thé à fermoir (le thé importé d'Inde coûtait fort cher). Reconstitution d'habitations des maîtres et des Noirs. La dernière pièce expose des miniatures de terre cuite peintes, dont le grand maître était Vitalino Pereira dos Santos (voir chapitre « Caruaru »), ainsi que de beaux azulejos.

🎭🎭 *La synagogue Kahal Zur Israel (plan I, D2, 74)* : rua do Bom Jesus (ancienne rue aux Juifs), 197. ☎ 32-24-21-28. Ouvert du mardi au vendredi de 9 h à 17 h et les samedi et dimanche de 15 h à 19 h. Petit droit d'entrée à payer à côté, au *Café Culturel*. Construite en 1636 par les juifs hollandais, c'est la première synagogue du continent américain. L'édifice a été superbement restauré après des recherches archéologiques qui ont mis au jour des fondations en 1999. Au rez-de-chaussée, vestiges d'un puits, du *mikvê* (servant à la purification), des murs qui canalisaient l'ancien lit de la rivière. Expo évoquant le commerce des esclaves. À l'étage, reconstitution fidèle de la salle de prière. On identifie parfaitement les parties anciennes et les récentes ; c'est un choix délibéré et très réussi !
La rue Bom Jesus est bordée de maisons du XVIIe siècle aux jolies façades colorées qui ont été modifiées tout en conservant leur structure d'origine.

🎭 *Le musée d'Art contemporain (plan I, C2, 78)* : rua da Aurora, 265. ☎ 34-23-20-95 ou 27-61. Ouvert du mardi au dimanche de 12 h à 18 h. Petite participation financière à l'entrée. Expositions temporaires.

🎭 *La place de Boa Viagem (plan II, zoom, 79)* : abrite une très jolie *église* où se trouve un christ couché. Tous les soirs, *marché nocturne* qui vaut le détour. On y fait de très bonnes affaires.

🏖 *La plage de Boa Viagem (plan II)* : elle étale sa langue de sable sur environ 7 km, bordés d'immeubles luxueux qui témoignent du désir de la bourgeoisie locale de posséder son Copacabana (on la comprend). Agréable et tranquille. Sur toute sa longueur, des kiosques vendent des noix de coco adroitement taillées à la machette et que les jeunes filles en maillot, placé toujours plus haut, dégustent à la paille. Ô Brasil !
Le meilleur endroit pour vous baigner si vous n'aimez pas les vagues est évidemment dans les piscines naturelles créées par la barre de récifs qui borde la plage sur une bonne partie de sa longueur. Vraiment agréable. La plage est éclairée le soir, pour ceux qui veulent prendre un bain à 25 °C la nuit ! Faites tout de même attention aux recommandations relatives à la présence de requins : voir aussi ci-dessous, dans l'introduction du chapitre « Dans les environs de Recife ».

Et si vous avez encore du temps

🎭 *La praça da República (plan I, C2, 61)* : ici se dresse le *palais du gouvernement,* qui date de 1841 (le gouvernement devrait un jour ou l'autre déménager, car le palais est désormais trop petit). En face, le *palais de justice* (1930), de style néoclassique monumental (style introduit par les Français), et le *théâtre Santa Isabel,* construit en 1850 par Louis Léger-Vauthier. Remarquez également le baobab, qui fait partie de la vingtaine de spécimens recensés au Brésil.

🎭 *L'espace culturel Bandepe (plan I, D2, 76)* : av. Rio Branco, 23. ☎ 32-24-11-10. Gratuit. Dans un élégant bâtiment des années 1920, expositions temporaires.

🍗 *La coluna de Cristal* *(Fleur de Cristal ; plan I, D3, 77)* : en face de la praça Rio Branco. Prendre une barque pour traverser le fleuve. Sur la jetée qui sépare encore sur quelques mètres le fleuve de la mer, cette colonne réalisée par Francisco Brennand célèbre le 500e anniversaire du Brésil. À sa base, 5 sirènes symbolisent les 5 siècles écoulés. La 6e n'est donc pas achevée.

🍗 *Le forte das Cinco Pontas* *(plan I, C3)* : praça das Cinco Pontas (São José). ☎ 32-24-84-92. Ouvert du lundi au vendredi de 9 h à 17 h et le week-end à partir de 13 h. Quelques reais l'entrée. Ce fort, édifié par les Hollandais en 1630, fut reconstruit par les Portugais en 1677. Il abrite le *musée de la Ville de Recife*. Quelques gravures de l'époque hollandaise, azulejos et *pinhas* portugais... On y voit même un pot de chambre du XVIIIe siècle à peine rouillé (à croire qu'il n'a jamais servi !). Jeter un coup d'œil aux photos de l'avenida Boa Viagem dans les années 1950 : impressionnant !

🍗 *La torre de Malakoff* *(plan I, D2, 75)* : praça Artur Oscar. Ouvert du mardi au dimanche de 10 h à 20 h. Gratuit. Ancien observatoire construit en 1855 d'inspiration tunisienne, aujourd'hui transformé en centre d'expositions temporaires. Sur la terrasse, on peut toujours observer les étoiles, et parfois dame Lune de 18 h à 20 h !

🍗🍗 *Olaria (atelier de céramique) Francisco Brennand :* Engenho São João, Várzea, à 16 km au nord-ouest de Recife. ☎ 32-71-24-66. ● www.brennand.com.br ● Y aller en taxi à plusieurs, la course atteint facilement les 100 Rls. Ouvert en semaine de 8 h à 17 h et de 13 h à 17 h le week-end. Entrée : 4 Rls. La *Catédral da Arte* vaut le coup d'œil : 2 000 œuvres de Francisco Brennand y sont exposées.

Dans d'énormes hangars en plein air, entre monuments et jardins, sont exposées des œuvres en céramique de Francisco Brennand, l'un des plus importants noms de la sculpture contemporaine du Brésil. On le croise parfois avec sa barbe blanche, son chapeau et sa canne. Ses statues et ses compositions, alliant mondes animal et végétal dans un univers évoquant Jérôme Bosch, troublent, heurtent et attirent en même temps, comme des appels à la lascivité et à un écorchement voluptueux. Il a installé son propre musée dans sa propriété, à côté de ses ateliers, en pleine nature donc, dans une portion de la forêt tropicale atlantique d'origine. Faire le détour, ce lieu est peut-être l'un des plus étranges du Nord-Est du Brésil.

Les fêtes et traditions

Fêtes et traditions du Pernambuco constituent l'un des patrimoines les plus riches au Brésil. Procurez-vous la brochure *Pernambuco Calendário turístico,* ou celle de l'office du tourisme, et vous ne manquerez aucun des événements culturels et religieux. Il existe également une brochure spéciale qui recense toutes les manifestations se déroulant sur la praça Artur Oscar (et elles sont nombreuses !).

– *Le maracatu :* procession essentiellement profane, aux profondes réminiscences africaines et mettant en scène le couronnement du roi du Congo et de sa femme, la *rainha de Maracatu,* plus leur suite (les vassaux, les courtisanes – *damas-do-poco* –, etc.). Magnifiques costumes des participants, qui dansent sur une musique à base de cuivres. Le *musée Joaquim Nabuco* présente les plus beaux atours du *maracatu.*

– *Le frevo :* c'est la musique typique de Recife, un genre de polka très rythmée, beaucoup plus populaire que le samba. Là encore, beaucoup de cuivres : saxo, trombone, trompette, tuba et clarinette. Les danseurs exécutent certaines figures traditionnelles : *dobradiça, parafuso* et *saca-rolha,* mais une grande liberté d'initiative caractérise les *passistas* (danseurs de *frevo*). L'office du tourisme a édité un très bon disque, avec le concours de la *Banda de Música 1ero de Novembro (Pé de Cará)*.

– *Les caboclinhos :* les enfants des *caboclos* (métis d'Indiens) forment un des plus anciens groupes de danse dont rites et costumes se réclament de la tradition culturelle indienne. Plumes d'oiseau multicolores, pagnes, arcs et flèches servent aussi à rythmer la musique, le plus souvent improvisée. Les figures dansées reprennent des thèmes de la vie quotidienne de l'Indien : chasse, pêche, cueillette, les batailles et les victoires.

– *Les blocos :* ce sont des clubs de quartier qui, au moment du carnaval, jouent dans la rue leurs propres compositions.

– *Le Bumba-meu-Boi,* qui appartient à la culture du Maranhão, est également joué à Recife au moment des fêtes religieuses (voir au chapitre « São Luís do Maranhão »).

– *Le carnaval :* c'est l'un des plus vrais, l'un des plus authentiquement populaires du Brésil. Il ne se contente pas des trois jours traditionnels de carnaval, mais s'étend sur au moins 10 jours. Nulle part ailleurs le carnaval n'offre une aussi riche combinaison de traditions et rites africains, européens et indiens. Le *frevo* éclate à tous les coins de rue dans le tourbillon des ombrelles des danseurs, et les écoles de *maracatu* et de *frevo* prennent la place des écoles de samba à Rio.

– *Le fandango :* spectacle populaire très animé, qui met en scène danseurs, musiciens, conteurs...

– *Le mamulengo :* c'est le nom donné aux petits théâtres fantoches introduits au Pernambuco dès le XVIe siècle, inspirés du catholicisme du Moyen Âge. L'*urso de Carnaval* (l'ours du Carnaval) est l'une des figures traditionnelles de la fête.

– Les vendredi et samedi soir, on danse la *ciranda* (notamment patio de São Pedro), sorte de ronde où vous êtes chaleureusement invité. Le *cirandeiro* qui dirige la danse l'accompagne de vers et de chansons de son cru.

– Enfin, pour ceux qui ont le temps, n'oubliez pas les fêtes et traditions culturelles du Sertão, comme la *Cavalhada,* sorte de tournoi hérité du Moyen Âge portugais. Les participants s'affrontent en une série de jeux athlétiques ou d'adresse. La *Vaqueijada* est la fête traditionnelle du cycle du bétail dans le Nordeste. Genre de rodéo brésilien qui rassemble les vachers les plus habiles et des foules énormes. La *Missa do vaqueiro,* célébrée chaque année en juillet, représente un temps fort de la vie du paysan du Sertão.

Le calendrier des fêtes religieuses et profanes du Pernambuco est particulièrement chargé. En plus des fêtes communes à tout le pays, voici les dates qui comptent pour les Pernambucais :

– 6 janvier : *festa dos Reis.* Représentation de *pastoril* et de *Bumba-meu-Boi*.

– Du 8 au 19 mars, *fête de São José.*

– En avril, au moment de la Semaine sainte, se déroule la spectaculaire *Passion du Christ* à Fazenda Nova (Nouvelle-Jérusalem), avec plus de 500 acteurs.

– Mi-avril, *fête de N.S. dos Prazeres.*

– En juin, *fêtes de Santo Antônio, São João* et *São Pedro.* Le 24 juin, pour la plupart, les commerces ferment leurs portes.

– Du 11 au 16 juillet, grande *fête avec processions de N.S. do Carmo,* la sainte patronne officielle de Recife.

– 8 décembre : *fête de N.S. da Conceição,* la patronne de la ville choisie par la population. Férié.

Recife mystique

Vous trouverez ici les rites afro-brésiliens les plus purs et les plus naturels. Dans les *terreiros* (paroisses) se pratique le *xangô,* équivalent du *candomblé* de Salvador (Bahia). C'est un culte d'une grande beauté, mêlant le drame et le mystère. Nombreuses manifestations en avril, août et septembre. Il existe plusieurs centaines de *terreiros,* plus toutes les nuances de rites, comme les *tendas de umbanda.* C'est à notre avis à Recife que les cérémonies sont les plus intéressantes par leur richesse et leur spontanéité. Si vous êtes là mi-juillet, réservez une soirée à Oxum, déesse de l'eau douce (associée à N.S. do Carmo), et allez assister à un *toque* (cérémonie publique). Ils se déroulent en général en lointaine banlieue dans des quartiers reculés. N'hésitez pas à faire le voyage, vous serez probablement le seul étranger à la cérémonie. Leurs dates, heures et lieux sont parfois indiqués dans les journaux et les brochures de l'office du tourisme. Arrivé au *terreiro,* se faire présenter au *pai de santo* (père de saint). Il y a des chances qu'il vous fasse visiter les petites chapelles aux offrandes.

Pour la *fête d'Oxum,* la grande salle est dans les tons jaunes, couleur de la déesse, ainsi que les fleurs et les offrandes. La cérémonie commence à 20 h et se termine vers 2 h. Un petit orchestre composé de trois tambours aux sonorités différentes rythme les diverses phases. Musique et chants en langue africaine. Après les danses et les figures visant à chasser les mauvais esprits, ponctuées de chants et de dialogues entre le *pai de santo* et l'assistance, les phénomènes de possession interviennent progressivement avec une tension, une dramatisation entretenue par les tambours. Vous noterez d'ailleurs que ce que vous aviez perçu au début comme musique répétitive se révèle en fait d'une grande variété. Si un(e) possédé(e) entre en transe trop violemment, ses amis l'entourent et le (la) calment tout doucement.

On y perçoit l'extraordinaire rapport social existant entre les habitants d'un même *terreiro.* Nous ne nous étendrons pas sur les différents détails des cérémonies, ce serait trop long. Mais pour la fête d'Oxum, ne partez pas à la fin de la « possession », car toute l'assemblée se rend en bus, en voiture ou en camion, à plusieurs dizaines de kilomètres, en pleine nature, pour porter les offrandes à la rivière. Les possédés pénètrent dans l'eau en riant et en s'aspergeant, tandis que les corbeilles de fruits et de fleurs sont abandonnées au courant, dans le bruit des pétards, fusées et cris de joie. Un moment fabuleux d'émotion et d'authenticité. En principe, il n'est pas permis de photographier.

Voici une adresse de *terreiro* parmi tant d'autres. Consulter le journal local.

■ **Terreiro de Candomblé :** à Torre (20 km de Recife), praça de Torre. Prendre le bus « Torre » devant la poste de Recife. Séance générale-ment les vendredi et samedi soir.

Dates des fêtes

Les fêtes les plus importantes du *calendrier xangô* sont :
– **Obaluayê** (São Sebastião) : 20 janvier.
– **Ogum** (São Jorge) : 23 avril.
– **Xangô** (São João) : 24 juin.
– **Oxum** (N. S. do Carmo) : 16 juillet.
– **Nanã Burukú** (Santa Ana) : 26 juillet.
– **Exú** (São Bartolomeu) : 24 août.
– **Ibeijís** (Cosme et Damião) : 27 septembre.
– **Iansã** (Santa Bárbara) : 4 décembre.
– **Ossãe** (Santa Luzia) : 13 décembre.
– **Festa de Aiê** (Senhor do Bonfim) : 31 décembre.

Achats

L'artisanat du Pernambuco est l'un des plus riches et variés du Brésil, reflet des traditions populaires. *Conseil :* achetez tous vos souvenirs à Recife plutôt qu'à Salvador, où ils coûtent de 50 à 100 % plus cher.

– **Les sacs en paille** tressée avec motifs géométriques colorés des Indiens fulniôs et les paniers en osier.

– **Le travail du cuir :** chaussures, selles de chevaux des *vaqueiros* et sacs.

– **Les dessins stylisés et naïfs de la littérature de Cordel,** peints ou imprimés sur différents supports. Ceux de J. Broges sont très célèbres.

– **Les sculptures sur bois,** parfois teintées ou peintes.

– **Foire d'artisanat local :** le dimanche soir, praça de Boa Viagem, de 18 h à 23 h environ, le long de la plage. Cuir, dentelle, poterie, mais produits de série plutôt décevants.

– **Marché artisanal dans le Barro Antigo** *(plan I, D1-2)* : le dimanche, magnifique marché artisanal avec groupes musicaux. Articles authentiques et ambiance colorée.

➤ *DANS LES ENVIRONS DE RECIFE*

ATTENTION : depuis 1990, l'institut médico-légal de l'État du Pernambuco a dénombré 63 personnes victimes fatales d'attaques de requins sur les seules plages de la ville de Recife. Ce sont principalement les surfeurs, à proximité du bord, qui ont été victimes des « dents de la mer », même en eaux peu profondes. Loin de se concentrer sur une plage, la présence de ces grosses bêtes s'est manifestée sur de nombreuses plages et de façon durable. Les « requinologues » consultés ayant des réponses fort évasives quant aux causes de ces apparitions, il convient d'être prudent, car les morsures ne pardonnent pas. Il semblerait que le requin s'attaque aux surfeurs et véliplanchistes en train de ramer, car alors, du point de vue du squale, le jeune sportif ferait penser à une savoureuse tortue. IL FAUT DONC S'INFORMER AVANT DE CHOISIR UNE PLAGE. Il paraît aussi qu'il ne faut pas faire pipi dans l'eau, ça attire les fauves... d'après les journaux (!).
Le littoral sud offre quelques merveilles.

△ **La plage de Gaibu :** bus « Cabo/Aeroporto » depuis l'aéroport, direction « Gaibu Centro », d'où l'on trouve de nombreux départs vers Gaibu, une plage super. De là, en grimpant la petite colline sur la droite, on enchaîne avec la **plage de Calhetas** et son petit village de pêcheurs. Eaux superbes. Les vrais fans de sable toujours plus blanc pousseront encore plus au sud.

🍴 **Ipojuca :** charmant petit village très vivant au sud de Recife. Maisons aux couleurs pastel et un petit hôtel pas cher. Bus « Cais de Santa Rita » depuis la *rodoviária.*

🍴 **Igarassu :** à 35 km au nord de Recife, sur la route menant à Itamaracá, petite ville historique agréable qui possède un patrimoine d'églises et de couvents intéressants, notamment l'*igreja São Cosme e Damião.* C'est la plus ancienne église du pays (1535). Voir aussi le *couvent Santo Antônio,* qui date de 1588, et ses plafonds peints en très bon état. Au 1er étage, dans le musée, belles collections de fresques de la période coloniale brésilienne, très bien conservées car redécouvertes il y a 30 ans à peine. Baladez-vous dans les ruelles aux pierres rondes et admirez les belles façades coloniales avec leurs prétentieux balcons de fer forgé. Juste en dehors de la ville, à 3 km, allez voir le *vieux moulin à sucre Monjape,* où séjourna dom Pedro II. Bel édifice du XVIIIe siècle et parc agréable tout autour.

🍴 **Itamaracá :** c'est une belle île située à environ 50 km au nord de Recife, et reliée à la terre par un pont. L'intérêt principal d'Itamaracá est la longueur de ses superbes plages bordées de cocotiers. Si vous avez la possibilité d'y aller lors de fêtes populaires, n'hésitez pas, elles sont toujours très animées. Juste après le pont, un grand pénitencier. Pour favoriser leur réinsertion (et probablement aussi profiter d'une main-d'œuvre à très bas prix), les prisonniers travaillent aux champs dans la journée et retournent en prison le soir. D'ailleurs, il y a souvent des matons qui surveillent la sortie du pont.

➢ *Pour s'y rendre :* bus de Recife tous les jours de l'avenida Martina de Barros, en face du *Grande Hotel.* Bus « Itamaracá ». Pour les plages, prendre les combis collectifs. On peut faire cette excursion dans la journée. On peut aussi se rendre au village de *Maria Farinha,* au nord de Recife (45 mn de bus), et prendre un bateau pour Itamaracá. Au passage, vous pourrez toujours jeter un coup d'œil aux luxueuses villas de Maria Farinha, toutes équipées de leur hydravion privé ! Si vous préférez les plans plan-plan, un grand parc aquatique a ouvert ses portes sur la route menant à ce village de luxe.

Allez jeter un œil à *Vil Velha,* superbe village agricole resté dans son jus. Sur la place principale trône la télévision communale. Vue splendide sur la mer en contrebas.

🍖 Encore plus au nord, la petite ville de *Goiana* possède un intéressant *musée d'Art sacré,* ainsi que de belles églises. Artisanat local très riche.

OLINDA   367 000 hab.   IND. TÉL. : 081

À 6 km de Recife, ancienne capitale du Pernambuco, Olinda est avec Ouro Preto un des bijoux du Brésil, préservée du temps par son écrin de verdure et surtout par l'Unesco qui l'a déclarée « héritage de la nature et de la culture de l'humanité ». Son nom viendrait du cri que poussa le capitaine Duarte Coelho quand il la découvrit au début du XVIᵉ siècle : « O linda ! » (Oh ! la belle !). Lacis de ruelles escarpées et pentues bordées de maisons coloniales aux joyeuses façades colorées, exubérance d'églises baroques aux richesses infinies, charme des fontaines mauresques, la ville aux sept collines d'Olinda est langoureuse, chaleureuse et authentique comme une bossa-nova.

Hélas, les budgets de l'Unesco, tout comme ceux du ministère brésilien de la Culture, ont rétréci à vue d'œil. Olinda tombe aujourd'hui en décadence, revêtant un air quelque peu artificiel de ville-musée et de réserve « margino-bohème », tandis que la « vraie » ville moderne d'Olinda, avec ses immeubles, grandit et commerce à côté.

Il n'en reste pas moins que la petite cité historique a su préserver une ambiance authentique et un mode de vie original, dont le charme un peu suranné, entre les pavés mal ajustés et chargés d'histoire, ne peut laisser indifférent. Il suffit de passer une soirée, le vendredi ou le samedi, dans les bars de l'Alto da Sé pour s'en assurer. Histoire oblige, ici, on a même renoué avec une coutume pleine de charme et de sensualité tropicale, la sérénade. Et puis, il ne faut pas oublier le carnaval. Visiteur, vous qui craignez la frénésie sans retenue, la violence débridée du carnaval de Rio ou les excès des défilés de Salvador, vous qui êtes à la recherche d'une véritable fête populaire où joie et plaisir ne sont pas synonymes de crise cardiaque et de beuveries, venez à Olinda. Peut-être le seul carnaval du Brésil qui propose une image... différente, presque alternative. N'oubliez pas cependant que le thermomètre peut dépasser les 40 °C, et qu'il y a plusieurs centaines de milliers de personnes dans les rues. Attention aux vols très fréquents. Restez donc dans les grandes artères et évitez les petites rues si vous ne tenez pas à être dépouillé. Les hôtels sont extrêmement très chers à cette période. Mieux vaut loger à Recife. Visiteur au long cours, Olinda est un peu comme la déesse Iémanja, si elle vous prend, elle ne vous lâchera pas.

UN PEU D'HISTOIRE

Olinda étant située à 6 km de Recife, l'histoire des deux villes est étroitement liée. Fondée en 1537, elle connaît rapidement un essor important et devient un point stratégique et économique primordial pour le Pernambuco. Au pouvoir économique se greffe le pouvoir religieux, et la petite cité se couvre de couvents et d'églises érigés par les différents ordres à la fin du XVIe siècle. Quelques dizaines d'années plus tard, elle devient capitale de la capitainerie. Cette suprématie est balayée par les Hollandais qui incendient la ville, faisant disparaître bon nombre de ses richesses. La foi aidant, couvents et églises sont reconstruits avec courage et... ignifugés. Les seigneurs du sucre s'installent sur les douces collines surplombant la mer et commencent à développer le port de Recife. Bien mal leur en prend. En 1825, Olinda perd son titre de capitale au profit de Recife et s'assoupit longuement pour se réveiller aujourd'hui, intacte, pur joyau colonial, pour notre plus grand plaisir.

Arriver – Quitter

➢ **Depuis le centre historique de Recife :** prendre le bus « Jardim atlântico » rua do Sol (près de la poste), qui dessert les quartiers récents d'Olinda. Descendre alors à praça do Carmo, devant la poste, pour rejoindre le quartier historique. On peut prendre aussi les bus « Casa Caiada » sur l'avenida Dantas Barreto (descendre devant la poste) et « Rio Doce Conde da Boa Vista » sur l'avenida Conde da Boa Vista. En gros, compter 20 à 30 mn de trajet. En taxi, 10 mn environ pour une vingtaine de reais. Dans l'autre sens, même topo !

➢ **Depuis Boa Viagem :** bus « Bara de Janganda » à Casa Caiada ou « Rio Doce » à Piedade. Descendre à praça do Carmo, devant la poste d'Olinda. Compter 30 mn de trajet pour moins de 2 Rls. La nuit, les minibus sont plus fréquents et plus rapides.

LE NORDESTE

Adresses utiles

🛈 **Office du tourisme** (plan B1, **1**) : praça do Carmo, 100. ☎ 33-05-10-48 ou 34-93-34-55. Au rez-de-chaussée de la bibliothèque. Ouvert tous les jours de 7 h à 18 h.

■ **AGTIO :** rua da Boa, 248. ☎ 34-93-10-82 ou 91-25-73-56 (portable). Association de jeunes guides qui propose ses services pour visiter la ville. Cette association a aussi pour but d'aider les enfants défavorisés, de les scolariser et les intégrer. On les reconnaît à leurs polos jaunes.

✉ **Poste principale** (plan B1) : praça do Carmo. Ouvert de 9 h à 17 h.

■ **Téléphone international** (Telemar ; plan B1, **3**) **:** juste à côté de la poste. Ouvert du lundi au vendredi de 8 h à 18 h et le samedi de 8 h à 13 h.

@ **Olind@.com Cybercafé** (plan B1, **4**) **:** praça João Pessoa, 15, Carmo Olinda. ☎ 34-29-43-65. Face à la poste du centre historique. Ouvert de 9 h à 21 h (à partir de 10 h le samedi et de 11 h le dimanche). Personnel accueillant et qualifié.

@ **Studyo Web** (plan B1, **5**) **:** praça do Carmo, 5 B. ☎ 34-29-55-28. Ouvert du lundi au samedi de 9 h à 20 h. Le patron parle un peu le français.

■ **Argent, change :** possibilité de changer des dollars uniquement à la Pousada dos Quatro Cantos (voir « Où dormir ? »). Voir également à la banque BBV : taux de change normal, pas de commission. Prendre le minibus sur la praça do Carmo (comme les autres), direction ville nouvelle/plages du nord. Se renseigner pour se faire arrêter juste devant (environ 2-3 km du centre historique). Distributeur acceptant la MasterCard à la banque HBSC, av. G. Vargas, 105.

■ **Location de véhicules** (avec ou sans chauffeur) : Viagens Sob O Sol (plan A1, **6**), rua Prudente de Morais, 440, Quatro Cantos. ☎ 33-27-47-48 ou 99-71-81-02 (portable). Fax : 33-27-21-75. ● www.megon.com.br/viagem ● Prix intéressants (à partir de 65 Rls par jour) et patron sympa

(Mauro Araújo). Loue aussi des appartements pendant le carnaval.

Éventuellement, possibilité de faire avec lui des balades dans Olinda.

Où dormir ?

Pas d'adresses bon marché dans le centre historique ; les prix suivent la pente ascensionnelle des rues ! Les petits budgets iront plutôt voir le bord de mer.

Dans la vieille ville

De prix moyens à chic (de 40 à 180 Rls – 15,20 à 68,40 €)

🛏 *Pousada d'Olinda* (plan A1, 10) : praça João Alfredo, 178. ☎ 34-94-25-59. ● www.pousadadolinda.com. br ● À 200 m de la plage et au cœur de la vieille ville, sur une jolie place face à l'église São Pedro. Chambres doubles s'échelonnant de 40 à 80 Rls en haute saison, selon le confort (sanitaires privés ou communs, AC ou ventilo). Prix dégressifs après la 3e nuit en basse saison. Également des dortoirs à 20 Rls la nuit. Mignonne *pousada* avec une petite piscine, un bar extérieur et un beau jardin, tenue par un jeune Marocain qui parle le français. Grande salle commune au décor rustique. Les chambres sont un peu aléatoires, certaines claires, spacieuses et correctes, d'autres plus sombres et limite vétustes. Ambiance jeune et décontractée. Buffet *ao kilo* à midi et resto à la carte le soir. Parking. Excellent accueil. À ne pas confondre avec la *Pousada d'Olinda no Varadouro* (rua 15 de Novembro) qui a usurpé l'appellation et qui n'est pas référencée par le *Guide du routard*.
🛏 *Pousada Peter* (plan A1, 11) : rua do Amparo, 215. ☎ et fax : 34-39-21-71. ● www.pousadapeter.com.br ● Doubles à partir de 85 et 95 Rls, en fonction des saisons. *Pacote* obligatoire lors du carnaval, de la Semaine sainte, etc. Non loin de la *Pousada do Amparo*, donc dans un quartier agréable, mais pas aussi charmante que celle-ci. Peter est artiste-plasticien, et ses œuvres décorent la belle et vaste entrée. La plupart des chambres sont sombres et sans

fenêtre (les moins chères ressembleraient presque à des cellules... de luxe), mais quelques-unes ont une jolie vue. Terrasse et piscine.
🛏 *Pousada dos Quatro Cantos* (plan A1, 12) : rua Prudente de Morais, 441. ☎ 34-29-02-20. Fax : 34-29-18-45. ● www.pousada4can tos.com.br ● Chambres doubles de 120 à 190 Rls, suite à 250 Rls. Prix fixes. *Pacote* de 5 nuits lors du carnaval. Grande maison coloniale du XVIIIe siècle, pleine de cachet avec son escalier à colonnes et son patio fleuri. Le charme ne manque pas : belle réception très aérée, beau parquet, chambres joliment décorées et reposantes. Déco raffinée, vaguement style *new age*. Certaines chambres ont leur propre terrasse en plus de la terrasse commune ombragée par de gros arbres. Propreté immaculée, douche, AC et frigo... Les moins chères ont cependant un mur devant la fenêtre, et la douche n'est pas toujours chaude ! À ce prix-là, c'est un peu limite... Petite piscine. Bon accueil en anglais et parfois en français. Jolie boutique d'artisanat donnant sur la rue de l'autre côté du pâté de maisons.
🛏 *Pousada do Amparo* (plan A1, 13) : rua do Amparo, 199. ☎ 34-39-17-49 ou 92-42-96-98 (portable). Fax : 34-29-68-89. ● www.pousada doamparo.com.br ● Chambres doubles à partir de 80 Rls et pas moins de 210 Rls pour un *apartamento* ; réduction de 10 % souvent accordée en basse saison. Donne sur une des plus jolies rues d'Olinda.

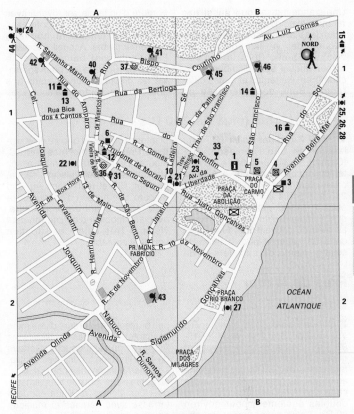

OLINDA

■ Adresses utiles

- **B** 1 Office du tourisme
- ✉ Poste principale
- 3 Téléphone international
- @ 4 Olind@.com Cybercafé
- @ 5 Studyo Web
- 6 Viagens Sob O Sol

⌂ Où dormir ?

- 10 Pousada d'Olinda
- 11 Pousada Peter
- 12 Pousada dos Quatro Cantos
- 13 Pousada do Amparo
- 14 Hôtel 7 Colinas
- 15 Olinda Hostel

- 16 Hôtel Pousada São Francisco

|●| Où manger ?

- 21 Creperia
- 22 Goya
- 23 Maison Bonfim
- 24 Oficina do Sabor
- 25 Marola Bar
- 26 O Marisqueiro
- 27 Kwetu
- 28 Luar de Prata

↑ ▼ Où déguster une glace ? Où boire un verre ?

- 31 Olinda Sorvetes e Sucos
- 33 Blue's Bar

¶ À voir

- 40 Igreja da Misericórdia
- 41 Palais épiscopal et musée d'Art sacré
- 42 Igreja Nossa Senhora do Amparo
- 43 Monastère et basilique de São Bento
- 44 São João Batista dos Militares
- 45 Igreja da Sé
- 46 Convento de São Francisco et igreja Nossa Senhora das Neves

☸ Achats

- 36 Mercado da Ribeira
- 37 Alto da Sé

Une grande maison du XVIIIe siècle rénovée avec goût. Un charme fou ; celui des vieilles pierres, des vieilles briques, des vieilles poutres, des vieux parquets. Puits de lumière autour duquel sont distribuées les chambres, élégantes et toutes différentes. Belle déco, terrasse en bordure d'un jardin verdoyant, avec la piscine et le sauna en contrebas ; la vue sur Olinda la nouvelle est remarquable. Accueil excellent. Fait également bar et resto, le *Flores de Coco,* avec pour spécialité les crevettes servies dans une noix de coco. Carte *Visa* acceptée.

Très très chic (plus de 200 Rls – 76 €)

🛏 *Hôtel 7 Colinas* (plan B1, *14*) : ladeira de São Francisco, 307 (Carmo). ☎ 34-39-60-55. ● www.hotel7colinasolinda.com.br ● À deux pas du centre historique. Compter de 210 à 275 Rls la chambre double, selon la saison, petit déjeuner compris. Bâtiment d'un étage, construit au pied du couvent São Francisco, dans un superbe parc à flanc de colline, planté de cocotiers et de plantes exotiques et décoré de sculptures. Près de 40 chambres avec AC, frigo et TV, et terrasse, mais assez standardisées. Belle piscine, sauna, Internet. Bar et restaurant. Au fond du parc, une maison d'époque coloniale appartenant au propriétaire, avec son mobilier d'origine (on peut visiter). Très calme et situation vraiment agréable.

Près de la mer

Bon marché (de 20 à 40 Rls – 7,60 à 15,20 €)

🛏 *Olinda Hostel* (hors plan par B1, *15*) : rua do Sol, 233. ☎ 34-29-15-92. Fax : 34-39-19-13. ● www.alberguedeolinda.com.br ● Compter un peu moins de 25 Rls par personne en dortoir, ou près de 20 Rls avec la carte des AJ. Quelques chambres doubles également pour environ 60 Rls. Petite *pousada* récente, affiliée aux auberges de jeunesse. Agréable et colorée mais parfois un peu bruyante (en bordure d'une route passante). Chambres doubles (sans AC) avec ou sans douche. Dortoirs de 4 à 6 lits, bien tenus, avec ventilo. Les chambres ont des noms rigolos, du genre « Dis-moi que tu m'aimes » ou « Les vierges d'Olinda »... Jolie terrasse avec hamacs et musique en bordure d'un jardin. Il y a même une piscine ! Connexion Internet. Laverie.

Chic (plus de 100 Rls – 38 €)

🛏 *Hôtel Pousada São Francisco* (plan B1, *16*) : rua do Sol, 127. ☎ 34-29-21-09. Fax : 34-29-14-18. ● www.pousadasaofrancisco.com.br ● Compter environ 110 Rls pour 2 ; réduction de 10 % si paiement cash. Proche de la mer, mais en dehors de la vieille ville sur une rue un peu bruyante. Une maison aux airs de villa cossue, avec petite piscine et sauna. Petites chambres modernes, claires et confortables. Certaines disposent d'un balcon avec vue sur la mer. TV, frigo et AC. Accueil pro et gentil, mais le tout est sans charme particulier. Restaurant.

Où manger ?

La ville historique offre curieusement peu de restos. La majorité se trouve en bord de mer. Vous trouverez néanmoins d'exquises galettes de tapioca et brochettes de fromage, de poulet et autres, vendues dans les charrettes qui envahissent la praça da Sé.

Dans la vieille ville

Pour ceux qui désirent manger en plein air, sur le pouce et bon marché, nombreux petits stands le soir avenida Liberdade, devant l'université, à côté de la *Casa de Bonfim*. C'est là que les étudiants viennent casser la croûte (évidement, hors vacances scolaires). Attention : le lundi, beaucoup de restos sont fermés.

Prix moyens (de 15 à 25 Rls – 5,70 à 9,50 €)

|●| *Creperia (plan A-B1, 21)* : rua Prudente de Morais, 168. ☎ 34-29-29-35. Juste à côté de la *pousada d'Olinda*. Ouvert du mardi au dimanche de 11 h à 23 h. Un cadre agréable avec des tables en bois recouvertes de jolis napperons blancs. La terrasse et son palmier offrent un peu plus d'exotisme. Salades et crêpes exclusivement. Pour les nostalgiques de la cuisine française.

Un peu plus chic (de 25 à 50 Rls – 9,50 à 19 €)

|●| *Goya (plan A1, 22)* : rua do Amparo, 157. ☎ 34-39-48-75. Ouvert de 12 h à 17 h et de 18 h à minuit, sauf le mardi. Petit resto avec mezzanine, en plein centre historique. Plats autour de 30 Rls. Cuisine savoureuse et particulièrement inventive. Plats régionaux réinterprétés d'une façon moderne et originale (d'où la dénomination de restaurant-atelier). Prudent de réserver. Service lent et compassé.

|●| *Maison Bonfim (plan B1, 23)* : rua do Bonfim, 115. ☎ 34-29-16-74. Ouvert du mardi au dimanche de 16 h à 23 h. Le cadre est élégant. Une petite cour réserve tout de même un peu plus d'intimité. Jeff a renoué avec ses racines et prépare d'excellentes spécialités : steak au poivre, saumon, crevettes à la provençale, quiche lorraine, cuisses de grenouilles et escargots ! Également

de délicieuses pizzas. Sa femme, brésilienne, s'occupe de la partie artistique (expos) et de la cafétéria : croissants (bien sûr !), tarte aux pommes, tapas et desserts brésiliens.

|●| *Oficina do Sabor (plan A1, 24)* : rua do Amparo, 395. ☎ 34-29-33-31. Fermé le dimanche soir et le lundi. Un bon repas atteindra vite 50 Rls, mais c'est pour 2. C'est un petit restaurant chaleureux, à la déco colorée, et aménagé sur une terrasse avec vue sur la ville nouvelle. On vient ici pour manger des citrouilles ! Oui, mais pas n'importe lesquelles ! Des citrouilles fourrées à la langouste, aux crevettes mijotées dans une sauce à la noix de coco, à la mangue ou aux fruits de la passion. Divin ! Quelques plats également de cuisine régionale. Ambiance assez chic. Réservation impérative.

En bord de mer

De bon marché à prix moyens (de 5 à 25 Rls – 1,90 à 9,50 €)

|●| *Marola Bar (hors plan par B1, 25)* : travessa do Dantas Barretto, 66 B. ☎ 34-29-70-79. Pour y aller, depuis la praça do Carmo, prendre la rua do Farol qui longe la mer (face à la côte, sur la gauche) ; à 3 mn de marche, tourner à droite dans

travessa do Dantas Barretto. Fermé le lundi. Petit bar-resto devant la mer, à la terrasse les pieds dans l'eau ! Idéal pour humer les embruns du large. Très simple, nourriture pas chère (plats pour 2 ou 3 personnes) et très correcte ; chahuté par les vagues, le poisson se fracasse sur les rochers et tombe directement dans l'assiette ! C'est la carte qui le dit ! Sympa et populaire. On peut aussi se contenter d'y boire un verre.

|●| *O Marisqueiro (hors plan par B1, 26) :* av. Beira Mar, 521. ☎ 34-39-24-99. Ouvert 24 h/24. Prix moyens,

mais quelques *promoções* bon marché. Genre de snack avec de simples tables de jardin posées dans un grand hall en bordure de route et face à la mer. Du poisson... normal. Bonne cuisine. Très populaire et ambiance animée (c'est-à-dire bruyante).

Plus chic (de 25 à 50 Rls – 9,50 à 19 €)

|●| *Kwetu (plan B2, 27) :* av. Manoel Borba, 338 (Praça do Jacaré). ☎ 34-39-88-67. Ouvert le lundi soir et du mercredi au dimanche, midi et soir. *Kwetu* au Congo signifie « Notre maison ». Tenu par une Belge charmante, ancienne hôtesse de l'air, qui mijote une cuisine mâtinée d'inspirations diverses : Maroc, Brésil, Thaïlande et... belge. On peut manger dans l'ancienne demeure ou sur une terrasse en bord de mer, ombragée de petits cocotiers. Hors pair.

|●| *Luar de Prata (hors plan par B1, 28) :* rua do Farol, 246, Bairro Novo. ☎ 34-39-11-11. Ouvert tous les jours sauf le lundi. Prendre un plat pour deux. Face à la mer, avec une terrasse au-dessus de la plage. Pour être franc, on n'a pas été séduit par le cadre, assez banal. La carte offre toutes les spécialités de poisson et fruits de mer. Nourriture copieuse. Serveurs en nœud pap' qui en rajoutent au côté désuet. Musique le soir. Cartes de paiement acceptées.

Où déguster une glace ?

🍦 *Olinda Sorvetes e Sucos (plan A1, 31) :* rua de São Bento, 358. Ouvert de 12 h à 22 h. Un glacier tout blanc, tout propre, qui presse pour vous d'excellents jus de fruits et qui

propose un assortiment irrésistible de sorbets et glaces. Essayez les saveurs de fruits méconnus comme le *tamarindo* ou le *tangerine*.

Où boire un verre ? Où sortir ?

🍸🎵 *Club Atlântico :* près de la praça do Carmo. Ouvert le week-end jusqu'à 5 h du matin. Boîte de nuit très *middle-class*. Bonne ambiance.

🍸 Plusieurs *bars* dans le Olinda historique, en haut de la rua Prudente de Morais.

🍸 *Blue's Bar (plan B1, 33) :* rua do Bofim. Une adresse tranquille, tout

en longueur pour siroter un cocktail ou grignoter un petit plat pas trop mal ficelé à moins de 15 Rls, dans la salle ou dehors.

🍸🎵 Le soir en fin de semaine, il faut aller sur la plage de *Bairro Novo,* le long de l'avenida Beira Mar et de l'avenida Marcos Freire. Pas mal de *bars* avec de la musique *ao vivo*.

En période festive, les *blocos* et autres manifestations musicales démarrent de la *praça João Alfredo.*

À voir. À faire

Nous n'allons pas énumérer, décrire la totalité des églises (il y en a plus de 20 !) ; elles sont toutes à voir et leur découverte offre à chaque fois un visage différent de la ville (les accros se renseigneront à l'office du tourisme).

Elles sont aussi souvent fermées, et il faut payer un guide pour les visiter (ceux qui parlent le français sont rares). Voici cependant les plus remarquables... Nous vous indiquons les heures de messes dans la mesure où les offices chantés sont souvent très émouvants à écouter.

🔫🔫 L'igreja da Misericórdia *(plan A1, 40)* **:** au bout de la rua Bispo Coutinho. Pas d'horaires d'ouverture fixes. Messes à 11 h 45 et 18 h. Une des plus anciennes églises du Brésil (1540). Bâtie sur une colline qui possède un point de vue superbe sur la ville, la mer, et, au loin, Recife. À l'intérieur, des carmélites charmantes vous accueillent avec le sourire. Maître-autel de bois doré très chargé, plafond peint et jolis azulejos. Chaire de 1740. Pièces d'orfèvrerie et gravures. Beaux lambris.

🔫 Le palais épiscopal et le musée d'Art sacré *(plan A1, 41)* **:** rua Bispo Coutinho, 726. À 50 m de l'igreja da Misericórdia. Ouvert du mardi au vendredi de 9 h à 14 h 45. Entrée à prix modique. Petit musée présentant de nombreuses sculptures religieuses en bois polychrome ou en pierre et des œuvres contemporaines. Gravures de l'époque hollandaise. Belle collection d'oratoires datant du XVIIe au XIXe siècle. Dans la dernière salle, figurines d'art populaire.

🔫 L'igreja Nossa Senhora do Amparo *(plan A1, 42)* **:** rua do Amparo. Ouvert de 7 h 30 à 13 h 30. Messe le dimanche à 17 h. Édifiée à l'époque des Hollandais. Allure massive et façade peu ouvragée. En face, la petite *église* toute simple *de São João* (malheureusement, toujours fermée). Au pied se jouent le dimanche après-midi des parties de foot acharnées entre équipes de la région. Un bon bain d'atmosphère locale.

🔫 Le monastère et la basilique de São Bento *(plan A2, 43)* **:** au bout de la rua São Bento, dans un cul-de-sac. Seule l'église se visite de 8 h 30 à 11 h 30 et de 14 h 30 à 17 h. Messes à 6 h 30 et 18 h et le dimanche à 10 h (chants grégoriens). Datent de 1582, mais incendiés par les Bataves et reconstruits à la fin du XVIIe siècle. Beaux pupitres de bois sculpté et remarquable autel baroque.

🔫 São João Batista dos Militares *(hors plan par A1, 44)* **:** à l'entrée de la ville, côté Amparo. C'est là que débute le carnaval. Messe le jeudi à 19 h 30.

🔫🔫 L'igreja da Sé *(plan B1, 45)* **:** sur l'Alto da Sé, d'où l'on embrasse l'un des plus beaux panoramas de la ville *(bis repetita)*. Actuelle cathédrale. Visite du lundi au vendredi de 8 h à 12 h et de 14 h à 17 h.

🔫🔫🔫 Le convento de São Francisco et l'igreja Nossa Senhora das Neves *(plan B1, 46)* **:** ouvert du lundi au vendredi de 8 h 30 à 12 h et de 14 h à 17 h, ainsi que le samedi de 7 h à 16 h. Entrée payante. Un de nos édifices favoris, on ne saurait dire pourquoi. Ce fut le premier couvent franciscain du Brésil, en 1577. L'église date de 1588. Splendide autel de bois doré. Dans la chapelle tertiaire, noter les fresques du plafond, finement réalisées et de style très épuré. Dans la sacristie, considérée comme l'une des plus belles du Brésil, ne pas manquer les panneaux d'azulejos. Les chapelles et les salles attenantes méritent également un coup d'œil. Superbe, à ne pas rater !

🔫 Le lieu de culte candomblé : rua Ladeira da Sé. À 50 m en contrebas de la cathédrale, en prenant la ruelle très pentue. Il se repère très facilement, c'est une maison blanche et rouge brique avec un parking devant. Dans une grande salle de culte, on aperçoit les divinités du *candomblé* (voir « Religions et croyances » dans les « Généralités » en début de guide). Possibilité d'entrer et de visiter en demandant gentiment avant. Mais communauté assez avare de renseignements.

➤ Balade dans la ville : ne pas hésiter à vagabonder dans les rues pavées du centre historique, à pentes raides ! Il y a une vraie vie ici, des écoles primaires remplies d'enfants pleins de vitalité... On vous propose un petit circuit : commencez par les plus belles rues coloniales, *ruas Amparo* et *13 de Maio* où l'on trouve, au n° 129, le *musée d'Art contemporain* installé dans l'ancienne prison des Prêtres. Ouvert du mardi au vendredi de 9 h à 17 h et le week-end de 14 h à 17 h. Entrée payante. Bâtiment lourd et imposant, transformé en musée par la volonté du journaliste Assis Chateaubriand. Avant d'arriver *praça do Carmo,* en descendant, vous aurez remarqué la belle *maison coloniale Mourisco* (praça João Alfredo, 7) qui abrite aujourd'hui un restaurant ainsi qu'une impressionnante boutique d'artisanat.

Achats

⚜ Au cours de vos pérégrinations, n'hésitez pas à pousser la porte des *galeries d'art* et des *ateliers d'artisanat* que vous rencontrerez. Quelques superbes dentelles à négocier, sculptures inspirées. Chouettes tapisseries.
– *Mercado da Ribeira (plan A1, 36) :* rua Bernardo Vieira de Melo. L'ancien marché de la ville (où furent vendus des esclaves, au même titre que les fruits et légumes...) abrite une foire artisanale permanente (ouvrages de dentelles, masques du carnaval...). Au fond de la cour, salle d'expositions temporaires et groupes de musique certains samedis après-midi. En face, remarquez le pan de mur, vestige de l'ancienne Chambre des conseillers de la ville créée en 1548 (la première au Brésil). Plus tard, ce fut le siège du Sénat. C'est là que fut proclamée la république pour la première fois au Brésil.
– *Sur l'Alto da Sé (plan A1, 37),* plusieurs stands ont colonisé de façon sympathique la place et font voler au vent de superbes ouvrages de dentelle. On trouve également de petites sculptures dans l'écorce de *caja,* représentant les maisons colorées d'Olinda ; assez touchantes. En attendant le chaland, les femmes préparent de succulents beignets. Goûtez-les !

Fêtes et manifestations

– *Sérénade* dans les rues les soirs de week-end.
– *Le carnaval d'Olinda :* démarre le dimanche qui précède la semaine des festivités. En fin de matinée, un défilé d'hommes de la ville déguisés en femmes ouvre la parade. Et tout l'après-midi, rua do Sol, les *trios eléctricos* sont rois. C'est le délire complet ! Cette journée d'ouverture du carnaval, par 40 °C à l'ombre (en plein soleil, préparez-vous), est haute en couleur et en extravagances de toutes sortes ! Des habitants compréhensifs arrosent d'ailleurs la population à la demande. Le carnaval de rue, fait de *blocos,* démarre deux jours plus tard dans le centre historique et dure une semaine. Là, pas de *trios eléctricos,* mais on peut les retrouver à Recife, tout comme les défilés de Maracatu. Ces deux villes voisines offrent des carnavals complémentaires.
– *12 mars :* anniversaire de la ville.
– *6 août :* fête de Senhor Salvador do Mundo, saint patron d'Olinda.
– *10 novembre :* jour de commémoration de la première proclamation d'une république au Brésil (10 novembre 1710).

Les plages

⬥ Les deux premières, *Carmo* et *Milagres,* trop proches de Recife et des égouts de la ville, sont à éviter. Montez jusqu'à la hauteur du *Quatro Rodas* (l'hôtel de luxe du coin) ; c'est là, à l'ombre de ce luxe surréaliste, que vont se baigner les gens du coin.

PORTO DE GALINHAS

IND. TÉL. : 081

Ex-petit village de pêcheurs, à 70 km au sud de Recife. Il doit son nom (« port aux poulets ») au trafic d'esclaves qui s'y pratiquait encore clandestinement, bien après l'abolition. « Poulet » devint le mot de code qui signifiait esclave, à l'époque où ce commerce fut interdit. Ce tranquille village de pêcheurs s'étire langoureusement sur plusieurs kilomètres. Il a largement perdu de sa quiétude, en particulier le week-end et pendant les vacances brésiliennes. Mais les problèmes de délinquance en sont absents, et c'est en quelque sorte le Jericoacoara de Recife.

Arriver – Quitter

➤ *Depuis Recife,* prendre un bus (ou minibus, mais plus cher et plus d'arrêts) sur l'avenida Dantos Barreto, à l'angle de la rue São João. Acheter les billets dans les petites cabanes sous le ponton routier. Plusieurs rotations matin et après-midi. Environ 1 h 30 à 2 h de trajet. Prix : 3,20 Rls.

Adresses utiles

🛈 *Secretaria de turismo :* sur l'avenue principale du village, qui mène à la mer. ☎ 35-52-14-80 et 19-00. Sérieux, bons conseils.
■ *Police :* ☎ 35-52-11-90.
■ *Poste téléphonique :* même rue que le *secretaria de turismo,* un peu avant, en face. ☎ 35-52-12-78.
■ *Banco do Brasil :* dans la rue parallèle à la plage, sur la droite, face à la mer et dos à la rue principale, avec distributeur automatique de billets ! Oui, monsieur !
■ Il y a un *poste de santé* au bout de l'avenue principale en bord de mer. Sinon, direction Ipo Juca, la ville voisine, et son hôpital. ☎ 35-51-11-95.
■ *Farmácia :* dans la rue principale, face à la poste. ☎ 35-52-13-74.
■ *Location de buggys :* au bord de la plage.

Où dormir ? Où manger ?

L'hébergement va de la petite *pousada* familiale à la superbe maison de location. Vous pourrez sans problème discuter des prix. Si vous avez un budget serré, évitez les *pousadas* et restaurants qui longent la plage. Attention, en pleine saison, l'afflux de touristes brésiliens du Sud fait monter les prix.
Certaines maisons sont équipées de crochets pour les hamacs. Prévoyez-en un si vous désirez dormir « très bon marché ».

🛏 ▮●▮ Deux adresses bon marché, d'un bon rapport qualité-prix : la *Pousada da Benedita* à l'ambiance familiale. Benedita est le nom de la patronne. Et la *Pousada Litoral.*
▮●▮ Nombreux *restaurants* à tous les prix, où les fruits de mer sont à l'honneur. Les restos, flamboyants, du bord de mer sont nettement plus chers que ceux de la rue principale, aussi bons et meilleur marché.
▮●▮ Quelques petites *lanchonetes,* très bon marché, tenues par des mères de famille, dans la rue principale. Elles n'ouvrent que le midi.
▮●▮ *Churrascaria do Gaúcho :* rua Esperança, 400. ☎ 35-52-13-83. Dans la rue principale. Sans charme, mais hors-d'œuvre et viandes vendus au poids. Abordable.
▮●▮ *Pitu :* rua Piscinas Naturais. ☎ 35-52-13-23. Terrasses surplom-

bant une jolie plage. Un peu usine, mais service souriant et efficace. Poissons grillés et *camerones* excellents. Douches gratuites. Un escalier descend directement à la mer.

Où boire un verre ? Où sortir ? Où danser ?

Le village est animé le soir, aussi bien dans la rue principale qu'en bord de mer, où les terrasses sont bondées.

Et le week-end, dans la rue principale, une discothèque ouvre ses portes et sa piste en plein air. Les jeunes viennent alors de Recife pour s'y amuser et finir sur la plage. Souvent, des soirées à thème (*forró*, etc.) sont organisées.

Les plages

C'est clair, l'intérêt principal de Porto de Galinhas, ce sont ses plages. Et en particulier les piscines naturelles où l'on se rend en *jangadas* (pirogues locales). Face à la plage principale, un site sûr, où les nombreux et peu farouches poissons tropicaux sont habitués aux nageurs.

Mais sur cette plage très longue et large, vous pourrez aussi louer des barques de pêcheurs, des planches de surf, des planches à voile, du matériel de plongée ou d'apnée (à côté de la banque).

La plage est protégée (à requins par le récif corallien.

⌓ Deux autres plages, **Maracaípé** au sud et **Muro Alto** au nord, ont l'avantage d'être moins courues et très jolies. On y trouve de quoi manger à 2 ou 3 km, ainsi que des hébergements. Malheureusement, les constructions récentes, comme ailleurs, défigurent un peu le paysage.

Plongée

■ *Aica Diving :* Caixa Postal 014, Nossa Senhora do Ô. ☎ et fax : 35-52-18-95. ● www.aicadiving.com.br ● Michel, un Suisse, a ouvert un centre de plongée PADI. Il est venu s'installer là, il y a quelques années, avec sa femme, Mida, brésilienne, et il continue à découvrir des sites. Très sympathique, il donne de bons conseils et dispose de matériel bien entretenu.

CARUARU
253 000 hab.

Principal centre artisanal du Pernambuco, à 134 km de Recife (2 h de bus ou 4 h de train). Lavilliers en parle dans sa chanson sur le Sertão. Côté architecture, la ville ne présente aucun intérêt ; aussi, n'y aller que le samedi, pour la plus grande foire artisanale du Nordeste. C'est aussi là que naquit et vécut Mestre Vitalino, père des miniatures peintes, genre santons de Provence, reflet typique de la vie sociale et du folklore du Nordeste.

Sur le plan culinaire, notez tous les types de viande séchée et une spécialité de la région : les *tanajuras fritas* (fourmis frites). Elles mesurent environ 2 cm et se consomment juste avant l'hiver *com manteiga e sal* (avec du beurre et du sel). Ces fourmis sont, paraît-il, souveraines contre le mal de gorge...

À voir

🍗 *Les artisans* travaillent dans le *quartier Alto do Mourra* (où se tient le *museu Vitalino,* et, dans le même bâtiment, le *museu do Forro,* tous deux à voir), situé loin du centre, et dans le *quartier do Cedro.* Pour s'y rendre, utiliser le bus « Alto do Mourra ».

🍗 *Le marché :* grande animation colorée et bruyante. Y aller de préférence le mercredi et le samedi. Tous les petits métiers de la rue, des poètes du Sertão récitant les meilleurs morceaux de la littérature de Cordel, quelques groupes de musiciens...

Manifestation

– *La Vaqueijada :* fin septembre, au cours de laquelle les cavaliers dressent les taureaux dans la grande tradition des cow-boys américains. Pendant une semaine, c'est la fête populaire.

Achats

– *La sculpture en terre cuite de Caruaru :* principale activité artistique de cette ville. Le voyage vaut le coup. On traverse de superbes villages à l'intérieur des terres. Vous verrez de petites figures en terre cuite représentant des personnages de la vie quotidienne, les petits métiers ou les différents rites religieux *(maracatu, Bumba-meu-Boi).* Elles sont réalisées de façon réaliste ou en accentuant les aspects les plus saisissants, à la limite du grotesque. Certains ensembles aux couleurs vernissées sont magnifiques, mais la production en terre cuite toute simple ne manque pas de charme. Les statuettes ou figurines signées de Vitalino, le grand maître du genre, ou de l'un de ses disciples, sont évidemment plus belles et plus chères. Il existe bien sûr d'autres tendances artistiques en terre cuite, résolument modernes ou abstraites.

– *Les hamacs* de Caruaru sont moins chers qu'à Recife.

FAZENDA NOVA (NOUVELLE-JÉRUSALEM)

À une cinquantaine de kilomètres au nord-ouest de Caruaru, une incroyable ville-théâtre de 70 000 m², qui se veut une copie conforme de la Jérusalem de Palestine au temps du Christ. La ville est ceinturée par une haute muraille de granit. C'est *uniquement pendant la Semaine sainte* qu'il faut y aller (le reste de l'année, détour inutile). C'est alors qu'est mis en scène le formidable spectacle de la Passion du Christ. Quelque 500 figurants, tous habitants de Fazenda Nova, jouent la fabuleuse histoire du Christ sur 12 scènes de la ville (palais, grande cour, la Cène, le mont des Oliviers, etc.). Incroyable témoignage de foi populaire. L'organisation et les effets spéciaux sont de grande qualité, et les spectateurs ont vraiment l'impression de revivre la Passion dans toute sa réalité, tellement la ferveur dramatique est intense. Représentation tous les soirs. Renseignements à l'office du tourisme de Recife.

🍗 Aller voir aussi, à quelques kilomètres, le *parc des Sculptures monumentales* (65 ha), dont les géantes statues de granit présentent des métiers et des personnages historiques ou mythiques de la région.

SALVADOR DA BAHIA

2 440 000 hab.   IND. TÉL. : 071

Salvador, plus communément appelé Bahia, est la deuxième ville du Brésil sur le programme des touristes. Si Rio fait rêver pour sa beauté fantastique, sa démesure, les noms magiques de ses plages, Salvador fascine, trouble, véhicule la charge d'exotisme et de dépaysement la plus forte au Brésil. Ici, on ne retient pas de noms de plages, ni d'équipes de football, ni de merveilles géographiques, mais beaucoup de fantasmes et la promesse d'une atmosphère magique, d'une sensualité qui conduira le visiteur à faire battre son cœur et ses sens au rythme du cœur ardent du Brésil. Salvador, la ville aux 165 églises, la ville la plus africaine du continent, le fruit d'une longue histoire d'amours tumultueuses entre l'Europe et l'Afrique, sous le ciel sud-américain... Ville profondément humaine qui sut montrer à travers le temps et les souffrances un visage toujours souriant, toujours ouvert, avec une pointe d'ironie au coin des lèvres...

Bref, une ville qu'il vous sera difficile de ne pas aimer, pour son atmosphère si particulière, mais aussi pour les trésors architecturaux de sa ville haute, sa fameuse baie de Tous-les-Saints, sa cuisine typique, sa musique dont Gilberto Gil et Caetano Veloso sont les plus célèbres ambassadeurs. Sans oublier la perpétuelle ambiance de fête et, bien sûr, ses chaleureux habitants, tout droit sortis des romans du Bahianais le plus célèbre du monde, Jorge Amado...

UN PEU D'HISTOIRE

Le site de Salvador fut découvert en 1501 par Amerigo Vespucci. À l'époque, on baptisait chaque point d'implantation du nom d'un saint. La baie de Salvador était tellement grande qu'on la nomma *Bahia de Todos os Santos* (baie de Tous-les-Saints). La deuxième explication pourrait être que le site fut découvert le 1er novembre, jour de la Toussaint. À partir de 1549, lorsque s'y installa le gouverneur du Brésil, la ville devint la capitale du pays : *São Salvador da Bahia de Todos os Santos*. Pendant deux siècles, Salvador va s'enrichir grâce à la canne à sucre et se couvrir de splendides *sobradões* et d'églises. Un intense trafic d'esclaves fournissait la main-d'œuvre aux champs de canne. La ville brillait par sa vie intellectuelle et culturelle.

Puis le centre d'activités se déplaça de Salvador vers Rio, après la découverte de l'or du Minas Gerais. Pour mieux gérer cette nouvelle richesse, la couronne portugaise transféra en 1763 sa capitale à Rio. Salvador sombra alors dans une longue léthargie, accentuée au XIXe siècle par l'abolition de l'esclavage et la crise de la canne. C'est probablement ce qui sauva son patrimoine architectural. Depuis quelques années cependant, avec la création d'une zone industrielle à Aratu, au nord de la ville, Salvador a retrouvé un second souffle économique. Une forêt de gratte-ciel, issue de ce renouveau, a poussé, mais à côté de la vieille ville, qui conserve de superbes vestiges.

Arrivée à l'aéroport

✈ **Aéroport international** (hors plan d'ensemble) : ☎ 32-04-10-10. À environ 30 mn du centre. On peut changer de l'argent sur place.

🛈 **Office du tourisme Bahiatursa :** dans le hall d'arrivée. ☎ 32-04-12-44 ou 14-44. Ouvert tous les jours de 7 h 30 à 23 h. Ils peuvent faire des réservations d'hôtels et disposent d'innombrables brochures sur la ville

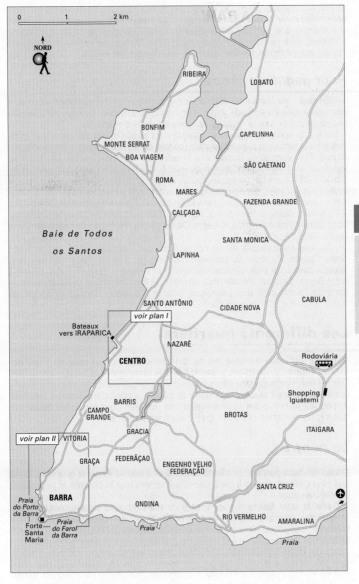

0   1   2 km

NORD

RIBEIRA

LOBATO

BONFIM

CAPELINHA

MONTE SERRAT

BOA VIAGEM

SÃO CAETANO

ROMA

MARES

FAZENDA GRANDE

CALÇADA

Baie de Todos

os Santos

SANTA MONICA

LAPINHA

SANTO ANTÔNIO

CIDADE NOVA

CABULA

voir plan I

Bateaux
vers IRAPARICA

NAZARÉ

CENTRO

Rodoviária

Shopping
Iguatemi

BARRIS

CAMPO
GRANDE

BROTAS

ITAIGARA

voir plan II   VITORIA

GRACIA

GRAÇA

FEDERÃÇAO

ENGENHO VELHO
FEDERAÇÃO

SANTA CRUZ

*Praia
do Porto
da Barra*

BARRA

ONDINA

Forte
Santa
Maria

*Praia
do Farol
da Barra*

Praia

RIO VERMELHO

AMARALINA

Praia

SALVADOR DA BAHIA – PLAN D'ENSEMBLE

et les excursions. Plan de la ville, sommaire mais gratuit, donnant une vue d'ensemble, avec en annexe les adresses et téléphones de tous les offices du tourisme de Salvador, et quelques plans de quartiers gratuits.

✉ **Poste :** en face du bureau *Bahiatursa.* Ouvert du lundi au vendredi de 9 h à 20 h et les week-ends et jours fériés de 9 h à 13 h.

Pour gagner le centre

➢ **En bus :** les distances étant assez grandes entre les quartiers, et ceux-ci étant disposés en enfilade, consultez un plan de la ville. Le bus de l'aéroport passe peut-être par le quartier où vous souhaitez séjourner.

– Face à la sortie des vols domestiques, à l'arrêt *Ônibus Seletivo,* des minibus se dirigent vers la praça da Sé (centre de la ville haute). Ils passent par Itapuã, Rio Vermelho, Barra et le quartier de Campo Grande. Du lundi au vendredi, ils fonctionnent de 4 h 40 à 22 h, dans le sens aéroport-ville (et de 5 h 30 à 23 h dans l'autre sens), toutes les 30 mn théoriquement, en fait plutôt toutes les 40 mn ; service restreint le week-end et les jours fériés. Billet à 4 Rls ; le chauffeur peut s'arrêter à la demande, notamment devant les hôtels.

– Plus loin, derrière le parking, nombreux bus urbains, et diverses destinations dont Campo Grande et Lapa. De là, connexions pour la praça da Sé et Barra. Tarif : 1,50 Rls.

➢ **En taxi :** s'adresser au comptoir *Comtas-Coometas,* face aux arrivées domestiques. Principe du prépayé, comme ça, pas de mauvaise surprise. Toutes cartes de paiement acceptées. Par exemple : pour Pituba, 62 Rls ; pour Barra, Ondina, Pelourinho, environ 78 Rls. Des taxis ordinaires attendent de l'autre côté des passages cloutés ; là, vous pouvez négocier les tarifs ; compter 50 Rls pour Barra.

Les différents quartiers

Salvador est situé sur une pointe qui ferme au nord la baie de Tous-les-Saints. Plusieurs quartiers assez différents composent le visage de la ville. Depuis les énergiques mesures prises il y a quelques années, le climat d'insécurité qui régnait auparavant dans le centre a considérablement diminué. Appliquez toutefois les règles inhérentes au pays pour éviter les mésaventures (pas de bijoux précieux, pas d'appareil photo, etc.).

Le centre

Divisé en deux parties : la ville haute et la ville basse. C'est là que vous ferez vos plus belles balades à pied, car ici se nichent tout le charme et la sensualité de Salvador.

– **Dans la ville haute** *(lignes 2 et 3 du plan I) :* cinq vieux quartiers ; *Sé, Pelourinho, Santo Antônio, Nazaré* et *Barroquinha.* Quelques hôtels pour routards, beaucoup de restaurants et de boutiques touristiques. Petit à petit, le quartier est rénové et les maisons aux façades colorées retrouvent leur éclat. Ce lifting a pour l'instant surtout atteint le Pelourinho, LE pôle touristique, où tout est si organisé pour le touriste que l'ambiance, si elle reste festive, semble parfois artificielle. Le largo do Pelourinho est d'ailleurs désormais piéton, ainsi que quelques rues avoisinantes : ruas Alfredo Brito, João de Deus et Greogirio de Matos. Il faut s'éloigner du centre par la rua do Carmo, qui monte du bas du largo do Pelourinho, pour découvrir le *couvent* et l'*église Nossa Senhora do Carmo,* marquant l'entrée des quartiers Cruz do Pascoal et Santo Antônio, en cours de rénovation. Ces derniers ont conservé tout leur charme, avec une atmosphère populaire et familiale. On y trouve quelques *pousadas* et restos de charme, et des petits bars authentiques.

– *Dans la ville basse* *(ligne 1 du plan I)* : étroite bande de terre 75 m en dessous du plateau qui porte la ville haute. Un ascenseur très populaire *(elevador Lacerda)* fait la liaison, ainsi que le *Plano inclinado (plan I, B2)*, encore mieux placé pour arriver directement près du centre de la ville haute. L'engin, fabriqué en 1931, doit être amorti, car le trajet ne coûte que 0,05 Rls. Si on n'a pas la monnaie ou que l'on souhaite faire le yoyo entre ville basse et haute, on peut se procurer une carte de 10 voyages *(cartão de viagem)* en vente à l'ascenseur même. On n'hésitera donc pas à monter et à descendre. Dans le quartier de Comércio *(plan I, A1)* de la ville basse se trouvent le port, les commerces, les marchés couverts et les agences de voyages. Pas d'hôtels. Éviter de s'y promener après la fermeture des bureaux, assez dangereux.

Vers la pointe

Les quartiers résidentiels à partir de Campo Grande : *Vitória, Graça* et *Barra*. C'est là que se concentrent tous les hôtels, de nombreux restos et bars à la mode, et des coins populaires, agréables à explorer après un bain de mer à Porto da Barra, une des seules plages urbaines non polluées.

Les quartiers résidentiels et plages de l'Atlantique

Ondina et *Rio Vermelho*. Outre les plages, une vie nocturne s'y développe de plus en plus.

Comment se déplacer ?

➤ *À pied :* le centre-ville se visite à pied, bien entendu.
➤ *En ascenseur et en funiculaire :* pour des allers-retours rapides entre la ville basse et la ville haute, le funiculaire *(Plano inclinado)* et l'ascenseur *(elevador Lacerda ;* toujours 0,05 Rls).
➤ *En bus :* c'est le meilleur moyen de relier les différents quartiers de la ville. Beaucoup de lignes partent du terminal de Campo Grande. Au centre-ville, les bus se prennent praça da Sé et les destinations sont indiquées à l'avant. Le bus *Circular* fait la navette entre Campo Grande et praça da Sé de 5 h à 23 h. Il y a deux types de bus et le tarif va du simple au double pour une même destination. Les plus chers sont les *executivo* (avec AC). Attention : il n'y a pas de bus entre 23 h et 5 h. À noter que pendant les mois de janvier et de février des minibus gratuits proposent trois trajets à partir du *shopping Barra* en passant par les plages et l'hôtel du front de mer (☎ 33-39-83-33).
➤ *En taxi :* Ligue Táxi (☎ 33-57-77-77) ; Rádio Táxi (☎ 33-43-43-33).
➤ *En métro :* oui, le métro arrivera un jour à Salvador ! mais pour l'instant les travaux n'avancent pas.

Adresses utiles

Offices du tourisme

🅱 *Bahiatursa* *(plan I, B2, 1)* : rua das Laranjeiras, 12, dans le Pelourinho. ☎ 33-21-21-23 et 24-63. ● www.bahia.com.br ● Ouvert tous les jours de 8 h 30 à 21 h 30 ou 22 h. Plans de la ville, nombreuses docs et infos sur les activités culturelles, notamment le *Bahia Cultural*. Accueil souriant. Une *annexe* au sommet de l'elevador Lacerda *(plan I, A2, 2),* ouverte en semaine de 9 h à 18 h : service minimum, anglais peu parlé, quelques docs, et c'est tout.

ⓘ À l'aéroport international *(hors plan d'ensemble) :* dans le hall d'arrivée. ☎ 32-04-12-44 et 14-44. Ouvert tous les jours de 7 h 30 à 23 h. Accueil souriant et efficace.

ⓘ À la gare routière *(rodoviária ;*

plan d'ensemble) : dans le terminal. ☎ 34-50-38-71. Ouvert tous les jours de 7 h 30 à 21 h 30.

ⓘ Au Mercado Modelo : praça Visconde Cayru. ☎ 32-41-02-42. Ouvert du lundi au samedi de 9 h à 18 h et le dimanche de 9 h à 13 h 30.

ⓘ À Barra : *Shopping Barra,* dans le *SAC.* ☎ 32-64-45-56. Ouvert du lundi au vendredi de 9 h à 19 h et le samedi de 9 h à 14 h.

Poste et télécommunications

✉ Poste centrale *(plan I, A1) :* praça da Inglaterra, dans la ville basse. Ouvert du lundi au vendredi de 8 h à 17 h et le samedi de 8 h à 12 h. Fait poste restante. Bureau central à Pituba : av. Paulo VI, 190.

■ Téléphone international : depuis les cabines publiques *(telefone público DDI)* de *Telemar,* reconnaissables à leurs coupoles bleues, un peu partout, en particulier dans les quartiers touristiques. Elles fonctionnent avec une carte téléphonique *(cartão telefônico).* Pour l'étranger,

on vous conseille une carte de 90 unités *(90 créditos),* mais elles sont assez rares et on trouve plus facilement des cartes de 60, 50 ou 30 unités. On peut se procurer ces cartes à l'aéroport international, à la gare routière *(rodoviária),* dans tous les *shoppings centres* et dans de nombreuses petites boutiques du centre-ville.

@ Internet Café.com *(plan I, B2, 2) :* rua João de Deus, 2, Terreiro de Jesus (Pelourinho). ☎ 33-21-21-47. Ouvert tous les jours de 9 h à 21 h.

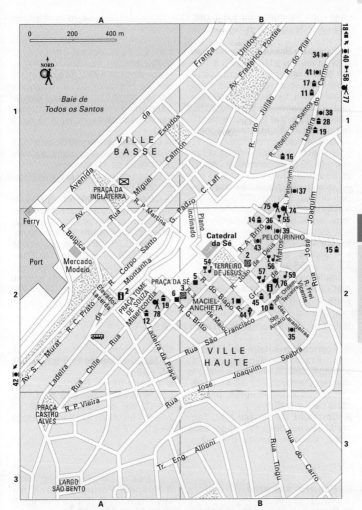

SALVADOR DA BAHIA – CENTRE (PLAN I)

Également appels internationaux. Cafétéria à l'italienne. Autre adresse : av. 7 de Setembro, 3713 (Porto da Barra ; face à la plage). ☎ 32-67-15-71. Mêmes horaires. En gros, compter 4 Rls l'heure.

@ **Bahiacafé.com** (plan I, A-B2, **3**) : praça da Sé, 20 (Pelourinho). ☎ 33-22-12-66. Ouvert tous les jours de 9 h au dernier client. Pour surfer dans un cadre agréable. Appels internationaux et change de dollars.

Argent, change

– **Change :** ne suivez pas les charmants adolescents qui vous proposent des taux de change alléchants près de l'ascenseur Lacerda ou praça da Sé. Dépouillement garanti. Adressez-vous de préférence aux agences spécialisées. Les banques pratiquent des taux moins avantageux, mais meilleurs que ceux des grands hôtels.

■ *Banco do Brasil :* plusieurs agences, toutes ouvertes de 10 h à 16 h. On peut y retirer de l'argent avec la carte *Visa* (commission non négligeable de 5 %). Seuls les distributeurs des *Banco do Brasil* identifiés par un autocollant *Visa* permettent le retrait avec une carte internationale.
– *Dans le Pelourinho (plan I, B2, 1) :* praça Anchieta ou largo de São Francisco (à 20 m du Terreiro de Jesus). ☎ 33-21-68-41.
– *Dans la ville basse :* av. dos Estados Unidos, 561. ☎ 33-20-53-33.
– *À Iguatemi : shopping center Iguatemi,* av. ACM. ☎ 34-50-50-37.
– *À Barra :* rua Miguel Burnier, 4. ☎ 32-64-50-99.
– *À Ondina :* av. Ademar de Barros, 59. ☎ 32-35-96-05.
– Également *un guichet à l'aéroport :* très pratique, ouvert tous les jours de 6 h à 22 h. Accepte les cartes *Visa* et *MasterCard.*
■ *Bradesco :* nombreux distributeurs dans la ville ; praça Teresa Batista (Pelourinho), au *shopping center Barra,* au *shopping center Iguatemi,* à l'aéroport et à la *rodoviária* notamment. Accepte la carte *Visa.*
■ *Citibank :* rua Miguel Calmon, 555 (ville basse). Bien pratique pour les détenteurs de *MasterCard.*
■ En cas de **perte de la carte Visa :** ☎ 0800-99-00-01.
■ *Change non officiel :* quelques agences pratiquent des taux plus intéressants que les banques, car elles n'appliquent pas la taxe. Notamment *Bazar Colon,* praça José de Anchieta ou largo do São Francisco, 17. ☎ 33-22-88-71. Juste à côté (au n° 16), également l'*agence de voyages Olímpia* (☎ 33-22-76-82).

Représentations diplomatiques

■ *Agence consulaire de France :* trav. Francisco Gonçalves, 1, 8e étage (dans la ville basse, dans le quartier Comércio). ☎ 32-41-01-68. Ouvert les lundi, mercredi et vendredi de 9 h à 12 h.
■ *Consulat de Suisse :* av. Tancredo Neves, 3343 (5e étage, salle 5063, dans le bureau d'*Alitalia*), Centro Empresarial Previnor. ☎ 33-41-58-27. Ouvert du lundi au jeudi de 9 h à 12 h.
■ *Consulat de Belgique :* sítio Lagoa Branca, estrada do Côco, km 11, Vila de Abrantes. ☎ 36-23-24-54. Ouvert du lundi au vendredi de 9 h à 12 h 30.

Urgences

■ *Pronto socorro (premiers secours) :* ☎ 192.
■ *Pharmacies de garde :* ☎ 136.
■ *Hospital Aliança :* av. Juracy Magalhães Júnior, 2096 (Rio Vermelho). ☎ 33-50-56-00. Excellent hôpital privé, mais cher : avoir une bonne assurance pour se faire rembourser au retour. Pratique aussi des vaccinations, sauf le samedi.
■ *Hospital Português :* av. Princesa Isabel, 2 (Barra Avenida). ☎ 32-03-55-55 ou 35-30
■ *Police touristique :* Delegacia de Proteção ao Turista, largo Cruziro São Francisco, 14. ☎ 33-22-71-55. Ouvert 24 h/24. En cas de problème, de nombreux agents sillonnent la vieille ville.

Transports

🚌 *Rodoviária (plan d'ensemble) :* av. Tancredo Neves, à 20 mn en bus du centre. ☎ 34-60-83-00. Pour s'y rendre, prendre le bus qui passe au shopping *Iguatemi,* y descendre et traverser l'avenue par la passerelle

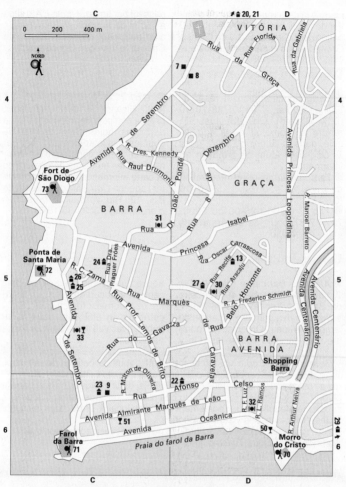

SALVADOR DA BAHIA – BARRA (PLAN II)

jusqu'à la gare routière ; ou, du quartier de Lapa, bus « Rodoviária » ; ou encore le « Circular R-1 » de Campo Grande. Dans le centre, tous les bus

passent par un *arrêt (plan I, A2)* situé à 150 m de la praça da Sé, à l'angle d'un petit bout de rue entre la rua Chile et la rua José Gonçalves.

Compagnies aériennes

■ *Varig :* confirmation et réservation des vols, ☎ 0300-788-70-00 (0,30 Rls/mn). On peut aussi se rendre au comptoir de la compagnie, dans le *Shopping Barra (plan II, D5),* pour toute confirmation ou information.
■ *Tam :* confirmation et réservation des vols, ☎ 0300-123-10-00 (0,30 Rls/mn).
■ *Tap :* ☎ 31-13-26-00 ou 0800-707-77-87 pour les confirmations et les réservations.

■ *Gol :* ☎ 0300-789-21-21 (0,30 Rls/mn). • www.voegol.com. br • La compagnie propose les tarifs parmi les moins chers du marché pour les vols intérieurs au Brésil par Internet. Réductions supplémentaires pour les étudiants détenteurs de la carte internationale ISIC : consulter l'agence *Céu e Mar,* rua Fonte do Boi, 12, Rio Vermelho *(hors plan d'ensemble)* ; ☎ 33-35-13-51.

Loisirs, culture

■ *Alliance française (plan II, D4, 7) :* av. 7 de Setembro, 401 (Ladeira da Barra). ☎ et fax : 33-36-75-99. • www.afbahia.com.br • À l'angle du largo da Vitória. Organise de nombreuses activités culturelles. On y

trouve une galerie d'expos, un petit centre de documentation, un théâtre, des journaux français, etc. Belle cafétéria en plein air, ouverte au public, avec vue sur la baie de Todos os Santos.

– *Guia do Ócio :* pour vos sorties, procurez-vous ce petit guide mensuel, sorte d'*Officiel des spectacles* local en plus succinct (4 Rls). Vous le trouverez à l'office du tourisme, dans certains hôtels, dans quelques bars et dans la plupart des kiosques à journaux. Un bon plan est de consulter le *Caderno 2,* supplément quotidien de l'également quotidien local *A Tarde :* tous les spectacles, films, concerts y sont répertoriés.
– Pour toute information (en portugais), ne pas hésiter à composer le ☎ 131, téléphone du *Disque Turismo.*

Achats

■ *Minison Distribuidora de Discos (plan I, B2, 5) :* praça da Sé, 16 (Pelourinho). ☎ 32-41-03-57. Pour enrichir votre collection de musique brésilienne ou simplement, en curieux, pour fouiner dans les bacs de ce petit disquaire qui possède une bonne sélection de vinyles,

dont quelques perles rares à prix honnêtes.
■ *A Primavera (plan I, A2, 6) :* praça da Sé, 32 (Pelourinho). ☎ 33-22-69-48. Boutique renommée pour la qualité des instruments de musique proposés, notamment les guitares *(violão)* et les percussions.

Divers

■ *Laverie O Casal (plan II, D4, 8) :* av. 7 de Setembro, 2721 (Ladeira da Barra). ☎ 32-37-57-76. Ouvert du mardi au samedi de 8 h à 18 h. Une

autre adresse, *Laundromat :* rua Carlos Gomes, 698 (proche du Pelourinho). ☎ 33-29-47-87. Mêmes horaires.

Où dormir ?

LOCATION D'APPARTEMENTS

≜ Si Salvador vous a conquis et que vous avez décidé d'y séjourner plusieurs jours, **Claude Steiner,** un Franco-Israélien marié à une Brésilienne, **loue des appartements,** l'un situé à Rio Vermelho, à 20 mn du centre en bus, les autres à Barra. Tout confort et très bien équipés, proches de la mer ou avec accès à une piscine privée. Transfert de l'aéroport. La meilleure adresse qu'on ait trouvée pour ceux qui veulent profiter de Bahia sans flamber leur argent à l'hôtel et dans les restos. Pour le duplex (à Rio Vermelho), compter 50 € par jour ou à partir de 1 000 € pour le mois complet, selon la saison. Pour les studios, compter environ 40 € par jour, et de 750 à 1 000 € le mois, toujours en fonction de la saison. Sur réservation uniquement, avec un acompte de 50 % après accord. Claude vous conseillera aussi sur les balades en ville ou des excursions. Pour le contacter sur place, ☎ et fax : 32-48-47-04 ou ☎ 91-12-40-12 (portable). On peut aussi voir ses appartements sur le Web : ● http://planeta.terra. com.br/turismo/bahiatrip/ ● 10 % de réduction sur présentation du *Guide du routard.*

≜ Autre solution abordable et bien agréable : **louer une petite maison sur l'île d'Itaparica.** Aucun problème pour en trouver, notamment à *Mar Grande.* Repérer les panonceaux *aluga-se* ou demander aux habitants.

≜ Beaucoup de **chambres à louer au mois** dans le quartier bohème et populaire de Santo Antônio, surtout dans la rua Direita de Santo Antônio. Comme pour Mar Grande, repérer les affichettes.

CAMPINGS

Les non-membres du *Camping Clube do Brasil* doivent demander une autorisation à *Bahiatursa.* Apportez une photo et votre passeport. On vous délivre une carte (gratuite).

⚕ **Praia do Flamengo :** Itapuã. ☎ 33-74-35-06. À 5 km de l'aéroport, à côté de l'hôtel *Catussaba.* Une des plus belles plages de Salvador (à 31 km). Quelque 450 places.

Tout confort et bon marché (8 Rls par personne).
⚕ Également à **Praia do Forte,** à 86 km vers le nord (voir plus loin).

HÔTELS

Beaucoup d'hôtels complets en juillet et août et pendant la période du carnaval.

Au Pelourinho et dans le quartier Santo Antônio

Quelques hôtels agréables dans le vieux quartier du centre. Les rondes de police s'arrêtent vers 1 h, moment à partir duquel il redevient un peu plus risqué de traîner dans le coin.

De bon marché à prix moyens (de 25 à 80 Rls – 9,50 à 19 €)

≜ **Albergue do Carmo** (plan I, B1, 11) : largo do Carmo, 6. ☎ 33-26-37-50. Fax : 32-42-44-17. ● www.alber guedocarmo.com.br ● Ouvert 24 h/

24. En haute saison, chambres sur rue à 75 Rls et sur la baie à 90 Rls (exposées plein soleil, vue superbe mais grosse chaleur) et à partir de 50 Rls hors saison ; 10 % de réduction pour les étudiants et les membres FUAJ. Située sur la place coloniale du Carmo, face à l'église du Carmo, à l'entrée du quartier de Santo Antônio, l'auberge propose des chambres regroupées autour d'une partie commune (cuisine américaine, salon, salle de bains). Nombreux services, dont l'accès à Internet gratuit pour les hôtes.

🛏 *Albergue das Laranjeiras (plan I, B2, 10)* : rua da Ordem Terceira, 13 (anciennement rua Inácio Accioli ; Pelourinho). ☎ et fax : 33-21-13-66. ● www.laranjeirashostel.com.br ● Depuis la *rodoviária*, prendre un bus jusqu'à la praça da Sé, puis traverser le Terreiro de Jesus. Classé ici pour ses dortoirs de 7 à 12 lits à 27 Rls par personne, ou à 32 Rls sans la carte (voir aussi « De prix moyens à plus chic »). Auberge très bien tenue proposant des réductions pour les étudiants et les membres. Offre également de nombreux services : laverie, cybercafé, coffres.

🛏 *Pousada Hilmar (hors plan I par B1)* : rua Direita de Santo Antônio, 136 (Santo Antônio). ☎ 32-43-49-59. ● www.pousadahilmar.com.br ● Compter 50 Rls pour une chambre double avec ventilo et 70 Rls avec clim', petit dej' inclus. *Pousada* à l'intérieur simple mais propre. Quelques chambres ont vue sur la baie. Au dernier étage, une chambre avec une terrasse surplombe la ville basse et la baie. Bien située dans le quartier baroque et populaire de Santo Antônio. Bon accueil du jeune Jackson.

🛏 *Pousada O Pagador de Promessa (plan I, B1, 28)* : ladeira do Carmo, 19 (Santo Antônio). ☎ 34-97-08-52 et 34-91-18-40. En face des escaliers conduisant à l'église de Passo, où furent tournées des scènes du film brésilien *O pagador de Promessa,* Palme d'or à Cannes en 1962. Trois chambres doubles (50 Rls avec petit dej', 40 Rls sans) et des dortoirs (30 Rls par personne ou 15 Rls sans le petit dej') dans cette *pousada* simple et bien tenue, aux murs clairs et au parquet fraîchement ciré. Les tarifs sont négociables si on reste plus de 3 jours. Une cuisine est à disposition.

🛏 *Albergue do Passo (plan I, B1, 16)* : rua Ribeiro dos Santos, 3 (anciennement ladeira do Passo ; Pelourinho). ☎ 33-26-19-51. ● www.passoyouthhostel.com.br ● Ouvert 24 h/24. Selon la saison, 20 ou 25 Rls par personne, en dortoir de 8 à 10 lits ; réduction à partir de 3 nuits payées d'avance. Chambres doubles, avec ou sans salle de bains, de 50 à 60 Rls (pas de réduc'). AJ très bien située. Dortoirs corrects avec salles de bains propres. Téléphone, Internet et petite cuisine à disposition. Atmosphère familiale en plein centre historique. Attention, nombreux concerts aux alentours, donc assez bruyant.

🛏 *Hôtel Ilhéus (plan I, A2, 12)* : ladeira da Praça, 4 (Pelourinho). ☎ 33-22-72-40. ● www.hotelilheus.com.br ● Proche de l'ascenseur Lacerda. Autour de 50 Rls pour 2, petit dej' inclus, et des *singles* à 40 Rls. Dans un vieux bâtiment agréable et bien situé, tenu par Gerson, un grand-père accueillant. Chambres au confort très simple, voire spartiate, mais propres et claires, toutes avec salle de bains. Préférer le 2e étage, éloigné de la télévision un peu hurlante.

De prix moyens à plus chic (de 70 à 150 Rls – 26,60 à 57 €)

🛏 *Albergue das Laranjeiras (plan I, B2, 10)* : rua da Ordem Terceira, 13 (anciennement rua Inácio Accioli ; Pelourinho). ☎ 33-21-13-66. Fax : 33-21-28-16. ● www.laranjeirashostel.com.br ● Chambres doubles avec ou sans salle de bains de 80 à 120 Rls selon la saison, petit dej' compris. Réductions aux étudiants (carte internationale ISIC) et aux membres de la FUAJ. Une sympathique AJ privée, idéalement située et bien tenue. Chouette architecture aérée, tout en bois. Accès Internet, cuisine, laverie et consigne à disposition. Un coin hamac sur la mezzanine pour buller. Excellent accueil. Attention, la carte de paiement n'est plus acceptée après 21 h pour des raisons de sécurité.

≜ *Pousada da Mangueira* (plan I, B2, 15) : ladeira da Saúde, 9. ☎ et fax : 32-42-39-26. ● www.pousadada mangueira.com.br ● Chambres doubles à partir de 135 Rls. Les chambres sont sans grand charme, mais la *pousada* bénéficie d'une superbe localisation, ce qui donne à toutes les chambres une vue originale sur le Pelourinho et les maisons bariolées du centre historique. On prend son petit dej' dans un jardin autour d'une piscine en pleine ville. Accueil discret et gentil.

≜ *Hôtel Pelourinho* (plan I, B2, 14) : rua Alfredo Brito, 20 (Pelourinho, bien sûr). ☎ et fax : 32-43-23-24. ● www.hotelpelourinho.com ● Chambres doubles de 126 à 180 Rls pour les suites, dont certaines possèdent une terrasse privée. Quelques chambres pour 3 ou 4 personnes. Ancien *solar*, à 20 m de la plus jolie place de Salvador. Un endroit un peu mythique : en 1928, Jorge Amado y écrivit son premier roman, *Sucre*. Confort correct, mais variable d'une chambre à l'autre, et bonne tenue. Demander une chambre avec vue sur la baie et préférer le 4e étage, qui est rénové. La terrasse de la salle du petit dej' offre aussi une belle vue sur la place du Pilori. Éviter par contre les services (taxis, etc.), chers.

Chic (de 150 à 250 Rls – 57 à 95 €)

≜ *Studio do Carmo* (plan I, B1, 19) : ladeira do Carmo, 17 (Santo Antônio). ☎ 32-43-06-46. ● www.studio docarmo.com.br ● Chambres doubles à 150 et 170 Rls, sans le petit dej'. Dans un vieux *sobrado* datant du milieu du XVIIIe siècle, rénové, 4 chambres très spacieuses, claires et bien aérées. Agréablement meublées et décorées, elles sont toutes équipées d'une cuisine américaine. Les unes donnent sur les escaliers montant vers l'église Sacramento do Passo, les autres sur une cour intérieure. Mais éviter le n° 1, pas très bien isolée de la réception. Dans cet ordre de prix, notre meilleure adresse. Au rez-de-chaussée se trouve une galerie d'art moderne. Accueil sympathique de Paulo.

≜ *Pousada Beija-Flor* (hors plan I par B1, 18) : rua Direita de Santo Antônio, 259 (Santo Antônio). ☎ 32-41-24-72. ● www.beijaflorpousada. com.br ● Tout proche du Pelourinho, près du largo do Carmo. Autour de 200 Rls pour deux, petit dej' compris. Dans une maison coloniale restau-rée avec goût, Riccardo vous accueille en français. La plupart des 7 chambres surplombent la baie de Tous-les-Saints et sont astucieusement protégées du soleil par d'épaisses persiennes. Au rez-de-chaussée, la superbe terrasse et le salon garni de nombreux livres et d'instruments de musique font de cet endroit une invitation au délassement et à la tranquillité.

≜ *Pousada Villa Carmo* (plan I, B1, 17) : ladeira do Carmo, 58 (Santo Antônio). ☎ 32-41-39-24. ● www.pou sadavillacarmo.com.br ● À 5 mn à pied du Pelourinho, près du largo do Carmo. De 130 à 250 Rls pour 2, petit dej' compris. Dans une vieille maison retapée et pimpante, une jolie *pousada* tenue par un jeune couple italo-brésilien. Chambres agréables et spacieuses, tout confort, avec salle de bains. TV, laverie, coffre et possibilité de transfert de l'aéroport. Sans oublier les deux terrasses avec vue imprenable sur le port, le large et l'île d'Itaparica, idéales pour boire un verre au coucher du soleil.

Très très chic (plus de 200 €)

≜ *Villa Bahia* (plan I, B2, 45) : largo do Cruzeiro de São Francisco, 16-18 (Pelourinho). En France : ☎ 0892-23-65-65. Doubles avec petit dej' de

240 à 300 € selon la saison, sauf pour Noël, le Nouvel An et le carnaval, (les prix s'envolent). Resto axé sur la cuisine bahianaise (plats autour de 20 €). Un vrai hôtel de charme au cœur du Pelourinho. Le groupe *Voyageurs du Monde* a réaménagé deux maisons coloniales réunies par un petit jardin et les a décorées sur le thème des découvreurs portugais. Aux murs, des cartes anciennes (dont une authentique Coronelli) répondent aux azulejos et aux planchers de bois tropicaux.

L'acajou et le teck des fauteuils invitent à une petite sieste. Naturellement, les chambres du dernier étage ont une vue imprenable sur la marée de toits roses du centre ancien, le bar propose une sélection des meilleurs cafés brésiliens et le spa offre un programme de remise en forme basé sur les plantes d'Amazonie. Le tout à deux pas de l'ascenseur Lacerda pour rejoindre la ville basse. Bref, une demeure de voyageurs où tout a été conçu pour vous donner envie de ne pas bouger !

À Vitória

▤ *Residência do universitário* (hors plan II par D4, **20**) : av. 7 de Setembro, 2382 (Corredor da Vitória). Ce n'est ni un hôtel, ni une auberge de jeunesse. Cette adresse n'est à utiliser que si vous vous êtes tout fait piquer ou si vous êtes vraiment démuni. Des étudiants vous accueilleront et vous trouveront un endroit pour dormir, à condition d'obtenir l'autorisation de la « commission » *(comissão de hospedagem)*. Bien sûr, c'est gratuit.

Bon marché (autour de 15 Rls – 5,70 €)

▤ *Pousada Phoenix* (hors plan II par D4) : rua Gabriel Soares, 53 (ladeira dos Aflitos). ☎ 33-29-02-00 et 19-32. Proche de la place des Aflitos, qui offre un superbe point de vue sur toute la baie, une petite *pousada* très simple et familiale. Quelques chambres en dortoir avec une splendide vue et salle de bains dans les étages pour 10 Rls par personne. Possibilité de pension complète pour 17 Rls.

Prix moyens (de 40 à 70 Rls – 15,20 à 26,60 €)

▤ *Pousada O Gato Comeu* (hors plan II par D4, **21**) : av. 7 de Setembro, 2367 (Corredor da Vitória). ☎ 33-37-17-62. Compter de 40 à 60 Rls pour 2, avec le petit dej'. *Pousada* toute blanche dans une des rares maisons de l'avenue, sans aucune déco mais aux chambres propres et tournant le dos à la bruyante rue. Dans ce qui fut jadis l'avenue huppée de Salvador, qui fait le lien entre le Campo Grande et la ladeira da Barra. C'est aujourd'hui une grande avenue ombragée, bien située entre le quartier de Barra et sa plage, Porto da Barra et le centre historique. Un des rares quartiers où il est agréable de se promener à pied (nombreux musées, cinéma d'art et d'essai, jardin public). Il est aussi très bien desservi par les bus.

À Barra

Nombreux hôtels dans ce quartier assez éloigné du centre historique mais proche des plages.

Bon marché (de 15 à 50 Rls – 5,70 à 19 €)

▤ *Albergue Jardim Brasil* (plan II, D5, **27**) : rua Florianópolis, 4. ☎ 32-64-96-37. ● www.alberguebrasil.com. br ● Une bonne adresse au cœur d'un des endroits animés de Barra. Compter 25 ou 27 Rls par personne en dortoir et de 56 à 62 Rls pour l'une des 2 chambres doubles ; réductions pour étudiants et détenteurs de la carte FUAJ. Cuisine et coffres à disposition. L'auberge propose aussi un accès Internet et des transferts vers l'aéroport (30 Rls) et la *rodoviária* (15 Rls). Simple et bien tenu.

🛌 *Pousada La Villa Française (plan II, D5, 13)* : rua Recife, 222. ☎ 32-45-60-08. • www.lavilafrancaise.com • Non loin de l'*Albergue Jardim Brasil*.

Autour de 50 Rls pour une double et 30 Rls en dortoir. Hervé et Valérie ont transformé l'ancienne Alliance française en une adresse surtout fréquentée par des Français. Hervé, qui possède aussi une ferme dans la campagne bahianaise, sera ravi de vous proposer des promenades découvertes à cheval ou en canot. Une adresse au confort simple et familial qui fourmille de bons plans sur Salvador et sa région. Pour les passionnés de rugby, les matchs du tournoi des Six Nations sont diffusés.

Prix moyens (de 50 à 100 Rls – 19 à 34,20 €)

🛌 *Pousada Âmbar (plan II, D6, 22)* : rua Afonso Celso, 485. ☎ 32-64-69-56. Fax : 32-64-37-91. • www.ambarpousada.com.br • À 2 mn à pied de la plage, dans une agréable rue ombragée. Compter 70 à 100 Rls la chambre double, copieux petit dej' compris, et 25 à 35 Rls par personne en dortoirs de 4 à 8 lits. Bon accueil d'une sympathique Française. Jolis petits bâtiments pimpants, qui forment une cour intérieure. Chambres et dortoirs simples et propres. Ambiance conviviale très appréciée par nos lecteurs. Accès Internet et téléphone. Bon rapport qualité-prix. Accepte toutes les cartes de paiement.

🛌 *Pousada Estrela do Mar (plan II, C6, 23)* : rua Afonso Celso, 119. ☎ et fax : 32-64-48-82. Compter 90 Rls pour une double avec clim' et 60 Rls pour une simple, petit dej' compris. À 200 m de la plage et du phare de Barra, une jolie maison soigneusement décorée. Les 7 chambres sont agréables, spacieuses et très claires, blanches du sol au plafond, en passant par la literie et la déco, et l'atmosphère est loin d'être glaciale. Au contraire, on apprécie la fraî-

cheur et la propreté des lieux par une chaude journée d'été brésilien !

🛌 *Pousada Malú (plan II, C5, 25)* : av. 7 de Setembro, 3801. ☎ 32-64-44-61 et 40-06. Idéalement situé, en face du fort de Santa Maria. Chambres doubles de 60 à 80 Rls et simples à 40 Rls, petit dej' compris. Chambres au confort simple, mais propres, avec salle de bains. Aucune ne donne sur la mer, mais elles sont calmes et l'endroit est agréable, avec une déco en brique et bois et beaucoup de plantes. Accueil souriant.

🛌 *Hôtel Porto da Barra (plan II, C5, 26)* : av. 7 de Setembro, 3783. ☎ 32-64-77-11. Fax : 32-64-26-19. • www.hotelportodabarra.com.br • Juste à côté de la *Pousada Malú,* mais tarifs plus élevés. Prévoir 58 Rls pour une double avec ventilateur et autour de 90 Rls avec clim', petit dej' inclus. Sans charme particulier mais bien situé, face au petit port et à la plage de Porto da Barra. Chambres propres, au confort correct, avec salle de bains. Certaines n'ont pas de fenêtre et sentent un peu le renfermé : demandez donc à les visiter avant de faire votre choix.

Chic (de 90 à 150 Rls – 34,20 à 57 €)

🛌 *Pousada Azul (plan II, C5, 24)* : rua Praguer Fróes, 102. ☎ 32-64-97-98. Fax : 32-45-97-98. • www.pousadaazul.com.br • À 3 mn à pied de la plage Porto da Barra. Compter

140 Rls pour une double avec ou sans clim' et 85 Rls pour une simple, petit dej' inclus. Chambres refaites à neuf, claires et confortables, certaines avec mezzanine, dans une jolie maison

coloniale bleue et blanche bien tenue. Accueil très doux. La patronne, Béatriz, vous sera d'excellent conseil. Accès Internet, laverie, et possibilité de transfert vers l'aéroport.

🛏 *Bahia Flat Apart Hotel (hors plan II par D6, 29) :* av. Oceânica, 235. ☎ 33-39-41-40. Fax : 33-39-42-00. ● bflat@terra.com.br ● Tous les appartements (pour 1 ou 2 personnes) sont à 90 Rls, avec 10 % de réduction si on paie d'avance. Grand immeuble sans charme face à la mer, entre les quartiers de Barra et Ondina. Certaines chambres ont une petite terrasse avec vue. Bon rapport qualité-prix. Les cartes de paiement ne sont pas acceptées.

Où manger ?

La cuisine de Bahia possède une réputation internationale tout à fait méritée. Elle est à l'image de la ville, chaleureuse, sensuelle et colorée. On dit qu'elle ne devait pas seulement plaire aux hommes, mais aussi aux dieux. L'huile de palme *(dendê)* intervient dans la composition de presque tous les plats ; aussi, allez-y tout doucement, sinon la digestion sera rude. Les crevettes séchées sont également très présentes. Aujourd'hui encore, les femmes bahianaises, que vous rencontrerez au coin des rues et qui tirent leur magie culinaire de générations passées au service des nantis, portent le costume traditionnel, composé d'une jupe et de plusieurs jupons superposés, ainsi que d'une petite blouse à volants et manches courtes, autrefois assez fermée près du cou. Aujourd'hui, le costume découvre la gorge et même parfois les épaules. Sur la tête est noué d'une certaine façon un morceau d'étoffe *(torço)*. L'origine de ce costume ? Certains affirment qu'il vient directement d'Angola, alors que d'autres suggèrent qu'il serait né de la volonté des femmes noires d'imiter les riches robes de leurs maîtresses. Ces Bahianaises ont le droit, par arrêté municipal, de s'installer où bon leur semble pour préparer leurs beignets et les fameux *acarajés*. Autrefois, seules les *mães dos santos,* initiées aux rites du *candomblé,* possédaient ce droit.

Dans les restaurants

Voici les principaux plats que vous rencontrerez (le piment est toujours servi à part et doit être consommé avec modération) :
– *vatapá :* purée faite avec de la mie de pain ou à base de farine de blé, comprenant crevettes, lait de coco, gingembre, noix de cajou, épices, etc. *Vatapá* et *acarajés* (voir plus loin) sont les deux plus grandes spécialités de Bahia.
– *Moqueca :* genre de pot-au-feu à base d'huile de *dendê* dans lequel on fait cuire tomates, oignons, coriandre, citron, lait de coco. Le tout bien salé. Les principaux héros de ce plat délicieux peuvent être indifféremment poissons, crabes, langoustes, poulpes, crevettes, etc. Généralement accompagné de riz, de *feijão de leite* (purée de haricots à la noix de coco) et de *farofa* (farine de manioc sautée à l'huile), utilisée pour absorber la sauce. L'*ensopado* est une version « allégée », sans *dendê* et sans lait de coco (plus digeste pour les novices !).
– *Caruru :* petite purée gluante à base de *quiabos* (gombos), crevettes séchées, oignons et l'inévitable huile de *dendê*.
– *Sarapatel :* tripes de porc cuites au sang avec du foie et des rognons, assaisonnées de menthe et de piment.
– *Xinxim de galinha :* fricassée de poulet à l'huile de *dendê* avec de l'ail, des crevettes, de la menthe et du poivre noir.

Dans la rue

Vous tomberez également sur de petites choses délicieuses :
– *acarajés :* beignets de farine de haricots assaisonnés d'oignons et de sel puis plongés dans l'huile de palme, garnis de crevettes (en option et plus

cher), de *vatapá,* d'une petite salade et parfois de *caruru.* Le piment en option est plutôt très costaud. Une version plus légère des *acarajés* sont les *abarás* : constitués des mêmes ingrédients mais cuits à l'étouffée, emmaillotés dans une feuille de bananier.

– *Churrasquinhos de gato* (littéralement « brochettes de chat ») *:* pour une somme modique, on trouve partout des petites brochettes de bœuf grillées au charbon de bois. Estomacs fragiles, abstenez-vous !

– *Queijinho :* délicieuses brochettes de fromage vendues sur la plage et un peu partout dans la ville. Les vendeurs transportent une gamelle remplie de braise et font griller la brochette sous vos yeux pour 0,5 à 1 Rls.

– *Efo :* légume étrange, à mi-chemin entre la salade et le chou, appelé *língua de vaca,* coupé en lanières très fines et bouilli, avec crevettes séchées, sel, oignon, noix de cajou, *dendê,* etc.

– Autres curiosités et spécialités locales : les *lambretas,* sortes de praires au court-bouillon, parfumées de coriandre et de piment. Un plat, comme l'incontournable *caldo de sururu* (petite soupe épaisse de coquillages réputés aphrodisiaques), servi dans les petites baraques de plage ou les restaurants de fruits de mer comme dans le quartier de Ribeira.

– Enfin, n'oubliez pas tous les gâteaux et sucreries, notamment la *cocada,* noix de coco finement râpée, cuite dans du caramel ou du jus de canne. La *goiabada cascão,* délicieuse pâte de fruits à la goyave ; la meilleure s'achète en bloc sur les marchés. Et puis le *quindim,* à la consistance qui se rapproche du pudding. D'autres sucreries composées de pâte de cacahuètes ou de fruits confits.

Dans la ville haute

Bon marché (moins de 15 Rls – 5,70 €)

|●| *Delicatessen do Carmo* (plan I, B1, *34*) *:* ladeIra do Carmo, 66 (Santo Antônio). ☎ 32-41-09-25. Ouvert du lundi au samedi de 8 h à 20 h et le dimanche jusqu'à 15 h 30. Compter 6 Rls pour une bonne assiette et un jus de fruits. Snacks et *comida ao kilo* pour cette adresse toute simple, bien agréable pour déjeuner pas cher ou boire un *suco* sur les 3 tables en terrasse. Fait aussi épicerie et *padaria* (boulangerie).

|●| *Bar Cruz do Pascoal* (hors plan I par B1, *40*) *:* rua Joaquim Tovora, 2 (Santo Antônio). ☎ 32-43-22-85. Ouvert tous les jours sauf le dimanche. Petit bar-resto où les gens du quartier se retrouvent dans un bel esprit populaire. Pour manger, passer derrière le comptoir en bois pour accéder à l'arrière-salle et à la petite terrasse qui offre une vue géniale. Nourriture pas chère et très correcte. Un plat suffit pour 2. Délicieuse *carne do sol* (viande de bœuf salée, puis séchée au soleil), accompagnée de purée d'*aipim.* On peut aussi se contenter d'y boire un verre.

Prix moyens (de 15 à 40 Rls – 5,70 à 15,20 €)

|●| *Senac* (plan I, B1, *37*) *:* largo do Pelourinho, 13-19 (1er étage). ☎ 33-24-45-50. Ouvert de 11 h 30 à 15 h 30 et de 18 h 30 à 23 h. Fermé le dimanche. Resto installé dans l'un des beaux *sobradões* de la vieille ville. Salle à manger immense et claire. Les élèves de l'école hôtelière, qui fonctionne depuis plus de 30 ans, font la cuisine et le service.

Formule buffet à volonté de plats vraiment représentatifs de la gastronomie bahianaise, ainsi qu'une douzaine de desserts. L'occasion de faire un apprentissage complet. Prix forfaitaire pour l'ensemble (20 Rls par personne) bien plus intéressant que certains restos touristiques de la vieille ville. Dans la cour au rez-de-chaussée, un spectacle folklorique, mixte de traditions africaines et de danse moderne, est présenté chaque jeudi, vendredi et samedi à 19 h (7 Rls de supplément).

|●| *Ponto Vital Santo Amaro (plan I, B2, 35)* : rua das Laranjeiras, s/n (Pelourinho). ☎ 32-38-71-29. En plein quartier historique, dans une ruelle un peu à l'écart et fréquentée par les Bahianais, un resto de spécialités typiquement régionales, très populaire. Une dizaine de plats pour 2 personnes au prix « local » (autour de 15 Rls). Pour choisir, faites confiance au hasard... Chaque soir en saison, petits concerts organisés au bout de la ruelle remplie de tables. Atmosphère conviviale.

|●| *Casa da Roça (plan I, B1, 38)* : ladeira do Carmo, 27 (Pelourinho). ☎ 32-41-85-80. Ouvert tous les soirs sauf le dimanche. Dans une belle maison décorée dans le style des intérieurs du Sertão (bois, argile, paille...), avec une belle mezzanine. On y mange bien, un peu de tout (viandes, *moquecas*, pizzas), et on y vient aussi pour boire un verre en écoutant de la musique live, car le proprio argentin organise très souvent des petits concerts.

|●| *Quilombo do Pelô (plan I, B2, 36)* : rua Alfredo Brito, 13. ☎ 33-22-43-71. Ouvert uniquement le soir, jusqu'à minuit. Au 1er étage d'une maison ancienne. L'établissement est tenu par de sympathiques rastas. La spécialité est le *churrasco* de poulet, de crevettes ou de langoustes à la mode jamaïcaine. Essayez aussi les soupes de légumes, comme la *verdura jerk* (patates douces, carottes, bananes, oignons, tomates et piments). Une savoureuse cuisine qui ravira aussi les végétariens. Compter parfois un couvert artistique les jours de spectacle.

La maison fait aussi hôtel, avec des chambres assez rudimentaires, mais ambiance forcément relax...

|●| *Restaurante Al Carmo (plan I, B1, 41)* : rua do Carmo, 66 (Santo Antônio). ☎ 32-42-02-83. Le lundi, ouvert uniquement le soir ; du mardi au samedi, ouvert de 11 h 30 « jusqu'au dernier client ». À midi, menu spécial à 15 Rls. Chouette cadre pour ce restaurant de spécialités italiennes situé dans une antique maison. Terrasses aux 1er et 2e étages, avec une superbe vue. Bar au rez-de-chaussée, agréable pour prendre un verre après le dîner ou attendre qu'une table de la terrasse se libère. Pâtes maison, café servi dans des petites cafetières italiennes. Concerts acoustiques *voz e violão* du jeudi au samedi.

|●| *Uauá (plan I, B2, 39)* : rua Gregório de Matos, 36, 1er étage (Pelourinho). ☎ 33-22-17-78. On vient au *Uauá* (prononcer « wawa ») pour sa bonne cuisine typique du Nordeste, servie dans un décor inspiré des villages paysans du Sertão. Poisson et crevettes à la carte, notamment le *bobo de camarão,* mais préférer les quelques spécialités de viande comme la *carne do sol* ou la chèvre. Excellent service. Cartes de paiement acceptées.

|●| *Mama Bahia (plan I, B2, 43)* : rua das Portas do Carmo, 21. ☎ 33-22-43-97. Ouvert tous les jours, midi et soir. Compter 30 Rls pour un plat, lesquels plats valent largement pour 2. Dans une ruelle très touristique, un resto un peu chic, avec ses tables en bois sombre, ses jolies nappes et son ambiance sobre. Cuisine au 1er étage. Très sympa, service aux petits oignons. *Picanha* bien fondante et de nombreux plats (notamment de crustacés) pour picorer en chœur.

Dans la ville basse

Au pied de l'église de Bonfim s'étalent les quartiers de Ribeira, de Monte Serrat et de Pedra Furada. Le premier, situé en bord de plage, offre une succession de petits restos de fruits de mer et de poissons. Très bonne ambiance à partir du jeudi soir et pour tout le week-end. Pedra Furada est un quartier traversé par une rue sans issue qui surplombe le fond de la baie. On préférera les deux premières adresses, qui offrent une vue spectaculaire sur le fond de la baie, magique.

Prix moyens (de 15 à 40 Rls – 5,70 à 15,20 €)

|●| *Recanto da Lua Cheia :* rua Rio Negro, 2 (Ladeira da Pedra Furada, Monte Serrat, loin du centre). ☎ 33-16-39-86. Ouvert du mercredi au vendredi de 10 h 30 à 23 h, le samedi jusqu'à minuit et le dimanche jusqu'à 18 h. Un restaurant dont la carte est spécialisée dans les fruits de mer. De la terrasse, un des plus beaux panoramas de Salvador. Idéal pour une halte après la visite de l'église de Bonfim. Le samedi soir, concert acoustique de *música popular brasileira.*

Chic (autour de 50 Rls – 19 €)

|●| *Trapiche Adelaide (hors plan I par A2, 42) :* praça dos Tupinambás, 2, av. Contorno. ☎ 33-26-22-11. En descendant de l'ascenseur, prendre à gauche, puis à droite juste après la station-service *BR* (c'est indiqué par une grande pancarte) ; traverser un « hangar » aménagé en galerie de luxe, c'est ici ! Fermé le dimanche soir. Dans un bâtiment qui servit autrefois de port de débarquement puis de marché aux poissons, ce restaurant est devenu l'un des endroits les plus chic de Salvador. Pour sa cuisine internationale très correcte, mais aussi pour la vue qu'il offre sur la baie et l'île d'Itaparica. Déco très claire, épurée et classe. On peut aussi se contenter de boire un verre au bout du ponton à côté du restaurant (voir, dans « Où boire un verre ? Où danser ? », le *Bar da Ponte Comércio*). Carte des vins prestigieuse. Ambiance Croisette assurée.

|●| *Soho (hors plan I par A2) :* av. Contorno, 1010 (Bahia Marina, Pier D). ☎ 33-22-45-54. Ouvert tous les jours midi et soir, sauf le lundi. Des sashimis six pièces jusqu'à la combinaison sushis et sashimis simple pour 2 personnes au plus. Spécialités de *tenpakki* (grillades). Réputé comme le meilleur resto japonais de Salvador et construit sur un vaste ponton au-dessus de la mer. On préférera les tables sur la terrasse maritime. Mieux vaut réserver. Chic et cher, mais un vrai délice !

À Rio Vermelho

Bon marché (moins de 15 Rls – 5,70 €)

|●| *Boteco do França :* rua Borges Reis, 24. ☎ 33-34-27-34. Niché dans une ruelle à 500 m du largo de Santana. Ouvert tous les jours sauf le lundi jusqu'au dernier client. On s'agglutine autour des tables installées dans la rue pour boire une bière entre amis ou une *caïpirinha* maison, préparée avec divers fruits. Pour se rassasier, quelques plats bahianais et surtout de savoureux *petiscos*, comme les fameux *bolinhos de bacalhau.*

|●| *Dinha do Acarajé :* largo de Santana. Au centre de la place, un petit stand pris d'assaut. Vous aussi, allez déguster les *acarajés* de Dinha, parmi les meilleurs de Salvador. Tous les jours après le travail et en soirée, les habitants du quartier viennent siroter quelques bières sur les terrasses de la place, rebaptisée *praça da Dinha do acarajé* par les Bahianais. Dinha a aussi un « vrai » restaurant, *Casa da Dinha* (voir dans « Prix moyens »).

|●| *Mercado do Peixe :* largo da Mariquita. En contrebas de l'hôtel *Transamerica.* Ouvert 24 h/24. Quand tout est fermé à Salvador, c'est le lieu où il est possible de manger à 4 h du matin en compagnie d'une clientèle des plus hétéroclites. La meilleure des *barracas* est la n° 8, *Nega e Risos.* Les Bahianais y dansent en fin de semaine jusqu'au lever du soleil. Ambiance chaude !

Prix moyens (de 15 à 25 Rls – 5,70 à 9,50 €)

I●I *Margarida :* rua Feira de Santana, 2. ☎ 33-35-02-25. Ouvert uniquement du lundi au vendredi de 12 h à 15 h. Jolie maison en bois, dotée d'un petit jardin. Gérant italien drôle et avenant. L'endroit est très fréquenté pour son buffet, proposant de délicieuses spécialités végétariennes : salades, pâtes, desserts, etc. On paye au poids. Le lieu est très prisé des artistes bahianais, qui ont fait du *Margarida* une adresse en vogue pour déjeuner. On y rencontre également pas mal d'étrangers installés à Bahia.

I●I *Casa da Dinha :* rua João Gomes, 25. ☎ 33-34-05-25. En face du largo de Santana. Fermé les dimanche soir et lundi. Plats pour deux autour de 25 Rls. Forte du succès légendaire de ses *acarajés,* Dinha a ouvert ce resto à 30 m de son stand, et nous fait découvrir l'autre facette de ses talents culinaires. On goûte une cuisine régionale parfumée, comme les délicieuses *moquecas* et *ensopados* aux poissons et fruits de mer, qui raviront les grands appétits comme les fins gourmets.

Plus chic (de 25 à 50 Rls – 9,50 à 19 €)

I●I *Postudo :* rua João Gomes, s/n. ☎ 33-34-04-84. Au 1er étage du *free-shop,* à la fois bar et resto. Fermé le dimanche. L'endroit de prédilection de la bohème à Rio Vermelho. Plats européens, viande et poisson. Le bar est bien pourvu et le steak au poivre est un parfait reconstituant. Déco tendance tropique chic. Sur fond de

bambous et de statuettes du *candomblé* sont exposées tous les 15 jours les productions d'artistes bahianais vivant dans le quartier. Un cadre agréable pour un lieu effectivement branché, avec de bons concerts de jazz et bossa, chaque mardi et jeudi soir.

À Barra

Bon marché (autour de 15 Rls – 5,70 €)

I●I *Chico II (plan II, D5, 30) :* rua Maceió, 86 (Jardim Brasil, Barra), à l'angle de la rua Recife. ☎ 32-67-43-86. Fermé le dimanche soir. Situé dans un quartier animé à 10 mn du Porto da Barra, ce petit bar-restaurant est très populaire. On déguste, sous la tonnelle, une variété de *petiscos* de bonne qualité (de 1 à 4 Rls) et d'excellents plats copieux de poisson et de viande (à partir de 10 Rls). Le cadre est sympa et l'atmosphère conviviale. Le resto fonctionne aussi *ao kilo* pour le déjeuner (environ 6 Rls pour une bonne assiette) : tous les jeudis, spécialité de *cozido* (sorte de

pot-au-feu de viandes salées et fumées) et tous les vendredis spécialités bahianaises.
I●I *Restaurante Picui (plan II, C5, 31) :* rua Dr João Pondé, s/n. ☎ 32-64-76-38. Autour de 15 Rls le plat complet pour 2, voire... 4 personnes ! Dans une agréable maison avec deux terrasses aérées. Spécialisé dans la cuisine du Nordeste, particulièrement la *carne do sol* et les grillades de chèvre. Portions très copieuses et accompagnements de qualité, notamment la purée de manioc ou le *feijão caïpira,* très parfumés. Service efficace.

Prix moyens (de 15 à 25 Rls – 5,70 à 9,50 €)

I●I *Caranguejo do Sergipe (plan II, D6, 32) :* av. Oceânica, 674 (proche

du Christ de Barra). ☎ 32-45-98-26. Fermé le lundi midi. Crabe à l'unité, douzaine de *lambretas* (coques), ou encore *camarão pistola,* crevettes géantes à l'ail et à l'huile d'olive. Autre spécialité en dehors des crabes, la *mariscada,* une savoureuse *moqueca* de fruits de mer. Le plat est suffisant pour 3 personnes. Fréquenté à la fois par des touristes et des Bahianais. Une des adresses sûres du quartier pour manger de bons fruits de mer.

|●| *Pereira (plan II, C5, 33) :* av. Oceânica, 540. ☎ 32-64-56-82. Proche de l'hôpital Espanhol. Ouvert tous les jours. LE bar-restaurant *lounge* de Salvador, agrémenté d'une superbe terrasse ombragée qui fait face à la mer. Pour dîner ou prendre un verre dans un cadre agréable. Fréquenté par les jeunes plutôt aisés de la ville. La carte originale propose des plats individuels autour de 30 Rls aux influences croisées (France, Brésil, Italie).

Sur la plage Jardim de Armação (très loin du centre)

Plus chic (de 40 à 80 Rls – 15,20 à 30,40 €)

|●| *Yemanjá :* av. Otávio Mangabeira, 4655 (Jardim Armação). ☎ 34-61-90-10. À hauteur de Boca do Rio, le long de la route menant à l'aéroport, face à la plage. Ouvert tous les jours. Super adresse pour les poissons et fruits de mer, avec les meilleures *moquecas* de la ville ! Jolie déco dédiée à la mer : dans la salle, deux grands aquariums et des représentations de la déesse de la mer Yemanjá. Les serveuses en costume vous proposent les spécialités bahianaises les plus typiques. Plutôt cher, mais on peut se contenter d'un plat pour deux (voire pour trois !), car

c'est vraiment copieux. Sinon, demandez des *pratos turísticos* (demi-portions).

|●| *Cantinho do Mar :* rua Tenente Santos (Boca do Rio). ☎ 32-30-83-46. Dans une contre-allée face à l'*Aeroclube.* Un autre restaurant spécialisé dans les *moquecas* et les *ensopados.* Des plats copieux et délicieux qui arrivent fumants sur les tables. De nombreuses spécialités de poisson, parmi lesquelles *moquecas mistas* et *mariscadas.* Un seul plat nourrit sans problème quatre affamés. Idéal pour le déjeuner, plus triste le soir.

À Pituba

Prix moyens (de 15 à 25 Rls – 5,70 à 9,50 €)

|●| *Picanha do Didí :* rua Sergipe, 1. ☎ 33-45-38-24. Ouvert tous les jours. Forfait à 15 Rls. Un peu plus cher le soir. Une *churrascaria* où les viandes sont délicieuses et l'ambiance, populaire. Attention, en semaine le *rodizio* de viandes n'est servi qu'à l'heure des repas. Le week-end, il est servi à n'importe quelle heure et l'endroit est généralement bondé.

|●| *Tijuana :* rua Minas Gerais, 271. ☎ 32-48-86-99. Ouvert le soir du

mardi au dimanche. Restaurant de spécialités mexicaines niché dans une maison, une des seules rescapées du quartier résidentiel de Pituba. Pour savourer une cuisine généreuse et relevée dans une atmosphère accueillante, voire intime : terrasse, tables en bois, éclairages indirects. Au menu des boissons, sept *margaritas*. Très fréquenté par une clientèle locale plutôt jeune. Pour être sûr d'avoir une bonne table, venir avant 21 h.

Où déguster une bonne glace ?

♥ *Le Glacier Laporte (plan I, B2, 44) :* largo do Cruzeiro de São Fran-

cisco, 21 (Pelourinho). ☎ 32-66-36-49. Ouvert tous les jours. Parmi les meilleures glaces de Salvador. Selon Georges, Français et maître glacier des lieux, les fruits du Brésil sont une invitation à l'invention des parfums les plus originaux. Idéal pour faire une halte en journée, et de l'agréable terrasse, contempler deux des plus belles églises de Salvador. Un téléphone est à disposition pour les appels internationaux (facturation à la minute).

Où boire un verre ? Où danser ?

Au Pelourinho

▼ *Bar Preto Velho (plan I, B2, 55)* : au début de la rua Gregório de Matos, à 50 m sur la droite en venant du largo du Pelourinho. Petit comptoir donnant sur la rue. À l'intérieur, les murs sont entièrement recouverts de peintures naïves de plus ou moins bon goût. Assez kitsch. On vient surtout pour le patron, une figure locale.

▼ ♪ ♫ *Les places du Pelourinho (plan I, B2, 56 et 57)* : presque chaque soir, 3 places entourées de bars et restos proposent différents concerts gratuits. On écoute et on danse sur tous les rythmes brésiliens et caribéens. Les concerts se prolongent parfois à une heure avancée : ambiance assez folle dans la chaleur de la nuit bahianaise.

▼ ♪ *O Cravinho (plan I, B2, 54)* : praça 15 de Novembro, 3, Terreiro de Jesus. Ouvert à partir de 12 h. Bar chaleureux au décor tout en bois et orné de petits tonneaux. Patron sympa. Les habitants et les gens qui travaillent dans le quartier ont pris l'habitude de venir y boire un verre en début de soirée. Tapas et bières pas chères. Musique certains soirs. Parmi plus de trente *cachaças* nature ou aromatisées à déguster : goûtez donc au *cravinho*, une *cachaça* parfumée au clou de girofle.

▼ ♪ *Restaurant Olivier (hors plan I par B1, 58)* : rua Direita de Santo Antônio, 61. ☎ 32-41-38-29. Ouvert tous les jours à partir de 18 h, sauf le lundi. Bar franco-brésilien situé dans un vieux *casarão* du quartier de Santo Antônio. La maison abrite une cour intérieure arborée, théâtre de concerts de salsa, jazz et *MPB*. On peut aussi y dîner.

Dans la ville basse

▼ *Mercado Modelo (plan I, A2)* : au rez-de-chaussée du marché, proche de l'entrée faisant face au port, un alignement de *cantinas* où se rejoignent les amis pour déguster debout des assiettes de *lambretas* (coquillages) et d'*agulinhas* (petits poissons grillés). Au 1er étage, 2 restos dans une même et vaste salle servent une cuisine plutôt médiocre, à des prix assez élevés. Contentez-vous d'y boire un verre sur la terrasse et profitez de la vue sur le port, d'où partent les *lanchas* pour Itaparica. Des groupes de musiciens s'y produisent de temps en temps.

▼ ♪ *Bar da Ponta Comércio (hors plan I par A2)* : praça dos Tupinambás, 2. ☎ 33-26-22-11. Au bout du ponton, après le *Trapiche Adelaide (hors plan I par A2, 42* ; voir la rubrique « Où manger ? » pour l'accès). Ouvert le soir du lundi au samedi. Entrée : 20 Rls, avec plusieurs consommations. Un des endroits les plus romantiques de Salvador. Un bar à cocktails savoureux, d'où l'on ne se lasse pas de contempler le coucher de soleil. Un DJ anime les soirées du vendredi.

À Barra

▼ *Barravento (plan II, D6, 50)* : av. Oceânica, s/n. En bord de la praia do Farol da Barra. Bus « Barra » de Campo Grande. Ouvert de 11 h à

SALVADOR DA BAHIA

2 h. Terrasse au-dessus des flots bleus, avec une immense toile blanche pour s'abriter du soleil, repérable du bout de la praia do Farol da Barra. Cadre agréable, mais cuisine banale, assez chère. Mieux vaut juste y boire un verre ou un bon jus de fruits pour profiter de la vue.

Pereira *(plan II, C5, 33) :* av. Oceânica, 540. ☎ 32-64-56-82. Proche de l'hôpital Espanhol. Ouvert tous les jours. LE bar *lounge* de Salvador. Cocktails et tapas inventifs (voir aussi « Où manger ? »).

À Rio Vermelho

Après Barra et le Pelourinho, c'est un des quartiers qui bougent le plus pendant l'été brésilien, mais aussi hors saison, avec des concerts organisés chaque fin de semaine. On se retrouve sur le *largo de Santana,* pour grignoter et boire un verre, avant de se diriger dans l'un des nombreux bars animés du quartier. Certains soirs, une école de *capoeira* s'entraîne face à la mer, sur la petite place du marché au poisson.

Bar Vermelho : largo de Santana, 4. Devant *Dinha do Acarajé* (voir « Où manger ? »). L'endroit préféré des habitants du quartier de Rio Vermelho pour se retrouver autour d'une bière et discuter à l'ombre. Pour ceux qui n'apprécient pas les *acarajés,* une foule de vendeurs de rue pour rassasier les petits creux.

Mariquita Bacana : praça Augusto Severo, largo da Mariquita. ☎ 33-30-15-38. Ouvert tous les jours de 14 h jusqu'au dernier client, parfois tôt le lendemain matin. Sur une place bien agréable, où il fait bon flâner en fin de journée. Quoi de plus simple que de siroter une bière bien fraîche et de déguster un *acarajé* de Cira (juste à côté) en compagnie des habitants du quartier ?

À Pituba

Ponte Aérea Pituba : rua São Paulo, 404. ☎ 33-46-35-83. Ouvert de 17 h à 2 h. Fermé le dimanche. Plats entre 15 et 20 Rls, cocktails à partir de 3 Rls. Un endroit très animé de Salvador, apprécié des 25-30 ans, tendance cool, assis en plein air. La bière glacée et la *picanha* aux oignons en font un sérieux motif de fréquentation, les différentes *caïpiroskas* aussi.

Où écouter de la musique ?

Salvador bénéficie de l'une des vies musicales et culturelles les plus riches du pays. Il n'y a pas une semaine sans qu'un concert, un festival ou une fête populaire ne s'organise. Et le carnaval est considéré comme un des plus populaires du pays, car toute la ville participe à cette semaine de fête, accompagnant les défilés des blocs électriques dans une ambiance de frénésie générale. Même si ce n'est pas votre tasse de thé, sachez que de très nombreux chanteurs de renommée internationale se produisent ici. Quelques groupes répètent le soir, grandeur nature, dans les rues. Profitez-en. Bien souvent, ces manifestations sont annoncées par banderoles au-dessus des rues et dans les journaux. Mais n'hésitez pas à demander aux amis de rencontre les bons plans du moment.

Au Pelourinho

Tous les mardis dans le Pelourinho, podiums, concerts, toutes les écoles de musique du quartier sortant pour jouer dans la rue... une vraie fête de la musique chaque semaine.

♪ **Praça Teresa Batista** (plan I, B2, 57) : dans le Pelourinho. Le mardi, possibilité d'assister aux répétitions d'*Olodum*, groupe de musique brésilienne connu dans le monde entier. Surtout très actif de décembre à la fin du carnaval, au moment des répétitions. Les autres jours, concerts de différents groupes de musique bahianais. Plein en fin de semaine.

♪ **Largo Quincas Berro d'Água** (plan I, B2, 56) : une autre place destinée à la musique live. Nombreux concerts au style varié. Tous les soirs de décembre à février, tous les week-ends le reste de l'année. Plusieurs bars en terrasse autour de la scène.

♪ **Café Teatro Zélia Gattai** (plan I, B2, 59) : largo do Pelourinho. ☎ 33-21-01-22. Ouvert tous les jours de 9 h à 18 h. Zélia a récemment installé son café-théâtre au rez-de-chaussée de la fondation consacrée à l'œuvre de son mari, l'écrivain Jorge Amado. Le samedi, jazz, blues ou bossa-nova.

À Barra

♪ **Habeas Copos** (plan II, C6, 51) : rua Marquês de Leão, 172. ☎ 32-67-49-96. Ouvert le soir du mardi au samedi et le dimanche toute la journée. Lieu de retrouvailles des habitués du quartier. Une clientèle de tous âges se réunit autour des *caïpirinhas* parfumées aux fruits de la saison, pour écouter, le vendredi, un groupe de *pagode* et le samedi, le répertoire plus romantique d'un groupe de *seresta*.

À Rio Vermelho

♪ **Calypso Station** : trav. Prudente de Morais, 59. ☎ 33-34-60-30. Ouvert du jeudi au dimanche. Entrée à partir de 5 Rls. Bar et salle de concert au 1er étage d'une maison tenue par Jean-Claude, un Français sympa installé depuis belle lurette au Brésil. C'est l'endroit de référence pour le rock à Salvador. Tous les soirs se produisent au moins deux groupes différents. Fréquentes jam-sessions avec les musiciens locaux. Convivialité assurée. Ne pas s'y rendre avant 23 h-minuit.

À Boca do Rio

♪ **Bambara** : av. Otávio Mangabeira, 3185. ☎ 33-42-04-81. Ouvert tous les jours. Entrée à partir de 7 Rls. Allez y écouter *pagode*, samba, *seresta* et, pourquoi pas, rock. La carte des boissons est bien garnie.

Sur la plage de Piatã

♪ **Casquinha de Siri** : av. Otávio Mangabeira, praia dos Coqueiros. ☎ 33-67-12-34. Fermé le dimanche. Bonne ambiance populaire. Très fréquenté le week-end. Goûtez à la délicieuse spécialité, la *casquinha de siri* (crabe farci). Chaque soir, petit groupe musical... à l'addition s'ajoute donc un « couvert artistique » de 15 Rls par personne.

Et aussi

♪ **Teatro Castro Alves** : praça Dois de Julho, sur le Campo Grande. ☎ 33-39-80-00. Salle immense. Les grands noms de la musique brésilienne s'y produisent. Pièces de théâtre et concerts classiques.

Où assister aux répétitions *(ensaios)* des « blocs de carnaval » ?

■ *Olodum :* praça Teresa Batista (Pelourinho). ☎ 33-21-50-10. Le mardi de 20 h à 23 h. Entrée : 15 Rls (plus cher juste avant le carnaval). Environ 250 places. Le dimanche, *Olodum* fait des répétitions au largo do Pelourinho à partir de 17 h (attention aux pickpockets dans la foule). Un groupe légendaire à Salvador, qui a notamment tourné dans un des clips de Michael Jackson et participé à l'un des albums de Paul Simon. Ils arborent les couleurs rastas, rouge, jaune et vert. Siège et boutique rua Gregório de Matos, 22 (Pelourinho) ; s'y adresser pour participer au défilé du carnaval.

■ *Timbalada :* ☎ 33-54-27-47, pour se renseigner, car ils allaient changer de lieu de répétition. Certainement un des blocs les plus prisés de Salvador. Ambiance très chaude et déferlement de percussions vous laisseront un souvenir mémorable de la musique bahianaise.

■ *Didá :* praça Teresa Batista (Pelourinho). ☎ 33-21-20-42. Le vendredi à partir de 21 h 30. Entrée : 12 Rls. Soutenu par Caetano Veloso, ce bloc est exclusivement composé de femmes musiciennes et chanteuses, avec une section de percussionnistes diablement efficaces ! Samba bien sûr, mais aussi salsa. Par ailleurs, c'est une école de musique.

■ *Ilê Aiyê :* rua do Curuzu, 228 (Curuzu-Liberdade). ☎ 32-56-10-13. C'est LE groupe mythique de Salvador, créé il y a plus de 30 ans par les Noirs et exclusivement réservé aux Noirs. Les Blancs sont bien sûr les bienvenus pour assister aux concerts et aux défilés, mais ils ne peuvent toujours pas y participer directement. Leur musique est plus traditionnelle, avec la prédominance de percussions africaines et de chants revendicateurs. Le samedi, à partir de 22 h, répétitions dans le quartier des anciens esclaves, Liberdade.

■ *Araketu :* pour participer au carnaval avec ce célèbre bloc de musique *axé* et assister aux répétitions, se renseigner au siège d'*Araketu*, à Barra *(plan II, C6, 9),* rua Afonso Celso, 161. ☎ 32-64-88-00.

Où assister à un show folklorique ?

■ *Senac (plan I, B1, 37) :* largo do Pelourinho, 13-19. ☎ 33-24-45-20. Du jeudi au samedi, à 19 h. Compter 7 Rls. Dans des arènes, donc seulement quand le temps le permet. Présentation de séquences de *capoeira, maculêlê,* samba, etc. Donne une bonne idée de toutes les tendances du folklore. Voir aussi « Où manger ? ».

■ *Teatro Miguel Santana :* rua Gregório de Matos, 49 (à 50 m de la praça do Pelourinho). ☎ 33-22-19-62. Tous les soirs sauf les dimanche et mardi, à 20 h. Entrée : 20 Rls. Beaux spectacles de *capoeira, candomblé, maculêlê,* danse bahianaise et ballet folklorique vraiment typiques (et moins touristiques qu'ailleurs).

À voir

DANS LA VILLE HAUTE *(plan I)*

C'est là que se concentre toute la ferveur populaire de Salvador, là que prennent vie tous les clichés et cartes postales imprimés dans notre tête. Le grand écrivain Jorge Amado écrivait : « Toute la richesse de l'homme de Bahia, en grâce et en civilisation, et toute sa pauvreté infinie, tout son drame et toute sa magie naissent et se retrouvent dans la vieille ville. » Ce fut vrai, mais l'ensemble du quartier a été considérablement rénové ces dernières années et les problèmes de sécurité ont disparu en même temps que nombre de pauvres, renvoyés dans des favelas éloignées... Restos touristiques et échoppes de souvenirs ont remplacé les habitations rongées par l'humidité. Et, à chaque coin de rue, des policiers ont pris la place des petits voleurs qui inquiétaient, il n'y a pas si longtemps, les vacanciers. Le tourisme y a gagné en tranquillité, mais on peut presque regretter que le quartier ait perdu de son authenticité, même s'il n'a pas perdu son âme : chaque week-end, les Bahianais continuent à faire la fête sur ses pavés, à tel point que les rues sont souvent bloquées !

Si la vieille ville n'est plus le coupe-gorge qu'elle a pu être, évitez de vous égarer le soir dans les ruelles obscures, notamment celles qui descendent vers la ville basse : on trouve encore, dans certains coins délaissés, une faune de petits dealers et autres désespérés susceptibles de s'intéresser d'un peu trop près à votre bourse...

À noter : pour la plupart, les musées du Pelourinho et de la vieille ville sont gratuits le jeudi.

Largo do Pelourinho *(plan I)*

Le cœur de la vieille ville. Magnifique et harmonieux ensemble de maisons coloniales aux tons pastel, où vivaient les riches seigneurs du sucre. Ils pouvaient assister de leurs fenêtres aux balcons en fer forgé aux supplices des esclaves, fouettés parfois à mort. On pense que le pilori (d'où le nom « Pelourinho ») se tenait en haut du *largo,* à droite du museu da Cidade, à l'emplacement d'une pierre plate et ronde. En fin d'après-midi, au soleil couchant, la place s'embrase et l'*église N.S. do Rosário dos Pretos* habille d'or sa façade bleutée. Une église étonnante puisqu'elle fut construite par les esclaves eux-mêmes, le soir après leur travail, et que tous les saints y sont... noirs.

🏛️🏛️ **Le museu da Cidade** *(plan I, B1-2, 74) :* rua Gregório de Matos, 40. ☎ 33-21-19-67. Ouvert en semaine de 9 h 30 à 18 h 30, le samedi de 13 h à 17 h et le dimanche de 9 h à 13 h. Fermé le mardi. Consacré aux rites afro-brésiliens et à l'art populaire. Nombreux vêtements de *candomblé* et objets de culte. Une très jolie bannière en patchwork, magnifiquement brodée et enluminée de perles, de nacre et de fil d'or, retrace l'histoire de Salvador. Coutumes, danses, métiers, personnages historiques, types ethniques et dieux de *candomblé.* Un petit condensé de l'histoire et de la société bahianaise.

🏛️ **La Fondation Jorge Amado** *(plan I, B1-2, 75) :* largo do Pelourinho, à côté du museu da Cidade. ☎ 33-22-14-35. ● www.jorgeamado.org.br ● Ouvert du lundi au samedi de 9 h à 18 h. Collections de photos, de livres et de traductions du monde entier, d'objets personnels de l'auteur. Une véritable star : vous le verrez en compagnie de Fidel Castro, de Sartre et Simone, de Montand, de Pablo Neruda, de Gabriel García Márquez... Une excellente idée : on a réuni toutes les adaptations tirées de ses romans ; restos, boutiques, affiches empruntant des noms de ses héros.

🏛️ **Le museu Abelardo Rodrigues** *(plan I, B2, 76) :* rua Gregório de Matos, 45. ☎ 33-21-61-55. Ouvert du mardi au dimanche de 13 h à 19 h. La plus grande collection privée d'art sacré, constituée en 40 ans par Abelardo Rodrigues. Œuvres d'art du XVIIe au XXe siècle. Images pieuses, oratoires, tableaux, crucifix, de diverses origines. Visite très riche.

🏛️ **La galeria-fundação Pierre Verger** *(plan I, A2, 78) :* rua da Misericordia, 9. ☎ 33-21-23-41. Ouvert de 8 h à 20 h. Fermé le dimanche après-midi. Sur deux niveaux, une exposition tournante des photos de feu Pierre Verger, photographe et anthropologue français. La plupart des clichés présentés sont des inédits.

Largo do Carmo *(hors plan I par B1, 77)*

Tout en bas du largo do Pelourinho, la rua Luís Viana Filho, dure pour les jambes, mène au largo do Carmo, porte d'entrée du quartier de Santo Antônio.

🍴 *Le convento, l'igreja et le museu do Carmo :* ☎ 32-42-12-17. Lors de notre dernier passage, les bâtiments étaient encore en rénovation, le couvent étant destiné à se transformer en hôtel de luxe. On pourra toujours visiter le musée et l'église après la rénovation complète des bâtiments. L'église date de la fin du XVe siècle. Autel remarquable, chargé d'or et d'argent. Mais le plus époustouflant est la richesse démesurée de la sacristie, la plus décorée du Brésil. Le délire étouffant du baroque y prend toute son ampleur. Plafond orné de caissons peints et dorés, représentant la vie du prophète Élie. Admirable poésie des angelots de bois qui soutiennent les portraits des saints. Beaux meubles à tiroirs également.

Le musée, à l'étage, présente une superbe collection d'oratoires et de niches en bois peint de motifs naïfs. Vêtements religieux, remarquable série de statuettes de saints en bois. Collection de monnaies, de pierres précieuses et d'objets de culte. Et même une vitrine consacrée aux fétiches africains.

🍴 *L'igreja Nossa Senhora do Monte do Carmo :* à côté des précédents. ☎ 32-42-79-54. Ouvert du lundi au samedi de 9 h à 13 h et de 14 h à 18 h. Construite originellement en 1636, puis détruite en 1788. Beau plafond peint en perspective. Dans le patio bordé de petites chapelles, on voit notamment un superbe christ en bois sculpté. Noter les 2 000 rubis de toutes tailles qui représentent les gouttes de sang.

➤ En poursuivant la rua do Carmo, la *rua Joaquim Tavora* présente de jolies façades préservées. Ce vieux quartier populaire semble moins frappé par la pauvreté et est encore à l'abri de l'agitation touristique. On passe devant le *largo da Cruz da Pascoal* et son oratoire du milieu du XVIIIe siècle, couvert d'azulejos, pour atteindre la *praça de Santo Antônio Além do Carmo,* d'où l'on bénéficie d'un superbe panorama sur la baie. On découvre aussi l'*église de Santo Antônio,* qui perdit un clocher lors d'une tempête, mais pas le saint qu'il renfermait (!). Le vieux *fort portugais* (1703), en cours de rénovation, est l'ancien lieu de répétition du bloc de carnaval *Ilê Aiyé,* et toujours le terrain d'entraînement d'écoles de *capoeira.*

➤ Retour sur le largo do Pelourinho par la rua Ribeiro dos Santos, que l'on prend sur la droite au niveau du couvent du Carmo.

Quartier de Maciel et praça Anchieta *(plan I, B2)*

🍴 À gauche du museu da Cidade s'étend le *quartier de Maciel,* l'un des plus pauvres de Salvador. Les riches demeures du passé aux couleurs délavées, rongées par l'humidité, abritent aujourd'hui une population démunie. Les immeubles écroulés alternent avec les *sobradões* débarrassés de leurs *azulejos,* certains transformés en lieux de prostitution. On déconseille de s'y promener de nuit, car, si la police veille dans la partie restaurée du Pelourinho, elle est complètement absente de ce coin. Mais actuellement, tout le quartier est en pleine rénovation ! La rua Gregório de Matos nous mène maintenant praça Anchieta – ou largo do São Francisco – pour admirer la somptueuse église São Francisco.

🛉🛉🛉 *L'igreja et le convento São Francisco :* ☎ 33-22-64-30. Ouvert du lundi au samedi de 8 h 30 à 17 h et le dimanche de 7 h à 11 h (messe). Entrée : 3 Rls ; pendant les offices, entrée gratuite, mais photos évidemment interdites. Luxe époustouflant. L'intérieur est entièrement recouvert d'or. Le couvent fut construit de 1686 à 1748 sur l'emplacement d'une chapelle donnée en 1587 aux franciscains lors de leur arrivée à Salvador. L'église, elle, fut élevée entre 1708 et 1712. L'intérieur témoigne de l'idéal baroque de la fin du XVIIIᵉ siècle. Sculptures tarabiscotées et profusion de motifs floraux, feuilles d'acanthe, angelots et autres putti, colonnes torses, bras sortant des murs en guise de torchères, etc. À l'entrée, magnifiques panneaux d'azulejos ; celui de gauche représente saint François renonçant aux biens matériels. Dans la chapelle du milieu, dans la nef de droite, superbe statue de São Pedro de Alcântara en jacaranda, œuvre de l'artiste bahianais Manoel Inácio da Costa, un véritable chef-d'œuvre de l'art baroque. Laissez encore glisser votre regard sur les rampes de jacaranda qui séparent les nefs latérales de la nef centrale. *Le plafond,* peint et doré, fut réalisé entre 1736 et 1738. Au centre de l'arche du transept, on peut voir l'écusson franciscain et les armes du Portugal. *Le chœur* est tapissé de dalles à motifs et ses côtés sont ornés de beaux azulejos de Bartolomeu Antunes. Au-dessus de l'entrée de la tribune, notez le lutrin monumental, typique de l'art baroque. Également un Christ en descente de croix (c'est rare !). *Le vestibule* est couvert d'azulejos. La peinture du plafond est en perspective, typique de l'art baroque, et dédiée à la Vierge. L'œuvre est de José Joaquim da Rocha (1774), fondateur de l'école bahianaise.
– *Le cloître :* visite payante. Il est composé d'une série d'azulejos exceptionnels, allégories traitant les thèmes de la chasse et de la pêche. Belle galerie à arcades d'ordre toscan. La cour intérieure se visite, pour le plus grand plaisir des yeux.

🛉 Tout à côté s'élève la petite *église Terceira de São Francisco,* construite en 1703. ☎ 33-21-69-68. Ouvert du lundi au vendredi de 8 h à 12 h et de 13 h à 17 h. Visite : 3 Rls. La façade abondamment sculptée contraste vivement avec celles des autres églises de la ville, en général plus sobres. Curieusement, cette splendide façade resta longtemps couverte de plusieurs couches de plâtre et d'enduit, et elle ne fut découverte qu'en 1932 par un ouvrier qui creusait le mur pour placer un câble.

Terreiro de Jesus *(plan I, B2)*

L'une des places les plus animées de la ville. Au centre, une fontaine symbolise les quatre grands fleuves de Bahia. Petite foire artisanale sur le terreplein central.

🛉 Sur le *terreiro,* encore deux *églises, S. Domingos et S. Pedro dos Clérigos* (ouvertes seulement pour les offices), pour vous faire saliver avant d'aborder la basilique. Les agnostiques iront plutôt boire un verre à la *Cantina da Lua.*

🛉🛉 *La basilica da Sé* (ou Catedral Basilica) : ☎ 33-21-45-73. Ouvert tous les jours de 9 h à 11 h et de 14 h à 17 h. Concerts du chœur baroque de Salvador chaque 1ᵉʳ dimanche du mois. Ancienne église du collège des jésuites du Brésil, elle devint cathédrale après l'expulsion du pays de la congrégation (1759), dont la plupart des monuments furent détruits ou dénaturés. La *basilica da Sé* fut construite entre 1657 et 1672 ; la façade et l'intérieur sont recouverts de marbre du Portugal (qui lestait aussi les bateaux revenant à vide). La cathédrale est caractéristique de l'art maniériste, dernière expression de la Renaissance.

À l'intérieur, contrairement aux autres églises de la ville, la nef centrale et les bas-côtés communiquent entre eux. Les deux premières chapelles latérales (à droite et à gauche) possèdent les plus anciens retables en bois du Brésil. *Le plafond de la nef* présente un travail de menuiserie exceptionnel aux dessins géométriques, peints et dorés datant de 1700. En son centre, le symbole de l'ordre. *Les chapelles du transept* sont caractéristiques de la période du second baroque portugais. *Le maître-autel* est orné de 18 tableaux du XVIIe siècle, de style maniériste. Superbe plafond encadré de colonnettes, belles stalles en jacaranda incrusté de bois et d'ivoire. *La sacristie,* sans doute le clou de la visite, est couverte d'azulejos remarquables. Une galerie de portraits des membres de la Compagnie de Jésus orne le plafond dans les tons marron. On remarque encore l'autel central en marbre d'Italie ainsi que les deux grands meubles en jacaranda, beau travail de marqueterie d'ivoire et d'écaille de tortue (1683).

🍴 *La praça da Sé* (plan I, A-B2) succède au Terreiro de Jesus. Encore une église, l'*igreja da Misericórdia,* avant d'aborder la *praça Tome de Souza.* On y trouve la *Câmara municipal* et l'*elevador Lacerda* qui mène à la ville basse. La place est entièrement piétonne, et le coucher de soleil vu de la terrasse, exceptionnel, attire chaque soir une foule de flâneurs. Et pour changer d'ambiance, les rues qui descendent de la praça da Sé jusqu'à Vitória en passant par Campo Grande sont très animées et commerçantes.

À la recherche de dona Flor !

🍴 *Nazaré* et *Barroquinha,* deux quartiers moins visités par les touristes, mais qui sont cependant dignes d'intérêt. Prendre, à partir du largo do Pelourinho, la longue rue Dr Joaquim Seabra, plus communément appelée *Baixa dos Sapateiros* (rue des Cordonniers). Longue série de commerces de toutes sortes, petits vendeurs ambulants, et grosse animation. Avant la praça dos Veteranos, au n° 151, sur la gauche, *petit marché couvert* pittoresque. Tout le quartier servit de cadre au film *Dona Flor et ses deux maris* (tiré d'un roman célèbre de Jorge Amado), qui fit beaucoup pour le renom de Salvador da Bahia. *Sobradões* moins nombreux et rues esthétiquement moins séduisantes que dans le Pelourinho, mais un vrai charme populaire. C'est la transition avant les beaux quartiers.
Après avoir jeté un œil étonné sur l'imposant château genre Walt Disney, rouge vif et argent (la caserne de pompiers), emprunter la ladeira da Palma jusqu'à la jolie *praça D. Anna Nery.* Au n° 12 s'élève la belle maison couverte d'azulejos de dona Flor. C'est là qu'elle se mettait en quatre pour exécuter des plats d'une exquise saveur sensuelle pour son mari, avant de rouler sous la table pour d'autres figures. Les amoureux du film retrouveront en musardant dans le quartier tout le charme qui les avait envoûtés.
On reprend de la place la rua da Castanheda, très populaire, avant de tomber dans la *rua do Paraiso,* où de nombreux bars sympathiques invitent à faire une pause. Traverser le terminal de *Barroquinha,* remonter par la rue du même nom. Là encore, grande animation avec une petite foire du cuir.
Praça Castro Alves, statue du grand poète qui combattit l'esclavagisme. À quelques centaines de mètres, le musée d'Art sacré.

🍴🍴 *Le museu de Arte Sacra* (plan I, A2) : rua do Sodré, 276. ☎ 32-43-65-11. Ouvert du lundi au vendredi de 11 h 30 à 17 h. Dans l'ancien *couvent Santa Teresa,* un des plus remarquables témoins de l'architecture coloniale brésilienne. Collections d'art sacré tout à fait exceptionnelles. Le cadre bien approprié et la disposition intelligente des objets rendent la visite attrayante. Nombreuses statues en bois polychrome, en ivoire, en pierre à savon, petits oratoires miniatures du XVIIIe siècle, tableaux et objets de culte en argent... Superbes meubles coloniaux du XVIe au XIXe siècle. Dans la sacristie, fontaine en marbre et magnifiques azulejos. Imaginez le labeur de l'ébéniste qui exécuta la commode en jacaranda, de 10,72 m de long.

Tout autour, beau jardin offrant de somptueux couchers de soleil sur la baie. Très romantique.

🏃 *Le museu Costa Pinto :* av. 7 de Setembro, 2490. ☎ 33-36-60-81. Ouvert de 14 h 30 à 19 h. Fermé le mardi. Dans une maison superbe (on prend des patins pour glisser sur un sol en marbre). Collection privée de Carlos Costa Pinto. Beau mobilier, tableaux, quelques bijoux en or et argent, porcelaine chinoise et européenne, objets en ivoire. Beaucoup de charme.

DANS LA VILLE BASSE *(plan I)*

Emprunter le très populaire *elevador Lacerda* qui, bien qu'assez inesthétique, fait depuis longtemps partie du paysage de la ville. Nous abordons un quartier d'affaires, de commerces et d'agences de voyages.

🏃 *Le mercado Modelo (plan I, A2) :* situé dans les anciens bâtiments de l'Alfândega (les douanes). ☎ 32-41-28-93. Ouvert du lundi au samedi de 8 h à 19 h et le dimanche de 8 h à 12 h. En décembre 1983, le marché brûla presque entièrement. Le Mercado Modelo fut rebâti et la vie a heureusement repris son cours autour du port. Seulement, voilà, le marché a été transformé en une galerie de boutiques de souvenirs, plus touristiques les unes que les autres. À l'étage, c'est la même chose. On y trouve des colliers, des vêtements, des objets divers, et des *berimbaus* de pacotille... On peut tout de même y trouver des hamacs à prix raisonnables, en marchandant, et d'authentiques pantalons de *capoeira* autour de 20 Rls. Également quelques stands de dentelle bahianaise à des prix intéressants (moins cher que dans le Pelô) et deux restos avec une grande terrasse (voir « Où boire un verre ? Où danser ? ») sur l'agréable animation du port.

Devant le marché, des *capoeiristes* font des démonstrations plutôt artificielles... c'est un spectacle « attrape-touristes » et si vous les photographiez, ils vous demanderont de l'argent.

Quitter le son du *berimbau* et retourner dans le marché pour en visiter les soubassements. Deux escaliers en colimaçon au bout de chacun des derniers couloirs avant les *cantinas* descendent vers la cave aux esclaves, envahie par les eaux de la marée. Moite, silencieuse et impressionnante.

🏃 *Le port :* tout à fait charmant et de taille humaine. Spectacle chaleureux quand les vieilles pinasses de toutes les couleurs déchargent le poisson. D'abord réservé à la pêche et aux bateaux reliant Itaparica et les îles alentour, le port a subi des transformations – réussies – pour accueillir les immenses catamarans des navigateurs de la *Transat Jacques Vabre,* qui relie depuis 2001, tous les deux ans, Brest à Salvador de Bahia (arrivée courant novembre). Au large, on aperçoit un petit îlot au milieu duquel se dresse le fort São Marcelo (1603).

🏃 *L'igreja Conceição da Praia (plan I, B1) :* ☎ 32-42-05-45. Ouvert théoriquement du lundi au vendredi de 6 h 30 à 11 h 30 et de 15 h à 17 h 30. Construite de 1735 à 1851. Elle fut nommée ainsi (« da Praia »), car l'eau venait auparavant jusqu'à ses pieds. Avec l'église N.S. do Bonfim, elle est chère au cœur des Bahianais. Le marbre provient entièrement du Portugal. Décoration intérieure assez sobre, mais beau plafond peint. Notez la forme de la façade, assez unique, avec des clochers octogonaux à angle vif de part et d'autre du porche. Grande fête religieuse le 8 décembre et grande procession de Nosso Senhor dos Navegantes, le 1er janvier (voir « Les fêtes populaires »).

🎥 *Solar do Unhão et le museu de Arte moderna :* en bord de mer, avenida do Contorno, en allant vers le quartier de Barra. ☎ 33-29-06-60. Ce site historique présente un exemple d'architecture coloniale très intéressant. Construit au XVIIᵉ siècle, il comprenait la maison de maître, l'église du domaine, la maison des esclaves et une petite usine sucrière (remaniée au XIXᵉ siècle en entreprise de tabac à priser). L'ensemble est harmonieux, construit au bord de l'océan et bien conservé. Notez encore sur le sol les rails sur lesquels on transportait les marchandises.

On y trouve aujourd'hui un restaurant plutôt cher, avec un spectacle folklorique assez moyen. Mais l'édifice abrite aussi le *musée d'Art moderne,* ouvert du mardi au dimanche de 13 h à 18 h. Intéressantes expos de photos, peintures et dessins d'artistes brésiliens. Une salle présentant les œuvres de peintres majeurs du XXᵉ siècle, Portinari, Lasar Segall... Concerts de jazz gratuits pendant l'été bahianais, organisés tous les samedis à 18 h, sur une petite tribune en plein air.

🎥 *Le mercado São Joaquim :* vers le nord, au bord de la baie de Tous-les-Saints, c'est le marché le plus pittoresque de Salvador. Immense et très animé. Pour s'y rendre, bus depuis le pied de l'*elevador Lacerda*. Principalement un marché d'alimentation avec toutes les spécialités de la région : herbes, huile de *dendê*, épices, miel, des montagnes de fruits et de légumes vendus dans un dédale de ruelles. Sous la halle couverte, marché de la viande et, plus loin, des épices, des serpentins de tabac et des cigares vraiment pas chers. Et puis, tout autour, des petites *lanchonetes* pour grignoter et des vendeurs de rues qui proposent gâteaux, boissons... Une petite rue est spécialisée dans la poterie et la vannerie de paille et d'osier. C'est aussi de là que part le ferry pour Itaparica. L'un de nos marchés favoris...

DANS LE QUARTIER DE BONFIM *(plus au nord)*

Quelques plages, des quartiers populaires et surtout une église célèbre. Pour s'y rendre depuis Lapa, prendre le bus « Ribeira/Lapa » et descendre à la hauteur de l'église.

🎥 *L'igreja Nosso Senhor do Bonfim :* ☎ 33-16-21-96. Généralement ouvert du mardi au dimanche de 8 h à 12 h et de 14 h à 18 h. L'église la plus populaire de Bahia reçoit chaque année la grande procession de N.S. do Bonfim (voir « Les fêtes populaires »). Elle fut spécialement construite pour recevoir la statue du Christ en croix (faite d'ivoire et d'argent) apportée de Setúbal, au Portugal, en 1745.

Les petits bracelets de tissu coloré que vous proposeront la ribambelle d'enfants et de vieilles dames à l'entrée de l'église correspondent à un rite bien précis. La longueur de ces morceaux d'étoffe (les *fitas*) est égale à l'écartement des bras de la statue du Christ en croix. N'hésitez pas à en acheter quelques-uns, ils sont vendus autour de 0,10 Rls. Selon la tradition, il faut en passer un à son poignet en faisant trois nœuds, et faire un vœu à chaque nœud. Quand le bracelet, usé, cédera, ces vœux seront exaucés. Plus exactement, il faut ajouter une contrainte supplémentaire pour garantir la réalisation de vos vœux : jeter le bracelet dans un cours d'eau...

– *La façade,* décorée d'azulejos blancs et de guirlandes lumineuses, permet à tous les habitants de Salvador de suivre les cérémonies, même de très loin.

– À l'intérieur, les *autels* des bas-côtés sont joliment sculptés et dorés. Nombreux tableaux de Franco Velasco, grand artiste bahianais. Remarquer, dans le troisième autel sur la droite, la statue de Notre-Dame-de-la-Bonne-Mort, dans son cercueil d'argent. Dans le *chœur,* en haut d'un trône soutenu par des colonnes corinthiennes, se trouve la fameuse *statue de Setúbal*. Au plafond, belle perspective peinte du début du XIXᵉ siècle. Beaux meubles à tiroirs dans la *sacristie* et remarquables azulejos dans le couloir y menant, assez bien conservés. À droite du chœur, la *sala dos Milagres* est couverte d'offrandes votives. Elle témoigne de la dévotion populaire au Senhor do Bonfim. Au 1er étage, petit *musée d'ex-voto* : sculptures, bijoux naïfs, etc.

🏃 *L'igreja de Boa Viagem :* largo de Boa Viagem. ☎ 33-14-18-00. Ouvert du lundi au vendredi de 7 h 30 à 13 h et le week-end de 7 h 30 à 17 h. Une petite église datant de 1712, sans grande particularité, hormis de beaux azulejos. Il s'y déroule le 1er janvier une grande cérémonie : l'arrivée de Nosso Senhor dos Navigantes depuis l'église Conceição da Praia.

🏃 *Le quartier de Ribeira :* après la visite de l'église Nosso Senhor do Bonfim, longer la plage qui se trouve derrière, au nord. Le week-end, les gens du quartier se baignent, lézardent et boivent des coups en terrasse face à l'océan. Lumière superbe en fin d'après-midi et beau coucher de soleil.

LES QUARTIERS RÉSIDENTIELS : VITÓRIA, GRAÇA ET BARRA

De la ville haute, le bus emprunte l'*avenida 7 de Setembro,* très commerçante et bourdonnante aux heures de pointe, jusqu'à Campo Grande. Là se prennent les bus pour les quartiers résidentiels et ceux de la côte atlantique.

🏃 *Vitória et Graça* ne présentent guère d'intérêt. Longue cohorte d'immeubles anciens ou modernes sans grâce. Pas d'accès à la mer.

🏃 *Barra :* très résidentiel, le quartier s'est depuis peu débarrassé de la majorité des favelas qui s'incrustaient dans les portions de terrain restées libres, les remplaçant par de hauts immeubles chic. Mais l'ensemble n'est pas dénué de charme, avec quelques monuments intéressants, à visiter au cours d'une agréable balade le long du front de mer.

On longe d'abord l'*avenida Oceânica* entre le *morro do Cristo (plan II, D6, 70),* statue du Christ élevée face à l'océan, et l'imposant *farol da Barra (plan II, C6, 71),* élevé dans l'enceinte du fort de Santo Antônio da Barra, considéré comme le plus ancien de l'Amérique des colons portugais (1534). Il abrite un *Musée nautique* (4 Rls l'entrée) et un bar en terrasse, le *Café do Farol,* bien agréable en fin de journée. On longe la première plage de l'Atlantique, *praia do Farol,* vaste et très fréquentée le week-end. La baignade y est assez dangereuse. On poursuit la balade sur l'avenida 7 de Setembro, jusqu'au *fort de São Diogo (plan II, C4-5, 73),* en passant par le *fort de Santa Maria (plan II, C5, 72)* et l'agréable plage de *Porto da Barra.*

En fait, Barra fut le premier lieu de peuplement de la ville, ce que rappelle un petit monument au bout de la praia do Porto, en dessous du fort São Diogo. Plus tard, en 1549, le fondateur de la ville, Tomé de Souza (premier *governador general*) préféra l'actuel centre historique pour établir le siège de la première capitale du Brésil. Les deux forteresses ont été construites au port de Barra pour repousser les invasions, après celle des Hollandais. Évitez d'imiter les gamins du cru qui plongent d'un ponton du fort de Santa Maria, il y a beaucoup de rochers, à marée basse et même à marée haute ; on vous aura prévenu !

🏃 Plus bas s'étend le *quartier résidentiel d'Ondina,* en plein développement, avec de belles plages, hôtels et restos de luxe. À côté, *Rio Vermelho* est un peu le quartier bohème de Salvador. Nombreux sont les artistes et intellos venus s'installer par ici. Chic par endroits, l'ambiance est surtout sympa et populaire. Quartier à découvrir, qui change des incontournables lieux touristiques.

Parcs et promenades

🦍 À ne pas manquer, le *Jardím zoológico* : entrée par la rua Alto de Ondina ou par la ladeira do Jardim (rua Raymundo Pereira de Magalhães). ☎ 32-47-00-52. Ouvert du mardi au dimanche de 9 h 30 à 17 h. Demandez un plan à l'office du tourisme, ou prenez un taxi pour vous y rendre. Entrée gratuite ! À 2 km du centre historique et juste derrière la plage d'Ondina, perdu au milieu d'un grand parc, ce zoo vaut le détour ! Il appartient à l'État et est directement lié à l'école vétérinaire de la ville. Dans un espace immense, deux espaces distincts : un zoo classique et une partie où les animaux sont en semi-liberté (plus « semi » que « liberté », quand même). Vous pourrez admirer certains spécimens de la faune amazonienne que vous n'aurez pas pu observer in situ. Également spécialisé dans la reproduction des animaux en voie de disparition.

🦴 *Le Dique do Tororó :* av. Vasco de Gama (à côté du stade de foot Fonte Nova). Pour y aller, le plus simple est de descendre à pied les ruelles du Pelourinho à partir de l'église São Francisco en direction du stade de foot Fonte Nova ; le Dique se trouve juste derrière le stade. Compter une bonne vingtaine de minutes de marche. En bus, depuis la praça da Sé ou l'elevador Lacerda (ville haute), en direction de Lapa. Ce lac a été dépollué en 1998. Des allées pour les cyclistes et les promeneurs ont été aménagées autour. Depuis l'un des bars, vous pourrez admirer les huit statues hautes de 7 m représentant les *orixás* de l'eau (divinités du *candomblé*) qui semblent flotter sur le lac. Sur une des rives, on découvre les statues des quatre *orixás* de la terre. La nuit, l'illumination prête un air magique à l'endroit, qui est ainsi devenu une carte postale de Salvador. Mais les quartiers pauvres, eux aussi, entourent le plan d'eau.

🦴 *Le parque de Pituaçú :* av. Otávio Mangabeira. ☎ 33-63-58-59. L'entrée se trouve sur la route du littoral, dans le quartier de Boca do Rio. En bus, prendre la direction d'Itapuã, descendre à Boca do Rio et continuer en longeant la mer pendant 200 m ; un grand panneau sur la gauche indique l'entrée. Ouvert tous les jours de 8 h à 17 h. Gratuit. Une véritable réserve écologique aux abords de la ville. La meilleure façon d'admirer les beautés du parc, c'est de louer une bicyclette et de parcourir les 16 km du circuit bordé de cocotiers, de palmiers impériaux et de manguiers. Au passage, visitez le musée en plein air des sculptures Mario Cravo, avec les 2 000 œuvres de l'artiste.

Les plages

Si elles ne sont pas en pleine ville comme à Rio, elles s'étalent cependant dans des sites agréables. Leur caractère populaire en fait toujours des lieux familiers et séduisants, malgré la forte urbanisation.
Pour s'y rendre, prendre le bus « Aeroporto/Campo Grande » en face de l'*Hôtel da Bahia*. Passe toutes les 15 mn environ. De la praça da Sé, on peut aussi prendre le bus *executivo,* un peu plus cher. Compter 40 mn.
En partant de celles plus proches du centre jusqu'aux plus éloignées, voici notre palmarès :

🏖 *Porto da Barra :* la plus proche du centre. Petite et bondée le week-end, mais bonne ambiance et propreté tout à fait acceptable. Très abritée de la houle, on peut y nager tranquillement.

🏖 *Amaralina :* possède des vagues assez fortes et il y a beaucoup de vent. On peut y surfer, mais baignade dangereuse.

⚠ *Corsário :* baignade plutôt dangereuse (forte houle et courants traîtres). Plage fréquentée par les surfeurs et les adeptes de *kite-surf*.

⚠ *Piatã et Itapuã :* situées dans le prolongement l'une de l'autre. De loin nos préférées avec leur mer calme, leurs dunes, les centaines de cocotiers et les petits restos de plage simples et bon marché. Mais la pollution avance à grands pas... En revanche, la *plage de Jaguaribe,* plus loin, n'est pas encore polluée. C'est une des plages prisées de Salvador depuis de nombreuses années.

Près du phare d'Itapuã, flânerie bien agréable à l'ombre des cocotiers de la rua J. Itapuã. La mer est calme, des groupes improvisés de *pagode* viennent jouer des sambas et, le samedi, possibilité de déguster des crabes fraîchement pêchés.

Au bout de la plage d'Itapuã, petits rochers sympas et un peu moins de monde ; mais après le phare, les courants deviennent plus dangereux.

⚠ Au nord d'Itapuã, quelques coins super : *Arembepe* (3 bus par jour qui partent du terminal rua da França, dans la ville basse ; également des bus depuis la *rodoviária* ; 2 h de bus, mais le paysage vaut le déplacement). Mick Jagger et Janis Joplin y sont allés à la belle époque des *sixties*.

|●| Entre Piatã et Itapuã, *guinguettes* et petites *tavernes* populaires proposent de savoureux petits crabes farcis et du poisson frais.

|●| *Barraca do Lôro :* praia Aleluia, av. Otávio Mangabeira. ☎ 33-74-75-09. Fréquenté par des jeunes qui aiment voir et être vus. Grande variété de fruits de mer et de cocktails aux fruits tropicaux.

|●| *Barraca de Jajá :* praia de Jaguaribe, av. Otávio Mangabeira. ☎ 32-49-79-43. La spécialité est le poulpe servi avec une sauce vinaigrette. À déguster au son d'un bon vieux *rythm' and blues*.

Les traditions culturelles

La *capoeira*

Longtemps interdite, la *capoeira* est aujourd'hui pratiquée dans tout le Brésil, mais les meilleures académies sont évidemment à Bahia, puisque c'est ici que *Mestre Bimba* et *Mestre Pastinha* ouvrirent les premières écoles qui annoncèrent le renouveau et la réhabilitation de cet art sportif (voir aussi « Sports et loisirs » dans les généralités en début de guide).

Des démonstrations sont fréquemment réalisées devant le *mercado Modelo* (uniquement le matin) et sur le *Terreiro de Jesus,* mais elles relèvent plutôt du mercantilisme et il est fréquent qu'on vous demande quelques reais pour pouvoir prendre des photos. Il vaut mieux aller assister aux entraînements dans l'une des académies. Le contexte est plus naturel et l'on saisit mieux toute la richesse de cet art martial, véritable langue des corps dans laquelle *capoeiristes,* musiciens et public communient. Certaines académies proposent des cours ouverts à tous (compter autour de 30 Rls par mois) et ouvrent leurs portes pour des démonstrations gratuites, même s'il est d'usage à la fin de la séance qu'une petite collecte soit effectuée auprès de l'assistance.

– *Le maculêlê* est le sport de combat lié à la *capoeira,* qui se pratique avec des bâtons. L'initiation à l'un comme à l'autre dépend des mêmes académies. Ces deux sports, au-delà de leurs qualités esthétiques mettant en jeu la poésie des chants, la rythmique, la beauté des musiques, la qualité acrobatique de la danse, sont parmi les plus redoutables arts martiaux.

Cours de capoeira

Les amateurs de *capoeira* qui restent un certain temps à Salvador pourront prendre des cours. On vous indique ici les principales écoles, toutes situées dans le centre historique.

■ *Fundação e Escola de Capoeira Mestre Bimba :* rua das Laranjeiras, 1 (Pelourinho ; derrière l'église São Domingo). ☎ 33-22-06-39 et 50-82. Au sous-sol. Ouvert du mardi au samedi, le matin pour les cours ; se renseigner sur place. Les jeudi et vendredi, de 19 h à 21 h, on peut assister à une démonstration.

■ *Escola e Associação de Capoeira Angola Mestre Curió :* rua Gregório de Matos, 9 (Pelourinho). ☎ 33-21-30-87 et 33-26-27-17. Entraînements les lundi, mercredi et vendredi de 10 h à 12 h. *Rodas* (démonstrations) les jeudi et samedi, de 19 h 30 à 21 h.

■ *Escola Mestre Pastinha :* rua J. Castro Rabelo, 7 (Pelourinho). ☎ 33-21-65-51. Entraînements les lundi, mercredi et vendredi de 19 h à 21 h et les samedi et dimanche de 15 h à 17 h.

Salvador africaine et mystique

Le *candomblé* (voir aussi « Religions et croyances » dans les généralités en début de guide) a totalement imprégné la vie spirituelle et culturelle de Salvador. Les Noirs, majoritaires dans la ville, marquèrent profondément la vie sociale : vêtements, cuisine, coutumes, artisanat. Contraints d'adopter la religion des colons, ils n'en continuèrent pas moins à pratiquer la leur en donnant à leurs dieux les noms de la religion catholique, réalisant une véritable fusion dans le cas des grandes cérémonies religieuses. L'Église catholique, devant le rapport de force spirituel, a été contrainte d'admettre ces pratiques, notamment lors des fêtes des Navigateurs et de Senhor do Bonfim. Longuement interdit, voire persécuté, le *candomblé* a désormais droit de cité. Il existe environ 1 000 *terreiros de candomblé* à Salvador, essentiellement dans les quartiers populaires et les favelas.

Les *candomblés* de Bahia regroupent en gros quatre familles : les *candomblés gêge-nagô*, considérés comme les plus purs et dont il existe la plus grande au Brésil. Puis les *candomblés du Congo, de l'Angola* et les *candomblés du caboclo*. Ces derniers sont les plus syncrétiques, intégrant des éléments amérindiens, et aussi les plus nombreux dans la région. Cependant, les nuances entre ces familles sont mineures : les différentes phases des cérémonies sont quasi identiques et diffèrent en fait sur des nuances de pratiques, de chants et de musique.

Longtemps fermées, les cérémonies de *candomblé* s'ouvrent maintenant doucement aux touristes, étant partie prenante de la vie sociale de Salvador et représentant donc un attrait supplémentaire pour visiter la ville. L'office du tourisme édite dans ses brochures les dates d'un certain nombre de cérémonies. Ne croyez pas que vous serez seul. Gros risque de vous retrouver à 30 ou 40 dans le *terreiro*, avec des touristes souvent peu discrets. Dans les *terreiros* les plus visités, hommes et femmes sont séparés et maintenus derrière des cordes. Il est formellement interdit de photographier, et nous conseillons de ne pas enfreindre cette règle. Néanmoins, les cérémonies sont authentiques, spectaculaires (saluons la bonne volonté des participants d'officier dans de telles conditions) et vous laisseront un souvenir marquant. L'atmosphère enfumée de vapeurs d'encens, la musique obsédante des *atabaques,* les ruptures de rythme des danses, la prise de possession des corps par les saints, les transes, les tensions, tous ces temps forts sont de grands moments. Prévoir de la monnaie, car les « appels au peuple » sont fréquents pendant les différentes phases de la cérémonie.

Si vous en avez la possibilité, essayez d'assister à un *candomblé* qui ne soit pas programmé et de vous y rendre avec un autochtone. Voici quelques adresses réputées de qualité. L'office du tourisme peut vous renseigner quant aux dates et horaires.

■ *Rosário dos Pretos :* largo do Pelourinho. ☎ 33-26-97-01. Il est intéressant d'assister aux messes syncrétiques qui ont lieu tous les mardis après-midi à partir de 15 h dans cette église, construite au XVIIIe siècle des esclaves et les affranchis. Un prêtre catholique et un *pai de santo* du *candomblé* se partagent l'office mené à grand renfort de chants et de percussions.

■ *Menininha do Gantois :* alto do Gantois, 23, Federação. ☎ 33-36-95-94 ou 33-31-92-31. Près de la *TV Bandeirante*. Très connu.

■ *Casa Branca :* av. Vasco de Gama, 477 (proche du poste à essence), dans le quartier Rio Vermelho. ☎ 33-34-29-00. À 10 mn en bus de Lapa.

■ *Ilê Axé Opô Afonjá :* rua direita de São Gonçalo do Retiro, 557, Cabula. ☎ 33-84-68-00. • www.geocities.com/athens/acropolis/1322 • À 25 mn en bus de Lapa.

Le carnaval

Même s'il existe des risques d'institutionnalisation, le carnaval de Salvador reste celui du peuple de la rue. L'ambiance à Salvador est à la participation, pas au spectacle. L'important ici est de *pular* (sauter-danser). Depuis l'époque où les esclaves affranchis manifestaient bruyamment leur joie lors du carnaval, le pli a été pris par les classes populaires d'envahir totalement la ville. La joie est complète, les interdits tombent. C'est le défoulement populaire absolu. Un proverbe ne dit-il pas : *Salvador de todos os santos e de todos os pecados* (« Salvador de tous les saints et de tous les péchés ») ? Quelques différences distinguent le carnaval de Salvador des autres. Ici, on danse la *samba de Roda*, une variante où les danseurs avancent et reculent ensemble avec des mouvements du corps très cadencés. Le *frevo*, la musique de Recife, n'est pas non plus absent. Les *afoxés*, cortèges de *candomblés*, participent au carnaval après avoir fait une offrande à *Exú* (le diable) pour qu'il ne trouble pas les festivités. Enfin, le *trio elétrico* est une institution bien bahianaise, qui a fêté ses 50 ans en 2000 : orchestres jouant la musique *axé*, une musique assourdissante et amplifiée par des haut-parleurs, debout sur la plate-forme d'un gros camion décoré et illuminé. Derrière, les *foliões* (littéralement : « ceux qui s'amusent ») dansent des sambas endiablés. Le carnaval se déroule aussi dans les multiples fêtes de quartier, où éclatent le talent et la virtuosité des musicien(ne)s bahianais(es) dans l'élaboration des costumes. N'oublions pas de mentionner que le Brésil doit à la ville un nombre considérable d'artistes et de groupes, parmi lesquels Olodum, Timbalada, Carlinhos Brown, Caetano Veloso, Daniela Mercury, sans oublier Giberto Gil (entre autres). Grâce à l'apport africain, les rythmes pratiqués à Bahia sont d'une extraordinaire diversité.

Attention : la zone proche du *trio elétrico* est réputée dangereuse ; bagarres et vols fréquents. Il est recommandé de mettre son argent ailleurs que dans ses poches, souvent visitées par des mains étrangères. Emportez très peu d'argent, juste assez pour vous désaltérer (*a priori*, préférez l'eau minérale ou le *guaraná* à la bière) ; pensez à mettre des chaussures confortables, que vous n'aurez pas peur de « déglinguer » en quelques heures, et des vêtements ultralégers, car, au milieu de la foule sous un soleil de plomb, la température grimpe très vite et très haut. Le soir, l'air est un peu plus frais mais l'ambiance toujours aussi chaude. On vous prévient, le rythme est dur à tenir pour les non-initiés...

Concrètement, le carnaval commence 6 jours avant Mardi gras. Les trois grands circuits sont le centre historique (Pelourinho), de Campo Grande à la place Castro Alves, et du phare de Barra à la plage d'Ondina. Dans le Pelourinho, c'est un carnaval de rues. Pour les deux autres circuits, les *blocos* défilent le long des avenues parfois encadrées de tribunes payantes *(camarotes).* À partir de praça da Sé, c'est de la folie furieuse. À pied, il faut presque toute la nuit pour aller du Pelourinho à Barra. Nuit et jour, plusieurs défilés de trios sont en marche et suivent différents tracés. Deux millions de personnes en délire, c'est impressionnant !

Les fêtes populaires

– *Fête du Bom Jesus dos Navegantes :* c'est sûrement l'une des plus belles. Cette fête symbolise parfaitement le syncrétisme de Bahia, associant *Jesus* (patron des marins) à *Yemanjá* (déesse de la mer). Le 31 décembre, la statue de N.S. dos Navegantes est emmenée à l'église Conceição da Praia (dans la ville basse). Le lendemain, elle est chargée sur un bateau et part en procession sur la mer jusqu'à Barra, puis elle est ramenée à l'église de Boa Viagem, accompagnée de dizaines de bateaux fleuris. Les *filles de saints* revêtent leurs belles robes blanches et jettent fleurs et cadeaux à *Iemanjá.* Une messe solennelle est célébrée à l'arrivée, en présence d'une foule nombreuse.

– *Fête de Nosso Senhor do Bonfim :* la plus grande fête religieuse de Salvador. Le *Senhor do Bonfim,* c'est *Jesus Oxalá.* Encore un bel exemple de syncrétisme entre le catholicisme et le *candomblé.* Elle se déroule du 1er au 2e dimanche après l'Épiphanie. Temps fort le jeudi, lorsque les *filles de saints* traversent la ville, portant sur la tête des récipients pleins d'eau et de fleurs, suivies d'une foule énorme, entièrement vêtue de blanc, pour se rendre à l'église N.S. do Bonfim. Arrivées sur place, elles lavent à grande eau le parvis pour purifier l'entrée de l'église et permettre l'arrivée de Jesus Oxalá. Tout autour de l'église, c'est une fête joyeuse. Des baraques illuminées et colorées servent les meilleurs plats de la cuisine bahianaise, des gens dansent... L'atmosphère est indescriptible. Le 2e dimanche, la statue de N.S. do Bonfim est transportée de l'église N.S. do Conceição à celle de Bonfim. Puis la fête se déplace dans le quartier tranquille de Ribeira pour sa propre fête du lendemain : *Segunda Feira Gorda* (lundi gras). Ça n'arrête pas !

– *Fête de Yemanjá :* se déroule le 2 février sur les plages de Rio Vermelho. Longue procession de bateaux chargés de présents pour la déesse de la mer. Essayez de suivre en bateau jusqu'au lieu des offrandes. Cette cérémonie marque aussi le début des festivités jusqu'à la fin du carnaval.

– Comme à Recife, *nombreuses fêtes* en juin.

– *Fête de Santa Bárbara :* du 4 au 6 décembre. Très populaire.

QUITTER SALVADOR DA BAHIA

En bus

➢ *Pour Recife :* à 850 km. Deux bus par jour. En général, départs à 15 h et 21 h. En période de carnaval et de vacances, nombreux bus supplémentaires (pour les autres destinations également). Compter 14 h de trajet.

➢ *Pour Fortaleza :* 1 bus quotidien à 21 h. Compter 20 h de trajet.

➢ *Pour Rio :* à 1 620 km. Deux ou 3 départs par jour, étalés sur toute la journée. Environ 30 h de trajet.

➢ *Pour Brasília :* à 1 540 km. Quatre bus par jour, le premier à 9 h, le dernier à 20 h. Environ 24 h de trajet.

➢ *Pour Belém :* à 1 800 km. Cinq bus par semaine ; départ en début d'après-midi. Compter 40 h de trajet.

En bateau

➢ *Pour Morro de São Paulo :* prendre le *catamarã* au terminal da França dans la ville basse (proche de la marina, derrière le *mercado Modelo*). Trois compagnies proposent les mêmes prix mais circulent à des horaires différents. Compter 2 h de trajet et 80 Rls.

➢ *Pour le sud de Bahia en passant par Itaparica :* prendre le ferry au terminal São Joaquim (26 Rls pour une voiture, 3 Rls pour un piéton). Pour tous les horaires : ● www.comab.com.br ● Pratique pour gagner des villes comme Valença, Morro de São Paulo ou Camamu. Quatre bus quotidiens pour Valença partent de Bom Despacho sur l'île (compagnie *Aguia Branca* ; renseignements au ☎ 36-82-27-77) ; gain de temps assuré par rapport aux autres bus partant de la gare routière.

En avion

– **Bus pour l'aéroport :** *bus executivo* de l'arrêt de bus du centre (près de la praça da Sé). Passe théoriquement toutes les 30 mn, en fait, compter plutôt toutes les 40 mn, de 6 h à 21 h. Prévoir 1 h à 1 h 30 de trajet.
➤ Salvador est relié directement aux grandes villes du Brésil. Vols directs pour **São Paulo, Rio de Janeiro, Brasília, Belo Horizonte, Recife** et **Fortaleza.** Pour les régions plus enclavées comme le *Centre Ouest*, le *Nord* et certaines villes du *Nordeste*, les avions sont omnibus et s'arrêtent dans chaque grande ville jusqu'à la destination finale. Préférer les vols de nuit : d'importantes réductions sont alors proposées par les compagnies aériennes. Pour certaines villes de Bahia *(Porto Seguro, Juazeiro, Barreiras),* il est parfois plus avantageux de voyager en avion qu'en bus.

AUTOUR DE SALVADOR DA BAHIA

L'ÎLE D'ITAPARICA
IND. TÉL. : 071

Grande île peu peuplée de 36 km de longueur sur 20 km de large, située en face de Salvador, protégeant une partie de la vaste baie. Beaucoup de monde le week-end, bien sûr. Choisissez donc un autre jour. Pour les amateurs de plongée, elle vaut le détour ! Les plus belles plages de l'île se trouvent à l'est. Une enfilade de croissants au sable blanc qui s'appellent *Barra do Gil, Barra do Pote* et la superbe *Coroa.*
À la descente du bateau, à Mar Grande (sans grand intérêt, c'est pourquoi nous ne vous en parlerons pas) ou à Bom Despacho, prendre les *combis* blancs officiels pour vous déplacer. Beaucoup moins chers que les taxis et plus rapides que les bus, ils desservent toute l'île, surtout à partir de Bom Despacho.
L'île d'Itaparica est un excellent endroit pour se reposer quelques jours ou plus, même si certaines plages peuvent souffrir de la pollution échouée sur la grève par les courants de la baie.

Arriver – Quitter

➤ **En ferry-boat :** départ toutes les heures du terminal São Joaquim ; 45 mn de traversée ; 3 Rls pour les piétons. Le problème, outre l'éloignement du port São Joaquim, est qu'on débarque au terminal Bom Despacho, un peu éloigné des plages. Au débarcadère, de nombreux *combis* vous conduisent soit vers la ville d'Itaparica (nord), soit vers les plages (sud). Pour revenir vers Salvador, dernier bateau de Bom Despacho à 22 h 30 (minuit les vendredi, samedi et dimanche).
➤ **En lancha :** pour le même prix que le ferry-boat, ces petits bateaux vous conduisent directement à Mar Grande, dans le secteur des plages qui s'étendent de l'autre côté de la baie, idéal pour y passer une journée. Départ du port du terminal da França, devant le *mercado Modelo,* du lundi au samedi de 6 h 30 à 19 h, environ toutes les 60 ou 90 mn ; le dimanche, de 7 h à 17 h 45. Pour revenir, dernier bateau à 17 h 30 (18 h 30 le

dimanche). Compter 40 mn de traversée. Attention aux heures de marée pour éviter de se faire bloquer.

CACHA PREGOS

Village situé à l'extrême sud de l'île, Cacha Pregos vit tranquillement une animation paisible, réveillée par quelques touristes et des habitants de Salvador qui viennent y passer le week-end. De l'autre côté de la belle plage, un petit port sympathique face à la mangrove où quelques charpentiers de marine continuent de construire de belles embarcations en bois. C'est aussi le point de départ idéal pour découvrir les îles verdoyantes de la baie et les méandres de la mangrove en louant les services des pêcheurs du coin.
Compter 45 mn de bus (et 3 Rls) depuis le débarcadère de Bom Despacho. La fin de la route est en piteux état, creusée de nids de... dinosaures.

Où dormir ? Où manger ?

🛏 *Pousada Grauçá :* rua Santa Barbara. ☎ 36-37-10-22. Dans une petite rue ensablée menant à la plage, juste après l'arrivée dans le village. Chambres doubles à 70 Rls. Les tarifs sont négociables, notamment en semaine et hors saison. Une dizaine de chambres agencées autour d'un jardin tropical, toutes très propres, avec salle de bains, TV, AC et frigo.

|●| *Restaurant Venha Ver :* dans la rue principale à 50 m de la *pousada Babalú*, près de la pharmacie. Petit endroit populaire qui ne paie pas de mine, mais qui sert une des meilleures cuisines du village pour un prix plus que raisonnable.

|●| *Privilège :* sur la plage, à gauche en regardant la mer. ☎ 99-55-35-88 (portable). Ouvert midi et soir. Plus coquette que ses voisines avec ses tables en osier, cette paillote fringante et avenante propose des fruits de mer à des prix très raisonnables : crabes, langoustes, poissons frais... Pour une petite traduction de la carte, avisez le patron qui est... français ! Cuisine sous son influence le soir.

|●| Quelques *paillotes* sur la plage autour de la place principale.

ITAPARICA

Capitale de l'île, Itaparica s'est assoupie depuis longtemps mais reste une belle étape. Les rues sont plutôt désertes. Le village garde une atmosphère paisible et un charme désuet d'ancienne cité coloniale. Les vieilles maisons portugaises accentuent le côté décadent. Pas grand-chose à faire, si ce n'est se balader dans le quartier historique, au pied du vieux fort, le long du beau front de mer pavé ou des plages de l'autre côté.
Le soir, allez prendre un verre au bar situé au pied de la *fortaleza* (le fort), face à la mer. Au loin, Salvador et ses gratte-ciel.

Où dormir ? Où manger ?

Prix moyens (de 50 à 90 Rls – 19 à 34,20 €)

🛏 |●| *Passageiro do Vento :* praia do Brasileiro, derrière le collège Jutahy Magalhães. ☎ 36-31-16-25. ● http://passageiro. ● vento.free.fr Chambres doubles autour de 60 Rls, petit dej' compris. Menus autour de 20 Rls, servis le soir. Après 15 ans de navigation sur son voilier dans tous les coins de l'Atlantique, Serge Ungaro a choisi Itaparica pour jeter l'ancre. Il a retapé une belle maison en bord de plage, a fait pousser un petit jardin tropical, et aménagé quelques jolies chambres à la décoration élégante et simple. Une douce atmosphère flotte dans son repaire, qui fait aussi restaurant le soir : une bonne cuisine française rehaussée des couleurs et saveurs locales. Bref, une maison ouverte et quelques bons moments à partager avec ce personnage, également peintre à ses heures. Connexion Internet. Notre adresse préférée sur Itaparica.

🛏 |●| *Hôtel Icaraí :* praça da Piedade. ☎ 36-31-11-10. ● www.hoteli

carai.hpg.ig.com.br ● Dans le centre historique, près de la *fortaleza*. Chambres doubles de 50 à 90 Rls. Une chambre pour 4 personnes à 50 Rls. Beau bâtiment Art nouveau en rotonde. Un établissement qui a connu son heure de gloire il y a bien longtemps et qui s'est laissé tomber dans la torpeur. Plusieurs chambres, claires et propres, disposent d'un balcon donnant sur la mer. Les autres sont plus sombres. Piscine dans la cour. Resto en haute saison. Bon accueil. Accepte les cartes *Master-Card* et *Visa*.

PONTA DE AREIA

L'une des plus belles plages de sable, à quelques kilomètres de la ville d'Itaparica. Très calme, attention toutefois à l'arrivée des goélettes de promenade, le visage de la plage change alors en quelques instants ! Quelques petits restos face à l'eau et des maisonnettes modestes en bord de mer.

Où dormir ? Où manger ?

🛏 *Pousada Claro de Luar :* av. Beira Mar, 200. ☎ 36-31-11-63. Compter 50 Rls pour une double. Dans une maisonnette au jardin tropical, Susana, qui parle le français, et Charly vous accueillent dans 5 petites chambres simples et refaites à neuf. Face à la plage, idéal pour les baignades au saut du lit.

🛏 |●| *Restaurante e Pousada Canto da Praia :* rua do Corredor, travessa do Coqueiral, 20. ☎ 36-31-42-37. ● www.pousadacantodapraia.com.br ● On accède à la *pousada* par un chemin serpentant à travers

la forêt côtière inondée. Compter 130 Rls pour une double avec vue sur la mer et 100 Rls avec vue sur la mangrove. Le petit déjeuner, généreux, est servi sous des kiosques éparpillés autour d'un jardin tropical. Ambiance bucolique et repos assurés.

|●| *Jardim da Ilha :* av. Beira Mar. Sur la plage, le resto le plus réputé de Ponta de Areia. Tables sous les palmiers. Spécialité de fruits de mer. Service lent. À côté, le *Iansã.* Moins engageant, mais serveur sympa. *Moquecas* et langouste.

À voir. À faire sur l'île d'Itaparica

🍴 *L'église sans toit :* sur la piste qui conduit à Baiacu, un chemin sur la gauche (aucune indication) aboutit à cette église tout à fait surprenante. Abandonnée depuis des dizaines d'années, la forêt a repris ses droits. Des arbres ont poussé le long des murs et les soutiennent. Curieuse union du végétal et de la pierre.

🍴 *La cascade d'Itororo :* au sud de Baiacu. L'eau se jette directement dans la mer. Pas d'accès direct par la terre. Pour la découvrir, il faut prendre une embarcation à Baiacu ou à Itaparica.

🍴 *Les sources thermales :* leurs eaux ont, paraît-il, la propriété de communiquer à leurs consommateurs amour, santé et prospérité. Plus ou moins d'eau selon la saison.

➤ Possibilité de promenades en bateau, de parties de pêche et de balades en pirogue dans la mangrove.

MORRO DE SÃO PAULO

IND. TÉL. : 075

Il s'agit d'un archipel de quatre îles principales lovées dans la baie de Valença. Le village de Morro de São Paulo se trouve au nord de la plus vaste, l'île de Tinharé. Du village en descendant vers le sud s'enchaînent quatre plages : animées et festives pour les premières, plus désertes pour les dernières. L'archipel, très fréquenté pendant les vacances brésiliennes, retrouve son calme hors saison. Il offre alors de belles promenades dans les collines recouvertes de *Mata Atlântica* ou le long des plages jusqu'à l'île semi-déserte de Boipeba, où quelques *pousadas* ont poussé ces dernières années.

Arriver – Quitter

Depuis Salvador, par la route, il faut compter 250 km, quand même. En revanche, en passant par l'île d'Itaparica, Morro de São Paulo n'est plus qu'à 100 km de Salvador.

En bus puis bateau

➤ À partir de **Bom Despacho** (sur Itaparica), prendre le bus pour Valença par la compagnie *Aguia Branca* (☎ 36-82-27-77 ; 5 bus quotidiens) ou la compagnie *Camarujipe*. Du port de Valença, prendre un bateau de ligne ou de pêche pour Gamboa do Morro : compter 1 h 30 de navigation avec un bateau normal (autour de 5 Rls) ou 40 mn avec une vedette (10 Rls). Même circuit au retour.

➤ À partir de **Salvador,** même trajet que le précédent, mais plus long. Le bus doit faire le tour de l'immense baie de Tous-les-Saints pour retrouver la route du sud. Compagnie *Camarujipe* (4 bus quotidiens).

En bateau

➤ **Liaisons Morro de São Paulo-Salvador :** à Salvador, prendre le *catamarã* au terminal da França dans la ville basse (proche de la marina, derrière le *mercado Modelo*). Trois compagnies proposent les mêmes prix mais circulent à des horaires différents. De Salvador, les départs s'échelonnent tous les jours entre 8 h 30 et 14 h ; de Morro de São Paulo, entre 9 h et 14 h. Compter 2 h de trajet et 80 Rls. Attention, la mer peut être agitée.

En avion

➤ La compagnie *Addey* propose des vols (20 mn à peine) entre Salvador, Valença et Morro de São Paulo. Rotation en avion-taxi de 6 places toutes les 2 h lorsque le temps le permet. Aller simple autour de 120 Rls. Renseignements : ☎ 33-77-24-51. • www.addey.com.br •

LE RECÔNCAVO : CACHOEIRA ET SÃO FÉLIX

IND. TÉL. : 075

Deux petites villes coloniales situées à 120 km de Salvador, face à face, séparées par le rio Paraguaçu, à la dernière extrémité de la baie de

Tous-les-Saints. Si Cachoeira et São Félix sont aujourd'hui un peu endormies le long du fleuve Paraguaçu, elles témoignent du riche passé colonial de la région qui construisit son rayonnement économique sur l'exploitation de la canne à sucre puis du tabac. L'entreprise allemande *Dannemann* fit du commerce des cigares l'activité prépondérante de cette région durant tout le XIXe siècle.

Classée monument national depuis 1971, Cachoeira est aussi célèbre pour être la première à avoir reconnu l'empereur Dom Pedro I. L'architecture coloniale y est donc très riche, malgré un état de décrépitude qui évoque l'image de cités oubliées, figées sur leur passé de commerce glorieux. On se laisse facilement prendre au charme des ruelles bordées de maisons aux couleurs pastel et d'églises aux façades décrépies ; on se laisse pénétrer par l'atmosphère indolente de São Félix et Cachoeira, qui s'assoupissent l'après-midi et reprennent vie à la tombée du jour. Passez donc une nuit dans l'une de ces deux cités reliées par un antique pont en métal aux planches de bois brinquebalantes (parfois manquantes)... la traversée garantit certaines émotions !

Arriver – Quitter

➢ **Salvador :** 4 bus quotidiens dans les deux sens (compagnie *Santana,* ☎ 34-50-49-51, à la *rodoviária* de Salvador). Compter 2 h de route agréable, à la découverte des paysages du Recôncavo. Possibilité de s'arrêter en cours de route à *Santo Amaro,* autre ville coloniale, lieu de naissance de Caetano Veloso et Maria Betânia.

Où dormir ?

▄ **Pousada do Paraguaçu :** av. Salvador Pinto, 1 (São Félix). ☎ 34-38-33-69. À l'extrémité de l'avenue qui longe le fleuve. Chambres doubles avec ventilateur ou AC de 45 à 65 Rls, petit dej' inclus. Des chambres simples, mais propres et confortables, avec douche, w.-c. et TV. Les murs du patio très fleuri sont recouverts de mosaïque jaune et blanche. Petit dej' copieux (fruits, gâteau de tapioca...) avec vue sur le Paraguaçu. Un très bon rapport qualité-prix.

▄ **Pousada do Convento :** praça da Aclamação (Cachoeira). ☎ 34-25-17-16. Dans le prolongement de la praça Teixeira de Freitas. Compter de 45 à 80 Rls pour une chambre double, celles du rez-de-chaussée étant les moins chères. Vous voici dans l'ancien couvent carmélite de l'église de l'Ordem Terceira, ensemble architectural datant du début du XVIIIe siècle, rénové en 1981 et restructuré en musée et *pousada*. Un petit luxe à s'offrir pour le confort et le cadre magnifique : un grand patio rempli de plantes tropicales distribue les vastes chambres parquetées et meublées d'acajou. Un vrai saut dans le temps, à l'ère des riches colons portugais ! En bonus, grande piscine ombragée.

▄ **Pousada Labarca :** rua Inocêncio Boaventura, 37 (Cachoeira). ☎ 34-25-10-70. Dans la rue de la *Pousada do Convento.* Quelques chambres doubles, simples et propres, à 50 Rls, tenues par l'accueillante Cristina, artiste ayant vécu en France quelques années. Au rez-de-chaussée, une galerie d'art présente des œuvres inspirées du *candomblé.* Cristina propose d'ailleurs d'assister à des cérémonies du *candomblé* dans les *terreiros* les plus traditionnels de Cachoeira.

Où manger ?

|◉| **Beira Rio Restaurante :** rua Manuel Paulo Filho, 19 (Cachoeira). ☎ 34-25-50-50. Petit restaurant au coin d'une place donnant sur le

fleuve. De l'autre côté, les collines de São Félix surmontées çà et là par les frontispices des églises. L'endroit offre une excellente cuisine régionale et rustique *(maniçoba, sarapatel, feijoada)* et propose également une bonne carte de poissons et de viandes grillées. Service attentionné et prix modestes.

⦿ *Cabana do Pai Thomaz :* rua 25 de Junho, 12 (Cachoeira). Même genre de cuisine, mais en moins savoureux. On y va surtout pour le cadre extra, sur une petite place animée. Notez les portes et le mobilier en bois sculpté.

À voir

À Cachoeira

⚲ *L'igreja Matriz Nossa Senhora do Rosário :* rua Ana Neri, s/n. Construite de 1693 à 1754. Possède une très intéressante décoration intérieure. Belles peintures, et surtout les plus grandes fresques d'azulejos du Brésil (3 à 5 m de haut), représentant des scènes de l'Évangile. Les blancs, les bleus clairs, les ors des autels et des fenêtres intérieures donnent à l'ensemble un aspect très gâteau anglais. Tabernacle en argent dont les rayons d'or ont été volés. Voir les superbes commodes en bois de la sacristie. Les tableaux portent la marque de l'inondation de 1964 : comme ils étaient scellés au mur, le curé n'a pas eu le temps de les enlever. Au 1er étage, petit *musée* présentant quelques meubles coloniaux et de l'orfèvrerie religieuse.

⚲ *La fundação Hansen Bahia :* rua 13 de Maio, 13. ☎ 34-25-14-53. ● www.facom.ufba.br/com024/cachoeira/hansen.html ● Ouvert du mardi au vendredi de 9 h à 17 h et le week-end de 9 h à 14 h. Petit musée présentant les œuvres de l'artiste allemand Karl Hansen, qui vécut à Bahia à partir de 1955. Technique de gravure étonnante : gravures sur plaque de métal, transposées ensuite au fusain, avec parfois des touches de peinture. L'artiste vécut très proche du peuple bahianais, particulièrement des prostituées qu'il a souvent représentées dans ses œuvres. On remarque aussi les tableaux consacrés à la Seconde Guerre mondiale (le *Drama do Calvário*), ainsi que l'illustration du poème de Castro Alves *(Navio Negreiro)* sur la traite des esclaves.

⚲ *Le musée du Patrimoine historique :* il possède de belles collections d'ameublement colonial. Horaires d'ouverture variables. Fermé le lundi. En face du musée, la *préfecture* (XVIIIe siècle) et la *rua Benjamin Constant,* l'une des plus typiques de la ville.

⚲ Notez, à l'entrée du vieux pont en fer Dom Pedro II, la ***vieille gare*** de style impérial. Joli panorama depuis le pont.

À São Félix

⚲ *Le centro cultural Dannemann :* av. Salvador Pinto, 25. ☎ 34-25-22-08. ● www.centroculturaldannemann.com.br ● Ouvert du mardi au samedi de 8 h à 16 h 30 et le dimanche de 13 h à 17 h. Gratuit. Une partie de la fabrique (de cigares) est toujours en activité, mais le bâtiment abrite essentiellement un centre culturel qui reçut de grands artistes de la scène musicale brésilienne, comme Gilberto Gil ou Carlinhos Brown. Il ne faut pas hésiter à franchir la lourde porte pour admirer les ouvrières à l'œuvre ou acheter quelques cigares. Expositions ponctuelles d'artistes locaux.

Fêtes

– Cachoeira et São Félix sont connues dans l'État de Bahia pour leurs *terreiros de candomblé*. Quelques événements majeurs, notamment la ***São***

João et surtout la *fête de N.S. da Boa Morte,* qui se déroule le vendredi précédant le 15 août. L'une des manifestations afro-brésiliennes les plus intéressantes : la *procession de l'Irmandade da Boa Morte,* une fête majeure pour tous les pratiquants du *candomblé,* qui se rassemblent ici avec ferveur.

FEIRA DE SANTANA
IND. TÉL. : 075

À une centaine de kilomètres au nord de Salvador. La ville est d'abord réputée pour son immense marché local et artisanal. On y trouve absolument de tout : fruits et légumes, ustensiles ou cuir *(feira de gado)...* L'activité se concentre dans l'immense *centro de Abastecimento,* dans le *mercado de Arte popular* (un peu plus touristique) et à la périphérie de la ville, fonctionnant tous les jours de l'année. De plus, sa situation géographique, à la jonction entre plusieurs régions du Nordeste, en a fait un pôle commercial et un passage obligé entre les grands axes routiers du pays. Conséquence fâcheuse cependant pour les habitants de la ville, qui voient leur cité envahie quotidiennement par des centaines de camions. Mieux vaut partir vers 6 h de Salvador pour y être de bonne heure et éviter d'y passer la nuit. On vous indique quand même quelques adresses, pour dépanner.

Arriver – Quitter

🚌 *Rodoviária :* av. Presidente Dutra. ☎ 36-23-32-05. Immense ! Distributeurs d'argent.
➤ *Liaisons avec Salvador* assurées par plusieurs compagnies, toutes les 30 mn en moyenne. Depuis Salvador, une dizaine de trajets par jour, en 1 h 30 environ. Départs de la *rodoviária* avec la *Cie Santana :* ☎ 34-50-49-51. À l'arrivée, prendre un taxi ou marcher jusqu'au centre.

Où dormir ? Où manger ?

🛏 *Pousada Kalilândia :* praça Kalilândia, s/n. ☎ 32-21-73-66. ● www.pousadakalilandia.com.br ● À partir de 60 Rls pour 2, bon petit dej' compris. Hôtel sans charme, mais bien tenu et au calme, donnant sur une place où s'élèvent cinq palmiers impériaux.
🍴 *O Pote de Barro :* rua Leonida Rocha, 36. ☎ 36-23-32-61. Petit resto populaire dans le centre, près de la mairie de Feira. Ouvert du lundi au samedi, le midi seulement. Compter environ 7 Rls pour 2. Licia, la très accueillante patronne, propose une variété de plats régionaux très bon

marché : *bife, ensopado, galinha ao molho...*
🍴 *Bistro 731 :* rua Sabino Silva, 731. ☎ 32-34-10-35. Ouvert le soir du mercredi au samedi. Petit barresto bien caché. Welber, artiste-peintre ayant vécu quelques années en France, vous reçoit chez lui à bras ouverts. Un des lieux festifs de la ville où les initiés se retrouvent jusqu'au petit matin. Cuisine expérimentale à base des produits locaux et excellentes *caïpirinhas,* le tout dans une bonne ambiance et à des prix modiques.

À voir

🍗 *Le centro de Abastecimento :* le marché populaire le plus important de Bahia après celui de São Joaquim. Pavillons des viandes, poissons, céréales, fromages, tabac tressé en cordes grasses... Artisanat régional : vannerie, poteries, cotonnades, métal... Des stands remplis de produits de première nécessité, des ustensiles de cuisine aux plats à *moquecas,* en passant par les hamacs et les machettes, le tout à moins de 5 Rls ! Authentique et très fréquenté les jours d'arrivage (lundi, mercredi et samedi).

Fête

– *Carnaval de Micareta :* du français « mi-carême ». Fête populaire durant 4 jours fin avril ou début mai, selon le calendrier. Depuis sa création, en 1937, c'est LA grande fête annuelle de la ville et le 2ᵉ carnaval de l'État après celui de Salvador. Décalé à cette période à cause des fortes pluies qui inondent la région en février, on y retrouve, en effectifs réduits, les grands blocs du carnaval de Salvador. Grand défilé le premier jour, avenida Presidente Dutra.

LE PARC NATIONAL DE LA CHAPADA DIAMANTINA ET LENÇÓIS IND. TÉL. : 075

LE NORDESTE

Le parc national est une splendide région de basse montagne, de canyons et de plateaux dignes des parcs nationaux américains, de cascades et d'eau pure... C'est l'endroit idéal pour faire des randonnées extraordinaires et pour s'éloigner un peu de la côte. Et puis Lençóis est un superbe village colonial classé, situé entre la rivière éponyme et les contreforts de la serra do Sincorá. La richesse architecturale de Lençóis est liée à l'histoire de l'exploitation des diamants contenus dans les sables des nombreuses rivières environnantes. On peut encore aujourd'hui trouver des cristaux de roche lors des randonnées qui empruntent les berges sablonneuses des cours d'eau.

Arriver – Quitter

➢ *En bus :* 2 bus par jour au départ de Salvador, à 7 h et 23 h 30, vers Lençóis. L'été, uniquement 3 fois par semaine. Compagnie *Real Expresso* (☎ 34-50-93-10). Compter 7 h de voyage (410 km de route). Pour le retour, mêmes horaires de Lençóis vers Salvador.
➢ *En avion :* de Salvador, par la compagnie *Ocean Air* (☎ 0300-789-81-60). Renseignements aéroport de Lençóis : ☎ 36-25-81-00.

Adresses utiles

🛈 *Office du tourisme :* praça dos Nagôs, s/n. Sous le marché couvert, à l'entrée de la ville. Ouvert tous les jours, le matin puis de 16 h à 22 h.
@ *Café.com :* praça dos Nagôs, s/n. Ouvert tous les jours.
■ *Banco do Brasil :* praça Col Horacio Matos, s/n. ☎ 33-34-11-03.

Ouvert de 9 h à 13 h. Change et distributeur automatique.
■ *Hospital municipal Sebastião Alves :* rua Vai Quem Quer, 33. ☎ 33-34-15-87.
■ *Lavanderia (laverie) :* rua 10 de Novembro, 8, près de la *Banco do Brasil.* Rapide et efficace.

Où dormir ?

Camping

⚠ **Lumiar :** praça do Rosário, 70. ☎ 33-34-12-41. Compter 10 Rls par personne. De beaux emplacements dans le parc arboré de la *pousada Lumiar.*

De bon marché à prix moyens (de 30 à 60 Rls – 11,40 à 22,80 €)

🛏 **Pousada da Rita :** rua Silva Jardim, 4. ☎ 33-34-19-16. Chambres doubles à 30 Rls, avec le petit dej' ; moitié prix pour une personne. Excellent accueil de Rita dans cette petite maison blanche aux boiseries vertes et au parquet fraîchement ciré située entre les deux places principales de la ville. Les 5 chambres sont simples (douche commune), propres et le petit déjeuner spectaculaire (tous les gâteaux et les pains sont faits maison).

🛏 **Hostel Chapada :** rua Boa Vista, 121. ☎ 33-34-14-97. ● www.hostelchapada.com.br ● Une chambre double vous coûtera 50 Rls avec le petit dej' ; réduction pour les membres du réseau international des auberges de jeunesse. Chambres doubles ou collectives, toutes situées autour d'un petit jardin botanique (les noms des arbres sont indiqués) et chacune identifiée par un nom de sentier de randonnée. Au fond du jardin, une petite pergola abritant des hamacs vous invite à la sieste. Possibilité de louer la cuisine pour 3 Rls.

Organise des séjours incluant le bus aller-retour depuis Salvador, les nuitées, promenades et randonnées. Détails sur le site.

🛏 **Pousada Grisante :** rua José Florêncio, s/n. ☎ 33-34-15-27. ● pousadagrisante@yahoo.com.br ● À 10 mn à pied de la gare routière. Compter 40 Rls pour 2 au rez-de-chaussée et 60 Rls à l'étage, avec le petit dej'. Cinq chambres assez impersonnelles, mais certaines ont une vue exceptionnelle sur les rapides de la rivière Lençóis. Le glouglou des eaux bercera assurément vos nuits !

🛏 **Pousada Corona de Pedra :** rua Samuel Sales, 28. ☎ 33-34-16-24. Chambres doubles de 50 à 65 Rls, incluant le petit dej', servi autour d'une grande table de ferme. Plusieurs chambres boisées, mansardées, chacune équipée de malles au charme désuet recueillant les affaires des voyageurs, pendant que des moustiquaires protectrices flottent au-dessus des lits.

De chic à très chic (de 70 à 250 Rls – 26,60 à 95 €)

🛏 **Pousada Solar dos Moraes :** rua São Benedito, s/n. ☎ 33-34-18-49. Chambres doubles à 70 et 80 Rls. Une ancienne *fazenda* rénovée et transformée en hôtel. Si les chambres du bâtiment principal sont communes, les quatre bungalows faisant face à un jaquier aux fruits énormes, planté au milieu d'un immense parc, jouissent d'un certain charme rustique.

🛏 **Hôtel Canto das Águas :** av. Senhor dos Passos, 1. ☎ 33-34-11-54. ● www.lencois.com.br ● Les tarifs sont assez élevés (de 185 à plus de 460 Rls), mais l'hébergement est somptueux. Les chambres font face au cours de la rivière Lençóis, ainsi que la terrasse suspendue où est servi un petit déjeuner pantagruélique. Décoration tropicale chic, employant des matériaux rustiques mis en valeur par une touche de modernité. Une adresse de charme.

Où manger ?

|●| *Bar e Restaurante Águas do Ribeirão :* rua das Pedras, 76. ☎ 33-34-13-94. Petit restaurant familial qui vend aussi sa production de liqueurs artisanales (plus de 30 saveurs de fruits macérés dans la *cachaça*) : les étagères croulent sous le poids des bouteilles. Quelques tables sur les pavés de la rue pour savourer une cuisine locale généreuse et aux prix très modestes.

|●| *A Picanha na Praça :* praça do Coreto, 62. ☎ 33-34-10-80. Restaurant spécialisé dans les viandes grillées, situé autour d'une charmante place dans les hauteurs de la ville. Des plats aux accompagnements copieux pour se remettre des fatigues de la randonnée.

À voir. À faire

Plusieurs agences peuvent vous accompagner : elles proposent toutes les mêmes circuits et les mêmes tarifs. À titre d'information, l'agence *Cirtur,* située rua da Baderna, 41 (☎ 33-34-11-33), propose également des chambres autour de 40 Rls, et organise des treks de 1 à 7 jours, des balades à cheval, des visites de grottes et de cascades, et, pour les moins sportifs, des excursions en voiture. Ou bien encore l'agence *Zen Turismo,* praça dos Nagôs (☎ 33-34-13-97) qui propose le même type de prestations.

➢ *Ribeiro do Meio :* à 45 mn de marche du village. Un bassin avec une série de toboggans naturels sur la roche lisse. Idéal si l'on veut nager après la longue nuit de bus. La couleur rouge de l'eau est due au fer de la roche. Plusieurs autres cascades sont accessibles à pied de Lençóis : la *cachoeira* da Primavera (3 km), la *cachoeira* do Sossego (8 km à travers le lit du rio Ribeiro), la *cachoeira* do Serrano (à moins de 2 km). Face à cette dernière se trouve le *Salão das Areias Coloridas,* d'où sont extraits ces sables colorés qui composent les paysages naïfs retenus dans de petites bouteilles.

➢ *La cachoeira da Fumaça* est, paraît-il, la 2e cascade la plus haute du Brésil : 380 m de haut. Vraiment impressionnant. Si vous avez du temps, faites un trek de 3 jours avec un guide au départ de Lençóis. La première journée, vous marcherez et dormirez au pied d'une cascade dans une grotte. N'oubliez pas maillot de bain et duvet. Le deuxième jour, vous découvrirez la beauté de la *cachoeira da Fumaça.* Frissons garantis depuis le canyon. Enfin, le troisième jour, vous atteindrez le sommet de la cascade, puis repartirez vers le petit village de Capão.

➢ Au *morro do Pai Inácio,* vous découvrirez un des hauts sommets de la région (1 420 m). Coucher de soleil superbe. Pour s'y rendre, le bus depuis Lençóis en direction de Palmeiras, à 6 h ou à 13 h, s'arrête devant l'accès. De là, monter à pied au Morro do Pai Inácio en fin de journée. Entrée payante. Vue circulaire stupéfiante.

Fêtes

– *Fêtes de la Saint-Jean* en juin et *Festival de musique do Inverno* en août.

LE LITTORAL NORD ET PRAIA DO FORTE

IND. TÉL. : 071

Situé à environ 80 km de Salvador, ce village de pêcheurs a longtemps conservé son authenticité grâce à une politique de protection de l'environnement active, soutenue par les habitants de la région et l'organisation gouvernementale *IBAMA*. Au cœur de la réserve naturelle de Sapiranga, le paysage est parsemé de centaines de cocotiers, et la côte possède de magnifiques plages encore sauvages. Le revers de la médaille de ce petit paradis, c'est une autoroute à quatre voies, construite initialement entre Salvador et Praia do Forte mais largement prolongée désormais, et le développement du tourisme le long de la rodovia do Côco, qui rejoint la *Linha Verde,* une zone protégée. Hélas, trois fois hélas, ce petit village qui avait si longtemps résisté aux envahisseurs adeptes d'un tourisme lucratif a subi un essor inquiétant pour tous les amoureux de nature préservée. Le week-end, c'est le déferlement ! On peut tout de même se rassurer, une partie du village « originel » conserve toute son authenticité et son rythme indolent ; et les plages sont toujours aussi merveilleuses.

Arriver – Quitter

➤ *En bus :* liaisons fréquentes avec Salvador depuis la *rodoviária,* dans les deux sens, entre 6 h et 18 h 30, avec les compagnies *Expresso Linha Verde* (☎ 34-60-36-36) ou *Empresa Santa Maria* (☎ 34-50-03-21).
➤ *En minibus :* nombreux trajets quotidiens.
➤ *En voiture :* attention, l'autoroute entre Salvador et Praia do Forte est payante (moins de 10 Rls par voiture).

Où dormir ?

Camping

⅄ *Praia do Forte :* rua do Migrante, à 1 km de l'une des plus belles plages. ☎ 36-21-15-90. Compter 15 Rls par personne.

Prix moyens (à partir de 50 Rls – 19 €)

🛏 *Albergue Praia do Forte :* rua da Aurora, 3. ☎ 36-76-10-94. ● www.albergue.com.br ● Nuitée en dortoir pour 31 Rls, ou chambres doubles à 65 Rls, petit dej' inclus. Réductions pour les membres de la FUAJ et les étudiants (carte ISIC). Une dizaine de chambres simples encadrent un patio verdoyant où est servi le petit dej'. De nombreux services sont à disposition des hôtes : Internet, laverie, cuisine. Dans cet ordre de prix, une des adresses les moins chères et les mieux tenues de Praia do Forte. Accueil sympa.

Plus chic (de 100 à 140 Rls – 38 à 53,20 €)

🛏 *Pousada dos Artistas :* dans une ruelle à gauche de l'avenue principale qui mène à la place de l'église. ☎ 36-76-11-47. Selon la saison, de 95 à 140 Rls pour 2, petit dej' inclus. Un lieu de charme bien préservé et un accueil sympa. Belles chambres claires, toutes impeccables, certaines avec petit balcon et hamac, dans une maison décorée avec beaucoup de goût : meubles en acajou, agréable jardin et chouette salle de petit dej' sous la véranda aérée.
🛏 *Pousada Brasil :* rua Alameda do Farol, s/n. ☎ 36-76-12-85. À l'extrémité de l'avenue principale, à deux pas de l'église et à 100 m de la plage. Compter 100 Rls pour 2 avec le petit dej'. Une jolie *pousada* au confort simple mais agréable. Préférer les

chambres au 1er étage, distribuées en étoile autour d'une rotonde en acajou. Spacieuses et propres, vieux parquets et, surtout, hamac pendu près de grandes portes-fenêtres ; idéal pour la sieste !

Où manger ?

I●I *Souza Bar e Restaurante :* rua Alameda do Farol, s/n. ☎ 36-76-10-65. Dans l'enceinte du *Projeto Tamar* ; on paye les 7 Rls d'entrée (voir plus bas), remboursés si on ne fait pas la visite. Ouvert le midi uniquement. L'endroit idéal pour déguster de savoureux poissons et crustacés, face à l'océan, les pieds dans le sable... Nombreux *sucos* fraîchement pressés et bons *tira gostos*. Goûtez notamment aux *bolinhos* de poisson ou crabe en apéro, un régal ! Surtout, délicieuses spécialités de *moquecas* et *ensopados*. Tant que vous y êtes, offrez-vous de la langouste pour un prix très raisonnable. Pour le soir, une autre enseigne du *Souza Bar* se trouve au début de la rue principale, à l'entrée du village. Carte identique et concerts fréquents.

I●I *O Petisco da Nil :* rua do Linguado, s/n. Dans une ruelle sablonneuse derrière la *Pousada dos Artistas*. Ouvert uniquement le soir. Petit restaurant authentique un peu à l'écart de la rue principale. La carte évolue selon les arrivages de poissons et de crustacés. Bonnes *moquecas* et *carne do sol* pour un prix modique. Service tranquille de la souriante Nil.

I●I *Japa :* rua do Linguado, s/n. ☎ 36-76-00-60. Restaurant japonais à la cuisine soignée et donc un peu chère (compter 50 Rls par personne). On y vient pour la cuisine (poissons locaux apprêtés à la japonaise) mais aussi pour le cadre tropical chic où règne le bambou sous toutes ses formes parmi des jardins de pierre et d'eau.

À voir

🏛 *L'écomusée Projeto Tamar :* av. Farol Garcia d'Ávila, s/n. ☎ 36-76-10-45. ● www.projetotamar.com.br ● Ouvert au public tous les jours de 9 h à 18 h. Entrée : 7 Rls. Fondé en 1980, le Projeto Tamar est une importante association brésilienne qui lutte pour la protection des tortues marines. Vaste programme pour sauvegarder les espèces rares qui viennent se reproduire sur le littoral brésilien après un long parcours à travers les océans, comme la tortue luth, qui peut atteindre 2 m de long. On évalue le territoire protégé à 1 100 km de côtes, avec plusieurs centres répartis sur le littoral. Celui de Praia do Forte est un des premiers, et on peut observer ces « dinosaures marins » évoluer gracieusement dans de grands bassins et aquariums en plein air. En saison, les tortues viennent pondre sur les plages alentour et les œufs sont recueillis dans le centre (enterrés dans le sable) jusqu'à éclosion, avant de les remettre à l'eau. On peut parfois assister à la mise en liberté de centaines de bébés tortues ! Aujourd'hui, le Projeto Tamar s'enorgueillit d'avoir sauvegardé plus de 4 millions d'individus. Une visite instructive et ludique. Sur la route depuis Salvador, un autre petit centre à *Arembepe* : ce n'est qu'une petite base de reproduction (on en compte plus de 21 sur toute la côte) et on en voit et on en apprend beaucoup moins qu'au centre de Praia do Forte. Donc, routards distraits, ne pas confondre !

🏛 *L'APA de Praia do Forte, reserva de Sapiranga :* sur la gauche de la BA 99, au km 52, 2 km avant Praia do Forte. Ouvert au public tous les jours de 9 h à 18 h. Entrée : 5 Rls. Une réserve forestière de 600 ha qui rassemble des spécimens typiques de la faune et de la flore de la *Mata Atlântica*. Divers sentiers fléchés vous mèneront jusqu'aux berges et aux rapides du rio Pojuca.

IMBASSAÍ

IND. TÉL. : 071

À une vingtaine de kilomètres au nord de Praia do Forte, un tout petit village et une immense plage de sable fin. Le site est superbe, avec le rio Imbassaí (en tupi, « eaux vives ») qui longe les dunes de sable blanc pour se jeter dans l'océan. Il forme une lagune naturelle que l'on peut traverser à pied, à la nage, ou en passant sur un pont formé de pierres plates. Le long de l'immense plage paradisiaque, on trouve de sympathiques paillotes pour siroter un verre ou grignoter des *petiscos* les pieds dans l'eau. De superbes balades en perspective le long de la rivière ou de l'océan, à la découverte de plages isolées et de la faune peuplant la mangrove, en toute tranquillité. Dans le village, pas de bitume, juste des pistes de sable rouge, des centaines de palmiers et cocotiers, et quelques *pousadas* bien accueillantes.

Arriver – Quitter

➢ *En bus :* liaisons avec Salvador entre 6 h et 17 h 45, avec les compagnies *RD Turismo* et *Expresso Linha Verde*. Durée : 1 h.
➢ *En minibus :* à partir de Praia do Forte, nombreux trajets quotidiens, très rapides (20 mn), dans les deux sens.

Où dormir ? Où manger ?

🛏 *Pousada Caminho do Mar :* praia de Imbassaí, Linha Verde, km 10. ☎ et fax : 36-77-11-77. ● www.pousadacaminhodomar.com.br ● Compter 110 Rls pour 2 personnes, petit dej' compris. Une belle adresse pour se loger une nuit, voire plusieurs... Douze bungalows répartis dans un jardin rempli de palmiers. Tout confort : petit salon, kitchenette et salle de bains impeccable. Idéal pour une famille : 1 chambre double et 2 lits simples. Le must, la petite terrasse privée avec hamacs pour buller, et une grande piscine.

🍴 *Bar e Restaurante Cascatinha :* praia de Imbassaí, Linha Verde, km 10. *Carne do sol* à 10 Rls et *moquecas* à 12 Rls. Pour boire un verre et manger à l'ombre des palmiers, juste à côté d'une petite cascade. Petite bicoque toute simple qui propose des plats pour deux très bon marché. Une atmosphère très relax, à 300 m de la plage, où l'on retrouve toute une série de snacks au bord de l'eau.

DIOGO – VILA DE SANTO ANTÔNIO

IND. TÉL. : 071

À environ 25 km au nord de Praia do Forte et touristiquement moins développé qu'Imbassaí, Diogo est un village étendu entre les plantations de cocotiers. Il est situé à une vingtaine de minutes de marche de la plage. Pour s'y rendre, on emprunte un superbe chemin traversant les dunes d'une blancheur aveuglante, tempérée par le vert de la végétation qui s'y accroche. Au retour de la plage, le rio Imbassaí offre à qui veut se rincer son bassin d'eau claire.

Le bourg de Santo Antônio est plus proche de la plage. Il est formé par quelques maisonnettes colorées. Pas de *pousadas* mais des chambres chez l'habitant.

Arriver – Quitter

➤ **En bus :** liaisons avec Salvador entre 6 h et 17 h 45, avec les compagnies *RD Turismo* ou *Expresso Linha Verde*. Attention, certains bus n'entrent pas dans Diogo et vous laissent sur le bord de la route. Il faut donc continuer à pied (allez, deux petits kilomètres !).
➤ **En minibus :** à partir de Praia do Forte, nombreux trajets quotidiens dans les deux sens.

Où dormir ? Où manger ?

🛏 **Pousada Too Cool :** Linha Verde, km 15. ☎ 99-52-21-90 (portable). ● www.toocoolnabahia.com ● Quitter la route principale par la première entrée pour Diogo. Compter 80 à 120 Rls selon la saison, petit dej' compris. Une superbe adresse dans un environnement exceptionnel, où l'on est accueilli par Christian et Sophie, couple de Belges qui ont construit ce havre de paix : 4 chalets tout confort au sommet d'une colline dont la pente plonge vers une petite rivière, véritable invitation à la baignade. Vos seules compagnes : vagues et tortues. Un peu excentré, certes, mais c'est le prix à payer pour un calme assuré.

🍽 **Restaurante Sombra da Mangueira :** rua do Diogo, s/n. Ouvert le midi uniquement. Pour boire un *suco* et déguster des spécialités locales : toutes sortes de *moquecas* et *ensopados* (poissons et crustacés en court-bouillon) sous des manguiers géants. À la saison des fruits, attention aux mangues mûres qui s'écrasent sans prévenir.

PRAIA DO FRANCÊS

À une vingtaine de kilomètres de Maceió, capitale de l'État d'Alagoas (donc au nord de Salvador). Vous pouvez vous y rendre en stop, ou en bus, à destination de Marechal Deodoro. La route traverse une forêt de cocotiers. Il y a encore une dizaine d'années (on a du mal à le croire), ce n'était qu'un hameau de pêcheurs. Un Français y a ouvert un resto, et les paillotes ont poussé. Lieu de villégiature où, tous les week-ends, des hordes de Brésiliens assoiffés de soleil viennent se refaire une santé. Le climat est très agréable. En semaine, le village s'endort à nouveau et vit au ralenti. Cette plage ne va pas tarder à changer. Dépêchez-vous donc d'y aller.

Où dormir ? Où manger ?

🛏🍽 **Panela Magica :** une sorte de halle avec un toit de palmes. Quelques chambres à prix modiques. Bonne cuisine, un peu chère.
🛏 **Pousada Manguaba :** chambres avec AC. Excellent petit dej'.
🛏 **Chez João :** dans une maison de pêcheur. Vous tendez le hamac que l'on vous prête.

🍽 **Chez Patrick :** un pionnier français. Cuisine française à la sauce brésilienne. Assez cher.
🍽 **Chez Patrick l'Irlandais :** bonne cuisine pas chère. Le repaire des marginaux.
🍽 Restauration dans les **paillotes** et sur le sable.

Quelques balades

➢ À l'**Écima,** une petite dune d'où l'on domine la plage et ses cocotiers. En contrebas, vous apercevez les ruines d'une léproserie.

➢ Le long du rivage, vers le lagon Manguaba, **piscines naturelles** à marée basse.

➢ **Marechal Deodoro :** sur le lagon Manguaba. *Musée d'Art sacré* dans l'ancien couvent franciscain.

SUR LA ROUTE DE RIO

ITACARÉ
IND. TÉL. : 073

À 400 km environ au sud de Salvador et à 70 km au nord d'Ilhéus, au beau milieu de la côte du cacao, Itacaré reste un village à l'architecture marquée par son passé industrieux. Mais comme le cacao n'est plus ce qu'il était, le village se tourne vers un tourisme vert, tendance balades dans la mangrove, surf, plongée sous-marine, etc. La route de la plage est l'artère principale et elle regorge de *pousadas* et de restos. Un petit paradis du farniente et des plages. Et le village a même un site Internet très actualisé : • www.itacare. com.br •

Quelques infos pratiques sur Ilhéus

– À l'**aéroport Jorge Amado,** à Ilhéus (rua Brigadeiro Eduardo Gomes s/n, ☎ 32-31-76-29), vous trouverez des distributeurs d'argent. Taxis ou bus pour vous rendre à la **rodoviária Ilhéus-Itabuna** (km 0, ☎ 36-34-65-82).
– À Ilhéus même, si l'envie vous prend de rester dans le coin, un office du tourisme, **Ilhéustur,** rue Eustaquio Bastos, 308 (☎ 32-31-86-79, ouvert du lundi au vendredi de 7 h 30 à 17 h), et, entre autres, une **Banco do Brasil,** rua Marquês de Paranaguá, 112 (ouvert de 10 h à 15 h).

Comment aller à Itacaré ?

➢ **En bus :** le plus simple est de prendre l'un des bus qui relient Ilhéus à Itacaré en moins de 2 h (tous les jours, à peu près toutes les heures de 7 h à 19 h). Sinon, 3 bus par jour depuis Salvador (départs à 9 h, 12 h 45 et 22 h ; compter 7 h de trajet). Téléphone de la compagnie *Viação Rota* à Itacaré : ☎ 32-51-21-80. Liaisons avec Vitória et Itabuna.

Adresses utiles

@ **Beto's Cyber Site :** rua Pedro Longo, 71. Ouvert tous les jours. Téléphone international et connexions Internet.
■ **Banco do Brasil :** rua João de Souza, s/n. ☎ 32-51-20-75. Ouvert de 9 h à 12 h. Change d'espèces et de chèques de voyage, en euros et en US$. Distributeur.
■ **Fundação Hospitalar de Itacaré :** rua 31 de Março, s/n. ☎ 32-51-34-89.

Où dormir ?

Bon marché (de 10 à 30 Rls – 3,80 à 11,40 €)

⚐ *Tropical Camping :* rua Pedro Longo, s/n. ☎ 32-51-27-46. Dans la rue qui mène aux plages. La nuitée est à 15 Rls par personne.

🛏 *Maisons à louer :* rua São Miguel, derrière le poste à essence. Deux petites bicoques refaites à neuf, l'une jaune, l'autre orange, totalement équipées, pour 25 Rls la nuit pour un couple. Voir sur place avec Ana Paula ou Alfredo.

Plus chic (de 50 à 140 Rls – 19 à 53,20 €)

🛏 *Itacaré Hostel :* rua Lodônio Almeida, 120. ☎ 91-98-25-68 (portable). ● www.itacarehostel.com.br ● Selon la saison, compter de 70 à 90 Rls pour un couple avec le petit dej', de 27 à 45 Rls la nuit en dortoir. Réduction pour les détenteurs de la carte internationale des auberges de jeunesse. Sur deux étages, une dizaine de chambres qui donnent toutes sur un jardin soigné. Livres et piscine à disposition, accès Internet. Bon accueil.

🛏 *Pousada Ilha Verde :* rua Ataíde Setúbal, 234 (Centro). ☎ et fax : 32-51-20-56. ● ilhaverdeita@uol.com.br ● Contact en France : ☎ 05-65-48-01-79. Fax : 05-65-44-78-98. Chambres doubles de 120 à 140 Rls selon la saison, petit dej' compris. Nicole et Christian, deux Français, ont choisi finalement de poser leurs bagages à deux pas de la plage et à la limite de la forêt tropicale pour recevoir leurs hôtes comme ils aimeraient être reçus : des chambres simples et confortables, des hamacs pour le farniente, un salon perché dans un arbre, une piscine, des petits dej' copieux et pleins de fruits. Proposent également des stages de *capoeira*. Et ils se feront un plaisir de vous aider à découvrir le coin...

🛏 *Pousada dos Anjos :* rua João Coutinho, 185. ☎ 32-51-24-82. Ou en France : ☎ 01-44-24-90-89. ● bdanjos@noos.fr ● Chambres doubles de 70 à 120 Rls selon la saison. On préfère celles qui donnent sur le port : sans clim', elles sont moins chères et bénéficient d'une superbe vue. Dans une belle bâtisse du XIXe siècle complètement rénovée, qui donne d'un côté sur la rue, de l'autre sur le quai et l'océan, des chambres confortables qui ont conservé leur style colonial. Les propriétaires sont franco-brésiliens, ici aussi ! C'est la mode, on dirait... Grande terrasse avec vue sur la mer pour le petit dej', et jardin tropical.

Où manger ?

|●| *Senzala Restaurante :* av. Castro Alves, 276 (sur le front de mer). ☎ 32-51-24-19. Self *ao kilo* avec nombreux choix de crudités et de plats reconstituants. Tous les vendredis, spécialités bahianaises, et tous les samedis, *feijoada*. On conseille d'y venir plutôt pour le déjeuner : les plats sortent tous frais de la cuisine. Grande terrasse sur le front de mer.

|●| *Mistura Fina :* rua Pedro Longo, 265. ☎ 32-51-22-89. Dans la rue principale, celle qui mène aux plages. Compter autour de 30 Rls pour 2. Très beaux plats de poissons et de viandes grillées, accompagnés de fraîches salades de crudités.

|●| *Restaurante Casa Sapucaia :* rua Lodônio Almeida, 84. ☎ 32-51-30-91. Ouvert uniquement le soir. Ce restaurant propose une cuisine recherchée et inventive, qui marie des influences françaises aux épices et aux produits locaux. Le tout dans une vaste maison coloniale aux tons pastel et au sol carrelé d'une belle céramique. Petite terrasse. À l'intérieur, cadre plutôt intime.

À voir. À faire

⚊ *Les plages :* cinq anses sablonneuses enserrées par la *serra* littorale se succèdent. Certaines sont plus fréquentées que d'autres. Coup de cœur pour les plages de *Resende* et *Tiririca*.

⚊ *La péninsule de Maraú :* une étendue déserte qui semble sans fin, une plage bordée de cocotiers, quelques lagons pour la plongée et de nombreuses rivières pour se dessaler. Accès par le bac situé au bout du port, près de la colonie des pêcheurs : fonctionne tous les jours de 7 h à 20 h.

■ Parmi les agences qui proposent des excursions dans la péninsule de Maraú, on recommande le sympathique Felipe qui propose un éventail d'activités et de randonnées très large : *Marahu Natural,* praça do Canhão, 1. ☎ 32-51-20-08. ● www.geocities.com/marahunatural ●

PORTO SEGURO
96 000 hab.   IND. TÉL. : 073

Superbe site historique à 724 km au sud de Salvador, qui a su conserver le charme de ses heures glorieuses, malgré l'essor fulgurant du tourisme qui en a fait l'une des stations balnéaires les plus prisées des Cariocas et Paulistas. Il faut dire que c'est là que le Brésil fut découvert, le 22 avril 1500, par Cabral. Les Portugais y ont célébré leur première messe, en présence des Indiens. Celle-ci est d'ailleurs toujours célébrée chaque année.

Le centre-ville se situe à l'embouchure d'un fleuve et conserve une ambiance paisible, avec de jolies *pousadas* et maisons de style colonial, qui longent la mangrove. La ville possède quelques monuments historiques intéressants, mais on vient surtout à Porto Seguro pour profiter des belles plages entre Arraial d'Ajuda et Trancoso. On accède à Arraial en traversant le *rio Buranhém,* sur des bacs qui circulent 24 h/24, toutes les 30 mn (à Porto Seguro, départ praça dos Pataxós), puis 25 km de route jusqu'à Trancoso.

Le village d'*Arraial d'Ajuda* est peuplé d'une foule très relax, avec les rastas qui flânent à l'ombre des palmiers sur la praça São Braz et les touristes néobabas qui se prélassent sur les *plages de Mucugê, Parracho, Pitinga...* Mais à partir de Noël, l'ambiance s'échauffe, le monde afflue et le village se transforme en royaume des fêtards et dragueurs de tout poil... Chaque soir, on se fait beau, on flirte ardemment, la *cachaça* coule à flots, et on finit la soirée dans une des boîtes en vogue, dans une atmosphère déchaînée. On vous aura prévenu !

Quant à *Trancoso,* situé à 24 km d'Arraial, on y trouve les plus belles plages, comme *Nativos, Coqueiros* et *Pedra Grande.* Depuis l'arrivée d'un *Club Med,* l'endroit est devenu très *fashion,* mais dans la catégorie un peu chic.

Arriver – Quitter

➤ De Salvador ou Vitória, *liaisons en avion* ou *en bus* (3 départs par jour de la *rodoviária,* en fin de journée et le soir). Idem dans l'autre sens. Accès ensuite à Arraial d'Ajuda par bac (environ 10 mn de trajet), et à Trancoso par la route depuis Arraial d'Ajuda.

Adresses et infos utiles

✉ *Poste :* rua Itajibá, s/n. Dans le centre de Porto Seguro. Ouvert du lundi au vendredi de 8 h à 17 h.
■ *Banco do Brasil :* Shopping

d'Ajuda, loja 64, Caminho do Mar (Arraial d'Ajuda). Ouvert de 9 h à 15 h. Guichet automatique accessible 24 h/24 *(Visa)*. Bureau de change (US$) juste à côté.
- ■ *Banco do Brasil :* av. Navegantes, 22 (Porto Seguro). Ouvert de 9 h à 15 h. *Visa, MasterCard* et change de dollars.

- ■ *Guichet automatique Bradesco* (24 h/24), praça do Relógio (Porto Seguro).
- ➢ Un système de bus et de navettes permet, le soir, de regagner les hôtels répartis tout au long des plages.

Où dormir ?

Dans le centre de Porto Seguro

De bon marché à plus chic (de 20 à 70 Rls – 7,60 à 26,60 €)

- ♠ *Peixinho :* av. Getúlio Vargas, 228. ☎ 32-88-50-38. Agréable *pousada* un peu en retrait de la rue. Quelques chambres au confort simple mais bien tenues, avec balcon ombragé et AC, de 20 à 25 Rls pour 2. Sans petit dej', mais plein de *lanchonetes* dans la rue. Accueil très souriant.
- ♠ *Hôtel Estalagem Porto Seguro :* rua Mal Deodoro, 66. ☎ et fax : 32-88-20-95. ● www.hotelestalagem. com.br ● De 40 à 55 Rls pour 2, petit dej' inclus. Une jolie maison toute fraîche, avec une déco agréable, des fresques aux murs et une jolie piscine. Chambres spacieuses, confor-

tables et propres. Sympathiques balcons avec hamacs. Préférer celles du fond et à l'étage, afin d'éviter l'invasion de moustiques !
- ♠ *Casa Azul Pousada :* rua 15 de Novembro, 11. ☎ 32-88-55-48. Autour de 70 Rls pour 2, avec petit dej' copieux. Une belle maison coloniale avec beaucoup de cachet : vieux parquets, meubles anciens, vaste jardin tropical avec piscine, ficus centenaires... ainsi qu'une agréable rotonde pour siroter une bonne *caïpirinha*. Chambres doubles au fond du jardin ou appartements pour 3-4 personnes. Une adresse de charme.

À Arraial d'Ajuda

Bon marché (autour de 40 Rls – 15,20 €)

- ♠ *Pousada Alto Mar :* rua Bela Vista, s/n. ☎ 35-75-19-35. ● www.jungleimmersion.pro.br ● Au bout d'une rue derrière l'église Nossa Senhora d'Ajuda. On longe le belvédère qui offre un superbe panorama. Selon la saison, compter 15 à 20 Rls la nuitée en dortoir, et 35 à 50 Rls pour une

chambre double. Bien cachée, en dehors du centre ultratouristique, cette *pousada* propose 10 chambres simples mais bien tenues, avec douche. Un peu cher pour le confort proposé, mais bien agréable, et ambiance familiale.

Prix moyens (de 40 à 80 Rls – 15,20 à 30,40 €)

- ♠ *Pousada Oca dos Indios :* estrada do Mucugê, 305, Caminho da Praia. ☎ et fax : 35-75-11-56. ● www.arraial-dajuda.com.br/oca ● Compter 60 à 85 Rls pour 2, petit dej' compris. Huit chalets impeccables,

répartis dans un grand jardin qui descend vers la mer. Tout confort, avec petite terrasse pour buller dans le hamac, et piscine surplombant la plage de Mucugê : vue imprenable assurée.

À Trancoso, plus chic !

≜ Pousada Capim Santo : praça São João. ☎ 36-68-11-22. ● www.ca pimsanto.com.br ● Chambres doubles de 150 à 200 Rls selon la saison ; nettement plus cher pour les suites... Une jolie bâtisse noyée dans un jardin luxuriant, des hamacs pour buller, une piscine, un resto... et la plage toute proche...

Où manger ? Où boire un verre ?

De bon marché à prix moyens (5 à 30 Rls – 1,90 à 11,40 €)

Dans le centre de Porto Seguro

|●| Jerimum Restaurante : rua do Golfo, 51. ☎ 32-88-19-67. Autour de 6 Rls par personne. Un bon self *ao kilo* avec nombreux choix de crudités et de plats reconstituants. Une bonne cuisine populaire et bon marché. Déco sympa, vert et orange, comme la façade.
|●| Tia Nenzinha : av. Portugal, 170.

☎ 32-88-18-46. Autour de 30 Rls pour un repas complet. Un chouette resto sur l'une des rues les plus animées en soirée, proche de la *passarela do Álcool*. Grand choix de spécialités bahianaises, poissons et crustacés essentiellement. Un peu cher quand même.

À Arraial d'Ajuda

|●| Restaurante Paulinho Pescador : praça O Braz, 116. ☎ 35-75-12-42. Un petit resto bien tenu, qui propose une douzaine de plats de poissons, crustacés et viandes, tous à 11 Rls, servis avec pommes de terre, riz et *farofa*. Une bonne adresse pour se restaurer bon marché. Et le patron est très sympa.

♟ Maré Choperia : shopping d'Ajuda, loja 1, Caminho do Mar. ☎ 32-88-74-01. Un bar sympa et animé, avec un grand choix de *petiscos* pour grignoter à l'apéro, et des cocktails autour de 5 Rls. Chaque soir en saison, des concerts de jazz, *forró*, bossa, etc., sont organisés face à la grande terrasse.

À voir. À faire

🏹 Au cours de votre visite dans la ville de Porto Seguro et les villages d'Arraial et Trancoso, vous admirerez notamment les **églises da Misericórdia, Nossa Senhora da Pena, Nossa Senhora d'Ajuda, São João Batista** ; et bien sûr la **colonne de marbre** apportée en 1503 pour marquer la découverte du Brésil.

⌒ Le site est surtout prisé pour ses innombrables **plages** (sable fin et eau turquoise), telles **Curuípe, Itacimirim, Lagoa Azul, Pitinga, Itaquena...** et quelques îlots quasi déserts.

➤ La ville de Porto Seguro est aussi le point de départ de belles balades dans le **parque nacional de Monte Pascoal** et la **réserve marine de Recife de Fora.** Renseignements : ☎ 32-94-11-10.

ASSOCIATION CONTRE LA PROSTITUTION DES ENFANTS

☞ – Espace offert par le Guide du Routard

Abusez d'un enfant au soleil et vous passerez 10 ans à l'ombre

La Loi d'extraterritorialité votée en 1994, révisée en 1998, permet de juger un résident et/ou un ressortissant français ayant commis des abus sexuels en France ou à l'étranger. Les peines pour un abus commis sur un enfant sont sévères : jusqu'à 10 ans d'emprisonnement et 150 000 € d'amende.

www.acpe-asso.org
A C P E - 14, rue Mondétour - 75001 Paris
Tél. : 01 40 26 91 51 - acpe@acpe-asso.org

a c p e

ASSOCIATION CONTRE LA PROSTITUTION DES ENFANTS

▶●◀ P 125 F5.6 ⁺˙·₀·˙⁻ ⚡

Les peuples indigènes croient qu'on vole leur âme quand on les prend en photo. Et si c'était vrai ?

Pollution, corruption, déculturation : pour les peuples indigènes, le tourisme peut être d'autant plus dévastateur qu'il paraît inoffensif. Aussi, lorsque vous partez à la découverte d'autres territoires, assurez-vous que vous y pénétrez avec le consentement libre et informé de leurs habitants. Ne photographiez pas sans autorisation, soyez vigilants et respectueux. Survival, mouvement mondial de soutien aux peuples indigènes s'attache à promouvoir un tourisme responsable et appelle les organisateurs de voyages et les touristes à bannir toute forme d'exploitation, de paternalisme et d'humiliation à leur encontre.

Survival
pour les peuples indigènes

Espace offert par le Guide du Routard

✂

❏ envoyez-moi une documentation sur vos activités   ❏ j'effectue un don

NOM   PRÉNOM   ADRESSE

CODE POSTAL   VILLE

Merci d'adresser vos dons à Survival France. 45, rue du Faubourg du Temple, 75010 Paris.
Tél. 01 42 41 47 62. CCP 158-50J Paris. e-mail : info@survivalfrance.org

ISA

SIDA

LOLA

protégez-vous

www.aides.org

routard
ASSISTANCE
L'ASSURANCE VOYAGE
INTEGRALE A L'ETRANGER

VOTRE ASSISTANCE « MONDE ENTIER » LA PLUS ETENDUE

RAPATRIEMENT MEDICAL **ILLIMITÉ**
(au besoin par avion sanitaire)
VOS DEPENSES : MEDECINE, CHIRURGIE, (env. 1.960.000 FF) **300.000 €**
   HOPITAL, GARANTIES A 100% SANS FRANCHISE
   HOSPITALISE : RIEN A PAYER ! … (ou entièrement remboursé)
BILLET GRATUIT DE RETOUR DANS VOTRE PAYS : **BILLET GRATUIT**
   En cas de décès (ou état de santé alarmant) **(de retour)**
   d'un proche parent, père, mère, conjoint, enfant(s)
*BILLET DE VISITE POUR UNE PERSONNE DE VOTRE CHOIX **BILLET GRATUIT**
   si vous êtes hospitalisé plus de 5 jours **(aller - retour)**
   Rapatriement du corps – Frais réels **Sans limitation**

RESPONSABILITE CIVILE «VIE PRIVEE» A L'ETRANGER

Dommages CORPORELS (garantie à 100%) ....(env. 4.900.000 FF) **750.000 €**
Dommages MATERIELS (garantie à 100%) ....(env. 2.900.000 FF) **450.000 €**
(dommages causés aux tiers) (AUCUNE FRANCHISE)
EXCLUSION RESPONSABILITE CIVILE AUTO : ne sont pas assurés les dommages
causés ou subis par votre véhicule à moteur : ils doivent être couverts par un contrat
spécial : ASSURANCE AUTO OU MOTO.
ASSISTANCE JURIDIQUE (Accident) ....(env. 1.960.000 FF) **300.000 €**
CAUTION PENALE .... (env. 49.000 FF) **7500 €**
AVANCE DE FONDS en cas de perte ou de vol d'argent ..(env. 4.900 FF) **750 €**

VOTRE ASSURANCE PERSONNELLE «ACCIDENTS» A L'ETRANGER

Infirmité totale et définitive (env. 490.000 FF) **75.000 €**
Infirmité partielle – (SANS FRANCHISE) **de 150 € à 74.000 €**
(env. 900 FF à 485.000 FF)
Préjudice moral : dommage esthétique (env. 98.000 FF) **15.000 €**
Capital DECES (env. 19.000 FF) **3.000 €**

VOS BAGAGES ET BIENS PERSONNELS A L'ETRANGER

Vêtements, objets personnels pendant toute la durée de votre voyage à l'étranger :
vols, perte, accidents, incendie, (env. 6.500 FF) **1.000 €**
Dont APPAREILS PHOTO et objets de valeurs (env. 1.900 FF) **300 €**

À PARTIR DE 4 PERSONNES
TARIFS
"Spécial Famille"
Nous consulter Tél. : 01 44 63 51 00
Souscription en ligne : www.avi-international.com

routard
ASSISTANCE
L'ASSURANCE VOYAGE
INTEGRALE A L'ETRANGER

BULLETIN D'INSCRIPTION

NOM : M. Mme Melle [_____]

PRENOM : [_____]

DATE DE NAISSANCE : [_____]

ADRESSE PERSONNELLE : [_____]

[_____]

[_____]

CODE POSTAL : [_____]   TEL. [_____]

VILLE : [_____]

DESTINATION PRINCIPALE...

Calculer exactement votre tarif en SEMAINES selon la durée de votre voyage :
7 JOURS DU CALENDRIER = 1 SEMAINE

Pour un Long Voyage (2 mois…), demandez le **PLAN MARCO POLO**
Nouveauté contrat Spécial Famille - Nous contacter

COTISATION FORFAITAIRE 2006-2007

VOYAGE DU [_____]   AU [_____]   = [__]
SEMAINES

Prix spécial (3 à 40 ans) :   **22 €** x [__]   = [_____] **€**

De 41 à 60 ans (et – de 3 ans) :   **33 €** x [__]   = [_____] **€**

De 61 à 65 ans :   **44 €** x [__]   = [_____] **€**

Tarif "**SPECIAL FAMILLES**" 4 personnes et plus : **Nous consulter au 01 44 63 51 00**
Souscription en ligne : www.avi-international.com

Chèque à l'ordre de ROUTARD ASSISTANCE – *A.V.I. International*
28, rue de Mogador – 75009 PARIS – FRANCE - Tél. 01 44 63 51 00
Métro : Trinité – Chaussée d'Antin / RER : Auber – Fax : 01 42 80 41 57

ou Carte bancaire : Visa ☐   Mastercard ☐   Amex ☐

N° de carte : [_____]

Date d'expiration : [__] [__]   Signature

Je déclare être en bonne santé, et savoir que les maladies
ou accidents antérieurs à mon inscription ne sont pas assurés.

Signature :

Faites des copies de cette page pour assurer vos compagnons de voyage.

Information : www.routard.com / Tél : 01 44 63 51 00
Souscription en ligne : www.avi-international.com

Tout pour partir*

*bons plans, concours, forums,
magazine et des voyages à prix routard.

> www.routard.com

routard *com*

Chacun
sa route

INDEX GÉNÉRAL

– O –

– P –

– R –

– S –

OÙ TROUVER LES CARTES ET LES PLANS ?

Les **Routards** *parlent aux* **Routards**

Faites-nous part de vos expériences, de vos découvertes, de vos tuyaux.
Indiquez-nous les renseignements périmés. Aidez-nous à remettre l'ouvrage à jour.
Faites profiter les autres de vos adresses nouvelles, combines géniales... On adresse
un exemplaire gratuit de la prochaine édition à ceux qui nous envoient les lettres les
meilleures, pour la qualité et la pertinence des informations. Quelques conseils cependant :
– Envoyez-nous votre courrier le plus tôt possible afin que l'on puisse insérer vos
tuyaux sur la prochaine édition.
– N'oubliez pas de préciser l'ouvrage que vous désirez recevoir.
– Vérifiez que vos remarques concernent l'édition en cours et notez les pages du
guide concernées par vos observations.
– Quand vous indiquez des hôtels ou des restaurants, pensez à signaler leur adresse
précise et, pour les grandes villes, les moyens de transport pour y aller. Si vous le
pouvez, joignez la carte de visite de l'hôtel ou du resto décrit.
– N'écrivez si possible que d'un côté de la lettre (et non recto verso).
– Bien sûr, on s'arrache moins les yeux sur les lettres dactylographiées ou correctement écrites !
En tout état de cause, merci pour vos nombreuses lettres.

Le Guide du routard : 5, rue de l'Arrivée, 92190 Meudon

e-mail : guide@routard.com
Internet : www.routard.com

Les **Trophées** *du* **Routard**

Parce que le *Guide du routard* défend certaines valeurs : droits de l'homme, solidarité,
respect des autres, des cultures et de l'environnement, les Trophées du Routard soutiennent des actions à but humanitaire, en France ou à l'étranger, montées et réalisées
par des équipes de 2 personnes de 18 ans à 30 ans.
La troisième édition des Trophées du Routard 2006 est lancée, et les équipes partent
chacune avec une bourse et 2 billets d'avion en poche pour donner de leur temps et de
leur savoir-faire aux 4 coins du monde.
Ces projets sont menés à bien grâce à l'implication d'Air France qui nous soutient.

Routard Assistance *2007*

Routard Assistance, c'est l'Assurance Voyage Intégrale sans franchise que nous
avons négociée avec les meilleures compagnies, Assistance complète avec rapatriement médical illimité. Dépenses de santé et frais d'hôpital pris en charge directement
sans franchise jusqu'à 300 000 € + caution + défense pénale + responsabilité civile
+ tous risques bagages et photos. Assurance personnelle accidents : 75 000 €. Très
complet ! Le tarif à la semaine vous donne une grande souplesse. Tableau des garanties et bulletin d'inscription à la fin de chaque *Guide du routard* étranger. Pour les longs
séjours, un nouveau contrat *Plan Marco Polo « spécial famille »* à partir de 4 personnes. Si votre départ est très proche, vous pouvez vous assurer par fax : 01-42-80-
41-57, en indiquant le numéro de votre carte de paiement. Pour en savoir plus : ☎ 01-
44-63-51-00 ; ou, encore mieux, sur notre site : ● www.routard.com ●

Photocomposé par MCP - Groupe Jouve
Imprimé en Italie par Legoprint
Dépôt légal n° 74177-8/2006
Collection n° 13 - Édition n° 01
24.0532.2
I.S.B.N. 201.24.0532.0